A. Mielck

Soziale Ungleichheit und Gesundheit

Bücher aus verwandten Sachgebieten

Deutsche Gesellschaft für Public Health (Hrsg.)
Public-Health-Forschung in Deutschland
2000, ISBN 3-456-83251-6

Haisch/Weitkunat/Wildner (Hrsg.)
Wörterbuch Public Health – Gesundheitswissenschaften
1999, ISBN 3-456-83051-3

Gutzwiller/Jeanneret (Hrsg.)
Sozial- und Präventivmedizin – Public Health
2. A. 1999, ISBN 3-456-83177-3

Beaglehole/Bonita/Kjellström
Einführung in die Epidemiologie
1997, ISBN 3-456-82767-9

Weitkunat/Haisch/Kessler (Hrsg.)
Public Health und Gesundheitspsychologie
1997, ISBN 3-456-82764-4

Arbeitskreis Frauen und Gesundheit
Frauen und Gesundheit in Wissenschaft, Praxis und Politik
1998, ISBN 3-456-83107-2

Forschungsverbund DHP
Deutsche Herz-Kreislauf-Präventionsstudie
1998, ISBN 3-456-83011-4

Andreas Mielck

Soziale Ungleichheit und Gesundheit

Empirische Ergebnisse, Erklärungsansätze, Interventionsmöglichkeiten

Verlag Hans Huber
Bern · Göttingen · Toronto · Seattle

Anschrift des Autors:
Dr. phil. Andreas Mielck, M.P.H.
GSF – Forschungszentrum für Umwelt und Gesundheit
Ingolstädter Landstr. 1
D-85764 Neuherberg

Anregungen und Zuschriften an:
Verlag Hans Huber
Lektorat Medizin
Länggass-Strasse 76
CH-3000 Bern 9
Tel: 0041 (0)31 300 4500
Fax: 0041 (0)31 300 4593
E-Mail: verlag@hanshuber.com

Die Deutsche Bibliothek – CIP-Einheitsaufnahme

Mielck, Andreas:
Soziale Ungleichheit und Gesundheit : empirische Ergebnisse, Erklärungsansätze, Interventionsmöglichkeiten / Andreas Mielck. - 1. Aufl.. - Bern ; Göttingen ; Toronto ; Seattle : Huber, 2000
ISBN 3-456-83454-3

1. Auflage 2000

Lektorat: Dr. Klaus Reinhardt
Druck und buchbinderische Verarbeitung: AZ Druck und Datentechnik, Kempten
Printed in Germany

Inhaltsverzeichnis

Vorwort

Auch wenn auf diesem Buch nur der Name eines einzigen Verfassers steht, so beinhaltet es doch die Überlegungen, Fragen und Antworten von sehr vielen Personen. Nicht nur die im Text zitierten Autoren, sondern auch viele hier nicht genannte Freunde und Kollegen haben dabei geholfen, Wissenslücken zu schließen und Gedanken zu entwirren. Bedanken möchte ich mich vor allem bei Herrn Prof. van Eimeren, der mir als Leiter des Instituts für Medizinische Informatik und Systemforschung (MEDIS) der GSF die Möglichkeit gegeben hat, mich in einer sehr offenen und anregenden Forschungsumgebung intensiv mit dem Thema dieses Buches zu beschäftigen. Mein Dank geht auch an die Mitarbeiter der Arbeitsgruppe 'Gesundheitssystem-Analyse'; ohne ihren Rat und ihre tatkräftige Unterstützung hätte das Buch nicht geschrieben werden können.

Das Buch ist die Zwischenbilanz einer langjährigen Beschäftigung mit dem Thema 'soziale Ungleichheit und Gesundheit'. Die Beschäftigung war und ist auch eine sehr persönliche Erfahrung für einen Wissenschaftler, der in gesicherte ökonomische Verhältnisse hineingeboren wurde und der nie in materieller Not leben mußte.

Andreas Mielck
(München, März 2000)

Einleitung

In den letzten Jahren hat das Interesse am Thema 'soziale Ungleichheit und Gesundheit' erheblich zugenommen. Verschiedene wissenschaftliche Disziplinen beteiligen sich an dem Bemühen, Richtung und Ausmaß der sozioökonomischen Unterschiede in Morbidität und Mortalität zu bestimmen und Ansätze zur Erklärung dieser Unterschiede zu entwickeln. Auch in der aktuellen gesundheitspolitischen Diskussion wird immer häufiger die Frage gestellt, ob und warum Personen aus der unteren sozialen Schicht einen besonders schlechten Gesundheitszustand aufweisen und was dagegen unternommen werden kann.

Das zunehmende Interesse hat zu einer steigenden Anzahl von Publikationen geführt und auch dazu, daß in den letzten Jahren in Deutschland mehrere Tagungen speziell zum Thema 'soziale Ungleichheit und Gesundheit' durchgeführt wurden. Es fehlt jedoch an einem breiten Erfahrungsaustausch, sowohl zwischen den Wissenschaftlern untereinander als auch zwischen den Wissenschaftlern und der breiteren Öffentlichkeit. Die vorliegenden Publikationen sind sehr verstreut und häufig nur schwer aufzufinden. Es ist daher auch für die aktiv an der Diskussion beteiligten Experten nicht einfach, sich einen Überblick über den Stand der Diskussion zu verschaffen. Die Texte sind zudem oft so fachspezifisch formuliert, daß sie für andere Leser kaum verständlich sein dürften.

Mit diesem Buch wird versucht, einen umfassenden und allgemein verständlichen Überblick über den Stand der empirischen, theoretischen und gesundheitspolitischen Diskussion bereitzustellen. Es soll dazu beitragen, den Erfahrungsaustausch zu verbessern und auf eine breitere Basis zu stellen. Nur so lassen sich konkrete Vorschläge zur Verringerung der gesundheitlichen Ungleichheit entwickeln. Das dabei im Vordergrund stehende Ziel läßt sich wie folgt formulieren: 'Alle Menschen sollen unabhängig von Ausbildung, beruflichem Status und/oder Einkommen die gleiche Chance erhalten, gesund zu bleiben bzw. zu werden.' Gesucht werden konkrete und umsetzbare Vorschläge, die dazu beitragen können, dieses Ziel so weit wie möglich zu erreichen. Gerade in einer Zeit, in der die sozio-ökonomischen Unterschiede in der Gesellschaft offenbar größer werden, kommt der Entwicklung und Umsetzung solcher Vorschläge eine große Bedeutung zu.

Zu Beginn dieses umfangreichen Buches soll mit einigen einleitenden Bemerkungen versucht werden, seine innere Struktur zu verdeutlichen. Abschließend wird kurz auf die Frage eingegangen, welche Themen in dem Buch nicht diskutiert werden können. Der eilige Leser kann sich in Kapitel V einen ersten Überblick über die wichtigsten Ergebnisse verschaffen.

Konzeption des Buches

Allgemein formuliert beschäftigen sich die Sozial-Epidemiologen mit der Frage, wie die soziale Struktur der Gesellschaft mit dem Gesundheitszustand ihrer Mitglieder zusammenhängt. Der Schwerpunkt der sozial-epidemiologischen Diskussion läßt sich dabei dem Themengebiet 'soziale Ungleichheit und Gesundheit' zuordnen (Mielck/Bloomfield 1999). Das Themengebiet ist äußerst komplex, auch deswegen, weil sich sehr viele Formen der sozialen Ungleichheit unterscheiden lassen. Dazu gehören z.B. die Unterschiede zwischen Männern und Frauen, zwischen Deutschen und Ausländern und zwischen Arbeitern und Angestellten. Das vorliegende Buch konzentriert sich auf die 'sozio-ökonomischen Merkmale' der sozialen Ungleichheit, d.h. auf die Unterschiede nach Ausbildung, beruflichem Status und Einkommen. Diese Merkmale beschreiben den 'sozio-ökonomischen Status' einer Person bzw. ihre Schichtzugehörigkeit. Etwas präziser formuliert steht in dem Buch also die folgende Frage im Vordergrund: Wie sieht der Zusammenhang zwischen dem sozio-ökonomischen Status einer Person und ihrem Gesundheitszustand aus? Dieser Zusammenhang wird häufig als 'gesundheitliche Ungleichheit' bezeichnet. Das Thema des Buches läßt sich demnach auch folgendermaßen umschreiben: Darstellung der gesundheitlichen Ungleichheit in Deutschland, und Diskussion der Möglichkeiten zur Erklärung und zur Verringerung dieser Ungleichheit.

In dem Buch wird versucht, die gesundheitliche Ungleichheit von verschiedenen Seiten aus zu betrachten. Als Einstieg wird dargestellt, wie die Merkmale des sozio-ökonomischen Status (d.h. Bildung, beruflicher Status, Einkommen) gemessen werden und wie groß die verschiedenen sozio-ökonomischen Gruppen in der Bevölkerung sind. Im zweiten Kapitel werden Art und Ausmaß der gesundheitlichen Ungleichheit beschrieben. Um die Vielfalt der vorliegenden empirischen Ergebnisse einigermaßen übersichtlich präsentieren zu können, ist dabei die folgende Struktur gewählt worden: Trennung der Ergebnisse nach Mortalität und Morbidität, nach dem verwendeten Merkmal für den sozio-ökonomischen Status und nach dem Lebensalter. Im dritten Kapitel steht die Erklärung der gesundheitlichen Ungleichheit im Vordergrund, d.h. die Vorstellung von Erklärungsansätzen und von Studien, in denen die einzelnen Ansätze empirisch überprüft wurden. Am Ende des zweiten und dritten Kapitels wird noch einmal besonders betont, daß in Deutschland ein großer Forschungsbedarf besteht. Das vierte Kapitel ist der Frage gewidmet, wie die gesundheitliche Ungleichheit verringert werden kann. Da diese Diskussion bei uns noch in den Anfängen steckt, wird hier vor allem auf Erfahrungen aus dem westeuropäischen Ausland hingewiesen.

Die Reihenfolge 'Beschreibung - Erklärung - Verringerung' der gesundheitlichen Ungleichheit stellt den idealtypischen Verlauf einer Problemlösung dar. Die bisherigen wissenschaftlichen Bemühungen haben sich vor allem auf die erste Phase konzentriert, d.h. auf die Problem-Beschreibung. Erst in den letzten Jahren hat sich das wissenschaftliche Interesse stärker auf die zweite Phase verlagert, d.h. auf die Problem-Erklärung. Die dritte Phase 'Entwicklung und Erprobung von Vorschlägen zur Problem-Verringerung' hat gerade erst begonnen. Das Ziel, auf das die wissenschaftlichen Arbeiten ausgerichtet sein sollten, läßt sich klar definieren: Durchführung von Interventionsmaßnahmen zur Verringerung der gesundheitlichen Ungleichheit. Durch die Betonung der drei Phasen 'Beschreibung - Erklärung - Verringerung' soll das Buch dazu beitragen, dieses Ziel nicht aus dem Auge zu verlieren. Bei der Planung des Buches standen zwei Alternativen zur Wahl: Beschränkung auf wenige Themen und ausführliche Diskussion pro Thema, oder Integration vieler Themen und kurze Diskussion pro Thema. Um den vollen Bogen von der Problem-Beschreibung bis hin zur Frage nach den Möglichkeiten der Problem-Verringerung schlagen zu können, ist die zweite Variante gewählt worden. Es wurde daher versucht, pro Thema die m.E. wichtigsten Ergebnisse relativ kurz - und nach Möglichkeit übersichtlich und leicht verständlich - darzustellen.

Eine allgemeine Aussage wie 'die Armen sind kränker als die Reichen' bietet wenige Ansatzpunkte zur Entwicklung von Erklärungs- und Interventionsansätzen. Dafür müßte bekannt sein, wie die Morbidität gemessen wurde, was mit arm und reich gemeint ist, wie groß der Anteil der Bevölkerung ist, der als arm oder reich definiert wird, und wie groß die Morbiditäts-Unterschiede zwischen den Armen und Reichen sind. Um möglichst viele dieser konkreten Informationen geben zu können, enthält das Buch eine große Anzahl von Tabellen. Nur auf Grundlage dieser zahlenmäßigen Wiedergabe von Ergebnissen läßt sich der Stand der empirischen Forschung angemessen beschreiben und interpretieren. Die dargestellten Studien stammen dabei fast ausschließlich aus den alten und neuen Bundesländern. Es macht m.E. wenig Sinn, die Beschreibung und Erklärung der gesundheitlichen Ungleichheit auf Daten zu stützen, die im Ausland erhoben worden sind. Da das Problem bei uns ganz anders aussehen könnte als im Ausland, und da sich auch die Erklärungs- und Interventionsmöglichkeiten von Land zu Land unterscheiden können, sollte nach Möglichkeit immer auf eigene Daten zurückgegriffen werden. Empirische Ergebnisse aus dem Ausland werden nur dann präsentiert, wenn aus Deutschland keine vergleichbaren Ergebnisse vorliegen.

Es wird wohl nur wenige Leser geben, die dieses umfangreiche Buch von vorne bis hinten durchlesen wollen; vermutlich werden sich viele nur einzelne Kapitel aussuchen. Um diese Art des Lesens zu unterstützen, sind kleine inhaltliche Überschneidungen zwischen den Kapiteln bewußt in Kauf genommen worden. Zur Erleichterung der Orientierung wurden zudem viele Querverweise zu anderen Kapiteln eingefügt. Eine weitere Hilfe wird mit dem Stichwort- und dem Autorenverzeichnis am Ende des Buches angeboten. Die wichtigsten Zitate sind durch Einrücken gekennzeichnet und die Zitate aus englischsprachigen Publikationen ins Deutsche übersetzt worden. Um die Ausdrucksweise zu vereinfachen, wird grammatikalisch immer die männliche Form verwendet. Die weiblichen Leser mögen dem Verfasser dieses Festhalten an Konventionen nachsehen. Das Buch beinhaltet vielfältige inhaltliche Überschneidungen mit den früheren Publikationen des Verfassers (z.B. Mielck et al. 1995a, Mielck 1998a/b, Mielck/Helmert 1998a/b, Mielck 1999a/b). Es ist möglich, daß nicht alle Zitate aus diesen Publikationen als solche kenntlich gemacht worden sind. Der 'Redaktionsschluß' für die Berücksichtigung von aktuellen Publikationen wurde auf Juni 1999 gelegt.

Das Buch kann auch als kritische Reflexion eines Wissenschaftlers darüber verstanden werden, welche praktischen Wirkungen die von vielen Wissenschaftlern zum Thema 'gesundheitliche Ungleichheit' produzierten Arbeiten gehabt haben. Es ist sehr viel Zeit, Kraft und Geld in die Erforschung der gesundheitlichen Ungleichheit geflossen. Was haben diese Anstrengungen bisher gebracht neben der Befriedigung der wissenschaftlichen Neugier? Etwas konkreter gefragt:

- Haben die Anstrengungen dazu beigetragen, die öffentliche Wahrnehmung des Problems 'gesundheitliche Ungleichheit' zu verstärken? Die Antwortet lautet: Vermutlich.
- Haben sie dazu beigetragen, die gesundheitliche Ungleichheit zu verringern? Die Antwort lautet: Wohl kaum.

Dies ist eine etwas magere Erfolgsbilanz. Mit der Publikation dieses Buches verbindet sich die Hoffnung, damit einen Beitrag zu leisten zur Intensivierung und Fokussierung der Diskussion über die gesundheitliche Ungleichheit, und damit auch zur Entwicklung und erfolgreichen Umsetzung von Vorschlägen zur ihrer Verringerung.

Nicht diskutierte Aspekte des Themengebietes 'soziale Ungleichheit und Gesundheit'

Auch in einem so umfangreichen Buch können nicht alle Themen angesprochen werden, die unter der Überschrift 'soziale Ungleichheit und Gesundheit' diskutiert werden sollten. Oben wurde bereits erwähnt, daß nur eine bestimmte Form der sozialen Ungleichheit betrachtet wird. Im Vordergrund stehen die drei sozio-ökonomischen Merkmale Bildung, beruflicher Status und Einkommen. Andere Merkmale der sozialen Ungleichheit - wie z.B. Geschlecht und Nationalität - werden nur dann erwähnt, wenn sie zum besseren Verständnis der sozio-ökonomischen Unterschiede im Gesundheitszustand beitragen können. Die Leser, die am Thema 'Geschlecht und Gesundheitszustand' interessiert sind, müssen auf andere Publikationen verwiesen werden (z.B. Arbeitskreis 1998, Babitsch 1998a, Kolip 1998, Maschewsky-Schneider 1997), ebenso wie die Leser, die sich über das Thema 'Nationalität und Gesundheitszustand' informieren wollen (z.B. Berg 1998, Collatz 1998, Elkeles/Seifert 1993b, Lechner/Mielck 1998).

Es werden auch nicht alle Fragen angesprochen, die für das Thema 'sozio-ökonomischer Status und Gesundheitszustand' wichtig sind. Um den Umfang des Buches nicht noch weiter auszudehnen, ist z.B. darauf verzichtet worden, die gesundheitlichen Probleme von besonders belasteten Bevölkerungsgruppen - d.h. von Arbeitslosen, Wohnungslosen, Asylbewerbern, Strafgefangenen etc. - gesondert darzustellen. Hierzu liegen zudem schon relativ umfangreiche Publikationen vor (z.B. Weber 1997). Interessant wäre auch ein zusätzliches Kapitel gewesen, in dem die Möglichkeiten einer speziellen und kontinuierlichen Gesundheitsberichterstattung untersucht werden. Eine derartige Berichterstattung könnte zu einem Monitoring-System führen, mit dem sich zeitliche Veränderungen im Ausmaß der gesundheitlichen Ungleichheit aufzeigen lassen. Damit ließen sich Auswirkungen von gesellschaftlichen Entwicklungen auf das Ausmaß der gesundheitlichen Ungleichheit frühzeitig erkennen und möglicherweise korrigieren. Noch revolutionärer wäre die Einführung einer 'Ungleichheits-Verträglichkeitsprüfung'. Es wäre zumindest theoretisch vorstellbar, daß bei allen wichtigen gesellschafts- und gesundheitspolitischen Entscheidungen vorher überlegt werden muß, welche Folgen sich daraus für die gesundheitliche Ungleichheit ergeben könnten, und ob diese Folgen wünschenswert bzw. akzeptabel erscheinen. Auf diese Überlegungen kann jedoch nicht ausführlicher eingegangen werden.

Manche Leser werden auch eine Diskussion der sogenannten 'Wilkinson-Hypothese' vermissen. Vor einigen Jahren wurde vom britischen Wissenschaftler R. Wilkinson eine Hypothese formuliert, die noch immer Anlaß für rege Diskussionen gibt. Ausgangspunkt der These sind die drei folgenden Beobachtungen: (a) Innerhalb der industrialisierten Staaten besteht ein klarer Zusammenhang zwischen Einkommen und Mortalität. (b) Beim Vergleich zwischen den industrialisierten Staaten läßt sich nur ein schwacher Zusammenhang zwischen der durchschnittlichen Mortalität und dem durchschnittlichen Wohlstand nachweisen. (c) Je größer in einem industrialisierten Staat die Einkommens-Ungleichheit ist, desto höher ist dort die durchschnittliche Mortalität (z.B. Wilkinson 1992/96/97). Zusammen betrachtet lassen sich diese drei Aussagen zu der These verdichten, daß die durchschnittliche Mortalität in einem Staat stärker durch das Ausmaß der Einkommens-Ungleichheit geprägt wird als durch den durchschnittlichen Wohlstand. Der Wahrheitsgehalt der These ist m.W. bisher noch nicht ausreichend empirisch belegt worden; vor allem die dritte Beobachtung konnte erst ansatzweise untermauert werden (z.B. Kaplan al. 1996). Die These besitzt jedoch eine große gesundheitspolitische Bedeutung. Wenn eine geringere Einkommens-Ungleichheit nicht nur zu einer geringeren gesundheitlichen Gefährdung der ärmeren Bevölkerungsgruppen führt, sondern auch zu einer geringeren Mortalität auf Ebene der Gesamtbevölkerung, dann liegen erheblich stärkere Argumente für eine Verringerung der Einkommens-Ungleichheit vor als bisher angenommen wurde. Da aus Deutschland m.W. keine Daten zur Überprüfung dieser Hypothese vorliegen, wird hier nicht ausführlicher darauf eingegangen.

Aus gesundheitspolitischer Sicht lautet die zentrale Frage, ob Interventionsmaßnahmen zur Verringerung der gesundheitlichen Ungleichheit durchgeführt werden können und welche Maßnahmen besonders erfolgversprechend sind. In dem Buch werden jedoch keine derartigen Maßnahmen vorgestellt und diskutiert. Sie müssen m.W. erst noch entwickelt werden, und dafür kann das Buch hoffentlich vielfältige Anregungen geben. Unbeantwortet bleibt auch die Frage, welcher 'Akteur' welchen Beitrag leisten könnte für die Entwicklung dieser Interventionsmaßnahmen. Etwas spezifischer formuliert stellt sich z.B. die Frage, wer als 'Anwalt der unteren sozialen Schicht' die Forderung nach einer Verbesserung ihres Gesundheitszustandes vertreten kann. Potentielle Anwälte sind z.B. die sechs 'Spitzenverbände der Freien Wohlfahrtspflege' (Arbeiterwohlfahrt, Diakonisches Werk der evangelischen Kirche, Deutscher Caritasverband der katholischen Kirche, Deutsches Rotes Kreuz, Deutscher Paritätischer Wohlfahrtsverband, Zentralwohlfahrtsstelle der Juden in Deutschland). Sie engagieren sich in vielfältiger Weise für die Angehörigen der unteren sozialen Schicht (vgl. z.B. Diakonisches Werk 1997, Hauser/Hübinger 1993, Deutscher Paritätischer Wohlfahrtsverband 1997), aber sie sollten nicht die einzigen Anwälte sein. Diese Fragen können vermutlich erst nach einer intensiven öffentlichen Diskussion beantwortet werden. Das Buch soll dazu beitragen, diese Diskussion zu fördern, es kann aber noch keine klaren Antworten geben.

Kapitel I: Soziale Ungleichheit in der Bundesrepublik Deutschland

Um den Zusammenhang zwischen der sozialen Ungleichheit einerseits und dem Gesundheitszustand andererseits untersuchen und interpretieren zu können, muß zunächst geklärt werden, was unter dem Begriff 'soziale Ungleichheit' verstanden wird. Wenn 'sozial ungleiche' Personengruppen definiert werden, und wenn anschließend der Gesundheitszustand von jeder Personengruppe untersucht wird, dann sollte klar sein, um welche Gruppen es sich dabei genau handelt und wie groß diese Gruppen sind. Eine Aussage wie 'Personen mit geringerer Bildung erleiden doppelt so häufig einen Herzinfarkt wie Personen mit höherer Bildung' ist wissenschaftlich interessant, gesundheitspolitisch aber kaum umsetzbar. Solange nicht bekannt ist, wie groß diese Personengruppen sind und wie sie definiert wurden, läßt sich der gesundheitspolitische Handlungsbedarf nicht bestimmen und lassen sich konkrete Interventionsmaßnahmen nicht planen. Im folgenden Kapitel soll daher beschrieben werden, welche Personengruppen in den empirischen und theoretischen Arbeiten zur *gesundheitlichen* Ungleichheit unterschieden werden.

Unter dem Begriff 'soziale Ungleichheit' kann sich vermutlich jeder etwas vorstellen. Um sprachliche Unklarheiten zu vermeiden, soll dem Kapitel jedoch eine soziologische Definition dieses Begriffes vorangestellt werden. S. Hradil (1994, S. 376) schreibt zum Beispiel:

> „Der Eintritt in soziale Positionen, Beziehungen und Gefüge schafft zwischen Menschen, relativ unabhängig von ihrer Individualität, soziale Gemeinsamkeiten und soziale Unterschiede. (...) Manche dieser sozialen Unterschiede stellen nicht einfach nur verschiedenartige Lebensbedingungen und Lebensweisen dar, sie schaffen Vor- und Nachteile zwischen Gesellschaftsmitgliedern. So verdient ein Forstdirektor mehr als ein Waldarbeiter, sein Arbeitsplatz ist kündigungssicher, sein Unfallrisiko gering, Ansehen und Aufstiegschancen sind größer etc. Solche gesellschaftlich bedingten Vor- und Nachteile finden wir keinesfalls nur zwischen Berufspositionen, sondern u.a. auch zwischen sozialen Positionen, die an das Geschlecht, an das Alter oder an die Region geknüpft sind. (...) Solche positionsgebundenen Vor- und Nachteile bezeichnet man als '*soziale Ungleichheiten*' (Hervorhebung im Original, A.M.)".

Entscheidend ist demnach, daß ein 'sozialer *Unterschied*' mit Vor- und Nachteilen verbunden ist; nur dann ist eine 'soziale *Ungleichheit*' vorhanden. Dabei kommt es nicht darauf an, um welche Vor- und Nachteile es sich im einzelnen handelt, wichtig ist, daß nach Meinung der beteiligten Personen ein Vor- bzw. Nachteil existiert.

Vertikale und horizontale soziale Ungleichheit

Im Alltagsverständnis werden unter dem Begriff 'soziale Ungleichheit' zumeist Unterschiede nach Bildung, beruflichem Status und Einkommen verstanden. Etwas präziser formuliert handelt es sich hierbei jedoch um Merkmale der *vertikalen* sozialen Ungleichheit. Der Zusatz 'vertikal' soll dabei ausdrücken, daß diese Merkmale eine Unterteilung der Bevölkerung in oben und unten ermöglichen. Mit Hilfe von Angaben zur Bildung, zum Beruf und zum Einkommen läßt sich der '*sozio-ökonomische Status*' einer Person bestimmen; und der Begriff 'Status' impliziert bereits die Einordnung in eine hierarchische Skala. Sprachlich am deutlichsten wird der hierarchische Charakter der vertikalen sozialen Ungleichheit beim Begriff 'soziale Schicht'. Mit diesem Bild soll an klar abgrenzbare geologische Schichten erinnert werden. Es besteht weitgehend Einigkeit darüber, daß sich die vertikale soziale Ungleichheit mit Hilfe der drei oben genannten Merkmale (Bildung, beruflicher Status, Einkommen) gut erfassen läßt. Ein besonderes Gewicht kommt dabei dem Einkommen zu, da die (Einkommens-)Armut häufig als der zentrale Indikator für die vertikale soziale Ungleichheit angesehen wird.

Die Bevölkerung läßt sich jedoch auch mit Hilfe von Merkmalen wie Alter, Geschlecht, Nationalität und Familienstand in Gruppen unterteilen; und auch zwischen diesen Gruppen kann soziale Ungleichheit bestehen. Die Grenzen zwischen diesen Gruppen verlaufen sozusagen quer zu den Grenzen der vertikalen sozialen Ungleichheit; in der Soziologie wird daher auch von *horizontaler* sozialer Ungleichheit gesprochen. Die horizontale soziale Ungleichheit läßt sich mit einer Vielzahl von Merkmalen beschreiben. Neben Alter, Geschlecht, Nationalität und Familienstand können z.B. auch Merkmale wie die Zahl der Kinder und die Größe des Wohnortes einbezogen werden. Eine allgemein akzeptierte Liste von Merkmalen zur Erfassung der horizontalen sozialen Ungleichheit ist m.W. bisher nicht vorhanden und vermutlich auch nicht zu erstellen; von zentraler Bedeutung sind jedoch die drei Merkmale Alter, Geschlecht und Nationalität.

Die soziologische Diskussion hat sich in den letzten Jahren vom Konzept der *vertikalen* sozialen Ungleichheit zunehmend entfernt. Es wird häufig betont, daß heute keine klar unterscheidbaren sozialen Schichten mehr vorhanden sind, daß sich die vielfältigen 'Lebenslagen' nicht mehr mit Hilfe von Kriterien wie Bildung und Einkommen in eine hierarchische Ordnung bringen lassen (Hradil 1994). Entsprechend wird gefordert, daß sich die Diskussion jetzt vor allem auf die *horizontale* soziale Ungleichheit konzentrieren sollte. Einige deutsche Soziologen weisen jedoch immer wieder darauf hin, daß bei uns nach wie vor wichtige *vertikale* soziale Ungleichheiten bestehen (Bulmahn 1997a/b, Geißler 1996, Habich/Noll 1997, Wolf 1998). Nach einer ausführlichen Auswertung von Daten aus dem Sozio-ökonomischen Panel (vgl. Kapitel II-1b) stellen z.B. H. Noll und R. Habich fest:

„So bleibt zunächst festzuhalten, daß soziale Ungleichheit in der Bundesrepublik nach wie vor *vertikal strukturiert* (Hervorhebung im Original, A.M.) ist“ (Noll/Habich 1990, S. 184).

Bezeichnend ist auch der Titel des Beitrages von R. Geißler (1996): 'Kein Abschied von Klasse und Schicht. Ideologische Gefahren der deutschen Sozialstrukturanalyse'. Der Beitrag erschien in der renommierten 'Kölner Zeitschrift für Soziologie und Sozialpsychologie' und wird vermutlich einige Aufmerksamkeit erhalten haben. Es bleibt jedoch abzuwarten, ob sich die Soziologie wieder mehr der vertikalen sozialen Ungleichheit zuwendet.

Das vorliegende Buch konzentriert sich auf die *vertikale* soziale Ungleichheit, und entsprechend stehen in diesem Kapitel die beiden folgenden Fragen im Vordergrund:
- Wie sieht die Verteilung der Bevölkerung nach den Merkmalen der *vertikalen* sozialen Ungleichheit aus?
- Wie groß ist das Ausmaß der (Einkommens-)Armut, und welche Bevölkerungsgruppen sind davon am stärksten betroffen?

Das Kapitel bildet somit die Basis für die nachfolgende Diskussion über den Zusammenhang zwischen der vertikalen sozialen Ungleichheit einerseits und dem Gesundheitszustand andererseits.

Vor kurzem wurde durch die 'Arbeitsgruppe Epidemiologische Methoden' eine Empfehlung zur Messung der vertikalen sozialen Ungleichheit publiziert (Jöckel et al. 1998). Die Arbeitsgruppe wurde als gemeinsame Plattform der Deutschen Arbeitsgemeinschaft Epidemiologie (DAE), der Gesellschaft für Medizinische Informatik, Biometrie und Epidemiologie (GMDS), der Deutschen Gesellschaft für Sozialmedizin und Prävention (DGSMP) und der Deutschen Region der Internationalen Biometrischen Gesellschaft gegründet. Sie stellt daher das zentrale Forum für die Diskussion epidemiologischer Methoden in der Bundesrepublik dar, und ihre Empfehlungen haben entsprechend großes Gewicht. Auch diese Arbeitsgruppe empfiehlt, daß die vertikale soziale Ungleichheit mit Hilfe der drei oben genannten Merkmale erfaßt werden sollte.

Um die Ergebnisse aus verschiedenen epidemiologischen Studien besser miteinander vergleichen zu können, empfiehlt die Arbeitsgruppe, die drei Merkmale nach einem standardisierten Verfahren zu erheben. Die Arbeitsgruppe schlägt 'Standards' vor in Form von konkreten Fragen und Antwortvorgaben für jedes Merkmal. In den nachfolgenden Kapiteln wird hierauf ausführlicher eingegangen. Um einen ersten Überblick zu geben, sollen hier zunächst nur die für jedes Merkmal vorgeschlagenen Variablen genannt werden:
- Bildung : Schulbildung, berufliche Ausbildung
- Beruflicher Status : aktuell oder früher ausgeübte berufliche Tätigkeit
- Einkommen : gewichtetes Haushalts-Nettoeinkommen

In künftigen epidemiologischen Studien sollten zur Erfassung der drei Merkmale nach Möglichkeit nur noch die von der Arbeitsgruppe vorgeschlagenen

Standards verwendet werden. Das bedeutet nicht nur eine Zeitersparnis bei der Entwicklung von Fragebögen. Noch wichtiger ist, daß dann die Ergebnisse aus verschiedenen Studien direkt miteinander verglichen werden können. Dies wäre ein erheblicher Fortschritt. In den bisher vorliegenden empirischen Studien werden die drei Merkmale auf sehr unterschiedliche Art und Weise erhoben; direkte Vergleiche zwischen Studien sind daher nur in Ausnahmefällen möglich.

Die drei Merkmale der vertikalen sozialen Ungleichheit (d.h. Bildung, beruflicher Status und Einkommen), die häufig auch als 'sozio-ökonomische Faktoren' bezeichnet werden, hängen selbstverständlich eng miteinander zusammen. Bei einer höheren Ausbildung kann z.B. häufig auch ein höheres Einkommen erreicht werden. Dennoch ist es sinnvoll, die drei Merkmale getrennt zu untersuchen. So weist z.B. ein arbeitsloser Akademiker beim Merkmal 'Bildung' einen relativ hohen Status und beim Merkmal 'Einkommen' vermutlich einen relativ niedrigen Status auf. Auch wenn dies ein extremes Beispiel ist, die Komplexität des sozialen Status läßt sich bei den meisten Personen nur durch die gemeinsame Betrachtung aller drei Merkmale erfassen. Aus diesem Grund wird häufig auch versucht, alle drei Merkmale zu einem gemeinsamen 'Index der sozialen Schicht' zusammenzufassen (vgl. Kapitel I-4). Jedes Merkmal drückt zudem einen anderen Aspekt des sozialen Status aus, und wahrscheinlich wird auch der Zusammenhang mit dem Gesundheitszustand für jedes Merkmal anders aussehen.

Die historische Entwicklung der vertikalen sozialen Ungleichheit läßt sich in vier grobe Stufen unterteilen (vgl. Hradil 1999, S. 32 ff):

- Vorindustrielle Gesellschaft: Stände, d.h. Abhängigkeit der gesellschaftlichen Stellung vor allem von der familiären Herkunft.
- Frühindustrielle Gesellschaft: Klassen, d.h. Abhängigkeit der gesellschaftlichen Stellung vor allem vom Besitz an Kapital und Produktionsstätten.
- Entwickelte Industriegesellschaften: soziale Schicht, d.h. hierarchische Einteilung in Abhängigkeit von Bildung, beruflichem Status und Einkommen.
- 'Postindustrielle' Gesellschaft: Lebenslage, d.h. Einteilung nach den vielfältigen Ausprägungen der Lebensbedingungen.

In der vorliegenden Arbeit wird bewußt der Begriff 'soziale Schicht' verwendet, da Stände und Klassen an Bedeutung verloren haben, und da durch den Begriff 'Lebenslage' die nach wie vor vorhandene vertikale soziale Ungleichheit in den Hintergrund gerückt wird. Der Begriff 'soziale Schicht' soll dabei selbstverständlich nicht die Meinung ausdrücken, daß unsere Gesellschaft in starre und undurchlässige Schichten unterteilt ist. Auch in einer Wohlstandsgesellschaft mit vielfältigen Vermischungen der sozialen Schichten lassen sich jedoch nach wie vor klare Unterschiede nach Bildung, beruflichem Status und Einkommen erkennen.

Um den etwas ermüdenden - und zudem wenig fruchtbaren - wissenschaftlichen Disput über die derzeitige Existenz von sozialen Schichten zu entschärfen, wäre es m.E. sinnvoll, einen neuen Begriff zu prägen. Anbieten würde sich vor allem der Begriff 'sozio-ökonomischer Status'. Im vorliegenden Buch wird daher häufig von 'sozio-ökonomischen Unterschieden' gesprochen. Da eine ständige Wiederholung dieser beiden Begriffe den Lesefluß eher behindert als fördert, wird gleichbedeutend jedoch auch der Begriff 'soziale Schicht' verwendet.

1) Bildung

Nach dem Vorschlag der 'Arbeitsgruppe Epidemiologische Methoden' (Jöckel et al. 1998) sollte das Merkmal 'Bildung' mit Hilfe der beiden folgenden Variablen erfaßt werden:
- Schulische Bildung (höchster allgemeinbildender Schulabschluß)
- Berufliche Ausbildung (höchster Abschluß einer beruflichen Ausbildung)

In den alten Bundesländern lassen sich die drei folgenden Grundtypen der schulischen Bildung unterscheiden:
- Abschluß der Hauptschule nach dem 9. Schuljahr
- Abschluß der Realschule mit der Mittleren Reife nach dem 10. Schuljahr
- Abschluß des Gymnasiums mit dem Abitur nach dem 13. Schuljahr

Als Sonderform ist noch die Fachhochschul- oder eingeschränkte Reife mit dem Abschluß des Gymnasiums nach dem 12. Schuljahr zu nennen.

In der DDR wurde zwischen den beiden folgenden Grundtypen unterschieden:
- Abschluß der Polytechnischen Oberschule (POS) nach dem 10. Schuljahr
- Abschluß der Erweiterten Oberschule mit dem Abitur nach dem 12. Schuljahr

Als Sonderform ist noch die an die POS anschließende 'Berufsausbildung mit Abitur' mit einem Abschluß nach dem 13. Schuljahr zu nennen. Bis zur Schulreform Anfang der 60er Jahre gab es in der DDR auch den Volksschulabschluß.

Während das System der schulischen Bildung noch relativ überschaubar ist, bietet das System der beruflichen Ausbildung ein sehr kompliziertes Bild. Die in den alten Bundesländern und in der DDR möglichen beruflichen Ausbildungen lassen sich jedoch in vier Grundtypen unterteilen:
- Abschluß einer beruflich-schulischen oder beruflich-betrieblichen Ausbildung
- Abschluß einer Fachschule
- Abschluß einer Fachhochschule
- Abschluß einer Hochschule oder Universität

a) Schulische Bildung

Sowohl für die schulische Bildung als auch für die berufliche Ausbildung ergibt sich somit jeweils eine relativ klare Rangordnung. In den empirischen Studien zur gesundheitlichen Ungleichheit wird jedoch zumeist nur nach der *schulischen*

Bildung unterschieden. In dem Statistischen Jahrbuch für die Bundesrepublik Deutschland wird die prozentuale Verteilung der Schulabschlüsse in der Bevölkerung beschrieben (vgl. Tabelle 1).

Tabelle 1: Verteilung der Schulbildung

	Abgeschlossene Schulbildung (in %)					
	noch ohne Abschl.	Volks-, Hauptschule	POS	Realschule oder gleichwert.	Fachhochschul-, Hochschulreife	
Alte Bundesl.						
Männer	4,2	55,4	0,5	18,4	21,5	100,0
Frauen	3,8	57,5	0,5	23,5	14,7	100,0
Neue Bundesl.						
Männer	4,9	32,2	37,4	9,0	16,5	100,0
Frauen	4,5	41,3	33,3	9,2	11,7	100,0

Stichprobe: 30,6 Mill. Männer und 32,8 Mill. Frauen ab 15 Jahren
Datenbasis: Befragung 1995 (Mikrozensus)
Quelle: Statistisches Bundesamt 1996

Wichtig ist hier vor allem die Feststellung, daß in den alten Bundesländern über 50% der Bevölkerung einen Volks- oder Hauptschulabschluß aufweisen. Wenn der Zusammenhang zwischen Schulabschluß und Gesundheitszustand untersucht wird, wird in der unteren sozialen Gruppe (d.h. Personen mit Volks- oder Hauptschulabschluß) also mehr als die Hälfte der Bevölkerung zusammengefaßt. Die 'untere soziale Schicht' läßt sich daher auf diesem Wege kaum erfassen. Ähnlich häufig ist die untere Schulbildung (Abschluß der POS, Volksschulabschluß bis Anfang der 60 Jahre) auch in den neuen Bundesländern

b) Kombination von schulischer Bildung und beruflicher Ausbildung

Die Frage, wie sich beide Bildungsabschlüsse kombinieren und anschließend in eine hierarchische Rangfolge bringen lassen, d.h. die Frage nach einer Gesamt-Hierarchie des Merkmals 'Bildung', ist nicht leicht zu beantworten. Nach dem Vorschlag der 'Arbeitsgruppe Epidemiologische Methoden' sollten Werte zwischen 1 und 8 vergeben werden, wobei der Wert 1 die unterste Bildungsstufe (weder ein schulischer noch ein beruflicher Bildungsabschluß) und der Wert 8 die oberste Bildungsstufe (Universitätsabschluß unabhängig vom Abschluß der schulischen Bildung) angibt (vgl. Tabelle 2).

Tabelle 2: Kombination schulischer Bildung und beruflicher Ausbildung

	Abschluß der schulischen Bildung				
Abschuß der berufl. Ausbildung	ohne Abschl.	9. Klasse	10. Klasse	12. Klasse Gymnasium	Abitur
kein Abschluß	1	2	3	5	6
schulisch/betrieblich [a]	3	3	4	5	6
Fachschule	-	4	5	6	6
Fachhochschule	-	-	7	7	7
Universität	-	-	8	8	8

a: beruflich-betrieblich oder beruflich-schulisch
Quelle: Jöckel 1998

Ein anderes mögliches Verfahren ist die Berechnung der 'Ausbildungsjahre' als Summe aus den Jahren der schulischen Bildung und der beruflichen Ausbildung; es wird in der Bundesrepublik jedoch nur sehr selten angewendet. Um das Problem des Sitzenbleibens in den Griff zu bekommen, sollte vorher festgelegt werden, wieviele Ausbildungsjahre für jede Kombination von Abschlüssen angenommen werden. In ihrer Untersuchung über den Zusammenhang zwischen Bildung und Ernährungsverhalten schlagen B. Kußmaul et al. (1995) für die Kombination der Angaben zum höchsten Bildungsabschluß und zum höchsten beruflichen Abschluß 8 bis 17 Ausbildungsjahre vor (vgl. Tabelle 3). Die Verteilung der Ausbildungsjahre sieht bei den Befragten (45- bis 64jährige Männer in Augsburg) wie folgt aus: 12,3% weisen 8 Jahre, 54,8% weisen 10 Jahre, 20,4% weisen 11-13 Jahre und 12,5% weisen 15 oder mehr Ausbildungsjahre auf.

Tabelle 3: Berechnung der Ausbildungsjahre

	Höchster Schulabschluß			
Höchster berufsbildender Abschluß	Haupt-, Volksschule	Mittlere Reife	Abitur, Fachabitur	Hoch-schule
kein Abschluß	8	10	13	17
Berufsschule, Lehre	10	11	13	17
Fach-, Techniker-, Meisterschule	12	13	13	17
Ingenieurschule	15	15	15	17

Quelle: Kußmaul et al. 1995

2) Beruflicher Status

Der Begriff 'Status' drückt die Einordnung in eine Hierarchie aus. Entsprechend besagt der Begriff 'beruflicher Status', daß die Berufe in eine hierarchische Reihenfolge gebracht werden können, und daß damit auch jeder Berufstätige eine Position in dieser Hierarchie inne hat. Beim Merkmal 'Bildung' und beim Merkmal 'Einkommen' ist die hierarchische Reihenfolge offensichtlich. Aber wie soll die Vielzahl der Berufe in eine hierarchische Ordnung gebracht werden, ohne dabei auf die Merkmale 'Bildung' und 'Einkommen' zurückzugreifen? Wenn die Einteilung von Berufen nur auf Angaben zur Bildung und/oder zum Einkommen beruht, könnte man diese beiden Angaben auch direkt verwenden, d.h. ohne den 'Umweg' über den Beruf. Selbstverständlich können Berufe auch als Ausdruck der *horizontalen* sozialen Ungleichheit angesehen werden; dann würde die Notwendigkeit einer hierarchischen Einordnung entfallen. In dem vorliegenden Buch steht jedoch die *vertikale* soziale Ungleichheit im Vordergrund, und damit auch die Frage, wie sich Berufe in 'oben und unten' einteilen lassen. Zur Beantwortung der Frage müssen die beiden folgenden Begriffe unterschieden werden:

- Berufliche Tätigkeit: Derzeit oder früher ausgeübte berufliche Tätigkeit
- Berufliche Stellung: Einordnung in Berufsgruppen (Angestellte, Arbeiter etc.)

a) Berufliche Tätigkeit

Bei einer Bevölkerungsbefragung sollte die Variable 'berufliche Tätigkeit' sehr genau erfaßt werden. Die 'Arbeitsgruppe Epidemiologische Methoden' (Hoffmeyer-Zlotnik 1998, Jöckel et al. 1998) schlägt vor, eine Klartext-Antwort auf die drei folgenden Fragen zu erbitten:

- Welche berufliche Tätigkeit üben Sie aus?
- Bitte beschreiben Sie die berufliche Tätigkeit genau.
- Hat dieser Beruf noch einen besonderen Namen?

Die Verschlüsselung dieser Klartext-Antwort erfordert einen relativ großen Zeitaufwand. Die detaillierten Auskünfte sind jedoch erforderlich, um die Angaben zur beruflichen Tätigkeit anschließend in die national und international üblichen Standardklassifikationen von Berufen einordnen zu können, z.B. in die 'International Standard Classification of Occupations (ISCO)'.

Auf Grundlage der Standardklassifikationen sind Rangskalen der Berufe nach dem Kriterium 'soziales Ansehen' entwickelt worden. In den 70er Jahren fand z.B. eine große internationale Bevölkerungsbefragung statt, bei der die Befragten gebeten wurden, insgesamt 509 verschiedene Berufe hinsichtlich des sozialen Ansehens zu bewerten (Hoffmeyer-Zlotnik 1998). Die daraus resultierende Prestige-Skala der Berufe ist als 'Treiman-Skala' bekannt geworden (Treiman 1977) und bildet noch heute die Grundlage für viele empirische Analysen. In einer Übersicht über die Instrumente zur Bestimmung des beruflichen Prestiges, die in der Bundesrepublik eingesetzt werden können und auf Angaben zur beruflichen Tätigkeit beruhen, nennt Ch. Wolf (1995) neben der Skala von Treiman auch noch die Skala von B. Wegener (Wegener 1988). Beide basieren auf der 'International Standard Classification of Occupations (ISCO)'.

Aus den Angaben zur beruflichen Tätigkeit läßt sich mit Hilfe dieser Prestige-Skalen also ein beruflicher Status bestimmen, der nicht auf Angaben zur Bildung oder zum Einkommen beruht, sondern auf dem sozialen Ansehen eines Berufes. In der Gesundheitsforschung werden diese Skalen bisher jedoch sehr selten verwendet, vermutlich weil der Zeitaufwand für die Verschlüsselung der Klartext-Antwort zu groß erscheint. Es wäre jedoch zweifellos sehr interessant, die Beziehung zwischen dem sozialen Ansehen eines Berufs einerseits und dem Gesundheitszustand der in diesem Beruf Beschäftigten andererseits zu analysieren.

Neben diesen Prestige-Skalen existieren selbstverständlich noch diverse andere Vorschläge zur Kategorisierung von beruflichen Tätigkeiten. Sie werden hier nicht ausführlicher beschrieben, weil sie entweder darauf beruhen, daß die Tätigkeiten anhand der dafür erforderlichen Bildung und des damit erzielten Einkommens geordnet werden, oder weil sie keine klare Hierarchie erkennen lassen. Zur Verdeutlichung der Stärken und Schwächen dieser Skalen sollen hier jedoch Ergebnisse aus empirischen Arbeiten zur gesundheitlichen Ungleichheit vorgestellt werden.

Die Auswertungen beruhen auf den Daten der DHP-Studie aus den Jahren 1984/86, 1987/88 und 1990/91 (vgl. Kapitel II-1c). U. Helmert (1996) untersucht die Verteilung der kardiovaskulären Risikofaktoren bei den Teilnehmern, die zum Zeitpunkt der Befragung oder früher erwerbstätig waren. Die Teilnehmer wurden gebeten, ihre derzeitige bzw. ihre zuletzt ausgeübte berufliche Tätigkeit im Klartext anzugeben. Eine anschließende Verschlüsselung und Gruppierung dieser Angaben nach einem Schema von H.-P. Blossfeld (1989) ergab, daß bei Männern mit 22,2% die 'qualifizierten manuellen Berufe' und bei Frauen mit 24,0% die 'qualifizierten kaufmännischen und Verwaltungsberufe' am häufigsten vertreten sind (vgl. Tabelle 4). Wichtig ist hier jedoch vor allem die Feststellung, daß die Gruppen nur schwer in eine klare Hierarchie einzuordnen sind. H.-P. Blossfeld (1989) hat versucht, entsprechend der „durchschnittlichen schulischen und beruflichen Vorbildung sowie der beruflichen Aufgabengebiete" (S. 60) möglichst homogene Berufsgruppen zu bilden. Sein Ziel war es also nicht, den beruflichen Status zu bestimmen. Selbstverständlich ist es dennoch wichtig, Angaben zum Gesundheitszustand und zu den kardiovaskulären Risikofaktoren für diese Berufsgruppen zu analysieren. Die Gruppen sind jedoch eher ein Abbild der horizontalen als der vertikalen sozialen Ungleichheit.

Tabelle 4: Gruppen der beruflichen Tätigkeit nach Blossfeld

Berufsgruppe	Beispiel	in Prozent Männer	Frauen
Manager	Geschäftsführer, Verw.leiter	6,2	1,8
'Professionen'	Arzt, Richter	3,8	1,7
Ingenieure	Architekt, Bauingenieur	5,5	0,5
'Semiprofessionen'	Real- und Hauptschullehrer	3,3	10,7
Techniker	Techniker, Werkmeister	7,1	2,1
Qualifiz. kaufm.-/Verw.- Berufe	Einzelhandelskaufmann/frau	15,4	24,0
Qualifizierte Dienste	Polizist, Krankenpflegerin	5,9	8,7
Qualifizierte manuelle Berufe	Lackierer, Schneiderin	22,2	4,6
Einfache kaufm.-/Verw.- Berufe	Verkäufer, Sekretärin	3,3	20,2
Einfache Dienste	Pförtner, Kellnerin	10,6	11,7
Einfache manuelle Berufe	Hilfsarbeiter, Packer	11,5	10,4
Agrarberufe	Landwirt, Gärtner	3,3	3,1
ohne genauere Angabe	-	1,9	0,5
		100,0	100,0

Stichprobe: 17.569 Männer und 17.403 Frauen (alte Bundesländer, 25-69 Jahre, Deutsche)
Datenbasis: Befragung 1984/86, 1987/88 und 1990/91 (DHP-Studie)
Quelle: Helmert 1996

b) Stellung im Beruf

Die Variable 'Stellung im Beruf' wird - im Unterschied zur Variablen 'berufliche Tätigkeit' - mit einer geschlossenen Frage (d.h. durch Ankreuzen von Antwortvorgaben) erfaßt; die Angaben sind daher erheblich einfacher auszuwerten. Nach dem Vorschlag der 'Arbeitsgruppe Epidemiologische Methoden' (Jöckel et al. 1998) sollen die folgenden beruflichen Stellungen unterschieden werden:

- Selbständige Landwirte
  (unterteilt nach der Größe der landwirtschaftlich genutzten Fläche)
- Akademiker im freien Beruf (Arzt, Anwalt mit eigener Praxis etc.)
  (unterteilt nach Anzahl der Mitarbeiter)
- Selbständige in Handel, Gewerbe, Handwerk, Industrie, Dienstleistung
  (unterteilt nach Anzahl der Mitarbeiter)
- Beamte, Richter, Berufssoldaten
  (unterteilt nach einfachem, mittlerem, gehobenem und höherem Dienst)
- Angestellte
  (unterteilt nach dem Grad der Entscheidungsbefugnis)
- Arbeiter
  (unterteilt nach dem Grad der Entscheidungsbefugnis)

Mit dieser Liste läßt sich also ohne großen Zeitaufwand eine Hierarchie von beruflichen Stellungen bilden, zumindest *innerhalb* der sechs Hauptgruppen

(Selbständige Landwirte, Akademiker im freien Beruf, Selbständige im Handel etc., Beamte/Richter/Berufssoldaten, Angestellte, Arbeiter). Der Preis, der für diese Vereinfachung gezahlt werden muß, ist jedoch hoch. Zum einen werden häufig nur ca. 25 berufliche Stellungen unterschieden (Ahrens et al. 1998); in Anbetracht der Vielzahl von Berufen bleibt diese Einteilung daher relativ grob. Zum anderen stellt sich die Frage, ob und wie die ca. 25 beruflichen Stellungen in eine Gesamt-Hierarchie gebracht werden können. Den Wissenschaftler interessiert zumeist weniger die Hierarchie innerhalb einer Hauptgruppe, sondern die Hierarchie zwischen allen erfaßten beruflichen Stellungen.

Es wurden einige Vorschläge dafür entwickelt, wie die Angaben zur beruflichen Stellung auch über mehrere Hauptgruppen hinweg in eine hierarchische Reihenfolge gebracht werden können. Die vorgeschlagenen Instrumente beruhen z.B. auf den folgenden Überlegungen (Wolf 1995, Hoffmeyer-Zlotnik 1998):
- Die beruflichen Stellungen lassen sich in eine Rangfolge bringen, wenn sie nach Schulbildung, beruflicher Ausbildung, Einkommen und/oder Hausbesitz der Personen, die in dieser beruflichen Stellung beschäftigt sind, sortiert werden.
- Wenn die Beschäftigten gefragt werden, ob sie ihre berufliche Stellung niedriger, gleich hoch oder höher einschätzen als die berufliche Stellung ihres Vaters, läßt sich daraus das Prestige der beruflichen Stellungen errechnen.
- Nach dem Kriterium 'Autonomie des Handelns' läßt sich zumindest für die abhängig Beschäftigten (vgl. die Hauptgruppen Beamte/Richter/Berufssoldaten, Angestellte, Arbeiter) eine gemeinsame hierarchische Ordnung aufstellen.

In der Gesundheitsforschung werden diese Instrumente jedoch kaum verwendet, vermutlich weil sie dort wenig bekannt sind.

Die einfachste und zugleich wissenschaftlich unbefriedigendste Antwort auf die Frage, wie sich die Angaben zur 'Stellung im Beruf' in eine hierarchische Ordnung bringen lassen, ist die bloße Unterscheidung zwischen Arbeitern und Angestellten. Damit werden zwar Beschäftigte aus immerhin zwei Hauptgruppen erfaßt, aber die Abgrenzung zwischen diesen beiden Hauptgruppen wird heute immer künstlicher. Die hierarchischen Unterschiede sind *innerhalb* der Arbeiter- bzw. der Angestellten-Hauptgruppe weit größer als *zwischen* ihnen. In den amtlichen Berichten wird jedoch zumeist nur zwischen Arbeitern und Angestellten unterschieden (z.B. Statistisches Bundesamt 1996), auch in den Berichten mit Angaben zum Gesundheitszustand (z.B. Statistisches Bundesamt 1992). Für wissenschaftliche Analysen zur gesundheitlichen Ungleichheit ist diese grobe Unterteilung jedoch wenig tragfähig. Die Verteilung der Vollzeit-Erwerbstätigen nach der beruflichen Stellung (vgl. Tabelle 5) zeigt zudem deutlich, daß die Gruppen der Arbeiter und der Angestellten so groß sind, daß auf dieser Grundlage keine differenzierte Analyse der sozialen Ungleichheit möglich ist.

Tabelle 5: Verteilung der beruflichen Stellung

	Stellung im Beruf (in %)				
	Selbständige	Beamte	Angestellte [a]	Arbeiter [a]	
Alte Bundesländer					
Männer	9,6	10,6	36,2	43,6	100,0
Frauen	5,7	5,9	66,1	22,3	100,0
Neue Bundesländer					
Männer	8,0	3,5	32,4	56,1	100,0
Frauen	4,8	1,1	72,2	21,9	100,0

a: einschließlich Auszubildende
Stichprobe: 18,6 Mill. Männer und 9,0 Mill. Frauen (Vollzeit-Erwerbstätige)
Datenbasis: Befragung 1994 (Mikrozensus)
Quelle: Statistisches Bundesamt 1996

Eine wichtige Grundlage für die empirischen Analysen zur gesundheitlichen Ungleichheit bilden die Daten der DHP-Studie (vgl. Kapitel II-1c). Bei den Auswertungen der DHP-Studie werden verschiedene Versuche unternommen, um mit Hilfe der Angaben zur 'Stellung im Beruf' den sozialen Status der Befragten zu definieren. In einigen Arbeiten werden dabei nur die in Tabelle 5 genannten Hauptgruppen unterschieden (Hoffmeister et al. 1992). In anderen Arbeiten werden vier (Helmert et al. 1990) oder fünf (Claßen 1994) differenzierte Gruppen gebildet; in der letztgenannten Arbeit z.B. die folgenden:
- Ungelernte Arbeiter, Beamte im einfachen Dienst (untere Schicht)
- Angestellte mit einfacher Tätigkeit (untere Mittelschicht)
- Facharbeiter, Beamte im mittleren Dienst (mittlere Mittelschicht)
- Angestellte mit qualifizierter Tätigkeit, Beamte im gehobenen Dienst, Selbständige mit weniger als 10 Mitarbeitern (obere Mittelschicht)
- Angestellte mit hochqualifizierter Tätigkeit oder Leitungsposition, Akademiker, Angestellte mit umfassenden Führungsaufgaben, Beamte im höheren Dienst, Selbständige mit 10 oder mehr Mitarbeitern (obere Schicht)

Die fehlende Übereinstimmung zwischen den verschiedenen Arbeiten in bezug auf die Definition des sozialen Status unterstreicht erneut, wie schwierig die Angaben zur 'Stellung im Beruf' zu handhaben sind.

3) Einkommen

In der Diskussion über Art und Ausmaß der sozialen Ungleichheit interessiert beim Thema 'Einkommen' vor allem die Einkommens-Armut (wenn im folgenden der Begriff 'Armut' verwendet wird, ist damit immer die Einkommens-Armut gemeint). Es besteht keine Einigkeit in der Frage, wer arm ist und wie viele Personen bzw. Familien arm sind.

> „Auch die Wissenschaft kann der Politik mit keinem allgemeingültigen Konzept zur Armut dienen. Die Wissenschaft wäre überfordert, würde man

von ihr etwa die Entwicklung eines Gewichtungsschemas fordern, das alle die verschiedenen armutsrelevanten Lebensbereiche in einem einzigen Indikator vereint und mit einer einzigen Maßzahl die individuelle Armutslage beschreibt“ (Eggen 1998, S. 17).

In Anbetracht dieser Problematik werden in der Bundesrepublik vor allem aus pragmatischen Gründen zumeist zwei unterschiedliche Maße zur Definition von Armut verwendet, und zwar der Bezug von Sozialhilfe einerseits und ein Haushalts-Nettoeinkommen von maximal 50% des durchschnittlichen Haushalts-Nettoeinkommens andererseits (vgl. Kapitel I-3; Hanesch et al. 1994, Jöckel et al. 1998). Einige Politiker lehnen diese Armuts-Definitionen zwar ab (vgl. Kapitel IV-3a), in der wissenschaftlichen Diskussion wird die Aussagekraft der beiden Maße jedoch nicht angezweifelt.

a) Sozialhilfe

Die Sozialhilfe hat die Aufgabe, einkommensschwachen Personen ein Leben zu ermöglichen, „das der Würde des Menschen entspricht“ (§ 1 Bundessozialhilfegesetz). Die Sozialhilfe soll daher nicht nur gewährleisten, daß die physische Existenz gesichert ist, sondern sie soll auch die Teilnahme am sozialen und kulturellen Leben ermöglichen. Im Jahr 1993 erhielten in der Bundesrepublik insgesamt 5.017.278 Personen Leistungen der Sozialhilfe (Statistisches Bundesamt 1995). Der Anteil der Sozialhilfe-Empfänger an der Gesamtbevölkerung betrug in den alten Bundesländern 6,5% (4.268.677 Empfänger) und in den neuen Bundesländern 4,8% (748.601 Empfänger). In den alten Bundesländern hat der Anteil der Sozialhilfe-Empfänger an der Gesamtbevölkerung erheblich zugenommen: 1970 betrug er 2,5%, 1980 war er auf 3,5% angestiegen, 1990 auf 5,9% und 1993 erreichte er 6,5%. Bei Ausländern war der Anstieg noch ausgeprägter: 1970 betrug er 0,8%, 1980 war er auf 3,6% angestiegen, 1990 auf 14,9% und 1993 erreichte er 19,0%. Entgegen der manchmal geäußerten Vermutung läßt sich der Anstieg der Sozialhilfe-Quote nicht mit einer Zunahme der mißbräuchlichen Inanspruchnahme erklären (Hanesch/Schütte 1993).

Bei der Sozialhilfe wird unterschieden zwischen Zahlungen an Personen *außerhalb* von Einrichtungen und Zahlungen an Personen *innerhalb* von Einrichtungen (z.B. Alten- und Pflegeheimen). Die bundesweiten Ausgaben für Sozialhilfe betrugen 1993 insgesamt ca. 43.036 Mill. DM; davon entfielen 58% auf Empfänger innerhalb und 42% auf Empfänger außerhalb von Einrichtungen. Des weiteren wird unterschieden zwischen der *'Hilfe zum Lebensunterhalt'* (38% der gesamten Ausgaben für Sozialhilfe im Jahr 1993) und der *'Hilfe in besonderen Lebenslagen'* (62% der Ausgaben). Inhaltlich hängen beide Unterteilungen eng zusammen: 1993 wurde die 'Hilfe zum Lebensunterhalt' zu 92% an Personen außerhalb von Einrichtungen gezahlt, und die 'Hilfe in besonderen Lebenslagen' zu 89% an Personen innerhalb von Einrichtungen. Bei der 'Hilfe zum Lebensunterhalt' wird weiter unterschieden zwischen den *'laufenden Leistungen'* (z.B. für Ernährung, Heizung und Körperpflege) und den *'einmaligen Leistungen'* (z.B. für Beschaffung und Instandhaltung von Hausrat, Kleidung und Schuhen). Die 'laufenden Leistungen' machten 1993 dabei mit 85% den Hauptteil der Leistungen für die 'Hilfe zum Lebensunterhalt' außerhalb von Einrichtungen aus.

Die *'laufende Hilfe zum Lebensunterhalt'* ist von besonderer Bedeutung, da sie häufig als Indikator zur Beschreibung der Armut in Deutschland herangezogen wird. Die Zahl der Empfänger von 'laufender Hilfe zum Lebensunterhalt außerhalb von Einrichtungen am Jahresende' hat in den letzten 15 Jahren erheblich zugenommen, bei Deutschen auf das 2,5fache und bei Ausländern auf das 6fache (Seewald 1998). Der Anstieg hat sich nach der Wiedervereinigung beschleunigt, war jedoch schon vorher klar erkennbar. Die laufende Hilfe zum Lebensunterhalt richtet sich nach 'Regelsätzen'. Von den zuständigen Landesbehörden wird ein 'Eckregelsatz' festgelegt, er soll die notwendigen Ausgaben für Ernährung, Heizung, Körperpflege etc. abdecken. Seine Höhe unterscheidet sich zwischen Bundesländern und Kommunen: 1992 betrug er im bundesdeutschen Durchschnitt 509,- DM; am niedrigsten war er mit 494,- DM in Sachsen und am höchsten mit 519,- DM in Berlin-West und in Schleswig-Holstein (Statistisches Bundesamt 1995). Der Eckregelsatz gilt für Alleinstehende und Haushaltsvorstände. Die Regelsätze für weitere Haushaltsmitglieder ergeben sich als Prozentsatz vom Eckregelsatz; für eine zweite Person im Haushalt ab 19 Jahren beträgt der Regelsatz z.B. 80% des Eckregelsatzes. Bestimmte Personengruppen, bei denen auf Grund ihrer persönlichen Lebenssituation ein besonders hoher Bedarf besteht (z.B. bei werdenden Müttern und bei Diabetikern), können 'Mehrbedarfs-Zuschläge' erhalten. Eine Zusammenfassung der 'Hilfe zum Lebensunterhalt' - Zahlungen pro Haushaltstyp aus dem Jahr 1994 verdeutlicht, daß die Empfänger in der Tat mit sehr wenig Geld auskommen müssen (vgl. Tabelle 6).

R. Hauser (1997a) hat für die alten Bundesländer errechnet, wie sich der Anteil der Empfänger von Hilfe zum Lebensunterhalt zwischen 1963 und 1992 verändert hat. Die alters- und geschlechtsspezifischen Analysen zeigen deutlich, daß die Armut in den letzten 20 Jahren vor allem bei Kindern und Jugendlichen beträchtlich zugenommen hat (vgl. Abbildung 1).

Tabelle 6: Hilfe zum Lebensunterhalt pro Haushalt

	Zahlungen pro Monat (in DM)				
	Regel-Satz	Mehr-Bedarf	Unter-kunft	Einmalige Leistungen	Summe
Alte Bundesländer					
Alleinlebende Erwachsene	519	-	474	83	1.076
Ehepaar ohne Kind	934	-	637	154	1.725
Ehepaar mit 1 Kind	1.270	-	741	221	2.232
Ehepaar mit 3 Kindern	1.942	-	885	355	3.182
Alleinerz. & 1 Kind bis 7 J.	804	208	637	140	1.789
Neue Bundesländer					
Alleinlebende Erwachsene	502	-	293	80	875
Ehepaar ohne Kind	904	-	378	149	1.431
Ehepaar mit 1 Kind	1.229	-	442	214	1.885
Ehepaar mit 3 Kindern	1.879	-	557	344	2.780
Alleinerz. & 1 Kind bis 7 J.	778	201	378	135	1.492

Keine Angabe: „Zahlenwert nicht vorhanden bzw. Aussage nicht sinnvoll".
Datenbasis: Statistiken aus dem Bundesministerium für Gesundheit
Quelle: Antwort der Bundesregierung 1995 (S. 19)

Abbildung 1: Empfänger von 'Hilfe zum Lebensunterhalt'

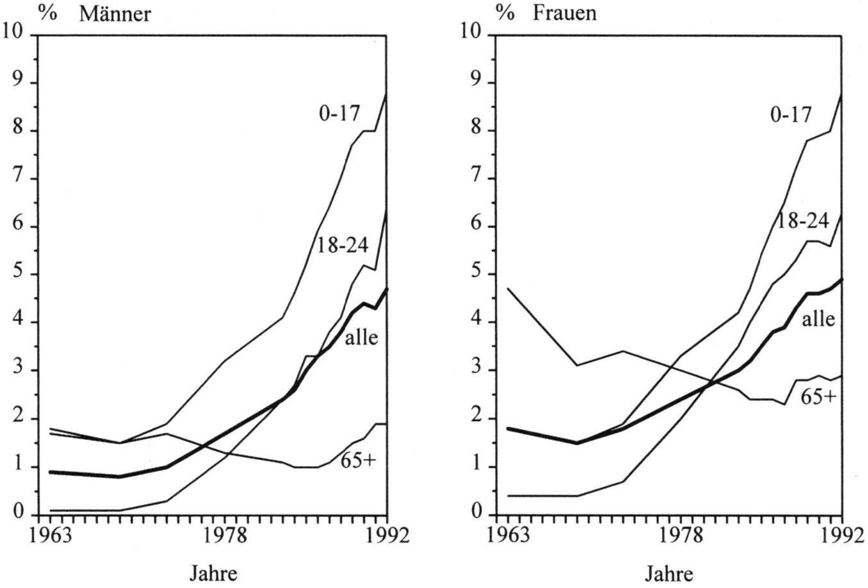

In Prozent der Bevölkerung in der jeweiligen Alters- und Geschlechtsgruppe
Datenbasis: Sozialhilfe-Statistiken
(Empfänger außerhalb von und in Einrichtungen, alte Bundesländer)
Quelle: Hauser 1997a (eigene Darstellung)

Obwohl aktuellere Daten zur Verfügung stehen, enthält die obige Darstellung nur Angaben bis einschließlich 1992. Diese Beschränkung ist vor allem darin begründet, daß ab dem Berichtsjahr 1994 Änderungen in der Sozialhilfe-Statistik vorgenommen wurden, die einen Vergleich mit früheren Jahren erheblich erschweren (Statistisches Bundesamt 1997). Es ist vor allem kaum möglich, die in Abbildung 1 erkennbare Entwicklung auch für die nachfolgenden Jahre weiter zu verfolgen.

b) Verdeckte Armut

Beim Indikator 'Sozialhilfe' darf nicht übersehen werden, daß relativ viele Personen, die ein Anrecht auf Unterstützung durch Sozialhilfe besitzen, dieses Recht nicht in Anspruch nehmen. Das Ausmaß dieser 'verdeckten Armut' ist nur in Umrissen bekannt (Hauser 1997a). In einer Zusammenfassung schreibt z.B. R. Hauser (1997b, S. 540): „Seit dem Ende der 70er Jahre liegen (...) verschiedene Schätzungen vor, die zeigen, daß auf zwei Sozialhilfe-Empfänger (nur 'Hilfe zum Lebensunterhalt') nochmals ein bis zwei Berechtigte kommen, die ihre Ansprüche nicht geltend machen".

Die m.W. genaueste Schätzung wurde kürzlich vom Institut für Sozialberichterstattung & Lebenslagenforschung (ISL) vorgelegt (Neumann/ Hertz 1998). Als 'verdeckt arm' werden dort die Personen definiert, die ihren Anspruch auf *laufende Hilfe zum Lebensunterhalt* nicht geltend machen. Die Schätzungen beruhen auf den Daten des Sozio-ökonomischen Panels aus den Jahren 1991 und 1995, d.h. auf einer umfangreichen Befragung von repräsentativ ausgewählten Personen (vgl. Kapitel II-1b). Mit Hilfe von Angaben zum Haushalts-Einkommen und zur Größe und Zusammensetzung des Haushaltes war es möglich, den Anspruch auf laufende Hilfe zum Lebensunterhalt zu schätzen und mit der tatsächlichen Inanspruchnahme zu vergleichen. Die Ergebnisse für das Jahr 1995 sind in Tabelle 7 wiedergegeben. Demnach sind von den Personen, die nicht in Einrichtungen leben, insgesamt 3,2% (alte Bundesländer) bzw. 4,2% (neue Bundesländer) 'verdeckt arm'. Besonders groß ist die verdeckte Armut bei Kindern zwischen 7 und 17 Jahren, bei Alleinerziehenden und bei Ausländern, also bei den Bevölkerungsgruppen, bei denen schon nach der offiziellen Sozialhilfe-Statistik die Armut besonders weit verbreitet ist.

Die Dunkelziffer (d.h. der Anteil der anspruchsberechtigten Personen, die ihren Anspruch nicht geltend machen) wird für die alten Bundesländer mit 48,5% und für die neuen Bundesländer mit 70% angegeben. Für die Bundesrepublik insgesamt ergibt sich somit eine Dunkelziffer von 52,3% (Neumann/Hertz 1998). Eine Dunkelziffer von 52% bedeutet, daß von insgesamt 100 Anspruchsberechtigten 52 ihren Anspruch nicht geltend machen. Als grobe Annäherung kann demnach davon ausgegangen werden, daß auf jeden

Empfänger von laufender Hilfe zum Lebensunterhalt noch eine weitere Person kommt, die diese Hilfe ebenfalls bekommen könnte.

Tabelle 7: Verdeckte Armut

	Verdeckte Armut[a] (Angaben in %)		
	Alte Bundesländer	Neue Bundesländer	Insgesamt
Nach Alter			
bis 6 Jahre	1,8	6,0	2,6
7 - 17 Jahre	4,9	6,6	5,4
18 - 59 Jahre	3,2	4,0	3,4
60 Jahre und älter	2,6	2,2	2,5
Nach Haushaltstyp [b]			
Alleinlebende	4,1	4,6	4,2
Paare ohne Kind	0,6	1,1	0,7
Alleinerziehende	6,7	10,8	7,5
Paare mit Kindern bis 16 Jahre	2,8	3,7	3,0
Nach Nationalität			
Deutsche	2,9	4,2	3,2
Ausländer	7,3	- [c]	7,3
Insgesamt	3,2	4,2	3,4

a: Anteil der Personen, die ein Anrecht auf laufende Hilfe zum Lebensunterhalt besitzen, dieses Recht aber nicht geltend machen (ohne Personen in Einrichtungen).
b: Auswahl von Haushaltstypen; c: zu geringe Fallzahl
Datenbasis: Befragung 1995 (Sozio-ökonomisches Panel)
Quelle: Neumann/Hertz 1998

c) Geringes Haushalts-Nettoeinkommen

Wenn der Anteil der Sozialhilfe-Empfänger zunimmt, muß dies nicht unbedingt heißen, daß mehr Personen als früher über ein sehr geringes Einkommen verfügen. Es ist auch möglich, daß die Einkommensgrenze für den Bezug von Sozialhilfe angehoben wurde. Eine Zunahme der Sozialhilfe-Empfänger würde dann nicht auf eine zunehmende Armut, sondern auf eine bessere staatliche Versorgung von einkommensschwachen Personen hinweisen. Denkbar wäre auch, daß ein größerer Anteil der Anspruchsberechtigten einen Antrag auf Sozialhilfe gestellt hat. Unklar bleibt beim Indikator 'Sozialhilfe' zudem, ob und wie eine Zunahme der Einkommensunterschiede in der Bevölkerung erfaßt wird. Wenn z.B. die Einkommen im Durchschnitt der Bevölkerung zunehmen, aber in den unteren Einkommensgruppen konstant bleiben, dann ist die 'relative Armut' der unteren Einkommensgruppen größer geworden. Eine derartige Entwicklung wird durch die Sozialhilfe-Statistik jedoch kaum erfaßt.

Um diese Interpretationsprobleme zu vermeiden, wird zur Beschreibung von Armut nicht nur der Empfang von Sozialhilfe, sondern auch das Einkommen selbst verwendet. Zumeist werden die Haushalte als arm bezeichnet, die über maximal 50% des durchschnittlichen Einkommens verfügen. Durch diese Definition wird betont, daß Armut nicht nur absolut, sondern auch relativ sein kann. Der Begriff '*absolute Armut*' beschreibt den lebensbedrohenden Mangel an materiellen Ressourcen wie Nahrung und Kleidung; diese extreme Form der Armut ist in der Bundesrepublik selten. Mit dem Begriff '*relative Armut*' wird dagegen die Situation von den Personen beschrieben, die über erheblich weniger finanzielle Mittel verfügen als die Mehrheit der Bevölkerung. Auch wenn sie nicht hungern oder frieren müssen, so geht ihre finanzielle Situation doch häufig mit besonders belastenden Lebensverhältnissen einher.

Relative Armut ist vergleichsweise weit verbreitet. In den meisten Studien wird sie definiert als ein Haushalts-Nettoeinkommen von maximal 50% des durchschnittlichen Haushalts-Nettoeinkommens. Die Berechnung ist relativ einfach: Zunächst wird das Nettoeinkommen aller Personen in einem Haushalt addiert und anschließend nach Anzahl und Alter der Haushaltsmitglieder gewichtet. Das Ergebnis dieser Berechnung wird als '*Äquivalenz-Haushalts-Nettoeinkommen*' oder einfach als '*Äquivalenz-Einkommen*' bezeichnet. Etwas vereinfacht formuliert drückt es aus, wieviel Geld pro Haushaltsmitglied zur Verfügung steht. Alle Personen, die in Haushalten leben, die über maximal 50% des durchschnittlichen Äquivalenz-Einkommens verfügen, werden anschließend als arm definiert. Zur Bestimmung des 'mittleren Einkommens' sollte dabei der Median der Einkommensverteilung verwendet werden, und nicht das arithmetische Mittel (Eggen 1998, S. 85). In der üblichen linksschiefen Einkommensverteilung wird das arithmetische Mittel durch die wenigen sehr hohen Werte 'nach rechts gezogen'. Das Median-Einkommen liegt daher unterhalb des arithmetischen Mittels, und entsprechend ergeben sich auf Basis des Medians auch kleinere Armutsquoten als auf Basis des arithmetische Mittels.

Mit der Gewichtung soll z.B. berücksichtigt werden, daß zwei Erwachsene mit weniger Geld auskommen können, wenn sie zusammenziehen, oder daß für die Versorgung eines 3jährigen Kindes zumeist weniger Geld benötigt wird als für die Versorgung eines 16jährigen Kindes. Die Gewichtungsfaktoren richten sich nach den Regelsatz-Abstufungen für die Hilfe zum Lebensunterhalt (vgl. Tabelle 8). Für einen Haushalt mit zwei Erwachsenen über 21 Jahren und einem Kind von 3 Jahren addieren sich die Gewichte z.B. zu einem Wert von 2,3 (1,0 + 0,8 + 0,5). Bei einem Haushalts-Nettoeinkommen von DM 4.500 würde sich also ein Äquivalenz-Einkommen von DM 1.956,52 (4.500 / 2,3) ergeben. Auf diese Weise läßt sich das Äquivalenz-Einkommen für jeden Haushalt berechnen, und damit auch der Mittelwert aller Äquivalenz-Einkommen.

Tabelle 8: Gewichtungsfaktoren für Äquivalenz-Einkommens

		Gewichtungsfaktor [a]
Haushaltsvorstand		1,00
Weitere Haushaltsmitglieder im Alter von:	0 - 7 Jahren [b]	0,50
	8 - 14 Jahren	0,65
	15 - 18 Jahren	0,90
	älter als 18 Jahre	0,80

a: Abstufung nach dem Bundessozialhilfegesetz (BSHG) für die Hilfe zum Lebensunterhalt
b: Für Kinder von Alleinerziehenden 0,55
Quelle: Hanesch et al. 1994 (S. 131)

In einer eigenen Auswertung der Daten aus dem Sozio-ökonomischen Panel von 1995 (vgl. Kapitel II-1b) wurden die monatlichen Äquivalenz-Einkommen für die Haushalte in den alten und neuen Bundesländern berechnet. Aus Platzgründen wird hier die Verteilung der Äquivalenz-Einkommen nur für die Haushalte in den alten Bundesländern wiedergegeben (vgl. Abbildung 2). Der Median des Äquivalenz-Einkommen beträgt 1.521,74 DM pro Monat; daraus ergibt sich eine Armutsgrenze von monatlich 760,87 DM (1.521,74 DM / 2). Alle Personen, die in diesen Haushalten leben, müssen demnach als einkommens-arm bezeichnet werden. Dabei kann es sich z.B. um die folgenden Haushalte handeln:

- ein Erwachsener mit einem Nettoeinkommen von maximal 760,87 DM
- ein Erwachsener mit einem 12jähiges Kind und einem Nettoeinkommen von maximal 1.255,44 DM
- zwei Erwachsene mit einem Nettoeinkommen von zusammen maximal 1.369.57 DM
- zwei Erwachsene mit einem 9jährigen und einem 12jährigen Kind und einem Nettoeinkommen von zusammen maximal 2.358,70 DM

Die Beispiele verdeutlichen, daß diese Haushalte in der Tat über ein äußerst begrenztes finanzielles Budget verfügen und zweifellos als einkommens-arm bezeichnet werden können.

Aus der in Abbildung 2 dargestellten Verteilung der Äquivalenz-Einkommen geht ebenfalls hervor, daß 6,8% (0,7% + 2,5% + 3,6%) dieser Haushaltsmitglieder über maximal die Hälfte des durchschnittlichen Äquivalenz-Einkommens verfügen, d.h. nach der obigen Definition einkommens-arm sind. In einigen Arbeiten wird auch eine Armutsgrenze von 40% bzw. von 60% des durchschnittlichen Äquivalenz-Einkommens verwendet (Habich/Noll 1997, Hanesch et al. 1994). In der Abbildung wird die 40%-Grenze durch den Wert 608,70 DM und die 60%-Grenze durch den Wert 913,04 DM markiert. Nach diesen Definitionen sind demnach 3,2% bzw. 12,9% der Haushaltsmitglieder einkommens-arm.

Abbildung 2: Einkommensverteilung in den alten Bundesländern

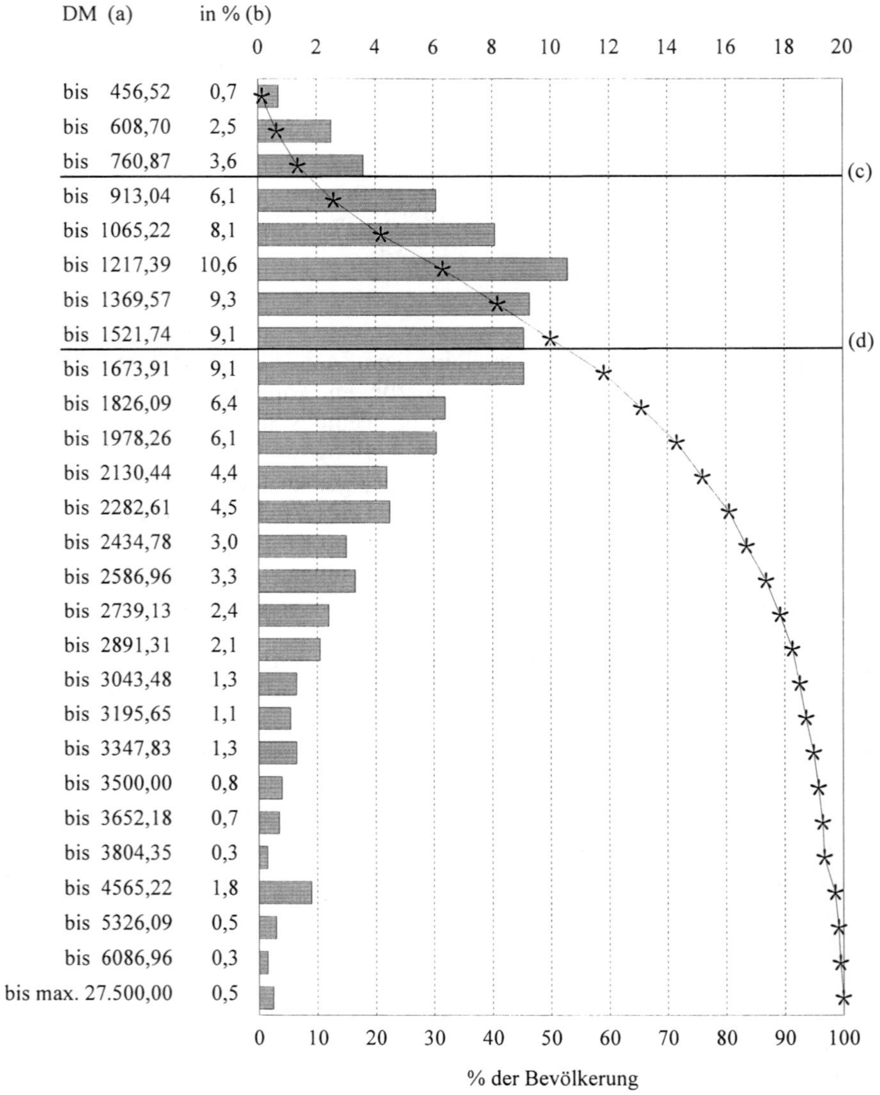

a: Äquivalenz-Haushalts-Nettoeinkommen pro Monat
Einteilung in Prozent vom Median (d.h. von 1.521,74 DM): von < 30% (456,52 DM) in 10%-Schritten bis zu bis 250% (3.804,35 DM), anschließend in 50%-Schritten
b: Anteil pro Einkommensgruppe (vgl. Balken und Prozentuierung *oberhalb* der Grafik)
Kumulierter Anteil (vgl. Kurve und Prozentuierung *unterhalb* der Grafik)
c: 50% vom Median (Armutsgrenze); d) Median des Äquivalenz-Einkommens
Stichprobe: 12.583 Männer und Frauen (alte Bundesländer, Deutsche und Ausländer)
Datenbasis: Befragung 1995 (Sozio-ökonomisches Panel)
Quelle: Mielck (neue Datenauswertung)

Am anderen Ende der Verteilung wird z.B. deutlich, daß 3,1% der Haushaltsmitglieder über ein Äquivalenz-Einkommen von mindestens 4.565,22 DM verfügen können, d.h. dem dreifachen Durchschnittseinkommen. Bei Bedarf kann jeder Leser die eigene Position in dieser Einkommensverteilung bestimmen.

Auch die Berechnung der Armut mit Hilfe des Haushalts-Nettoeinkommens ist selbstverständlich nicht frei von methodischen Problemen. Während über die Sozialhilfe-Statistik verläßliche und periodisch veröffentlichte Angaben über die Zahl der Sozialhilfe-Empfänger verfügbar sind (z.B. Neuhäuser 1995), müssen die Angaben zum Haushalts-Nettoeinkommen den verfügbaren Bevölkerungsbefragungen entnommen werden. Es sind jedoch nur wenige große Bevölkerungsbefragungen vorhanden, und bei ihnen können diverse methodische Probleme auftreten (Befragte können die Auskunft zum Einkommen verweigern, die Angaben zum Einkommen können ungenau sein etc.). Ein weiteres Problem entsteht dadurch, daß das Äquivalenz-Einkommen aus den Daten jeder Bevölkerungsbefragung erneut berechnet wird. Die Ergebnisse zum durchschnittlichen Einkommen, zur Armutsgrenze und zum Anteil der einkommens-armen Personen beziehen sich daher nur auf die jeweilige Befragung. Mit anderen Worten: Die Angaben zum Anteil der einkommens-armen Personen variieren von Studie zu Studie.

Eine Auswertung der Daten des Sozio-ökonomischen Panels (vgl. Kapitel II-1b) aus dem Jahr 1993 erbrachte für die *alten* Bundesländer eine 'Armutsquote' (Anteil der Personen mit maximal 50% des Äquivalenz-Einkommens) von 11% (Habich/Krause 1995). Dieser Anteil ist erheblich höher als der oben berichtete Anteil der Sozialhilfe-Empfänger von 6,5%, d.h. offenbar werden viele einkommens-arme Personen mit der Sozialhilfestatistik nicht erfaßt.

Die Berechnung der Armutsgrenze für die *neuen* Bundesländer ist auf verschiedenen Wegen möglich. Denkbar wäre z.B. die direkte Übernahme der Armutsgrenze aus den alten Bundesländern; dies würde für 1993 in den neuen Bundesländern zu einer Armutsquote von 24% führen. Sinnvoller wäre es jedoch, die kaufkraft-bereinigte Armutsgrenze aus den alten Bundesländern zu verwenden; nach dieser Korrektur würde sich für die neuen Bundesländer eine Armutsquote von 16% ergeben. Möglich wäre auch eine eigene Berechnung der Armutsgrenze auf Grundlage der Einkommen in den neuen Bundesländern; hier würde sich eine Armutsquote von 'nur' noch 6% ergeben. Innerhalb der neuen Bundesländer ist die Einkommens-Ungleichheit demnach nicht so groß wie innerhalb der alten. Die Armutsquote in den neuen Bundesländern wird jedoch immer größer (vgl. Tabelle 9), und es ist wohl nur noch eine Frage der Zeit, wann sie das gleiche Niveau wie in den alten Bundesländern erreicht haben wird. Der Wert, der mit der Armutsquote in den alten Bundesländern am besten vergleichbar ist, liegt vermutlich irgendwo zwischen 6% und 16%. Bezogen auf 1993 schlagen R. Habich und P. Krause (1995) vor, für die neuen Bundesländer einen Wert von 9% zu verwenden.

Abbildung 3: Verteilung der Einkommens-Armut

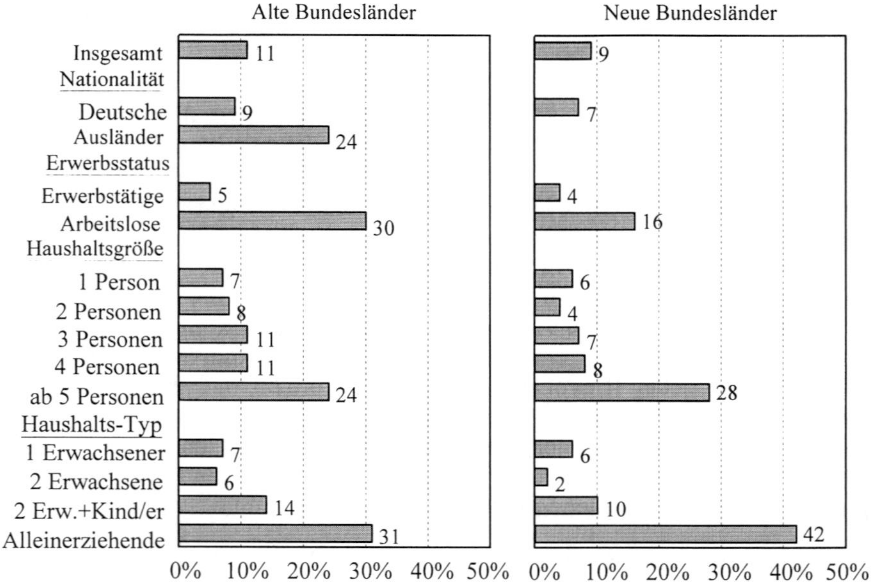

Armut: 50% oder weniger des Äquivalenz-Einkommens
(zu kleine Fallzahl bei Ausländern in den neuen Bundesländern)
Datenbasis: Befragung 1993 (Sozio-ökonomisches Panel)
Quelle: Habich/Krause 1995 (eigene Darstellung)

Die Aussage, daß 1993 in den alten Bundesländern 11% und in den neuen Bundesländern 9% der Bevölkerung als arm bezeichnet werden muß, läßt sich durch eine Unterscheidung nach Nationalität, Erwerbsstatus, Haushaltsgröße und Haushaltstyp noch weiter differenzieren. Danach sind in den alten Bundesländern vor allem die Ausländer und in beiden Teilen der Bundesrepublik vor allem die Arbeitslosen, die großen Familien und die Alleinerziehenden von Armut betroffen (vgl. Abbildung 3).

In einer jüngeren Auswertung auf Basis des Sozio-ökonomischen Panels (vgl. Kapitel II-1b) wurden die Daten von 1990 und 1995 ausgewertet (Habich/Krause 1997). Im Unterschied zu der oben dargestellten Auswertung von R. Habich und P. Krause (1995) werden hier zusätzlich zur 50%-Armutsgrenze auch die Armutsgrenzen von 40% und 60% des durchschnittlichen Äquivalenz-Einkommens berücksichtigt (vgl. Tabelle 9).

Tabelle 9: Von Armut Betroffene in den alten und neuen Bundesländern

	Armutsquote: alte Bundesländer [a] Armutsgrenze			Armutsquote: neue Bundesländer [a] Armutsgrenze		
	40%	50%	60%	40%	50%	60%
1990	3,9%	10,5%	18,5%	0,8%	3,5%	8,6%
1995	6,1%	13,0%	21,9%	3,1%	7,9%	13,0%
1995 / 1990	1,56	1,24	1,18	3,88	2,26	1,51

a: Anteil der Personen mit max. 40%, 50% oder 60% des Äquivalenz-Einkommens (getrennte Berechnung des Äquiv.-Einkommens für die alten und neuen Bundesländer)
Datenbasis: Befragung 1990-1995 (Sozio-ökonomisches Panel)
Quelle: Habich/Krause 1997 (S. 518)

Wie oben bereits angedeutet, könnte zur Berechnung der Armutsquoten in den *neuen* Bundesländern das kaufkraft-bereinigte Durchschnittseinkommen aus den *alten* Bundesländern verwendet werden. Dann würden sich 1995 für die neuen Bundesländer Armutsquoten von 5,3% (40%-Schwelle), 11,5% (50%-Schwelle) oder von 21,5% (60%-Schwelle) ergeben (Habich/Krause 1997, S. 519). Hier wird es jedoch für sinnvoller gehalten, bei der Berechnung der Armutsquoten in den neuen Bundesländern auch das Durchschnittseinkommen in den neuen Bundesländern zu Grunde zu legen. Dann wird deutlich, daß innerhalb der neuen Bundesländer die Armut seltener ist als innerhalb der alten Bundesländer, und auch daß die Armut in den neuen Bundesländern erheblich schneller wächst als in den alten.

Der Quotient aus den Armutsquoten für 1995 und 1990 gibt an, ob und um welchen Prozentsatz die Armutsquoten in diesem Zeitraum gestiegen sind. Die Ergebnisse sind eindeutig: 1995 war in beiden Teilen der Bundesrepublik ein erheblich größerer Anteil der Bevölkerung von Armut betroffen als 1990. In den alten Bundesländern nahm z.B. die 50%-Armutsquote von 10,5% (1990) auf 13,0% (1995) zu, dies entspricht einer Zunahme um 24%. In den neuen Bundesländern nahm die entsprechende Armutsquote jedoch um 126% zu. Bemerkenswert ist auch, daß die größte Zunahme der Armutsquote in den neuen Bundesländern für die 40%-Armutsgrenze zu beobachten ist, d.h. zugenommen hat vor allem die extreme Armut.

Interessant ist auch die Berechnung der 50%-Armutsquote in den alten Bundesländern nach Alter und Schulbildung (eine entsprechende Berechnung für die neuen Bundesländer fehlt in der Publikation). Die in Tabelle 10 berichteten Armutsquoten von 10,5% (1990) und 13,0% (1995) erweisen sich dabei als Durchschnittswerte, die in bestimmten Bevölkerungsgruppen weit über- bzw. unterschritten werden. Besonders hohe Armutsquoten ergeben sich demnach für Kinder und Jugendliche. Die Aussage der Sozialhilfestatistik, daß vor allem Kinder und Jugendliche von Armut betroffen sind (vgl. Abbildung 1), wird durch die Analyse der Haushalts-Nettoeinkommen also klar bestätigt. Dieser Zusammenhang zwischen Alter und Armut wird inzwischen nicht mehr in Frage gestellt, und auch die Wissenschaft widmet sich immer stärker der Frage nach den Folgen der Armut speziell bei Kindern und Jugendlichen (Klocke/Hurrelmann 1998, Mansel/Neubauer 1998).

Tabelle 10: Von Armut Betroffene in den alten Bundesländern

	Armutsquote[a] (in %)		
	1990	1995	1995/1990
Insgesamt	10,5	13,0	1,24
Alter (in Jahren)			
0 - 15	16,7	21,8	1,31
16 - 30	11,7	15,3	1,31
31 - 45	9,9	11,5	1,16
46 - 60	8,4	9,6	1,14
61 - 75	6,6	6,9	1,05
76 und älter	7,9	7,3	0,92
Schulbildung			
Hauptschule	15,7	20,4	1,30
Realschule	5,7	7,5	1,32
Abitur	5,4	6,3	1,17

a: Anteil der Personen mit max. 50% des Äquivalenz-Einkommens der alten Bundesländer
Datenbasis: Befragung 1990-1995 (Sozio-ökonomisches Panel)
Quelle: Habich/Krause 1997

Eine hohe Armutsquote zeigt sich ebenfalls für die Personen mit Hauptschulabschluß. Hier wird deutlich, daß die Indikatoren der vertikalen sozialen Ungleichheit (in diesem Fall: Einkommen und Bildung) nicht unabhängig voneinander sind. Die in Tabelle 10 dargestellten Ergebnisse verdeutlichen zudem, daß zwischen 1990 und 1995 die Armutsquoten genau für die Personengruppe am wenigsten gestiegen sind, die schon 1990 die geringsten Quoten aufwiesen, d.h. für die Personen mit Abitur und für die über 60jährigen.

Zusammenfassend lassen sich beim Merkmal 'Einkommen' vor allem die folgenden Punkte betonen:

- Das Einkommen wird häufig als der zentrale Maßstab für die (vertikale) soziale Ungleichheit angesehen.
- In der Diskussion über den Zusammenhang zwischen Einkommen und Gesundheit sind vor allem Ausmaß, Verteilung und Entwicklung der (Einkommens-)Armut von Interesse.
- Es lassen sich zwei Ansätze zur Messung der Armut unterscheiden. Der eine beruht auf dem Empfang von Sozialhilfe und der andere auf dem Äquivalenz-Haushalts-Nettoeinkommen (auch als 'Äquivalenz-Einkommen' bezeichnet).
- Der Anteil der Personen, die unterhalb der Armutsgrenze von maximal 50% des Äquivalenz-Einkommens liegen (d.h. die 'Armutsquote'), ist erheblich größer als der Anteil der Personen, die Sozialhilfe beziehen. In der Sozialhilfe-Statistik wird das Ausmaß der Armut also unterschätzt.

- Die vorliegenden Studien, in denen das Äquivalenz-Einkommen verwendet wird, unterscheiden sich in ihrem methodischen Vorgehen und thematischen Schwerpunkt. Da sie erst gemeinsam ein relativ geschlossenes Bild über Ausmaß, Verteilung und Entwicklung der Armut in der Bundesrepublik geben, werden hier Ergebnisse aus mehreren Studien vorgestellt.
- Armut ist besonders weit verbreitet bei Kindern, bei Ausländern, bei Arbeitslosen, bei großen Familien, bei Alleinerziehenden und bei Erwachsenen mit Hauptschulabschluß. In der sozial-epidemiologischen Forschung sollte also vor allem untersucht werden, ob (und wenn ja: warum) diese Personengruppen einen besonders schlechten Gesundheitszustand aufweisen.
- Die Armut hat in den letzten Jahren zugenommen, und besonders groß war die Zunahme in den neuen Bundesländern. In der sozial-epidemiologischen Forschung sollte daher auch die Frage untersucht werden, welche gesundheitlichen Folgen mit dieser Zunahme von Armut verbunden sind.
- Armut ist mit einer Vielzahl von Belastungen verbunden. Ein wichtiger Grund für die Zunahme der Armut ist z.B. der Anstieg der Arbeitslosigkeit, und Armut führt häufig zu sozialer Isolation. Viele von Armut betroffene Personen sind also zugleich arbeitslos und sozial isoliert, und diese verschiedenen Belastungen werden sich gegenseitig verstärken. Es kann daher vermutet werden, daß Armut mit massiven gesundheitlichen Beeinträchtigungen verbunden ist.

4) Zusammenfassender Index 'Soziale Schicht'

Wie oben bereits angedeutet, werden die drei Merkmale Bildung, beruflicher Status und/oder Einkommen häufig zu einem Index der sozialen Schicht zusammengefaßt. Durch den Begriff 'Index' soll dabei ausgedrückt werden, daß die Zugehörigkeit zu einer sozialen Schicht mit Hilfe eines statistischen Verfahrens aus mehreren Variablen (z.B. Schulbildung und Haushalts-Nettoeinkommen) errechnet wird.

In den aus der Bundesrepublik vorliegenden empirischen Arbeiten zur gesundheitlichen Ungleichheit werden vor allem der Index von U. Helmert (Helmert 1993) und der Index von J. Winkler (Winkler 1998) verwendet. Beide basieren auf den Daten der DHP-Studie (vgl. Kapitel II-1c) und werden unten ausführlicher vorgestellt. Zwei weitere Indices, die ebenfalls für die Analyse der DHP-Daten entwickelt wurden, seien hier nur am Rande erwähnt. Der eine Index wurde speziell für einen Vergleich zwischen den Teilnehmern der DHP-Studie aus Bremen und den Teilnehmern einer anderen Studie aus den USA entwickelt (Assaf et al. 1995). Der andere Index wurde kürzlich vorgestellt und m.W. bisher nur in einer Studie verwendet (Wolf 1998).

Die Teilnehmer der DHP-Studie sind zwischen 25 und 69 Jahre alt; die drei oben genannten Indices dienen also der schichtspezifischen Eingruppierung von *Erwachsenen*. Bisher wurde nur sehr selten versucht, eine entsprechende Gruppierung auch in den Studien vorzunehmen, in denen*Kinder* befragt werden. Da es kaum möglich ist, von Kindern verläßliche Aussagen über die Bildung, den beruflichen Status und/oder das Einkommen der Eltern zu erhalten, müssen hier neue Wege beschritten werden. Um die damit verbundenen Probleme und Möglichkeiten zu verdeutlichen, soll hier der Index von A. Klocke und K. Hurrelmann erläutert werden, den sie für eine Untersuchung der gesundheitlichen Ungleichheit bei Kindern zwischen 11 und 15 Jahren entwickelt haben (Klocke/Hurrelmann 1995a).

a) Indices von Helmert

In seinen Auswertungen der Daten aus der DHP-Studie verwendet U. Helmert häufig die Variable 'soziale Schicht' (z.B. Helmert 1994/1996, Helmert/Shea 1994, Helmert et al. 1994a/b). Grundlage für die Bildung dieser Variablen ist der Vorschlag von E. Scheuch (1970), die Angaben zur Schulbildung, zur Stellung im Beruf und zum Haushalts-Nettoeinkommen mit einem Punktwert zu versehen und anschließend die Punktwerte pro Person zu addieren. Bei der Konstruktion dieses Indexes werden für das Merkmal 'Schulbildung' insgesamt sechs, für das Merkmal 'Stellung im Beruf' insgesamt acht und für das Merkmal 'Einkommen' insgesamt zehn Punktwerte vergeben (vgl. Tabelle 11). Da sich im Unterschied zum Einkommen bei der Schulbildung und bei der beruflichen Stellung keine 10 hierarchisch klar unterscheidbaren Differenzierungen vornehmen lassen, bleiben bei diesen beiden Merkmalen einige Punktwerte unbesetzt. Betont werden muß auch, daß das Haushalts-Nettoeinkommen ähnlich wie bei der Berechnung des Äquivalenz-Einkommens (vgl. Kapitel I-3c) an die Zahl und das Alter der Haushaltsmitglieder angepaßt wird. Das hier gewählte Anpassungsverfahren ist jedoch vergleichsweise grob. Die Addition der Punktwerte ergibt schließlich eine Summe von minimal 4 Punkten (unterster Status) bis maximal 27 Punkten (höchster Status).

In einem weiteren Schritt werden mit Hilfe der Summenwerte fünf annähernd gleich große Personengruppen gebildet (vgl. Tabelle 12). Nach dieser Definition umfaßt also jede der folgenden sozialen Schichten ca. 20% der Personen:

- Untere Schicht : 4 - 9 Punkte
- Untere Mittelschicht : 10 - 11 Punkte
- Mittlere Mittelschicht : 12 - 14 Punkte
- Obere Mittelschicht : 15 - 18 Punkte
- Obere Schicht : 19 - 27 Punkte

Tabelle 11: Berechnung des Indexes 'Soziale Schicht' nach Helmert

Schulbildung [a]	Stellung im Beruf [b]	Einkommen [c]	Punktwert
-	ungelernte Arbeiter	unter 500	1
kein Schulabschluß	Beamte im einfachen Dienst, angelernte Arbeiter	501 bis 1.000	2
Volks- oder Hauptschule	Angestellte mit einfacher Tätigkeit	1.001 bis 1.500	3
-	Beamte im mittleren Dienst, gelernte Arbeiter, Fach-/Vorarbeiter	1.501 bis 2.000	4
Realschule, Mittlere Reife	-	2.001 bis 2.500	5
Fachhochschulreife	Beamte im gehobenen Dienst, Selbständige Landwirte, Angestellte mit qualifizierter Tätigkeit	2.501 bis 3.000	6
Abitur	Selbständige mit bis zu 9 Angestellten	3.001 bis 3.500	7
Hochschule	Beamte im höheren Dienst, Angestellte mit hochqualifizierter Tätigkeit	3.501 bis 4.000	8
-	Selbständige mit 10 oder mehr Mitarbeitern	4.001 bis 5.000	9
-	-	5.001 und mehr	10

a: Höchster Abschluß; b: Berufliche Stellung des Hauptverdieners im Haushalt
c: Monatliches Haushalts-Nettoeinkommen. Abzüge für zusätzliche Personen im Haushalt: Erwachsene: 800 DM; 1 Kind: 200 DM; 2 Kinder: 350 DM; 3 oder mehr Kinder: 450 DM
Quelle: Helmert 1993

Vor zwei Jahren hat U. Helmert einen revidierten Index der sozialen Schicht entwickelt (vgl. Tabelle 13). Die Hauptunterschiede zum früheren Index bestehen in der Einbeziehung der beruflichen Ausbildung und in der Äquivalenzierung des Einkommens (vgl. Kapitel I-3c). Der neue Index stellt daher zweifellos einen Fortschritt dar; eine detaillierte Beschreibung und theoretische Begründung wurde jedoch noch nicht publiziert.

Tabelle 12: Verteilung der sozialen Schichten nach Helmert

	Prozentuale Verteilung in der Stichprobe					
	Untere Schicht	Untere Mittelschicht	Mittlere Mittelschicht	Obere Mittelschicht	Obere Schicht	
Männer	18,6	18,3	21,8	21,3	20,0	100,0
Frauen	21,4	18,1	23,3	22,9	14,3	100,0

Stichprobe: 21.359 Männer und 22.788 Frauen (25-69 Jahre, Deutsche, alte Bundesländer)
Datenbasis: Befragung 1984/86, 1987/88, 1990/91 (DHP-Studie)
Quelle: Helmert/Shea 1994

Wie bei der früheren Version des Indexes von U. Helmert werden auch hier die Punktwerte pro Person addiert. Von den beiden Ausbildungs-Variablen wird dabei nur der jeweils höchste Punktwert berücksichtigt, so daß sich eine Summe zwischen 2 und 27 Punkten ergeben kann. Die anschließende Unterteilung in fünf annähernd gleich große Personengruppen führt zu den folgenden Gruppenbildungen:

- Untere Schicht : 2 - 8 Punkte
- Untere Mittelschicht : 9 - 11 Punkte
- Mittlere Mittelschicht : 12 - 14 Punkte
- Obere Mittelschicht : 15 - 18 Punkte
- Obere Schicht : 19 - 27 Punkte

Generell kann davon ausgegangen werden, daß die Konstruktionsweise eines Indexes einen Einfluß auf das Ausmaß der mit diesem Index gefundenen gesundheitlichen Ungleichheiten ausübt. Bisher ist m.W. jedoch noch nicht untersucht worden, ob die revidierte Version zu größeren oder zu kleineren gesundheitlichen Ungleichheiten führt als die frühere Version.

Tabelle 13: Index 'Soziale Schicht' nach Helmert (rev. Version)

Schulbildung [a]	Berufliche Ausb. [b]	Stellung im Beruf [c]	Eink. [d]	Punkte
kein Schulab.	ohne Ausbildung	-	-	0
-	Anlernzeit	ungelernte Arbeiter	< 50%	1
Volks- oder Hauptschule	-	Beamte einfacher Dienst, angelernte Arbeiter	50 - 69%	2
-	abgeschloss. Lehre	Angest. einfache Tätigkeit	70 - 89%	3
Mittlere Reife, Abschluß POS	Berufsfachschule, Handelsschule	Beamte mittlerer Dienst, Fach- oder Vorarbeiter	90 - 109%	4
-	Fachschule, Meister/ Technikerschule	Meister, Poliere	110 - 129%	5
Fachhochschul-reife	-	Beamte gehobener Dienst, Angest. qualifizierte Tätigkeit	130 - 149%	6
-	-	Selbständige Landwirte	150 - 169%	7
Abitur	Fachhochschule	Beamte höherer Dienst, Angest. hochqual. Tätigk., selbst. Akad., andere Selbst. mit max. 9 Mitarb.	170 - 189%	8
-	Hochschule	Angest. umfass. Führungsaufg., andere Selbst. mit mind. 10 Mitarb.	≥ 190%	9

a: Höchster Schulabschluß; b: höchster Abschluß der beruflichen Ausbildung
c: Bei Singles der eigene und bei Paaren der jeweils höchste berufliche Status
d: Äquivalenziertes monatliches Haushalts-Nettoeinkommen (Gewichtung vgl. Tabelle 8)
Quelle: Helmert (persönliche Mitteilung)

Vermutlich wird der Einfluß eher klein sein, da jede der fünf sozialen Schichten in beiden Versionen ca. 20% der Bevölkerung umfaßt. Die bisher auf Basis des revidierten Indexes publizierten Arbeiten zur gesundheitlichen Ungleichheit (z.B. Helmert/Lang 1997, Helmert et al. 1997a, Helmert et al. 1998) werden daher gut mit den früheren Arbeiten vergleichbar sein.

b) Index von Winkler

In anderen Auswertungen der DHP-Daten (z.B. Breckenkamp et al. 1995, Breckenkamp/Laaser 1996, Hermann-Kunz 1995, Hoffmeister et al. 1992, Hoffmeister/Hüttner 1995, Wiesner et al. 1998) wird der Index von J. Winkler verwendet. Das Verfahren ähnelt dem von U. Helmert; beide basieren auf einer Addition von Punktwerten für die Merkmale Bildung, beruflicher Status und Einkommen. Es sind jedoch auch wichtige Unterschiede vorhanden: Beim Verfahren von J. Winkler wird für jedes Merkmal ein Punktwert zwischen 1 und 7 vergeben (vgl. Tabelle 14), die berufliche Ausbildung wird einbezogen, das Einkommen wird nicht an die Größe und die Zusammensetzung des Haushalts angepaßt, und es werden nur drei soziale Schichten unterschieden (Winkler 1998).

Im Unterschied zum Verfahren von U. Helmert wird beim Verfahren von J. Winkler zudem nicht darauf geachtet, daß die sozialen Schichten ungefähr gleich groß sind. Hier wird angestrebt, daß bei der Addition der Punktwerte drei Gruppen entstehen, die eine annähernd gleich große Zahl von Punkten umfassen:
- Untere Schicht : 3 - 8 Punkte
- Mittlere Schicht : 9 - 14 Punkte
- Obere Schicht : 15 - 21 Punkte

Der Index von J. Winkler (vgl. Tabelle 15) ergibt daher eine völlig andere Verteilung von sozialen Schichten als der Index von U. Helmert (vgl. Tabelle 12). Die empirischen Ergebnisse zur gesundheitlichen Ungleichheit, die auf dem Index von U. Helmert beruhen, sind daher mit den Ergebnissen, die auf dem Index von J. Winkler beruhen, kaum vergleichbar. Das Ergebnis einer empirischen Studie läßt sich sehr grob zusammenfassen wie z.B. 'die Angehörigen der unteren sozialen Schicht sind kränker als die Angehörigen der oberen Schicht'. Auf dieser allgemeinen Ebene mag es unwichtig sein, welcher Schicht-Index verwendet worden ist. Wenn jedoch danach gefragt wird, wie groß der schichtspezifische Unterschied ist, ob er bei einer Erkrankung größer ist als bei einer anderen, ob er in den letzten Jahren größer geworden ist, dann ist eine einheitliche Definition der sozialen Schicht unerläßlich.

Tabelle 14: Berechnung des Indexes 'Soziale Schicht' nach Winkler

Schulbildung [a]	Berufliche Ausb.[b]	Stellung im Beruf [c]	Eink. [d]	Punktwert
kein Schulab.	ohne Ausbildung	ungelernte Arbeiter	< 1.000	1
Volks- oder Hauptschule	ohne Ausbildung	angelernte, gelernte und Facharbeiter, selbst. Landw.	1.000 bis 1.999	2
Realschule, Mittlere Reife	ohne Ausbildung	Beamte einfacher Dienst, Meister und Poliere, Ang. mit einfacher Tätigkeit	2.000 bis 2.999	3
Volks- oder Hauptschule	Lehre	Beamte mittlerer Dienst, Angestellte mit qualifizierter Tätigkeit	3.000 bis 3.999	4
kein Schulab.	Lehre, Fachschule			
Volks- oder Hauptschule	Fachschule	Selbständige mit maximal 9 Angestellten	4.000 bis 4.999	5
Realschule, Mittlere Reife	Lehre, Fachschule			
Abitur	ohne Ausbild., Lehre, Fachschule	Beamte gehobener Dienst, Ang. mit hochqual. Tätigkeit, freie Berufe, selbst. Akad.	5.000 bis 5.999	6
Abitur oder andere	Hochschule	Beamte höherer Dienst, Ang. mit Führungsaufgaben, Selbst. mit mind. 10 Angest.	6.000 und mehr	7

a: Höchster Schulabschluß; b: höchster Abschluß der beruflichen Ausbildung
c: Berufliche Stellung des Hauptverdieners im Haushalt
d: Monatliches Haushalts-Nettoeinkommen
Quelle: Winkler 1998

Tabelle 15: Verteilung der sozialen Schichten nach Winkler

	Prozentuale Verteilung in der Stichprobe			
	Untere Schicht	Mittlere Schicht	Obere Schicht	
Männer	18,8	59,2	22,0	100,0
Frauen	31,7	52,0	16,3	100,0

Stichprobe: 2.288 Männer und 2.466 Frauen (alte Bundesländer, 25-69 Jahre, Deutsche)
Datenbasis: Befragung 1984/86 (DHP-Studie)
Quelle: Winkler 1998

c) Index von Klocke und Hurrelmann

Bei ihrer Befragung von ca. 3.300 Schülern zwischen 11 und 15 Jahren haben A. Klocke und K. Hurrelmann auch versucht, das „soziale Herkunftsmilieu“ des Schülers und die „soziale Lage“ des Haushalts zu erfassen (Klocke/Hurrelmann 1995a). Das soziale Milieu wird mit Hilfe der Antworten zum Bildungsabschluß und zur beruflichen Tätigkeit der Eltern definiert. Um die soziale Lage bestimmen zu können, ist auch nach der Anzahl der Automobile im Haushalt, dem Vorhandensein eines eigenen Zimmers für den Schüler, der Anzahl der Urlaubsreisen im letzten Jahr und der allgemeinen finanziellen Lage des Haushaltes gefragt worden. Aus den Eingruppierungen der Schüler in ein soziales Milieu und in eine soziale Lage wurde dann in einem letzten Schritt ein Index der sozialen Schicht gebildet. Der Index wurde in mehreren Publikationen verwendet (z.B. Klocke 1995, Klocke/Hurrelmann 1995a); eine genauere Beschreibung der Index-Bildung ist m.W. jedoch nicht publiziert worden.

Hier läßt sich auch verdeutlichen, wie wichtig die Verteilung der sozialen Schichten in der Stichprobe ist. Wenn sich z.B. zeigt, daß die Morbidität in der unteren sozialen Schicht zweimal so groß ist wie in der oberen, hängt die gesundheitspolitische Bewertung dieser Ungleichheit vor allem davon ab, wie groß die beiden miteinander verglichenen Personengruppen sind. Die empirischen Ergebnisse zur gesundheitlichen Ungleichheit (vgl. Kapitel II) zeigen, daß der Gesundheitszustand mit abnehmender sozialer Schicht zumeist *schrittweise* schlechter wird. Je weiter die miteinander verglichenen sozialen Schichten voneinander entfernt sind, um so größer wird demnach die gesundheitliche Ungleichheit zwischen ihnen. Bei den oben dargestellten Indices von U. Helmert und von J. Winkler umfassen die untere und obere soziale Schicht jeweils zwischen 14 und 32 Prozent der Stichprobe. Beim Index von A. Klocke und K. Hurrelmann sind die beiden Gruppen an den Enden der Verteilung (d.h. die untere und die obere soziale Schicht) jedoch erheblich kleiner (vgl. Tabelle 16). Etwas überspitzt formuliert handelt es sich hier also um die extremen Gruppen der ganz Reichen und der ganz Armen. Es ist daher zu vermuten, daß dieser Index zu größeren gesundheitlichen Ungleichheiten zwischen der unteren und der oberen sozialen Schicht führt als die Indices von U. Helmert und von J. Winkler.

Zusammenfassend lassen sich beim Merkmal 'soziale Schicht' vor allem drei Punkte betonen. Zum einen darf nicht vergessen werden, daß die Eingruppierung in hierarchisch geordnete Gruppen beim beruflichen Status problematisch ist (vgl. Kapitel I-2), und daß der berufliche Status auch in die beiden Indices von U. Helmert und von J. Winkler eingeht. Zum anderen verdeutlicht die Existenz von zwei unterschiedlichen Indices für die gleiche Studie, wie uneinig sich die Wissenschaftler bei der Definition der sozialen Schichten sind.

Tabelle 16: Verteilung der sozialen Schichten nach Klocke/Hurrelmann

	Prozentuale Verteilung in der Stichprobe					
	1 (untere Schicht)	2	3	4	5 (obere Schicht.)	
Schüler/innen	5,3	38,1	24,2	26,2	6,2	100,0

Stichprobe: 3.328 Schüler und Schülerinnen (11-15 Jahre) in Nordrhein-Westfalen
Datenbasis: Befragung 1994
Quelle: Klocke/Hurrelmann 1995a (und persönliche Mitteilung)

Vor allem muß jedoch beachtet werden, daß es sich bei allen Indices der sozialen Schicht um rein rechnerische Größen handelt, und daß die Gruppenbildung relativ willkürlich ist. Aus der Verteilung der sozialen Schichten nach dem Winkler-Index ergibt sich z.B., daß 18,8% der Männer und sogar 31,7% der Frauen der unteren sozialen Gruppe angehören. Im soziologischen Sinne ist es zumindest irreführend, eine derart große Gruppe als 'untere soziale Schicht' zu bezeichnen (noch problematischer ist die häufig verwendete Bezeichnung 'Unterschicht'). Mit dem Begriff 'untere soziale Schicht' verbinden sich inhaltliche Vorstellungen einer starken gesellschaftlichen Diskriminierung; der Begriff sollte daher auch inhaltlich und nicht rechnerisch definiert werden. In Ermangelung einer besseren Terminologie werden die Gruppen, die sich nach dem oben dargestellten Verfahren bilden lassen, in der Sozial-Epidemiologie jedoch immer noch als 'soziale Schichten' bezeichnet. An dem Begriff soll daher auch in dem vorliegenden Buch festgehalten werden.

5) Vor- und Nachteile der einzelnen Merkmale

In den empirischen Studien zur gesundheitlichen Ungleichheit wird die soziale Ungleichheit mit Hilfe der vier oben dargestellten Merkmale erfaßt, d.h. mit den Merkmalen

- Bildung
- beruflicher Status
- Einkommen
- soziale Schicht (Index aus Bildung, beruflichem Status und/oder Einkommen)

Aus der im Anhang befindlichen Liste der empirischen Studien ist zu ersehen, welches Merkmal in welcher Studie verwendet wird. Gemessen an dem Ziel der sozial-epidemiologischen Forschung, die Realität so wahrheitsgetreu wie möglich abzubilden, und die Ergebnisse so handlungsorientiert wie möglich zu präsentieren, weist jedes Merkmal wichtige Vor- und Nachteile auf. Für die Interpretation der empirischen Ergebnisse ist eine kurze Darstellung der Vor- und Nachteile daher unerläßlich.

Ein wichtiges Kriterium ist z.B. die Trennung von Ursache und Wirkung. Wenn in empirischen Studien gezeigt wird, daß Erwachsene mit geringerer Bildung kränker sind oder früher sterben als Erwachsene mit höherer Bildung, dann kann davon ausgegangen werden, daß die Schulbildung den Gesundheitszustand beeinflußt hat, und nicht umgekehrt. Die Frage 'nach der Henne und dem Ei' ist beim beruflichen Status und beim Einkommen nicht so eindeutig zu beantworten. Beide können den Gesundheitszustand beeinflussen, aber auch durch ihn beeinflußt werden. Damit ist auch beim zusammengesetzten Index der sozialen Schicht häufig unklar, was Ursache und was Wirkung ist.

Ein weiteres Kriterium ist die Erfassung des sozialen Status von Frauen. Nach wie vor fällt es häufig schwer, den sozialen Status für die Frauen zu bestimmen, die mit einem Partner zusammenleben. Wenn der berufliche Status verwendet wird, ist man mit dem Problem konfrontiert, daß viele Frauen als Hausfrauen arbeiten, und daß sich dieser Beruf in die übliche Hierarchie der Berufe kaum einordnen läßt. Bei Verwendung des Einkommens wird zumeist auf das Haushaltseinkommen zurückgegriffen, das jedoch keine eigenständige Statusbestimmung der Frau ermöglicht. Mit der Schulbildung ist aber ein Merkmal vorhanden, das für Frauen ebenso wie für Männer eine individuelle Eingruppierung ermöglicht. Der Nachteil der beiden Merkmale 'beruflicher Status' und 'Einkommen' überträgt sich auch hier auf den zusammengesetzten Index der sozialen Schicht.

Das Merkmal 'Bildung' weist jedoch nicht nur Vorteile auf, es führt z.B. zu einer sehr groben Unterteilung der Bevölkerung. Wie oben dargestellt, lassen sich nur wenige Gruppen der Schulbildung unterscheiden, und die unterste Gruppe umfaßt mehr als 50% der Bevölkerung. Auch die bisher in empirischen Studien vorgenommenen Kombinationen der schulischen Bildung mit der beruflichen Ausbildung bieten zumeist kein sehr feines Raster zur Bestimmung von sozialen Statusgruppen (z.B. Claßen 1994). Die drei anderen Merkmale weisen hier einen klaren Vorteil auf. Mit den Angaben zur beruflichen Stellung, und vor allem mit den Angaben zur beruflichen Tätigkeit, ist eine sehr feine Untergliederung möglich. Die Einkommensverteilung läßt sich in beliebig viele Abschnitte unterteilen, und auch mit dem Index der sozialen Schicht lassen sich mehr als nur drei (vgl. Index von Winkler) oder fünf (vgl. Index von Helmert) Statusgruppen bilden. Im Extremfall wäre es sogar möglich, jede Summe der Punktwerte als eine eigene soziale Schicht zu betrachten, dann würden sich bei J. Winkler 19 Gruppen und bei U. Helmert sogar 24 (wenn auch sehr kleine) Gruppen ergeben. Der eben genannte Vorteil des Merkmals 'beruflicher Status' ist jedoch zugleich ein Nachteil. Mit Hilfe der Angaben zur beruflichen Tätigkeit können zwar sehr viele Berufsgruppen unterschieden werden, es ist jedoch schwer, diese Gruppen in eine hierarchische Rangordnung zu bringen. Wie oben kurz dargestellt wurde, sind verschiedene Vorschläge zur Lösung dieses Problems vorhanden. Sie sind aber zumeist mit einem großem Aufwand verbunden. Bei den anderen drei Merkmalen der sozialen Ungleichheit ist die Rangfolge der Gruppen dagegen vorgegeben.

Ein weiterer Nachteil des Merkmals 'Bildung' besteht darin, daß der Einfluß der Bildung auf den Gesundheitszustand sehr indirekt ist. Wenn ein Zusammenhang zwischen Bildung und Gesundheitszustand gefunden wird, ist zumeist völlig unklar, wie dieser Zusammenhang erklärt werden kann. Eine bestimmte Bildung kann für sich genommen weder krank machen noch gesund erhalten. Bei den Arbeitsbedingungen ist dies jedoch anders. Die vielfältigen berufsspezifischen Belastungen (Oppolzer 1994) bieten sehr gute Ansatzpunkte für die Erklärung des Zusammenhangs zwischen dem beruflichem Status einerseits und dem Gesundheitszustand andererseits (vgl. Kapitel III-2a). Auch das Einkommen kann direkte Hinweise auf gesundheitsfördernde oder -beeinträchtigende Faktoren geben, vor allem wenn die Einkommens-Armut untersucht wird. Beim zusammengesetzten Index der sozialen Schicht lassen sich dagegen kaum Erklärungsansätze ableiten, weil unklar bleibt, welche konkreten Lebensbedingungen sich hinter den einzelnen Schichten verbergen.

Es muß auch danach gefragt werden, ob sich aus den empirischen Ergebnissen konkrete Interventionsmaßnahmen ableiten lassen. Dafür ist es erforderlich, die Personengruppen, bei denen eine Verbesserung des Gesundheitszustandes angestrebt werden sollte, so konkret wie möglich zu definieren. Wenn eine Studie z.B. ergibt, daß Herzinfarkt in der unteren sozialen Schicht doppelt so häufig vorkommt wie in der oberen, dann kann dieses wichtige Ergebnis nur schwer in konkrete Interventionsmaßnahmen übersetzt werden. Die Zugehörigkeit zu einer sozialen Schicht wird mit Hilfe eines statistischen Verfahrens aus Angaben zur Bildung, zum beruflichen Status und zum Einkommen errechnet. Bei den Angehörigen der unteren sozialen Schicht kann es sich z.B. um einen ungelernten Arbeiter ohne Hauptschulabschluß und einem Einkommen zwischen 501 und 1.000 DM handeln, aber auch um einen Angestellten mit einfacher Tätigkeit, einem Hauptschulabschluß und einem Einkommen zwischen 1.001 und 1.500 DM (vgl. Tabelle 11). Die Frage, wo und wie diese heterogene Gruppe durch Interventionsmaßnahmen erreicht werden kann, läßt sich nur schwer beantworten. Mit den drei anderen Merkmalen der sozialen Ungleichheit ergeben sich dagegen vergleichsweise homogene Personengruppen, die zielgruppenorientierte Interventionen erheblich erleichtern.

Der zusammengesetzte Index 'soziale Schicht' hat jedoch den Vorteil, daß er ein umfassenderes Bild des sozialen Status ermöglicht als die alleinige Betrachtung der Bildung, des beruflichen Status und des Einkommens. Der diplomierte Soziologie, der als Taxifahrer arbeitet, weist z.B. eine hohe Ausbildung, aber eine gering qualifizierte berufliche Tätigkeit und ein vergleichsweise geringes Einkommen auf. Sein sozialer Status wird nur sehr ungenau erfaßt, wenn lediglich die Angaben zur Ausbildung, zum beruflichen Status oder zum Einkommen betrachtet werden. Erst durch die Verbindung dieser drei Angaben wird sein sozialer Status erkennbar.

Als letztes sollen noch verschiedene methodische Aspekte angesprochen werden. Die meisten empirischen Arbeiten zur gesundheitlichen Ungleichheit beruhen auf Bevölkerungsbefragungen, und in diesen Befragungen lassen sich die Merkmale der sozialen Ungleichheit nur ungenau erheben. Werden die Fragen von allen Studienteilnehmern beantwortet, und werden sie auch wahrheitsgemäß beantwortet? Die Antwort hängt vom Merkmal der sozialen Ungleichheit ab. Am problematischsten sind die Fragen zum Einkommen, sie werden häufig nur ungern beantwortet, und bei den vorhandenen Antworten bleibt unklar, wie genau die Angaben sind. Bei der Erhebung von Angaben zur Bildung und zum beruflichen Status treten normalerweise erheblich weniger

Probleme auf; offenbar ist hier die Auskunftbereitschaft größer als beim heiklen Thema Einkommen. Der Index 'soziale Schicht' weist in diesem Zusammenhang einen doppelten Nachteil auf. Zum einen wird der Nachteil des Indikators 'Einkommen' auf ihn überragen, und zum anderen ist das Problem der fehlenden Angaben bei einem zusammengesetzten Index naturgemäß besonders groß. Wenn nur eine der drei Angaben (Bildung, beruflicher Status, Einkommen) fehlt, läßt sich strenggenommen kein Index mehr berechnen. In der Praxis wird zumeist jedoch so verfahren: Wenn ein Wert fehlt, wird er mit Hilfe von anderen Angaben geschätzt; wenn zwei oder mehr Werte fehlen, wird kein Index berechnet (Helmert 1993, Winkler 1998). Dadurch läßt sich das Problem zwar verringern, ganz lösen läßt es sich so aber nicht.

Die Tabelle 17 gibt einen Überblick über die angesprochenen Vor- und Nachteile. Demnach ist kein Merkmal einem anderen eindeutig über- oder unterlegen. Sie ergänzen sich vielmehr gegenseitig und es ist daher sinnvoll, nach Möglichkeit alle Merkmale zu verwenden. Entsprechend dieser Devise werden in den folgenden Kapiteln auch empirische Ergebnisse zu allen vier Merkmalen der gesundheitlichen Ungleichheit vorgestellt.

Tabelle 17: Vor- und Nachteile von Merkmalen der sozialen Ungleichheit

	Merkmale der sozialen Ungleichheit			
	Bildung	Berufl. Status	Ein-kommen	Soziale Schicht [a]
Trennung von Ursache und Wirkung	+	-	-	-
Erfassung des sozialen Status von Frauen	+	-	-	-
Bildung detaillierter Statusgruppen	-	+	+	+
Rangfolge der Statusgruppen	+	-	+	+
Nähe zu Erklärungsansätzen	-	+	+	-
Definition der Zielgruppen für Interventionen	+	+	+	-
Umfassende Abbildung des sozialen Status	-	-	-	+
Erhebung in Bevölkerungsbefragungen	+	+	-	-

a: Index aus Bildung, beruflichem Status und Einkommen
+/-: Das Merkmal weist hier einen Vorteil (+) oder einen Nachteil (-) auf.

Kapitel II: Empirische Ergebnisse zur gesundheitlichen Ungleichheit

Das folgende Kapitel soll einen Überblick über die publizierten empirischen Arbeiten zum Thema 'gesundheitliche Ungleichheit in den alten und neuen Bundesländern' geben, d.h. über den bei uns mit Zahlen belegten Zusammenhang zwischen sozialer Ungleichheit einerseits und Mortalität bzw. Morbidität andererseits. Unter dem Begriff 'empirisch' werden also primär Ergebnisse aus *quantitativen* Studien verstanden, z.B. die Ergebnisse aus einer Befragung von Erwachsenen, bei der Antworten in einem Fragebogen angekreuzt werden müssen. Selbstverständlich können auch die Ergebnisse aus *qualitativen* Studien (z.B. aus Interviews ohne Fragebogen) empirisch sein. Da sich das folgende Kapitel auf die quantitativen Ergebnisse konzentriert, und um die umständliche Formulierung 'quantitativ-empirisch' zu vermeiden, wird hier jedoch (entsprechend dem allgemein verbreiteten sozial-epidemiologischen Jargon) die etwas verkürzte Gleichsetzung 'empirisch = quantitativ' vorgenommen.

Um die Ausdrucksweise zu vereinfachen, wird eine weitere kleine sprachliche Ungenauigkeit in Kauf genommen. Beim Thema 'soziale Ungleichheit und Gesundheit' müßten alle Dimensionen der horizontalen und der vertikalen sozialen Ungleichheit berücksichtigt werden. Das vorliegende Buch konzentriert sich jedoch auf die *vertikale* soziale Ungleichheit. Korrekt müßte der Titel dieses Kapitels also 'vertikale gesundheitliche Ungleichheit' heißen, bzw. 'vertikale soziale Ungleichheit und Gesundheitszustand'. In den letzten Jahren hat sich hierfür jedoch die abgekürzte Bezeichnung '*gesundheitliche Ungleichheit*' durchgesetzt.

1) Wichtige Datenquellen

Einige Datenquellen sind für die in diesem Buch vorgestellten empirischen Ergebnisse von zentraler Bedeutung. Es erscheint daher sinnvoll, sie hier kurz zu beschreiben. Die Aussagekraft eines empirischen Ergebnisses hängt auch davon ab, wo und wie die Daten erhoben worden sind. Mit diesem Unterkapitel soll es dem interessierten Leser ermöglicht werden, sich schnell über die wichtigsten Eigenschaften und Auswertungsmöglichkeiten dieser zentralen Datenquellen zu informieren.

a) Mikrozensus

Das 'Grundprogramm' des Mikrozensus besteht aus der bundesweiten Befragung einer repräsentativen 1%igen Bevölkerungsstichprobe (Emmerling/Riede 1997, Werner 1994). Das Grundprogramm wird seit 1957 einmal pro Jahr durchgeführt und beinhaltet vor allem Fragen zur Größe und Zusammensetzung des Haushaltes, zur Staatsangehörigkeit, zur Erwerbstätigkeit, zur Aus- und Weiterbildung und zum Einkommen. Die Teilnahme am Grundprogramm ist nicht freiwillig, sondern gesetzlich vorgeschrieben. Für einige oder für alle Teilnehmer des Grundprogramms können 'Ergänzungsbefragungen' durchgeführt werden; für diese zusätzlichen Fragen besteht jedoch keine Auskunftspflicht.

Im Rahmen der Ergänzungsbefragungen wurden zwischen 1966 und 1974 wiederholt Fragen zur Gesundheit gestellt. Leider sind diese Fragen jedoch nicht sehr informativ. Im Mikrozensus von 1966 wurde z.B. lediglich danach gefragt, „ob ein Haushaltsmitglied im April 1966 krank, bettlägerig oder in ärztlicher Behandlung war, oder wegen eines chronischen Leidens oder Überwachung einer früheren Krankheit in regelmäßiger ärztlicher Behandlung stand“, oder „ob ein Haushaltsmitglied in den Monaten Februar bis April 1966 einen Unfall erlitten hatte“ (Werner 1994, S. 92). Seit dem Mikrozensus von 1970 werden etwas präzisere Antworten zum Gesundheitszustand und zur gesundheitlichen Versorgung für jedes einzelne Haushaltsmitglied erbeten. Zwischen 1976 und 1982 gehörten die Fragen zu Krankheiten und Unfällen zum auskunftspflichtigen Grundprogramm und wurden alle 2 Jahre gestellt. Seit 1986 gehören die Fragen zur Gesundheit jedoch wieder zur freiwilligen Ergänzungsbefragung, und zwar im Abstand von 3 Jahren bei 50% der im Grundprogramm Befragten. Im Mikrozensus-Gesetz von 1996 wurde festgelegt, daß die Fragen zur Gesundheit in den Jahren 1999 und 2003 erneut aufgenommen werden sollen (Emmerling/Riede 1997).

Der derzeit aktuellste Mikrozensus mit Fragen zur Gesundheit stammt aus dem Jahr 1995. Wichtig sind hier vor allem die drei folgenden Fragen:

- „Waren Sie *in den letzten 4 Wochen* (einschließlich heute) *krank* (auch chronisch) bzw. *unfallverletzt* ? “ (Hervorhebung im Original)
- „Waren Sie in den letzten 4 Wochen wegen Ihrer Krankheit bzw. Unfallverletzung in ärztlicher oder Krankenhausbehandlung ? “
- „Sind Sie gegenwärtig Raucher ? “

Die Stichprobe für diese Fragen umfaßt also 0,5% der Gesamtbevölkerung. Gemessen an der Zahl der einbezogenen Personen stellt der Mikrozensus somit die umfangreichste Gesundheitsbefragung in der Bundesrepublik dar. Die hohe Repräsentativität der Daten wird nur unwesentlich dadurch geschmälert, daß die Beantwortung der Fragen zur Gesundheit freiwillig erfolgt. Da nur ca. 10% der Befragten die Antwort verweigern (Hein 1996), ergibt sich dennoch eine für Bevölkerungsbefragungen sonst kaum erreichbar hohe Antwortrate.

Trotz der nach wie vor relativ unspezifischen Frage zu Krankheit und Unfallverletzung bilden die Daten des Mikrozensus eine wichtige Quelle für empirische Analysen zur gesundheitlichen Ungleichheit. Sie basieren auf einer sehr großen, repräsentativen Bevölkerungsstichprobe, und die Befragung wird durch geschulte Interviewer durchgeführt. Zudem wurden in den Jahren 1970, 1978, 1985, 1989, 1992 und 1995 auch Fragen zum Rauchen eingeschlossen. Ein weiterer Vorteil liegt in der kontinuierlichen Wiederholung. Daten zu Krankheiten und Unfällen liegen derzeit für die folgenden Jahre vor: 1966, 1970, 1972, 1973, 1974, 1976, 1978, 1980, 1982, 1986, 1989 und 1992, 1995. Durch Verknüpfung mit den ebenfalls vorhandenen Angaben zur Ausbildung, zur beruflichen Tätigkeit, zur Stellung im Beruf und zum Einkommen könnte somit untersucht werden, ob sich das Ausmaß der gesundheitlichen Ungleichheit in den letzten Jahrzehnten verändert hat. Es ist bezeichnend für den Stand der sozial-epidemiologischen Forschung in Deutschland, daß dieses Potential noch nicht ausgeschöpft wurde. Leider wurden bisher auf Grundlage der Mikrozensus-Daten insgesamt nur sehr wenige Studien zur gesundheitlichen Ungleichheit publiziert (z.B. Helmert/Borgers 1998, Borgers 1988, Brückner 1991, Hein 1996, Schafstedde 1989, Statistisches Bundesamt 1992).

b) Sozio-ökonomisches Panel (SOEP)

Das Sozio-ökonomische Panel (SOEP) begann in den alten Bundesländern mit einer 1984 durchgeführten Befragung von ca. 12.000 Personen (Hanefeld 1987). Bei der Stichprobenziehung wurden zwei Gruppen von Haushalten unterschieden, und zwar solche mit einem deutschen und solche mit einem ausländischen Haushaltsvorstand. Aus jeder Gruppe wurde eine repräsentative Stichprobe von Haushalten gezogen. Die Befragung konzentrierte sich anschließend auf alle Haushaltsmitglieder, die zum Zeitpunkt der Befragung mindestens 16 Jahre alt waren. Das SOEP stellt somit eine repräsentative Stichprobe sowohl der deutschen als auch der ausländischen Wohnbevölkerung ab 16 Jahren dar. Dieser Punkt verdient besondere Beachtung, weil sich die größte bundesweite Gesundheitsbefragung, die DHP-Studie, auf die deutsche Wohnbevölkerung beschränkt. Im Jahr 1990 wurde das SOEP mit einer neuen Stichprobe von ca. 2.000 Haushalten auch auf die neuen Bundesländer ausgedehnt.

Beim SOEP handelt es sich um eine jährlich wiederholte Befragung derselben Personen; sie wird vermutlich noch viele Jahre weiterlaufen. Das Hauptziel ist die Analyse von Veränderungen in der Haushaltszusammensetzung, der Erwerbsbeteiligung, der beruflichen und regionalen Mobilität, dem Einkommen und der Wohnsituation. Es werden jedoch auch einige Angaben zur Gesundheit erhoben; in der Erhebungswelle 1996 wurden z.B. die folgenden Fragen gestellt:

- „Wie würden Sie Ihren gegenwärtigen Gesundheitszustand beschreiben? "

- „Von kurzen Erkrankungen einmal abgesehen. Behindert Sie Ihr Gesundheitszustand bei der Erfüllung alltäglicher Aufgaben, z.B. Haushalt, Beruf oder Ausbildung? "
- „Haben Sie in den letzten 3 Monaten Ärzte aufgesucht? "

Da ebenfalls nach der Schulbildung, der beruflichen Ausbildung, der beruflichen Tätigkeit, der Stellung im Beruf und dem Einkommen gefragt wird, bieten die Daten des Panels eine wichtige Grundlage für empirische Studien zur gesundheitlichen Ungleichheit. Sie bieten vor allem den Vorteil, daß für dieselben Person 'Längsschnitt-Daten' aus mehreren Jahren vorliegen. Für die Analyse von zeitlichen Veränderungen - und damit auch für die Beantwortung der Frage nach Ursache und Wirkung - sind derartige Längsschnitt-Daten von großem Wert.

Gegenüber diesen Vorteilen weisen die Daten des Panels jedoch auch einige Nachteile auf. Es stellt sich z.B. die Frage, ob die Stichprobe heute immer noch repräsentativ ist. Infolge der natürlichen Bevölkerungsbewegung, und da einige Befragte die weitere Teilnahme am Panel verweigern, ändert sich die Anzahl der befragten Personen von Erhebungswelle zu Erhebungswelle. Gleichzeitig ändert sich auch die Zusammensetzung der Gesamtbevölkerung in der Bundesrepublik. Mit fortschreitender Entfernung vom ersten Jahr der Erhebung verringert sich somit auch die Repräsentativität der Stichprobe. Ein anderes Problem betrifft die häufige Änderung der Fragen zur Gesundheit. So wurde z.B. die erste der drei oben genannten Fragen aus der Erhebungswelle 1996 vorher nur in den Jahren 1992 und 1994 gestellt. Andere Fragen zur Gesundheit aus früheren Wellen (z.B.: „Leiden Sie seit mindestens einem Jahr oder chronisch an bestimmten Beschwerden oder Krankheiten?") tauchen dagegen schon seit einigen Jahren nicht mehr im Fragebogen auf.

Trotz dieser Nachteile stellen die Daten des Sozio-ökonomische Panels jedoch eine wichtige Quelle für die Analyse sozialer und gesundheitlicher Ungleichheiten dar, vor allem da sie Längsschnitt-Daten sowohl für Deutsche als auch für Ausländer bereitstellen. Einige der hier vorgestellten empirischen Ergebnisse beruhen auf diesen Panel-Daten (z.B. Andreß et al. 1995, Bulmahn 1997a, Fuchs 1995, Habich/Krause 1995, Habich/Noll 1997, Klein 1996, Lauterbach 1995, Neumann/Hertz 1998, Noll/Habich 1990, Thiede/Straub 1997, Voges 1996, Winkelhake et al. 1997). Gemessen an den Möglichkeiten werden diese Daten bisher aber noch viel zu wenig genutzt.

c) Deutsche Herz-Kreislauf-Präventionsstudie (DHP-Studie)

Wenn man nach Daten über Morbidität, gesundheitliche Risikofaktoren und gesundheitliche Versorgung sucht, die repräsentativ für die alten Bundesländer sind, stößt man unweigerlich auf die DHP-Studie. Ziel dieser Studie war die Verringerung der Herzkreislauf-Erkrankungen in den 'Interventions-Regionen' Berlin-Spandau, Bremen, Bruchsal/Mosbach, Karlsruhe, Stuttgart, Landkreis

Traunstein (Kreuter et al. 1995). Die Intervention bestand zum Beispiel in einer Verstärkung der Gesundheitsberatung durch die niedergelassenen Ärzte und in der Durchführung von Kursen gegen das Rauchen. Um den Erfolg der Intervention überprüfen zu können, wurde in den Interventions-Regionen dreimal (1984/85, 1987/88, 1991/92) eine repräsentative Stichprobe der Bevölkerung zwischen 25 und 69 Jahren gezogen. Diese drei '*Regionalen* Untersuchungssurveys' beinhalten Befragungs- und Untersuchungs-Daten von jeweils ca. 10.000 Personen. Da der Erfolg in den Interventions-Regionen nur mit Hilfe von Vergleichszahlen aus der übrigen Bundesrepublik beurteilt werden kann, wurde zudem eine repräsentative Stichprobe aus den anderen Regionen der alten Bundesländer gezogen und in gleicher Weise befragt und untersucht. Die unten dargestellten Ergebnisse der DHP-Studie beruhen zumeist auf diesen '*Nationalen* Untersuchungssurveys' aus den Jahren 1984/85, 1987/88 und 1990/91. Sie beinhalten Angaben von jeweils ca. 5.000 Personen und können als repräsentativ für die alten Bundesländer gelten.

Ebenso wie in den meisten Bevölkerungsbefragungen ist auch in der DHP-Studie mit Repräsentativität nicht gemeint, daß die Ergebnisse wirklich für alle in der Bundesrepublik lebenden Personen aus dem angesprochenen Altersbereich gelten. In die Stichprobe gehen hier nur die in Privathaushalten lebenden und in der Einwohnermeldedatei mit Hauptwohnsitz gemeldeten Personen mit deutscher Nationalität ein. Ausgeschlossen werden also nicht nur Ausländer, sondern z.B. auch die Personen, die in Kasernen oder in Heil- und Pflegeanstalten leben. Bezogen auf die Deutschen, die in Privathaushalten leben und in der Einwohnermeldedatei mit Hauptwohnsitz gemeldet sind, ist die Repräsentativität jedoch ebenfalls nicht 100prozentig gegeben, vor allem da einige der ausgewählten Personen die Teilnahme an der Studie verweigert haben. Die Teilnahmequoten sind in der DHP-Studie aber relativ hoch. Im dritten Nationalen Untersuchungssurvey (1990/91) haben beispielsweise 'nur' 31% der ausgewählten Personen die Teilnahme verweigert. Die dadurch möglichen Verzerrungen können durch die Einfügung von Gewichtungsfaktoren zudem weitgehend wieder ausgeglichen werden (Stolzenberg 1995).

Die Befragung erfolgte mit einem standardisierten Fragebogen zum Selbstausfüllen. Die Fragen bezogen sich vor allem auf die folgenden Bereiche: Bildung, Berufstätigkeit, Ernährung, Rauchen, sportliche Aktivitäten, allgemeiner Gesundheitszustand, gesundheitliche Beschwerden, chronische Krankheiten, Kontakte mit Ärzten, Krankenhaus-Aufenthalte, Medikamenten-Einnahme, Haushalts-Nettoeinkommen. Die medizinischen Untersuchungen beinhalteten die folgenden Messungen: Blutdruck (Systole, Diastole), Puls, Körpergröße und -gewicht, Gesamt-Cholesterin und HDL-Cholesterin im Blut. Für empirische Studien zur gesundheitlichen Ungleichheit sind die Daten der DHP-Studie daher von zentraler Bedeutung, nicht nur auf Grund dieses reichhaltigen Angebotes von wichtigen Variablen, sondern auch auf Grund der relativ großen Stichprobe und der hohen Repräsentativität. Die Daten stehen zudem als Public Use File zur Verfügung (z.B. Stolzenberg/Winkler 1994/1995,

Stolzenberg 1995). Es ist daher nicht erstaunlich, daß viele der hier vorgestellten empirischen Ergebnisse auf den Daten der DHP-Studie beruhen (z.B. Bellach 1996, Bormann/Schroeder 1994a/b, Breckenkamp et al. 1995, Claßen 1994, Enquete-Kommission 1988, Heinemann et al. 1996, Helmert 1994/1996, Helmert/Shea 1994, Helmert/Lang 1997, Helmert et al. 1990/1993a/ 1994a/ 1997a/1997b/1997c/1998, Hoeltz et al. 1990, Hoffmeister/ Bellach 1995, Hoffmeister/Hüttner 1995, Hoffmeister et al. 1992/ 1994, Knopf/ Melchert 1996, Maschewsky-Schneider 1997, Maschewsky-Schneider/Klesse 1993, Mielck/ Brenner 1994).

d) Gesundheitssurvey-Ost

Der Stellenwert der DHP-Studie ergibt sich auch daraus, daß 1991/92 eine vergleichbare Befragung und Untersuchung in den *neuen* Bundesländern durchgeführt wurde. Der ausführliche Titel dieser Studie lautet 'Erste Nationale Untersuchung über Lebensbedingungen, Umwelt und Gesundheit in Deutschland Ost 1991/92'; sie wird jedoch zumeist als 'Gesundheitssurvey Ost' bezeichnet. Aus diesem 'Gesundheitssurvey Ost' liegen Daten von ca. 2.200 repräsentativ ausgewählten Personen zwischen 18 und 79 Jahren vor.

Der Fragebogen ist etwas umfangreicher als bei der DHP-Studie. „Neu hinzugekommen sind die Diet History - Befragung sowie Fragen zu folgenden Gebieten: Depression, Reagieren auf Krankheiten, Asthma bronchiale, Bronchitis, Rücken- und Gelenkschmerzen, Unfälle und Verletzungen, Geburtsgewicht der Kinder, Tragen von Brillen und Hörgeräten, Bewältigung von Tätigkeiten im täglichen Leben, Vorhandensein von Struma und Hirsutismus“ (Stolzenberg 1995, S. 18). Das Protokoll der medizinischen Untersuchungen aus der DHP-Studie wurde ergänzt um die Messung von Taillen- und Hüftumfang. Die Repräsentativität der Daten entspricht der oben beschriebenen Repräsentativität der DHP-Daten.

Ähnlich wie die DHP-Daten stellen daher auch die Daten aus dem Gesundheitssurvey-Ost eine sehr wichtige Quelle für empirische Analysen zur gesundheitlichen Ungleichheit dar, zumal sie als Public Use File jedem interessierten Wissenschaftler zur Verfügung stehen (Stolzenberg 1995). Genutzt wurde diese Möglichkeit bisher jedoch selten (z.B. Heinemann et al. 1996, Helmert et al. 1997b).

e) Umwelt-Surveys

Bisher wurden insgesamt drei Umwelt-Surveys durchgeführt (Krause et al. 1996, Radoschewski et al. 1997). Der 1. Umwelt-Survey fand 1985/86 in den alten Bundesländern statt. Die Stichprobe wurde als Teilstichprobe aus dem ersten

Survey der DHP-Studie gezogen, d.h. auch im 1. Umwelt-Survey wurden Erwachsene mit deutscher Nationalität zwischen 25 und 69 Jahren angesprochen. Aus dem 1. Umwelt-Survey liegen Daten von ca. 2.500 Personen vor, also ungefähr von der Hälfte der DHP-Teilnehmer.

Der 1. Umwelt-Survey umfaßte eine Befragung und eine Untersuchung. Die Inhalte der Befragung lassen sich mit Hilfe der folgenden Beispiele verdeutlichen:
- Allgemeine Einstellung zu Umweltfragen und -problemen: Interesse an Fragen der Umweltverschmutzung, Interesse an mehr Informationen zu Umweltfragen und -problemen, Einstellung zur Geschwindigkeits-Begrenzung
- Wohnsituation: Wohnfläche und Zahl der Bewohner, Heizungssystem und Art der verwendeten Brennstoffe, subjektive Bewertung der Luftqualität in der Wohnung und der Wasserqualität, Haltung von Haustieren in der Wohnung, Nutzungsmöglichkeit und Nutzung eines Gartens
- Situation in der Wohnumgebung: subjektive Bewertung der Luftqualität und der Lärmbelastung in der Wohnumgebung
- Gesundheitliche Gefährdung: subjektive Einschätzung der Anfälligkeit gegenüber Krankheiten und Beschwerden der Luft- und Atemwege, Auftreten von Krankheiten und Beschwerden (Grippe, Husten, Allergien etc.).

Die Untersuchung bestand aus einem 'Human-Monitoring' und einem 'Umwelt-Monitoring'. Beim Human-Monitoring wurde die Belastung von Blut, Urin und Haar mit Blei, Cadmium, Kupfer etc. untersucht. Beim Umwelt-Monitoring stand die Untersuchung des Trinkwassers und des Hausstaubs auf Blei, Cadmium, Kupfer etc. im Vordergrund.

Nach dem gleichen Schema fand 1990/91 in den alten Bundesländern der 2. Umwelt-Survey statt; und 1991/92 folgte der 'Umweltsurvey-Ost' in den neuen Bundesländern. Die Stichprobe des 2. Umwelt-Surveys wurde dabei als Teilstichprobe aus dem dritten DHP-Survey gezogen, und die Stichprobe des Umweltsurveys-Ost als Teilstichprobe aus dem Gesundheitssurvey-Ost. Aus dem 2. Umwelt-Survey liegen Daten von ca. 2.500 Person vor, der Stichprobenumfang entspricht also dem 1. Umwelt-Survey. Aus dem Umweltsurvey-Ost sind Daten von ca. 1.800 Erwachsenen vorhanden. Der 2. Umwelt-Survey und der Umweltsurvey-Ost wurden auch auf die 6 bis 17jährigen Kinder ausgedehnt, die in den Haushalten der befragten Erwachsenen leben. In den alten Bundesländern waren dies ca. 450 Kinder und in den neuen Bundesländern ca. 360 Kinder. Die Umwelt-Surveys beinhalten somit Daten von insgesamt ca. 6.800 Erwachsenen und 800 Kindern.

Für empirische Analysen zur gesundheitlichen Ungleichheit sind die Daten der Umwelt-Surveys aus mehreren Gründen von großem Wert. Die Stichprobe ist relativ groß und kann als ausreichend repräsentativ für die alten und neuen Bundesländer angesehen werden. Die Teilnahmeraten liegen zwischen 63% und 74%; mögliche Verzerrungen der Repräsentativität lassen sich durch

Gewichtungsfaktoren weitgehend ausgleichen. Besonders interessant ist die Möglichkeit, die Daten aus den Umwelt-Surveys mit den entsprechenden Daten aus der DHP-Studie bzw. aus dem Gesundheitssurvey-Ost personenbezogen zu verbinden. Da auch Angaben zur Schulbildung, zum Beruf und zum Einkommen vorhanden sind, entsteht somit eine hervorragende Basis für die Analyse des Zusammenhangs zwischen sozialer Ungleichheit, Umweltverschmutzung und Gesundheit. Die Nutzung dieser Möglichkeiten steht jedoch noch aus. Auswertungen zur gesundheitlichen Ungleichheit liegen m.W. bisher nur in Projektberichten in Form von einfachen Häufigkeitsauszählungen vor (Becker et al. 1997, Krause et al. 1991/1996/1997, Radoschewski et al. 1997).

f) MONICA-Studie

Anfang der 80er Jahre begannen unter Leitung der Weltgesundheitsorganisation (WHO) die Planungen für die internationale MONICA-Studie. MONICA steht für 'Monitoring Trends and Determinants in Cardiovascular Disease', d.h. die Untersuchung der Entwicklung und der Ursachen kardiovaskulärer Erkrankungen (WHO MONICA 1988). Im Mittelpunkt standen vor allem die beiden folgenden Themen: (a) Zusammenhang zwischen Zigarettenrauchen, Blutdruck und Cholesterol einerseits und Herzkreislauf-Krankheiten andererseits bei Personen zwischen 25 und 64 Jahren; (b) Zusammenhang zwischen der Überlebensrate und der Akutversorgung von Herzkreislauf-Patienten.

Die Teilnahme an der MONICA-Studie war u.a. an die Bedingung geknüpft, daß die einzelnen Studienzentren (die 'MONICA Collaborating Centres') selbst für die Finanzierung ihrer Studie verantwortlich sind, daß sie den obligatorischen Teil des allgemeinen MONICA Studienprotokolls übernehmen, daß sie mindestens zwei zeitlich getrennte Bevölkerungsbefragungen durchführen, daß sie die Herzinfarkt-Fälle sowie ihre Überlebensrate erfassen, und daß sie Ende 1984 mit der Studie beginnen können. Mitte der 80er Jahre waren weltweit 41 MONICA-Zentren beteiligt; dazu gehörten auch drei Zentren aus den alten Bundesländern (Bremen, Heidelberg, Augsburg) und ein Zentrum aus den neuen Bundesländern (WHO MONICA 1988). Das Zentrum aus den neuen Bundesländern hat jedoch Daten aus insgesamt 39 Kreisen erhoben, die vor allem im südlichen Teil der DDR liegen (DDR-MONICA-Team 1989). In einer aktuellen Publikation sind aus den alten Bundesländern noch die beiden Zentren Bremen und Augsburg und aus den neuen Bundesländern die Zentren Berlin-Lichtenberg, Cottbus, Halle und Karl-Marx-Stadt aufgeführt (Dobson et al. 1998); das Zentrum in Heidelberg hat seine Arbeit inzwischen offenbar eingestellt.

Die erste Bevölkerungsbefragung für die DDR-MONICA-Studie wurde 1983 bis 1985 durchgeführt. Sie beruht auf einer Zufallsstichprobe der Bevölkerung aus den 39 ausgewählten Kreisen zwischen 25 und 64 Jahren (DDR-MONICA-Team 1989, Borman et al. 1991). Insgesamt konnten ca. 11.400 Personen befragt werden (Antwortrate 84%). Das Interview enthielt Fragen zu den Themen Soziodemographie, Herzkreislauf-Krankheiten, Rauchen und Kontakte zum Gesundheitswesen; bei einer Unterstichprobe wurden auch Fragen zum Gesundheitswissen, zur körperlichen Aktivität und zu den Ernährungsgewohnheiten gestellt. Bei allen Befragten wurden neben dem Interview auch die folgenden Untersuchungen durchgeführt: Körpergröße und -gewicht, Blutdruck, Gesamt- und HDL-Cholesterol. Da die 39 Kreise nicht zufällig aus allen Kreisen der DDR ausgewählt wurden, können die Daten strenggenommen nicht als repräsentativ für die DDR gelten. Sie bieten jedoch die einzigartige Möglichkeit, die in der DDR lange vor der Wiedervereinigung vorhandenen gesundheitlichen Ungleichheiten zu untersuchen, und sie mit den gesundheitlichen Ungleichheiten in den alten Bundesländern zu vergleichen.

Es gibt bisher jedoch nur sehr wenige Beispiele für die Nutzung dieser Möglichkeit. Claßen (1994) vergleicht z.B. die Daten der DDR-MONICA-Studie von 1983/85 mit den Daten der DHP-Studie von 1984/85. Bei der (auf die Altersgruppe 25 bis 64 Jahre eingeschränkten) Auswertung wird deutlich, daß die Prävalenz der kardiovaskulären Risikofaktoren Rauchen, Hypercholesterolämie, Hypertonie und Übergewicht in der DDR deutlich höher war als in den alten Bundesländern. Bezogen auf die Unterschiede nach Schulbildung und nach Beruf zeigt sich in beiden Teilen Deutschlands, daß ein höherer sozialer Status mit einer geringeren Risikofaktoren-Belastung verbunden ist, und daß diese gesundheitliche Ungleichheit in der DDR zumeist stärker ausgeprägt war als in den alten Bundesländern. Derartige Vergleiche zwischen verschiedenen Gesellschafts- und Gesundheitssystemen bieten vielfältige Ansatzpunkte für die Erklärung der gesundheitlichen Ungleichheiten und damit auch für die Entwicklung von Programmen zur Verringerung dieses Problems (vgl. Kapitel IV-2).

In der Augsburger Studienregion wurden im Rahmen der MONICA-Studie alle Herzinfarktfälle in einem speziellen Register erfaßt und insgesamt vier Bevölkerungsbefragungen durchgeführt. Bei der ersten Befragung (1984/85) schloß die Stichprobe Männer und Frauen zwischen 25 und 64 Jahren ein, die Stichproben der zweiten und dritten Befragung (1989/90, 1994/95) bezogen sich auf Männer und Frauen zwischen 25 und 74 Jahren. Aus jedem Survey liegen Angaben von ca. 5.000 Personen vor, die Antwortraten liegen bei 70%. 1987/88 fand zudem eine Wiederholungsbefragung der Teilnehmer aus dem ersten Survey statt. Es gibt in der Bundesrepublik nur äußerst wenige Längsschnitt-Studien (d.h. Studien, in denen dieselben Personen nach einiger Zeit erneut befragt oder untersucht werden). In Längsschnitt-Studien lassen sich zeitliche Veränderungen und kausale Zusammenhänge erheblich präziser abbilden als in Querschnitt-Studien. Die Wiederholungsbefragung aus den Jahren 1987/88 ist daher von großem wissenschaftlichen Wert.

Bei den MONICA-Bevölkerungsbefragungen lassen sich ein 'Pflichtprogramm' und ein zusätzliches 'freiwilliges Programm' unterscheiden. Das Pflichtprogramm umfaßt Angaben über die Soziodemographie (Alter, Geschlecht, Schulbildung etc.), über die Herzkreislauf-Krankheiten, die kardiovaskulären Risikofaktoren und über die Kontakte zum Gesundheitswesen. In dem freiwilligen Programm können 'psychosoziale Zusatzstudien' durchgeführt werden (WHO 1989); sie beinhalten z.B. Angaben zu belastenden Lebensereignissen und zur sozialen Unterstützung (vgl. Kapitel III-4f). In Augsburg wurden auch diese zusätzlichen Angaben erhoben. Insgesamt gesehen bieten die Daten der Augsburger-MONICA-Studie somit vielfältige Informationen über den Gesundheitszustand und über die gesundheitsfördernden und -hemmenden Faktoren. Aus keiner anderen Region in der Bundesrepublik sind ähnlich umfangreiche Daten vorhanden. Sie liefern daher auch eine hervorragende Basis für die Analyse gesundheitlicher Ungleichheiten. Diese Basis wird derzeit noch ausgebaut durch die ebenfalls in Augsburg durchgeführten 'KORA-Studien' (Kooperative Gesundheitsforschung in der Region Augsburg; KORA 1998).

Auf Grundlage der oben dargestellten Daten wurden mehrere Arbeiten zur gesundheitlichen Ungleichheit publiziert. Die Daten der DDR-MONICA-Studie wurden z.B. durch C. Borman et al. (1991), E. Claßen (1994), L. Heinemann et al. (1996), U. Helmert et al. (1992), ausgewertet, und die Daten der Augsburger MONICA-Studie z.B. durch U. Härtel und U. Keil (1986), U. Härtel und L. Chambless (1989), U. Härtel et al. (1988/1992/1993a/1993b) und B. Kußmaul et al. (1995). Noch sind die Möglichkeiten aber bei weitem nicht ausgeschöpft.

2) Auswahl der empirischen Arbeiten

Über Unterschiede im Gesundheitszustand nach Merkmalen der *horizontalen* sozialen Ungleichheit liegen umfangreiche Publikationen vor. Offensichtlich ist vor allem der Zusammenhang zwischen Alter und Gesundheitszustand: Mit zunehmendem Alter werden die Erwachsenen immer kränker (vgl. Abbildung 4). Wenn der Zusammenhang zwischen *vertikaler* sozialer Ungleichheit und Gesundheitszustand untersucht wird, sollte daher der Einfluß der Altersverteilung statistisch kontrolliert werden. Ein anderes Beispiel für Arbeiten zum Thema 'horizontale gesundheitliche Ungleichheit und Gesundheit' ist die seit einigen Jahren intensiv diskutierte Frage, ob und warum Frauen einen anderen Gesundheitszustand aufweisen als Männer (Arbeitskreis 1998, Kolip 1998, Maschewsky-Schneider 1997). Diese Frage läßt sich nicht so einfach beantworten wie die Frage nach dem Zusammenhang zwischen Alter und Gesundheitszustand. Wichtig ist hier jedoch vor allem, daß Ausmaß und Ursachen der 'vertikalen gesundheitlichen Ungleichheit' geschlechtsspezifisch sein können. Es wäre z.B. falsch, Ergebnisse zur 'vertikalen gesundheitlichen Ungleichheit' bei Männern einfach auf Frauen zu übertragen. Um einen derartigen 'gender bias' (Eichler et al. 1992, Eichler 1998) zu vermeiden, sollte die 'vertikale gesundheitliche Ungleichheit' für Männer und Frauen getrennt untersucht werden.

Abbildung 4: Morbidität nach Alter und Geschlecht

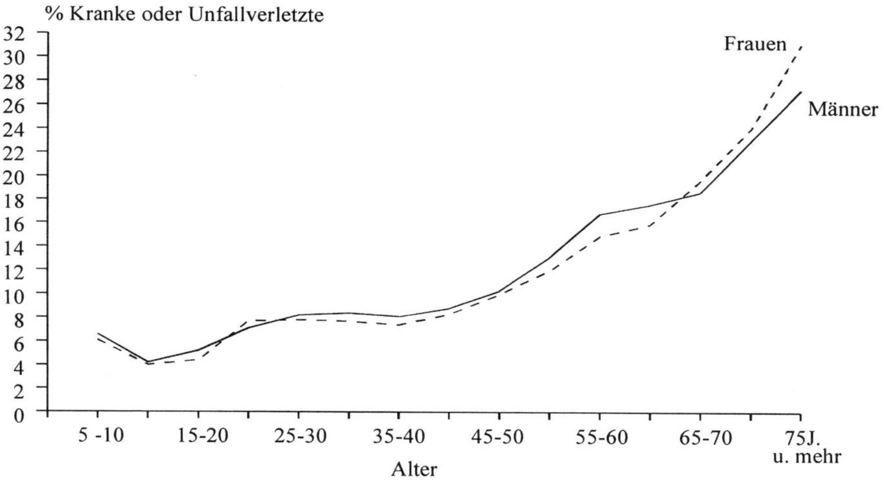

Daten: Mikrozensus (0,5% der BRD Gesamtbevölkerung, Response-Rate 90%)
Frage: Waren Sie in den letzten 4 Wochen krank bzw. unfallverletzt?
Quelle: Statistisches Bundesamt 1992 (eigene Darstellung)

Die Nationalität ist ein weiteres zentrales Merkmal der horizontalen sozialen Ungleichheit. In der Bundesrepublik steht hier der nicht sehr glücklich gewählte Begriff 'Gastarbeiter' im Vordergrund. Die zu dieser Gruppe gehörenden Ausländer wiesen früher zumeist einen überdurchschnittlich guten Gesundheitszustand auf. Es besteht jedoch Einigkeit darüber, daß sie bei uns mit besonders großen gesundheitlichen Belastungen konfrontiert sind, und daß bei ihnen erhebliche Mängel in der gesundheitlichen Versorgung vorhanden sind (Altenhofen/Weber 1993, Berg 1998, Bouali et al. 1996, Collatz 1989/ 1994/1998, Elkeles/Seifert 1993b, Geiger 1997, Lechner/Mielck 1998, Weilandt/ Altenhofen 1997). Diese Form der gesundheitlichen Ungleichheit ist hier aber von untergeordneter Bedeutung. In diesem Kapitel ist die Nationalität vor allem deswegen wichtig, weil sie einen Einfluß auf das Ausmaß der 'vertikalen gesundheitlichen Ungleichheit' ausüben kann. Mit anderen Worten: Die drei Beispiele Alter, Geschlecht und Nationalität sollen demonstrieren, welchen Stellenwert die Merkmale der horizontalen sozialen Ungleichheit in diesem Kapitel besitzen. Im Mittelpunkt stehen die empirischen Arbeiten über den Zusammenhang zwischen der *vertikalen* sozialen Ungleichheit und dem

Gesundheitszustand; und die Aussagekraft der empirischen Ergebnisse wird auch daran gemessen, ob die Merkmale der *horizontalen* sozialen Ungleichheit statistisch kontrolliert wurden.

Die zentrale Fragestellung lautet demnach: Ob und wie hängen die Merkmale der vertikalen sozialen Ungleichheit mit dem Gesundheitszustand zusammen? Bei der Beantwortung dieser Frage lassen sich zwei Strategien unterscheiden: Zum einen kann der Gesundheitszustand von besonders belasteten Personengruppen (Arbeitslose, Wohnungslose etc.) untersucht, und zum anderen kann der *allgemeine* Zusammenhang zwischen vertikaler sozialer Ungleichheit und Gesundheit (z.B. Einkommen und Morbidität) analysiert werden. In dem vorliegenden Buch wird vor allem die zweite Strategie gewählt. Die Darstellung von empirischen Ergebnissen über den Gesundheitszustand von besonders belasteten Personengruppen würde den Rahmen dieser Arbeit sprengen. Es liegen zudem aktuelle Übersichtsarbeiten über den Stand der Forschung vor (z.B. Weber 1997), und die Ergebnisse sind relativ eindeutig. Es besteht z.B. kein Zweifel daran, daß *Arbeitslosigkeit* mit einer erhöhten gesundheitlichen Belastung verbunden ist (Elkeles 1998/99, Elkeles/Seifert 1993a, Frister et al. 1997, Harych/Harych 1997, Henkel 1998, Kieselbach 1991/1997, Schwefel 1986, Schwefel et al. 1987, Statistisches Bundesamt 1998). Unbestreitbar ist auch, daß *Wohnungslosigkeit* mit einem extrem schlechten Gesundheitszustand einhergeht (Berlin 1997, Bouali et al. 1996, Egen 1998, Trabert 1995/1997, Kunstmann et al. 1996, Locher 1990, Stößel/Locher 1991).

Das Kapitel konzentriert sich auf den Zusammenhang zwischen Bildung, Beruf und Einkommen einerseits und Mortalität und Morbidität andererseits. Es soll eine repräsentative Auswahl der aussagekräftigsten empirischen Ergebnisse aus den alten und neuen Bundesländern vorstellen. Der Forschungsstand in den anderen westeuropäischen Staaten (vgl. Fox 1989, Mielck/Giraldes 1993, Townsend et al. 1990), in den osteuropäischen Staaten (Koupilová et al. 1998, Shkolnikov et al. 1998) oder in den USA (Feinstein 1993) läßt sich aus Platzgründen hier nicht darstellen. Es ist zudem unklar, ob und wie die Ergebnisse aus anderen Staaten auf die Bundesrepublik übertragen werden können. Die Studien aus anderen Staaten liefern zweifellos sehr viele wichtige Anregungen; die Diskussion über Art und Ausmaß der gesundheitlichen Ungleichheit in der Bundesrepublik Deutschland muß m.E. jedoch auf empirischen Daten basieren, die bei uns erhoben wurden.

Die erste empirische Arbeit aus den alten Bundesländern wurde m.W. 1953 publiziert (vgl. Harnack 1953); die ersten Publikationen aus den neuen Bundesländern stammen m.W. vom 1966 durchgeführten Symposium 'Medizin und Soziologie' (vgl. Berndt 1967, Enke/Werner 1967, Heindorf/Schönrock 1967). Inzwischen liegt vor allem aus den alten Bundesländern eine Vielzahl von empirischen Studien vor. Der Stand der empirischen Forschung ist so komplex geworden, daß auch die Wissenschaftler, die sich mit diesem Thema beschäftigen, leicht den Überblick verlieren. Für die Wissenschaftler - ebenso wie für die breitere Öffentlichkeit - sind m.E. hier vor allem die drei folgenden Fragen wichtig:

- Welches sind die aussagekräftigsten empirischen Ergebnisse aus den alten und neuen Bundesländern über Unterschiede in Mortalität und Morbidität nach Ausbildung, beruflichem Status und/oder Einkommen?
- Wie groß sind die in diesen Studien aufgezeigten Unterschiede in Mortalität und Morbidität?
- Wie lassen sich die Unterschiede erklären, d.h. welcher Zusammenhang besteht zwischen Ausbildung, beruflichem Status und Einkommen einerseits und gesundheitsgefährdenden bzw. -fördernden Faktoren andererseits?

Die ersten beiden Fragen stehen im Zentrum dieses Kapitels, und die dritte Frage im Zentrum des folgenden. Verschiedene Autoren haben bereits einen Überblick über die aus den *alten* Bundesländern vorliegenden empirischen Arbeiten erstellt (z.B. Abholz 1976a, Böker 1971, Braun/Reiners 1986, Gerhardt/Kirchgässler 1986, Hradil 1997a, Heinrich et al. 1998a, Huster 1990, Kirchgässler 1990, Mielck 1991/1992/1995/1997/1998a/b, Mielck/Helmert 1994a/1998a/1998b, Oppolzer 1986a/b, Ritz 1992, Schmädel 1975, Siegrist 1989a/1995, Siegrist et al. 1997, Steinkamp 1999, Streich/Mielck 1995, Weber 1987). Auch aus den *neuen* Bundesländern liegen einige vergleichbare Publikationen vor (z.B. Apelt 1991, Hüttner 1977, Kunzendorff 1994, Niehoff/Schneider 1991, Schröder 1995).

Der in diesem Buch vorgelegte Überblick ist m.E. jedoch erheblich vollständiger, umfangreicher und systematischer als die bisher publizierten. Selbstverständlich kann nicht ausgeschlossen werden, daß auch hier einige empirische Arbeiten übersehen wurden. Die Wahrscheinlichkeit, daß wichtige empirische Ergebnisse fehlen, ist jedoch gering. Die bisher vorhandenen Publikationen, in denen der Stand der empirischen Forschung zusammengefaßt wird, konzentrieren sich zudem mehr auf eine möglichst vollständige Erfassung der vorhandenen Arbeiten als auf die Beantwortung der beiden oben genannten Fragen. Im folgenden Kapitel wird versucht, diese beiden Fragen auf der Basis eines gestuften Verfahrens zu beantworten:

1. In einem ersten Schritt wurde versucht, alle bis Mitte 1999 publizierten empirischen Untersuchungen zu finden, in denen Angaben über den Zusammenhang zwischen Bildung, beruflichem Status und Einkommen einerseits und Gesundheitszustand und Exposition gegenüber gesundheitsgefährdenden oder -fördernden Faktoren andererseits enthalten sind. Aufgenommen wurden Bücher, Buchbeiträge und Aufsätze in Fachzeitschriften. Kurzfassungen von Tagungsbeiträgen (Abstracts) wurden dagegen nicht berücksichtigt, da es sich hierbei häufig um vorläufige Ergebnisse handelt.
2. In einem zweiten Schritt wurde versucht, aus diesen Publikationen die aussagekräftigsten Ergebnisse auszuwählen. Die Einschätzung der Aussagekraft basierte dabei auf den folgenden methodischen und inhaltlichen Kriterien:

- Ergebnisse aus Studien, in denen der Einfluß von Alter und Geschlecht kontrolliert wird, sind aussagekräftiger als vergleichbare Ergebnisse aus Studien, in denen diese Kontrolle fehlt.
- Ergebnisse aus überregionalen Studien sind aussagekräftiger als vergleichbare Ergebnisse aus regionalen Studien.
- Ergebnisse aus Studien mit Individualdaten (Daten über einzelne Personen) sind aussagekräftiger als vergleichbare Ergebnisse aus ökologischen Studien (Daten über Personengruppen).
- Ergebnisse aus Studien mit neueren Daten sind aussagekräftiger als vergleichbare Ergebnisse aus Studien mit älteren Daten.
- Ergebnisse aus methodisch schwächeren oder älteren Studien sind nur dann aussagekräftig, wenn keine vergleichbaren Ergebnisse aus methodisch stärkeren oder jüngeren Studien vorliegen.
- Die empirischen Ergebnisse können beeinflußt werden durch den verwendeten Indikator für den sozio-ökonomischen Status (Ausbildung, beruflicher Status, Einkommen) und durch das Alter und das Geschlecht der einbezogenen Personen. Es werden daher bevorzugt die Ergebnisse ausgewählt, die für verschiedene Indikatoren des sozio-ökonomischen Status und getrennt nach Alter und Geschlecht dargestellt wurden.
- Wenn mehrere Ergebnisse mit vergleichbarer Aussagekraft vorliegen, wird das Ergebnis ausgewählt, welches den Stand der empirischen Forschung gut wiedergeben kann und welches zugleich einfach zu interpretieren ist.
- Um die Breite der empirischen Forschung aufzuzeigen, sollen nach Möglichkeit Ergebnisse aus verschiedenen Studien vorgestellt werden.

3. In einem dritten Schritt werden die ausgewählten empirischen Ergebnisse in Form von Tabellen oder Grafiken dargestellt. Diese zahlenmäßige Wiedergabe der Ergebnisse soll einen Eindruck geben vom *Ausmaß* und von der statistischen *Signifikanz* der Unterschiede.

Trotz der relativ objektiven Kriterien handelt es sich dabei selbstverständlich um eine subjektive Auswahl, schon deswegen, weil sich kaum alle Kriterien gemeinsam erfüllen lassen. Bei Bedarf läßt sich die hier getroffene Auswahl auch im einzelnen nachvollziehen und kritisieren: Die Liste aller aus den alten und neuen Bundesländern gefundenen empirischen Arbeiten ist im Anhang wiedergegeben. Es läßt sich daher überprüfen, welche Arbeiten hier nicht berücksichtigt wurden, obwohl sie in der Liste genannt werden.

Wenn die aus den alten und neuen Bundesländern gefundenen empirischen Arbeiten nach dem Erscheinungsjahr sortiert werden, wird deutlich, daß das Interesse von Wissenschaftlern an den Fragen der gesundheitlichen Ungleichheit deutlich zugenommen hat (vgl. Abbildung 5). Eine ähnliche Zunahme der Publikationen zum Thema 'gesundheitliche Ungleichheit' (bzw. 'health inequalities') ist auch international zu beobachten (Kaplan/Lynch 1997). Die Zunahme der Publikationen aus den alten und neuen Bundesländern spiegelt möglicherweise 'nur' die allgemeine Zunahme von Publikationen zu Public Health Themen wider; d.h. vielleicht ist der Anteil der bei uns publizierten

Public Health Arbeiten, in denen empirische Ergebnisse zur gesundheitlichen Ungleichheit berichtet werden, relativ konstant geblieben. An der Aussage, daß das wissenschaftliche Interesse an Fragen der gesundheitlichen Ungleichheit zugenommen hat, ändert dies jedoch wenig.

Abbildung 5: Empirische Arbeiten aus den alten und neuen Bundesländern

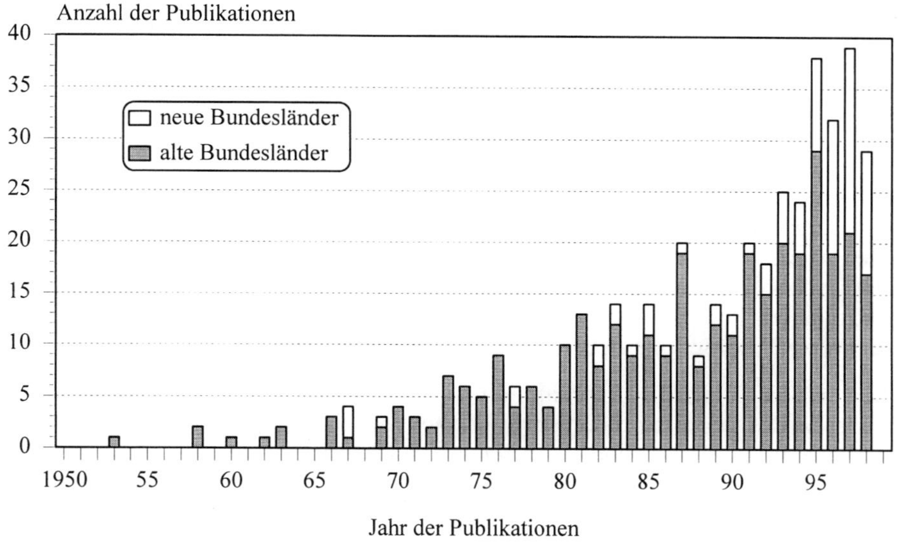

Publikationen mit empirischen Ergebnissen über den Zusammenhang zwischen Ausbildung, beruflichem Status und Einkommen einerseits und Mortalität, Morbidität, gesundheitsgefährdenden bzw. -fördernden Faktoren andererseits
Quelle: vgl. Anhang

Interessant ist auch die thematische Aufgliederung der empirischen Arbeiten. In vielen der insgesamt 441 Publikationen wurde mehr als eine Kombination zwischen den Merkmalen der sozialen Ungleichheit einerseits und Mortalität, Morbidität, Gesundheitsversorgung oder Gesundheitsrisiken andererseits untersucht; insgesamt sind es 761 Kombinationen (vgl. Tabelle 18). Es liegen z.B. erheblich mehr Ergebnisse zur Morbidität als zur Mortalität vor, und mehr zum beruflichen Status als zum Einkommen. Am häufigsten ist die Kombination 'Bildung und Risikofaktoren' mit insgesamt 101 Auswertungen vertreten. Diese Zahlen sagen selbstverständlich noch nichts darüber aus, wie aussagekräftig die Ergebnisse für die einzelnen Kombinationen sind. Bereits hier wird jedoch angedeutet, daß Nachholbedarf vor allem bei der Untersuchung von Mortalitäts-Unterschieden nach Bildung, Einkommen und/oder sozialer Schicht besteht.

Tabelle 18: Empirische Arbeiten aus den alten und neuen Bundesländern

	Anzahl der Auswertungen[a]				
	Bildung	Berufl. Status	Einkommen	Soziale Schicht [b]	
Mortalität	23	40	15	11	89
Morbidität	57	91	38	49	235
Gesundheitsversorgung [c]	52	65	29	33	179
Risikofaktoren [d]	101	62	44	51	258
	233	258	126	144	761

a) Auswertungen in insgesamt 441 Publikationen (veröffentlicht 1953 - 1999)
b) Zusammenfassung von Ausbildung, beruflichem Status und/oder Einkommen
c) Angebot und Inanspruchnahme von Leistungen der gesundheitlichen Versorgung
d) Gesundheitliche Risikofaktoren (Umweltbedingungen, Gesundheitsverhalten)
Quelle: Verzeichnis der empirischen Arbeiten am Ende des Buches

Die Zahl der Datenquellen, auf denen die empirischen Ergebnisse beruhen, ist relativ begrenzt, und einige Datenquellen werden in den folgenden Kapiteln immer wieder erwähnt. Um Wiederholungen zu vermeiden - und um sich bei Bedarf schnell über die Datenquelle informieren zu können (Anzahl der einbezogenen Personen, Art der Datenerhebung etc.) - wurden im ersten Unterkapitel die wichtigen Datenquellen kurz vorgestellt.

In den beiden folgenden Unterkapiteln sind die m.E. besonders aussagekräftigen empirischen Ergebnisse zu den sozio-ökonomischen Unterschieden in Mortalität und Morbidität wiedergegeben. In ihnen wird somit das Problem beschrieben, welches es zu erklären und so weit wie möglich zu verringern gilt. Die Unterkapitel sind nach dem verwendeten Indikator für den sozio-ökonomischen Status gegliedert, d.h. danach, ob Unterschiede nach sozialer Schicht, nach Ausbildung, nach beruflichem Status oder nach Einkommen im Mittelpunkt stehen. Soweit aussagekräftige Ergebnisse vorhanden sind, ist für jeden Indikator ein eigenes Kapitel eingefügt, zunächst bezogen auf Erwachsene und dann bezogen auf Kinder. Möglich wäre auch eine interne Gliederung nach Todesursache oder Krankheitsgruppe. Eine Gliederung nach dem verwendeten sozio-ökonomischen Indikator ist m.E. jedoch sinnvoller, weil sie einen besseren Ansatzpunkt bietet für die nachfolgende Diskussion der Erklärungsansätze. Auch die im Anhang wiedergegebene Liste der aus den alten und neuen Bundesländern gefundenen empirischen Arbeiten ist nach dem Indikator für den sozio-ökonomischen Status sortiert.

3) Soziale Ungleichheit und Mortalität

Die Liste der empirischen Studien (vgl. Anhang) beinhaltet 89 Studien zur Mortalität. Die meisten dieser Studien basieren auf einem ökologischen Design, d.h. auf *regionalen* Vergleichen der Mortalität. In den ökologischen Studien werden Angaben zur durchschnittlichen Mortalität in einer Region verglichen mit Angaben zur sozio-ökonomischen Struktur der Region, z.B. mit dem durchschnittlichen Bruttolohn. Wenn ein regionaler Vergleich ergibt, daß die Sterblichkeit in einer Region mit niedrigem Einkommen größer ist als in einer Region mit höherem Einkommen, so kann daraus jedoch nicht automatisch geschlossen werden, daß auch die Sterblichkeit von Personen mit niedrigem Einkommen größer ist als die von Personen mit höherem Einkommen. Dieser Wechsel von der regionalen auf die individuelle Ebene ist mit diversen methodischen Problemen behaftet, und die Ergebnisse regionaler Vergleiche lassen sich daher häufig nur schwer interpretieren.

Empirische Studien zu sozio-ökonomischen Unterschieden in der Mortalität auf der Basis von Individualdaten (d.h. mit Angaben über einzelne Personen und nicht über Regionen) sind in der Bundesrepublik dagegen relativ selten. Dies liegt vor allem daran, daß auf den amtlichen 'Sterbefall-Zählkarten' heute keine Angaben mehr vorhanden sind zur Ausbildung, zum Beruf oder zum Einkommen des Verstorbenen. Wenig verständlich ist vor allem das Fehlen von Angaben zum Beruf. In einigen westeuropäischen Staaten wird seit Jahrzehnten der zuletzt ausgeübte Beruf auf der Todesbescheinigung eingetragen. Auf dieser Grundlage wird z.B. von den Statistischen Ämtern in England und Wales bereits seit über 100 Jahren in den 'Decennial Supplements' über die Sterblichkeit pro Berufsgruppe berichtet (Botting 1996, Drever/Whitehead 1997). Offenbar ist die Auskunft über den Beruf ohne größere Probleme zu erhalten, und der wissenschaftliche Wert dieser Angabe wird belegt durch eine wahre Flut von Publikationen über die Mortalitätsunterschiede zwischen Berufsgruppen (z.B. Townsend et al. 1990; Davey Smith et al. 1990/1994). Theoretisch wären sozio-ökonomische Angaben über die Verstorbenen auch über eine personenbezogene Vernetzung verschiedener Datenquellen zu erhalten. Dieser Weg wird z.B. in der Schweiz beschritten (Gass 1987, Gass/Bopp 1993). In Deutschland ist ein derartiges Vorgehen aus datenschutzrechtlichen Gründen jedoch (zumindest derzeit) nicht praktikabel.

Früher wurde der Beruf der Verstorbenen auch in der Bundesrepublik amtlich erfaßt. Nach einer persönlichen Auskunft des Statistischen Bundesamtes wurde in dem 'Gesetz über die Beurkundung des Personenstandes und die Eheschließung' vom 6. Februar 1875 festgelegt, daß bei der Beurkundung der Sterbefälle 'der Stand oder das Gewerbe' der Verstorbenen aufzunehmen ist. In dem 'Personenstandsgesetz' von 1937 steht, daß auch der Beruf der Verstorbenen vermerkt werden soll. Die Vorschrift zur Erfassung des Berufes wurde in dem

'Gesetz über die Statistik der Bevölkerungsbewegung und die Fortschreibung des Bevölkerungsstandes' von 1957 noch einmal bestätigt. In der neuen Fassung dieses Gesetzes von 1971 wurde das Wort 'Beruf' jedoch durch das Wort 'Erwerbstätigkeit' ersetzt. Wenn die derzeit diskutierten Vorschläge über eine erneute Novellierung dieser Rechtsgrundlage Gesetz werden sollten, wird die Sterbefall-Zählkarte künftig auch keine Angabe mehr über die Erwerbstätigkeit enthalten.

Es ist wichtig festzustellen, daß für die im Zeitraum 1937 bis 1971 verstorbenen Erwachsenen Angaben zum Beruf vorhanden gewesen sind. Aus sozial-epidemiologischer Sicht stellen diese Daten einen wahren Schatz dar, der allerdings bisher kaum genutzt wurde. Mit den Daten wurde nur eine einzige Auswertung zur berufsspezifischen Mortalität durchgeführt (Statistisches Bundesamt 1963). Berichtet wird dort ausschließlich über die Verteilung der Todesfälle nach Todesursache pro Berufsgruppe (z.B.: von den im Jahr 1955 verstorbenen erwerbstätigen Männern zwischen 15 und 65 Jahren sind 21% durch Unfälle gestorben). Aus diesen Angaben läßt sich nicht ersehen, ob die Mortalität in einer bestimmten Berufsgruppe höher ist als in einer anderen. Die Ergebnisse werden daher hier nicht wiedergegeben.

Da entsprechende Routinedaten fehlen, müssen Angaben über den sozio-ökonomischen Status von Verstorbenen in der Bundesrepublik im Rahmen von aufwendigen Studien erhoben werden. Diese Studien sind methodisch schwierig, logistisch aufwendig und entsprechend selten. Sie sind jedoch von zentraler Bedeutung. Sozio-ökonomische Unterschiede in der Mortalität sind vermutlich die dramatischsten und 'härtesten' Belege für die Existenz gesundheitlicher Ungleichheiten. Die wenigen vorhandenen Studien, die auf Individualdaten beruhen, besitzen daher einen besonders hohen Stellenwert.

a) Schulbildung und Lebenserwartung bei Erwachsenen

Unterschiede in der Mortalität können besonders anschaulich als Unterschiede in der Lebenserwartung ausgedrückt werden. Die m.W. einzige Studie aus Deutschland zu bildungsspezifischen Unterschieden in der Lebenserwartung basiert auf den Daten des Sozio-ökonomischen Panels (Klein 1996). Den Beginn des Panels bildet eine im Jahr 1984 durchgeführte Befragung von ca. 12.000 aus den alten Bundesländern repräsentativ ausgewählten Personen ab 16 Jahren (vgl. Kapitel II-1b). Dieselben Personen werden jedes Jahr erneut befragt, und im Rahmen dieser jährlichen Kontaktaufnahme wird auch erfragt, ob ein Teilnehmer zwischenzeitlich verstorben ist. Da die erste Befragung Angaben zur Ausbildung, zum Beruf und zum Einkommen beinhaltet, lassen sich Unterschiede in der Mortalität und damit auch in der Lebenserwartung nach diesen sozio-ökonomischen Merkmalen berechnen. Ausgewertet wurden m.W. bisher nur Unterschiede in der Lebenserwartung nach Schulbildung. Die Ergebnisse zeigen, daß Männer ohne Abitur eine um 3,3 Jahre kürzere

Lebenserwartung aufweisen als Männer mit Abitur; bei Frauen beträgt der Unterschied sogar 3,9 Jahre (vgl. Tabelle 19).

Tabelle 19: Schulbildung und Lebenserwartung

	Lebenserwartung ab 16 Jahren (in Jahren)	
Schulbildung	Männer	Frauen
ohne Abitur	57,0	61,6
mit Abitur	60,3	65,5

Stichprobe: ca. 12.000 Männer und Frauen ab 16 Jahren aus den alten Bundesländern
Datenbasis: Befragung 1984-1993 (Sozio-ökonomisches Panel)
Quelle: Klein 1996

In dem vor kurzem publizierten 'Gesundheitsbericht für Deutschland' wird von einer vergleichbaren Analyse berichtet, die ebenfalls auf den Panel-Daten basiert (Statistisches Bundesamt 1998, S. 111). Dort wird das Sterblichkeits-Risiko in Abhängigkeit von den Ausbildungsjahren berechnet, und die Ergebnisse weisen darauf hin, daß die Sterblichkeit in der unteren Bildungsgruppe (unter 9 Jahre) ca. 50% höher ist als in der oberen (über 15 Jahre). Weiterführende methodische Angaben über die Art der statistischen Analyse fehlen jedoch; es bleibt z.B. unklar, ob und wie Alter und Geschlecht kontrolliert wurden. Diese Ergebnisse sind daher nur schwer zu interpretieren.

b) Beruflicher Status und Mortalität bei Erwachsenen

Während aus anderen westeuropäischen Staaten eine Vielzahl empirischer Studien über Unterschiede in der Mortalität nach beruflichem Status vorliegt (Mielck/Giraldes 1993), ist Deutschland in dieser Beziehung ein nahezu weißer Fleck. Wie oben ausgeführt, liegt dies vor allem daran, daß bei uns auf den amtlichen 'Sterbefall-Zählkarten' der Beruf der Verstorbenen nicht vermerkt wird. Die nahezu einzigen aussagekräftigen Daten aus der Bundesrepublik stammen bezeichnenderweise aus dem Jahr 1976 und beziehen sich nur auf Stuttgart (Neumann/Liedermann 1981). Im Rahmen eines Forschungsprojektes wurden damals die Angehörigen von den im Jahr 1976 verstorbenen Männern gebeten, den Beruf des Verstorbenen anzugeben. Diese relativ alten und zudem regional sehr begrenzten Daten lassen sich vermutlich nicht direkt auf die heutige Bundesrepublik übertragen, aber da nur so wenige aussagekräftige Ergebnisse vorliegen, sollen sie hier dennoch präsentiert werden.

Bei der Analyse von sozio-ökonomischen Unterschieden in Mortalität und Morbidität wird zumeist versucht, 'soziale Schichten' zu unterscheiden. Das sprachliche Bild der 'sozialen Schicht' drückt dabei die Überzeugung aus, daß sich die Bevölkerung mit Hilfe der Kriterien Ausbildung, Beruf und Einkommen in eindeutig über- bzw. untereinanderliegende Schichten einteilen läßt (vgl. auch Kapitel I-4). Bei den Kriterien Ausbildung und Einkommen fällt eine hierarchische Ordnung in höher und niedriger nicht schwer. Bei dem Kriterium 'Beruf' ist eine hierarchische Ordnung jedoch weniger offensichtlich. Hier stellt sich beispielsweise die Frage, ob ein Beamter im gehobenen Dienst auf der gleichen Hierarchiestufe steht wie ein Handwerksmeister ohne eigene Angestellte oder wie ein Handwerksmeister mit 10 Angestellten; und die Frage müßte beantwortet werden, ohne auf die Merkmale Ausbildung oder Einkommen zurückzugreifen.

Eine allgemein akzeptierte Rangfolge existiert offenbar nur für relativ grobe Berufskategorien. Bei der Darstellung der Ergebnisse aus der Stuttgarter Studie werden daher auch nur vier hierarchische Berufskategorien unterschieden; eine fünfte Gruppe (selbständige Gewerbetreibende) ließ sich dagegen nicht in das hierarchische System einordnen. In der Publikation werden die Mortalitätsraten pro Berufskategorie, Altersgruppe und Todesursache dargestellt (Neumann/ Liedermann 1981). In Abbildung 6 sind die Raten für die Gesamt-Mortalität in den vier hierarchischen Berufskategorien dargestellt. Für alle Altersgruppen ab 40 Jahre gilt, daß die Gesamt-Mortalität in der unteren Berufskategorie (einfache Beamte, einfache Angestellte, un- und angelernte Arbeiter) am höchsten und in den beiden oberen Berufskategorien (gehobene Beamte, gehobene Angestellte, Handwerksmeister, höhere und leitende Beamte, höhere und leitende Angestellte, freie Akademiker) am niedrigsten ist. Aus den in der Publikation vorhandenen Angaben lassen sich auch alters-standardisierte Mortalitätsraten berechnen (vgl. Tabelle 20). Bei den vier hierarchisch geordneten Berufskategorien wird deutlich, daß die Gesamt-Mortalität mit zunehmendem Status stufenweise geringer wird (d.h. daß ein 'Gradient' vorhanden ist), daß die Mortalität beim unteren Status ca. 2,3mal so hoch ist wie beim oberen, und daß ein vergleichbarer Zusammenhang auch für Todesfälle durch Herzinfarkt oder durch bösartige Neubildungen gefunden wird.

Abbildung 6: Beruflicher Status und Gesamt-Mortalität

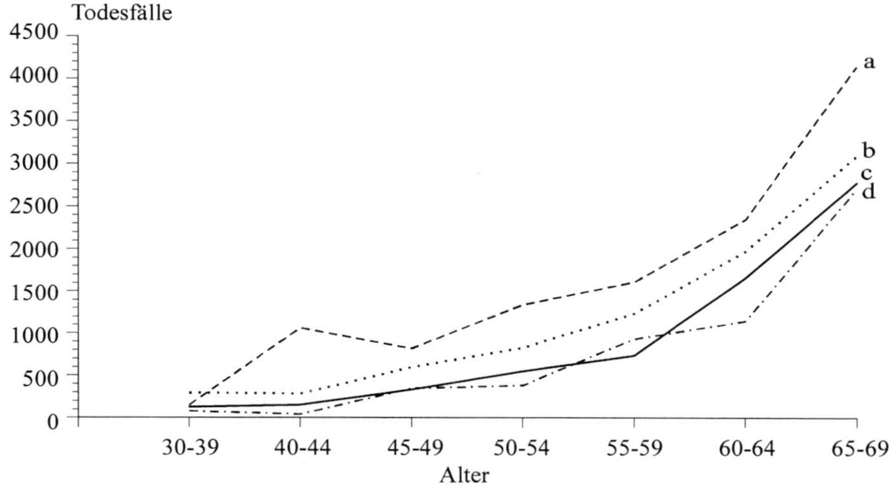

Legende: vgl. Tabelle 20.
Quelle: Neumann/Liedermann 1981 (eigene Berechnung und Darstellung)

Tabelle 20: Beruflicher Status und Mortalität

	Anzahl der Todesfälle pro 100.000 Personen in der gleichen Berufsgruppe [f] Berufsgruppe				
	untere [a]	mittlere [b]	gehobene [c]	höhere [d]	Selbst. Gew. [e]
Anteil in der Bevölkerung [g]	16,3	44,1	15,5	17,2	5,5
Todesursachen					
Alle	1167,5	834,5	584,8	503,7	664,1
Herzinfarkt	575,8	373,5	380,7	349,7	268,2
Bös. Neubildungen	682,7	600,9	406,5	430,2	533,4

a: Einfache Beamte, einfache Angestellte, un- und angelernte Arbeiter
b: Mittlere Beamte, mittlere Angestellte, Handwerker, Facharbeiter
c: Gehobene Beamte, gehobene Angestellte, Handwerksmeister
d: Höhere und leitende Beamte, höhere und leitende Angestellte, freie Akademiker
e: Selbständige Gewerbetreibende
f: (direkte) Altersstandardisierung
g Berufstätige Männer (30-69 Jahre) in Stuttgart 1977 (restliche 1,4%: keine Angabe)
Datenbasis: Todesfälle 1976 von Männern (30-69 Jahre, Deutsche) in Stuttgart
Quelle: Neumann/Liedermann 1981 (eigene Berechnungen)

Tabelle 21: Todesfälle nach Erst-Infarkt

	Unterer beruflicher Status [a]		Mittlerer/oberer beruflicher Status [b]	
	Männer	Frauen	Männer	Frauen
Anzahl Personen	439	32	325	107
Todesfälle (in %)	14,58	12,50	9,23	6,54

a: Akademiker, Führungskräfte, Büro- und Verwaltungskräfte; b: Handwerker, Arbeiter
Datenbasis: Herzinfarkt-Fälle in der Region Augsburg 1984-1993
Quelle: Mielck et al. 1995b

In einer eigenen Auswertung der Daten aus dem Augsburger Herzinfarkt-Register wurde untersucht, ob die Zeit zwischen der ersten Diagnose eines Herzinfarkts und dem Tod (d.h. die Überlebenszeit) vom beruflichen Status abhängig ist. In dem Register werden seit 1984 alle Herzinfarkt-Fälle in der Region Augsburg erfaßt. Die Auswertung beschränkt sich auf die deutschen Teilnehmer, die bis Oktober 1993 erfaßt wurden, die den 1. Tag nach dem Infarkt überlebt haben, von denen keine Vor-Infarkte bekannt sind, und von denen aus dem Interview eine Angabe zum derzeitigen oder zum letzten Beruf vorlag. Mit Hilfe der letztgenannten Angaben wurden die Teilnehmer in zwei Berufsgruppen unterteilt (Mielck et al. 1995b). Die Auswertungen zeigen, daß der Anteil der Verstorbenen in der unteren Statusgruppe erheblich höher ist als in der oberen (vgl. Tabelle 21). Nach statistischer Kontrolle der Altersverteilung ergab sich eine signifikante Erhöhung der Sterbewahrscheinlichkeit in der unteren Statusgruppe von ca. 60%. Diese erhöhte Sterbewahrscheinlichkeit wurde auch kaum beeinflußt durch die zusätzliche Kontrolle von Angaben zum Gesundheitszustand (Diabetes, Herzkreislauf-Krankheiten, Hypertonie), zum Gesundheitsverhalten (Rauchen), zur gesundheitlichen Versorgung (Behandlung des Erst-Infarktes im Krankenhaus, Verordnung bei der Entlassung) und zum Familienstand. Es bleibt also unklar, warum die Sterblichkeit in der unteren Statusgruppe höher ist als in der oberen.

Oben wurde bereits darauf hingewiesen, daß die Unterscheidung zwischen Arbeitern und Angestellten heute nicht mehr sehr trennscharf ist (vgl. Kapitel I-2). Trotz der weiten Überlappung zwischen diesen beiden großen Berufsgruppen sind jedoch nach wie vor Unterschiede in der Sterblichkeit vorhanden. Dies wird z.B. deutlich bei einem Vergleich der ferneren Lebenserwartung von Altersrentnern: In der Arbeiter-Rentenversicherung ist die Lebenserwartung deutlich kürzer als in der Angestellten-Rentenversicherung (Rehfeld/Scheitl 1991, Höhn et al. 1992). Bei 65- und 70jährigen Männern und Frauen besteht ein Unterschied von ca. einem Jahr (vgl. Tabelle 22). Die hierarchische Ordnung zwischen Arbeitern und Angestellten wird zunehmend verwischt, und entsprechend verringern sich auch die Mortalitäts-Unterschiede zwischen diesen beiden Gruppen. Bei einer hierarchischen Unterteilung von Statusgruppen *innerhalb* der Arbeiter- bzw. der Angestellten-Rentenversicherung ließen sich vermutlich sehr viel größere sozio-ökonomische Unterschiede in der ferneren

Lebenserwartung feststellen. Weitere Analysen auf Basis der Rentenversicherungsdaten befinden sich in Kapitel II-3c.

Tabelle 22: Fernere Lebenserwartung bei Altersrentnern

Alter	Fernere Lebenserwartung von Altersrentnern (in Jahren)			
	Männer		Frauen	
	Arbeiter-Rentenvers.	Angestellten-Rentenvers.	Arbeiter-Rentenvers.	Angestellten-Rentenvers.
65 Jahre	14,91	16,08	18,95	20,08
70 Jahre	11,49	12,48	14,89	15,91
75 Jahre	8,62	9,41	11,26	12,13
80 Jahre	6,35	6,89	8,16	8,81
85 Jahre	4,62	4,91	5,77	6,20

Datenbasis: Routinedaten der Gesetzlichen Rentenversicherung aus den Jahren 1986 bis 1988
Quelle: Rehfeld/Scheitl 1991

Ergänzt werden diese relativ alten Daten vor allem durch eine derzeit im Druck befindliche Studie mit aktuellen Daten aus einer Allgemeinen Ortskrankenkasse (AOK). Derartige 'Prozeß-Daten' sind hier von großer Bedeutung, da die Krankenkassen sowohl den beruflichen Status als auch die Mortalität erfassen. Zumindest die Angaben zur Mortalität dürften dabei sehr zuverlässig sein. Bisher ist es Sozial-Epidemiologen kaum gestattet worden, diese Daten für sozial-epidemiologische Fragestellungen auszuwerten. Es ist daher besonders begrüßenswert, daß die AOK Mettmann einer Forschungsgruppe an der Universität Düsseldorf den Datenzugang ermöglicht hat. Aus dieser Kooperation liegen bereits eine Publikation zum Thema 'Unfälle bei Kindern' (Geyer/Peter 1998, vgl. Kapitel II-4g), und zwei Publikationen zum Thema 'beruflicher Status und Mortalität' (Geyer/Peter 1999, Peter/Geyer 1999) vor. Es bleibt zu hoffen, daß sich andere Krankenkassen an dem Vorbild der AOK Mettmann orientieren und ihre 'Daten-Schätze' in einem größeren Umfang als bisher der sozial-epidemiologischen Forschung zugänglich machen.

Ausgewertet wurden die Daten aus den Jahren 1987 bis 1996 von insgesamt 112.338 AOK-Mitgliedern. Drei Gruppen von Mitgliedern sind dabei berücksichtigt worden: die Erwerbstätigen, die Arbeitslosen und die Rentner. Bei den Arbeitslosen und bei den Rentnern erfolgt die Zuordnung zu einem beruflichen Status nach der jeweils zuletzt ausgeübten beruflichen Tätigkeit. Mitversicherte Familienangehörige werden ausgeschlossen, da der berufliche Status des AOK-Mitglieds nicht einfach auf sie übertragen werden kann. Insgesamt traten 2.628 Todesfälle auf (2.168 Männer und 460 Frauen). Der Anteil der Todesfälle nimmt mit zunehmendem beruflichen Status stufenweise ab, sowohl bei Männern als auch bei Frauen (vgl. Tabelle 23). Bei statistischer Kontrolle der beiden Variablen 'Alter des Mitglieds' und 'Dauer der

Krankenkassen-Zugehörigkeit' ist das Sterblichkeitsrisiko in der unteren Berufsgruppe ca. 4mal so groß wie in der oberen.

Tabelle 23: Beruflicher Status und Mortalität (Krankenkassen-Mitglieder)

	Gesamt-Mortalität bei erwerbstätigen Männern und Frauen Beruflicher Status			
	Höhere Positionen	Angestellte mit abgeschl. Lehre	Arbeiter mit abgeschl. Lehre	Un- und Angelernte
Anteil (in %)	6,9	20,7	24,2	48,2
Todesfälle (in %)				
Männer	0,8	1,5	3,3	3,1
Frauen	0,4	0,6	1,8	1,8
Relatives Sterberisiko [a]				
Männer	1,00[b]	2,1 (1,5 - 3,0)	4,2 (3,1 - 5,8)	4,3 (3,1 - 5,9)
Frauen	1,00[b]	1,7 (0,6 - 4,8)	4,9 (1,8 - 14,1)	3,8 (1,4 - 10,3)

a: Odds Ratio (95% Konf.-Intervall); kontroll. Var.: Alter, Dauer der Krankenversicherung
b: Vergleichsgruppe
Stichprobe: Mitglieder der AOK Mettmann (80.172 Männer, 32.166 Frauen, 30-70 Jahre)
Datenbasis: Prozeßdaten aus den Jahren 1987 bis 1996
Quelle: Geyer/Peter 1999 (zum Teil eigene Berechnungen)

Wie zu erwarten ist der Anteil der un- und angelernten Erwerbstätigen in der AOK erheblich höher als im Bundesdurchschnitt. In der AOK beläuft sich der Anteil auf 48,2%; bundesweit gehörten 1996 jedoch 'nur' 26,9% aller Erwerbstätigen dieser Gruppe an. Umgekehrt ist der Anteil der höher qualifizierten Berufe in der AOK niedriger als im Bundesdurchschnitt (z.B. Angestellte mit abgeschlossener Lehre: AOK 20,7%, Bundesrepublik 41,7%). Diese Vergleiche verdeutlichen, wie stark die AOK-Mitgliederstruktur von der allgemeinen Struktur der Erwerbstätigkeit abweicht, und daß die empirischen Ergebnisse auf Basis der AOK-Daten also nicht einfach auf alle Erwerbstätigen übertragen werden dürfen. Dennoch sind diese Ergebnisse sehr wichtig, da sie dazu beitragen, eine wichtige Forschungslücke in der Bundesrepublik zu füllen.

c) Einkommen und Mortalität bei Erwachsenen

Beim Thema 'Einkommen und Mortalität' ist der Forschungsstand etwas besser als beim Thema 'beruflicher Status und Mortalität'. Dies ist auch einer Studie zu verdanken, die 1994 von der Bundesversicherungsanstalt für Angestellte (BfA) vorgelegt wurde (Klosterhuis/Müller-Fahrnow 1994). Die Studie beruht auf den Angaben zum Bruttoeinkommen der erwerbstätigen männlichen Versicherten aus dem Jahr 1985. Da auch bekannt ist, welche Versicherten im Jahr 1986 verstorbenen sind, läßt sich somit für verschiedene Einkommensgruppen der Anteil der Verstorbenen berechnen. Die Auswertungen beschränkten sich dabei auf die 30-59jährigen Versicherten, da in den jüngeren Altersgruppen die Mortalität sehr gering ist, und da in den älteren Altersgruppen durch die zunehmende Berentung nur ein vermutlich nicht mehr repräsentativer Anteil der Angestellten im Berufsleben verbleibt.

Abbildung 7: Einkommen und Mortalität bei männlichen Angestellten

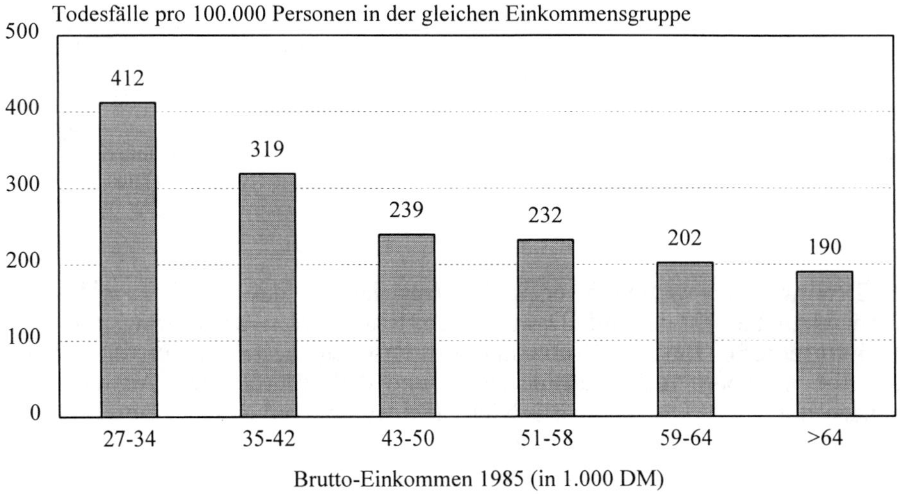

Legende: vgl. Tabelle 24
Quelle: Klosterhuis/Müller-Fahrnow 1994 (eigene Darstellung)

In Abbildung 7 ist die Mortalität pro Einkommensgruppe wiedergegeben; sie ist in der unteren Einkommensgruppe mehr als doppelt so hoch wie in der oberen! Auch bei einer nach Altersgruppen unterteilten Auswertung zeigt sich, daß die Sterblichkeit in der untersten Einkommensgruppe am höchsten ist, und daß die Sterblichkeit mit zunehmendem Einkommen relativ gleichförmig abnimmt (vgl. Tabelle 24). Die Sterblichkeit in der unteren Einkommensgruppe ist hier zwischen 5,7mal (35-39 Jahre) und 1,7mal (55-59 Jahre) so hoch wie in der oberen. Wichtig ist auch die Feststellung, daß die Sterblichkeitsunterschiede zwischen den Einkommensgruppen offenbar mit zunehmendem Alter abnehmen; in den beiden jüngeren Altersgruppen ist die Sterblichkeit in der unteren Einkommensgruppe über 5mal so groß wie in der oberen, mit zunehmendem Alter verringert sich dieser Unterschied schrittweise auf 4,6-, 3,7-, 2,1- und 1,7mal. Offenbar werden die Mortalitätsunterschiede zwischen den Einkommensgruppen von der mit dem Alter allgemein zunehmenden Mortalität gleichsam immer mehr 'eingeholt'.

Tabelle 24: Einkommen und Mortalität bei männlichen Angestellten

	Todesfälle pro 100.000 Personen in der gleichen Einkommensgruppe Brutto-Einkommen 1985 (in 1.000 DM)					
	27 - 34	35 - 42	43 - 50	51 - 58	59 - 64	> 64
Anteil in Stichprobe	5%	13%	18%	19%	13%	33%
Alter (in Jahren)						
30 - 34	168	83	37	72	21	35
35 - 39	217	86	109	91	65	38
40 - 44	483	291	247	140	111	104
45 - 49	617	394	279	210	144	167
50 - 54	751	551	479	456	363	357
55 - 59	1010	839	629	704	621	589

Stichprobe: 13.952 männliche Angestellte (30-59 Jahre) aus den alten Bundesländern
Datenbasis: Routinedaten der Bundesversicherungsanstalt für Angestellte (BfA) aus 1985
Quelle: Klosterhuis/Müller-Fahrnow 1994

Der Stellenwert dieser Studie ergibt sich auch daraus, daß sie auf zuverlässigen 'Prozeßdaten' beruht (d.h. auf Daten, die im Rahmen von Verwaltungsprozessen erhoben werden). Bei einer Befragung von Personen besteht immer die Gefahr, daß die Angaben nicht valide sind und daß durch die Auswahl der Studienteilnehmer und durch die Nicht-Teilnahme von einigen ausgewählten Personen die Repräsentativität der Ergebnisse nicht gesichert ist. In diesem Fall liegen jedoch die Meldungen der Arbeitgeber zum Bruttoeinkommen und zum Tod der versicherungspflichtigen Angestellten zugrunde. Größere Probleme mit Validität und Repräsentativität sind daher kaum zu befürchten. Unklar bleibt jedoch, ob sich die Ergebnisse übertragen lassen auf weibliche Angestellte, auf andere Berufstätige (Arbeiter, Beamte etc.) und auf Nicht-Berufstätige. Die empirischen Studien, in denen die sozio-ökonomischen Indikatoren beruflicher Status und Einkommen verwendet werden, konzentrieren sich häufig auf Männer. Diese Einseitigkeit ist vor allem - aber nicht nur - auf die Überzeugung zurückzuführen, daß bei (Ehe-)Partnern der sozio-ökonomische Status mehr bestimmt wird durch Beruf und Einkommen des Mannes als durch Beruf und Einkommen der Frau.

Die Frage nach der Übertragbarkeit der Ergebnisse auf andere Berufstätige und auf Nicht-Berufstätige weist auf das Problem hin, daß in der oben dargestellten Studie nur ein bestimmter Ausschnitt aus der Einkommensverteilung erfaßt wird. Die Angestellten repräsentieren eine mittlere Einkommensgruppe; die Nicht-Erfassung von Arbeitern, Arbeitslosen, Selbständigen etc. führt zu einem Ausblenden von Gruppen mit geringerem bzw. höherem Einkommen. Die oben dargestellten Ergebnisse bilden daher nicht das ganze Ausmaß der in der Bundesrepublik vorhandenen Unterschiede ab. Es lassen sich vermutlich noch erheblich größere Unterschiede in der Mortalität zwischen Einkommensgruppen finden, wenn auch die geringeren und die höheren Einkommensgruppen einbezogen werden.

Der Zusammenhang zwischen Einkommen und Mortalität wird auch in einer Auswertung der Daten aus dem Sozio-ökonomischen Panel (vgl. Kapitel II-1b) deutlich. Bezogen auf den Zeitraum 1984 bis 1985 wird gezeigt, daß die Mortalität bei den Teilnehmern unterhalb der Armutsgrenze höher ist als bei den anderen Teilnehmern, und daß dieser Zusammenhang vor allem bei Männern zu beobachten ist. In die gleiche Richtung weisen die weiteren Analysen für den Zeitraum 1984 bis 1993: Bei den ärmsten 20% der Teilnehmer ist die Mortalität am höchsten, und dieser Zusammenhang ist bei Männern stärker ausgeprägt als bei Frauen (Voges 1996).

Die oben bereits erwähnte Auswertung der Rentenversicherungs-Daten (vgl. Tabelle 22) beinhaltet auch eine interessante Analyse über den Zusammenhang zwischen Lebenseinkommen und Lebenserwartung bei Rentnern. Das Lebenseinkommen läßt sich mit Hilfe der 'Persönlichen Bemessungsgrundlage (PSBM)' schätzen. Die PSBM

> „erfaßt als Prozentsatz das Verhältnis, in dem das beitragspflichtige Entgelt des Versicherten durchschnittlich während seiner Versicherungszeit zum jeweiligen durchschnittlichen Entgelt aller Versicherten gestanden hat. Dies gilt für freiwillige Beiträge analog. Kindererziehungszeiten, Ausfallzeiten, Ersatzzeiten und Zurechnungszeiten werden über gesonderte Berechnungen bewertet und beeinflussen diesen Wert entsprechend“ (Rehfeld/Scheitl 1991, S. 299).

In der Auswertung werden fünf Einkommens-Gruppen unterschieden, und es ist schon verblüffend, wie gleichmäßig die Lebenserwartung mit höher werdendem Einkommen schrittweise zunimmt. Die Unterschiede zwischen der unteren und der oberen Einkommensgruppe sind zudem relativ groß, bei den 65jährigen Männern sind es 2,28 und bei den gleichaltrigen Frauen 1,86 Jahre (vgl. Tabelle 25).

Tabelle 25: Lebenseinkommen und fernere Lebenserwartung bei Rentnern

	Fernere Lebenserwartung (in Jahren)			
	Alter 65 Jahre		Alter 70 Jahre	
PSBM[a]	Männer	Frauen	Männer	Frauen
< 50 %	13,63	18,26	10,57	14,34
50 - 89 %	13,72	18,30	10,81	14,45
90 - 109 %	13,83	19,23	10,80	15,32
110 - 149 %	14,47	19,62	11,23	15,65
> 150 %	15,91	20,12	12,45	16,12
Insgesamt	14,27	18,42	11,15	14,53

a: Persönliche Bemessungsgrundlage in % vom durchschnittlichen Wert der PSBM
Datenbasis: Routinedaten der Gesetzlichen Rentenversicherung aus den Jahren 1986 bis 1988
Quelle: Rehfeld/Scheitl 1991

d) Regionale Unterschiede in der Überlebenszeit bei Krebspatienten

Die drei oben dargestellten Studien unterscheiden sich in der Datenquelle; sie beruhen auf Daten aus einer allgemeinen Bevölkerungsbefragung (vgl. Kapitel II-3a), Daten aus einer speziellen Befragung von Hinterbliebenen (vgl. Kapitel II-3b) oder auf Prozeßdaten der Sozialversicherung (vgl. Kapitel II-3b/c). Methodisch betrachtet stimmen die Studien jedoch darin überein, daß sie sich auf Vergleiche zwischen einzelnen Personen beziehen, und nicht auf Vergleiche zwischen Regionen. Die folgende Studie unterscheidet sich von den drei oben dargestellten darin, daß zum einen eine weitere Datenquelle benutzt wird, und daß zum anderen ein Vergleich zwischen Regionen vorliegt. Die Studie stellt somit ein Beispiel für den Studientyp dar, auf dem die meisten der vorliegenden Ergebnisse zu sozio-ökonomischen Unterschieden in der Mortalität basieren.

Grundlage der Studie sind die Daten des Saarländischen Krebsregisters. Die Auswertung konzentrierte sich auf die 45- bis 74jährigen Patienten, bei denen zwischen 1974 und 1983 erstmals ein kolorektales Karzinom festgestellt wurde (Brenner et al. 1991). In dem Krebsregister wird auch festgehalten, ob und wann die Patienten verstorben sind. Aus der Differenz zwischen der ersten Diagnose des kolorektalen Karzinoms und dem Todeszeitpunkt wird für jeden Patienten die 'Überlebenszeit nach der Erst-Diagnose' berechnet. Des weiteren sind für jeden Patienten die folgenden Angaben vorhanden: Alter, Geschlecht, Ausbreitungsgrad des Karzinoms bei der ersten Diagnose, Gemeindekennziffer des Wohnortes. Angaben über die Ausbildung, den Beruf und das Einkommen der Patienten fehlen. Zur sozio-ökonomischen Charakterisierung der Patienten werden daher Merkmale von den Gemeinden herangezogen, in denen sie bei der ersten Diagnose wohnten. Verwendet werden hierfür vor allem Angaben aus der Volkszählung über den Anteil der Arbeiter und der Personen mit Hauptschulabschluß. Auf dieser Basis werden die Gemeinden einer der drei folgenden Gruppen zugeordnet: geringerer, mittlerer oder höherer sozio-ökonomischer Status.

Die Auswertungen zeigen erwartungsgemäß, daß die Überlebenszeit vor allem vom Ausbreitungsgrad des Karzinoms bei Erst-Diagnose abhängt. Wenn sowohl der Ausbreitungsgrad als auch Alter, Geschlecht, Jahr der Erst-Diagnose und Gemeindegröße statistisch kontrolliert werden, zeigt sich jedoch sowohl beim Kolon- als auch beim Rektum-Karzinom ein statistisch signifikanter Zusammenhang mit dem sozio-ökonomischen Status der Gemeinde: Das relative Sterberisiko ist bei Patienten aus Gemeinden mit niedrigem Status ca. 1,25mal so hoch wie bei Patienten aus Gemeinden mit höherem Status (vgl. Tabelle 26). Die Überlebenskurven veranschaulichen, daß der Unterschied in der Überlebenszeit zwischen den sozio-ökonomischen Gruppen mit zunehmender Krankheitsdauer immer größer wird (vgl. Abbildung 8).

Tabelle 26: Überlebenszeit bei kolorektalem Karzinom

	Relatives Sterberisiko [a] (95% Konfidenz-Intervall) Kolon-Karzinom (ICD-9 :153)	Rektum-Karzinom (ICD-9 :154)	Kolon/Rektum-K. (ICD-9 : 153+154)
soziale Schicht [b]			
hoch	1,00 [c]	1,00 [c]	1,00 [c]
mittel	1,04 (0,87 - 1,25)	1,05 (0,86 - 1,28)	1,04 (0,91 - 1,19)
niedrig	1,22 (1,01 - 1,47)	1,32 (1,09 - 1,60)	1,25 (1,10 - 1,43)
Jahr der Erst-Diagnose			
1974 - 1978	1,00 [c]	1,00 [c]	1,00 [c]
1979 - 1983	0,84 (0,73 - 0,96)	0,78 (0,68 - 0,91)	0,81 (0,74 - 0,90)
Geschlecht			
Frauen	1,00 [c]	1,00 [c]	1,00 [c]
Männer	1,13 (0,89 - 1,30)	1,23 (1,07 - 1,43)	1,18 (1,07 - 1,31)

a: Zeitraum zwischen erster Diagnose und Tod; kontrollierte Variablen:
Variablen in Tabelle plus Ausbreitungsgrad bei Erst-Diagnose, Alter, Gemeindegröße
b: Sozialer Status der Wohngemeinde der Patienten (hoch 43,4%, mittel 36,5%, niedrig 20,1% der Patienten); c: Vergleichsgruppe
Stichprobe: 2.627 Patienten (45-74 Jahre) mit kolorektalem Karzinom aus dem Saarland
Datenbasis: Im Saarländischen Krebsregister 1974-1983 neu registrierte Patienten
Quelle: Brenner et al. 1991

Abbildung 8: Überlebenskurven bei kolorektalem Karzinom

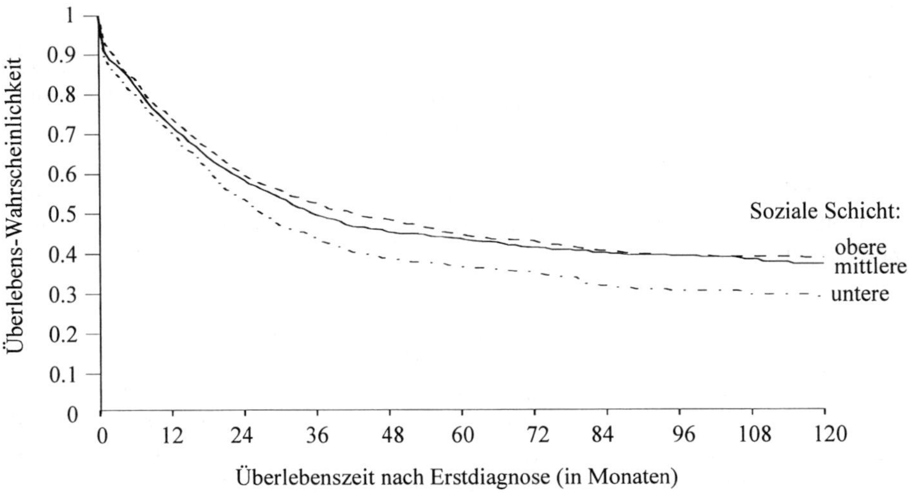

Legende vgl. Tabelle 26
Quelle: Brenner et al. 1991 (eigene Darstellung)

Wie oben angedeutet, wird die Interpretation dieser Ergebnisse dadurch erschwert, daß sie auf einem regionalen Vergleich beruhen. Die Frage ist, ob der Einfluß vom sozio-ökonomischen Status der einzelnen Patienten oder vom sozio-ökonomische Status der gesamten Gemeinde ausgeht. Beides kann, muß aber nicht miteinander zusammenhängen. Streng genommen sagen die Ergebnisse das Folgende aus: Die Gemeinden mit einem hohen Anteil von Personen mit geringem sozio-ökonomischen Status weisen 'Eigenschaften' auf, die sich auf die Überlebenszeit von Patienten mit kolorektalem Karzinom ungünstig auswirken. Diese 'Eigenschaften' könnten z.B. darin bestehen, daß die Bewohner einer besonders hohen gesundheitlichen Belastung ausgesetzt sind, oder daß die gesundheitliche Versorgung hier schlechter ist als in anderen Gemeinden.

e) Schulbildung und perinatale Mortalität

Die im Anhang aufgelisteten Studien über sozio-ökonomische Unterschiede in der Mortalität (vgl. Anhang) beziehen sich zumeist auf Erwachsene. Diese Beschränkung ist vermutlich vor allem darin begründet, daß - bei uns ebenso wie in den anderen industrialisierten Staaten - in den jüngeren Altersgruppen die Sterblichkeit relativ gering ist. Eine Berücksichtigung jüngerer Altersgruppen ist dennoch wichtig, da sozio-ökonomische Unterschiede selbstverständlich auch trotz einer allgemein geringen Sterblichkeit vorhanden sein können. Zumindest die Säuglings-Mortalität (d.h. die Mortalität im ersten Lebensjahr) ist von großer epidemiologischer und gesundheitspolitischer Bedeutung, und entsprechend konzentrieren sich die vorhandenen Studien über sozio-ökonomische Unterschiede in der Mortalität bei Nicht-Erwachsenen auf diese Altersgruppe. Das 'Angebot' an empirischen Ergebnissen ist jedoch gering, die folgende Auswahl beinhaltet daher nur zwei ältere und regional begrenzte Studien, die zudem mit methodischen Mängeln behaftet sind. Trotz der Einschränkungen können sie einen Einblick in diese Forschungsrichtung geben, und vielleicht auch dazu anregen, daß diesem Thema in Zukunft mehr Aufmerksamkeit gewidmet wird.

Die erste Studie beruht auf einer 1979 in Bremen und Niedersachsen durchgeführten Befragung von 1.626 Müttern (Collatz et al. 1983). Die Befragung beinhaltete auch Angaben über totgeborene oder in der ersten Woche gestorbene Kinder. Der sozio-ökonomische Status der Mutter wurde mit Hilfe ihrer Schulbildung definiert. Die Ergebnisse zeigen, daß die Häufigkeit von Totgeburten bei Frauen mit Sonderschul-Bildung ca. 3mal so hoch ist wie bei Frauen mit Abitur, und daß auch bei der perinatalen Mortalität (d.h. der Sterblichkeit in der ersten Woche) ein ähnlich großer Unterschied vorhanden ist (vgl. Tabelle 27). Die Häufigkeit von Totgeburten und die perinatale Mortalität nehmen mit zunehmender Schulbildung der Mutter kontinuierlich ab; dieser 'Trend' ist eine zusätzliche Bestätigung dafür, daß die Sterblichkeit von ungeborenen oder neugeborenen Kindern von der Schulbildung der Mutter beeinflußt wird. Unklar bleibt jedoch, ob dieser Zusammenhang bei statistischer Kontrolle von anderen potentiellen Einflüssen - z.B. 'Alter der Mutter' - erhalten bleibt.

Tabelle 27: Schulbildung und perinatale Mortalität

	Schulbildung der Mutter			
	Sonderschule	Volksschule	Mittl. Reife	Abitur
Anteil in der Stichprobe (in %)	7,0	59,3	23,2	10,5
Totgeburten (in ‰)[a]	10	6	5	3
Perinatale Mortalität (in ‰)[b]	21	13	11	8

a: Totgeborene pro 1.000 Geborene
b: Totgeborene und in den ersten 7 Lebenstagen Gestorbene pro 1.000 Geborene
Stichprobe: 370 Mütter (Deutsche) totgeborener oder gestorbener Säuglingen (Fälle),
1.256 Mütter (Deutsche) lebender Säuglinge (Kontrollen) in Bremen und Niedersachsen
Datenbasis: Befragung 1979
Quelle: Collatz et al. 1983

f) Beruflicher Status und Säuglingssterblichkeit

Die zweite hier ausgewählte Studie über sozio-ökonomische Unterschiede in der Säuglings-Mortalität hat eine erheblich breitere Datenbasis als die erste. Einbezogen wurden alle Säuglinge, die 1960 in den alten Bundesländern geboren wurden. Es fehlen nur die Angaben für Hamburg, da dort die benötigten Unterlagen durch die Flutkatastrophe von 1962 vernichtet wurden. Im Rahmen einer Sonderauszählung stellten die übrigen Statistischen Landesämter dem Statistischen Bundesamt die standesamtlichen Geburten- und Sterbefall-Zählkarten zur Verfügung. Auf der einen Zählkarte stehen Angaben, die auf der anderen fehlen. Durch manuelle (!) Zusammenführung der Geburten-Zählkarten mit den Zählkarten für die ca. 30.000 gestorbenen Säuglinge konnte so ein Datensatz erstellt werden, in dem für alle gestorbenen Säuglinge u.a. Angaben zum Beruf des Vaters, zum Alter der Mutter bei Geburt des Kindes und zur Todesursache enthalten sind.

Damit steht ein außerordentlich reichhaltiges Datenmaterial zur Verfügung, welches zudem den Vorteil besitzt, auf 'prozeß-produzierten' Daten zu basieren. Die für Bevölkerungsbefragungen typischen Probleme der Repräsentativität (Auswahl der Teilnehmer, Teilnahme-Verweigerung) und Validität (Zuverlässigkeit der Angaben) sind daher weitgehend ausgeschaltet. Einen vergleichbaren Datensatz gibt es m.W. heute nicht mehr. Trotz der Reichhaltigkeit des Datenmaterials entstand daraus offenbar aber nur eine einzige Publikation, in der die Säuglingssterblichkeit in Abhängigkeit vom beruflichen Status des Vaters berechnet wurde (Schwarz 1966). In dieser Publikation werden leider nur wenige grobe Berufsgruppen unterschieden; und eine statistische Kontrolle weiterer Faktoren (z.B. Alter der Mutter bei der Geburt) fehlt. Die Daten sind zudem relativ alt. Dennoch besitzt die Studie einen hohen Stellenwert, da m.W. keine anderen Ergebnisse vorhanden sind zu sozio-ökonomischen Unterschieden in der Säuglingssterblichkeit auf der Basis von personenbezogenen, 'prozeß-produzierten' Daten.

Tabelle 28: Beruflicher Status und Säuglingssterblichkeit

Berufliche Stellung des Vaters	(in %) [b]	Säuglingssterblichkeit [a] männlich	weiblich	Insg.
Arbeiter in der Land- und Forstwirtschaft	1,6	46,5	35,6	41,1
übrige Arbeiter	58,0	37,5	29,2	33,5
Selbständige, Mithelfende in der Land- und Forstwirtschaft	8,2	35,5	27,4	31,6
Selbständige, Mithelfende außerhalb der Land- und Forstwirtschaft	8,0	31,2	25,6	28,5
Beamte	6,4	29,8	21,0	25,6
Angestellte	16,3	26,9	21,0	24,1
(keine Angabe zum Beruf)	(1,5)	(24,2)	(17,8)	(21,0)

a: Gestorbene im 1. Lebensjahr pro 1.000 Lebendgeborene
b: Anteil der Lebendgeborenen pro Berufskategorie
Datenbasis: 26.980 gestorbene eheliche Säuglinge, Geburtsjahrg. 1960, alte Bundesländer
Quelle: Schwarz 1966

Wenn die bei K. Schwarz (1966) genannten Berufsgruppen nach abnehmender Säuglingssterblichkeit geordnet werden, wird ein klarer Zusammenhang deutlich: Die Säuglingssterblichkeit ist in der unteren sozio-ökonomischen Gruppe (z.B. Arbeiter) deutlich höher ist als in der oberen (z.B. Angestellte), und zwar sowohl bei männlichen als auch bei weiblichen Säuglingen (vgl. Tabelle 28). Da es sich hierbei um eine Vollerhebung handelt mit insgesamt ca. 27.000 Todesfällen, kann an der Validität der Ergebnisse kaum gezweifelt werden. Der gleiche Zusammenhang zeigt sich auch bei den meisten spezifischen Todesursachen. Die größten Unterschiede zwischen den Berufsgruppen sind vorhanden bei den Todesfällen durch Unfälle, Vergiftungen oder Gewaltanwendungen, den Todesfällen durch infektiöse oder parasitäre Krankheiten, und bei den Todesfällen durch Krankheiten der Verdauungsorgane; sie sind bei den 'übrigen Arbeitern' ca. 2,4mal so häufig wie bei den Angestellten.

4) Soziale Ungleichheit und Morbidität

Über sozio-ökonomische Unterschiede in der *Morbidität* ist erheblich mehr bekannt als über sozio-ökonomische Unterschiede in der *Mortalität* (vgl. Kapitel II-3). Dies liegt vor allem daran, daß relativ viele Bevölkerungsbefragungen zur Morbidität durchgeführt werden, und daß diese Studien so gut wie immer Fragen zum sozio-ökonomischen Status enthalten. Besonders hervorzuheben ist hier die 'Deutsche Herz-Kreislauf-Präventionsstudie' (vgl. Kapitel II-1c).

a) Schulbildung und Morbidität bei Erwachsenen

Die in der folgenden Tabelle wiedergegebenen Ergebnisse basieren auf einer Befragung, die in der DDR (genauer gesagt: in Görlitz) einige Jahre vor der Wende durchgeführt wurde (vgl. Tabelle 29). Es liegen nur sehr wenige empirische Studien über sozio-ökonomische Morbiditäts-Unterschiede in der DDR vor. Es ist daher besonders wichtig, zu betonen, daß auch in dieser Studie von A. Mielck und P. Apelt (1994) die Morbidität in der unteren Statusgruppe signifikant höher ist als in der oberen, und daß auch hier der *Gradient* zunehmender Morbidität mit abnehmendem sozio-ökonomischen Status zu beobachten ist. Selbstverständlich dürfen diese Ergebnisse nicht einfach auf die gesamte DDR übertragen werden; sie deuten jedoch an, daß dort vergleichbare gesundheitliche Ungleichheiten vorhanden waren wie in West-Deutschland.

Auch aus den alten Bundesländern liegen relativ viele empirische Studien vor, in denen immer wieder bestätigt wird, daß der Gesundheitszustand bei niedriger Schulbildung schlechter ist als bei höherer Schulbildung. In einer aktuellen Publikation werden Daten einer AOK aus Nordrhein-Westfalen zur Diagnose 'erster Herzinfarkt' (ICD-9, 410) ausgewertet (Peter/Geyer 1999).

Tabelle 29: Schulbildung und schlechter gegenwärtiger Gesundheitszustand

	Odds Ratios (95% Konfidenz-Intervall) [a] Höchste Schulbildung		
	12. Klasse [b]	10. Klasse	8. Klasse
Anteil in der Stichprobe (in %)			
Männer	9,7	39,3	51,0
Frauen	5,9	37,4	56,7
Schlechter Gesundheitszustand			
Männer	1,00	1,42 (0,79 - 2,54)	2,29 (1,33 - 3,95)
Frauen	1,00	1,13 (0,65 - 1,95)	1,73 (1,01 - 2,95)

a: Kontrollierte Variable: Alter; b: Vergleichsgruppe
Stichprobe: 1.544 Männer und 2.205 Frauen ab 20 Jahre aus Görlitz
Datenbasis: Befragung 1986/87
Quelle: Mielck/Apelt 1994

Tabelle 30: Ausbildung und Herzinfarkt

	Herzinfarkt-Prävalenz Odds Ratios (95% Konf. Intervall) [a]	
	Männer	Frauen
Abitur, Fachhochschul-/Universitätsabschluß [b]	1,00	1,00
Haupt-/Realschule mit abgeschl. Berufsausbildung	3,41 (2,16 - 5,40)	1,03 (0,47 - 2,26)
Haupt-/Realschule ohne abgeschl. Berufsausbildung	3,96 (2,49 - 6,28)	1,47 (0,68 - 3,17)

a: Kontrollierte Variablen: Alter, Beobachtungsdauer; b: Vergleichsgruppe
Stichprobe: Mitglieder einer AOK in Nordrhein-Westfalen (92.843 Männer und 39.412 Frauen, 30-69 Jahre, Mitgliedschaft in der AOK von mindestens 365 Tagen)
Datenbasis: Prozeßdaten der AOK 1987 bis 1996
Quelle: Peter/Geyer 1999

Derartige 'Prozeß-Daten' sind nicht repräsentativ für die Gesamtbevölkerung, verglichen mit Daten aus Bevölkerungs-Befragungen weisen sie jedoch den großen Vorteil auf, daß sie auf ärztlich bestätigten Angaben basieren. Die Ergebnisse sind eindeutig, Herzinfarkte sind bei den Männern und Frauen besonders häufig, die eine geringe schulische und berufliche Ausbildung aufweisen (vgl. Tabelle 30).

Tabelle 31: Schulbildung und Zahngesundheit

	Schlechte Zahngesundheit (in %) Schulbildung [a]		
	niedrig	mittel	hoch
Anteil in Stichprobe (in %): Alter 35-44 Jahre	30,0	40,5	29,5
Alter 65-74 Jahre	75,8	13,6	10,6
Alter 35-44 Jahre			
Plaque in großer Menge vorhanden	8,6	2,4	0,6
Starkes Zahnfleischbluten	14,9	14,6	11,3
DMFT > 20 [b]	27,4	22,6	21,2
Alter 65-74 Jahre			
Plaque in großer Menge vorhanden	14,3	9,5	10,6
Starkes Zahnfleischbluten	16,6	18,7	18,6
DMFT > 27 [c]	44,2	35,7	28,5
kariöse oder gefüllte Wurzelflächen	14,3	10,4	9,9

a: niedrig: Volksschulabschluß, Abschluß der 8. Klasse oder kein Schulabschluß
mittel: Mittlere Reife oder Abschluß der 10. Klasse (POS)
hoch: Fachhochschulreife oder Abitur
b: mehr als 20 'Decayed, Missing, Filled Teeth' (kariöse, wegen K. entfernte, gefüllte Zähne)
c: mehr als 27 'Decayed, Missing or Filled Teeth'
Stichprobe: 449/206 35-44jährige Deutsche und 891/476 65-74jährige Deutsche aus den alten/neuen Bundesländern
Datenbasis: Befragung/Untersuchung 1997 in den alten und neuen Bundesländern
Quelle: Micheelis/Reich 1999 (S. 253, 296, 297, 343, 349, 381, 382)

Besonders aussagekräftig sind die Ergebnisse über den Zusammenhang zwischen Schulbildung und Zahngesundheit aus der 'Dritten Deutschen Mundgesundheitsstudie (DMS III)' von 1997 (Micheelis/Reich 1999). Die insgesamt 655 Erwachsenen im Alter zwischen 35 und 44 Jahren und 1.367 Senioren zwischen 65 und 74 Jahren wurden von Zahnärzten untersucht; die Angaben über die Zahngesundheit dürften daher sehr zuverlässig sein. Die meisten Indikatoren weisen auf eine besonders schlechte Zahngesundheit in der unteren Bildungsgruppe hin (vgl. Tabelle 31). Aus derselben Studie liegen auch ähnliche Ergebnisse für Jugendliche im Alter von 12 Jahren vor (vgl. Tabelle 47).

b) Beruflicher Status und Morbidität bei Erwachsenen

Mit den Daten der oben schon mehrfach erwähnten DHP-Studie (vgl. Kapitel II-1c) wurde auch der Zusammenhang zwischen beruflichem Status und Morbidität untersucht (z.B. Helmert et al. 1997a). Um die Vielfalt der vorliegenden empirischen Ergebnisse zu verdeutlichen, sollen hier jedoch Ergebnisse aus anderen Datenquellen vorgestellt werden.

Allgemeiner Gesundheitszustand

Eine interessante Datenquelle für empirische Studien zur gesundheitlichen Ungleichheit bietet der *Mikrozensus* (vgl. Kapitel II-1a). Im Mikrozensus werden auch Angaben zur Ausbildung und zum Beruf erhoben. Trotz der sehr groben Erfassung des Gesundheitszustandes sind die Mikrozensus-Daten daher auf Grund ihrer Stichprobengröße und ihrer hohen Repräsentativität von großer Bedeutung für die empirische Analyse gesundheitlicher Ungleichheit. Leider wurden bisher jedoch nur sehr wenige Auswertungen zur gesundheitlichen Ungleichheit auf Grundlage der Mikrozensus-Daten publiziert (z.B. Hein 1996, Statistisches Bundesamt 1992). Bei den unten dargestellten Ergebnissen von B. Hein (1996) werden die Möglichkeiten der Daten zudem bei weitem nicht ausgeschöpft, da sich die sozio-ökonomische Differenzierung auf eine sehr grobe Einteilung nach der 'Stellung im Beruf' beschränkt (vgl. Tabelle 32).

Eine Unterscheidung der Angaben zur 'Stellung im Beruf' nach beruflichem *Status* ist vermutlich am ehesten bei Angestellten und Arbeitern möglich, obwohl auch diese Hierarchie zunehmend an Bedeutung verliert. Zudem sind diese Gruppen sehr groß, sie umfassen jeweils ca. 40% der Bevölkerung. Ein weiterer Nachteil der Auswertung besteht darin, daß nicht zwischen Männern und Frauen unterschieden wird. Die Ergebnisse sind dennoch interessant, nicht nur weil sie zu einer detaillierteren Auswertung der Mikrozensus-Daten geradezu auffordern, sondern weil sie trotz der methodischen Schwächen das Ergebnis aus anderen Studien bestätigen, daß Erwerbstätige mit geringerem beruflichen Status (hier: Arbeiter) eine höhere Morbidität aufweisen als Erwerbstätige mit einem höheren beruflichen Status (hier: Angestellte). Eine vergleichbare Auswertung liegt z.B. auch für die Daten aus dem Mikrozensus von 1992 vor (Statistisches Bundesamt 1992).

Tabelle 32: Stellung im Beruf und Morbidität

Stellung im Beruf	Anteil in der Stichprobe (in %) 15 bis 39 Jahre	Anteil in der Stichprobe (in %) 40 bis 64 Jahre	Krank oder durch Unfall verletzt (in %) 15 bis 39 Jahre	Krank oder durch Unfall verletzt (in %) 40 bis 64 Jahre
Auszubildende	7,6	0,0	7,8	-
Selbständige	6,1	11,9	5,9	7,6
Mithelfende Angehörige	0,8	1,6	7,7	7,8
Beamte/-innen	6,1	7,6	8,4	10,8
Angestellte	44,2	45,1	8,2	9,6
Arbeiter/-innen	35,2	33,8	9,7	13,6
	100,0	100,0	8,6	10,7

Stichprobe: 32.407 erwerbstätige Männer und Frauen in den alten und neuen Bundesländern
Datenbasis: Befragung 1995 (Mikrozensus)
Quelle: Hein 1996

Psychische Morbidität

Die wenigen aus der Bundesrepublik vorhandenen empirischen Studien über gesundheitliche Ungleichheiten bei *psychischen* Erkrankungen konzentrieren sich zumeist auf den sozio-ökonomischen Indikator 'beruflicher Status'. Studien zur psychischen Morbidität sind allgemein erheblich seltener als solche zur physischen Morbidität. Dies liegt vor allem daran, daß sich die psychische Morbidität nicht so vergleichsweise einfach in einem Fragebogen erheben läßt wie die physische, sondern eine intensive Befragung und/oder Untersuchung durch speziell geschultes Personal erfordert. Angaben über sozio-ökonomische Unterschiede in der psychischen Morbidität lassen sich daher kaum finden.

In den 60er und 70er Jahren fand in der Bundesrepublik eine bemerkenswert intensive Diskussion statt sowohl über den Zusammenhang zwischen psychischer Morbidität und sozialer Schicht als auch über die psychiatrische Versorgung speziell von Patienten aus der unteren sozialen Schicht (Flegel/Schütt 1967, Deppe 1970, Häfner 1971, Junker 1972, Gleiss et al. 1976, Heising 1973, Rudolf 1973, Reiter 1973, Rüther 1973, Koschorke 1973, Koschorke 1975, Cremerius 1975, Beckmann et al. 1977, Brähler et al. 1977, Weyerer/Dilling 1980). Ein ausführlicher Überblick über diese Diskussion wurde vor ca. 13 Jahren durch G. Thomas (1986) vorgelegt. In den letzten Jahren hat die Intensität der Diskussion jedoch erheblich abgenommen.

Das betrifft auch die Kontroverse um eine schichtspezifische Somatisierungs-Tendenz. Im Mittelpunkt dieser Kontroverse steht die Hypothese, daß bei seelischen Krankheiten in der oberen sozialen Schicht psycho-neurotische und in der unteren sozialen Schicht organ-neurotische Symptome im Vordergrund stehen. In einer größeren empirischen Untersuchung konnte diese Hypothese nicht bestätigt werden (Beckmann et al. 1977). Bemerkenswert ist jedoch vor allem, daß die Diskussion über diese Hypothese weitgehend zum Erliegen gekommen ist, obwohl die Frage nach einer schichtspezifischen Somatisierungs-Tendenz m.W. noch nicht ausreichend beantwortet werden konnte.

Die beiden im folgenden etwas ausführlicher dargestellten Studien wurden bereits um 1980 durchgeführt und beziehen sich nur auf Mannheim. Da m.W. vergleichbare Ergebnisse jüngeren Datums fehlen, besitzen sie dennoch einen hohen Stellenwert. In beiden Studien wird von 'sozialer Schicht' gesprochen; die Einteilung in soziale Schichten beruht dabei jedoch ausschließlich auf Angaben zum Beruf. Die umfangreichste sozial-epidemiologische Publikation aus Deutschland zum Thema 'sozio-ökonomische Unterschiede in der psychischen Morbidität' ist ein englischsprachiger Reader, der 1987 von Herrn Prof. Angermeyer herausgegeben wurde (Angermeyer 1987). Auch die ersten Ergebnisse, von denen hier berichtet wird, sind diesem Reader entnommen.

Die Untersuchung wurde 1979 bis 1982 in Mannheim durch das dort ansässige 'Zentralinstitut für Seelische Gesundheit' durchgeführt. Insgesamt wurden 600 repräsentativ ausgewählte Männer und Frauen zwischen 25 und 45 Jahren zu Hause aufgesucht und in einem ca. drei Stunden dauernden Interview durch einen ausgebildeten Arzt zu einer Vielzahl von psychischen und physischen Befindlichkeitsstörungen befragt (Schepank/Tress 1987). Das Interview war 'halb-strukturiert', schloß also viele offene Fragen ein, die später mit Hilfe von weiteren Experten interpretiert werden konnten bzw. mußten. Die Entwicklung des Fragebogens, die Durchführung der Interviews und die Auswertung der Antworten erforderten einen Zeitaufwand von ungefähr 50 Personen-Jahren! Die Auswertung konzentrierte sich auf die folgenden Diagnosen: Psychoneurosen (ICD 300), Persönlichkeitsstörungen oder Sucht (ICD 301, 303, 304), psychosomatische Störungen (ICD 305, 306).

Insgesamt ergibt sich eine Prävalenz psychischer Störungen von ca. 25%. Die in dem Bericht angeführten Ergebnisse zu Unterschieden zwischen Berufsgruppen sind in Tabelle 33 wiedergegeben. Danach sind in der unteren Berufsgruppe ca. 50% der Personen von diesen Störungen betroffen, in der oberen Berufsgruppe dagegen 'nur' ca. 20%. Bei einer Bewertung dieses Unterschiedes muß auch berücksichtigt werden, daß es sich dabei um einen Vergleich zwischen extremen Gruppen handelt; die untere Berufsgruppe umfaßt nur ca. 7% aller Personen. Auffallend ist vor allem, daß bei Betrachtung der gesamten psychischen Morbidität die Prävalenz von der unteren zur oberen Berufsgruppe schrittweise abnimmt, und daß bei der Diagnose 'Persönlichkeitsstörungen oder Sucht' ein besonders großer Unterschied zwischen den Berufsgruppen gefunden wird. In der Studie wird auch berichtet, daß die psychische Morbidität in allen einbezogenen Altersgruppen ungefähr gleich hoch ist, die Unterschiede zwischen den Berufsgruppen bleiben daher vermutlich auch dann bestehen, wenn die Altersverteilung kontrolliert wird. Leider fehlt auch eine Unterteilung nach Geschlecht. Es wird lediglich erwähnt, daß Frauen erheblich häufiger unter den psychischen Störungen leiden als Männer; die Unterschiede zwischen den Berufsgruppen werden jedoch nicht gesondert für Männern und für Frauen ausgewiesen.

Tabelle 33: Beruflicher Status und psychische Morbidität

	Prävalenz (Angaben in %) Beruflicher Status			
	untere Schicht	untere Mittelschicht	mittlere Mittelschicht	obere Schichten [a]
Anteil in der Stichprobe (in %)	7,3	25,8	41,6	25,3
Psychische Morbidität insg.	50,1	34,2	20,8	19,1
Psychoneurosen	4,6	5,8	8,8	6,6
Persönlichkeitsstörungen, Sucht	27,3	10,3	4,4	2,6
Psychosomatische Störungen	18,2	18,1	7,6	9,9

a: obere Mittelschicht und obere Schicht
Stichprobe: 600 Männer und Frauen (25-45 Jahre) in Mannheim
Datenbasis: Befragung/Untersuchung 1979/82
Quelle: Schepank/Tress 1987

Ergänzt wird diese Studie durch eine weitere um 1980 vom Zentralinstitut für Seelische Gesundheit in Mannheim durchgeführte Untersuchung, in der nur Personen ab 65 Jahren befragt wurden (Cooper/Sosna 1983). Die Stichprobenauswahl für diese zweite Untersuchung erfolgte in zwei Stufen: Auswahl von sieben Stadtbezirken, die das ganze Spektrum der sozio-ökonomischen Verteilung in Mannheim widerspiegeln, und Ziehung einer 5prozentigen Zufallsstichprobe der in diesen Stadtbezirken in Privathaushalten lebenden Personen ab 65 Jahren. Die Datenerhebung war noch aufwendiger als in der ersten Studie. Jeder Proband wurde gebeten, an zwei Interviews teilzunehmen, im ersten standen Fragen des psychischen und körperlichen Gesundheitszustandes im Mittelpunkt, im zweiten Fragen der sozialen Kontakte. Die Befragung erfolgte durch psychiatrisch ausgebildete Ärzte. Für die Auswertung standen schließlich Daten von 343 Personen zur Verfügung.

Als 'psychisch krank' werden die Personen bezeichnet, die eine behandlungsbedürftige psychische Störung aufweisen. Des weiteren wird unterschieden, ob es sich dabei um primär organische oder funktionelle Störungen handelt. Insgesamt werden 24% der Stichprobe als 'psychisch krank' eingeordnet. Die Prävalenz ist bei Frauen höher als bei Männern, und bei Personen ab 75 Jahren höher als bei Personen zwischen 65 und 74 Jahren. Die Unterschiede zwischen den Berufsgruppen sind in Tabelle 34 wiedergegeben. Es zeigt sich auch in dieser Altersgruppe, daß die psychische Morbidität von der unteren zur oberen Berufsgruppe erheblich abnimmt, vor allem bei den organischen Störungen. Leider wurde wieder versäumt, die Beziehung zwischen Berufsgruppe und psychischer Morbidität für die einzelnen Altersgruppen und für Männer und Frauen getrennt darzustellen.

Tabelle 34: Beruflicher Status und psychische Störungen

	Prävalenz (Angaben in %) Berufsgruppen untere Schicht	mittlere Schicht	obere Schicht
Anteil in der Stichprobe (in %)	11,2	60,8	28,0
psychisch krank	36,8	24,3	14,7
organisch	23,6	9,7	5,3
funktionell	13,2	14,6	9,4

Stichprobe: 129 Männer und 214 Frauen (65 Jahre und älter) in Mannheim
Datenbasis: Befragung/Untersuchung 1978/80
Quelle: Cooper/Sosna 1983

Die beiden oben genannten Studien stammen aus dem städtischen Gebiet Mannheims. Es liegt auch eine vergleichbare Studie aus einem ländlichen Gebiet vor, genauer gesagt aus den bayerischen Gemeinden Palling, Traunreut und Traunstein (Dilling/Weyerer 1987). Die dortigen Untersuchungen, die ebenfalls durch das Zentralinstitut für Seelische Gesundheit in Mannheim betreut wurden, begannen 1971 mit einer Analyse von Krankenakten aus psychiatrischen Krankenhäusern und von ambulant tätigen Psychiatern. Aus derartigen Patientendaten läßt sich allerdings kaum abschätzen, wie verbreitet die psychische Morbidität in verschiedenen Bevölkerungsgruppen ist, da die Daten die Häufigkeit der *Behandlung* von psychischen Erkrankungen erfassen, nicht aber die Häufigkeit der psychischen Erkrankungen selbst. In den Jahren 1975 bis 1979 wurde in Palling, Traunreut und Traunstein bei repräsentativ ausgewählten Personen ab 15 Jahren jedoch auch eine Bevölkerungsbefragung zur psychischen Morbidität durchgeführt (Weyerer et al. 1982, Dilling et al. 1984, Dilling/Weyerer 1987). Es handelte sich dabei um eine ähnliche Befragung wie die oben beschriebene in Mannheim, und auch die Ergebnisse sind sehr ähnlich: Von behandlungsbedürftiger psychischer Morbidität sind die unteren Berufsgruppen erheblich häufiger betroffen als die oberen. In den drei bayerischen Gemeinden wurde 1980/81 eine erneute Bevölkerungsbefragung durchgeführt; die Ergebnisse betreffen vor allem die Behandlung der psychischen Morbidität und den Konsum von Psychopharmaka, sie werden unten in den Kapiteln III-2j und III-2l wiedergegeben.

c) Einkommen und Morbidität bei Erwachsenen

In den letzten Jahren sind einige empirische Studien über den Zusammenhang zwischen Einkommen und Morbidität in der Bundesrepublik publiziert worden (vgl. Tabelle 18). Sie beziehen sich nur auf Erwachsene und konzentrieren sich zumeist auf die Frage, ob die (einkommens-)armen Personen kränker sind als die Personen mit höherem Einkommen, und wie groß diese Unterschiede im Gesundheitszustand sind.

Wie in Kapitel I-3 dargestellt, werden zur Beschreibung von Armut zumeist zwei unterschiedliche Maße verwendet: der Bezug von Sozialhilfe einerseits und ein Haushalts-Nettoeinkommen von maximal 50% des durchschnittlichen Haushalts-Nettoeinkommens andererseits. Die vorliegenden Ergebnisse beruhen vor allem auf der 50%-Armutsgrenze. Der in bezug auf Stichprobengröße, Repräsentativität und Berücksichtigung von Angaben zum Gesundheitszustand aussagekräftigste Datensatz wird wiederum durch die DHP-Studie (alte Bundesländer) und durch den daran angelehnten Gesundheitssurvey-Ost (neue Bundesländer) bereitgestellt (vgl. Kapitel II-1c und II-1d).

Die in der DHP-Studie zwischen 1984 und 1991 erhobenen Daten bilden die Grundlage für die Auswertung von U. Helmert et al. (1997c). In dieser Arbeit werden zur Berechnung des 'Äquivalenz-Einkommens' die Haushalts-Nettoeinkommen entsprechend der Anzahl und dem Alter der Haushaltsmitglieder gewichtet (vgl. Kapitel I-3c). Die sich daran anschließende Bildung von vier Einkommensgruppen orientiert sich an dem durchschnittlichen Äquivalenz-Einkommen in den alten Bundesländern: bis zu 50%, 50% bis 99%, 100% bis 199%, 200% oder mehr des durchschnittlichen Äquivalenz-Einkommens. Die Definition der unteren Einkommensgruppe entspricht somit der üblichen Definition von Armut, und alle Personen, die in diesen Haushalten leben, werden der Gruppe der Einkommens-Armen zugeordnet.

Um die Darstellung der Ergebnisse zu vereinfachen, wird hier nur der Vergleich zwischen den beiden extremen Einkommensgruppen wiedergegeben, d.h. zwischen der oberen und der unteren Gruppe. Ähnlich wie viele andere empirische Studien zur gesundheitlichen Ungleichheit zeigen auch diese Auswertungen, daß der Gesundheitszustand mit abnehmendem sozioökonomischen Status zumeist stufenweise schlechter wird. Dieser Gradient führt dazu, daß sich der größte Unterschied im Gesundheitszustand zwischen zwei Einkommensgruppen dann ergibt, wenn die beiden extremen Einkommensgruppen miteinander verglichen werden. In der Auswertung von U. Helmert et al. (1997c) ist die Morbidität in der unteren Einkommensgruppe 1,6 bis 2,8mal so hoch wie in der oberen Einkommensgruppe (Tabelle 35). Ein vergleichbares Bild zeigt sich auch bei einigen chronischen Krankheiten, z.B. bei Herzinfarkt, Schlaganfall und chronischer Bronchitis. Für Allergien wird ein statistisch signifikanter Zusammenhang in umgekehrter Richtung deutlich: Allergien sind in der unteren Einkommensgruppe offenbar *seltener* als in der oberen.

Tabelle 35: Armut und Morbidität in den alten Bundesländern

	Odds Ratio (95% Konfidenz-Intervall) [a] Haushalts-Nettoeinkommen [b]	
	hoch [c]	niedrig (Armut) [d]
Männer		
Schlechter Gesundheitszustand [e]	1,00	1,92 (1,71 - 2,16)
Behinderung täglicher Aufgaben [f]	1,00	2,78 (2,45 - 3,16)
Unzufrieden mit Gesundheitszustand [g]	1,00	2,51 (2,20 - 2,87)
Frauen		
Schlechter Gesundheitszustand [e]	1,00	1,70 (1,54 - 1,88)
Beeinträchtigung täglicher Aufgaben [f]	1,00	1,62 (1,43 - 1,83)
Unzufrieden mit Gesundheitszustand [g]	1,00	1,82 (1,61 - 2,06)

a: kontrollierte Variable: Alter
b: pro-Kopf, gewichtet nach Anzahl und Alter der Personen im Haushalt (Äquivalenzierung)
c: mindestens 200% des durchschnittlichen Einkommens (Vergleichsgruppe)
d: maximal 50% des durchschnittlichen Einkommens
e: Einschätzung des eigenen gegenwärtigen Gesundheitszust. als weniger gut oder schlecht
f: Behinderung täglicher Aufgaben durch Gesundheitszustand
g: Werte 1-3: Gesundheits-Zufriedenheit von 1 (sehr unzufrieden) bis 7 (sehr zufrieden)
Stichprobe: 25.544 Männer und 25.719 Frauen (alte Bundesländer, 25-69 Jahre, Deutsche)
Datenbasis: Befragung 1984/86, 1987/88 und 1990/91 (DHP-Studie)
Quelle: Helmert et al. 1997c

In einer weiteren Analyse von U. Helmert et al. wird untersucht, ob der Zusammenhang zwischen Armut und Gesundheitszustand in den neuen Bundesländern genauso groß ist wie in den alten (Helmert et al. 1997b). Grundlage dieses Vergleichs sind die Daten der DHP-Studie (alte Bundesländer) und des Gesundheitssurveys-Ost (neue Bundesländer) aus dem Zeitraum 1990 bis 1992. Da die Fallzahl hier erheblich kleiner ist als in der obigen Auswertung, beschränkt sich die Analyse auf einen Vergleich zwischen den drei folgenden, weniger extremen Einkommensgruppen: bis zu 62,5% des durchschnittlichen Äquivalenz-Einkommens, 62,5% bis 139%, 140% oder mehr. Die Definition der unteren Einkommensgruppe (bis 62,5%) entspricht der Definition einer 'weiteren Armutsgrenze' (Kohl 1992). Die Auswertungen weisen darauf hin, daß sowohl in den alten als auch in den neuen Bundesländern der Gesundheitszustand in der unteren Einkommensgruppe zumeist erheblich schlechter ist als in der oberen, auch wenn - vor allem auf Grund der relativ geringen Fallzahl - nur ein Odds Ratio aus den neuen Bundesländern statistisch signifikant ist (Tabelle 36).

Wie oben bereits angedeutet, wird (Einkommens-)Armut nicht nur über das äquivalenzierte Haushalts-Nettoeinkommen definiert, sondern auch über den Bezug von Sozialhilfe (vgl. Kapitel I-3a). Die oben dargestellten Ergebnisse beziehen sich deswegen nur auf das Äquivalenz-Einkommen, weil der Zusammenhang zwischen dem Bezug von Sozialhilfe und der Morbidität bisher kaum empirisch untersucht wurde.

Tabelle 36: Armut und Morbidität in den alten und neuen Bundesländern

	Odds Ratio [a] Haushalts-Nettoeinkommen [b] hoch [c]	niedrig (Armut) [d]
Anteil in Stichprobe (in %): alte Bundesländer Männer	28,5	15,9
Frauen	22,1	19,3
Anteil in Stichprobe (in %): neue Bundesländer Männer	16,1	11,6
Frauen	10,4	14,8
Alte Bundesländer: Männer		
schlechter Gesundheitszustand [e]	1,00	2,16***
Behinderung täglicher Aktivitäten [f]	1,00	3,23***
Alte Bundesländer: Frauen		
schlechter Gesundheitszustand [e]	1,00	1,87***
Behinderung täglicher Aktivitäten [f]	1,00	1,83*
Neue Bundesländer: Männer		
schlechter Gesundheitszustand [e]	1,00	1,56
Behinderung täglicher Aktivitäten [f]	1,00	2,35*
Neue Bundesländer: Frauen		
schlechter Gesundheitszustand [e]	1,00	1,86
Behinderung täglicher Aktivitäten [f]	1,00	1,08

*:p < 0,05; **: p < 0,01; ***: p < 0,001; a: kontrollierte Variablen: Alter
b: pro-Kopf, gewichtet nach Anzahl und Alter der Personen im Haushalt (Äquivalenzierung)
c: mehr als 140% des durchschnittlichen Einkommens (Vergleichsgruppe)
d: maximal 62,5% des durchschnittlichen Einkommens
e: Einschätzung des eigenen gegenwärtigen Gesundheitszust. als weniger gut oder schlecht
f: Erhebliche Behinderung täglicher Aufgaben durch Gesundheitszustand
Stichprobe: 4.958 bzw. 2.186 Personen (alte bzw. neue Bundesländer, 25-69 Jahre, Deutsche)
Datenbasis: Befragung 1990/92 (DHP-Studie, Gesundheitssurvey Ost)
Quelle: Helmert et al. 1997b

Es kann jedoch kein Zweifel daran bestehen, daß empirische Analysen auf Basis der Sozialhilfe zu ganz ähnlichen Ergebnissen kommen würden wie die obigen Analysen auf Basis des Äquivalenz-Einkommens. Eine Auswertung der Mikrozensus-Daten von 1992 hat beispielsweise gezeigt, daß bei Sozialhilfe-Empfängern der Anteil der Kranken oder durch einen Unfall Verletzten erheblich höher ist als im Durchschnitt aller Erwerbstätigen (Statistisches Bundesamt 1992). Interessant ist auch, daß diese gesundheitliche Ungleichheit bei Personen ab 40 Jahren größer ist als bei Personen zwischen 15 und 39 Jahren (vgl. Abbildung 9).

Abbildung 9: Morbidität und Sozialhilfe

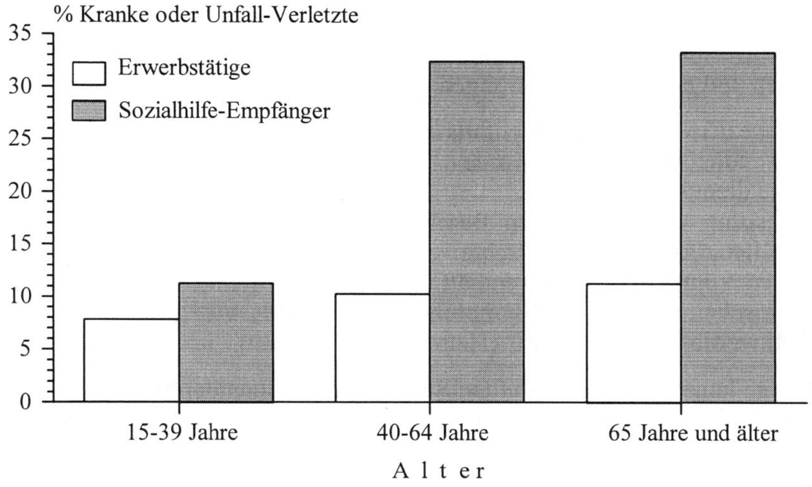

Daten: Mikrozensus (0,5% der BRD Gesamtbevölkerung, Response-Rate 90%)
Frage: Waren Sie in den letzten 4 Wochen krank bzw. unfallverletzt?
Quelle: Statistisches Bundesamt 1992 (eigene Darstellung)

d) Soziale Schicht und Morbidität bei Erwachsenen

Zu diesem Thema liegen sehr unterschiedliche empirische Ergebnisse vor. Um den Überblick zu erleichtern, ist das Kapitel daher in die folgenden Abschnitte unterteilt: allgemeiner Gesundheitszustand, spezifische chronische Krankheiten, schwerwiegende Erkrankungen, HIV-Infektion und AIDS-Erkrankung, Ergebnisse ärztlicher Untersuchungen.

Allgemeiner Gesundheitszustand

Der Gesundheitszustand setzt sich aus einer Vielzahl von einzelnen Merkmalen zusammen, und entsprechend wird in Bevölkerungsbefragungen mit sehr unterschiedlichen Fragen versucht, die Morbidität zu messen. Zur Erfassung des *allgemeinen* Gesundheitszustandes werden in der DHP-Studie z.B. die beiden folgenden Fragen verwendet:
- „Wie würden Sie Ihren gegenwärtigen Gesundheitszustand beschreiben“ ? (Antwortvorgaben: sehr gut, gut, zufriedenstellend, weniger gut, schlecht)

- „Von kurzen Erkrankungen einmal abgesehen: Behindert Sie Ihr Gesundheitszustand bei der Erfüllung alltäglicher Aufgaben, z.B. Haushalt, Beruf oder Ausbildung“? (Antwortvorgaben: überhaupt nicht, ein wenig, erheblich)

Obwohl sie nicht sehr spezifisch sind, besitzen derartige *allgemeine* Fragen eine große Bedeutung, da sie eine zusammenfassende subjektive Bewertung des Gesundheitszustandes erlauben, so etwas wie eine persönliche Bilanz aus den positiven und negativen Erfahrungen in bezug auf die eigene Gesundheit.

Etwas spezifischer ist die ebenfalls in der DHP-Studie eingesetzte Frage nach den gesundheitlichen Beschwerden. Eingesetzt wird die 'Zerssen-Beschwerdeliste'; sie dient der

> „Erfassung von subjektiven Beschwerden, die noch keinen Krankheitswert darstellen, aber teilweise schon als Vorformen von Krankheiten gewertet werden können. (...). Sie enthält insgesamt 24 Items zu körperlichen und psychischen Beschwerde-Symptomen mit jeweils vier graduell abgestuften Beschwerde-Ausprägungen“ (Helmert 1994, S. 189).

Die Frage lautet: „Wie stark leiden Sie unter den folgenden Beschwerden“? Die vier Antwortvorgaben lauten: stark, mäßig, kaum, gar nicht. Die 24 aufgeführten Beschwerden lauten: Engigkeit oder Würgen im Hals, Kurzatmigkeit, Schwächegefühl, Schluckbeschwerden, Schmerzen oder Ziehen in der Brust, Druck- oder Völlegefühl im Leib, Mattigkeit, Übelkeit, Sodbrennen oder saures Aufstoßen, Reizbarkeit, Grübelei, starkes Schwitzen, Kreuz- oder Rückenschmerzen, innere Unruhe, Müdigkeit in den Beinen, Unruhe in den Beinen, Überempfindlichkeit gegen Wärme, Überempfindlichkeit gegen Kälte, übermäßiges Schlafbedürfnis, Schlaflosigkeit, Schwindelgefühl, Zittern, Nacken- oder Muskelschmerzen, Gewichtsabnahme. Durch Aufsummierung der Beschwerde-Ausprägungen wird ein 'Summen-Score' gebildet. Bei maximal 24 Beschwerden - und bei einem maximalen Ausprägungs-Wert pro Beschwerde von 4 - kann ein Summen-Score von maximal 96 erreicht werden. Bei der Datenauswertung wird dann zumeist relativ willkürlich ein bestimmter Summen-Score festgelegt, der die Grenze zwischen 'gesund' und 'krank' markieren soll.

In einer Auswertung der DHP-Daten aus dem ersten und zweiten Nationalen Gesundheitssurvey wurde davon ausgegangen, daß die folgenden Angaben einen schlechten allgemeinen Gesundheitszustand ausdrücken: Einschätzung des eigenen gegenwärtigen Gesundheitszustandes als weniger gut oder schlecht, erhebliche Beeinträchtigungen bei der Erfüllung täglicher Aufgaben, Summen-Score der Zerssen-Beschwerdeliste von mehr als 30 (mittlere bis starke gesundheitliche Beschwerden). Der Vergleich zwischen den sozialen Schichten (zur Definition der sozialen Schicht vgl. Kapitel I-4) zeigt ein eindeutiges Ergebnis (Helmert 1994): Die Angehörigen der unteren sozialen Schicht fühlen sich erheblich kränker als die Angehörigen der oberen sozialen Schicht. Dieser Unterschied ist statistisch signifikant, in beiden Surveys, bei Männern sowohl als bei Frauen und bei allen drei Merkmalen der Morbidität (vgl. Tabelle 37).

Tabelle 37: Soziale Schicht und allgemeiner Gesundheitszustand

		Odds Ratios[a] Soziale Schicht[b]				
	in %	obere Schicht	obere Mittels.	mittlere Mittels.	untere Mittels.	untere Schicht
Anteil in der Stichprobe (1984/86)		14,6	21,4	22,1	19,5	22,4
Schlechter Gesundheitszust.[c]						
Männer 1984/86	13,7	1,0	1,14*	1,25	1,27	1,86**
1987/88	15,1	1,0	1,77**	2,23***	2,58***	4,13***
Frauen 1984/86	18,1	1,0	1,75*	1,93**	2,39***	2,58***
1987/88	14,2	1,0	1,52	1,72*	2,66***	3,32***
Behinderung tägl. Aufgaben[d]						
Männer 1984/86	9,0	1,0	1,13	1,39*	1,65	3,52***
1987/88	10,7	1,0	2,18**	2,95***	4,22***	7,03***
Frauen 1984/86	10,0	1,0	1,82	1,95	2,58**	2,25**
1987/88	8,5	1,0	2,25**	2,61**	3,42***	3,63***
Beschwerden[e]						
Männer 1984/86	15,2	1,0	1,63*	1,97**	1,98**	2,83***
1987/88	16,2	1,0	2,46***	2,80***	3,49***	5,05***
Frauen 1984/86	23,8	1,0	1,09	1,63**	1,79**	1,77**
1987/88	21,3	1,0	1,27	1,84***	2,48***	1,83**

*:p < 0,05; **: p < 0,01; ***: p < 0,001
a: Vergleichsgruppe: obere soziale Schicht; kontrollierte Variable: Alter
b: Index aus Schulbildung, beruflicher Stellung und Einkommen
c: Einschätzung des eigenen gegenwärtigen Gesundheitszust. als weniger gut oder schlecht
d: erhebliche Behinderung täglicher Aufgaben durch Gesundheitszustand
e: Zerssen-Summenscore > 30 (mittlere bis starke gesundheitliche Beschwerden)
Stichprobe: 2.448 bzw. 2.556 Männer, 2.461 bzw. 2.776 Frauen
(Stichprobe 1984/86 bzw. 1987/88, 25-69 Jahre, Deutsche, alte Bundesländer)
Datenbasis: Befragung 1984/86, 1987/88 (DHP-Studie)
Quelle: Helmert 1994

Die Frage nach dem Ausmaß der Unterschiede zwischen der unteren und der oberen sozialen Schicht läßt sich nicht genau beantworten, da die Ergebnisse aus dem ersten Survey relativ stark von den Ergebnissen aus dem zweiten Survey abweichen. Es ist kaum anzunehmen, daß sich die Unterschiede im Gesundheitszustand zwischen den sozialen Schichten in den zwei Jahren, die zwischen den beiden Surveys liegen, wirklich so stark verändert haben. Die fehlende Übereinstimmung zwischen den beiden Surveys ist daher wahrscheinlich auf eine eingeschränkte Repräsentativität und Validität der Daten zurückzuführen. Das Ergebnis, daß 1987/88 eine erhebliche Beeinträchtigung bei Frauen in der unteren sozialen Schicht 7mal so häufig war wie bei Frauen aus der oberen sozialen Schicht - dies ist der größte zwischen den sozialen Schichten gefundene Unterschied - ist daher vermutlich eine Überschätzung des 'wahren' Unterschiedes; ebenso wie die kleinsten Werte vermutlich eine Unterschätzung darstellen. Als grober Anhaltspunkt für den 'wahren' Wert kann daher gesagt werden, daß die allgemeine Morbidität in der unteren sozialen Schicht 2-3mal so hoch ist wie in der oberen.

Auch und gerade bei Bevölkerungsbefragungen muß davor gewarnt werden, die errechneten empirischen Werte 'zu wörtlich' zu nehmen; sie stellen immer eine mehr oder weniger gute Annäherung an den 'wahren' Wert dar. Anders formuliert bedeutet dies, daß die Ergebnisse aus Bevölkerungsbefragung A kaum mit den Ergebnissen aus Bevölkerungsbefragung B exakt übereinstimmen werden, auch wenn beide Befragungen aus methodischer Sicht weitgehend identisch sind. Nach Möglichkeit sollte daher immer das in einer Studie gefundene Ausmaß der gesundheitlichen Ungleichheit mit dem in vergleichbaren Studien gefundenen Ausmaß verglichen werden. Leider wird eine derartige Relativierung der eigenen empirischen Ergebnisse jedoch sehr selten vorgenommen. Die oben dargestellte Studie wurde auch deswegen ausgewählt, weil sie die Notwendigkeit dieser Relativierung sehr deutlich macht.

Die in Tabelle 37 dargestellten Ergebnisse zeigen nicht nur, daß der allgemeine Gesundheitszustand in der unteren sozialen Schicht erheblich schlechter ist als in der oberen, sondern auch, daß der Gesundheitszustand mit abnehmender sozialer Schicht offenbar *stufenweise* schlechter wird. So war 1987/88 ein weniger guter oder schlechter Gesundheitszustand bei den Frauen aus der oberen Mittelschicht 1,52mal, bei den Frauen aus der mittleren Mittelschicht 1,72mal, bei den Frauen aus der unteren Mittelschicht 2,66mal und bei den Frauen aus der unteren Schicht sogar 3,32mal häufiger als bei den Frauen aus der oberen Schicht. Diese graduelle Verschlechterung zeigt deutlich, daß ein systematischer Zusammenhang vorliegen muß. Auffällig ist auch die Übereinstimmung zwischen den drei Fragen zum allgemeinen Gesundheitszustand, zwischen den beiden Erhebungsjahren und zwischen den beiden Geschlechtern. Obwohl die Zahlenwerte voneinander abweichen, so zeigen doch alle Ergebnisse in die gleiche Richtung.

Objektivität der Angaben zum Gesundheitszustand

An den Fragen zur Einschätzung des allgemeinen Gesundheitszustandes wird häufig kritisiert, daß sie zu wenig objektiv sind, daß sie eine persönliche Empfindung und keine medizinisch abgesicherte Diagnose widerspiegeln. Es könnte ja auch sein, daß die Personen aus der unteren sozialen Schicht 'eigentlich' genauso krank sind wie die aus der oberen, daß sie sich aber dennoch kränker fühlen. Anders formuliert kann die Hypothese aufgestellt werden, daß sich die Angehörigen der unteren sozialen Schicht auch bei einem gleichen Gesundheitszustand eher über ihren Gesundheitszustand beklagen als die Angehörigen der oberen sozialen Schicht.

Diese Hypothese der unterschiedlichen 'Klagsamkeit' läßt sich auf verschiedene Weise überprüfen. Man könnte sich auf die 'objektiven' Merkmale des Gesundheitszustandes beschränken, d.h. auf die Merkmale, an deren medizinischer Validität keine oder nur sehr geringe Zweifel bestehen ('prozeßproduzierte' Angaben zur Gesamt-Mortalität, Ergebnisse aus medizinischen Untersuchungen, Ergebnisse aus Befragungen zum Herzinfarkt etc.). Eine direktere Überprüfung der Hypothese wäre jedoch möglich, wenn gleichzeitig auch die 'subjektiven' Merkmale des Gesundheitszustandes einbezogen würden (z.B. mit Hilfe der oben angeführten Fragen zur Einschätzung des allgemeinen Gesundheitszustandes). Durch den Vergleich zwischen 'objektiven' und 'subjektiven' Merkmalen würden sozio-ökonomische Unterschiede in der 'Klagsamkeit' unmittelbar deutlich werden. Eine derartige direkte Überprüfung der Hypothese wurde m.W. bisher weder in den alten noch in den neuen Bundesländern durchgeführt.

Es liegen jedoch viele empirische Ergebnisse vor, die auf weitgehend 'objektiven' Angaben zum Gesundheitszustand beruhen, dazu gehören auch die oben dargestellten Ergebnisse über den Zusammenhang zwischen beruflichem Status und Mortalität, zwischen Einkommen und Mortalität, zwischen Säuglingssterblichkeit und beruflichem Status des Vaters, und über die regionalen Unterschiede in der Überlebenszeit bei Krebspatienten. Weitere Beispiele werden unten angeführt. Auch sie zeigen, daß Mortalität und Morbidität in der unteren sozialen Schicht zumeist höher sind als in der oberen. Die Hypothese, daß die sozio-ökonomischen Unterschiede in der Einschätzung des allgemeinen Gesundheitszustandes darauf beruhen, daß die 'Klagsamkeit' in der unteren sozialen Schicht höher ist als in der oberen, findet also offenbar keine empirische Bestätigung. Aber selbst wenn die 'Klagsamkeit' in der unteren sozialen Schicht *größer* sein sollte als in der oberen, wäre dies selbstverständlich ein erklärungsbedürftiges Phänomen, welches auf eine in der unteren sozialen Schicht besonders schlechte Bewältigung von Krankheiten hinweisen würde. In der Literatur wird eher die gegenteilige Hypothese vertreten, daß die 'Klagsamkeit' in der unteren sozialen Schicht *geringer* ist als in der oberen (Elstad 1996, Mielck et al. 1998a). Eine empirische Untermauerung dieser Hypothese wird in Kapitel II-8d vorgestellt.

Spezifische chronische Krankheiten

Ein Schritt in Richtung auf mehr Objektivität bei den Angaben zum Gesundheitszustand wird durch Fragen nach *spezifischen chronischen Krankheiten* ermöglicht. In der DHP-Studie wird nach insgesamt 30 chronischen Krankheiten in der folgenden Weise gefragt:

- „Haben Sie oder hatten Sie jemals eine dieser Krankheiten“?
  (Antwortvorgaben: habe jetzt; habe jetzt nicht mehr; weiß nicht, ob immer noch; nein, habe nicht, hatte nie)

Die erste Antwortvorgabe 'habe jetzt' dient zur Erfassung der *aktuell* vorhandenen Krankheiten (Punkt-Prävalenz). In Verbindung mit den beiden folgenden Antwortvorgaben 'habe jetzt nicht mehr' und 'weiß nicht, ob immer noch' werden die *jemals vorhandenen* Krankheiten (Lebenszeit-Prävalenz) erfaßt.

U. Helmert und S. Shea (1994) haben die Daten aus den drei Nationalen und Regionalen Gesundheitssurveys zusammengefaßt und die Verteilung von den sieben chronischen Krankheiten untersucht, die eine Prävalenz von mindestens 2% aufweisen. Zur Einschätzung der Multimorbidität haben sie zusätzlich die Variable 'zwei oder mehr dieser sieben chronischen Krankheiten' berechnet (vgl. Tabelle 38). In Abbildung 10 ist der Zusammenhang zwischen der Lebenszeit-Prävalenz (Krankheit *jemals* vorhanden) und der sozialen Schicht dargestellt. Die Ergebnisse zeigen, daß die meisten chronischen Krankheiten in der unteren sozialen Schicht erheblich häufiger auftreten als in der oberen, daß die schichtspezifischen Unterschiede für einige Krankheiten besonders groß sind (vor allem: Herzinfarkt/Schlaganfall, Diabetes), und daß Allergien eine Ausnahme von der 'Regel' darstellen, da sie in der unteren sozialen Schicht offenbar *seltener* sind als in der oberen.

Tabelle 38: Prävalenz chronischer Krankheiten

	Prävalenz (Angaben in %)			
	Männer		Frauen	
	jemals vorhanden	aktuell vorhanden	jemals vorhanden	aktuell vorhanden
Herzinfarkt/Schlaganfall	4,4	-	2,0	-
Diabetes	5,2	3,2	4,3	2,8
Gicht	13,7	5,0	5,9	2,0
Bandscheibenverletzung	26,8	17,4	23,2	16,8
Chronische Bronchitis	9,8	5,8	6,8	3,6
Magengeschwür	13,2	-	8,1	-
Allergie/Heuschnupfen	19,1	11,5	26,8	18,0
2 oder mehr dieser 7 Krankheiten	58,5	35,5	55,2	38,7

- : Prävalenz < 2%
Stichprobe: 21.359 Männer und 22.788 Frauen (25-69 Jahre, Deutsche, alte Bundesländer)
Datenbasis: Befragung 1984/86, 1987/88, 1990/91 (DHP-Studie)
Quelle: Helmert/Shea 1994

Abbildung 10: Soziale Schicht und chronische Krankheiten (jemals)

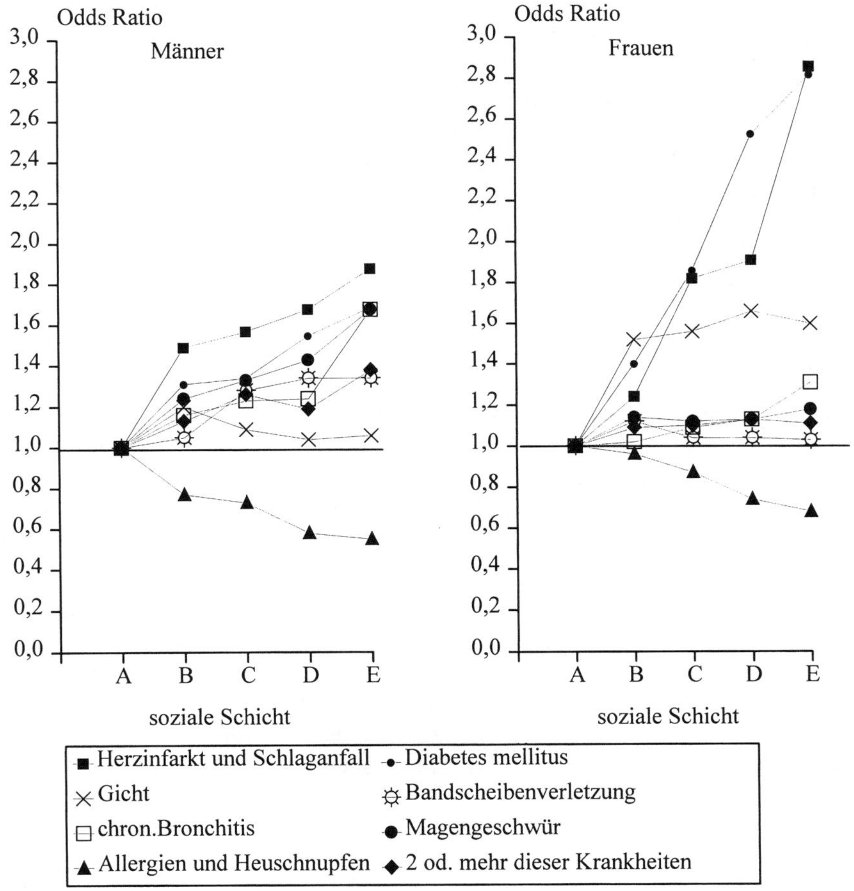

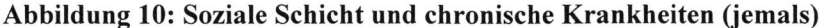

Jemals vorhandene chronische Krankheiten
Soziale Schicht: Index aus Schulbildung, beruflicher Stellung und Einkommen
A: obere soziale Schicht (Vergleichsgruppe), E: untere soziale Schicht
kontrollierte Variable: Alter
Stichprobe: 21.359 Männer und 22.788 Frauen (25-69 Jahre, Deutsche, alte Bundesländer)
Datenbasis: Befragung 1984/86, 1987/88, 1990/91 (DHP-Studie)
Quelle: Helmert/Shea 1994 (eigene Darstellung)

Um die Darstellung zu vereinfachen, werden die bei U. Helmert und S. Shea (1994) genannten 95%-Konfidenz-Intervalle in Abbildung 10 nicht wiedergegeben. Bedingt durch die große Stichprobe sind die folgenden Odds Ratios für die untere soziale Schicht trotz der relativ niedrigen Prävalenz statistisch signifikant: Herzinfarkt/Schlaganfall (bei Männern und Frauen), Diabetes (Männer, Frauen), Gicht (Frauen), Bandscheibenverletzung (Männer), chronische Bronchitis (Männer, Frauen), Magengeschwür (Männer, Frauen), Allergie/Heuschnupfen (Männer, Frauen), 'zwei oder mehr der sieben chronischen Krankheiten' (Männer). Bei Kontrolle weiterer Variablen wie Rauchen und Übergewicht verändern sich diese Odds Ratios nur unwesentlich und bleiben statistisch signifikant. Zusammenfassend läßt sich feststellen, daß eine mit abnehmender sozialer Schicht schrittweise Verschlechterung des Gesundheitszustandes zu beobachten ist, auch bei Betrachtung der meisten chronischen Krankheiten, und daß für Allergien ein umgekehrter Zusammenhang mit der sozialen Schicht gefunden wird.

Die Frage nach *jemals* vorhandenen chronischen Krankheiten (Lebenszeit-Prävalenz) ist möglicherweise weniger zuverlässig als die Frage nach *aktuell* vorhandenen chronischen Krankheiten (Punkt-Prävalenz), da auch die Erinnerung an zurückliegende Krankheiten schichtspezifisch sein kann. Wenn nach *aktuell* vorhandenen chronischen Krankheiten gefragt wird, zeigt sich ein ähnliches Bild wie bei den *jemals* vorhandenen. Interessant ist vor allem der Vergleich der Odds Ratios für die untere soziale Schicht auf Basis der Lebenszeit-Prävalenz mit den gleichen Odds Ratios auf Basis der Punkt-Prävalenz. Dieser Vergleich ist hier nur für fünf chronische Krankheiten und für die Variable '2 oder mehr chronische Krankheiten' möglich (vgl. Tabelle 38).

Es zeigt sich, daß bei Männern und bei Frauen die schichtspezifischen Unterschiede im Gesundheitszustand bei Betrachtung der Punkt-Prävalenz größer sind als bei Betrachtung der Lebenszeit-Prävalenz; die einzige Ausnahme bilden wiederum die Allergien (vgl. Abbildung 11). Die Unterschiede zwischen den Odds Ratios der Lebenszeit-Prävalenz und denen der Punkt-Prävalenz lassen sich wahrscheinlich vor allem durch schichtspezifische Unterschiede in der Erinnerung an Krankheitsepisoden erklären. Hier ist jedoch vor allem die Feststellung von Bedeutung, daß die Validität der Punkt-Prävalenz vermutlich höher ist als die Validität der Lebenszeit-Prävalenz, und daß die untere soziale Schicht auch bei Betrachtung der Punkt-Prävalenz häufiger von chronischen Krankheiten betroffen ist als die obere soziale Schicht (vgl. den zusammenfassenden Indikator '2 oder mehr chronische Krankheiten').

Abbildung 11: Soziale Schicht und chronische Krankheiten (jemals - aktuell)

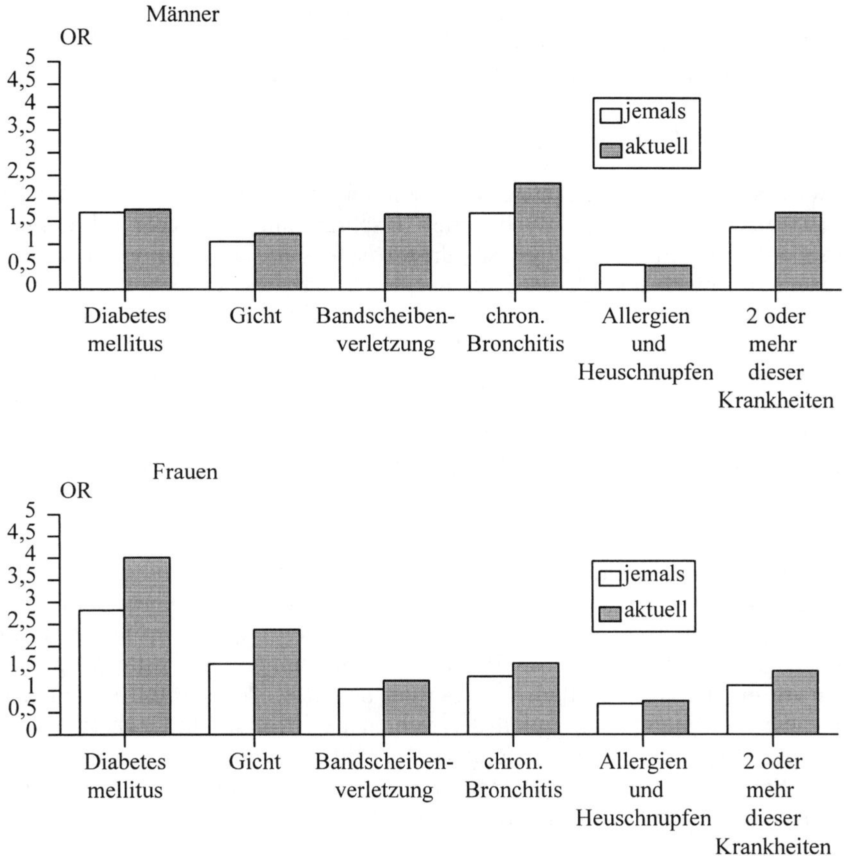

Odds Ratios für die *untere* soziale Schicht (Vergleichsgruppe: *obere* soziale Schicht)
Soziale Schicht: Index aus Schulbildung, beruflicher Stellung und Einkommen
kontrollierte Variable: Alter
Stichprobe: 21.359 Männer und 22.788 Frauen (25-69 Jahre, Deutsche, alte Bundesländer)
Datenbasis: Befragung 1984/86, 1987/88, 1990/91 (DHP-Studie)
Quelle: Helmert/Shea 1994 (eigene Darstellung)

Vergleichbare Auswertungen der DHP-Daten wurden z.B. durch U. Helmert (1994), H. Hoffmeister und B. Bellach (1995) und durch H. Hoffmeister und H. Hüttner (1995) vorgenommen. In den beiden letztgenannten Publikationen wird die soziale Schicht etwas anders definiert als in den Arbeiten von U. Helmert (vgl. Kapitel I-4a und I-4b). Im Ergebnis stimmen die verschiedenen Auswertungen jedoch darin überein, daß die Prävalenz chronischer Krankheiten in der unteren sozialen Schicht zumeist höher ist als in der oberen, und daß sich für Allergien ein umgekehrter Zusammenhang zeigt. Bei einigen Krankheiten wird kein statistisch signifikanter Zusammenhang mit der sozialen Schicht gefunden, z.B. bei Brustkrebs (Maschewsky-Schneider 1997, S. 121).

Schwerwiegende Erkrankungen

Ein weiterer Schritt in Richtung auf mehr Objektivität bei den Angaben zum Gesundheitszustand wird durch eine Beschränkung auf die Erkrankungen ermöglicht, die in der Regel so dramatisch sind, daß eine medizinische Behandlung unumgänglich ist. Hier liegt eine ärztliche Diagnose vor, und der Patient wird sich an Erkrankung und Diagnose relativ gut erinnern können. Als Beispiel für diesen Typ von Erkrankungen können Herzinfarkt und Schlaganfall dienen. Oben wurde bereits gezeigt, daß die schichtspezifischen Unterschiede bei diesen Erkrankungen besonders ausgeprägt sind. Vergleichbare Ergebnisse auf Basis der DHP-Daten zu schichtspezifischen Unterschieden bei Herzinfarkt und Schlaganfall finden sich z.B. auch bei H. Hüttner et al. (1996a) und G. Wiesner et al. (1998).

In einer weiteren Auswertung der DHP-Daten speziell zu den schichtspezifischen Unterschieden bei Herzinfarkt und Schlaganfall wurden Prävalenzen pro soziale Schicht und auch pro Altersgruppe berechnet (Helmert et al. 1993a). Der Nachteil dieses Vorgehens besteht vor allem in der geringen Fallzahl pro Altersgruppe; die Prävalenz-Schätzungen pro Altersgruppe sind daher mit einer relativ großen Unsicherheit behaftet. Der Vorteil besteht jedoch darin, daß die Altersabhängigkeit der schichtspezifischen Unterschiede deutlich wird. In der speziellen Auswertung zu Herzinfarkt und Schlaganfall sind fünf soziale Schichten unterschieden worden; um die Darstellung zu vereinfachen, werden hier nur die Ergebnisse für die untere, die mittlere und die obere soziale Schicht wiedergegeben. Sie zeigen, daß die Prävalenz von Herzinfarkt und von Schlaganfall in der unteren sozialen Schicht höher ist als in der oberen, und zwar bei Männern und Frauen in allen Altersgruppen (vgl. Tabelle 39). Deutlich wird aber auch, daß die schichtspezifischen Unterschiede mit zunehmendem Alter abnehmen, sowohl bei Männern als auch bei Frauen, und bei Herzinfarkt ebenso wie bei Schlaganfall.

Nur sehr wenige Studien beinhalten Ergebnisse zur Altersabhängigkeit der schichtspezifischen Unterschiede; zumeist wird die Variable 'Alter' mit Hilfe einer logistischen Regression einfach kontrolliert. Dabei bietet die Altersabhängigkeit eine wichtige Möglichkeit für die Entwicklung von Erklärungs- und Präventionsansätzen.

Tabelle 39: Soziale Schicht und Herzinfarkt, Schlaganfall

	Häufigkeit von Herzinfarkt [a] (in %) Soziale Schicht [b] obere Schicht	mittlere Schicht	untere Schicht	untere Schicht / oberer Schicht
Anteil in Stichprobe Männer	19,8	21,0	20,7	
Frauen	12,9	22,5	24,2	
Prävalenz: Männer				
40-49 Jahre	0,8	1,7	2,0	2,5
50-59 Jahre	3,4	6,0	7,4	2,2
60-69 Jahre	7,5	10,6	11,6	1,5
Prävalenz: Frauen				
40-49 Jahre	0,1	0,5	1,2	12,0
50-59 Jahre	0,8	1,7	2,4	3,0
60-69 Jahre	3,4	2,6	5,3	1,6
	Häufigkeit von Schlaganfall [a] (in %)			
Prävalenz: Männer				
40-49 Jahre	0,1	0,6	0,8	8,0
50-59 Jahre	1,3	1,2	3,1	2,4
60-69 Jahre	3,1	2,5	4,0	1,3
Prävalenz: Frauen				
40-49 Jahre	0,2	0,5	1,2	6,0
50-59 Jahre	0,4	1,0	1,1	2,8
60-69 Jahre	1,0	2,2	2,3	2,3

a: Lebenszeit-Prävalenz (jemals aufgetreten)
b: Index aus Schulbildung, beruflicher Stellung und Einkommen
(nur 3 von 5 Ausprägungen wiedergegeben)
Stichprobe: 12.445 Männer und 13.335 Frauen (40-69 Jahre, Deutsche, alte Bundesländer)
Datenbasis: Befragung 1984/86, 1987/88 und 1990/91 (DHP-Studie)
Quelle: Helmert et al. 1993a

Bei Herzinfarkt und Schlaganfall stellt sich z.B. die Frage, welche Risikofaktoren gerade bei Personen im mittleren Lebensabschnitt schichtspezifische Unterschiede aufweisen (für eine ausführlichere Diskussion der Erklärungsansätze vgl. Kapitel III). Interessant ist auch die Beobachtung, daß die Unterschiede in der Mortalität nach Einkommen mit zunehmendem Alter ebenfalls erheblich geringer werden (vgl. Tabelle 24). Offenbar gibt es eine allgemeine - und in der bisherigen wissenschaftlichen Diskussion bisher kaum wahrgenommene - Altersabhängigkeit der schichtspezifischen Unterschiede in Mortalität und Morbidität.

Eine vergleichbare Analyse auf Basis der DHP-Daten wurde auch für Diabetes durchgeführt (Helmert et al. 1994a). Hier ist ebenfalls in jeder der drei Altersgruppen 40-49, 50-59 und 60 bis 69 Jahre und bei beiden Geschlechtern die Prävalenz in der unteren sozialen Schichten am höchsten und in der oberen sozialen Schicht am niedrigsten. Es zeigt sich jedoch *keine* klare Abhängigkeit dieser schichtspezifischen Unterschiede vom Alter. Das bei Herzinfarkt, Schlaganfall und Mortalität gefundene Ergebnis abnehmender Schichtunterschiede mit zunehmendem Alter darf also nicht einfach auf andere Erkrankungen übertragen werden. Generell muß davor gewarnt werden, Ergebnissen zu spezifischen Erkrankungen zu verallgemeinern. Das oben angeführte Beispiel der Allergien (höhere Prävalenz in der *oberen* sozialen Schicht) und das hier angeführte Beispiel Diabetes (höhere Prävalenz in der *unteren* sozialen Schicht) deuten darauf hin, daß sich die gesundheitlichen Ungleichheiten von Krankheit zu Krankheit unterscheiden können. Diese Relativierung darf jedoch nicht darüber hinwegtäuschen, daß bei den am weitesten verbreiteten Krankheiten (d.h. vor allem bei Herzkreislauf-Krankheiten) die Prävalenz in der unteren sozialen Schicht deutlich höher ist als in der oberen, und daß die Schichtunterschiede mit zunehmendem Alter offenbar zumeist abnehmen.

HIV-Infektion und AIDS-Erkrankung

Als weiteres Beispiel für eine spezifische Erkrankung sollen die HIV-Infektion und die AIDS-Erkrankung angeführt werden. In der Bundesrepublik wurden mehrere quantitative (Bochow 1994/1997ab, Mielck 1992b) und qualitative (Biechele 1996) Untersuchungen zum Thema 'AIDS bei homosexuellen Männern aus der unteren sozialen Schicht' durchgeführt. Die quantitativen Ergebnisse zeigen übereinstimmend, daß der Anteil der infizierten und auch der erkrankten Männer in der unteren sozialen Schicht höher ist als in der oberen. In Studien mit homosexuellen Männern ist es kaum möglich, eine repräsentative Stichprobe zu erhalten. Zumeist wird davon ausgegangen, daß die Männer aus der unteren sozialen Schicht in den Befragungen unterrepräsentiert sind. Das oben genannte Ergebnis einer erhöhten Prävalenz in der unteren sozialen Schicht muß daher mit Vorsicht interpretiert werden. Wichtig ist jedoch der Hinweis darauf, daß die gesundheitliche Ungleichheit auch bei einer Erkrankung deutlich wird, deren sozio-ökonomische Verteilung so schwer zu erfassen ist wie eine HIV-Infektion oder AIDS-Erkrankung bei homosexuellen Männern. In Kapitel II-8c wird eine Studie aus den USA über den Zusammenhang zwischen Schulbildung und HIV-Prävalenz vorgestellt, in der die Ergebnisse aus der Bundesrepublik bestätigt und vertieft werden.

Ergebnisse ärztlicher Untersuchungen

Die Angaben zum Gesundheitszustand sind dann am objektivsten, wenn sie auf ärztlichen Untersuchungen basieren. Die Studien, in denen solche vergleichsweise zuverlässigen Angaben zur Morbidität verwendet werden, haben daher einen hohen Stellenwert. Die meisten Studien beschränken sich auf Befragungen, vor allem da ärztliche Untersuchungen einen erheblich höheren Aufwand erfordern. Entsprechend wichtig und selten sind daher die Ergebnisse zu sozio-ökonomischen Unterschieden bei ärztlich erhobenen Angaben zum Gesundheitszustand.

Tabelle 40: Soziale Schicht und Zahnlosigkeit

	Zahnlosigkeit[a] (Angaben in %)					
	Alte Bundesländer Soziale Schicht[b]			Neue Bundesländer Soziale Schicht[b]		
	untere	mittlere	obere	untere	mittlere	obere
Anteil in der Stichprobe	35,7	50,9	13,4	34,6	47,6	17,8
Zahnlosigkeit	9,5	2,5	0,9	13,4	4,0	4,6

a: Anteil der Personen ohne natürliche Zähne im Ober- und/oder im Unterkiefer
b: Index aus Schulbildung, beruflicher Stellung und Einkommen
Stichprobe: 868 bzw. 731 Personen (alte bzw. neue Bundesländer, 35-54 Jahre, Deutsche)
Datenbasis: Befragung/Untersuchung in den alten (1989) bzw. neuen (1992) Bundesländern
Quelle: Micheelis/Bauch 1991/1993

Eines der wenigen derartigen Ergebnisse liegt für die Zahngesundheit von Erwachsenen zwischen 35 und 54 Jahren vor. In einer bundesweiten Studie wurden 1989 und 1892 insgesamt 868 Erwachsene in den alten und 731 Erwachsen in den neuen Bundesländern befragt und von Zahnärzten untersucht (Micheelis/Bauch 1991, 1993). Die Auswahl der Probanden kann als repräsentativ für die alten und neuen Bundesländer gelten. Die Befragung beinhaltete auch Angaben zur Schulbildung, zum Beruf und zum Einkommen der Probanden. Aus diesen Angaben wurde - ähnlich wie bei der oben erwähnten DHP-Studie - ein Index der sozialen Schicht gebildet. Deutliche Unterschiede zwischen den sozialen Schichten treten vor allem bei der Zahnlosigkeit auf: Der Anteil der Personen, die im Ober- oder im Unterkiefer keine natürlichen Zähne mehr besitzen, ist in der unteren sozialen Schicht erheblich höher als in der oberen, sowohl in den alten als auch in den neuen Bundesländern (vgl. Tabelle 40). In einer vergleichbaren Untersuchung aus dem Jahr 1997 zeigen sich ähnliche Unterschiede in der Zahnlosigkeit zwischen verschiedenen Schulbildungs-Gruppen (Micheelis/Reich 1999).

Die Studie bietet eine Fülle von interessanten Daten. Sie konzentriert sich nicht nur auf die Zahngesundheit bei Erwachsenen, sondern schließt Kinder ein und beinhaltet auch Angaben über die zahnärztliche Versorgung. Diese Ergebnisse werden unten angesprochen (vgl. Kapitel III-2j). Zudem stellt die Studie vergleichbare Daten aus den alten und neuen Bundesländern zur Verfügung. Die Zahngesundheit war in den neuen Bundesländern offenbar deutlich schlechter als in den alten. Da auch die allgemeine wirtschaftliche Lage in den neuen Bundesländern schlechter war als in den alten, wird hier ein weiterer Aspekt des Themas 'sozio-ökonomischer Status und Gesundheit' deutlich: Gesundheitliche Unterschiede können nicht nur zwischen den sozialen Schichten innerhalb eines Landes auftreten, sondern selbstverständlich auch zwischen reicheren und ärmeren Ländern. Auch wenn sich das vorliegende Buch auf den ersten Problembereich konzentriert, soll damit nicht ausgedrückt werden, daß der zweite weniger wichtig ist.

e) Schultyp und Morbidität bei Schulkindern

Da Kinder noch keine abgeschlossene Ausbildung und keinen Beruf aufweisen, und da sie entweder keinen oder nur einen unbedeutenden Beitrag zum Haushaltseinkommen leisten, wird ihr sozio-ökonomischer Status - wie in den obigen Beispielen - zumeist über die Ausbildung, den beruflichen Status und/oder das Einkommen der *Eltern* definiert. Die einzigen Ausnahmen bilden die Studien, in denen Schulkinder nach Hauptschule, Realschule und Gymnasium unterschieden werden. Diese drei Schultypen erlauben eine klare sozio-ökonomische Rangordnung.

In einer vor kurzem publizierten Befragung von Kindern aus der vierten und fünften Klasse im Raum Heidelberg wurde z.B. deutlich, daß Hauptschüler erheblich häufiger als Gymnasiasten angeben, Kopf-, Hals-, Bauch- oder Rückenschmerzen zu haben, und zwar sowohl bei Jungen als auch bei Mädchen (Pötschke-Langer 1998). Zum Teil sind die Unterschiede relativ gering, einige gesundheitliche Beschwerden (z.B. Rückenschmerzen) sind bei Hauptschülern jedoch ca. doppelt so häufig wie bei Gymnasiasten (vgl. Tabelle 41).

Eine besonders interessante Datenquelle bieten die schulärztlichen Untersuchungen. Unten werden zwei Studien ausführlicher vorgestellt, die auf diesen Untersuchungen basieren. In beiden wurden die schulärztlichen Daten durch Ergebnisse einer zusätzlich durchgeführten Befragung der Eltern ergänzt (Ministerium 1997a/b, vgl. Tabellen 51, 68; Wichmann et al.1990, vgl. Tabelle 44). Auch ohne die Erhebung zusätzlicher Informationen bilden die Daten der schulärztlichen Untersuchungen jedoch eine wichtige Grundlage für empirische Studien zur gesundheitlichen Ungleichheit.

Tabelle 41: Schultyp und Morbidität

	Angaben zu gesundheitlichen Beschwerden (in %)			
	Jungen		Mädchen	
	Hauptschule	Gymnasium	Hauptschule	Gymnasium
Anzahl der Kinder	337	315	294	345
Kopfschmerzen	10,4	7,9	18,0	8,7
Halsschmerzen	4,8	3,8	6,8	3,5
Husten/Heiserkeit	10,1	8,6	11,6	6,1
Bauchschmerzen	6,8	3,8	15,0	7,5
Rückenschmerzen	4,5	2,2	6,8	3,2

Stichprobe: 1.766 Kinder (9-11 Jahre) aus Hauptschule, Realschule und Gymnasium
Datenbasis: Befragung 1996 in Heidelberg und weiteren Schulen im Rhein-Neckar-Kreis
Quelle: Pötschke-Langer 1998

Die folgende Studie basiert nicht auf Daten, die im Rahmen einer Studie speziell erhoben wurden, sondern auf vorhandenen Routinedaten des öffentlichen Gesundheitsdienstes. Sie ist somit ein Beispiel dafür, daß sich auf der Grundlage von Routinedaten mit relativ geringem Aufwand aussagekräftige Ergebnisse erhalten lassen, und auch dafür, daß diese Möglichkeit bisher viel zu selten genutzt wird. Ausgangspunkt der Studie sind die schulärztlichen Untersuchungen. Diese Daten bilden eine hervorragende Quelle für sozial-epidemiologische Untersuchungen, da alle Kinder eines Jahrgangs in einem weitgehend standardisierten Verfahren von Medizinern untersucht werden; für Erwachsene sind vergleichbare Daten nicht vorhanden.

Eine der seltenen Auswertung zur gesundheitlichen Ungleichheit bezieht sich auf die Untersuchungen in der achten Klasse in zwei Hamburger Bezirken (Glaser-Möller et al. 1992). Leider beinhaltet diese Publikation nur wenige Angaben zum Gesundheitszustand (vgl. Tabelle 42). Die Verteilung nach Schultyp zeigt jedoch eindeutig, daß der Gesundheitszustand bei Haupt- oder Realschülern erheblich schlechter ist als bei Gymnasiasten. Dieses Ergebnis ist sehr zuverlässig, da Probleme der Validität und Repräsentativität bei diesen Routinedaten kaum zu befürchten sind.

Tabelle 42: Ergebnisse schulärztlicher Untersuchungen

	Schulärztliche Ergebnisse (in %) Schultyp	
	Haupt-, Realschule	Gymnasium
Anteil in der Stichprobe [a]	32,5	30,6
Erkrankungen (in den letzten 4 Jahren)		
Masern	8	3
Mumps	6	3
Mittelohrentzündungen	12	8
Unfälle, die zu einer ärztlichen Behandlung geführt haben	30	23
Krankenhaus-Aufenthalte	15	7
Krankhafter Befund, der Überweisung an niedergelassenen Arzt erforderlich macht	33	20

a: Weitere Schüler: 24,9% Gesamtschule, 3% Sonderschule, 9% keine Information
Stichprobe: 1.722 Schüler der 8. Klasse aus zwei Bezirken in Hamburg
Datenbasis: Schulärztliche Untersuchung 1989/90
Quelle: Glaser-Möller et al. 1992

f) Schulbildung der Eltern und Morbidität der Kinder

Die in diesem Kapitel vorgestellten Studien über den Zusammenhang zwischen Schulbildung der Eltern und Morbidität der Kinder betreffen vor allem Allergien, Asthma und andere Atemwegserkrankungen. Bei diesen Erkrankungen zeigt sich häufig eine höhere Prävalenz in der *oberen* sozialen Schicht. Um diesen auf den ersten Blick überraschenden Zusammenhang etwas genauer zu beleuchten, werden im folgenden Kapitel die Ergebnisse aus insgesamt vier Studien ausführlicher präsentiert.

Aus der Bundesrepublik liegen relativ viele empirische Studien über sozio-ökonomische Unterschiede bei *Allergien* vor (Heinrich et al. 1998a). Zehn Studien konzentrieren sich auf Kinder zwischen 5 und 16 Jahren, und in neun von ihnen wird als sozio-ökonomischer Indikator die Schulbildung der Eltern verwendet (Heinrich et al. 1995b/1998b, Krämer et al. 1997, Luttmann et al. 1994, Mutius et al. 1992, NRW 1990, Wichmann et al. 1991/1995, Wilde et al. 1996). In der zehnten Studie werden die Schulentlassungs-Untersuchungen in Berlin ausgewertet, und als sozio-ökonomischer Indikator wird hier der Schultyp herangezogen (Kiss 1997b). Alle Studien weisen übereinstimmend darauf hin, daß Allergien in der *oberen* sozialen Schicht besonders häufig sind. Es sind auch mehrere Studien über sozio-ökonomische Unterschiede in der Allergie-Prävalenz bei Erwachsenen vorhanden (z.B. Helmert 1994, Helmert/Shea 1994, Helmert et al. 1997c Hoffmeister/Bellach 1995, Hoffmeister/Hüttner 1995, Thefeld et al. 1996a). Die oben im Kapitel II-4d bereits dargestellten Ergebnisse bestätigen das bei Kindern gefundene Ergebnis. Offenbar läßt sich für alle Altersgruppen zeigen, daß die Prävalenz von Allergien in der oberen sozialen Schicht besonders hoch ist.

Die positive Beziehung zwischen der elterlichen Schulbildung und der Allergie beim Kind zeigt sich unabhängig davon, ob das Vorliegen einer Allergie mit Hilfe eines Fragebogens oder mit Hilfe einer Untersuchung festgestellt wird. Dies wird z.B. in der Studie von U. Krämer et al. (1997) und in einer kürzlich publizierten Studie aus den neuen Bundesländern deutlich (Heinrich et al. 1998b): Die Frage nach ärztlich bestätigten Diagnosen ergab, daß Asthma, Ekzeme und Allergien in der unteren Bildungsgruppe am seltensten diagnostiziert worden sind (vgl. Tabelle 43). Die im Rahmen der Studie durchgeführten Untersuchungen (Hautuntersuchung, Haut-Prick-Test mit 12 Allergenen) zeigen für atopische Dermatitis und für Allergien das gleiche Bild. Interessant ist auch, daß die Beziehung zwischen Schulbildung der Eltern und positivem Haut-Prick-Test ebenfalls in den beiden Untergruppen IgE < 140 und IgE ≥ 140 IU/mL gefunden wurde.

Tabelle 43: Schulbildung der Eltern und Erkrankungen der Kinder

	Prävalenz (in %) Schulbildung der Eltern[a] weniger als 10 Jahre	10 Jahre	mehr als 10 Jahre
Anteil in der Stichprobe	8,0	49,2	42,8
Befragung[b]			
Asthma	4,7	7,8	10,8
Ekzem	4,2	9,6	11,8
Allergische Rhinitis	1,1	4,1	5,0
Allergische Reaktion	10,5	12,6	15,3
Untersuchung			
atopische Dermatitis[c]	0,0	3,3	2,0
Allergie[d]	11,5	20,6	22,1

a: Höchster Schulabschluß von Mutter oder Vater
b: Ärztlich bestätigte Diagnosen (Lebenszeit-Prävalenz, Befragung der Eltern)
c: Untersuchung der Haut
d: Haut-Prick-Test (positive Reaktion auf mindestens eines der 12 getesteten Allergene)
Stichprobe: 2.471 Kinder (5-14 Jahre) aus Hettstedt, Zerbst und Bitterfeld
Datenbasis: Befragung/Untersuchung 1992/93 (Bitterfeld-Studie)
Quelle: Heinrich et al. 1998b

Eine ähnliche Beziehung wird auch für *Pseudokrupp* berichtet. Offenbar ist diese Erkrankung ebenfalls in der *oberen* sozialen Schicht häufiger als in der unteren (Heinrich et al. 1998a). H.-E. Wichmann et al. (1990) haben die Ergebnisse aus sechs nach einem vergleichbaren Protokoll durchgeführten Querschnitt-Studien zusammengestellt (vgl. Tabelle 44). Die Studien zeigen ein klares Bild: Bei 6jährigen Kindern nimmt die Lebenszeit-Prävalenz von Pseudokrupp mit zunehmender Schulbildung der Eltern kontinuierlich zu. Dabei treten erhebliche Unterschiede in der Prävalenz auf; in der oberen Bildungsgruppe ist die Prävalenz ca. 2,5mal so hoch wie in der unteren. Bestätigt wird dieser Zusammenhang auch dadurch, daß die einzelnen Studien für sich betrachtet zu einem sehr ähnlichen Ergebnis kommen.

Die Angaben zum Pseudokrupp besitzen eine relativ hohe Validität. Sie basieren auf der Einschulungs-Untersuchung und auf einer zusätzlichen Elternbefragung. Die Eltern wurden um Auskunft darüber gebeten, ob ein Arzt bei ihrem Kind schon einmal Pseudokrupp diagnostiziert hat. Wenn diese Frage bejaht wurde, wurde versucht, eine Bestätigung von dem damals behandelnden Arzt zu erhalten. Der in der Tabelle dargestellte Zusammenhang zeigt sich auch dann, wenn die Auswertung auf die Kinder beschränkt wird, bei denen eine Bestätigung der Diagnose durch den behandelnden Arzt vorliegt. In den sechs Studien zeigte sich auch für *obstruktive Bronchitis* eine Zunahme der Prävalenz mit zunehmender Schulbildung der Eltern; dieser Zusammenhang ist allerdings weniger ausgeprägt als bei Pseudokrupp.

Tabelle 44: Schulbildung der Eltern und Pseudokrupp bei Kindern

Region	Jahr [b]	N	Prävalenz von Pseudokrupp [a] (in %) Schulbildung der Eltern Haupt-schule	Real-schule	Gym-nasium	Uni-versität	Insg.
Duisburg	1986	4.201	4,4	7,6	10,8	15,8	7,6
Köln	1986	6.384	7,1	8,2	11,4	13,6	9,5
Oberbergischer Kreis	1986	1.932	6,6	10,9	14,8	15,9	12,3
Stuttgart	1987	4.855	3,7	7,7	9,6	13,9	8,8
Tübingen/Reutlingen	1987	2.450	8,4	11,0	14,4	11,0	11,3
Freudenstadt	1987	1.115	8,1	6,0	6,3	14,1	7,9
Insgesamt		20.937	5,3	8,3	10,5	12,8	9,3

a: Pseudokrupp zwischen Geburt und 6. Lebensjahr; b: Jahr der Datenerhebung
Stichprobe: Totalerhebung der Einschulungs-Kinder aus der Region
Datenbasis: Einschulungs-Untersuchungen, Befragung der Eltern
Quelle: Wichmann et al. 1990

Die oben dargestellten Ergebnisse aus der Bitterfeld-Studie zeigen, daß *Hauterkrankungen* besonders häufig bei Kindern aus der *oberen* sozialen Schicht auftreten (vgl. Tabelle 43). Ein vergleichbarer Zusammenhang zeigt sich auch in einer Studie, die in München durchgeführt wurde (Mutius et al. 1992): Im Rahmen der Münchner Asthma- und Allergiestudie wurden in München und in ausgewählten Gemeinden aus dem Münchener Umland alle Schüler der 4. Klasse untersucht. Der Fragebogen für die Eltern beinhaltet auch die Frage, ob ein Arzt beim Kind schon einmal Neurodermitis diagnostiziert hat. Die Auswertung der Antworten auf diese Frage weist erneut darauf hin, daß Kinder aus der unteren sozialen Schicht die niedrigste und Kinder aus der oberen sozialen Schicht die höchste Prävalenz von Hauterkrankungen aufweisen (vgl. Tabelle 45). Eine Auswertung von Daten der Einschulungs-Untersuchungen in Hannover aus dem Jahr 1992 zeigt ebenfalls, daß Kinder aus der oberen sozialen Schicht eine erheblich höhere Neurodermitis-Prävalenz aufweisen als Kinder aus der unteren sozialen Schicht (Buser et al. 1998).

Tabelle 45: Neurodermitis bei Kindern

		Prävalenz von Neurodermitis [a] (Angaben in %) Schulbildung der Eltern Hauptschule	Realschule	Abitur
München:	Jungen	9,1	12,4	15,2
	Mädchen	12,0	12,6	15,5
Oberbayern[b]	Jungen	9,0	10,8	13,8
	Mädchen	8,8	10,0	15,6

a: Durch Arzt bestätigte Diagnose; b: Auswahl von Gemeinden mit geringer Umweltbelastung
Stichprobe: 6.490 Kinder in München und 1.714 Kinder in Oberbayern;
Datenbasis: Befragung der Eltern 1989/90 (Münchner Asthma- und Allergiestudie)
Quelle: Mutius et al. 1992

Die Ergebnisse aus derartigen Studien, die auf Befragungsdaten basieren, lassen sich oft nur schwer interpretieren, da sich immer die Frage nach dem 'reporting bias' stellt, d.h. danach, ob schichtspezifische Unterschiede in der Wahrnehmung von Krankheitssymptomen und/oder in der Erinnerung an zurückliegende Krankheiten vorhanden sind. Wenn wie in der obigen Studie nach ärztlich diagnostizierten Krankheiten gefragt wird, ist ein 'over-reporting' (d.h. eine *Über*schätzung der 'wahren' Prävalenz) unwahrscheinlich. Möglich ist jedoch ein 'under-reporting' (d.h. eine *Unter*schätzung der 'wahren' Prävalenz). Wichtig ist hier vor allem die Feststellung, daß die in den Tabellen 43 bis 45 beschriebenen Ergebnisse auch darauf beruhen könnten, daß Eltern mit geringer Schulbildung eher zu einem 'under-reporting' neigen als andere Eltern.

Es spricht einiges dafür, daß Krankheitssymptome in der unteren sozialen Schicht weniger ernst genommen werden als in der oberen, so daß auch beim Vorliegen von gleichen Symptomen in der unteren sozialen Schicht seltener ein Arzt aufgesucht wird als in der oberen (zur Diskussion über die schichtspezifische 'Klagsamkeit' vgl. auch Kapitel II-8d). Es könnte also sein, daß die hier präsentierten Ergebnisse, die auf Befragungsdaten beruhen und auf eine erhöhte Morbidität in der *oberen* sozialen Schicht hinweisen, nicht den 'wahren' Zusammenhang wiedergeben. Der 'reporting-bias' kann nur vermieden werden, wenn im Rahmen einer Studie eine eigene Untersuchung des Gesundheitszustandes stattfindet. Von den oben dargestellten empirischen Ergebnissen sind daher die Ergebnisse aus der Bitterfeld-Studie, die auf eine in der oberen sozialen Schicht besonders hohe Prävalenz von atopischer Dermatitis und von Allergien hinweisen, am verläßlichsten.

Die letzte in diesem Kapitel vorgestellte Publikation konzentriert sich auf das kindliche *Asthma*. Asthma ist in den industrialisierten Staaten eine der bei Kindern am häufigsten vorhandenen chronischen Krankheiten. Als grobe Schätzung kann davon ausgegangen werden, daß ca. 5% aller Kinder unter Asthma leiden. Besonders alarmierend sind neuere Berichte, nach denen die Häufigkeit kindlichen Asthmas in den letzten Jahren offenbar noch zugenommen hat. Eine zentrale Fragestellung lautet: Welche Kinder sind von Asthma besonders stark betroffen, und auf welche Faktoren läßt sich das Asthma bei ihnen zurückführen? Diese Formulierung beinhaltet eine Fülle von spezifischen Fragen. Besondere Aufmerksamkeit wurde bisher der Frage gewidmet, ob es Unterschiede in der Häufigkeit kindlichen Asthmas zwischen den sozialen Schichten gibt.

Aus den industrialisierten Staaten liegen mehrere Studien vor, in denen die Beziehung zwischen kindlichem Asthma und Indikatoren der sozialen Schicht untersucht wurde. Eine klare Antwort auf die Frage, ob und wie kindliches Asthma und soziale Schicht zusammenhängen, können sie jedoch nicht geben. Die aussagekräftigsten Ergebnisse aus Deutschland stammen m.E. aus einer kürzlich publizierten Studie, in der Daten aus der bereits oben (vgl. Tabelle 46) erwähnten Münchner Asthma- und Allergiestudie ausgewertet wurden (Mielck et al. 1996). Dabei standen die beiden folgenden Fragen im Mittelpunkt: Welche Beziehung besteht zwischen dem sozio-ökonomischen Status und der Prävalenz kindlichen Asthmas? Hängt diese Beziehung vom *Schweregrad* des kindlichen Asthmas ab?

Die Datenanalyse beruht auf der Untersuchung von allen Kindern der 4. Schulklasse in München und auf der Befragung ihrer Eltern. Ausgewertet wurden Angaben von insgesamt 4.434 Kinder zwischen 9 und 11 Jahren mit deutscher Nationalität. Die Untersuchung bestand vor allem aus einem Allergie-Test beim Kind ('Skin Prick Test' auf Birken-, Hasel- und Gräserpollen, auf Katzen- und Hundehaare und auf Hausstaubmilben). Der Eltern-Fragebogen beinhaltete u.a. die beiden folgenden Fragen:
- „Ist von einem Arzt bei Ihrem Kind schon einmal Asthma bronchiale, asthmoide oder spastische Bronchitis festgestellt worden? "
- „Wenn Ja: Wie häufig traten die Beschwerden (Asthmaanfälle, Atemnot, Hustenattacken) in den letzten 12 Monaten auf? "

Aus der zweiten Frage wurde der Schweregrad gebildet mit den drei Stufen *leichtes* Asthma (1 bis 4 Anfälle im letzten Jahr), *mittleres* Asthma (5 bis 10 Anfälle) und *schweres* Asthma (mehr als 10 Anfälle).

Eine einfache Auszählung der Häufigkeit kindlichen Asthmas nach Schweregrad und Schulbildung der Eltern zeigt, daß insgesamt 5,6% aller Kinder unter Asthma leiden, und daß leichtes Asthma erheblich häufiger ist als mittleres oder schweres Asthma (vgl. Tabelle 46). Es wird auch deutlich, daß bei der unteren Schulbildungsgruppe *leichtes* Asthma seltener und *schweres h*äufiger ist als bei der oberen Schulbildungsgruppe. Bei einer Zusammenfassung aller Schweregrade zeigt sich daher auch kein größerer Unterschied nach der Schulbildung der Eltern.

Tabelle 46: Schulbildung der Eltern und Schweregrad kindlichen Asthmas

	Asthma bei Schulkindern (in %) Schulbildung der Eltern			
	Haupt-, Grundschule	Mittlere Reife	Fachhochschulreife, Abitur	Insgesamt
Anteil in der Stichprobe	24,0	27,6	48,4	100,0
Schweregrade [a]				
leichtes Asthma	2,2	3,6	3,4	3,1
mittleres Asthma	0,9	1,7	1,2	1,2
schweres Asthma	2,1	1,2	0,9	1,3
	5,2	6,5	5,4	5,6

a: leicht: 1-4 Anfälle, mittel: 5-10 Anfälle; schwer: mehr als 10 Anfälle pro Jahr
Stichprobe: 4.434 Kinder (9-11 Jahre, Deutsche) aus München
Datenbasis: Befragung/Untersuchung 1989/90 (Münchner Asthma- und Allergiestudie)
Quelle: Mielck et al. 1996

Die gesundheitliche Belastung ist bei schwerem Asthma definitionsgemäß größer als bei mittlerem oder leichtem Asthma, und entsprechend ist die Erklärung und Verringerung des schweren Asthmas von besonderer Bedeutung. In einer weitergehenden Auswertung wurde daher versucht, das erhöhte Auftreten *schweren* kindlichen Asthmas in der *unteren* sozialen Schicht mit Hilfe der folgenden Variablen zu erklären: Geschlecht des Kindes, asthmatische oder allergische Erkrankungen bei Eltern oder Geschwistern, positiver Allergie-Test beim Kind, Rauchen der Mutter im 1. Lebensjahr des Kindes, gegenwärtiges Rauchen der Mutter, Geburtsgewicht des Kindes unter 2.500 Gramm, feuchte Wohnung, Kohle- oder Gas-Heizung, Verkehrsbelastung mit mehr als 75.000 Autos pro Tag im Schul-Einzugsgebiet. Diese Variablen entsprechen den bekannten Risikofaktoren für kindliches Asthma. Eine Kontrolle des Alters der Kinder ist nicht erforderlich, da ohnehin nur Kinder zwischen 9 und 11 Jahren einbezogen wurden.

In einem ersten Schritt wurde nur die Variable 'Geschlecht des Kindes' kontrolliert. Es zeigt sich, daß schweres Asthma bei der unteren Schulbildung ca. 2,4 mal häufiger ist als bei der oberen, und bei Jungen ca. 2,1 mal häufiger als bei Mädchen. Die Unterschiede sind statistisch signifikant. In dem nächsten Schritt wurden auch die anderen erklärenden Variablen einbezogen. Es wird deutlich, daß bei Kontrolle dieser Variablen das schwere Asthma in der unteren Schulbildungsgruppe immer noch 1,8 mal häufiger ist als in der oberen. Da die Zahl der Kinder mit schwerem Asthma relativ klein ist (insgesamt 58 Kinder), ist dieses Ergebnis nicht mehr statistisch signifikant. Es weist jedoch darauf hin, daß Kinder aus der *unteren* sozialen Schicht erheblich häufiger unter schwerem Asthma leiden als Kinder aus der oberen sozialen Schicht, und daß sich dieser Unterschied nicht durch die bekannten Risikofaktoren für Asthma erklären läßt.

Die Analyse ist hier aus einem weiteren Grund von Interesse: Die Frage, ob sich die sozio-ökonomischen Unterschiede im Gesundheitszustand mit dem *Schweregrad* einer Erkrankung verändern, wurde bisher kaum untersucht. Offenbar haben sich die meisten Wissenschaftler, die sich mit der gesundheitlichen Ungleichheit beschäftigen, mit dieser Frage überhaupt noch nicht befaßt. Die Studie zum kindlichen Asthma ist m.W. die einzige aus Deutschland, in der diese Frage explizit untersucht wird. Aus ihren Ergebnissen läßt sich die folgende Hypothese ableiten: Die gesundheitliche Benachteiligung von Personen mit einem geringen sozio-ökonomischen Status ist um so größer, je schwerer eine Erkrankung ist. Da in den vorhandenen Studien zumeist alle Schweregrade einer Erkrankung zusammengefaßt werden, würde dies auch bedeuten, daß die dort gefundenen gesundheitlichen Ungleichheiten *kleiner* sind als die Ungleichheiten, die sich bei einer Konzentration auf die *schweren* Erkrankungen zeigen würden. Die schweren Erkrankungen stellen definitionsgemäß eine größere gesundheitliche Belastung dar als die leichten; das Problem 'Krankheit und soziale Ungleichheit' ist daher vermutlich größer als die bisher vorliegenden empirischen Ergebnisse andeuten.

Tabelle 47: Schulbildung der Eltern und Zahngesundheit der Kinder

	Schlechte Zahngesundheit (in %) Schulbildung der Eltern[a]		
	niedrig	mittel	hoch
Anteil in der Stichprobe	40,4	34,9	24,7
Plaque in großer Menge vorhanden	2,9	2,8	1,9
Starkes Zahnfleischbluten	9,2	6,1	3,2

a: niedrig: Volksschulabschluß, Abschluß der 8. Klasse oder kein Schulabschluß
mittel: Mittlere Reife, Abschluß 10. Klasse (POS); hoch: Fachhochschulreife oder Abitur
Stichprobe: 715 bzw. 328 Jugendliche (12 Jahre, Deutsche, alte bzw. neue Bundesländer)
Datenbasis: Befragung/Untersuchung 1997 in den alten und neuen Bundesländern
Quelle: Micheelis/Reich 1999 (S. 239, 240)

Aussagekräftige Ergebnisse über den Zusammenhang zwischen der Schulbildung der Eltern und der Morbidität ihrer Kinder liegen auch für die Zahngesundheit vor. In der 1997 durchgeführten 'Dritten Deutschen Mundgesundheitsstudie (DMS III)' wurden 1.043 Jugendliche im Alter von 12 Jahren aus den alten und neuen Bundesländern von Zahnärzten untersucht (Micheelis/Reich 1999). Die Ergebnisse sind eindeutig: Die Zahngesundheit ist in der unteren Bildungsgruppe erheblich schlechter ist in der oberen (vgl. Tabelle 47). Aus der gleichen Studie liegen ähnliche Ergebnisse über bildungsspezifische Unterschiede in der Zahngesundheit bei Erwachsenen vor (vgl. Tabelle 31).

g) Beruf der Eltern und Morbidität der Kinder

Eine der wenigen empirischen Studien über den Zusammenhang zwischen dem Beruf der Eltern und der Morbidität ihrer Kinder wurde kürzlich von S. Geyer und R. Peter (1998) vorgelegt. Ihre Ergebnisse sind auch deswegen von besonderem Interesse, weil sie mit Hilfe von Daten einer Allgemeinen Krankenkasse die Verteilung der Unfälle bei Kindern untersuchen. Die sozial-epidemiologische Forschung in der Bundesrepublik hat diesen wichtigen Bereich der Morbidität bisher weitgehend ignoriert, und Sozial-Epidemiologen wurde es auch nur selten ermöglicht, die Daten einer Gesetzlichen Krankenkasse auszuwerten.

Analysiert werden die Daten der AOK Mettmann aus den Jahren 1987 bis 1996 (vgl. auch Geyer/Peter 1999, Kapitel II-3b). Die Auswertungen konzentrieren sich auf die unfallbedingten Krankenhausaufenthalte bei den kostenfrei Versicherten, die das 17. Lebensjahr noch nicht erreicht haben. Unterteilt nach dem beruflichen Status des Hauptversicherten zeigt sich ein deutlicher Zusammenhang: In dem Zeitraum 1987 bis 1996 hatten insgesamt 4.246 Kinder mindestens einen Unfall; und die Prävalenz war in der unteren Statusgruppe (un-

und angelernte Erwerbstätige) mit 9,2% deutlich höher als in der oberen Statusgruppe (höhere Position als Arbeiter oder Angestellte mit abgeschlossener Lehre) mit 6,7%. Dieser Zusammenhang zeigt sich sowohl bei Jungen als auch bei Mädchen (vgl. Tabelle 48). Der berufliche Status ließ sich nur bei 70,9% der Hauptversicherten feststellen. Weitergehende Analysen weisen jedoch darauf hin, daß sich daraus keine größeren Verzerrungen in bezug auf den oben dargestellten Zusammenhang zwischen beruflichem Status und Unfall-Prävalenz ergeben.

Tabelle 48: Beruflicher Status der Eltern und Unfälle der Kinder

	Mindestens ein unfallbedingter Krankenhausaufenthalt (in %) Berufliche Position des Hauptversicherten					
	Un-/Angelernte	Arbeiter mit Lehre	Angestellte mit Lehre	Höhere Positionen	keine Angabe	Insges.
Anteil in Stichprobe	45,0	19,8	5,3	0,8	29,1	100,0
Unfälle bei Kindern						
Männlich	10,3	10,9	8,5	8,6	10,0	10,2
Weiblich	7,9	6,9	8,1	4,6	7,3	7,5
Insgesamt	9,2	9,0	8,3	6,7	8,7	9,0

Stichprobe: 47.427 kostenfrei mitversicherte Kinder bis 16 Jahre
Datenbasis: Routinedaten der AOK Mettmann aus den Jahren 1987 bis 1996
Quelle: Geyer/Peter 1998

Bei der Bewertung der Ergebnisse darf nicht übersehen werden, daß in den Daten der AOK nur ein Teil der Unfälle erfaßt wird. Nicht berücksichtigt sind vor allem die Unfälle, „die auf dem Weg von und zur Schule bzw. dem Kindergarten passieren; sie werden über den Gemeindeunfallversicherungsverband abgewickelt“ (Geyer/Peter 1998, S. 494). Zudem wurden auf Grund unvollständiger Daten die Unfälle ausgeschlossen, die lediglich eine ambulante Behandlung nach sich zogen. Interessant wäre auch eine Unterscheidung nach der Art des Unfalls (zu Hause, im Straßenverkehr etc.) und nach der Schwere der dabei erlittenen Verletzungen. Trotz dieser Einschränkungen ist diese Studie sehr wichtig, da sie m.W. zum ersten Mal darauf hinweist, daß sich die gesundheitliche Ungleichheit in der Bundesrepublik auch auf die Kinder-Unfälle erstreckt.

h) Soziale Schicht der Eltern und Morbidität der Kinder

In diesem Kapitel werden drei Studien ausführlicher vorgestellt; in der ersten wurden nur Kinder und in den beiden anderen wurden Kinder gemeinsam mit ihren Eltern befragt. Dieser Unterschied ist wichtig. Wie oben ausgeführt, wird die Zugehörigkeit zu einer sozialen Schicht auf Grundlage der Indikatoren Ausbildung, beruflicher Status und/oder Einkommen berechnet. Bei *Kindern* beruht die Berechnung der Schichtzugehörigkeit auf Angaben zur Ausbildung, zum beruflichen Status und/oder zum Einkommen ihrer *Eltern*. Wenn in einer Studie sowohl Kinder als auch ihre Eltern einbezogen werden, können diese Angaben von den Eltern direkt erfragt werden. Wenn aber die Eltern an der Befragung von Kindern nicht teilnehmen, ist die Zuordnung zu einer sozialen Schicht problematisch, da Kinder zumeist nur eine ungenaue Vorstellung von der Ausbildung, dem Beruf und/oder dem Einkommen ihrer Eltern besitzen. In diesen Fällen muß versucht werden, den sozio-ökonomischen Status der Familie mit kindgemäßen Fragen zu erfassen.

Dies trifft auch auf die erste der drei Studien zu. Sie beruht auf einer 1994 durchgeführten Befragung von 3.328 Schülern zwischen 11 und 15 Jahren in Nordrhein-Westfalen (Klocke/Hurrelmann 1995a). Zur Bestimmung der sozialen Schicht wurden die Schüler danach gefragt, welchen Bildungsabschluß und welchen Beruf ihre Eltern aufweisen, wieviele PKW's ihre Eltern besitzen, wieviele Urlaubsreisen die Familie im letzten Jahr unternommen hat, und ob der Schüler ein eigenes Zimmer hat (vgl. Kapitel I-4c). Nach Zusammenfassung dieser Angaben wurden fünf soziale Schichten unterschieden. Die Fragen zum Gesundheitszustand betreffen sowohl die physischen als auch die mehr psychischen Beschwerden.

Die Ergebnisse zeigen, daß die subjektive Wahrnehmung des eigenen Gesundheitszustandes stark von der sozialen Schicht abhängt, daß sich die Schüler aus der unteren sozialen Schicht erheblich kränker fühlen als die Schüler aus der oberen sozialen Schicht (vgl. Tabelle 49). Während z.B. nur 1% der Schüler aus der oberen sozialen Schicht angab, sich täglich oder öfters pro Woche gesundheitlich schlecht zu fühlen, waren dies in der unteren sozialen Schicht 16%. Bei einer Bewertung dieses eklatanten Unterschiedes muß jedoch berücksichtigt werden, daß hier zwei extreme Gruppen miteinander verglichen werden. Etwas überspitzt formuliert werden die ganz Reichen mit den ganz Armen verglichen. In einer später vorgestellten Auswertung dieser Daten wurden die Schüler in fünf gleich große Gruppen (d.h. in Quintile) unterschieden (Klocke 1997b). Hier ist das Ausmaß der gesundheitlichen Ungleichheit daher nicht so groß wie in Tabelle 49. Wie bei vielen anderen empirischen Arbeiten zur gesundheitlichen Ungleichheit in der Bundesrepublik wird auch bei dieser nicht deutlich, ob sich die Datenerhebung bzw. -auswertung auf Deutsche beschränkt oder Ausländer einbezieht; es fehlt auch eine Unterscheidung nach Geschlecht. Die Ergebnisse der Studie besitzen aber einen hohen Stellenwert; aus Deutschland ist m.W. keine vergleichbare Studie vorhanden. Zusätzliche Analysen dieser Daten berichten über weitere Aspekte der gesundheitlichen Ungleichheit (z.B. Klocke 1995, Klocke/Hurrelmann 1995b).

Tabelle 49: Soziale Schicht und Gesundheit bei Schulkindern

	Prävalenz (Angaben in %) [a] Soziale Schicht der Eltern [b]					
	1 (unten)	2	3	4	5 (oben)	Insg.
Anteil in der Stichprobe	5,3	38,1	24,2	26,2	6,2	100,0
allgemein schlechter Gesundheitszustand [c]	16	7	8	5	1	7
Kopfschmerzen [c]	22	11	13	11	9	12
Rückenschmerzen [c]	16	10	9	7	7	9
Nervosität [c]	22	12	15	13	8	13
schlechtes Einschlafen [c]	26	17	18	15	16	17
Hilflosigkeit [d]	14	7	6	5	3	6
Einsamkeit [e]	19	14	9	8	9	11

a: Kontrolle von Alter und Geschlecht bei Vergleich zwischen sozialen Schichten
b: Index aus Ausbildung und Beruf der Eltern, finanzielle Lage der Familie
c: täglich oder öfters pro Woche; d: immer oder sehr oft; e: sehr oft oder ziemlich oft
Stichprobe: 3.328 Schüler (11-15 Jahre) in Nordrhein-Westfalen
Datenbasis: Befragung 1994
Quelle: Klocke/Hurrelmann 1995a

Die zweite hier vorgestellte Studie über Schulkinder schloß eine Befragung der Eltern zu ihrer Ausbildung und zu ihrem Beruf ein; die Berechnung der Zugehörigkeit zu einer sozialen Schicht ist daher vermutlich zuverlässiger als in der obigen Studie. Diese Studie bezieht sich auf die Zahngesundheit und weist auch deswegen relativ valide Ergebnisse auf, weil sie nicht nur auf einer Befragung, sondern auch auf einer ärztlichen Untersuchung beruht. In der bereits oben angesprochenen Studie zur Zahngesundheit in den alten und neuen Bundesländern (vgl. Kapitel II 4a, II-4d, II-4f)) wurde eine repräsentative Auswahl von Kindern zwischen 8 und 9 bzw. zwischen 13 und 14 Jahren einbezogen (Micheelis/Bauch 1991, 1993). Eine Analyse der Angaben zur Anzahl der erkrankten oder fehlenden Zähne zeigt, daß die Zahngesundheit in der unteren sozialen Schicht erheblich schlechter ist als in der oberen (vgl. Tabelle 50). In den alten Bundesländern zeigt sich, daß die Anzahl erkrankter oder fehlender Zähne in der unteren sozialen Schicht ungefähr doppelt so hoch ist wie in der oberen, für beide Altersgruppen und sowohl für Milchzähne als auch für die bleibenden Zähne. Auffallend ist ebenfalls, daß die Zahngesundheit von der oberen über die mittlere zur unteren sozialen Schicht kontinuierlich schlechter wird. Für die alten Bundesländer wird ein ähnliches - wenn auch weniger ausgeprägtes - Ergebnis gefunden.

In einer vergleichbaren Befragung und Untersuchung aus dem Jahr 1997 ist der sozio-ökonomische Status von 12jährigen Kindern mit Hilfe der beruflichen Stellung und des höchsten Schulabschlusses der Eltern definiert worden. Die Auswertungen zeigen, daß ein DMFT-Wert > 2 (mehr als 2 'Decayed, Missing or Filled Teeth') bei 37% der Kinder von Arbeitern, aber nur bei 16% der Kinder von leitenden Angestellten und Beamten beobachtet wurde. Zu einem ähnlichen Ergebnis kommt auch die Auswertung nach Schultyp: 48% der Sonderschüler weisen einen DMFT-Wert > 2, aber nur 20% der Gymnasiasten (Micheelis/ Reich 1999, S. 209).

Tabelle 50: Soziale Schicht und Zahngesundheit bei Schulkindern

		Anzahl erkrankter oder fehlender Zähne [a]		
		Soziale Schicht der Eltern [b]		
	Indikator [c]	untere Schicht	Mittlere Schicht	obere Schicht
Anteil in der Stichprobe				
Alte Bundesländer		37,3	47,9	14,8
Neue Bundesländer		34,6	47,6	17,8
Alte Bundesländer				
8 - 9 Jahre	dmft	5,0	3,4	2,2
8 - 9 Jahre	DMFT	2,1	1,3	1,0
13 - 14 Jahre	DMFT	6,1	5,1	2,9
Neue Bundesländer				
8 - 9 Jahre	dmft	4,3	3,9	3,2
8 - 9 Jahre	DMFT	1,1	1,0	1,1
13 - 14 Jahre	DMFT	4,9	4,3	3,6

a: Anzahl der kariösen, wegen Karies entfernter oder gefüllter Zähne
b: Index aus Ausbildung und beruflicher Stellung der Eltern
c: 'Decayed, Missing or Filled Teeth' (kariöse, wegen Karies entfernte oder gefüllte Zähne) (Kleinschreibung: Milchzähne)
Stichprobe: 895 bzw. 788 Kinder aus den alten bzw. neuen Bundesländern (Deutsche)
Datenbasis: Befragung/Untersuchung in den alten (1989) und neuen (1992) Bundesländern
Quelle: Micheelis/Bauch 1991/1993

Eine besonders umfangreiche und aussagekräftige Datenbasis für empirische Analysen zur gesundheitlichen Ungleichheit bei Kindern und Jugendlichen bieten die schulärztlichen Untersuchungen. In den letzten Jahren wird auch von den Behörden zunehmend Kritik an der geringen Nutzung dieser Daten geäußert:

> Es „muß auch festgestellt werden, daß die Nutzung der vorhandenen Datenquellen durchaus zu wünschen übrig läßt. Das gilt nicht zuletzt für die weitgehend ungehobenen 'Datenschätze', die der Öffentliche Gesundheitsdienst (ÖGD) vorhält. Insbesondere die Schuleingangsuntersuchungen sowie die regelmäßigen Schulreihenuntersuchungen sind eine wissenschaftlich wie auch gesundheitspolitisch äußerst wichtige Informationsquelle, die bereits heute ein Bild der gesundheitlichen Probleme der Bevölkerung von morgen und übermorgen liefern kann. Um so irritierender ist deren eher mäßige Nutzung“ (Ministerium 1997a, S. 5).

Auch ohne Ergänzung durch weitere Datenquellen lassen sich mit diesen routinemäßig erhobenen Daten bereits wichtige sozial-epidemiologische Analysen durchführen (vgl. Kapitel II-4e). Die verfügbaren Daten der schulärztlichen Untersuchungen beinhalten jedoch i.d.R. keine Angaben zum sozio-ökonomischen Status der Eltern. Die zusätzliche Erhebung dieser Angaben ist aufwendig und entsprechend selten. Bei einer Auswertung der Schuleingangs-Untersuchungen in Hamburg aus dem Jahr 1979 war z.B. die berufliche Stellung der Eltern nur zu erhalten durch eine langwierige Suche in den schriftlichen Unterlagen des Schulärztlichen Dienstes für jeden einzelnen Schulanfänger (Mielck 1985).

Tabelle 51: Soziale Schicht und Morbidität bei Schulanfängern

	Morbidität (in %) Soziale Schicht der Eltern[a] niedrig	mittel	hoch
Anteil in der Stichprobe	12,0	63,5	24,5
Schulärztliche Untersuchung			
Sprach-, Sprech- und Stimmstörungen	17	12	8
Refraktionsanomalien	10	8	6
Enuresis, Enkopresis	3	2	1
Befragung der Eltern			
Unfall im Straßenverkehr	1,8	1,2	1,0

a: Index aus Ausbildung, beruflicher Stellung und Familienstand der Eltern
Datenbasis: Befragung/Untersuchung 1994 von 23.462 Schulanfängern in Brandenburg (Schuleingangs-Untersuchung)
Quelle: Ministerium 1997a/b

Besonders zu begrüßen ist der Weg, der kürzlich im Land Brandenburg beschritten wurde (Ministerium 1997a/b). Dort wurde die Schuleingangs-Untersuchung von 1994 ergänzt durch eine Befragung der Eltern zu Themen wie eigene Ausbildung, berufliche Stellung und Wohnbedingungen. Die Teilnahme der Eltern an dieser Zusatzerhebung war selbstverständlich freiwillig, aber nur wenige haben die Teilnahme verweigert. Auf Grund lückenhafter Antworten ließ sich die Schichtzugehörigkeit für 27% der Kinder jedoch nicht bestimmen. Die Ergebnisse für die übrigen Kinder zeigen, daß die Morbidität bei Kindern aus der unteren sozialen Schicht besonders hoch ist und mit zunehmender sozialer Schicht stufenweise abnimmt (vgl. Tabelle 51).

5) Vergleiche mit anderen westeuropäischen Staaten

In allen Staaten, in denen sozio-ökonomische Unterschiede im Gesundheitszustand untersucht wurden, sind gesundheitliche Ungleichheiten zuungunsten der unteren sozialen Schicht gefunden worden, nicht nur in den westeuropäischen Staaten (Mielck/Giraldes 1993), sondern z.B. auch in den osteuropäischen Staaten (Shkolnikov et al. 1998) und in den USA (Feinstein 1993).

Die wissenschaftliche Diskussion hat sich in Westeuropa seit einigen Jahren immer mehr auf die Frage konzentriert, ob die gesundheitliche Ungleichheit in allen Staaten gleich groß ist. Die Beantwortung dieser Frage ist von großer gesundheitspolitischer Bedeutung. Wenn z.B. belegt werden kann, daß die gesundheitliche Ungleichheit in Staat A größer ist als in Staat B, dann folgt daraus, daß sie in Staat A verkleinert werden könnte. Diese Argumentation bietet somit eine Möglichkeit, den beim Thema 'gesundheitliche Ungleichheit' weit verbreiteten Fatalismus zu bekämpfen. Auch in der Bundesrepublik sind offenbar viele gesundheitspolitische Akteure der Meinung, daß die noch vorhandene gesundheitliche Ungleichheit nicht weiter verringert werden kann, daß die soziale Ungleichheit Teil unseres Lebens ist, und daß daher auch die gesundheitlichen Folgen dieser sozialen Ungleichheit akzeptiert werden müssen (vgl. Kapitel IV-3). Wenn aber gezeigt werden kann, daß die gesundheitliche Ungleichheit in anderen westeuropäischen Staaten kleiner ist, dann stellt sich sofort die Frage nach den politischen Möglichkeiten zur Verringerung der gesundheitlichen Ungleichheit im eigenen Staat.

Um diese internationalen Vergleiche zu unterstützen, hat die Europäische Union bisher vier Projekte gefördert:

- 'Socio-Economic Factors in Health and Health Care'
  Leitung: A. Mielck (Deutschland) und M.D.R. Giraldes (Portugal)
- 'Socio-Economic Inequalities in Morbidity and Mortality in Europe'
  Leitung: J. Mackenbach (Niederlande)
- 'Equity in the Finance and Delivery of Health Care'
  Leitung: E. van Doorslaer Y (Niederlande) und A. Wagstaff (Großbritannien)
- 'Interventions and Policies to Reduce Socioeconomic Inequalities in Health'
  Leitung: J. Mackenbach (Niederlande)

Das erste Projekt diente der Vorbereitung, d.h. es wurde der Stand der Forschung zum Thema 'gesundheitliche Ungleichheit' in insgesamt 18 westeuropäischen Staaten dargestellt und miteinander verglichen (Mielck/Giraldes 1993/94, Lynch 1998). In dem zweiten Projekt arbeiteten vor allem Sozial-Epidemiologen zusammen. Hier wurden Daten aus insgesamt 13 westeuropäischen Staaten zusammengetragen, und inzwischen liegen mehrere Publikationen mit den Auswertungen dieser Daten vor (z.B. Kunst 1996, Mackenbach et al. 1997, Cavelaars et al. 1998a/b). Das dritte Projekt richtete sich vor allem an die Gesundheitsökonomen. Hier wurden Daten aus insgesamt

12 westeuropäischen Staaten analysiert (z.B. Doorslaer et al. 1997). Der Verfasser des vorliegenden Buches war an dem zweiten Projekt direkt und an dem dritten Projekt indirekt beteiligt (die deutschen Vertreter im dritten Projekt arbeiten in der gleichen Arbeitsgruppe wie der Verfasser); an dem derzeit laufenden vierten Projekt (Mackenbach/Droomers 1999) ist er wieder direkt beteiligt.

Die ersten Arbeiten über den Vergleich der gesundheitlichen Ungleichheit zwischen verschiedenen westeuropäischen Staaten konzentrierten sich auf Großbritannien und auf die skandinavischen Staaten (z.B. Lahelma/Arber 1994). Daten aus der Bundesrepublik wurden nicht eingeschlossen; auch dies ist ein Beleg für die Aussage, daß die sozial-epidemiologische Forschung in der Bundesrepublik einen großen Nachholbedarf aufweist. Die erste Publikation mit einem Vergleich der gesundheitlichen Ungleichheit zwischen der Bundesrepublik und anderen westeuropäischen Staaten stammt m.W. aus dem Jahr 1995 (Kunst et al. 1995). Sie entstand aus den vorbereitenden Arbeiten für das zweite der oben genannten Projekte. Danach ist das Ausmaß der Morbiditäts-Unterschiede zwischen der oberen und der unteren Bildungsgruppe in den alten Bundesländern erheblich größer als in den Niederlanden oder in Dänemark; allerdings nur, wenn man die Männer betrachtet. Bei Betrachtung der Frauen nehmen die alten Bundesländer eine mittlere Position ein (vgl. Tabelle 52).

Es wäre jedoch verfrüht, aus diesem Ergebnis zu folgern, daß die gesundheitliche Ungleichheit in den alten Bundesländern besonders groß ist, zumindest bei den Männern. Derartige internationale Vergleiche sind methodisch mit diversen methodischen Problemen behaftet. Die Daten aus verschiedenen Staaten sind nur begrenzt vergleichbar, da die Art der Stichprobenziehung, die Teilnahmeraten, die Art der Fragestellung etc. nicht identisch sind. Diese methodischen Unsicherheiten führen dazu, daß die Ergebnisse aus verschiedenen Publikationen zum Teil erheblich voneinander abweichen.

Tabelle 52: Vergleiche mit anderen westeuropäischen Staaten

		Krankheitsbedingte Einschränkungen [a]		
		Prävalenz (in %)	Odds Ratios [b] (95% Konf.-Intervall)	
Männer	Niederlande	5,4	6,72	(5,05 - 8,95)
	Dänemark	5,8	7,34	(3,49 - 15,40)
	Deutschland	4,1	14,80	(6,71 - 32,51)
Frauen	Niederlande	8,1	4,73	(3,72 - 6,01)
	Dänemark	7,7	6,41	(3,42 - 12,00)
	Deutschland	6,7	5,38	(3,10 - 9,34)

a: Einschränkungen beim Treppensteigen, Tragen, Zeitunglesen etc.
b: Krankheitsbedingte Einschränkungen bei geringerer vs. höherer Schulbildung
Stichprobe: NL 63.769, DK 6.285, D (alte Bundesländer) 15.714 Personen (16-64 Jahre)
Datenbasis: Befragungen NL (1983/90), DK 1986/87, D (alte Bundesländer) 1984/86
Quelle: Kunst et al. 1995

Die in dem von J. Mackenbach geleiteten Projekt durchgeführten Auswertungen erbrachten z.B. die folgenden Ergebnisse (Kunst et al. 1996, Cavelaars et al. 1998b):

- Wenn man den Indikator 'schlechter Gesundheitszustand' verwendet, ist die gesundheitliche Ungleichheit in den alten Bundesländern *kleiner* als in den Niederlanden oder in Dänemark, und zwar sowohl bei Männern als auch bei Frauen, und unabhängig davon, ob der sozio-ökonomische Status mit Hilfe der Ausbildung oder des Einkommens gemessen wird (vgl. Tabelle 53a).
- Bei Verwendung des Indikators 'chronische Krankheiten' ist das Bild dagegen weniger klar. Wenn der sozio-ökonomische Status mit Hilfe des Einkommens gemessen wird, zeigt sich z.B. bei Männern eine *höhere* gesundheitliche Ungleichheit in den alten Bundesländern als in den Niederlanden (vgl. Tabelle 53b).
- Wenn der Indikator 'krankheitsbedingte Einschränkungen des täglichen Lebens' verwendet wird, nehmen die alten Bundesländer bei den Männern eine mittlere Position ein (vgl. Tabelle 53c).

Das letzte Ergebnis ist hier von besonderem Interesse, weil in der oben genannten Studie (vgl. Tabelle 52) ein sehr ähnlicher Indikator verwendet wurde. Die höheren Prävalenzen in der zweiten Studie (vgl. Tabelle 53c) weisen darauf hin, daß hier mehr krankheitsbedingte Einschränkungen einbezogen wurden als in der ersten. Offenbar hat diese erweiterte Definition zu einer erheblichen Änderung im Ausmaß der gesundheitlichen Ungleichheit geführt. Da in beiden Studien die gleichen Datensätze (Deutschland, Dänemark) oder sehr ähnliche Datensätze (Niederlande) ausgewertet wurden, die gleiche Einteilung der Ausbildungsgruppen vorgenommen wurde, und da auch die Auswertungsmethode in beiden Studien die gleiche ist, verbleibt keine andere Erklärung für die Unterschiede zwischen den beiden Studien.

Die Frage, ob die gesundheitliche Ungleichheit in der Bundesrepublik größer oder kleiner ist als in den anderen westeuropäischen Staaten, läßt sich auf Grundlage der bisher vorliegenden Publikationen daher (noch) nicht beantworten. Die methodischen Schwierigkeiten dieser internationalen Vergleiche konnten bisher nur ansatzweise gelöst werden, die Ergebnisse aus verschiedenen Studien stimmen nicht überein, und die Unterschiede zwischen den verschiedenen Staaten sind nur selten statistisch signifikant. Uneinigkeit besteht sogar darin, mit welchen statistischen Maßzahlen die internationalen Vergleiche der gesundheitlichen Ungleichheit überhaupt durchgeführt werden sollten. So gab es auch im Anschluß an die Publikation von J. Mackenbach et al. (1997) eine heftige Kontroverse über diese Frage (Vågerö/Erikson 1997). Vorläufig muß daher m.E. davon ausgegangen werden, daß die gesundheitlichen Ungleichheiten in allen westeuropäischen Staaten ungefähr gleich groß ist.

Tabelle 53: Internationaler Vergleich

a) Schlechter Gesundheitszustand

		Prävalenz (in %)	Schlechter Gesundheitszustand [a] Odds Ratio (95% Konfidenz-Intervall) nach Ausbildung [b]	nach Einkommen [c]
Männer	Niederlande	20,8	5,42 (4,03 - 7,29)	5,42 (4,01 - 7,37)
	Dänemark	19,8	4,60 (2,76 - 7,66)	-
	Deutschland	13,7	2,86 (2,08 - 3,93)	4,02 (2,98 - 5,44)
Frauen	Niederlande	22,0	3,51 (2,59 - 4,75)	3,07 (2,32 - 4,07)
	Dänemark	22,8	6,80 (3,95 - 11,7)	-
	Deutschland	15,0	2,14 (1,56 - 2,94)	2,70 (2,02 - 3,58)

b) Internationaler Vergleich: chronische Krankheiten

		Prävalenz (in %)	Chronische Krankheiten [d] Odds Ratio (95% Konfidenz-Intervall) nach Ausbildung [b]	nach Einkommen [c]
Männer	Niederlande	19,5	2,51 (1,87 - 3,36)	2,07 (1,54 - 2,77)
	Dänemark	-	-	-
	Deutschland	27,9	2,39 (1,85 - 3,10)	2,40 (1,89 - 3,06)
Frauen	Niederlande	22,1	1,58 (1,17 - 2,13)	1,70 (1,29 - 2,25)
	Dänemark	-	-	-
	Deutschland	30,3	1,56 (1,19 - 2,05)	1,62 (1,27 - 2,07)

c) Krankheitsbedingte Einschränkungen des täglichen Lebens

		Prävalenz (in %)	Krankheitsbedingte Einschränkungen [e] Odds Ratio (95% Konfidenz-Intervall) nach Ausbildung [b]	nach Einkommen [c]
Männer	Niederlande	8,4	5,76 (3,67 - 9,00)	6,05 (3,89 - 9,41)
	Dänemark	7,8	2,92 (1,36 - 6,26)	-
	Deutschland	13,6	3,34 (2,01 - 5,55)	-
Frauen	Niederlande	12,1	4,45 (2,91 - 6,80)	2,64 (1,82 - 3,81)
	Dänemark	9,3	7,21 (3,25 - 16,0)	-
	Deutschland	19,4	4,08 (2,59 - 6,44)	-

a: Einschätzung des eigenen Gesundheitszustandes als weniger gut oder schlecht
b: Morbidität bei geringerer vs. höherer Ausbildung
c: Morbidität bei geringerem vs. höherem pro-Kopf Haushalts-Nettoeinkommen
d: Vorliegen von mindestens 1 von 9 chronischen Krankheiten (Diabetes, Infarkt etc.)
e: Vorliegen von mindestens 1 von 6 Behinderungen (Probleme beim Anziehen etc.)
-: keine vergleichbaren Angaben vorhanden
Stichprobe: NL 11.126, DK 4.753, D (alte Bundesländer) 15.436 Personen (25-69 Jahre)
Datenbasis: Befragungen NL (1991/92), DK 1986/87, D (alte Bundesländer) 1984/91
Quelle: Kunst et al. 1996; Cavelaars et al. 1998b

Die internationalen Vergleiche über das Ausmaß der gesundheitlichen Ungleichheit beziehen sich nach Möglichkeit nicht nur auf die Morbidität, sondern auch auf die Mortalität. Bei den bisher publizierten Vergleichen zur Mortalität sind m.W. keine Daten aus den alten oder neuen Bundesländern einbezogen worden. Dieser Mangel ist vor allem darauf zurückzuführen, daß die entsprechenden Daten bei uns schlicht fehlen. In Großbritannien wird z.B. seit vielen Jahrzehnten auf den Todesbescheinigungen auch der Beruf der Verstorbenen notiert, und mit diesen Angaben werden routinemäßig die Sterblichkeitsraten für einzelne Berufsgruppen berechnet (vgl. Einleitung zu Kapitel II-3). In anderen westeuropäischen Staaten wie z.B. in Finnland können die Daten aus der Volkszählung personenbezogen mit den Daten der Todesfälle verbunden werden (z.B. Valkonen et al. 1997, Valkonen 1998). Da vergleichbare Verfahren bei uns derzeit nicht durchsetzbar erscheinen, werden wir vermutlich in absehbarer Zeit auch über keine routinemäßig erzeugten Daten über den Zusammenhang zwischen sozialer Ungleichheit und Mortalität verfügen. Die Vergleiche über das Ausmaß der gesundheitlichen Ungleichheit zwischen der Bundesrepublik und den anderen westeuropäischen Staaten werden sich daher auf die Morbidität beschränken müssen.

6) Vergleiche mit früher durchgeführten Studien

Daß beruflicher Status und Mortalität zusammenhängen, ist keine neue Erkenntnis. Belege für diesen Zusammenhang lassen sich schon für die Zeit um Christi Geburt finden (vgl. Tabelle 54). Die Zahlen aus Rom und aus den ländlichen Gebieten außerhalb Roms zeigen, daß bereits vor ca. 2.000 Jahren die Lebenserwartung für die oberen Statusgruppen am höchsten und für die unteren Statusgruppen am niedrigsten war.

Tabelle 54: Beruflicher Status und Lebenserwartung

	Durchschnittliche Lebensdauer (in Jahren)		
	Männer	Frauen	Insgesamt
Rom			
Sklaven	17,2	17,9	17,5
Freigelassene	26,9	23,4	25,2
Händler, Handwerker	34,1	24,7	31,2
Gebildete	40,3	23,1	36,9
Ländliche Gebiete außerhalb Roms			
Sklaven	26,3	24,5	25,5
Freigelassene	33,7	31,5	32,6
Händler, Handwerker	41,0	33,2	39,2
Ärzte, Künstler	43,0	36,4	41,9
Priester	58,8	58,2	58,6

Datenbasis: Grabsteine (2.688 in Rom, 3.726 außerhalb Roms) aus der Zeit um Christi Geburt
Quelle: Acsadi/Nemeskeri 1970

In Deutschland begann die Erforschung schichtspezifischer Unterschiede in Mortalität und Morbidität im 18. Jahrhundert. Als wichtige Schritte auf dem Weg der Beschreibung und Erklärung gesundheitlicher Ungleichheiten werden von J. Cromm (1991) vor allem die Beiträge von Johann Peter Süßmilch (1752), Johann Peter Frank (1790), Johann Ludwig Casper (1835), Salomon Neumann (1847) und Rudolf Virchow (1849) gewürdigt. Der Stand der Diskussion um 1850 wird in der folgenden, noch heute oft zitierten Passage aus der Arbeit von Salomon Neumann deutlich:

> „ ... daß der größte Theil der Krankheiten, welche entweder den vollen Lebensgenuß stören, oder gar einen beträchtlichen Theil der Menschen vor dem natürlichen Ziel dahinraffen, nicht auf natürlichen, sondern auf künstlich erzeugten, gesellschaftlichen Verhältnissen beruhe, bedarf gar keines Beweises ... die medizinische Wissenschaft ist in ihrem innersten Kern und Wesen eine sociale Wissenschaft“ (Neumann 1847, S. 64; vgl. auch Cromm 1991).

Das Zitat darf jedoch nicht darüber hinwegtäuschen, daß sich bis zum Ende des 19. Jahrhunderts nur sehr wenige Ärzte und Wissenschaftler an dieser Diskussion beteiligt haben. Die ersten umfangreichen empirischen Studien zur gesundheitlichen Ungleichheit wurden in Deutschland vor ca. 100 Jahren publiziert, vor allem in den letzten Jahren vor dem 1. Weltkrieg. Der Sammelband 'Krankheit und Soziale Lage' (Mosse/Tugendreich 1913) und das Buch 'Soziale Pathologie' von A. Grotjahn (1912) geben ein eindrucksvolles Zeugnis von der thematischen Breite und Tiefe dieser Arbeiten. Einen Überblick über die Forschungsergebnisse vermitteln J. Cromm (1991), R. Spree (1981) und A. Mielck (1994c). Durch die beiden Weltkriege wurde diese Tradition unterbrochen, und auch nach Gründung der BRD und der DDR dauerte es noch relativ lange, bis sie wieder aufgenommen wurde (Abholz 1976a).

Auch wenn heute wieder viele empirische Studien zur gesundheitlichen Ungleichheit vorliegen (vgl. Kapitel II-3 und II-4), so ist doch die Diskussion über dieses Thema bei weitem nicht so intensiv wie vor ca. 100 Jahren. Als das Buch von M. Mosse und G. Tugendreich (1913) im Jahr 1981 erneut aufgelegt wurde, schrieb M. Pflanz (1981, S. III) im Vorwort:

> „Wir sollten unsere heutige Sozialmedizin daraufhin analysieren, was sie eigentlich besser macht als die sozialhygienischen Väter vor drei Generationen. Dann stellen wir fest, daß unsere heutige Sozialmedizin, wiederentstanden lange Jahre nach dem 2. Weltkrieg, noch längst nicht wieder den Stand des Wissens und vor allem des Ansetzens an soziale Probleme erreicht hat, der damals selbstverständlich war“.

Diese Aussage besitzt auch heute noch einige Gültigkeit.

Zur Verdeutlichung der empirischen Ergebnisse aus der Zeit um die Jahrhundertwende sollen hier zwei Studien kurz vorgestellt werden. Die erste Studie bezieht sich auf die Mortalität von Säuglingen und Kindern in Bremen zwischen 1901 und 1910. Zur Unterscheidung der Wohlstandsgruppen wurden dabei drei Gruppen von Straßen unterschieden (Funk 1911, S. 4):

> „Für die Auswahl waren folgende Gesichtspunkte maßgebend: die Volkszahl (...), die berufliche Zusammensetzung der Einwohnerschaft, die Wohnziffer (Zahl der auf je einen Wohnraum entfallenden Einwohner) (...), die Gliederung der Wohnungen nach dem Mietpreis und der Zahl der Zimmer, die Zahl der Hauseigentümer und die Zahl der Einlogierer. Das Einkommen und das Vermögen konnten für die Auswahl der Straßen nicht herangezogen werden, da die hierfür erforderlichen Unterlagen nicht zur Verfügung stehen. In großem Umfang ist dagegen noch die Ortskenntnis der Beamten des Statistischen Amtes bei der Auswahl der Straßen zur Verwendung gekommen".

Pro Gruppe wurden ca. 15 Straßen mit insgesamt ca. 5.400 Einwohnern ausgewählt. Die Berechnung der durchschnittlichen Mortalitätsziffer erfolgte über eine Zuordnung der Todesfälle pro Altersgruppe und pro Geschlecht. Die Ergebnisse zeigen, daß bei Männern und Frauen in allen Altersgruppen bis zu 60 Jahren die Mortalität in den ärmeren Gruppen am höchsten und in den wohlhabenden Gruppen am geringsten war, wobei vor allem bei Säuglingen und Kindern bis zu 5 Jahren große Unterschiede zwischen den drei Wohlstands-Gruppen auftraten (vgl. Abbildung 12).

Die zweite Studie bezieht sich auf die Säuglingssterblichkeit in Preußen zwischen 1878 und 1913. In seinem Buch 'Soziale Ungleichheit vor Krankheit und Tod' schreibt R. Spree (1981, S. 57) dazu: „Das detaillierteste und zeitlich weitreichendste Material, das unter der hier interessierenden Fragestellung auszuwerten ist, bietet die Statistik Preußens als dem bei weitem größten deutschen Staat während des Untersuchungszeitraums. Seit 1877 veröffentlicht das Preußische Statistische Amt die Geburten- und Sterbefälle jedes Jahres (...) nach Berufsgruppen-Zugehörigkeit (des Vaters bei ehelichen, der Mutter bei unehelichen Kindern)". Um die zeitlichen Schwankungen etwas zu glätten, berechnete R. Spree durchschnittliche Säuglingssterblichkeits-Raten für jeweils zwei bis drei Jahre. Für den Zeitraum 1878 bis 1913 wird zunächst deutlich, daß die Säuglingssterblichkeit insgesamt gesehen gesunken ist. Bei den einzelnen Berufsgruppen zeigt sich jedoch eine ganz unterschiedliche Entwicklung: Einem geringen Rückgang der Säuglingssterblichkeit in der unteren sozialen Schicht steht ein starker Rückgang in der oberen sozialen Schicht gegenüber. Zur Veranschaulichung sind in Abbildung 13 nur die Daten für ungelernte Arbeiter und für Angestellte wiedergegeben. Der Zusammenhang zwischen beruflichem Status und Säuglingssterblichkeit zeigt sich auch bei einer zusätzlichen Berücksichtigung der vier anderen Berufsgruppen (Selbständige, Beamte, 'gelernte' Arbeiter, Dienstboten/Gesinde), die Darstellung wird dann jedoch sehr unübersichtlich.

Abbildung 12: Mortalität in Bremen 1901-1910

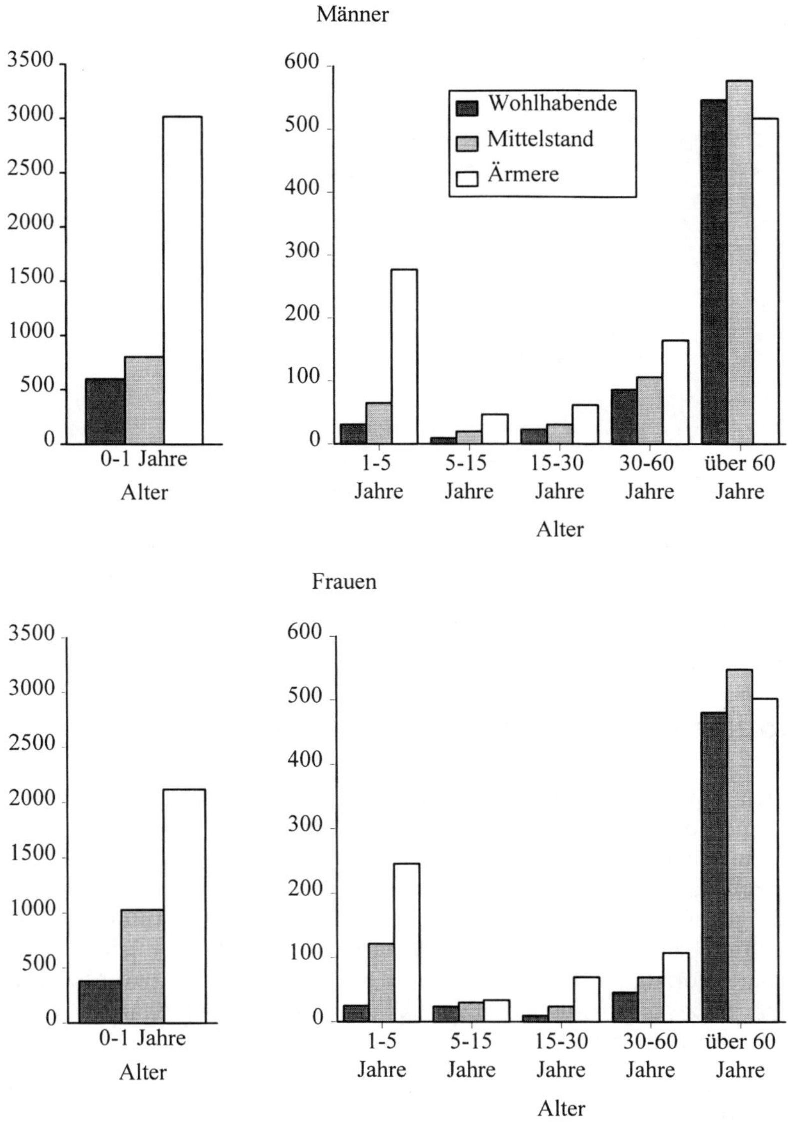

Datenbasis: Mortalitätsstatistik
Quelle: Funk 1911 (vgl. Mielck 1994c)

Abbildung 13: Säuglingssterblichkeit 1878 - 1913

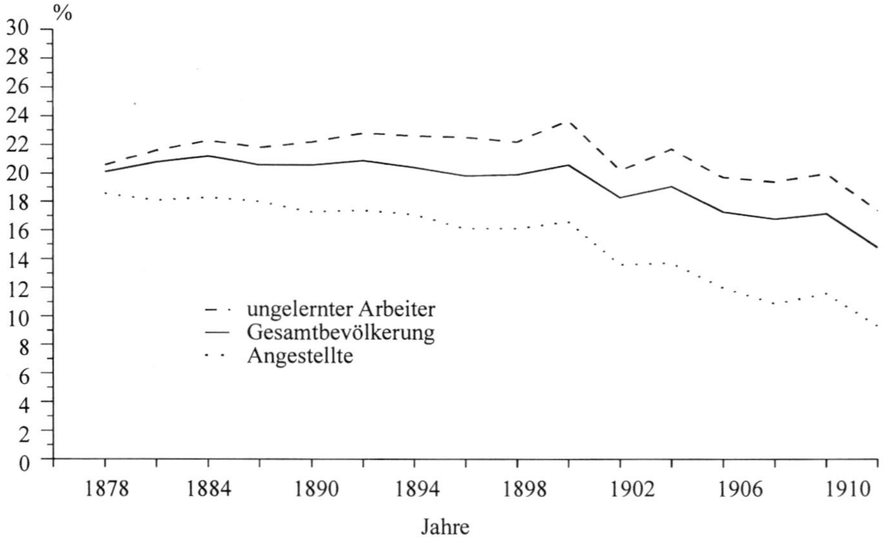

Datenbasis: Geburten in Preußen (berufliche Stellung des Vaters, bei Unehelichen der Mutter)
Quelle: Spree 1981 (S. 171, eigene Darstellung)

7) Soziale Ungleichheit und Körpergröße

Die Ergebnisse über den Zusammenhang zwischen sozio-ökonomischem Status und Körpergröße werden häufig unter der Überschrift 'Morbidität' diskutiert. Dies kann leicht zu Mißverständnissen führen. Es ist selbstverständlich völlig inakzeptable, geringe Körpergröße mit 'krank' und einen hohen Körperwuchs mit 'gesund' gleichzusetzen; diese Bewertung ist von den Autoren auch nicht beabsichtigt. Um Mißverständnisse zu vermeiden, wird hier jedoch eine klare Trennung bevorzugt, indem ein eigenes Unterkapitel zur Körpergröße eingefügt wird. Es ist zwar erheblich kürzer als die anderen Unterkapitel, von ihnen inhaltlich aber auch eindeutig abgegrenzt.

Die aussagekräftigsten Ergebnisse aus Deutschland über sozio-ökonomische Unterschiede in der Körpergröße wurden m.W. von U. Helmert (1994) vorgelegt. Er berechnete mit den DHP-Daten (vgl. Kapitel II-1c) aus den Jahren 1984/86 und 1987/88 die Unterschiede in der Körpergröße zwischen fünf sozialen Schichten. In der Analyse wird die Körpergröße in der oberen sozialen Schicht als Vergleichsmaßstab gewählt. Die Auswertungen geben an, um wieviele Zentimeter die Körpergröße in den anderen sozialen Schichten von diesem Vergleichsmaßstab abweicht, wenn der Einfluß des Alters statistisch kontrolliert wird. Die Ergebnisse sind eindeutig, offenbar nimmt die Körpergröße mit zunehmender sozialer Schicht kontinuierlich ab, bei Männern sowohl als bei Frauen (vgl. Tabelle 55). Die Männer aus der unteren Schicht sind knapp 5 cm kleiner als die Männer aus der oberen Schicht, bei Frauen beträgt der Unterschied ca. 3,5 cm.

Tabelle 55: Soziale Schicht und Körpergröße

		Abweichung (in cm) von der Körpergröße in der oberen sozialen Schicht [a] Soziale Schicht [b]				
	Körpergröße (Mittelwert)	obere Schicht	obere Mittels.	mittlere Mittels.	untere Mittels.	untere Schicht
Männer 1984/86	175,1	-	- 1,6***	- 2,2***	- 2,8***	- 4,6***
1987/88	175,3	-	- 1,6***	- 2,1***	- 3,4***	- 4,9***
Frauen 1984/86	162,5	-	- 0,7	- 1,3**	- 2,5**	- 3,3**
1987/88	162,6	-	- 1,7***	- 2,7***	- 2,9***	- 3,6***

*:p < 0,05; **: p < 0,01; ***: p < 0,001
a: Kontrollierte Variable: Alter;
b: Index aus Schulbildung, beruflicher Stellung und Einkommen
Stichprobe (jeweils 1984/86 und 1987/88): 2.448 und 2.556 Männer, 2.461 und 2.776 Frauen (25-69 Jahre, Deutsche) aus den alten Bundesländern
Datenbasis: Befragung 1984/86, 1987/88 (DHP-Studie)
Quelle: Helmert 1994

Dieses Ergebnis ist sehr verläßlich, es ist statistisch hoch signifikant, und die beiden voneinander unabhängigen Erhebungen aus den Jahren 1984/86 und 1987/88 ergeben nahezu identische Zahlen. In der DHP-Studie wurde zudem die Körpergröße der Probanden durch Untersucher *gemessen*; mögliche Verfälschungen, die bei einer *Befragung* der Probanden zu ihrer Körpergröße auftreten können, sind somit ausgeschlossen.

Vergleichbare Ergebnisse werden auch aus anderen Studien mit Kindern, Jugendlichen und Erwachsenen berichtet, und zwar sowohl aus den alten als auch aus den neuen Bundesländern (Jürgens 1971, Schumacher 1981, Semmer et al. 1991, Straaß 1976). Es handelt sich also um einen empirisch gut fundierten Zusammenhang (vgl. Kapitel III-1a).

8) Forschungsbedarf

Die oben dargestellten empirischen Ergebnisse lassen sich als Auftrag an die Gesundheitspolitiker und auch an die Wissenschaftler verstehen. Viele Studien haben übereinstimmend gezeigt, daß die Personen mit geringem sozioökonomischen Status (d.h. mit geringer Bildung, niedrigem beruflichen Status und/oder geringem Einkommen) eine erheblich höhere Mortalität und Morbidität aufweisen als die Personen mit höherem Status, und zwar sowohl in den alten als auch in den neuen Bundesländern. Daraus ergibt sich der gesundheitspolitische Auftrag, diese gesundheitliche Ungleichheit so weit wie möglich zu verringern. Der Auftrag an die Wissenschaftler lautet, mitzuhelfen bei der besseren Beschreibung und bei der Erklärung dieser gesundheitlichen Ungleichheiten. Der gesundheitspolitische Auftrag wird in Kapitel IV ausführlicher diskutiert, und die wichtigsten Erklärungsansätze werden in Kapitel III vorgestellt. An dieser Stelle steht der Bedarf an einer besseren Beschreibung der gesundheitlichen Ungleichheit im Vordergrund. Ein eigenes Kapitel zum Forschungsbedarf erscheint auch deswegen sinnvoll, weil die begrenzten Forschungs-Ressourcen nicht auf die wiederholte empirische Bestätigung unstrittiger Zusammenhänge verwendet werden sollten, sondern auf die derzeit wichtigsten Forschungsfragen. In diesem Sinne soll das folgende Kapitel vor allem Anregungen für die künftige Forschung vermitteln.

Der Forschungsbedarf ist so groß, daß eine umfassende Darstellung den Rahmen dieses Kapitels sprengen würde. Hier werden nur einige m.E. besonders wichtige Themen ausführlicher angesprochen, d.h. die zeitlichen Veränderungen im Ausmaß der gesundheitlichen Ungleichheit, die Vergleiche zwischen verschiedenen Bevölkerungsgruppen, die krankheitsspezifischen Analysen, die Objektivität der Angaben zum Gesundheitszustand und die Verwendung von neuen, aussagekräftigen Maßen zur Beschreibung der gesundheitlichen Ungleichheit.

Bei zwei anderen Themen ist vermutlich ein kurzer Hinweis ausreichend, um an ihre Wichtigkeit zu erinnern. Zum einen sollten in allen Studien zur gesundheitlichen Ungleichheit nach Möglichkeit verschiedene Schweregrade der Erkrankung unterschieden werden. Wie die oben dargestellten Ergebnisse zum kindlichen Asthma verdeutlichen, kann das Ausmaß der gesundheitlichen Ungleichheit von Schweregrad zu Schweregrad sehr unterschiedlich sein (vgl. Kapitel II-4f). Zum anderen sollten die vorhandenen Datenquellen besser als bisher genutzt werden. Dieser Appell bezieht sich nicht nur auf die in Kapitel II-1 angesprochenen Datenquellen, sondern z.B. auch auf die Daten der gesetzlichen Krankenkassen. So hat beispielsweise die AOK Dortmund eine große repräsentative Stichprobe der Versicherten für ein wissenschaftliches Projekt zur Verfügung gestellt. Der Datensatz mit 9.331 Probanden enthält Angaben zu den Merkmalen Alter, Geschlecht, Nationalität, Stellung im Beruf,

Ausbildung und Bruttoarbeitsentgelt, und selbstverständlich auch eine Vielzahl von Informationen zur gesundheitlichen Versorgung. In dem umfangreichen Projektbericht mit dem Titel 'Häufigkeit und Verteilung von Erkrankungen und ihre ärztliche Behandlung. Epidemiologische Grundlagen eines Qualitätsmonitoring' sind jedoch keine Auswertungen über sozio-ökonomische Unterschiede in der gesundheitlichen Versorgung enthalten (Ferber 1994).

a) Zunahme der gesundheitlichen Ungleichheit

Von besonderer Wichtigkeit sind m.E. die empirischen Studien über Veränderungen im Ausmaß der gesundheitlichen Ungleichheit. Seit einigen Jahren häufen sich die Berichte darüber, daß in den letzten Jahrzehnten die gesundheitlichen Ungleichheiten *größer* geworden sind. Dieser Trend konnte nicht nur für die USA belegt werden (Pappas et al. 1993, Tyroler et al. 1993), sondern auch für Großbritannien, Dänemark, Schweden, Norwegen, Finnland, Spanien, Frankreich, Rußland und Tschechien (Blane et al. 1990, Borrell et al. 1997, Dahl/Kjærsgaard 1993, Davey Smith et al. 1990, Davey Smith/Egger 1993, Davey Smith/Morris 1994, Diderichsen/Hallqvist 1997, Drever/Whitehead 1997, Hallqvist et al. 1998, Koupilová et al. 1998, Lang/Ducimetière 1995, Marang - van de Mheen et al. 1998, Marmot/McDowall 1986, Marmot/Feeney 1997, McCarron et al. 1994, Macintyre 1997, McLoone/Boddy 1994, Phillimore et al. 1994, Raleigh/Kiri 1997, Regidor et al. 1995, Shkolnikov et al. 1998, Valkonen 1992/93/98, Vartiainen et al. 1998, Whitehead 1997). Eine Analyse der Mortalitätsdaten aus England und Wales aus den Jahren 1921 bis 1972 ergab z.B., daß die gesundheitliche Ungleichheit zunächst kleiner und dann ab den 50er Jahren wieder größer wurde (Pamuk 1985).

Zur Illustration sollen hier zwei Ergebnisse aus Großbritannien und ein Ergebnis aus Schweden vorgestellt werden. In einer erst vor kurzem publizierten Arbeit wird untersucht, wie sich die sozio-ökonomischen Mortalitäts-Unterschiede in England/Wales und in Schottland zwischen 1951 und 1981 entwickelt haben (Marang - van de Mheen et al. 1998). Die Auswertungen beruhen auf einer Verknüpfung der Berufsangaben auf den Todesbescheinigungen (in Großbritannien wird auf den Todesbescheinigungen standardmäßig der Beruf der Verstorbenen notiert) mit Daten aus den Volkszählungen von 1951, 1961, 1971 und 1981. Dabei wird die Mortalitätsrate pro Berufsgruppe aus der Anzahl der Verstorbenen pro Berufsgruppe (Zähler) und der Gesamtzahl der in dieser Berufsgruppe tätigen Personen (Nenner) berechnet.

Tabelle 56: Gesundheitliche Ungleichheit: Großbritannien 1951 - 1981

Jahr	England und Wales		Schottland	
	RII [a]	(95% Konf.-Intervall)	RII [a]	(95% Konf.-Intervall)
1951	1,40	(1,38 - 1,42)	1,22	(1,18 - 1,25)
1961	1,91	(1,88 - 1,93)	1,82	(1,76 - 1,87)
1971	1,97	(1,94 - 2,00)	1,78	(1,73 - 1,84)
1981	2,43	(2,40 - 2,47)	2,57	(2,48 - 2,67)

a: 'Relative indices of inequality' (RII = 2,0 bedeutet z.B., daß die Mortalität in der unteren Berufsgruppe doppelt so groß ist wie in der oberen bei Kontrolle der Altersverteilung.)
Datenbasis: Todesursachenstatistik für Männer
Quelle: Marang - van de Mheen et al. 1998

Die Volkszählung findet alle 10 Jahre statt, und die Daten aus 1991 lagen noch nicht vor. Das Ausmaß der gesundheitlichen Ungleichheit wird mit Hilfe des Maßes 'relative indices of inequality (RII)' bestimmt. Bei diesem Verfahren wird auch die Größe der einzelnen Berufsgruppen berücksichtigt. Ein Index von 2,0 besagt z.B., daß die Mortalitätsrate in der unteren Berufsgruppe doppelt so groß ist wie in der oberen. Die Altersverteilung wird in allen Auswertungen kontrolliert. Tabelle 56 verdeutlicht, daß zwischen 1951 und 1981 die gesundheitliche Ungleichheit in England/Wales und in Schottland statistisch signifikant zugenommen hat.

Die zweite Studie bezieht sich auf die Daten aus England und Wales und auf den Zeitraum 1970/71 bis 1991/93. Die Mortalitätsraten wurden hier nach einer einheitlichen Altersverteilung standardisiert, so daß alle Raten sowohl zwischen den Berufsgruppen als auch zwischen den verschiedenen Jahren vergleichbar sind (Drever/Whitehead 1997). Um die Übersichtlichkeit zu erhalten, sind in Abbildung 14 nur die Mortalitätsraten für die obere, die untere und eine mittlere Berufsgruppe wiedergegeben. Die Abbildung zeigt, daß die Unterschiede in der Mortalität im Zeitraum 1970/71 bis 1991/93 weiter zugenommen haben. Noch deutlicher wird diese Entwicklung in Tabelle 57: Die gesundheitliche Ungleichheit läßt sich sehr einfach darstellen als Quotient aus zwei Mortalitätsraten (z.B.: Mortalitätsrate in einer unteren Berufsgruppe / Mortalitätsraten in einer höheren Berufsgruppe), und dieser Quotient ist in den 21 Jahren zwischen 1970/71 und 1991/93 eindeutig größer geworden.

Abbildung 14: Mortalität in England und Wales, 1970/71 - 1991/93

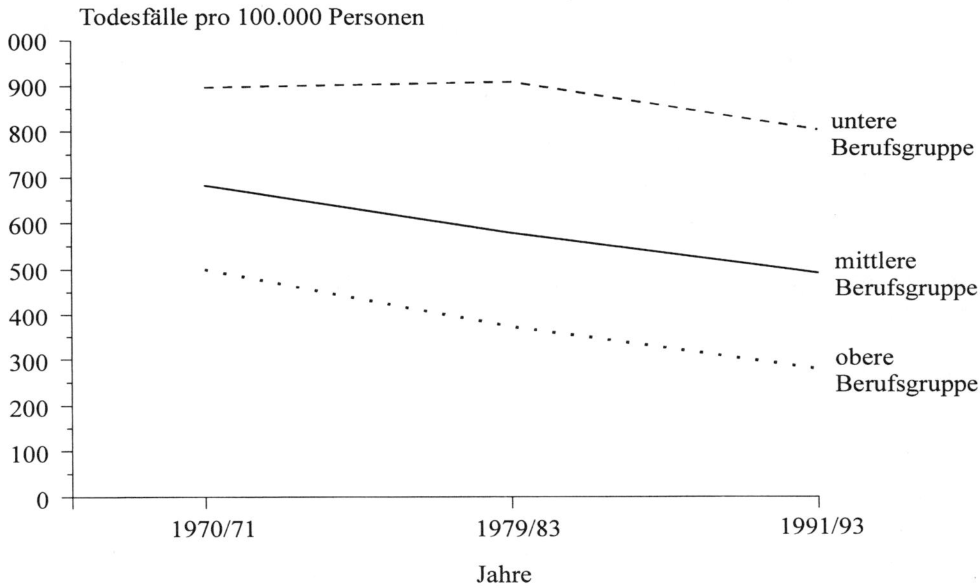

Datenbasis: Todesursachenstatistik für Männer
Quelle: Drever/Whitehead 1997 (S. 105; eigene Darstellung)

Tabelle 57: Mortalität in England und Wales 1970/71 - 1991/93

		Quotient der Mortalitätsraten [a]	
	1970/71	1979/83	1991/93
untere / obere Berufsgruppe	1,79	2,44	2,88
untere / mittlere Berufsgruppe	1,31	1,57	1,63
mittlere / obere Berufsgruppe	1,37	1,55	1,76

a: z.B. 'Mortalitätsrate in der unteren / Mortalitätsrate in der oberen Berufsgruppe'
vgl. Abbildung 14

In Schweden können die Daten aus der Volkszählung mit den Daten aus dem Mortalitätsregister verbunden werden, und zwar individuell für jede einzelne in der Volkszählung befragte Person. Durch diesen 'Daten-Link', der in der Bundesrepublik aus datenschutzrechtlichen Gründen unmöglich wäre, lassen sich sehr genaue Angaben über sozio-ökonomische Unterschiede in der Mortalität erhalten. In einer vor kurzem publizierten Arbeit wird über berufsspezifische Mortalitätsraten im Zeitraum 1961 bis 1990 berichtet (Diderichsen/Hallqvist 1997). Besonders deutlich wird der Trend, wenn die durchschnittliche Mortalität gleich 100 gesetzt wird (vgl. Abbildung 15): Bei Männern mit hohem beruflichen Status (Angestellte in leitender Position etc.) ging die Rate der Gesamt-Mortalität von 115 (1961-1965) auf 83 (1986-1990) zurück, während sie gleichzeitig bei Männern mit niedrigem beruflichen Status (Arbeiter etc.) von 99 auf 110 zunahm. Eine ähnliche Entwicklung zeigt sich auch für Todesfälle durch Herzkreislauf-Krankheiten. Aus Finnland werden vergleichbare Ergebnisse für den Zeitraum 1972 bis 1995 berichtet (Valkonen 1998).

Abbildung 15: Gesundheitliche Ungleichheit in Schweden, 1961 - 1990

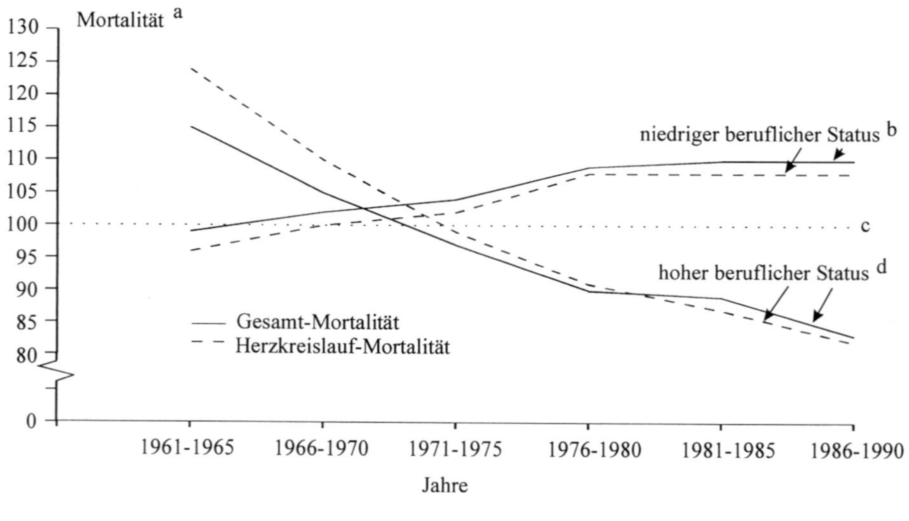

a: altersstandardisiert; b: Arbeiter etc.; c: durchschnittliche Mortalität aller berufstätigen Männer zwischen 45 und 69 Jahren; d: Angestellte in leitender Position etc.;
Stichprobe: Teilnehmer der Volkszählungen 1960 bis 1985 (berufstätige Männer, 45-69 Jahre)
Datenbasis: Verbindung zwischen Volkszählungs- und Mortalitätsdaten
Quelle: Diderichsen/Hallqvist 1997 (eigene Darstellung)

Aus der Bundesrepublik liegen leider keine vergleichbaren Studien über zeitliche Veränderungen im Ausmaß der gesundheitlichen Ungleichheit vor. Dies ist vor allem im Mangel an entsprechenden Daten begründet. Im Unterschied zu Großbritannien wird bei uns auf den Todesbescheinigungen keine Angabe zum Beruf notiert, und der in den meisten skandinavischen Ländern mögliche 'Daten-Link' zwischen Volkszählung und Mortalitätsregister ist bei uns nicht durchführbar. Wir verfügen daher über keine routinemäßig erhobenen Daten über den Zusammenhang zwischen (vertikaler) sozialer Ungleichheit und Mortalität. Es ist fraglich, ob die Ergebnisse aus anderen westeuropäischen Staaten auf die Bundesrepublik übertragen werden können, aber die Vermutung liegt nahe, daß auch bei uns die gesundheitlichen Ungleichheiten in den letzten Jahrzehnten größer geworden sind. Wenn sich diese Hypothese empirisch bestätigen ließe, würde das Thema 'gesundheitliche Ungleichheit' zweifellos erheblich an gesundheitspolitischer Brisanz gewinnen. Es sollte daher nach Möglichkeiten gesucht werden, eine derartige Studie durchzuführen.

Der empirische Nachweis, daß die gesundheitliche Ungleichheit in bezug auf die Gesamt-Mortalität zugenommen hat, ist gesundheitspolitisch besonders brisant. Bei uns müßten sich derartige Studien aber zunächst auf die Auswertung von Gesundheitsbefragungen beschränken. Die Daten der DHP-Studie ermöglichen einen Vergleich zwischen den drei Erhebungszeitpunkten 1984/85, 1987/88 und 1990/91. Da nur maximal 6 Jahre zwischen den Erhebungen liegen, ist allerdings kaum mit größeren Unterschieden im Ausmaß der gesundheitlichen Ungleichheit zu rechnen. Die vorliegenden Publikationen, in denen die gesundheitlichen Ungleichheiten pro Erhebung berechnet und miteinander verglichen werden (z.B. Hoffmeister/Hüttner 1995, Wiesner et al. 1998), zeigen vermutlich eher zufällige Schwankungen als reale Veränderungen an. Das Sozio-ökonomische Panel läuft seit 1984. Die Angaben zur Gesundheit sind zwar nicht sehr genau, aber bereits heute liegen Daten aus 13 aufeinanderfolgenden Jahren zur Auswertung bereit. Bisher wurde m.W. noch nicht untersucht, ob und wie sich die gesundheitliche Ungleichheit in diesem Panel-Zeitraum verändert hat. Auf Basis der Panel-Daten wurde bereits belegt, daß die Einkommens-Ungleichheit in den letzten Jahren zugenommen hat, und zwar sowohl in den alten als auch in den neuen Bundesländern (Hauser 1997c). Vermutlich wird sich eine Zunahme der gesundheitlichen Ungleichheit daher ebenfalls belegen lassen.

b) Gesundheitliche Ungleichheit in verschiedenen Bevölkerungsgruppen

Um gesundheitspolitische Maßnahmen zur Verringerung der gesundheitlichen Ungleichheit durchführen zu können, ist es erforderlich, die Zielgruppe der Maßnahmen so genau wie möglich zu spezifizieren. Eine Aussage wie 'Herzkreislauf-Krankheiten sind bei Hauptschulabsolventen doppelt so häufig wie bei Abiturienten' ist noch relativ unpräzise; nach Möglichkeit sollte z.B. auch bekannt sein, ob sich die Maßnahmen vor allem auf Männer oder auf Frauen, vor allem auf jüngere oder auf ältere Erwachsene konzentrieren müßten. Falls empirisch belegt werden kann, daß die gesundheitliche Ungleichheit bei Männern größer ist als bei Frauen, und daß sie besonders groß ist bei 30-40jährigen Männern, dann wäre es beispielsweise naheliegend, die Maßnahmen auf 30-40jähren Männer mit Hauptschulabschluß zu konzentrieren.

Erforderlich ist demnach eine Beantwortung von Fragen wie: Sind die gesundheitlichen Ungleichheiten
- bei Männern größer als bei Frauen?
- bei Kindern größer als bei Erwachsenen?
- in den alten Bundesländern größer als in den neuen?
- in den Städten größer als auf dem Land?

Die notwendige Differenzierung läßt sich mit Hilfe der drei Variablen sozioökonomischer Status, Alter und Geschlecht veranschaulichen: Wenn drei Status- und zwei Altersgruppen unterschieden werden, sollte nach Möglichkeit der Gesundheitszustand für jede Kombination dieser drei Variablen bekannt sein (vgl. Tabelle 58). Aus einer derartigen Matrix ließe sich dann die vertikale gesundheitliche Ungleichheit sowohl für bestimmte Untergruppen (vgl. die Felder a, f, h) als auch über alle Untergruppen hinweg (vgl. die Felder e, g, i) errechnen. Das gleiche gilt auch für die horizontale gesundheitliche Ungleichheit (bestimmte Untergruppen: vgl. die Felder a bis d; insgesamt: vgl. die Felder j bis m). Eine derartige Analyse ist selbstverständlich nur auf Grundlage einer großen Stichprobe durchführbar; geeignete Daten sind dafür auch in Deutschland vorhanden (vgl. Kapitel II-1).

Eine Darstellung der gesundheitlichen Ungleichheit nach Geschlecht, Alter, Wohnort etc. würde selbstverständlich zugleich wichtige Hinweise für die Erklärung der gesundheitlichen Ungleichheit geben. Eine detaillierte Analyse liegt m.W. bisher jedoch nur für den Vergleich zwischen den alten und den neuen Bundesländern vor (vgl. die Tabellen 36, 40, 50). Um den Forschungsbedarf zu betonen, werden in dem vorliegenden Kapitel einige empirische Ergebnisse zur Alters- und Geschlechtsabhängigkeit der sozialen Ungleichheit vorgestellt. Anschließend soll auf einen weiteren wichtigen Punkt hingewiesen werden: Die übliche Unterteilung der Bevölkerung nach Bildung, Beruf und Einkommen ist häufig sehr grob. Eine feinere Untergliederung unter Zuhilfenahme weiterer Merkmale kann dabei helfen, spezielle Bevölkerungsgruppen mit besonders großen gesundheitlichen Problemen zu identifizieren. Die Möglichkeiten und Probleme einer derartigen Analyse sollen hier mit Hilfe einer kürzlich publizierten Studie skizziert werden.

Tabelle 58: Kombination horizontaler und vertikaler sozialer Ungleichheit

	Anteil der Kranken und/oder Verstorbenen (in %)				
	Horizontale soziale Ungleichheit				
	Jugendliche		Erwachsene		
Vertikale soziale Ungleichheit	Männer	Frauen	Männer	Frauen	
niedriger sozio-ökonomischer Status	a	b	c	d	e
mittlerer sozio-ökonomischer Status	f				g
hoher sozio-ökonomischer Status	h				i
	j	k	l	m	

(Erläuterung: vgl. Text)

Gesundheitliche Ungleichheit in verschiedenen Altersgruppen

Die meisten Studien zur gesundheitlichen Ungleichheit betreffen die Altersspanne zwischen 20 und 65 Jahre, d.h. das erwerbsfähige Alter. Die wenigen Studien aus der Bundesrepublik über jüngere und ältere Personen weisen darauf hin, daß bei Säuglingen, Kindern und Jugendlichen (Mielck 1998a) - und auch bei alten Menschen (Mayer/Wagner 1996) - ähnliche sozio-ökonomische Unterschiede im Gesundheitszustand vorhanden sind wie bei den 20- bis 65jährigen. Die weitergehende Frage, in welchen Altersgruppen die gesundheitliche Ungleichheit besonders groß ist, und wie sich das Ausmaß der gesundheitlichen Ungleichheit mit zunehmendem Alter verändert, läßt sich bisher jedoch kaum beantworten. Es fehlen z.B. Studien über den Zusammenhang zwischen sozio-ökonomischem Status und Mortalität bei Kindern und Jugendlichen; nur zur Säuglingssterblichkeit sind einige - allerdings schon alte (z.B. Tabelle 28) - Forschungsergebnisse vorhanden (Siegrist et al. 1997). Fast vergebens sucht man auch nach Studien über den Zusammenhang zwischen sozio-ökonomischem Status und Mortalität bei Personen über 69 Jahren. Bisher gibt es m.W. nur einige Angaben aus dem Vergleich zwischen Stadtbezirken in Bochum (Stolpe 1997), jedoch keine Studien auf Basis von Individualdaten zum sozio-ökonomischen Status.

Eine der wenigen Studien über den Zusammenhang zwischen sozialer Ungleichheit und *Morbidität* in verschiedenen Altersgruppen wurde durch U. Helmert et al. (1993a) vorgelegt. Die Autoren untersuchen die schicht-spezifischen Unterschiede beim Herzinfarkt und beim Schlaganfall für die drei Altersgruppen 40-49, 50-59 und 60-69 Jahre. Die Ergebnisse zeigen, daß die gesundheitliche Ungleichheit in der jüngsten Altersgruppe am größten und in der ältesten Altersgruppe am kleinsten ist, und zwar bei Männer und Frauen, und sowohl bei Herzinfarkt als auch bei Schlaganfall (vgl. Tabelle 39). Eine Bestätigung dieses Ergebnisses durch andere Studien steht jedoch noch aus. In einer weiteren Auswertung der DHP-Daten (vgl. Kapitel II-1c) wurden die Angaben zum Diabetes analysiert; hier zeigte sich kein klarer Zusammenhang zwischen dem Ausmaß der gesundheitlichen Ungleichheit und dem Alter der Befragten (Helmert et al. 1994a)

Eine der wenigen vergleichbaren Studien zur *Mortalität* wurde durch S. Stolpe (1997) vorgelegt. Sie untersucht, wie sich in Bochum die Todesfälle aus den Jahren 1988 bis 1990 über die einzelnen Stadtteile verteilen. Durch die Berechnung des durchschnittlichen sozio-ökonomischen Status pro Stadtteil kann sie anschließend die Todesfälle in insgesamt fünf sozio-ökonomische Gruppen unterteilen. Die Auswertungen für Männer zeigen, daß die gesundheitliche Ungleichheit in den folgenden Altersgruppen besonders groß ist:
- Gesamt-Mortalität: 35 und 64 Jahre
- Mortalität an Herzkreislauf-Erkrankungen: 45 und 64 Jahren
- Mortalität an Krebserkrankungen: 35-44 Jahre

- Mortalität an Lungenkrebs: 45-54 Jahre

Eine entsprechende Auswertung für Frauen fehlt. Die Autorin schreibt jedoch:

> „Das Muster der Altersabhängigkeit sozialer Ungleichheit in der Gesamt-Mortalität für Frauen unterscheidet sich sehr deutlich von dem, was für Männer gezeigt werden konnte. Hier finden sich die größten sozialen Unterschiede im Alter unter 35 Jahre und in der Altersgruppe 45-54 Jahre" (Stolpe 1997, S. 245).

Da es sich hier um ein ökologisches Studiendesign handelt (d.h. um den Vergleich zwischen Regionen), müssen die Daten jedoch zurückhaltend interpretiert werden. Die oben skizzierten Studien verdeutlichen somit vor allem, wie wenig wir heute über die altersabhängige Entwicklung der gesundheitlichen Ungleichheit in der Bundesrepublik wissen. Die vorliegenden Analysen, die nicht auf einem ökologischen Studiendesign basieren, sind entweder regional sehr begrenzt (Neumann/Liedermann 1981; vgl. Abbildung 6), oder sie beziehen sich nur auf männliche Angstellte zwischen 30 und 59 Jahren (Klosterhuis/Müller-Fahrnow 1994; vgl. Abbildung 7).

Empirische Ergebnisse aus den USA deuten an, daß die gesundheitliche Ungleichheit in der Altersgruppe 25-34 Jahre relativ klein ist, anschließend zunimmt und ungefähr ab dem 65ten Lebensjahr wieder abnimmt (House et al. 1990/94). Aus Schottland wird berichtet, daß die gesundheitliche Ungleichheit bei 15 Jahre alten Jugendlichen kaum vorhanden und bei 35 Jahre alten Erwachsenen deutlich ausgeprägt ist (West et al. 1990). Aus Großbritannien liegen ähnliche Ergebnisse vor: Die gesundheitliche Ungleichheit ist bei Kindern bis zu 4 Jahren relativ groß, bei Jugendlichen zwischen 10 und 14 Jahren nahezu verschwunden, und bei 35-39jährigen Erwachsenen sehr deutlich zu erkennen (West 1988). Aus diesen Ergebnissen lassen sich z.B. die beiden folgenden Hypothesen ableiten:

- Die gesundheitliche Ungleichheit basiert auf Mechanismen, die bereits in der Kindheit wirken, deren volle Wirkung sich aber erst im Erwachsenenalter zeigt (Lucht/Groothoff 1995).
- Die gesundheitliche Ungleichheit ist vor allem auf schichtspezifische Unterschiede in der beruflichen Belastung zurückzuführen.

Die Hypothesen besitzen sehr unterschiedliche Konsequenzen für die Planung von Maßnahmen zur Reduzierung gesundheitlicher Ungleichheiten. Es wäre daher wichtig, daß auch in der Bundesrepublik untersucht wird, wie sich die gesundheitliche Ungleichheit von der Kindheit bis zum hohen Alter verändert, um vergleichbare Hypothesen entwickeln und anschließend überprüfen zu können.

Besonders aussagekräftige Daten über den Zusammenhang zwischen beruflichem Status und Mortalität liegen aus England und Wales vor (vgl. Einleitung zu Kapitel II-3). Da auf den Todesbescheinigungen der Beruf des Verstorbenen notiert wird, lassen sich dort auch die Unterschiede im Ausmaß der gesundheitlichen Ungleichheit nach Alter und Todesursache routinemäßig darstellen (Drever/Whitehead 1997). Eine Auswertung der Mortalitätsdaten für Männer aus den Jahren 1991/1993 zeigt, daß Unterschiede zwischen der oberen und der unteren Statusgruppe in allen Altersgruppen vorhanden sind (vgl. Abbildung 16). Eine vergleichbare Auswertung für Frauen liegt m.W. nicht vor. Derartige Analysen können zum einen belegen, wie gut die Aussage 'höhere Mortalität bei geringerem beruflichen Status' empirisch abgesichert ist. Zum anderen ermöglichen sie eine altersspezifische Berechnung der gesundheitlichen Ungleichheit, z.B. nach dem Verfahren 'Sterblichkeit in der unteren Statusgruppe / Sterblichkeit in der oberen Statusgruppe'. In den neun Altersgruppen von 20/24 bis 60/64 Jahre ergeben sich die folgenden Quotienten: 3,76 - 5,37 - 4,65 - 4,17 - 3,58 - 2,91 - 2,89 - 2,69 - 2,50. Die gesundheitliche Ungleichheit ist demnach in allen Altersgruppen relativ groß, sie wird jedoch ab der Altersgruppe 25-29 Jahre schrittweise kleiner. Mit anderen Worten: Offenbar sind die Ursachen der gesundheitlichen Ungleichheit eher mit dem Beginn als mit dem Ende der Berufstätigkeit verbunden. Aus Mangel an Daten kann bisher leider nicht überprüft werden, ob sich diese Aussagen auf die Bundesrepublik übertragen lassen.

Abbildung 16: Beruflicher Status und Mortalität pro Altersgruppe

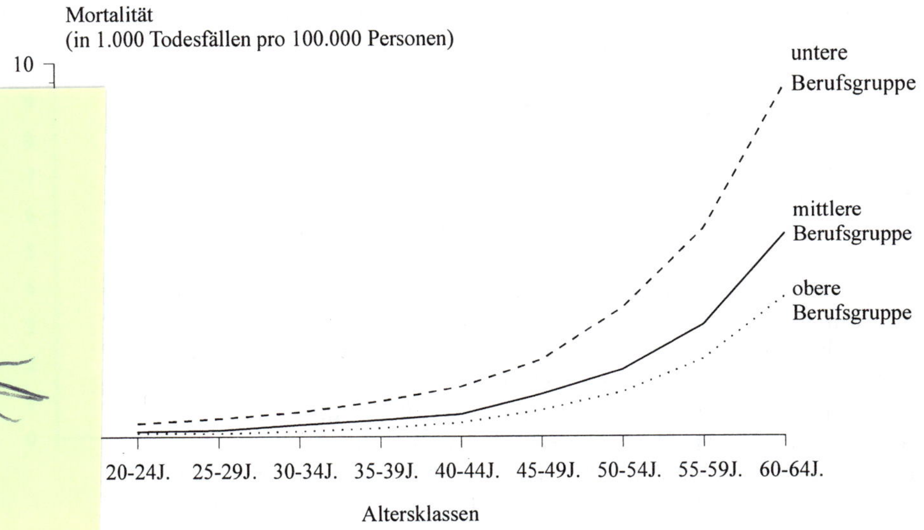

Datenbasis: Todesursachenstatistik für Männer aus England und Wales, 1991 bis 1993
Quelle: Drever/Whitehead 1997 (S. 98; eigene Darstellung)

Gesundheitliche Ungleichheit bei Männern und Frauen

In Großbritannien wird seit mindestens 10 Jahren darüber diskutiert, ob und warum die gesundheitliche Ungleichheit bei Männern größer oder kleiner ist als bei Frauen (Arber 1989). In der Bundesrepublik steht diese Diskussion dagegen erst am Anfang (Babitsch 1998a/b, Maschewsky-Schneider/Klesse 1993, Maschewsky-Schneider 1997). Die empirischen Studien aus den alten und neuen Bundesländern, in denen über das Ausmaß der gesundheitlichen Ungleichheit getrennt für Männer und Frauen berichtet wird, lassen kein einheitliches Bild erkennen. Die meisten Ergebnisse deuten zwar an, daß die gesundheitliche Ungleichheit bei Männern größer ist als bei Frauen (z.B. Tabellen 29, 35, 36, 37), aber es sind auch Gegenbeispiele vorhanden (z.B. Tabelle 39).

In Anlehnung an den Titel des Buches von U. Maschewsky-Schneider (1997) 'Frauen sind anders krank' läßt sich die These formulieren 'Frauen weisen eine andere gesundheitliche Ungleichheit auf als Männer'. Diese neutrale Formulierung soll dazu anregen, den Vergleich nicht auf die Frage einzuengen, ob die gesundheitliche Ungleichheit bei Männern größer ist als bei Frauen. Auch wenn sie bei Männern genauso groß sein sollte wie bei Frauen, so müßte doch gefragt werden, ob die Ungleichheit im Gesundheitszustand bei beiden Geschlechtern auf die gleichen Ursachen zurückgeführt und durch die gleichen Maßnahmen reduziert werden kann. Um einen 'gender bias' (vgl. Kapitel II-2) zu vermeiden, sollten daher alle Erklärungs- und Interventionsansätze nach Möglichkeit für Männer und Frauen getrennt untersucht werden.

Detailliertere Erfassung der 'sozialen Lage'

Die Merkmale Bildung, beruflicher Status und/oder Einkommen (d.h. die Merkmale der vertikalen sozialen Ungleichheit) ermöglichen die Unterscheidung zwischen diversen Bevölkerungsgruppen (vgl. Kapitel I). Sie können aber selbstverständlich nur einen Teil der vertikalen sozialen Ungleichheit erfassen. Es sollte daher untersucht werden, ob sich durch Einbeziehung weiterer Merkmale zusätzliche hierarchisch geordnete Bevölkerungsgruppen mit unterschiedlichem Gesundheitszustand identifizieren lassen. In einigen britischen Studien zur gesundheitlichen Ungleichheit wird z.B. berücksichtigt, ob die Befragten einen PKW besitzen und über einen Garten verfügen (Davey Smith et al. 1994). Denkbar wäre beispielsweise auch die Einbeziehung von Angaben über Schulden oder über Wohnungs- bzw. Hauseigentum. In der Bundesrepublik sind diese Art von Untersuchungen bisher jedoch kaum zu finden.

Eine interessante Möglichkeit bietet die Kombination von Merkmalen der vertikalen und der horizontalen sozialen Ungleichheit. Eine derartige Analyse wurde kürzlich von B. Babitsch (1998a) bezogen auf die gesundheitliche Ungleichheit speziell bei Frauen vorgelegt. Die Auswertungen beruhen auf den Antworten der 25- bis 69jährigen Frauen aus dem dritten DHP-Survey (vgl.

Kapitel II-1c). In die Definition der sozialen Ungleichheit gehen dabei die folgenden Merkmale ein:
- Bildung (Schulbildung, berufliche Bildung)
- Stellung im Beruf (ggf. auch vom Partner der Frau)
- Haushalts-Nettoeinkommen
- Erwerbstätigkeit (Hausfrau, arbeitslos, vollzeiterwerbstätig etc.)
- Erwerbsunterbrechung (nicht erwerbstätig seit 1 Jahr etc.)
- Berufswechsel (im erlernten Beruf tätig oder nicht)
- Arbeitsbedingungen (Stärke der Belastung, Arbeitsplatzsicherheit)
- Hauptverdienerin (ja/nein)
- Familienstand
- Haushaltsgröße (Anzahl der Kinder und der erwachsenen Personen)
- Anzahl der Haushaltsmitglieder mit eigenem Einkommen

Mit Hilfe einer 'Cluster-Analyse' werden die Frauen anschließend in 10 'Cluster' bzw. Gruppen unterteilt, wobei jede Gruppe eine jeweils typische - und von den anderen Gruppen unterschiedliche - Kombination der oben genannten Merkmale aufweist. In einem letzten Schritt wird dann untersucht, welche Unterschiede im Gesundheitszustand zwischen diesen 10 Gruppen zu beobachten sind. Ein großer Unterschied ist z.B. zwischen den beiden folgenden 'Clustern' vorhanden:
- Guter Gesundheitszustand: „Die Frauen des Clusters 2 sind gut ausgebildete Frauen in einer hohen beruflichen Stellung bspw. als Angestellte mit hochqualifizierter Tätigkeit, die aufgrund von Kinderbetreuungszeiten ihre Arbeitszeit reduziert haben. Zudem verfügen sie über ein recht hohes Haushaltsnettoeinkommen von im Mittel 5000 DM. Sie leben überwiegend mit einem Partner und einem Kind unter 18 Jahren im Haushalt“ (Babitsch 1998a, S. 104). Die Frauen sind im Durchschnitt 38 Jahre alt.
- Schlechter Gesundheitszustand: „Überwiegend sind die Frauen des Clusters 8 in einer mittleren beruflichen Position vollzeiterwerbstätig. Im Mittel steht den Frauen dieses Clusters ein Haushaltsnettoeinkommen von 2000 DM zur Verfügung. Sie tragen überwiegend selbst zu ihrem Haushaltsnettoeinkommen bei. Ihr Erwerbsverlauf läßt sich für einen relativ hohen Anteil der Frauen als diskontinuierlich beschreiben. Von Arbeitslosigkeit waren sie in den letzten 5 Jahren vergleichsweise stark betroffen. In ihrem Haushalt leben sie überwiegend alleine, d.h. ohne einen Partner und ohne Kinder unter 18 Jahren“ (Babitsch 1998a, S. 105). Die Frauen sind im Durchschnitt 41 Jahre alt.

Mit Hilfe einer derart detaillierten Beschreibung der 'sozialen Lage' können die potentiellen Zielgruppen einer gesundheitspolitischen Intervention somit erheblich genauer definiert werden als bei alleiniger Verwendung der drei Merkmale Bildung, beruflicher Status und Einkommen. Es besteht jedoch noch ein großer Bedarf an weiteren Studien, in denen die soziale Ungleichheit differenzierter als bisher dargestellt wird.

c) Krankheitsspezifische Analyse der gesundheitlichen Ungleichheit

An mehreren Stellen wurde oben bereits darauf hingewiesen, daß sich sowohl das Ausmaß der gesundheitlichen Ungleichheit als auch die Interventionsmöglichkeiten von Erkrankung zu Erkrankung unterscheiden können, und daß daher bei der empirischen und theoretischen Analyse der gesundheitlichen Ungleichheit jede Erkrankung für sich betrachtet werden sollte. Durch den Vergleich zwischen verschiedenen Erkrankungen wird zudem deutlich, auf welches Gebiet sich die Maßnahmen zur Verringerung der gesundheitlichen Ungleichheit konzentrieren sollten. Wenn die empirischen Studien z.B. belegen, daß die gesundheitliche Ungleichheit beim Herzinfarkt größer ist als beim Magenkrebs, dann ergeben sich daraus ganz spezifische Hinweise für die Planung von Interventionsmaßnahmen. Weitere Hinweise für die Priorisierung von gesundheitspolitischen Maßnahmen können sich durch die Konzentration auf die 'wichtigen Erkrankungen' ergeben, d.h. auf die Erkrankungen, die besonders häufig sind, sich schnell ausbreiten und/oder eine besonders große Belastung darstellen. Es wäre daher wichtig, die gesundheitliche Ungleichheit für viele verschiedene Erkrankungen zu untersuchen und die Ergebnisse anschließend miteinander zu vergleichen.

In der obigen Darstellung der empirischen Ergebnisse aus der Bundesrepublik werden sehr unterschiedliche Erkrankungen angesprochen, es sind jedoch bei weitem nicht alle. Zudem fehlt bisher ein systematischer Vergleich zwischen den untersuchten Erkrankungen. Als Beispiel für eine 'wichtige Erkrankung', bei der wir bezogen auf die Bundesrepublik noch sehr wenig über den Zusammenhang mit der sozialen Ungleichheit wissen, werden hier zunächst Ergebnisse aus den USA zum Thema HIV-Infektion vorgestellt. Als Beispiel für einen systematischen Vergleich zwischen verschiedenen Erkrankungen wird anschließend eine internationale Studie zum Thema Krebs dargestellt.

Das Beispiel HIV-Infektion

Aus der Bundesrepublik liegen nur wenige Angaben über die soziale Ungleichheit bei HIV-Infektion und AIDS-Erkrankung vor (vgl. Kapitel II-4d); mehr Daten sind vor allem aus den USA vorhanden (Luger 1998). Die Analysen aus den USA weisen darauf hin, daß bei homosexuellen Männern die HIV-Prävalenz in der unteren sozialen Schicht höher ist als in der oberen (Chmiel et al. 1987, Hoover et al. 1991). Unklar ist jedoch, warum dieser Zusammenhang besteht. Mit den Daten der 'Coping and Change Study' wurde daher eine weitergehende Analyse durchgeführt (Mielck 1989). In der 'Coping and Change Study' sind Mitte der 80er Jahre in Chicago insgesamt 978 homosexuelle Männer befragt und einem HIV-Test unterzogen worden. Rekrutiert wurden die Teilnehmer vor allem über die verschiedenen Homosexuellen-Organisationen; dabei wurden nur die Männer aufgenommen, die keine AIDS-Symptome aufwiesen und die sich im letzten halben Jahr vor der Befragung keine Drogen gespritzt hatten (Emmons et al. 1986). Die Auswertung beschränkte sich auf die weißen Männer; andere ethnische Gruppen wie z.B. die Afro-Amerikaner wurden wegen der zu geringen Fallzahl aus der Analyse ausgeschlossen. Die Auswertungen ergeben, daß die HIV-Prävalenz bei den Männern mit geringer Schulbildung ca. doppelt so hoch ist wie bei den Männern mit hoher Schulbildung (vgl. Tabelle 59).

Tabelle 59: Schulbildung und HIV-Prävalenz in den USA (Häufigkeiten)

	Schulbildung bis 12 Jahre	13-16 Jahre	≥ 17 Jahre
Anzahl der Personen	64	355	315
Positiver HIV-Test (%)	50,0	39,0	26,6
Riskantes Sexualverhalten in den letzten 4 Wochen:			
Anzahl Sexualpartner (Median)	4,5	3,5	4,0
Anzahl Expositionen [a] (Median)	8,0	7,0	8,0
Passiver Analverkehr (%)	51,6	54,2	53,5
Hochrisiko-Verhalten [b] (%)	42,2	42,5	40,0

a: Summe aus: Anzahl passiver Analverkehr, passiver Oralverkehr, Oral-Anal-Verkehr
b: Passiver Analverkehr ohne Kondom mit neuen Partnern
Stichprobe: 734 weiße, homosexuelle Männer aus Chicago, USA
Datenbasis: Befragung/Untersuchung 1984/85
Quelle: Mielck 1989

Gefragt wurde auch nach dem Sexualverhalten in den letzten 4 Wochen. Dieser Zeitraum ist vermutlich zu kurz, um die Zeitspanne erfassen zu können, in der die HIV-Infektion erfolgt ist. Für einen länger zurückliegenden Zeitraum sind jedoch keine zuverlässigen Angaben über das Sexualverhalten zu erwarten. Die Männer haben sich zudem im Rahmen der Studie zum ersten Mal einem HIV-Test unterzogen, d.h. sie kannten ihren HIV-Status vor Beginn der Studie nicht. Es kann daher davon ausgegangen werden, daß der in der Studie festgestellte HIV-Status keinen Einfluß auf das Sexualverhalten in den letzten 4 Wochen gehabt hat.

Tabelle 60: Schulbildung und HIV-Prävalenz in den USA (log. Regression)

		HIV-Infektion Odds Ratios (95% Konfidenz-Intervall) [a]
Schulbildung:	≥ 17 Jahre	1,00
	13 bis 16 Jahre	1,85 (1,41 - 2,44)
	bis 12 Jahre	3,44 (1,99 - 5,97)
Riskantes Sexualverhalten (letzte 4 Wochen) [b]		1,98 (1,68 - 2,35)

Legende vgl. Tabelle 59; a: Kontrollierte Variable: Alter; b: vgl. Tabelle 59
Quelle: Mielck 1989

Ferner gaben fast alle Männer an, ihr Sexualverhalten in den letzten Monaten nicht geändert zu haben. Aus diesen Gründen wird angenommen, daß die Angaben zum Sexualverhalten in den letzten 4 Wochen auf die Zeit vor der HIV-Infektion übertragen werden können. Entgegen der Erwartung zeigen die Auswertungen keine größeren Unterschiede im Sexualverhalten zwischen den drei Bildungsgruppen (vgl. Tabelle 59).

Die Ergebnisse deuten demnach daraufhin, daß erhöhte HIV-Prävalenz in der unteren Bildungsgruppe nicht durch Unterschiede im Sexualverhalten erklärt werden kann. Diese Aussage wird in einer weiteren Analyse bestätigt, in der zusätzlich die Altersverteilung kontrolliert wird: Bei statistischer Kontrolle des Alters und des riskanten Sexualverhaltens ist die HIV-Prävalenz bei niedriger Schulbildung 3,4mal so hoch wie bei hoher Schulbildung (vgl. Tabelle 60). Der Zusammenhang zwischen HIV-Prävalenz und sozio-ökonomischem Status läßt sich also offenbar nicht durch riskantes Sexualverhalten erklären, auch methodische Effekte (Art der Stichprobenziehung, Antwortrate etc.) scheiden als Erklärung weitgehend aus. Als weitere Erklärungsansätze kommen daher vor allem die beiden folgenden Hypothesen in Frage: (1) Die Sexualpartner der Männer mit geringer Schulbildung weisen häufiger eine HIV-Infektion auf als die Sexualpartner der anderen Männer. (2) Die Männer mit geringer Schulbildung besitzen ein schwächeres Immunsystem als die anderen Männer.

Diese Studie aus den USA ist somit auch ein gutes Beispiel dafür, daß sich bei der empirischen Überprüfung von plausiblen Hypothesen häufig überraschende Antworten und neue Perspektiven für gesundheitsfördernde Maßnahmen ergeben können. Die intuitiv plausible Hypothese lautete hier: Die HIV-Prävalenz ist bei den homosexuellen Männern aus der unteren sozialen Schicht deswegen so hoch, weil sie ein besonders riskantes Sexualverhalten aufweisen. Die empirischen Ergebnisse widersprechen dieser Hypothese jedoch. Bei einer Bestätigung der beiden oben formulierten alternativen Erklärungsansätze müßte z.B. versucht werden, vor allem die Männer aus der unteren sozialen Schicht zu einer größeren Vorsicht bei der Auswahl ihrer Sexualpartner zu bewegen.

Das Beispiel Krebs

Die Möglichkeiten des krankheitsspezifischen Vergleichs der gesundheitlichen Ungleichheit werden z.B. in einer aktuellen Publikation der 'International Agency for Research on Cancer (IARC)' deutlich. Dort werden auf ca. 400 Seiten alle erreichbaren empirischen Studien zum Thema 'soziale Ungleichheit und Krebs' zusammengestellt und ausführlich miteinander verglichen (Kogevinas et al. 1997). Das Buch beinhaltet verschiedene Beiträge von insgesamt 35 Autoren. Die Autoren kommen vor allem aus den USA, aber auch aus kleineren Staaten wie z.B. Dänemark oder Neuseeland. Aus der Bundesrepublik ist bezeichnenderweise kein Wissenschaftler vertreten, und auch in der Liste der empirischen Studien sucht man zumeist vergeblich nach

Beiträgen aus der Bundesrepublik. Bezogen auf die Überlebenszeit von Krebspatienten wurden 42 Studien aus insgesamt 16 Staaten gefunden (Kogevinas/Portas 1997), und eine Studie stammt aus der Bundesrepublik (Brenner et. al. 1991). Im Ergebnis stimmen die Studien weitgehend darin überein, daß die Patienten aus der unteren sozialen Schicht eine kürzere Überlebenszeit aufweisen als die anderen Patienten.

Tabelle 61: Soziale Ungleichheit und Krebs

	Häufung [a] in bestimmter sozialer Schicht					
	in unterer Schicht		in oberer Schicht		unklare Ergebnisse	
Lokalisation	Männer	Frauen	Männer	Frauen	Männer	Frauen
Nase	x					x
Kehlkopf	x					x
Lunge	x					x
Mundhöhle	x					x
Rachen	x					x
Speiseröhre	x	x				
Magen	x	x				
Leber					x	x
Dickdarm			x	x		
Gehirn			x			x
Haut			x	x		
Zervix	-	x	-		-	
(weibliche) Brust	-		-	x	-	
Eierstock	-		-	x	-	
Alle Lokalisationen	x					x

a: Inzidenz und Mortalität

Datenbasis: Literaturreview auf Basis einer MEDLINE-Abfrage für die Jahre 1966 bis 1994 und einer persönlichen Anfrage bei einschlägig tätigen Wissenschaftlern

Quelle: Faggiano et al. 1997

Bezogen auf sozio-ökonomische Unterschiede bei Krebs-Inzidenz und -Mortalität wurden 37 Studien gefunden; sie stammen aus 21 Staaten und beinhalten Angaben zu insgesamt 24 verschiedenen Krebs-Lokalisationen (Faggiano et al. 1997). Aus der Bundesrepublik wird keine Studie aufgeführt. Es sind zwar einige Studien vorhanden; sie wurden jedoch entweder auf deutsch publiziert (z.B. Tabelle 20) oder in umfangreichen Analysen 'versteckt' (z.B. Abbildung 10) und sind für Wissenschaftler aus anderen Staaten daher kaum zu finden. Die Zusammenfassung der Ergebnisse aus den 37 Studien verdeutlicht, daß die zur gleichen Lokalisation durchgeführten Studien im Ergebnis relativ gut übereinstimmen. Zu betonen ist auch, daß das Risiko, an Krebs zu erkranken und zu sterben, bei Männern aus der unteren sozialen Schicht deutlich höher ist als bei Männern aus der oberen sozialen Schicht; bei Frauen ist der Zusammenhang dagegen weniger deutlich. Wichtig ist hier aber vor allem die Feststellung, daß sich die Ergebnisse nach Lokalisation und Geschlecht unterscheiden (vgl.

Tabelle 61). Eine derartige Differenzierung liefert zweifellos wichtige Hinweise für das Verständnis der gesundheitlichen Ungleichheiten, für die weitere Analyse ihrer Ursachen und der Möglichkeiten ihrer Verringerung. Auch in der Bundesrepublik sollte daher verstärkt versucht werden, krankheitsspezifische Ergebnisse miteinander zu vergleichen.

d) Klagsamkeit und Symptom-Aufmerksamkeit

Wichtig ist auch die Überprüfung der Validität subjektiver Angaben zum Gesundheitszustand. Die empirischen Studien zur gesundheitlichen Ungleichheit in der Bundesrepublik basieren zumeist auf Bevölkerungsbefragungen. Wie oben bereits angedeutet wurde (z.B. Kapitel II-4d), stellt sich bei diesen Studien die Frage nach der Objektivität der so gefundenen gesundheitlichen Ungleichheiten. Verzerrungen können durch Unterschiede in der 'Klagsamkeit' (oder, positiver formuliert, in der 'Symptom-Aufmerksamkeit') entstehen, d.h. durch Unterschiede in der Wahrnehmung und Bewertung von Krankheitssymptomen und in der Bereitschaft, wegen einer gesundheitlichen Beschwerde einen Arzt aufzusuchen. Wenn sich Personen aus der unteren sozialen Schicht z.B. erst bei massiven gesundheitlichen Beschwerden als krank definieren, Personen aus der oberen sozialen Schicht aber bereits bei leichten Beschwerden, dann würden die empirischen Ergebnisse zur gesundheitlichen Ungleichheit das 'wahre' Ausmaß der Ungleichheit unterschätzen.

Aus der Bundesrepublik liegen m.W. bisher keine empirischen Arbeiten vor, in denen versucht wird, Richtung und Ausmaß dieser potentiellen Verzerrung zu bestimmen; und auch in anderen westeuropäischen Staaten wurde diese Frage bisher kaum untersucht. Eine der wenigen einschlägigen Studien stammt aus den Niederlanden. Dort wurde 1991 eine repräsentative Bevölkerungsstichprobe aus dem Raum Eindhoven schriftlich nach verschiedenen Krankheiten gefragt, und die Probanden wurden zudem um die Erlaubnis gebeten, auch den Hausarzt befragen zu dürfen. Ausgewertet wurden Angaben zu chronischen Lungenkrankheiten, zu Herzkreislauf-Krankheiten und zu Diabetes. Die auf den Angaben des Hausarztes beruhende 'diagnostizierte Prävalenz' liegt i.d.R. deutlich über der Prävalenz, die sich aus den Eigenangaben der Teilnehmer ergibt. Das wichtigste Ergebnis ist hier jedoch, daß dieses 'under-reporting' in der unteren sozialen Schicht besonders stark ausgeprägt ist (van der Meer 1998). Die 'objektive' gesundheitliche Ungleichheit ist daher *größer* als die in der Befragung gefundene; sie ist bei den chronischen Lungenkrankheiten 1,21mal, bei Diabetes 1,26 mal und bei den Herzkreislauf-Krankheiten sogar 1,78mal so groß wie die 'subjektive'.

Daraus ergibt sich die Hypothese, daß auch in der Bundesrepublik das Ausmaß der gesundheitlichen Ungleichheit durch die auf Befragungsdaten beruhenden empirischen Studien erheblich *unter*schätzt wird. Eine Überprüfung dieser Hypothese ist daher sehr wichtig.

e) Nutzung weiterer Maße für die gesundheitliche Ungleichheit

In den oben dargestellten Studien aus der Bundesrepublik wird die gesundheitliche Ungleichheit zumeist mit Hilfe von einfachen Vergleichen der prozentualen Häufigkeiten oder mit Hilfe der 'Odds Ratios' dargestellt. Die Odds Ratios geben dabei an, um wieviel häufiger bzw. seltener die Erkrankung X in der Personengruppe Y im Vergleich zur Personengruppe Z ist, wenn andere Variablen statistisch kontrolliert werden. Ein typisches Ergebnis lautet z.B.: Wenn die Altersverteilung kontrolliert wird, ist die Unzufriedenheit mit dem eigenen Gesundheitszustand bei Frauen mit niedrigem Einkommen 1,8mal häufiger als bei Frauen mit hohem Einkommen (vgl. Tabelle 35). Komplexere Maße wie das 'relative Sterberisiko' zur Berechnung von Unterschieden in der Überlebenszeit werden dagegen sehr selten verwendet (vgl. Tabelle 26).

Besonders bedauerlich ist, daß drei sehr anschauliche Maße in der Bundesrepublik m.W. bisher kaum eingesetzt wurden. Es handelt sich um die Maße 'verlorene Lebensjahre', 'restliche Lebenserwartung ohne gesundheitliche Beschwerden', und 'Populations-attributables Risiko (PAR)'. Um die Verwendung dieser Maße zu fördern, soll hier ihre Aussagekraft für Studien zur gesundheitlichen Ungleichheit mit Beispielen aus dem westeuropäischen Ausland demonstriert werden.

Verlorene Lebensjahre

Die offizielle Mortalitätsstatistik für die Bundesrepublik stützt sich routinemäßig auf zwei Indikatoren, zum einen auf die absolute Anzahl der Todesfälle und zum anderen auf die Anzahl der Todesfälle pro 100.000 Personen (Sterbeziffer). In der internationalen Diskussion hat sich seit Beginn der 50er Jahre ein weiterer aussagekräftiger Indikator etabliert (Haenszel 1950); dieser Indikator 'Years of Potential Life Lost (YPLL)' wird auf deutsch zumeist als 'verlorene Lebensjahre' bezeichnet. Die verlorenen Lebensjahre pro Todesfall ergeben sich als Differenz zwischen dem Sterbealter und einem höheren 'Grenz-Alter'. Wenn z.B. das Grenz-Alter 65 Jahre gewählt wird, dann hat ein Mann, der mit 40 Jahren gestorben ist, 25 Lebensjahre verloren. Die Berechnung dieses Indikators bietet eine wichtige Ergänzung der routinemäßigen Mortalitätsstatistik (Mielck et al. 1992). Hervorzuheben ist vor allem der folgende Vorteil: Der Indikator 'Anzahl der Todesfälle' gewichtet alle Todesfälle gleich. Beim Indikator 'verlorene Lebensjahre' erhalten die Todesfälle von jüngeren Menschen dagegen ein größeres Gewicht als die Todesfälle von älteren Menschen. Diese unterschiedliche Gewichtung nach Sterbealter entspricht der weitverbreiteten Empfindung, daß z.B. der Tod eines 10jährigen Mädchens eine größere Tragödie darstellt als der Tod einer 85jährigen Frau.

In der Literatur besteht keine Einigkeit darüber, welches Grenz-Alter gewählt werden sollte. Um die Analyse auf das Erwerbsleben zu begrenzen, wird häufig das Grenz-Alter 65 Jahre gewählt (Blane et al. 1990, Junge 1988); andere Autoren beziehen sich z.B. auf 90 Jahre (Geißler 1980) oder auf die volle restliche Lebenserwartung (Henke et al. 1986). Eine Übersicht über die verschiedenen Berechnungsmöglichkeiten findet sich bei J. Gardner und J. Sanborn (1990). Obwohl der Indikator 'verlorene Lebensjahre' sehr einfach zu berechnen ist und aussagekräftige Ergebnisse liefert, wird er in der Bundesrepublik kaum verwendet (Mielck et al. 1992); in den Studien zur gesundheitlichen Ungleichheit ist er m.W. noch nie eingesetzt worden. Dies liegt vor allem daran, daß bei uns keine Routinedaten über den sozio-ökonomischen Status der Verstorbenen zur Verfügung stehen.

In Großbritannien lassen sich dagegen die verlorenen Lebensjahre pro Berufsgruppe berechnen, da dort der zuletzt ausgeübte Beruf auf den Todesbescheinigungen eingetragen wird. Bei den Auswertungen werden zumeist fünf Berufsgruppen unterschieden. Ihr Anteil an allen erwerbstätigen und nicht mehr erwerbstätigen Männern wird bei P. Townsend et al. (1990, S. 40) wie folgt beschrieben:

I	'Professionals' (Selbständige Akademiker etc.)	ca. 5%
II	'Intermediate' (Angestellte mit höher qualifizierter Tätigkeit etc.)	ca. 18%
IIIn	'Skilled non-manual' (Angestellte mit einfacher Tätigkeit etc.)	ca. 12%
IIIm	'Skilled manual' (höher qualifizierte Arbeiter etc.)	ca. 38%
IV	'Partly skilled' (angelernte Arbeiter etc.)	ca. 18%
V	'Unskilled' (ungelernte Arbeiter etc.)	ca. 9%

Eine Berechnung der verlorenen Lebensjahre beim Grenz-Alter von 65 Jahren ist in Tabelle 62 wiedergegeben. Danach gingen 1971 in der Gruppe der Männer mit dem niedrigsten beruflichen Status 101 Lebensjahre pro 1.000 Personen verloren, in der Gruppe der Männer mit dem höchsten Status dagegen 'nur' 48 Lebensjahre pro 1.000 Personen (Blane et al. 1990).

Tabelle 62: Beruflicher Status und verlorene Lebensjahre

	Verlorene Lebensjahre pro 1.000 Personen in der gleichen Statusgruppe			
	Männer		Frauen	
Beruflicher Status	1971	1981	1971	1981
I (höchster Status)	48	37	29	13
II	52	42	30	15
IIIn	63	53	35	18
IIIm	66	58	39	18
IV	77	68	42	22
V (niedrigster Status)	101	103	53	28
Quotient V / I	2,1	2,8	1,8	2,2

Datenbasis: Alle Todesfälle in England und Wales zwischen 15 und 64 Jahren
Quelle: Blane et al. 1990

In der unteren Statusgruppe war der Verlust an Lebensjahren somit 2,1mal so groß wie in der oberen. Bemerkenswert ist auch die schrittweise Zunahme der verlorenen Lebensjahre mit sinkendem beruflichen Status, und vor allem die Zunahme der Diskrepanz zwischen der untersten und der obersten Statusgruppe zwischen 1971 und 1981.

Die Aussage, daß die Mortalität mit sinkendem beruflichen Status zunimmt, ließe sich auch ohne den 'Umweg' über die verlorenen Lebensjahre empirisch untermauern. Es würde beispielsweise ausreichen, für jeden beruflichen Status die Sterbeziffer (Todesfälle pro 100.000 Personen) zu berechnen. Bei dieser Berechnung sind die Unterschiede zwischen den Statusgruppen jedoch *kleiner* als in Tabelle 62 (Blane et al. 1990). Diese Diskrepanz ist darauf zurückzuführen, daß beim Vergleich zwischen den Sterbeziffern alle Todesfälle unabhängig vom Sterbealter gleich gewichtet werden, und daß beim Vergleich zwischen den verlorenen Lebensjahren die Todesfälle bei jüngeren Personen ein größeres Gewicht erhalten. Mit anderen Worten: Im Vergleich zu höheren Statusgruppen ist bei Männern und Frauen mit niedrigem beruflichen Status nicht nur die Mortalität erhöht, sondern die Todesfälle ereignen sich auch in einem jüngeren Alter. Das Problem der sozio-ökonomischen Unterschiede in der Mortalität ist also offenbar größer, als die einfachen Vergleiche zwischen den Sterbeziffern vermuten lassen.

Restliche Lebensjahre ohne gesundheitliche Beschwerden

Seit vielen Jahren wird kritisiert, daß beim Maß 'restliche Lebenserwartung' der Gesundheitszustand, in dem die Lebensjahre verbracht werden, unberücksichtigt bleibt. In den 70er Jahren wurde daher ein neues Maß vorgeschlagen; die englische Bezeichnung 'healthy life expectancy' läßt sich auf deutsch mit 'restliche Lebensjahre ohne gesundheitliche Beschwerden' übersetzen. Die Berechnung ist einfach: Von der Lebenserwartung werden die Jahre abgezogen, die durch einen schlechten Gesundheitszustand geprägt sind. Da Personen mit niedrigem sozio-ökonomischen Status zumeist eine besonders hohe Mortalität und auch Morbidität aufweisen, ist zu vermuten, daß die gesundheitliche Ungleichheit bei diesem neuen Maß stärker ausgeprägt ist als bei der einfachen Lebenserwartung. Mit Daten aus den Niederlanden von männlichen Rekruten, die ca. 1930 geboren wurden, konnte diese Vermutung bereits bestätigt werden: Die Lebenserwartung ab Geburt war bei den Männern aus der unteren sozialen Schicht 4,5 Jahre kürzer als bei den Männern aus der oberen sozialen Schicht, und bei den 'restlichen Lebensjahren ohne gesundheitliche Beschwerden' betrug der Unterschied sogar 12,6 Jahre (Water et al. 1996).

Tabelle 63: Lebenserwartung ohne Beschwerden nach Schulbildung

Restliche Lebenserwartung (LE)	alle Stufen	Schulbildung untere Stufe	mittlere Stufe	obere Stufe	obere - untere Stufe
Männer					
Insgesamt	47,1	45,7	48,6	52,0	+ 6,3
- mit Beschwerden [a]	17,8	19,3	17,9	12,5	- 6,8
- ohne Beschwerden	29,3	26,4	30,7	39,5	+ 13,1
(in % der LE insges.)	62,2	57,7	63,1	76,0	+ 18,3
Frauen					
Insgesamt.	54,6	54,0	55,9	57,1	+ 3,1
- mit Beschwerden [a]	23,7	24,7	23,3	19,4	- 5,3
- ohne Beschwerden	30,9	29,3	32,6	37,7	+ 8,4
(in % de LE insges.)	56,6	54,3	58,3	66,0	+ 11,7

a: chronische Krankheit oder gesundheitliche Beeinträchtigung
Population: 25jährige Personen in Finnland
Datenbasis: Alle Todesfälle in Finnland zwischen 1986 und 1990
Quelle: Valkonen et al. 1997

Eine noch aussagekräftigere empirische Analyse zur 'healthy life expectancy' wurde vor kurzem aus Finnland vorgelegt. In Finnland ist es möglich, mit Hilfe einer Personen-Identifikations-Nummer die Daten der Mortalitätsstatistik mit den Daten der Volkszählung zu verbinden. Die neue Studie basiert auf Angaben zu allen in Finnland zwischen 1986 und 1990 gestorbenen Personen (ca. 260.900 Todesfälle); die Angaben zur Schulbildung der Verstorbenen stammen aus der 1985 durchgeführten Volkszählung. Die Auswertungen beziehen sich nur auf Sterbefälle bei Personen ab 25 Jahren, da bei jüngeren Personen die Schulbildung möglicherweise noch nicht abgeschlossen ist. Die zusätzlich benötigten Angaben zum Gesundheitszustand nach Alter, Geschlecht und Schulbildung wurden einer repräsentativen Bevölkerungsbefragung aus dem Jahr 1986 entnommen (Valkonen et al. 1997). Die Ergebnisse der Berechnungen sind in Tabelle 63 zusammengefaßt. Danach ist die Lebenserwartung bei 25jährigen Männern mit oberer Schulbildung 6,3 Jahre länger als bei 25jährigen Männern mit unterer Schulbildung. Bei den 'restlichen Lebensjahren ohne gesundheitliche Beschwerden' beträgt der Unterschied sogar 13,1 Jahre. Der Anteil der 'restlichen Lebensjahre ohne gesundheitliche Beschwerden' an der gesamten restlichen Lebenserwartung ist selbstverständlich davon abhängig, mit welchem Indikator die gesundheitlichen Beschwerden gemessen werden. Bei anderen Indikatoren zeigen sich in der Studie aus Finnland jedoch ähnliche - wenn auch etwas geringere - Unterschiede nach Schulbildung. Eine vergleichbare Studie aus Deutschland wurde m.W. erst vor kurzem publiziert (Klein/Unger 1999). Die Ergebnisse sind allerdings nicht so anschaulich wie bei den beiden Studien aus den Niederlanden und Finnland.

Populations-attributables Risiko (population attributable risk, PAR)

Das Maß 'Populations-attributables Risiko' (PAR) kann aussagen, um wieviel Prozent der durchschnittliche Gesundheitszustand der Gesamtbevölkerung verbessert werden kann, wenn die Personen mit einem niedrigen sozioökonomischen Status genauso gesund wären wie die Personen mit einem hohen Status. Eine Auswertung aus den Niederlanden verdeutlicht die Größenordnung dieses potentiellen Gewinns an Gesundheit (vgl. Tabelle 64). Demnach würde z.B. die Mortalität im Bevölkerungsdurchschnitt um 24% sinken, wenn die Mortalität bei den Personen mit niedriger Schulbildung genauso so gering wäre wie bei den Hochschulabsolventen (Mackenbach 1994).

Ein vergleichbares Vorgehen wird in einer Studie über die neonatale Sterblichkeit (Todesfälle in den ersten 28 Lebenstagen) und die post-neonatale Sterblichkeit (Todesfälle im verbleibenden Zeitraum bis zum ersten Lebensjahr) in Schweden angewendet. Die Auswertungen ergeben, daß die neonatale Sterblichkeit landesweit um 10% sinken würde, und die post-neonatale Sterblichkeit sogar um 29%, wenn sie in allen Bevölkerungsgruppen so gering wäre wie bei den Angestellten (Leon et al. 1992). Dies sind selbstverständlich nur theoretische Größen. Sie drücken ein Potential aus, welches sich in diesem Umfang vermutlich nicht realisieren läßt. Aber sie veranschaulichen doch die große Bedeutung von Maßnahmen zur Verringerung der gesundheitlichen Ungleichheit, und zwar nicht nur speziell für die Angehörigen der unteren sozialen Schicht, sondern auch für die Gesellschaft insgesamt.

Tabelle 64: Populations-attributables Risiko in den Niederlanden

Indikator für den Gesundheitszustand	PAR [a]
Kein guter allgemeiner Gesundheitszustand	50%
Vorliegen einer chronischen Krankheit	22%
Mortalität	24%

a: Verringerung der Morbidität in der Gesamtbevölkerung, wenn der Gesundheitszustand bei Personen mit geringer Schulbildung so gut wäre wie bei Hochschulabsolventen
Quelle: Mackenbach 1994

Kapitel III: Ansätze zur Erklärung der gesundheitlichen Ungleichheit

Als 1892 in Hamburg die Cholera ausbrach und innerhalb weniger Wochen ca. 9.000 Tote forderte, wurde schnell deutlich, daß die Erkrankungsrate in den unteren sozialen Schichten sehr viel höher lag als in den oberen: In der unteren Einkommensgruppe betrug die Rate ca. 11%, in der oberen dagegen 'nur' ca. 1% (Bericht 1893). Diese große gesundheitliche Ungleichheit ließ sich relativ einfach erklären:

> „Es ist gewiß nicht zu bezweifeln, daß dunkle, schlecht ventilierte, enge Wohnungen nicht nur die Empfänglichkeit der Menschen erhöhen, sondern auch die Gefahren der Uebertragung steigern" (Bericht 1893, S. 39).

Eine besonders eindrucksvolle Schilderung der gesundheitsgefährdenden Lebensbedingungen im damals von Robert Koch als 'Seuchenherd' bezeichneten Hamburger Gängeviertel liefert R. Evans (1996, S. 540). So schreibt er z.B.:

> „Nach Kochs Meinung konnte es kaum verwundern, daß sich viele Menschen infizieren, wo sich Dutzende eine einzige Toilette teilen mußten, keine ausreichende Waschgelegenheit existierte, Exkremente regelmäßig in die Kanäle geleitet wurden und bei Hochwasser in bewohnte Keller- und Erdgeschoßräume von Wohngebäuden drangen, in denen Menschen zu dritt oder viert in einem Bett schliefen".

Mit anderen Worten: Vor ca. 100 Jahren lag die Erklärung der gesundheitlichen Ungleichheit zumeist auf der Hand. Die Wohn- und Arbeitsbedingungen in der unteren sozialen Schicht waren häufig so schlecht und die gesundheitlichen Gefährdungen so offensichtlich, daß keine komplizierten theoretischen Modelle und keine langwierigen empirischen Untersuchungen zur Erklärung der gesundheitlichen Ungleichheit benötigt wurden. Aber wie sieht es heute aus? Die oben dargestellten empirischen Ergebnisse lassen wenig Zweifel daran, daß die Personen mit niedrigem sozio-ökonomischen Status auch heute zumeist erheblich kränker sind und früher sterben als die Personen mit höherem Status. Bei einigen Krankheiten ist der Zusammenhang mit der sozialen Ungleichheit zwar umgekehrt (z.B. bei Allergien), diese Ausnahmen ändern jedoch wenig an dem allgemeinen Eindruck einer erheblichen gesundheitlichen Benachteiligung der unteren sozialen Schichten.

Nach der empirischen Fundierung dieses gesundheitspolitischen Problems muß in einem zweiten Schritt versucht werden, die Ursachen des Zusammenhangs zwischen Krankheit und sozialer Ungleichheit zu verstehen. Die Erklärung des Zusammenhangs ist heute weniger offensichtlich, als es zunächst erscheinen mag. Wenn z.B. ein berufstätiger Single nur über ein geringes Einkommen verfügt, und sich daher nur ein kleines Auto und keine weiten Urlaubsreisen leisten kann, in einer kleinen Wohnung lebt und selten vornehm essen gehen kann: Warum sollte er kränker sein und eher sterben als ein gleichaltriger berufstätiger Single mit höherem Einkommen? Gibt es z.B. eine direkte oder indirekte Beziehung zwischen Größe, Ausstattung und Lage der Wohnung und dem Gesundheitszustand? Bei großer materieller Armut sind die gesundheitlichen Risiken offensichtlich, aber warum ist die Sterblichkeit bei einem mittleren Einkommen größer als die Sterblichkeit bei einem höherem Einkommen (vgl. Abbildung 7)? Der sozio-ökonomische Status wird nicht nur durch das Einkommen, sondern auch durch die Ausbildung und den beruflichen Status definiert: Wie wirken sich diese Faktoren auf den Gesundheitszustand aus? Welche Rolle spielt dabei unser Gesundheitssystem? Werden die eventuell zwischen den sozialen Gruppen bestehenden Unterschiede in den gesundheitlichen Risiken durch unser Gesundheitssystem nicht ausgeglichen? Es gewährleistet doch eine qualitativ hochstehende Versorgung auch für ärmere Bevölkerungsgruppen.

Diese und ähnliche Fragen deuten an, wie komplex die Frage nach den Ursachen des Zusammenhangs zwischen Krankheit und sozialer Ungleichheit ist. Die Komplexität beruht darauf, daß die Merkmale der vertikalen sozialen Ungleichheit (d.h. Bildung, beruflicher Status und/oder Einkommen) den Gesundheitszustand nicht direkt beeinflussen können wie z.B. physische Belastungen am Arbeitsplatz oder Rauchen. Der Einfluß ist indirekt und wird über andere Faktoren vermittelt, die mit der sozialen Ungleichheit zusammenhängen.

Die soziale Ungleichheit kann den Gesundheitszustand nicht so direkt beeinflussen wie z.B. körperliche Belastungen am Arbeitsplatz oder Rauchen. Über die mit der Schichtzugehörigkeit verbundenen Lebensbedingungen sind jedoch vielfältige *indirekte* Einflüsse auf den Gesundheitszustand möglich. Etwas genauer formuliert lautet die Frage also: Durch welche schichtspezifischen Lebensbedingungen können die Morbiditäts- und Mortalitätsunterschiede zwischen den sozialen Schichten erklärt werden? Die Liste der potentiell gesundheitsrelevanten Lebensbedingungen ist aber nahezu unendlich lang, zumal sie sich nicht auf die gegenwärtigen Lebensbedingungen beschränken sollte. Da die meisten Krankheiten eine lange Entstehungsgeschichte aufweisen, und da die Sozialisation einen prägenden Einfluß auf das Gesundheitsverhalten ausübt, können die früheren Lebensbedingungen nicht außer acht gelassen werden. Da sich zudem die gegenwärtigen Lebensbedingungen in vielfältiger Weise gegenseitig beeinflussen, wird das Knäuel möglicher Ursachen vollends unentwirrbar.

Eine vollständige Erklärung der schichtspezifischen Unterschiede in Morbidität und Mortalität ist daher kaum möglich, und vermutlich ist sie auch gar nicht notwendig. Im Mittelpunkt der Erklärungsversuche steht die pragmatische Frage, ob und wie der Gesundheitszustand in der unteren sozialen Schicht verbessert werden kann. Ähnlich wie bei einem Kind, das auf jede Erklärung nur mit

'Warum?' antwortet, läßt sich auch die Suche nach den Ursachen der gesundheitlichen Unterschiede nahezu unbegrenzt fortsetzen. Es erscheint daher sinnvoller, auf der Erklärungsebene zu bleiben, auf der sich potentiell *effektive und sozialpolitisch akzeptierbare* Maßnahmen zur Verringerung der gesundheitlichen Unterschiede ableiten lassen. Die Feststellung, daß in der unteren sozialen Schicht mehr geraucht wird als in der oberen, bietet z.B. einen Ansatz zur Erklärung der schichtspezifischen Unterschiede bei den Herzkreislauf-Krankheiten (1. Erklärungsebene). Die bloße Mitteilung an die Angehörigen der unteren sozialen Schicht, daß sie das Rauchen einschränken sollten, ist jedoch vermutlich nicht sehr effektiv, und gezielte Zwangsmaßnahmen gegen die Raucher aus der unteren sozialen Schicht wären sozialpolitisch nicht akzeptierbar. Es wäre demnach notwendig, auf der tieferliegenden Ebene nach möglichen Ursachen des überdurchschnittlich starken Rauchens in der unteren sozialen Schicht zu suchen. Dabei könnte beispielsweise festgestellt werden, daß die bisherigen Aufklärungskampagnen über die Gefahren des Rauchens vor allem die mittlere und obere soziale Schicht erreicht haben (2. Erklärungsebene). Es wäre ohne Frage interessant, auf der nachfolgenden 3. Erklärungsebene die Ursachen für diese einseitige Ausrichtung der Aufklärungskampagnen zu analysieren, aber vermutlich könnten auch ohne diese tiefergehende Ursachenforschung bereits auf der 2. Erklärungsebene effektive und sozialpolitisch akzeptierbare Interventionsmaßnahmen entwickelt werden (hier: gezielte Aufklärungskampagnen für die untere soziale Schicht).

In diesem Kapitel stehen somit die folgenden Fragen im Vordergrund:
- Welche Faktoren sind verantwortlich für die gesundheitliche Ungleichheit?
- Wie hängen diese Faktoren miteinander zusammen?
- Welche Faktoren sind besonders wichtig für die *Erklärung* der gesundheitlichen Ungleichheit?
- Welche Faktoren bieten wichtige Ansatzpunkte für die *Verringerung* der gesundheitlichen Ungleichheit?

Es wird versucht, diese Fragen zumindest ansatzweise zu beantworten. Das Kapitel beginnt mit einem Rückblick auf die in Deutschland diskutierten Erklärungsmodelle. Anschließend werden die empirischen Ergebnisse aus den alten und neuen Bundesländern vorgestellt, die für eine Erklärung der gesundheitlichen Ungleichheit von besonderer Bedeutung sind. Für eine Vielzahl von gesundheitsfördernden bzw. -belastenden Faktoren liegen Angaben über sozio-ökonomische Unterschiede vor. Um die Übersichtlichkeit zu verbessern, sind die empirischen Ergebnisse daher nicht nach den Indikatoren für den sozio-ökonomischen Status, sondern nach den untersuchten gesundheitsfördernden bzw. -belastenden Faktoren geordnet. Die Diskussion über die Erklärung der gesundheitlichen Ungleichheit ist im westeuropäischen Ausland zum Teil erheblich weiter fortgeschritten als in der Bundesrepublik. Es wird daher auch auf einige Ergebnisse dieser Diskussion hingewiesen, da sie für die Bundesrepublik von zentraler Bedeutung sein können. Zum Abschluß des Kapitels III werden - wie bereits im Kapitel II 'Empirische Ergebnisse zur gesundheitlichen

Ungleichheit' - besonders wichtige Aufgaben für die weitere Forschung angesprochen.

Abbildung 17: Modell der gesundheitlichen Ungleichheit

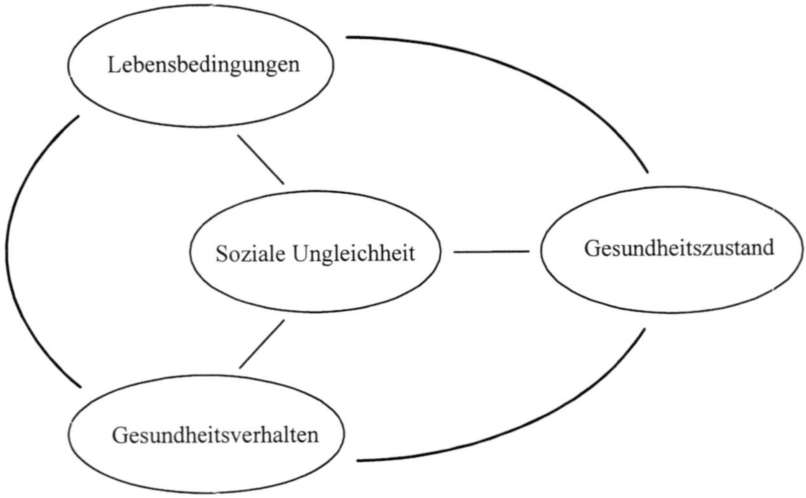

Quelle: Mielck (neue Darstellung)

Das grundlegende Erklärungsmodell beinhaltet vier Elemente (vgl. Abb. 17):
- Lebensbedingungen (Arbeitsbedingungen, gesundheitliche Versorgung etc.)
- Gesundheitsrelevantes Verhalten (Ernährung, Rauchen, Compliance etc.)
- Gesundheitszustand (Mortalität, Morbidität)
- Soziale Ungleichheit (Unterschiede nach Bildung, beruflichem Status, Einkommen)

Die Überlegung, auf der das Modell beruht, ist sehr einfach: Die ersten drei Elemente sind eng miteinander verbunden, und da der sozio-ökonomische Status sowohl mit den Lebensbedingungen als auch mit dem Gesundheitsverhalten zusammenhängt, gibt es auch sozio-ökonomische Unterschiede im Gesundheitszustand. Einige Leser mögen das Element 'Vererbung' vermissen. Es kann zweifellos einen großen Einfluß auf den Gesundheitszustand ausüben. Entsprechend der pragmatischen Zielsetzung, sich auf die Erklärungsansätze zu konzentrieren, aus denen sich Maßnahmen zur Verringerung der gesundheitlichen Ungleichheit ableiten lassen, wird das Element 'Vererbung' hier jedoch bewußt nicht aufgenommen.

Das Modell dient mehr der Präzisierung als der Beantwortung von Fragen. Zentrale Fragen sind z.B.:

- Welche Lebensbedingungen und welche gesundheitsrelevanten Verhaltensweisen üben einen besonders großen Einfluß auf den Gesundheitszustand aus?
- Welche sozio-ökonomischen Unterschiede sind bei diesen Lebensbedingungen und Verhaltensweisen vorhanden, und wie groß sind diese Unterschiede?
- Wie stark werden die Verhaltensweisen durch die Lebensbedingungen und umgekehrt die Lebensbedingungen durch die Verhaltensweisen beeinflußt?
- Wie stark wird der Gesundheitszustand durch den sozio-ökonomischen Status und umgekehrt der sozio-ökonomische Status durch den Gesundheitszustand beeinflußt?
- Wie lassen sich in diesem Beziehungsgeflecht die kausalen Zusammenhänge identifizieren, die einen besonders vielversprechenden Ansatz zur Verringerung der gesundheitlichen Ungleichheit bieten?

Seit einigen Jahren sind mehrere Forschergruppen aus dem In- und Ausland darum bemüht, diese und vergleichbare Fragen schrittweise zu beantworten, und vermutlich wird es noch Jahre dauern, bis wissenschaftlich abgesicherte, eindeutige Antworten vorhanden sind. Das vorliegende Buch spiegelt diesen Stand der Diskussion wider, d.h. die meisten Fragen können nur ansatzweise beantwortet werden.

1) In Deutschland diskutierte Erklärungsansätze

a) Sozial-anthropologischer Ansatz

Im Rahmen der Sozial-Anthropologie wurde in Deutschland vor einigen Jahrzehnten darüber diskutiert, ob die sozio-ökonomischen Unterschiede im Gesundheitszustand mit Hilfe einer gesundheitsbedingten sozialen Mobilität erklärt werden können. Als kurze Einführung in diese heute kaum noch bekannte Diskussion soll hier zunächst der Forschungsbereich der Sozial-Anthropologie skizziert werden:

> „Gegenstand der Sozialanthropologie sind die Wechselbeziehungen zwischen der biologischen Beschaffenheit der Menschen und den Sozialvorgängen. Die älteren Sozialanthropologen (...) verstanden darunter im besonderen die anthropologischen Unterschiede zwischen Sozialgruppen (Stadt und Land, soziale Schichten, seßhafte und mobile Gruppen, Kriminelle und Nicht-kriminelle) und ihre Deutung aus Siebungs- und Auslesevorgängen. In neuerer Zeit verlagerte sich der Schwerpunkt stärker auf die Untersuchung der siebenden und auslesenden Prozesse selbst, und die anthropologischen Unterschiede (Körperform, Begabung, auch Alter und Geschlecht) werden

> mehr nur als Testmerkmale für den Nachweis solcher Prozesse bewertet" (Heberer et al. 1970, S. 253).

Die empirische Sozial-Anthropologie beschäftigte sich z.B. mit schichtspezifischen Unterschieden in der Körpergröße, der Intelligenz und dem Zeitpunkt der Geschlechtsreife. In einer Zusammenfassung dieser Studien schreiben G. Heberer et al. (1970, S. 258):

> „Als allgemeine Regel gilt, daß eine Sozialgruppe eine um so größere durchschnittliche Körperhöhe, Intelligenz und Frühreife aufweist, je höher sie in der sozialen Rangordnung steht".

Eine vergleichbare Zusammenfassung läßt sich auch bei H. Jürgens (1971) finden. Derartige Aussagen zu schichtspezifischen Unterschieden in der Intelligenz sollten m.E. jedoch nicht unkommentiert bleiben: Das, was mit den Intelligenztests gemessen wird, ist zum Großteil ein Produkt von Ausbildung und Training. Unterschiede in den Testergebnissen verdeutlichen somit vor allem, daß Ausbildung und Training bei den Teilnehmern verbessert werden sollten, die in dem Test relativ schlecht abschneiden. Falls sich die Aussage, daß Angehörige der unteren sozialen Schicht relativ schlechte Testergebnisse aufweisen, wirklich empirisch erhärten ließe, sollte daraus nicht gefolgert werden, daß sie quasi genetisch mit einer geringeren Intelligenz ausgestattet sind. Zudem muß betont werden, daß sich von den vielfältigen Formen der Intelligenz nur sehr wenige mit einem Intelligenztest erfassen lassen.

Die sozial-anthropologische Diskussion über schichtspezifische Unterschiede wurde auch unter dem Stichwort 'Sozialtypus' geführt. Dieser Begriff läßt sich wie folgt definieren:

> „Jeder Eintritt in eine soziale Gruppe (...) ist mit einem Siebungsvorgang verbunden, der geeignete Individuen, d.h. Personen mit der Gruppenumwelt angepaßten Eigenschaften, durchläßt, andere aber abstößt. Die gesiebten Eigenschaften selbst, vor allem aber die mit ihnen genetisch korrelierten (mitgesiebten) Merkmale bilden dann den biologischen Typus dieser Gruppe. Dieser biologische Typ ist der gesuchte Sozialtypus" (Jürgens 1965, S. 166).

Ausgangspunkt dieser Überlegungen ist die Beobachtung, daß Angehörige bestimmter Berufe häufig charakteristische äußere Merkmale aufweisen. Ein Schneider ist beispielsweise zumeist kleiner und schmächtiger als ein Schmied. Daraus ergab sich die Frage, ob und in welchem Ausmaß die Gene den späteren Beruf und damit auch den späteren sozialen Status bestimmen.

Dabei wurde nicht bestritten, daß es auch 'peristatische' (d.h. umweltbedingte) Einflüsse gibt. In einem etwas ausführlicheren Erklärungsversuch unterscheidet H. Jürgens (1971) verschiedene peristatische und genetische Einflußfaktoren. Zu den negativen peristatischen Faktoren zählt er Mängel in der Ernährung, in der Pflege und im Lebensraum (!) sowie „die Verseuchung des Luft- und des Lebensraumes mit Industrie- und anderen Abgasen" (ebd., S. 339). Den genetischen Einfluß sieht er vor allem darin, „daß frühreife und körperlich größere Individuen auch in ihren geistigen Leistungen qualifizierter sind", und daß „sowohl die Körperhöhe als auch der Reifungsverlauf hinsichtlich seiner zeitlichen Differenzierung genetisch in erheblichem Ausmaß determiniert sind" (ebd., S. 339). Das Augenmerk richtete sich jedoch darauf, welchen Einfluß die angeborenen Eigenschaften und Fähigkeiten auf die soziale Schichtung ausüben. Etwas überspitzt und plakativ formuliert lautete die Hypothese: Die Zugehörigkeit zu einer sozialen Schicht ist weitgehend genetisch determiniert.

Diese Hypothese beinhaltet einen potentiellen Ansatz zur Erklärung der gesundheitlichen Ungleichheit: Gesundheitliche Ungleichheit ist auch (!) genetisch bedingt, da sowohl die Zugehörigkeit zu einer sozialen Schicht als auch der Gesundheitszustand durch die Gene beeinflußt werden. Aus heutiger Sicht fällt es schwer, sich mit diesem Erklärungsansatz rein wissenschaftlich auseinanderzusetzen. Wenn man es trotzdem versucht, wird eine Einschränkung schnell deutlich. H. Jürgens selbst weist zu Recht darauf hin, daß

> „die Sozialgruppen, bei denen die physische Eignung im Vordergrund bei der Sozialsiebung steht, im Zuge der Technisierung unserer Arbeitswelt ständig an Bedeutung verlieren. Statt dessen treten in zunehmendem Maße die Merkmale psychischer Eignung und Anpassungsfähigkeit in den Vordergrund" (Jürgens 1965, S. 170).

Man müßte an dieser Stelle ergänzen: 'Und Merkmale wie psychische Eignung und Anpassungsfähigkeit sind zum Großteil umwelt- bzw. ausbildungsbedingt'. In früheren Gesellschaften besaßen die angeborenen physischen Merkmale wie Körpergröße und -kraft vermutlich eine relativ große Bedeutung für den sozialen Auf- oder Abstieg; in der gegenwärtigen bundesrepublikanischen Gesellschaft ist dies jedoch kaum noch der Fall.

An dieser Stelle sei noch ein persönlicher Kommentar erlaubt: Angesichts der jüngeren deutschen Vergangenheit werden diese sozial-anthropologischen Ansätze hier nur mit großem Unbehagen vorgestellt. Die gefährliche Nähe der Ansätze zur Rassenideologie wird z.B. in dem folgenden Zitat deutlich:

> „Das Ergebnis der sozialanthropologischen Gruppenbildung, das wir als Sozialtypus erfassen können, entspricht in seiner biologischen Bedeutung weitgehend dem der Rassenbiologie. Es entsteht eine genetisch mehr oder weniger isolierte Gruppe von Menschen, die einen gemeinsamen Genbestand aufweisen, der von dem der Angehörigen aller anderen ähnlichen Isolate verschieden ist. Bei der großen Mehrzahl aller existierenden Definitionen der Rasse brauchen wir nur das Wort 'Rasse' zu ersetzen, und wir können sie auch zur Charakterisierung der Gruppen verwenden, die als Ergebnis sozialanthropologischer Siebungs- und Selektionsprozesse entstehen" (Jürgens 1964, S. 182).

Sogar wenn die beteiligten Wissenschaftler mit Begriffen wie Rasse, Siebung oder Selektion keine ideologische Wertung verbinden, so sollten m.E. heute diese Begriffe dennoch durch andere Begriffe ersetzt werden, um jede Verwechslung mit ideologischen Bestrebungen zu vermeiden.

Trotz dieser Bedenken ist es wichtig, die Ansätze hier vorzustellen, vor allem weil sie auf ein in der Tat erklärungsbedürftiges Phänomen hinweisen: Offenbar unterscheiden sich die sozialen Schichten nach wie vor nach äußeren Merkmalen wie z.B. der Körpergröße (Jürgens 1971, Schumacher 1981, Straaß 1976). Dies wurde schon in den ersten größeren empirischen Studien zum 'Sozialtypus' festgestellt, die vor ca. 100 Jahren durch Pfitzner durchgeführt wurden. Er untersuchte die Körpergröße von 4.150 Leichen aus der unteren und der mittleren sozialen Schicht und stellte fest, daß „bei steigender socialer Position die durchschnittliche Körperlänge zunimmt" (Pfitzner 1902, S. 41). Die Untersuchung der Leichen umfaßte eine ganze Reihe weiterer Merkmale wie Haar- und Irisfarbe, Arm- und Beinlänge, Kopfhöhe und -breite, und bei allen Merkmalen wurden mehr oder weniger ausgeprägte Unterschiede zwischen den sozialen Schichten festgestellt. Es wurde Pfitzner nicht ermöglicht, Leichen aus der oberen sozialen Schicht zu untersuchen. Auf der Suche nach einem anthropometrischen Maß, mit dessen Hilfe sich auch die obere soziale Schicht einbeziehen läßt, kam Pfitzner auf die Idee, in den Hutläden die Hutgröße mit dem Hutpreis zu vergleichen. Dabei ging er von der Annahme aus, daß teure Hüte vor allem von der oberen und billige Hüte vor allem von der unteren sozialen Schicht gekauft werden, und daß die Hutgröße als Maß für die Größe des Kopfes verwendet werden kann. Die Ergebnisse waren eindeutig: „Die oberen socialen Schichten haben einen - absolut und relativ - größeren Kopf als die unteren" (Pfitzner 1902, S. 50).

Eine Vielzahl älterer Studien weist darauf hin, daß die Angehörigen der oberen sozialen Schicht größer sind, einen größeren Kopf besitzen und früher geschlechtsreif werden als die Angehörigen der unteren sozialen Schicht. So wurde schon vor ca. 200 Jahren aus Frankreich berichtet, daß „die Kinder der sozial Bessergestellten 2-3 Jahre früher geschlechtsreif werden als die Kinder der Armen auf dem Lande" (Straaß 1976, S. 13). Vergleichbare Ergebnisse liegen z.B. auch aus dem Jahr 1938 aus Nürnberg vor (ebd., S. 98). Die oben dargestellten empirischen Ergebnisse aus der Bundesrepublik zeigen ebenfalls, daß bei Erwachsenen mit zunehmender sozialer Schicht die Körpergröße schrittweise zunimmt (vgl. Kapitel II-7).

Interessant sind auch die empirischen Ergebnisse zur 'Akzeleration'. Mit diesem Begriff wird der zeitliche Trend umschrieben, daß die Menschen größer und zumindest in den letzten Jahrzehnten auch früher geschlechtsreif geworden sind (vgl. z.B. Winter 1962). Als empirisches Beispiel für eine schichtspezifische Akzeleration wird z.B. angeführt:

> „1908 betrug das Menarchealter in Norddeutschland in der Oberschicht 13,9, in der Unterschicht 16,2 Jahre. 1960 fanden wir in der Oberschicht 13,4 und in der Unterschicht 13,6. Die Menarche der Oberschicht liegt also nach wie vor früher. Die accelerationsbedingte Verschiebung dieses Zeitpunkts beträgt aber bei der Unterschicht 2,6, bei der Oberschicht 0,5 Jahre, d.h. der säkulare Trend der Acceleration hat die Unterschicht viel stärker erfaßt" (Jürgens 1971, S. 340).

Problematisch sind nicht diese empirischen Ergebnisse, sondern ihre theoretischen (und ideologischen?) Erklärungen in der sozial-anthropologischen Diskussion mit Hilfe von Begriffen wie Rasse, Siebung und Selektion. Erforderlich wäre jetzt eine nüchterne Diskussion über die aktuellen empirischen Ergebnisse, d.h. vor allem über den Zusammenhang zwischen sozialer Schicht und Körpergröße. Wenn heute in Vorlesungen und Vorträgen auf diese Ergebnisse hingewiesen wird, löst dies bei den Zuhörern jedoch fast immer ein ungläubiges Staunen aus. Der Zusammenhang zwischen sozialer Schicht und *Gesundheitszustand* erscheint vielen als relativ plausibel, wenn aber nach den möglichen Ursachen für den Zusammenhang zwischen sozialer Schicht und *Körpergröße* gefragt wird, besteht die Antwort zumeist nur aus einem ratlosen Kopfschütteln.

Auch unter Wissenschaftlern wird der Zusammenhang zwischen sozialer Schicht und körperlicher Entwicklung häufig ignoriert. Es wäre m.E. jedoch sinnvoller, die empirischen Ergebnisse ernstzunehmen und zu überlegen, ob sich daraus neue Ansatzpunkte zur Erklärung der gegenwärtigen gesundheitlichen Ungleichheit ableiten lassen. Es könnten z.B. die folgenden Hypothesen überprüft werden:

- In der Bundesrepublik ist die Ernährung in der unteren sozialen Schicht schlechter als in der oberen. Bei den Kindern wirkt sich diese schlechtere Ernährung auch auf das Körperwachstum und den Zeitpunkt der Geschlechtsreife aus.
- Gesunde Kinder sind körperlich weiter entwickelt - und sie steigen im späteren Leben eher sozial auf - als kranke Kinder.
- Die Kranken steigen eher sozial ab als die Gesunden, und der schlechte Gesundheitszustand der Kranken manifestiert sich auch in einer verzögerten körperlichen Entwicklung ihrer Kinder.
- Heute ist der soziale Aufstieg nicht mehr so stark von der körperlichen Entwicklung und/oder dem Gesundheitszustand abhängig wie früher. Aber da dieser Zusammenhang über viele Generationen hinweg wirksam war, und da Kinder häufig in der gleichen sozialen Schicht blieben wie ihre Eltern, lassen sich die Auswirkungen dieser sozialen Differenzierung auch heute noch deutlich beobachten. Als Folge der größeren sozialen Mobilität (und der geringeren Abhängigkeit der Mobilität von der körperlichen Entwicklung und vom Gesundheitszustand) nehmen die schichtspezifischen Unterschiede in Körpergröße und Geschlechtsreife jedoch immer mehr ab.

b) Gegenwärtig diskutierte Ansätze

Aus der Bundesrepublik liegen viele empirische Studien vor, die zweifelsfrei belegen, daß auch bei uns große gesundheitliche Ungleichheiten vorhanden sind, daß der Gesundheitszustand in den status-niedrigen Gruppen zumeist erheblich schlechter ist als in den status-hohen (vgl. Kapitel II-3, II-4). In den an dieser

Diskussion beteiligten Wissenschaftsdisziplinen (d.h. vor allem: Sozial-Epidemiologie, Sozial-Medizin, Medizin-Soziologie, Public Health) wird allgemein akzeptiert, daß diese gesundheitlichen Ungleichheiten ein zentrales gesundheitspolitisches Problem darstellt. Der nächste Schritt sollte daher sein, diese Ungleichheiten so weit wie möglich zu erklären, und darauf aufbauend Möglichkeiten zur Verringerung der Ungleichheiten zu entwickeln und in der Praxis zu erproben. Von so einem planvollen Vorgehen ist in der Bundesrepublik jedoch wenig zu sehen. Dies ist schon daran zu erkennen, daß sich nur sehr wenige Wissenschaftler an der Diskussion über Erklärungsmodelle beteiligen. Lassen sich die gesundheitlichen Ungleichheiten vor allem auf Unterschiede in den Arbeits- und Wohnbedingungen zurückführen, oder auf Unterschiede im Gesundheitsverhalten, in der Akzeptanz von Gesundheitsförderungs-Maßnahmen, in der Erreichbarkeit der gesundheitlichen Versorgung, und wie hängen diese verschiedenen potentiellen Einflußfaktoren zusammen? Es ist schon selten, daß diese Fragen überhaupt gestellt werden.

Die wissenschaftliche Diskussion dreht sich um die beiden folgenden zentralen Hypothesen:
- Der sozio-ökonomische Status beeinflußt den Gesundheitszustand (plakativ formuliert: 'Armut macht krank')
- Der Gesundheitszustand beeinflußt den sozio-ökonomischen Status (plakativ formuliert: 'Krankheit macht arm')

Die in Deutschland diskutierten Erklärungsansätze beziehen sich zumeist auf die erste Hypothese. Die zweite Hypothese basiert vor allem darauf, daß die Gefahr eines sozialen Abstiegs bei kranken Personen zumeist größer ist als bei gesunden, daß Krankheit zu Einkommensverlusten, Arbeitslosigkeit und erhöhten Ausgaben für die gesundheitliche Versorgung führen kann.

Oben wurde bereits kurz der Erklärungsansatz 'gesundheitsbedingte soziale Mobilität' angesprochen (vgl. Kapitel III-1a). Er beinhaltet die beiden folgenden Teile:
- *Abwärts*-gerichtete soziale Mobilität: Ein sozialer *Abstieg* ist bei kranken Personen wahrscheinlicher als bei gesunden.
- *Aufwärts*-gerichtete soziale Mobilität: Ein sozialer *Aufstieg* ist bei gesunden Personen wahrscheinlicher als bei kranken.

Die Hypothese 'Krankheit macht arm' entspricht somit dem Erklärungsansatz '*abwärts*-gerichtete soziale Mobilität'. Der Erklärungsansatz '*aufwärts*-gerichtete soziale Mobilität' wird in der Bundesrepublik dagegen kaum diskutiert.

Die Diskussion umfassender Modelle zur Erklärung der gesundheitlichen Ungleichheit hat in Deutschland erst vor wenigen Jahren begonnen. Besonders hervorzuheben sind hier die Arbeiten von M. Angermeyer und D. Klusmann (1987), Th. Elkeles und A. Mielck (1993/1997a/b), B. Geissler (1979), U. Gerhardt (1991), S. Geyer (1997a), H. Hüttner (1998), A. Oppolzer (1986a/b/1994), J. Siegrist (1989a/1994), G. Steinkamp (1993a/b/1999) und I. Weber

(1987). Im folgenden wird versucht, die Ergebnisse der Diskussion zu skizzieren und dabei eine annähernd chronologische Reihenfolge einzuhalten.

In den Arbeiten von B. Geissler (1979) und A. Oppolzer (1986a/b/1994) wird vor allem die Bedeutung der Arbeitsbedingungen betont. Sie weisen darauf hin, daß die physischen und psychischen Belastungen am Arbeitsplatz einen direkten Einfluß auf den Gesundheitszustand ausüben, und daß auch die Erholungsmöglichkeiten in der Freizeit durch die berufliche Tätigkeit geprägt werden. Bei körperlich ermüdender Arbeit wird es beispielsweise schwerfallen, in der Freizeit einen Ausgleichssport zu betreiben. Zudem bestimmt der Arbeitslohn „in entscheidendem Maße die Möglichkeiten, die aus der Arbeit resultierenden Belastungen im außerbetrieblichen Bereich zu kompensieren" (Geissler 1979, S. 119). Dementsprechend unterscheidet A. Oppolzer (1994) zwischen den primären und den sekundären Effekten der Arbeitswelt auf den Gesundheitszustand. Die *primären* Effekte resultieren dabei vor allem aus der körperlichen Beanspruchung (z.B. schwere Muskelarbeit), den Umgebungseinflüssen (z.B. Lärm), den psychischen Belastungen (z.B. Termindruck) und der Arbeitszeit (z.B. Schichtarbeit). Die *sekundären* Effekte können sich auf so unterschiedliche Bereiche wie die Wohnverhältnisse und das Ernährungsverhalten erstrecken. A. Oppolzer und B. Geissler schlagen somit einen umfassenden theoretischen Ansatz vor, in dessen Mittelpunkt die Arbeitswelt steht. Sie können diesen Ansatz jedoch nur teilweise spezifizieren. Weitgehend unklar bleibt vor allem, welche Arbeitsbedingungen zu welchen sekundären Effekten führen können und wie wichtig diese sekundären Effekte für den Gesundheitszustand sind.

In dem von I. Weber (1987) vorgeschlagenen theoretischen Ansatz stehen nicht die Arbeitsbedingungen im Vordergrund, sondern drei „Komplexe soziologischer Bestimmungsgründe", die sich wie folgt zusammenfassen lassen (S. 162):

- Umweltbelastungen und die Möglichkeiten ihrer Bewältigung
- Allgemeines gesundheitsrelevantes Verhalten
- Einstellungen und Verhalten bei gesundheitlichen Problemen, d.h. vor allem bei der Inanspruchnahme medizinischer Leistungen

Es geht nach I. Weber vor allem darum, für jeden Komplex zunächst die schichtspezifischen Unterschiede zu bestimmen und anschließend die Auswirkungen dieser Unterschiede auf den Gesundheitszustand zu untersuchen.

Der erste Komplex ist nach I. Weber von besonderer Bedeutung, weil in der unteren sozialen Schicht nicht nur die Umweltbelastungen besonders groß, sondern die Bewältigungsmöglichkeiten zudem besonders gering sind:

> „Selbst wenn man annimmt, daß belastende Ereignisse und Situationen 'schicksalhaft' auftreten und sich daher auf die sozialen Gruppen relativ gleich verteilen, so gibt es eine große Evidenz dafür, daß Unterschichtangehörige auf belastende Ereignisse und Situationen stärker mit emotionalem Streß reagieren als Angehörige höherer Schichten. (...) Denn die Effizienz von

Bewältigungsversuchen hängt sowohl vom Verhaltensrepertoire wie von den zur Verfügung stehenden externen Ressourcen wie Kontakten, Geld und Macht ab. Bezüglich beider Einsatzmittel scheinen Unterschichtangehörige relativ benachteiligt zu sein, und die Erfolgsaussichten ihres Bewältigungsverhaltens sind daher geringer einzuschätzen als für Angehörige höherer Sozialschichten“ (Weber 1987, S. 163).

I. Weber liefert keine detaillierte theoretische Begründung oder empirische Überprüfung dieser Annahmen. Auch bei den beiden anderen Komplexen (allgemeines gesundheitsrelevantes Verhalten, Einstellungen und Verhalten bei gesundheitlichen Problemen) werden vor allem Hypothesen formuliert. So wird z.B. postuliert, daß das gesundheitsgefährdende Verhalten bei den Angehörigen der unteren sozialen Schicht auch deswegen besonders häufig ist, weil sie allgemein nicht so weit in die Zukunft hinein planen wie die Angehörigen der oberen sozialen Schichten. Die Aussagekraft des Ansatzes von I. Weber resultiert nicht aus der theoretischen Ableitung oder der empirischen Untermauerung der Argumente, sondern aus der Spezifikation zentraler Elemente für ein umfassendes Modell zur Erklärung gesundheitlicher Ungleichheiten. Ähnlich wie B. Geissler (1979) und A. Oppolzer (1986a/b/1994) betont I. Weber (1987) die Bedeutung der Umweltbelastungen, der Bewältigungsmöglichkeiten und des individuellen Verhaltens. Er beschränkt sich dabei jedoch nicht auf die Arbeitswelt, und er unterscheidet zwischen dem allgemeinen gesundheitsrelevanten Verhalten und dem Verhalten bei gesundheitlichen Problemen. Der Ansatz von I. Weber (1987) besitzt gegenüber dem Ansatz von B. Geissler (1979) und A. Oppolzer (1986a/b/1994) allerdings einen wichtigen Nachteil: Die Ableitung von konkreten Empfehlungen zur Verringerung der gesundheitlichen Ungleichheit ist bei diesem relativ abstrakten Ansatz erheblich schwieriger als bei der Konzentration auf die Arbeitsbedingungen.

Der gesundheitliche Einfluß von Umweltbelastungen und Bewältigungsmöglichkeiten läßt sich nach I. Weber (1987) auch mit Hilfe der Streß-Forschung erklären. Dieser Ansatz wird von M. Angermeyer und D. Klusmann (1987) weiter spezifiziert. In bezug auf die psychische Morbidität (z.B. Schizophrenie) betonen sie, daß nicht nur die objektive Belastung, sondern auch die subjektive Verarbeitung der Belastung von Bedeutung ist, und daß beide Elemente vom sozialen Kontext abhängig sind. In diesem 'host resistance model' (auf deutsch: 'Modell der Bewältigungsmöglichkeiten') kommt es also darauf an, wie stark die Belastungen mit den eigenen Wünschen und Bedürfnissen kollidieren, und über welche Kompetenzen und Ressourcen die belasteten Personen verfügen. M. Angermeyer und D. Klusmann (1987) vermuten, daß die unteren Statusgruppen im Vergleich zu den oberen Statusgruppen doppelt belastet sind, da sie mit größeren objektiven Problemen (finanzielle Probleme, Angst vor Verlust des Arbeitsplatzes etc.) konfrontiert und zugleich diesen Problemen mehr ausgeliefert sind (erlernte Hilflosigkeit, weniger soziale

Unterstützung etc.). Sie bestätigen aber auch, daß diese Vermutung bisher erst ansatzweise durch empirische Studien untermauert werden konnte.

In seinem Buchbeitrag 'Steps towards explaining social differentials in morbidity: the case of West Germany' (auf deutsch: Schritte zur Erklärung sozialer Unterschiede in der Morbidität: Der Fall West-Deutschland) unterscheidet J. Siegrist (1989a) die drei folgenden Erklärungsansätze:
- Verfügbarkeit von 'Gesundheits-Ressourcen' ('health ressources')
- Inanspruchnahme von 'Gesundheits-Ressourcen'
- Belastungen ('exposure') und Bewältigungsmöglichkeiten ('resistance')

Mit 'Gesundheits-Ressourcen' sind die Ressourcen zur Erhaltung bzw. zur Verbesserung des Gesundheitszustandes gemeint, vor allem die Möglichkeiten der gesundheitlichen Versorgung. J. Siegrist (1989a) betont, daß in West-Deutschland keine gravierenden sozio-ökonomischen Unterschiede in bezug auf die *Verfügbarkeit* der gesundheitlichen Versorgung vorhanden sind, und daß das gleiche auch auf die tatsächliche Versorgung von akuten oder chronischen Erkrankungen (d.h. auf die *Inanspruchnahme)* zutrifft. Die gesundheitliche Ungleichheit läßt sich nach J. Siegrist (1989a) eher durch Unterschiede bei Belastungen und Bewältigungsmöglichkeiten erklären, und auch durch Unterschiede in der langfristigen Gesundheitsorientierung, in der Beachtung frühzeitiger Symptome und im präventiven Verhalten.

In umfangreichen theoretischen und empirischen Arbeiten haben J. Siegrist und seine Mitarbeiter einen eigenen Ansatz zur Erklärung von koronaren Herzkrankheiten entwickelt (z.B. Siegrist et al. 1990, Siegrist 1996). Der Ansatz ist hier deswegen von Interesse, weil er auch eine Möglichkeit zur Erklärung von sozio-ökonomischen Unterschieden bei koronaren Herzkrankheiten bietet (Siegrist 1994). Ausgangspunkt ist der 'job strain' - Ansatz (Karasek/Theorell 1990). Mit dem Begriff 'job strain' wird die spezifische Arbeitsbelastung umschrieben, die sich aus der Kombination von hoher Anforderung und geringem Handlungsspielraum ergibt. In mehreren empirischen Studien konnte belegt werden, daß dieser 'job strain' ein wichtiger Risikofaktor für koronare Herzkrankheiten ist. Die Vermutung liegt nahe, daß 'job strain' bei Erwerbstätigen mit geringem beruflichen Status (z.B. bei Fließbandarbeitern) besonders häufig ist. Bisher liegt aus der Bundesrepublik m.W. jedoch noch keine empirische Arbeit vor, in der untersucht wird, wie wichtig 'job strain' für die Erklärung der gesundheitlichen Ungleichheit ist.

Im Ansatz von J. Siegrist wird die 'effort-reward-imbalance' (auf deutsch: berufliche Gratifikationskrise) in den Mittelpunkt gestellt. Dieses Modell

> „definiert fortgesetzte psychomentale und sozio-emotionale Belastungserfahrungen am Arbeitsplatz als Ergebnis einer Diskrepanzerfahrung zwischen (hoher) beruflicher Verausgabung und (niedrigen) Belohnungschancen. (...) Enttäuschte Belohnungserwartungen und -erfahrungen beziehen sich in dem Modell auf drei Phänomene: 1. das Einkommen, 2. die

Anerkennung der Arbeitsleistungen im sozialen Umfeld, 3. die Sicherung bzw. Verbesserung des erreichten beruflichen Status“ (Siegrist 1994, S. 415). Die empirischen Überprüfungen des Modells haben ergeben, daß die 'berufliche Gratifikationskrise' (d.h. die Kombination von hoher beruflicher Verausgabung und niedriger Belohnung für diese Verausgabung) das Risiko einer koronaren Herzkrankheit in der Tat deutlich erhöht (Bosma et al. 1998). Ähnlich wie beim 'job strain' Ansatz liegt auch hier die Vermutung nahe, daß berufliche Gratifikationskrisen bei Erwerbstätigen mit geringem beruflichen Status besonders häufig sind. In den empirischen Studien aus der Bundesrepublik, in denen die Ursachen der gesundheitlichen Ungleichheit analysiert werden, sind berufliche Gratifikationskrisen m.W. bisher jedoch ebenso wenig berücksichtigt worden wie 'job strain'. U. Gerhardt (1987) weist darauf hin, daß in Folge von beruflichen Gratifikationskrisen auch neue Handlungsmöglichkeiten deutlich werden können, daß eine derartige Krise also auch positive Wirkungen haben kann. Vor allem bei Erwerbstätigen mit niedrigem beruflichen Status ist diese Möglichkeit m.E. allerdings sehr gering.

In einer eigenen Untersuchung über Frühberentung in Folge einer koronaren Bypassoperation stellt U. Gerhardt (1991) fest, daß die Frühberentung bei den Erwerbstätigen mit niedrigem beruflichen Status erheblich häufiger ist als bei den Erwerbstätigen mit höherem beruflichen Status. Sie erklärt diesen Zusammenhang mit Unterschieden in der Handlungs-Autonomie. Die ärztliche Empfehlung, daß sich der Patient bei der Arbeit künftig mehr schonen muß, kann demnach vor allem von den Erwerbstätigen mit höherem beruflichen Status befolgt werden. Nach U. Gerhardt (1991) besitzen die statushöheren Patienten auch dann eine größere Autonomie, wenn eine Frühberentung empfohlen wird, d.h. sie sind eher dazu bereit, sich dieser Empfehlung zu widersetzen. U. Gerhardt spricht in diesem Zusammenhang von der „gehorsamen Berentungsorientierung“ der status-niedrigen Patienten und der „ungehorsamen Berufsorientierung“ der status-hohen Patienten (Gerhardt 1991).

Die theoretische Diskussion erhielt einen wichtigen Impuls durch die Beiträge von G. Steinkamp (1993a/b). G. Steinkamp kritisierte zu Recht das Fehlen von Verbindungsgliedern in der kausalen Kette von sozialer zu gesundheitlicher Ungleichheit, das Fehlen einer theoretischen Integration der unterschiedlichen Erklärungsansätze. Er weist darauf hin, daß der „Kausalsprung“ von der „Makroebene“ (soziale Ungleichheit in der Gesellschaft) hin zur „Mikroebene“ (Gesundheitszustand einzelner Personen) unzulässig weit ist, und daß die zwischen diesen beiden Ebenen liegenden „intervenierenden Lebenskontexte (Mesoebene) gewöhnlich unberücksichtigt bleiben“ (Steinkamp 1993a, S. 111). Das von ihm vorgeschlagene „hierarchische Mehrebenenmodell“ beinhaltet daher die drei folgenden Ebenen (Steinkamp 1999):

- Makroebene: soziale Ungleichheit in bezug auf Beruf, Einkommen und Schulbildung sowie die daraus folgenden gesundheitsbezogenen Lebensstile
- Mesoebene: materielle und soziale Produktions- und Reproduktionsbedingungen (z.B. Arbeitsbedingungen, Partnerbeziehung), Belastungen (z.B.

kritische Lebensereignisse, kleinere Alltagsbelastungen), emotionale und instrumentelle soziale Unterstützung, Zugang zum und Versorgung durch das Gesundheitssystem
- Mikroebene: personale Ressourcen (z.B. Kontrollüberzeugung, Risikowahrnehmung), Bewältigung von Belastungen, negative Emotionen wie Angst und Wut, gesundheitsschädigendes Verhalten, genetische Disposition, Morbidität und Mortalität

G. Steinkamp schlägt somit ein umfassendes Erklärungsmodell vor, welches eine Fülle von Hypothesen enthält. Teile der Meso- und Mikroebene sind auch in den oben angesprochenen Beiträgen von B. Geissler (1979), A. Oppolzer (1994), I. Weber (1987), M. Angermeyer und D. Klusmann (1987), J. Siegrist (1989a/1994), R. Karasek und T. Theorell (1990) und von U. Gerhardt (1991) spezifiziert worden. Der konzeptionelle Rahmen wurde durch G. Steinkamp jedoch klarer herausgearbeitet. Viele Autoren haben in der Folgezeit diese Unterscheidung zwischen Makro-, Meso- und Mikroebene übernommen (z.B. Neubauer 1998).

In seinem Überblick über mögliche Ansätze zur Erklärung gesundheitlicher Ungleichheiten unterscheidet S. Geyer (1997a) die fünf folgenden Themen:
- materielle Lage
- Berufsarbeit
- belastende Lebensereignisse
- soziale Unterstützung
- Sense of Coherence

Beim Stichwort 'materielle Lage' wird vor allem auf die Bedeutung des zur Verfügung stehenden Einkommens hingewiesen. Im Abschnitt 'Berufsarbeit' stehen die bereits oben angesprochenen Konzepte 'job strain' (Karasek/Theorell 1990) und 'berufliche Gratifikationskrise' (Siegrist 1994) im Vordergrund. Die letzten drei Stichworte (belastende Lebensereignisse, soziale Unterstützung, Sense of Coherence) stellen dagegen eine wichtige Ergänzung der bisherigen Diskussion dar.

Unter dem Begriff 'belastende Lebensereignisse' werden schwerwiegende Ereignisse wie Verlust des Arbeitsplatzes, Scheidung oder Nichtbestehen einer wichtigen Prüfung zusammengefaßt. In einer Vielzahl von Studien wurde gezeigt, daß derartige Lebensereignisse einen großen Einfluß auf den Gesundheitszustand ausüben können. Die Frage liegt daher nahe, ob Unterschiede in Bildung, beruflichem Status oder Einkommen mit Unterschieden bei gesundheitlich belastenden Lebensereignissen verbunden sind, d.h. welchen Beitrag die Lebensereignisse für die Erklärung der gesundheitlichen Ungleichheit leisten können. S. Geyer (1997a) betont zu Recht den Stellenwert dieser Frage, er weist aber auch darauf hin, daß sie sich bisher kaum beantworten läßt (vgl. Kapitel III-4f). Beim Stichwort 'soziale Unterstützung' ist es ähnlich: Es gibt keinen Zweifel daran, daß soziale Unterstützung wichtig ist für den Gesundheitszustand. Bisher ist jedoch weitgehend ungeklärt, wie wichtig dieser Zusammenhang für die Erklärung der gesundheitlichen Ungleichheit ist (vgl. Kapitel III-2f, III-4f). Das Konzept 'Sense of Coherence (SOC)' beruht auf der „Annahme, daß eine bestimmte Einstellungsstruktur dazu beiträgt, daß Personen Probleme besser und erfolgreicher bewältigen bzw. damit umgehen können, und daß SOC mit einer geringen Erkrankungswahrscheinlichkeit einhergehen sollte“ (Geyer 1997a, S. 39). Demnach können Probleme dann besser bewältigt werden, wenn die betroffene Person ihre Umwelt allgemein als verstehbar, beherrschbar und mit Sinn versehen empfindet. Die empirische Überprüfung dieses Konzeptes steht erst am Anfang; und auch die Frage nach dem möglichen Beitrag des 'Sense of Coherence' für die Erklärung der gesundheitlichen Ungleichheit ist bisher kaum zu beantworten (vgl. Kapitel III-4g).

Mit dem Hinweis auf die Themen 'belastende Lebensereignisse', 'soziale Unterstützung' und 'Sense of Coherence' weist S. Geyer (1997a) somit vor allem auf wichtige offene Forschungsfragen hin. Die Wichtigkeit ergibt sich m.E. auch daraus, daß die Begriffe 'Belastungen' und 'Bewältigungsmöglichkeiten' häufig sehr undifferenziert verwendet werden, und daß diese drei Themen eine Möglichkeit bieten, verschiedene Arten von Belastungen und Bewältigungsmöglichkeiten zu unterscheiden. Nur bei einer derartigen Spezifizierung lassen sich konkrete Hinweise für gesundheitsfördernde Maßnahmen ableiten.

In einer aktuellen Zusammenfassung der Diskussion schlägt H. Hüttner (1998) ein eigenes Erklärungsmodel vor. Auch hier stehen die beiden Begriffe 'Belastungen' und 'Bewältigungsmöglichkeiten' im Mittelpunkt. Die Bewältigungsmöglichkeiten werden nach diesem Modell durch das soziale Netz, das Selbst- und Weltbild, die individuellen Normen und Werte, das gesundheitsrelevante Verhalten, die biologische Konstitution, die kritischen Lebensereignisse und die anderen psychischen Belastungen beeinflußt.

In dem 'Gesundheitsbericht für Deutschland', der 1998 vom Statistischen Bundesamt in Wiesbaden herausgegeben wurde, werden die folgenden Ansätze zur Erklärung des Zusammenhangs zwischen Bildung und Gesundheitszustand genannt:
- „gesundheitliche Belastungen durch die Berufstätigkeit,
- Verhaltensmuster bei der Inanspruchnahme gesundheitsbezogener Leistungen,
- Fähigkeiten zur Kommunikation mit Vertretern des Gesundheitswesens,
- Möglichkeiten der gesunden Lebensführung,
- Möglichkeiten im Umgang mit Krankheit“

(Statistisches Bundesamt 1998, S. 111).

Wichtig ist hier vor allem, daß die *Fähigkeit* zur Kommunikation betont wird und die *Möglichkeit* zur gesunden Lebensführung und zum Umgang mit Krankheit. Daraus läßt sich direkt die gesundheitspolitische Forderung ableiten, daß die Angehörigen der unteren Bildungsgruppe zur Bewältigung ihrer gesundheitlichen Belastungen *befähigt* werden müssen. Es wäre demnach falsch, ihnen die alleinige Verantwortung für einen schlechten Gesundheitszustand zuzuschieben. Besonders bemerkenswert ist der dritte Erklärungsansatz. Die

Hypothese, daß die Arzt-Patient-Kommunikation vor allem bei Patienten aus der unteren sozialen Schicht gestört ist, und daß dieses Problem zur erhöhten Morbidität in der unteren sozialen Schicht beiträgt, wird selten formuliert. Sie erscheint jedoch zumindest plausibel und sollte m.E. nicht vernachlässigt werden.

Integration der Ansätze

Die zentralen Elemente der oben angesprochenen Erklärungsansätze lassen sich wie folgt zusammenfassen:

- Primäre und sekundäre Effekte der Arbeitswelt wie z.B. die physischen Belastungen am Arbeitsplatz und die durch den Arbeitslohn bestimmten Wohnbedingungen (Geissler 1979, Oppolzer 1994)
- Umweltbelastungen und Bewältigungsmöglichkeiten, allgemeines gesundheitsrelevantes Verhalten, Einstellungen und Verhalten bei gesundheitlichen Problemen (Weber 1987)
- Objektive Belastung, Kompetenzen und Ressourcen zur Bewältigung der Belastung (Angermeyer/Klusmann 1987)
- Belastungen und Bewältigungsmöglichkeiten, langfristige Gesundheitsorientierung, Beachtung frühzeitiger Symptome, präventives Verhalten (Siegrist (1989a)
- 'job strain', d.h. die Kombination von hoher beruflicher Anforderung und geringem Handlungsspielraum (Karasek/Theorell 1990)
- 'berufliche Gratifikationskrise', d.h. die Kombination von hoher beruflicher Verausgabung und niedriger Belohnung für diese Verausgabung (Siegrist 1994)
- Handlungs-Autonomie (Gerhardt 1991)
- Zugang zu und Verteilung von Ressourcen, Lebensbedingungen, Belastungen und Ressourcen zur Bewältigung der Belastungen (Steinkamp 1993a/b)
- Einkommen, Arbeitsbedingungen, belastende Lebensereignisse, soziale Unterstützung, Sense of Coherence (Geyer 1997a)
- Soziales Netz, Selbst- und Weltbild, individuelle Normen und Werte, gesundheitsrelevantes Verhalten, biologische Konstitution, kritische Lebensereignisse und andere psychische Belastungen (Hüttner 1998)

Die Übersicht über die bisherige Diskussion verdeutlicht, daß die Arbeitswelt im Zentrum vieler Erklärungsansätze steht. Übereinstimmung besteht auch darin, daß es nicht nur um die objektiven Belastungen eines Menschen geht, sondern auch um seine Möglichkeiten, mit diesen Belastungen umzugehen. Besonders wichtig ist die Feststellung, daß das Gesundheitsverhalten hier keine dominierende Rolle spielt. Im Gegensatz zur aktuellen gesundheitspolitischen Diskussion, in der immer wieder die Verantwortung des einzelnen für seinen Gesundheitszustand betont wird, stehen hier die *Verhältnisse* im Vordergrund und nicht das *Verhalten*. Diese Gewichtung wird stellenweise auch empirisch begründet.

Abbildung 18: Gesundheitliche Ungleichheit: 1. Erklärungsmodell

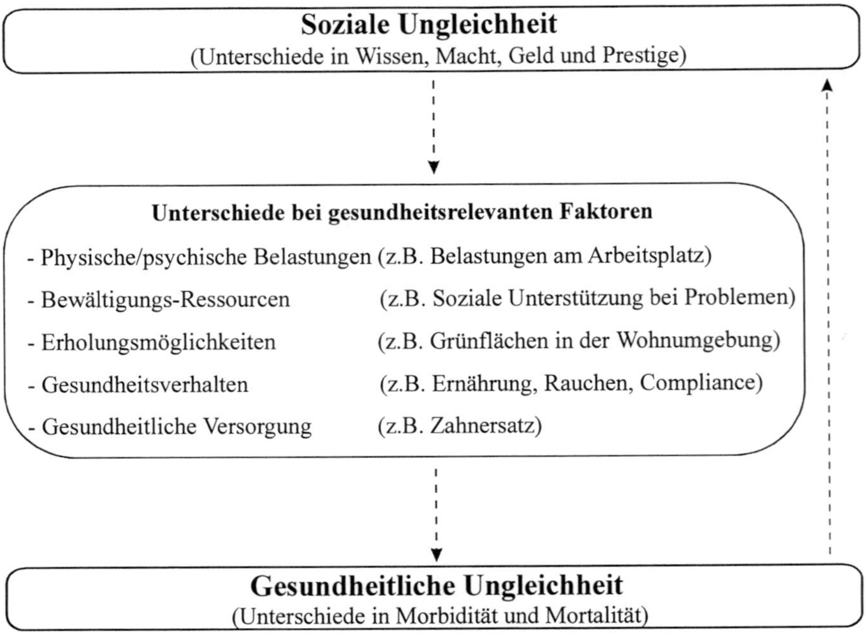

Quelle: Mielck (neue Darstellung)

So weisen J. Siegrist und A. Möller-Leimkühler (1998, S. 98) auf empirische Ergebnisse aus Großbritannien hin, aus denen hervorgeht, daß sich die sozio-ökonomischen Unterschiede in der Herzkreislauf-Mortalität nur zu einem kleinen Teil durch die üblichen Risikofaktoren wie Rauchen, Blutdruck und Cholesterin erklären lassen. Sie folgern daraus, daß die Beziehung zwischen Berufsstatus und Herzkreislauf-Mortalität „in einem substantiellen Ausmaß durch genuin soziale bzw. psychosoziale Einflußfaktoren" erklärbar sein muß.

Auffallend ist zudem, daß der gesundheitlichen Versorgung keine große Bedeutung beigemessen wird. Offenbar herrscht weitgehende Einigkeit darüber, daß keine wichtigen sozio-ökonomischen Unterschiede in der Verfügbarkeit, der Inanspruchnahme und/oder der Qualität der gesundheitlichen Versorgung vorhanden sind. Empirisch belegt wird diese Vermutung allerdings nicht, und sie ist vermutlich auch nicht zutreffend (vgl. Kapitel III-2j bis III-2m).

Abbildung 19: Gesundheitliche Ungleichheit: 2. Erklärungsmodell

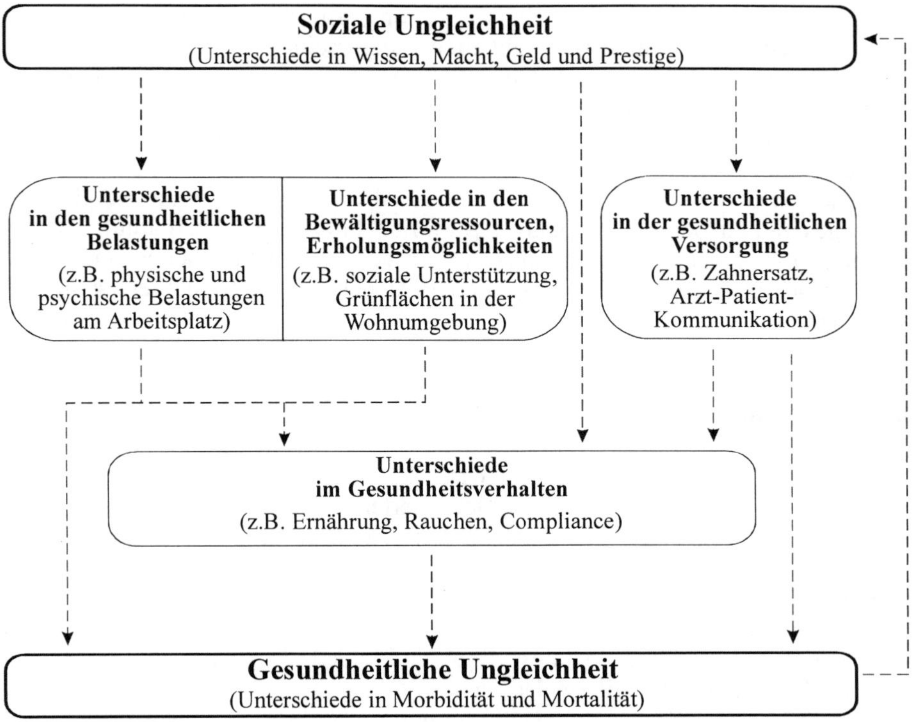

Quelle: Mielck (neue Darstellung auf Basis von Elkeles/Mielck (1993/1997a/b)

So ist in der Gesetzlichen Krankenversicherung (GKV) z.B. zu vermuten, daß Zahnersatz und Medikamentenkonsum vom Einkommen abhängig sind, da hohe Zuzahlungen zu leisten sind, und da nicht alle einkommensschwachen Versicherten von den Härtefall-Regelungen profitieren. Plausibel erscheint auch die Hypothese, daß die Arzt-Patient-Kommunikation vom sozio-ökonomischen Status des Patienten beeinflußt wird, daß es den status-hohen Ärzten gerade bei ihren status-hohen Patienten besonders leicht fällt, die Ursachen der gesundheitlichen Beschwerden zu verstehen. Die angesprochenen Erklärungsansätze lassen sich in einem einfachen Modell graphisch veranschaulichen (vgl. Abbildung 18).

Ein etwas weitergehendes Erklärungsmodell wurde von Th. Elkeles und A. Mielck (1993/1997a/1997b) vorgeschlagen. In diesem Modell werden die Elemente der 'Mesoebene' (Steinkamp 1993a/b) nicht nur wie in Abbildung 18 aufgelistet, sondern in eine interne Ordnung gebracht. Eine leicht revidierte Version ist in Abbildung 19 wiedergegeben. Das Modell soll vor allem die beiden folgenden Aussagen unterstreichen:

- Wichtig ist nicht die gesundheitliche Belastung für sich genommen, sondern die Bilanz aus gesundheitlicher Belastung einerseits und Bewältigungsressourcen und Erholungsmöglichkeiten andererseits.
- Das Gesundheitsverhalten wird durch das eben angesprochene Gleichgewicht zwischen gesundheitlichen Belastungen, Bewältigungsressourcen und Erholungsmöglichkeiten, und auch durch die gesundheitliche Versorgung beeinflußt.

Der nach oben gerichtete Pfeil soll wie in Abbildung 18 auf die Möglichkeit einer gesundheitsbedingten sozialen Mobilität hinweisen, d.h. darauf, daß ein sozialer *Abstieg* bei kranken Personen wahrscheinlicher ist als bei gesunden, und daß ein sozialer *Aufstieg* bei gesunden Personen wahrscheinlicher ist als bei kranken.

c) Alternativen zum Schichtkonzept

In der soziologischen Diskussion wird seit mehreren Jahren versucht, die Komplexität der sozialen Struktur detaillierter zu erfassen, als dies mit den traditionellen Konzepten der sozialen Ungleichheit möglich ist. Hintergrund dieser Bemühungen ist die These, daß die Unterteilung in hierarchisch geordnete soziale Schichten zunehmend an Bedeutung verliert (vgl. Einleitung zu Kapitel I). Um die Komplexität der sozialen Ungleichheit erfassen zu können, wurden die Begriffe soziale Lage, soziales Milieu und Lebensstil geprägt. Sie lassen sich wie folgt definieren (Hradil 1994):

- Soziale Lage: Kombination vorteilhafter und unvorteilhafter Lebensbedingungen
- Soziales Milieu: Kombination von Werthaltungen und Einstellungen
- Lebensstil: Kombination von Verhaltensmustern

Unterschiede in der sozialen Lage, im sozialen Milieu und im Lebensstil können als Formen der sozialen Ungleichheit angesehen werden. Gemeinsam mit den traditionellen Schichtmerkmalen (d.h. Bildung, beruflicher Status und Einkommen) kann so eine sehr feine Differenzierung der sozialen Struktur vorgenommen werden. In Abhängigkeit von der sozialen Lage, vom sozialen Milieu und/oder vom Lebensstil lassen sich beispielsweise innerhalb einer Bildungsgruppe viele Untergruppen differenzieren.

Der Prozeß der feineren Untergliederung läßt sich fast beliebig fortsetzen. Die Anzahl der Lebensbedingungen, aus der sich eine soziale Lage zusammensetzt, ist nahezu unbegrenzt, und jede Lebensbedingung kann Ausgangspunkt für eine neue Gruppenbildung sein. Ähnlich ist es auch beim sozialen Milieu und beim Lebensstil: Es gibt keine Grenze für die Bildung von Untergruppen, und im Extremfall besteht jede Gruppe nur aus einer einzigen Person. Die Frage muß also lauten, welche Personengruppen aus soziologischer Sicht unterschieden werden sollten, und wie sich diese Personengruppen definieren lassen mit Hilfe von Angaben zum sozio-ökonomischen Status, zur sozialen Lage, zum sozialen Milieu und zum Lebensstil. Die Frage wurde m.W. bisher jedoch noch nicht ausreichend beantwortet. Die soziale Ungleichheit wird bei Berücksichtigung der sozialen Lage, des sozialen Milieus und des Lebensstils zweifellos genauer erfaßt als bei einer Beschränkung auf die sozio-ökonomischen Merkmale Bildung, beruflicher Status und Einkommen. In der sozial-epidemiologischen Forschung wird aber versucht, die soziale Ungleichheit mit Hilfe von relativ großen und klar definierten Bevölkerungsgruppen zu erfassen. Diese Gruppen lassen sich mit den neuen Konzepten der soziologischen Ungleichheitsforschung bisher jedoch kaum bilden.

Dies soll selbstverständlich nicht heißen, daß die soziologische Ungleichheitsforschung unwichtig ist für die Analyse der gesundheitlichen Ungleichheit; das Gegenteil ist der Fall. Die soziale Lage, das soziale Milieu und der Lebensstil sind für die Sozial-Epidemiologie jedoch nicht deswegen von Bedeutung, weil sie eine genauere *Beschreibung* der sozialen Ungleichheit ermöglichen, sondern weil sie wichtige Ansätze für die *Erklärung* der gesundheitlichen Ungleichheit bieten. Die Lebensbedingungen, die Werthaltungen und Einstellungen und auch die Verhaltensmuster sind Bestandteil der 'Mesoebene' zwischen der sozialen und der gesundheitlichen Ungleichheit (vgl. Abbildungen 18). Es ist daher zu hoffen, daß sich die sozial-epidemiologische und die soziologische Diskussion stärker als bisher vernetzen.

Eingang in die Diskussion über gesundheitliche Ungleichheiten hat bisher vor allem das Lebensstil-Konzept gefunden (Pientka 1994). Der Begriff 'Lebensstil' geht auf den Weberschen Begriff der 'Lebensführung' zurück. In der englischen Übersetzung wurde daraus 'lifestyle'; und bei der im Rahmen der medizinsoziologischen Diskussion erfolgten Rückübersetzung ins Deutsche hat sich der Begriff 'Lebensstil' etabliert. Einige Autoren verwenden als deutsche Übersetzung auch den Begriff 'Lebensweise' (Gerhardt 1993). In der medizinsoziologischen Betrachtung wird unter dem Stichwort 'Lebensstil' der Zusammenhang zwischen gesundheitsrelevantem Verhalten und gesundheitsrelevanten Lebensumständen diskutiert. Dieser Ansatz ist demnach sehr breit angelegt. Er ist auf keine spezifische Variante der sozialen Ungleichheit beschränkt und erinnert an die traditionelle Argumentation, daß 'Verhalten und Verhältnisse' immer gemeinsam betrachten werden müssen.

Wichtig sind hier vor allem die beiden folgenden Fragen:
- Welche Lebensstile lassen sich innerhalb einer sozialen Schicht unterscheiden, und welche Lebensstile verbinden Personen aus verschiedenen sozialen Schichten?
- Ermöglichen die Lebensstile eine detailliertere Beschreibung und/oder Erklärung der gesundheitlichen Ungleichheit als die traditionellen Indikatoren Bildung, Berufsstatus und Einkommen?

Die Fragen lassen sich jedoch kaum beantworten. Die ungelösten Probleme werden schon bei der ersten Frage deutlich.

> „In der wissenschaftlichen Diskussion steht die Einbindung des Begriffs 'Lebensstil' in theoretische Überlegungen zur Entwicklung moderner Sozialstrukturen noch weitgehend aus. Des weiteren sind Anzahl und Art der Dimensionen des Lebensstils sowie deren Operationalisierung keinesfalls eindeutig; die empirische Beschreibung ist widersprüchlich. (...) Bislang ist die Integration des Lebensstil-Konzepts in eine allgemeine Theorie sozialer Ungleichheit noch nicht erfolgt" (Dangschat/Blasius 1994, S. 9 f.).

In bezug auf die zweite Frage gehen einige Autoren (z.B. Abel 1991) davon aus, daß Lebensstile die zentrale Schnittstelle zwischen der sozialwissenschaftlichen und der gesundheitlichen Forschung darstellen. Die Vorteile einer Integration des Lebensstil-Konzepts in die Analyse der gesundheitlichen Ungleichheit werden bei Th. Abel und A. Rütten (1994) deutlich. Sie schlagen vor, bei der Beschreibung von Lebensstilen die drei folgenden Dimensionen zu unterscheiden:

- Verhalten
- Orientierungen
- Ressourcen

Ein Lebensstil läßt sich demnach durch eine spezifische Kombination verschiedener Elementen aus diesen drei Dimensionen charakterisieren. Zum Verhalten zählt selbstverständlich auch das gesundheitsrelevante Verhalten, die Orientierungen umfassen auch die gesundheitsbezogenen Wertvorstellungen, und die Ressourcen beinhalten auch die materiellen, kulturellen und sozialen Ressourcen, die für den Gesundheitszustand wichtig sind. Die traditionellen Indikatoren der sozialen Ungleichheit (d.h. Bildung, Berufsstatus und Einkommen) lassen sich gut als Elemente der Dimension 'Ressourcen' einordnen. Der Ansatz bietet somit die Möglichkeit einer sehr detaillierten Analyse der gesundheitlichen Ungleichheit. Gesundheitsrelevante Lebensstile lassen sich mit Indikatoren der vertikalen und/oder horizontalen sozialen Ungleichheit verbinden, und durch die Einbeziehung der Dimensionen 'Verhalten' und 'Orientierungen' bieten sich neue Ansatzpunkte zur Erklärung der gesundheitlichen Ungleichheit. Was bisher m.W. jedoch noch fehlt, ist eine praktische Umsetzung dieser Möglichkeiten im Rahmen von empirischen Studien.

2) Empirische Ergebnisse aus der Bundesrepublik

Wie bereits oben angesprochen wurde, dreht sich die Diskussion um die beiden folgenden zentralen Hypothesen:
- Der sozio-ökonomische Status beeinflußt den Gesundheitszustand (plakativ formuliert: 'Armut macht krank')
- Der Gesundheitszustand beeinflußt den sozio-ökonomische Status (plakativ formuliert: 'Krankheit mach arm')

Aus der Bundesrepublik liegt m.W. bisher erst eine empirische Studie vor, in der explizit versucht wird, die Aussagekraft der beiden Hypothesen miteinander zu vergleichen. Die Analyse konzentriert sich auf die Wechselbeziehung zwischen Einkommen und Gesundheit. Mit Hilfe der Daten aus dem Sozio-ökonomischen Panel (vgl. Kapitel II-1b) wird untersucht, ob und wie Änderungen des Einkommens mit Änderungen im Gesundheitszustand einhergehen. Der Vergleich zwischen den Daten aus den Jahren 1992 und 1994 zeigt eine Wirkung in beide Richtungen: Änderungen im Einkommen ziehen Änderungen im Gesundheitszustand nach sich, und umgekehrt führen Änderungen im Gesundheitszustand auch zu Änderungen im Einkommen, wobei der erste Einfluß allerdings erheblich stärker ist als der zweite (Thiede/Straub 1997). Derartige Längsschnitt-Daten sind sehr selten. Die unten vorgestellten empirischen Ergebnisse basieren daher fast ausschließlich auf Querschnitt-Daten, d.h. auf Daten, die nur zu einem einzigen Zeitpunkt erhoben worden sind. Bei derartigen Daten ist es strenggenommen nicht möglich, zwischen Ursache und Folge zu trennen. Die Ergebnisse spiegeln daher nur Zusammenhänge, aber keine kausalen Wirkungen wider. Die Interpretation als kausale Wirkung kann sich allenfalls auf die Plausibilität der Argumentation berufen.

Im folgenden Kapitel werden empirische Ergebnisse aus den alten und neuen Bundesländern zu den verschiedenen Erklärungsansätzen vorgestellt. Die Ansätze lassen sich nach unterschiedlichen Kriterien sortieren. Eine übliche Unterteilung richtet sich danach, ob das *individuelle Verhalten* oder ob die *Lebensverhältnisse* im Mittelpunkt stehen. Selbstverständlich sind Verhalten und Verhältnisse auf vielfältige Weise miteinander verzahnt, zur Strukturierung der Diskussion hat sich diese Trennung jedoch als sinnvoll erwiesen. Eine andere übliche Unterteilung orientiert sich daran, ob das Augenmerk hauptsächlich auf die *gesundheitlichen Risiken* oder auf die *Maßnahmen der gesundheitlichen Versorgung* gerichtet wird. Inhaltlich überlappen sich die beiden Möglichkeiten der Unterteilung. Sowohl bei den gesundheitlichen Risiken als auch bei den Maßnahmen der gesundheitlichen Versorgung sind verhaltens- und verhältnisbezogene Elemente vorhanden. Das vorliegende Kapitel ist entsprechend der Trennung zwischen gesundheitlichen Risiken und gesundheitlicher Versorgung strukturiert, da diese Unterteilung m.E. trennschärfer ist als die andere.

a) Arbeitsbedingungen

Solange wie in der Bundesrepublik über die gesundheitliche Ungleichheit diskutiert wird, solange wird auch betont, daß die Erklärung bei den schichtspezifischen Arbeitsbedingungen ansetzen sollte (z.B. Böker 1971, Scharf 1978; vgl. auch Kapitel III-1b). In dem neuen 'Gesundheitsbericht für Deutschland' werden im Kapitel 'Belastungen aus der Arbeitswelt' z.B. die folgenden Belastungsmerkmale unterschieden (Statistisches Bundesamt 1998, S. 143):
- „Umgebungsbelastungen (z.B. Lärm, Dämpfe, Hitze) und Unfallgefahren,
- körperliche Belastungen (schwere Lasten heben, einseitige Muskelbelastung) sowie
- psychische und psycho-soziale Belastungen (Monotonie, Zeitdruck, Vorgesetztenverhalten)"

Schon die Alltagserfahrung lehrt, daß die meisten dieser Belastungen vor allem bei den status-niedrigen Berufen auftreten.

Eine etwas detaillierte Unterteilung wird von A. Oppolzer (1994) vorgeschlagen:
- körperliche Beanspruchung (z.B. schwere oder einseitig dynamische Muskelarbeit, körperliche Zwangshaltungen wie Stehen oder einseitiges Sitzen)
- Umgebungseinflüsse bei der Arbeit (z.B. Lärm, mechanische Schwingungen, Kälte oder Hitze, hohe Luftfeuchtigkeit, Zugluft, Staub, Gase, Dämpfe, Nässe und Schmutz)
- Belastungen durch die Arbeitszeit (z.B. Nacht- oder Schichtarbeit)
- psychische Belastungen durch Über- oder Unterforderung (z.B. quantitative Überforderung oder qualitative Unterforderung, Zeit- und Termindruck)
- Kombination von verschiedenen Belastungen

Auch nach dieser ausführlicheren Liste sind die meisten Belastungen offenbar vor allem bei den status-niedrigen Berufen vorhanden.

Diese These ist in einer Fülle von empirischen Arbeiten belegt worden. Eine Auswertung der Daten aus dem Sozio-ökonomischen Panel (vgl. Kapitel II-1b) verdeutlicht, wie groß die Unterschiede zwischen den Berufsgruppen sind H. Noll und R. Habich (1990). Zur Veranschaulichung sind hier zwei extreme Berufsgruppen ausgewählt worden, und zwar höhere und mittlere akademische Berufe einerseits und un- und angelernte Arbeiter andererseits (vgl. Tabelle 65).

Vor allem die Belastungen, die einen unmittelbaren Einfluß auf die Gesundheit ausüben - wie z.B. körperlich schwere Arbeit und belastende Umgebungseinflüsse - sind bei den un- und angelernten Arbeitern sehr viel häufiger als bei den höheren und mittleren akademischen Berufen. In die gleiche Richtung weisen auch viele der mehr indirekten gesundheitlichen Belastungen (z.B. mangelnde Möglichkeit des Mitentscheidens und des Dazulernens). Nach Kontrolle der Variablen Alter, Geschlecht und Nationalität bleiben die in Tabelle 65 dargestellten Zusammenhänge weitgehend erhalten.

Tabelle 65: Stellung im Beruf und Arbeitsbedingungen

Arbeitsbedingungen (Antwort: trifft voll und ganz zu)	Stellung im Beruf (Angaben in %) un- und angelernte Arbeiter	höhere und mittlere akademische Berufe
Abwechslungsreiche Arbeit	35	86
Möglichkeit der Selbstgestaltung	28	65
Möglichkeit der Mitentscheidung	1	31
Möglichkeit des Dazulernens	16	52
Nervliche Anspannung	26	47
Belastende Umgebungseinflüsse	30	2
Körperlich schwere Arbeit	29	1
Strenge Kontrolle der Arbeit	24	5

Datenbasis: Befragung 1984-1986 (Sozio-ökonomisches Panel)
Stichprobe: ca. 12.000 Männer & Frauen ab 16 J. (alte Bundesländer, Deutsche & Ausländer)
Quelle: Noll/Habich 1990

b) Bedingungen innerhalb der Wohnung und im Wohngebiet

Der Zusammenhang zwischen dem sozio-ökonomischen Status und den gesundheitsgefährdenden Wohnbedingungen wurde bisher in den alten und neuen Bundesländern erstaunlich selten untersucht (Fiedler 1998). Möglicherweise wird der Zusammenhang als so offensichtlich und allgemein bekannt angesehen, daß er einer empirischen Bestätigung nicht mehr bedarf. Es ist m.E. jedoch wichtig, auch die plausiblen Hypothesen zu belegen, zumindest um zu veranschaulichen, wie groß die Unterschiede - und damit auch die gesundheitsfördernden Potentiale einer Intervention - sind. Um den Stellenwert dieser wenig erforschten Thematik zu betonen, sollen in diesem Kapitel relativ viele einzelne Ergebnisse kurz präsentiert werden.

Allgemeine Angaben zu den Wohnbedingungen

Die Vermutung, daß die gesundheitsgefährdenden Wohnbedingungen in der unteren sozialen Schicht häufiger anzutreffen sind als in der oberen, läßt sich zumindest durch einige empirische Ergebnisse erhärten. In ihrer bereits oben erwähnten Auswertung der Daten aus den ersten drei Wellen des Sozio-ökonomischen Panels (vgl. voriges Kapitel) haben H. Noll und R. Habich (1990) auch den Zusammenhang zwischen der beruflichen Stellung und den Wohnbedingungen beschrieben. Zur Veranschaulichung sind hier wiederum nur zwei extreme Berufsgruppen ausgewählt worden, und zwar höhere und mittlere akademische Berufe einerseits und un- und angelernte Arbeiter andererseits (vgl. Tabelle 66). Die objektiven Merkmale (Anzahl der Räume pro Person, Ausstattung mit Garten, Wohnen zur Miete) weisen in die erwartete Richtung. Auch wenn diese Merkmale keinen direkten Einfluß auf den Gesundheitszustand ausüben sollten, so werden sie vermutlich zumindest das Wohlbefinden beeinflussen, und damit indirekt auch den Gesundheitszustand. Interessant sind die Ergebnisse zur Lärmbelästigung und Luftverschmutzung im Wohngebiet. Auf den ersten Blick ist es überraschend, eine höhere Belastung in der oberen Statusgruppe zu finden. Auf den zweiten Blick fällt jedoch auf, daß es sich hier um eine subjektive Bewertung der Belastung handelt, und nicht um ihre objektive Messung. Die Ergebnisse legen m.E. die folgende Hypothese nahe: Die Belastung durch Lärm und Luftverschmutzung ist in den status-hohen Gebieten geringer als in den status-niedrigen Wohngebieten, sie wird in den status-hohen Gebieten jedoch als gravierender empfunden. Selbstverständlich kann sich nicht nur die objektive, sondern auch die subjektiv empfundene Belastung auf den Gesundheitszustand auswirken, aber im Vordergrund stehen dennoch die objektiven. Empirisch überprüft wurde diese These m.W. noch nicht, ihre Plausibilität wird jedoch durch einige der unten dargestellten Ergebnisse untermauert.

Nach Kontrolle der Variablen Alter, Geschlecht und Nationalität bleiben die in Tabelle 66 dargestellten Zusammenhänge weitgehend erhalten. Ähnliche Ergebnisse liegen auch für den Zusammenhang zwischen *Einkommen* und Wohnbedingungen vor (Statistisches Bundesamt 1998, S. 113). Die sozioökonomischen Unterschiede in den Wohnbedingungen sind für diejenigen besonders wichtig, die ihre Wohnung nur schwer verlassen können, beispielsweise für Kleinkinder und für alte Menschen. Bezogen auf die letztgenannte Personengruppe liegen Ergebnisse aus der Berliner Altersstudie (BASE) vor. In dieser Studie wurde Anfang der 90er Jahre eine Zufallsstichprobe der in West-Berlin in Privathaushalten lebenden Personen über 70 Jahren befragt. Der berufliche Status wird definiert auf Basis des zuletzt ausgeübten Berufes der Befragten und/oder der Partner. Die Auswertungen zeigen, daß die Zufriedenheit mit den Wohnbedingungen stark von diesem Status abhängig ist: Bei hohem Status beklagen sich 'nur' 6% über ihre Wohnung (zu laut, zu kalt, zu teuer etc.), bei mittlerem Status 13% und bei niedrigem Status 20% (Mayer/Wagner 1996, S. 261).

Tabelle 66: Stellung im Beruf und Wohnbedingungen

	Stellung im Beruf	
Wohnbedingungen	un- und angelernte Arbeiter	höhere und mittlere akademische Berufe
Räume pro Person	1,5	1,9
Anteil der Wohnungen ohne Bad	11%	0%
Anteil der Wohnungen ohne Zentralheizung	35%	10%
Anteil der Wohnungen ohne Balkon	49%	14%
Anteil der Wohnungen ohne Garten	58%	31%
Starke Lärmbelästigung im Wohngebiet	12%	19%
Starke Luftverschmutzung im Wohngebiet	12%	16%
Anteil der Mieter	71%	46%

Datenbasis: Befragung 1984-1986 (Sozio-ökonomisches Panel)
Stichprobe: ca. 12.000 Männer und Frauen ab 16 J. (alte Bundesländer, Deutsche & Ausländ.)
Quelle: Noll/Habich 1990

Luftverschmutzung im Wohngebiet

Aus den alten und neuen Bundesländern lag bis vor kurzem nur eine empirische Studie zum Thema 'soziale Ungleichheit und Luftverschmutzung' vor. Dort wurde untersucht, ob im Ruhrgebiet eine schichtspezifische Schadstoff-Belastung der Außenluft vorhanden ist. Grundlage ist ein Vergleich der Schadstoff-Belastungen zwischen Wohngebieten mit unterschiedlicher Sozialstruktur. Das Ergebnis ist eindeutig:

> „Zusammenfassend ist festzustellen, daß nach den vorliegenden Untersuchungsergebnissen Arbeiter am Wohnort weitaus stärker durch Staub-, Schwefeldioxid- und Fluorionen-Immissionen belastet werden als die Gruppe der Angestellten und Selbständigen" (Jarre 1975, S. 68).

Trotz der bekannten gesundheitsschädigenden Effekte einer hohen Luftverschmutzung wurde dieses Thema in der Folgezeit stark vernachlässigt. Sowohl empirische Arbeiten als auch Hinweise darauf, daß das Thema bearbeitet werden sollte, lassen sich kaum finden. Es ist daher besonders begrüßenswert, daß das Büro für Technikfolgen-Abschätzung beim Deutschen Bundestag im Jahr 1996 ein Gutachten mit dem Titel 'Soziale Ungleichheit und umweltbedingte Erkrankungen in Deutschland' vergeben hat (Heinrich et al. 1998a). Das Gutachten sollte auch einen aktuellen Überblick über den Stand der Forschung zum Thema 'sozio-ökonomischer Status und Luftverschmutzung' bereitstellen. Wie erwartet konnten nur wenige empirische Studien gefunden werden. Die vorhandenen Ergebnisse zeigen jedoch ein relativ klares Bild. Zur Belastung der *Außenluft* konnten neben der bereits oben erwähnten Studie von J. Jarre (1975) nur drei weitere Arbeiten einbezogen werden (Mielck 1985, Ministerium 1997a/b, Heinrich et al. 1998b). Sie konzentrieren sich auf Kinder und weisen übereinstimmend darauf hin, daß Kinder aus der unteren sozialen Schicht häufiger als andere Kinder an Hauptverkehrsstraßen und in Regionen mit erhöhter Konzentration an Außenluft-Schadstoffen wohnen.

Die Analysen von A. Mielck (1985) basieren zum einen auf den Schuleingangs-Untersuchungen in Hamburg aus dem Jahr 1979. Bei der Untersuchung werden auch Angaben zum Beruf der Eltern erhoben. Durch Aggregation der Schulanfänger pro Baublock war es daher möglich, den Anteil der Schulanfänger aus Arbeiter-Haushalten auf dieser kleinräumlichen Ebene zu berechnen. Zum anderen stammen die Daten aus den 1979 in Hamburg durchgeführten Messungen der Luftverschmutzung; und auch diese Angaben ließen sich pro Baublock darstellen. Die Korrelationen zeigen: Je höher der Anteil der Schulanfänger ist, die aus Arbeiter-Haushalten kommen, um so höher ist auch die Belastung der Außenluft mit Schwefeldioxid und mit Stickstoffmonoxid (vgl. Tabelle 67).

Tabelle 67: Sozialer Status und Luftverschmutzung

Korrelation zwischen Anteil der Schulanfänger aus Arbeiter-Haushalten [a] und Luftverschmutzung [b]		
Schwefeldioxid	Stickstoffmonoxid	Staub
+ 0,14 *	+ 0,17 *	+0 ,06

* : auf dem 5%-Niveau statistisch signifikant
a: Aggregation der Schulanfänger pro Baublock; b: Luftverschmutzung pro Baublock
Datenbasis: Eingangsuntersuchung 1979 von ca. 17.000 Schulanfängern in Hamburg
Quelle: Mielck 1985 (S. 148)

Bei der 1994 in Brandenburg durchgeführten Schuleingangs-Untersuchung wurden die Eltern nach ihrer Schulbildung und ihrem beruflichen Status gefragt (Ministerium 1997a/b). Der Fragebogen umfaßte zudem die Variable: 'Wohnung liegt an vielbefahrener Hauptstraße'. Aus den Angaben zur Schulbildung und zum beruflichen Status läßt sich ein Index für den sozialen Status bilden, und wenn die Schulanfänger nach diesem Index gruppiert werden, wird eine erheblich höhere Straßenverkehrs-Belastung bei den status-niedrigen Schulanfängern deutlich (vgl. Tabelle 68).

In der oben bereits angesprochenen 'Bitterfeld-Studie' (vgl. Tabelle 43) wurden die Eltern der 5 bis 14 Jahre alten Schulkinder auch nach der Straßenverkehrs-Belastung und nach der Ausstattung der Wohnung gefragt (Heinrich et al. 1998b). Die Ergebnisse sind wiederum eindeutig: Mit zunehmender Schulbildung der Eltern nimmt die Belastung der Kinder erheblich ab (vgl. Tabelle 69).

Feuchte Wohnung

Darüber, daß eine feuchte Wohnung gesundheitsgefährdend ist, kann kein Zweifel bestehen. In drei neueren Studien wurde gezeigt, daß erwartungsgemäß auch diese Gesundheitsgefährdung eine schichtspezifische Verteilung aufweist. Die Ergebnisse aus den Schuleingangs-Untersuchungen in Brandenburg (Ministerium 1997a/b) und aus der Studie von J. Heinrich et al. (1998b) wurden bereits oben erwähnt (vgl. Tabellen 68 und 69).

Tabelle 68: Sozialer Status und Belastung durch die Wohnbedingungen

	Sozialer Status der Eltern [a]			
	niedrig	mittel	hoch	keine Angabe
Anteil (in %)	8,7	46,2	17,9	27,2
Wohnung an vielbefahrener Hauptstraße (in %)	28,0	20,6	16,6	-
Schimmelpilze in der Wohnung (in %)	23,0	12,0	10,0	-

a: Index aus Schulbildung und beruflichem Status
Datenbasis: Eingangsuntersuchung 1994 von ca. 32.200 Schulanfängern in Brandenburg
Quelle: Ministerium 1997a/b

Tabelle 69: Schulbildung und Belastung durch die Wohnbedingungen

	Prävalenz (in %) Schulbildung der Eltern[a]		
	< 10 Jahre	10 Jahre	> 10 Jahre
Anteil in der Stichprobe (in %)	8,0	49,2	42,8
Wohnung liegt an verkehrsreicher Straße[b]*	21,5	14,6	8,2
Wohnung ist feucht*	16,3	8,5	4,8

*: signifikanter Unterschied zwischen den Bildungsgruppen ($p < 0{,}001$)
a: Höchster Schulabschluß von Mutter oder Vater; b: mehr als 50 Kfz. pro Minute
Stichprobe: 2.471 Kinder (5-14 Jahre) aus Hettstedt, Zerbst und Bitterfeld
Datenbasis: Befragung 1992/93 (Bitterfeld-Studie)
Quelle: Heinrich et al. 1998b

Die dritte Studie basiert auf einer 1991 in mehreren Städten der alten und neuen Bundesländer (z.B. Halle, Leipzig, Magdeburg, Duisburg, Essen, Dortmund) durchgeführten speziellen Untersuchung von Schulanfängern. Im Zentrum dieser umwelt-epidemiologischen Studie, die auch eine Befragung der Eltern einschloß, stand die Frage nach den gesundheitlichen Effekten der Luftverschmutzung. Aus den alten Bundesländern nahmen insgesamt 4.865 Schulanfänger teil, und aus den neuen insgesamt 4.074 (Krämer et al. 1997). Die Auswertungen zur Variablen 'feuchte Wohnung' zeigen, daß die Prävalenz in den neuen Bundesländern höher ist als in den alten, und daß sie in der unteren Bildungsgruppe höher ist als in der oberen.

Schadstoff-Belastung in der Wohnung

Die oben genannten Studien zur Belastung der *Außenluft* (Jarre 1975, Mielck 1985, Ministerium 1997a/b, Heinrich et al. 1998b) verdeutlichen, daß die Schadstoff-Belastung bei den Angehörigen der unteren sozialen Schicht besonders hoch ist. Die Qualität der *Innenluft* wird zu einem großen Teil durch die Qualität der Außenluft bestimmt, und es ist daher nicht überraschend, daß die Studien zur Innenluft zu einem ähnlichen Ergebnis kommen wie die Studien zur Außenluft.

Zur schichtspezifischen Belastung der *Innenluft* sind bisher offenbar nur zwei empirische Studien vorhanden (Krause et al. 1991, Hoting 1996). Eine basiert auf den Daten des 1985/86 durchgeführten 1. Umwelt-Surveys (vgl. Kapitel II-1e). Die Projektberichte beinhalten Angaben zur Innenluft-Belastung von Erwachsenen nach ihrer Stellung im Beruf. Die Ergebnisse weisen darauf hin, daß bei Arbeitern die Belastung der Luft innerhalb der Wohnung mit Staub und mit Staub-Inhaltsstoffen deutlich höher ist als bei Angestellten (Krause et al. 1991). Um die Darstellung zu vereinfachen, sind in Tabelle 70 nur die Werte für Staub und für die Spurenelemente Blei, Cadmium und Arsen wiedergegeben. Die Konzentration der anderen im Staub gemessenen Spurenelemente (z.B.

Aluminium, Barium, Chrom, Kupfer, Magnesium, Mangan, Strontium, Zink) war bei den Arbeitern ebenfalls höher als bei den Angestellten.

Tabelle 70: Belastung der Innenluft (alte Bundesländer)

		Belastung der Innenluft [a] Stellung im Beruf	
		Arbeiter	Angestellte
Anzahl der Personen		715	941
Staub	(mg/m² x Tag)	5,0	4,4
Blei	(µg/m² x Tag)	0,46	0,39
Cadmium	(µg/m² x Tag)	0,018	0,014
Arsen	(µg/m² x Tag)	0,010	0,008

a: Hausstaub und Spurenelemente im Hausstaub (Mittelwert, geometrisches Mittel)
Stichprobe: 2.731 Männer und Frauen (25-69 Jahre) aus den alten Bundesländern
Datenbasis: Untersuchung/Befragung 1985/87 (Umwelt-Survey)
Quelle: Krause et al. 1991

In der zweiten Studie zur *Innenluft*-Belastung werden Daten ausgewertet, die 1993/94 in Bitterfeld bei Kindern nach dem gleichen methodischen Vorgehen erhoben wurden wie die Daten des 1. Umwelt-Surveys (Hoting 1996). Die Ergebnisse zeigen, daß die Belastung der Innenluft mit Staub, Blei, Cadmium und Arsen bei Kindern aus der unteren sozialen Schicht erheblich höher ist als bei Kindern aus der oberen sozialen Schicht. Die soziale Schicht der Kinder wurde dabei über die Schulbildung der Eltern gemessen (vgl. Tabelle 71).

Tabelle 71: Belastung der Innenluft (neue Bundesländer)

		Belastung der Innenluft [a] Schulbildung der Eltern				
		bis 8. Klasse	10-12. Klasse	Fachschul-Abschluß	Hochschul-Abschluß	p-Wert
Anzahl der Personen		28	244	153	63	
Staub	(mg/m² x Tag)	10,7	9,1	8,2	8,4	0,037
Blei	(µg/m² x Tag)	1,9	1,2	1,1	0,9	0,001
Cadmium	(µg/m² x Tag)	0,042	0,024	0,020	0,018	0,001
Arsen	(µg/m² x Tag)	0,042	0,024	0,021	0,018	0,001

a: Hausstaub und Belastung des Hausstaubs mit Inhaltsstoffen (geometrisches Mittel)
Stichprobe: Kinder (5-14 Jahre) aus Hettstedt und Zerbst (Sachsen-Anhalt)
Datenbasis: Befragung/Untersuchung 1992/94 (Bitterfeld-Studie)
Quelle: Hoting 1996

c) Rauchen, Übergewicht, Bluthochdruck, Hypercholesterinämie, Bewegungsarmut

Die meisten empirischen Ergebnisse über sozio-ökonomische Unterschiede bei gesundheitlichen Risiken liegen zu den kardiovaskulären Risikofaktoren Rauchen, Übergewicht, Bluthochdruck, Hypercholesterinämie und Bewegungsarmut vor. Vor wenigen Jahren haben G. Kaplan und J. Keil einen detaillierten Überblick über den Stand der empirischen Forschung zum Thema 'sozio-ökonomischer Status und kardiovaskuläre Risikofaktoren' publiziert (Kaplan/Keil 1993). Auch hier stehen die fünf oben genannten Risikofaktoren im Vordergrund, ergänzt lediglich durch HDL-Cholesterin und Fibrinogen. Ihr Überblick basiert auf Publikationen aus den USA, aus Kanada, Großbritannien, den skandinavischen Ländern und Deutschland. Mit Hilfe einer Abfrage in der Literatur-Datenbank MEDLINE haben sie alle erreichbaren Publikationen aus diesen Staaten zusammengetragen. In MEDLINE werden seit Mitte der 60er Jahre die einschlägigen Artikel aus den renommierten Zeitschriften nahezu vollständig erfaßt. Der Überblick dürfte daher keine größeren Lücken aufweisen, zumal er selbstverständlich nicht nur auf der MEDLINE-Abfrage beruht, sondern auch auf der langjährigen Erfahrung der beiden Autoren in diesem Forschungsgebiet.

Die Ergebnisse der empirischen Forschung lassen sich demnach wie folgt zusammenfassen (vgl. Tabelle 72): Bei den meisten kardiovaskulären Risikofaktoren besteht ein eindeutiger negativer Zusammenhang mit dem sozio-ökonomischen Status, d.h. in den oberen Statusgruppen sind die Risikofaktoren seltener vorhanden als in der unteren Statusgruppe. Am häufigsten wurde dieser Zusammenhang für Bluthochdruck und Zigarettenrauchen belegt, aber auch für Übergewicht und Mangel an körperlicher Bewegung in der Freizeit liegen viele empirische Bestätigungen dieser Aussage vor.

Tabelle 72: Soziale Schicht und kardiovaskuläre Risikofaktoren

	Zusammenhang mit sozio-ökonomischem Status [a]
(Zigaretten-)Rauchen	-
Übergewicht	-
Bluthochdruck	-
Mangel an sportlicher Betätigung	-
Fibrinogen	-
Gesamt-Cholesterin	?
HDL-Cholesterin	?

a: '-' = höhere Prävalenz bei niedrigerem Status; '?' = unklarer Zusammenhang
Datenbasis: Publikationen aus den USA, aus Kanada, Großbritannien, den skandinavischen Ländern und Deutschland (MEDLINE-Abfrage und weitere Unterlagen)
Quelle: Kaplan/Keil 1993 (eigene Darstellung)

Zu Fibrinogen sind bisher nur relativ wenige Ergebnisse vorhanden, sie zeigen jedoch übereinstimmend einen negativen Zusammenhang mit dem sozio-ökonomischen Status. Die 'Ausnahme von der Regel' ist Cholesterin. Die vorliegenden Ergebnisse zum Gesamt-Cholesterin lassen ebenso wie die Ergebnisse zum HDL-Cholesterin keinen klaren Zusammenhang mit dem sozio-ökonomischen Status erkennen.

Die in Tabelle 72 skizzierten Aussagen sollen im folgenden mit einigen empirischen Ergebnissen aus der Bundesrepublik untermauert werden. Um den Überblick zu erleichtern, orientiert sich die Reihenfolge dabei an den Faktoren zur Messung des sozio-ökonomischen Status, d.h. zuerst werden die Ergebnisse über den Zusammenhang mit dem Bildungsstatus präsentiert und zuletzt die Ergebnisse über den Zusammenhang mit dem Index 'soziale Schicht'.

Schulbildung/berufliche Ausbildung und kardiovaskuläre Risikofaktoren

Im Mittelpunkt der folgenden Studie steht die Frage, ob vor der Wiedervereinigung in beiden Teilen Deutschlands ein vergleichbarer Zusammenhang zwischen Ausbildung einerseits und Rauchen, Übergewicht, Bluthochdruck und Hypercholesterinämie andererseits bestanden hat. Die Analysen basieren auf den Daten der DHP- und der DDR-MONICA-Studie (vgl. Kapitel II-1c, II-1f) und beziehen sich auf den Zeitraum 1983/86 (Helmert et al. 1992). Die Auswertungen zeigen, daß die Risikofaktoren-Prävalenz mit abnehmender Schulbildung zumeist ansteigt. Besonders klar wird dieser Zusammenhang beim Index '2 oder mehr Risikofaktoren': Sowohl bei Männern als auch bei Frauen - und sowohl in den alten als auch in den neuen Bundesländern - nimmt die Risikofaktoren-Belastung mit abnehmender Ausbildung stufenweise zu (vgl. Tabelle 73). Ein ähnlicher Zusammenhang zwischen Ausbildung und kardiovaskulären Risikofaktoren zeigt sich auch bei aktuelleren Daten aus den alten und neuen Bundesländern (z.B. Heinemann et al. 1996, Helmert/Borgers 1998). Der Index '2 oder mehr Risikofaktoren' verdeutlicht zudem, daß vor der Wiedervereinigung die Prävalenz in den neuen Bundesländern größer war als in den alten, zumindest bei den 25 bis 64 Jahre alten Personen mit deutscher Staatsangehörigkeit.

Schulbildung und Rauchen bei Erwachsenen

Die meisten empirischen Ergebnisse über sozio-ökonomische Unterschiede bei den kardiovaskulären Risikofaktoren liegen für den Risikofaktor 'Rauchen' vor (Mielck/Helmert 1994b). Aus diesem Grunde wird auch in den folgenden Abschnitten vor allem auf das Rauchen eingegangen. Bezogen auf Erwachsene geht aus mehreren Studien übereinstimmend hervor, daß das Rauchen bei Erwachsenen mit niedriger Schulbildung weiter verbreitet ist als bei Erwachsenen mit höherer Schulbildung (z.B. Tabelle 73, Helmert et al. 1990, Hoffmeister et al. 1992).

Tabelle 73: Ausbildungsjahre und kardiovaskuläre Risikofaktoren

Risikofaktoren	Ausbildungs-jahre	Odds Ratios [a] Männer alte BL	Männer neue BL	Frauen alte BL	Frauen neue BL
Bluthochdruck [c]	> 12	1,00 [b]	1,28	1,00 [b]	1,95*
	10 - 12	1,15	1,37*	1,08	2,56***
	< 10	1,08	1,50*	1,75*	3,32***
Hyper-cholesterinämie [d]	> 12	1,00 [b]	1,55**	1,00 [b]	1,60*
	10 - 12	1,22	1,55**	1,43	1,61*
	< 10	1,34*	1,58***	1,33	1,63*
Übergewicht [e]	> 12	1,00 [b]	1,25	1,00 [b]	1,62
	10 - 12	1,79**	1,88**	1,56	2,72**
	< 10	2,36***	2,36***	3,71*	5,75***
Rauchen [f]	> 12	1,00 [b]	0,90	1,00 [b]	0,51***
	10 - 12	1,15	1,73***	1,32	0,87
	< 10	1,86***	2,05***	1,25	0,86
2 oder mehr Risikofaktoren	> 12	1,00 [b]	1,42*	1,00 [b]	1,27
	10 - 12	1,33	1,86***	1,70*	2,48***
	< 10	1,82***	2,25***	2,09**	3,49***

*: p ≤ 0,10; **: p ≤ 0,05; ***: p ≤ 0,01
a: Kontrollierte Variable: Alter; b: Vergleichsgruppe für die anderen 5 Werte im 'Block'
c: systolischer Blutdruck ≥ 160 mmHg und/oder diastolischer Blutdruck ≥ 95 mmHg, oder Einnahme von blutdrucksenkenden Medikamenten
d: Gesamtcholesterin ≥ 250 mg/dl; e: Body Mass Index (Körpergewicht / Größe^2) ≥ 30
f: regelmäßig mindestens 1 Zigarette pro Tag
Stichprobe: 2.300 Männer und 2.207 Frauen aus den alten und 3.008 Männer und 3.118 Frauen aus den neuen Bundesländern (25-64 Jahre, Deutsche)
Datenbasis: Befragung/Untersuchung in alten (1984/86) und neuen Bundesländern (1983/85) (DHP-Studie, DDR-MONICA-Studie)
Quelle: Helmert et al. 1992

Besonders deutlich wird dieser Zusammenhang bei einer Auswertung der Mikrozensus-Daten (vgl. Kapitel II-1a) aus dem Jahr 1995. Die große Stichprobe ermöglicht die getrennte Darstellung der Prävalenzen für Männer und Frauen aus verschiedenen Altersgruppen (Helmert/Borgers 1998). Es ist schon erstaunlich, wie regelmäßig das Muster abnehmender Prävalenz mit zunehmender Schulbildung ist (vgl. Tabelle 74). Wenn die Prävalenz in der unteren Bildungsgruppe durch die Prävalenz in der oberen Bildungsgruppe geteilt wird, zeigt sich ein weiteres regelmäßiges Muster: Mit höherem Alter nimmt die soziale Ungleichheit beim Rauchen ab, vor allem bei Frauen, aber auch bei Männern. Für die drei Altersgruppen 18-34, 35-49 und 50-65 Jahre ergeben sich bei Männern die Quotienten 1,92 - 1,72 - 1,56, und bei Frauen die Quotienten 2,00 - 1,74 - 1,15. Die Beschränkung auf die erwerbstätige Bevölkerung ist hier eher ein Vorteil als ein Nachteil, da so die Variable 'Erwerbstätigkeit' keinen Einfluß auf die bildungsspezifischen Unterschiede im Rauchen mehr ausüben kann. Andere Auswertungen der Mikrozensus-Daten aus dem Jahr 1989 (Brückner 1991) und aus dem Jahr 1995 (Hein 1996) zeigen im übrigen einen sehr ähnlichen Zusammenhang zwischen Schulbildung und Rauchen, auch wenn dort keine Einschränkung auf die erwerbstätige Bevölkerung vorgenommen wird.

Tabelle 74: Schulbildung und Rauchen bei Erwerbstätigen

		Anteil der derzeitigen Raucher (in %) Höchste Schulausbildung			
		Haupt-schule	Realschule, Polyt. Obersch.	Fachhochschul-reife	Hochschul-reife
Männer	18 - 34 Jahre	48	41	32	25
	35 - 49 Jahre	43	38	27	25
	50 - 65 Jahre	28	24	19	18
	insgesamt	41	36	27	23
Frauen	18 - 34 Jahre	40	28	24	20
	35 - 49 Jahre	33	26	25	19
	50 - 65 Jahre	15	14	14	13
	insgesamt	32	24	22	18

Stichprobe: 53.645 Männer 36.660 Frauen (Erwerbstätige aus alten & neuen Bundesländern)
Datenbasis: Befragung 1995 (Mikrozensus)
Quelle: Helmert/Borgers 1998

Eine Auswertung der Augsburger MONICA-Daten (vgl. Kapitel II-1f) erbrachte interessante Ergebnisse über die sozio-ökonomischen Unterschiede bei der *Beendigung* des Rauchens (Härtel 1993b). Die Aussagekraft dieser Auswertung beruht vor allem darauf, daß ein echter Längsschnitt-Vergleich möglich war. Es gibt in den alten und neuen Bundesländern nur sehr wenige Längsschnitt-Studien (d.h. Studien, in denen dieselben Personen nach einiger Zeit erneut befragt oder untersucht werden), obwohl sich die zeitlichen Veränderungen bei ihnen selbstverständlich erheblich präziser abbilden lassen als in Querschnitt-Studien.

Tabelle 75: Ausbildungsdauer und Rauchen (zeitliche Veränderungen)

	Ausbildungsdauer in Jahren (Angaben in %)					
	Männer			Frauen		
	bis zu 10	11 bis 14	15 und mehr	bis zu 10	11 bis 14	15 und mehr
Anteil in Stichpr.	58,4	26,0	15,6	69,6	23,8	6,6
Anteil Raucher[a]						
1984/85	41,0	34,2	28,7	22,1	21,3	12,9
1987/88	38,0	30,2	21,3	20,2	18,7	11,7
1987/88 - 1984/85	-3,0	-4,0	-7,4	-1,9	-2,6	-1,2

a: gelegentliches/regelmäßiges Zigarettenrauchen (Altersstandard. der Schicht-Unterschiede)
Stichprobe: 1.860 Männer und 1.885 Frauen (25-64 Jahre) aus der Studienregion Augsburg
Datenbasis. Befragung 1984/85, 1987/88 (MONICA-Studie)
Quelle: Härtel et al. 1993b

In der Augsburger MONICA-Studie wurden die 1987/88 befragten Erwachsenen ca. drei Jahre später erneut befragt. Eine Überprüfung der Selbstangabe zum Zigarettenrauchen mit Hilfe einer Serum-Cotinin-Bestimmung ergab dabei nur geringfügige Abweichungen. Die Ergebnisse weisen auf einen Rückgang des Rauchens in allen drei Bildungsgruppen hin, und bei Männern ist der Rückgang in der oberen Bildungsgruppe deutlich größer als in der unteren Bildungsgruppe (vgl. Tabelle 75).

Schulbildung der Eltern und Passivrauchen der Kinder

Die oben dargestellten Unterschiede in der Raucher-Prävalenz bei Erwachsenen zeigen sich auch dann, wenn die Erwachsenen mit Kindern zusammen wohnen. Aus einer repräsentativen Bevölkerungsbefragung wurden die Angaben zum Rauchen bei den Eltern analysiert, die mit ihren Kindern zusammen wohnen (Brenner/Mielck 1993a). Unabhängig davon, ob die Kinder unter 5 Jahre oder zwischen 6 und 13 Jahre alt sind: Das Rauchen ist bei den Müttern und Vätern mit niedriger Schulbildung weiter verbreitet als bei den Müttern und Vätern mit höherer Schulbildung (vgl. Tabelle 76). Diese Unterschiede im Rauchen - bzw. im Passivrauchen - werden dadurch noch vergrößert, daß die rauchenden Eltern mit niedriger Schulbildung zumeist mehr Zigaretten pro Tag rauchen als die rauchenden Eltern mit höherer Schulbildung. Bei ihren Auswertungen der DHP-Daten kommen U. Helmert und P. Lang (1997) und U. Helmert et al. (1998) zu vergleichbaren Ergebnissen; der sozio-ökonomische Status wird bei ihnen jedoch nicht auf Basis der Schulbildung definiert, sondern auf Basis des Schicht-Indexes (vgl. Kapitel I-4a).

Tabelle 76: Schulbildung der Eltern und Passivrauchen ihrer Kinder

	Mutter Schulbildung [a]		Vater Schulbildung [a]	
	niedrig	höhere	niedrig	höhere
Kinder im Alter von 0-5 Jahren				
Anteil 'Mutter oder Vater raucht' [b]	34,5%	23,0%	53,2%	29,0%
Zigaretten pro Tag bei rauchenden Eltern	13,2	13,6	21,1	13,9
Kinder im Alter von 6-13 Jahren				
Anteil 'Mutter oder Vater raucht' [b]	39,7%	20,6%	73,8%	23,5%
Zigaretten pro Tag bei rauchenden Eltern	17,5	14,5	20,6	18,7

a: niedrigere Schulbildung: Volks-/Hauptschule;
höhere Schulbildung: Mittlere Reife, Realschulabschluß, Fachhochschulreife, Abitur
b: Befragt wurde nur ein Elternteil pro Haushalt
Stichprobe: 1.942 Männer und Frauen (ab 14 Jahre, Deutsche) aus den alten Bundesländern
Datenbasis: Befragung 1987
Quelle: Brenner/Mielck 1993a

Schultyp und Rauchen bei Jugendlichen

Ein ganz ähnliches Bild zeigt sich bei Jugendlichen, wenn sie nach dem Schultyp, den sie besuchen, unterschieden werden. Eine Befragung von Schülern zwischen 12 und 13 Jahren erbrachte gravierende Unterschiede zwischen der Hauptschule einerseits und dem Gymnasium andererseits (Scholz/Kaltenbach 1995); und auch hier wird die Parallelität mit dem Rauchverhalten der Eltern deutlich (vgl. Tabelle 77). Die Hypothese liegt nahe, daß die Jugendlichen in der Hauptschule auch deswegen einen so hohen Zigarettenkonsum aufweisen, weil ihre Eltern besonders häufig rauchen.

Tabelle 77: Schultyp und Rauchen bei Jugendlichen

	Anteil der derzeitigen Raucher (in %)			
	Hauptschule	integrierte Gesamtschule	Realschule	Gymnasium
Eigenes Rauchen				
mind. 1-2mal pro Woche	14,3***	8,2***	5,6*	2,7
in den letzten 24 Stunden				
1 bis 5 Zigaretten	8,3	6,2	2,5	1,2
6 bis 10 Zigaretten	1,9	1,2	0,6	0,4
mehr als 10 Zigaretten	3,7	0,5	0,4	0,2
Rauchen der Eltern				
Vater raucht	54,1***	42,9***	40,1***	29,7
Mutter raucht	40,2***	39,6***	41,3***	26,1

*: $p < 0,05$; **: $p < 0,01$; ***: $p < 0,001$ (jeweils verglichen mit Gymnasium)
Stichprobe: 2.979 Schüler (12-13 Jahre) in Offenbach und Hanau
Datenbasis: Befragung 1991/92
Quelle: Scholz/Kaltenbach 1995

Es liegen vergleichbare Ergebnisse aus mehreren Studien vor (z.B. Gohlke et al. 1989, Kiss 1997a, Pötschke-Langer 1998, Semmer et al. 1991). Eine neue Studie mit insgesamt 26.570 Schülern von Berufsfachschulen aus den alten und neuen Bundesländern liefert eine weitere Bestätigung des Zusammenhangs zwischen Schulbildung und Rauchen bei Jugendlichen (Setter et al. 1998): Wenn die Berufsfach-Schüler nach ihrem höchsten bisherigen Schulabschluß gruppiert werden, nimmt das Rauchen mit abnehmender Schulbildung erheblich zu, und zwar sowohl bei Männern als auch bei Frauen, und für das starke Rauchen (≥ 20 Zigaretten pro Tag) ebenso wie für das Rauchen allgemein (vgl. Tabelle 78). Starkes Rauchen ist bei Sonderschülern ca. 9mal (Männer) bzw. ca. 14mal (Frauen) häufiger als bei Abiturienten. Derartig große Unterschiede geben zweifellos Anlaß für gezielte Interventionsmaßnahmen, auch wenn die Gruppe der Sonderschüler relativ klein ist.

Tabelle 78: Schulbildung und Rauchen bei Berufsfach-Schülern

	Derzeitige Raucher (Odds Ratios [a]) Höchster bisheriger Schulabschluß				
	Abitur	Mittlere Reife	Hauptschule mit Abschluß	Hauptschule ohne Abschluß	Sonder-schule
Anteil der Schüler (in %)	11,7	54,1	29,6	3,4	1,2
Männer					
Raucher insgesamt	1,00 [b]	1,33*	2,01*	3,64*	5,19*
≥ 20 Zigaretten pro Tag	1,00 [b]	0,89	1,37	1,94*	8,92*
Frauen					
Raucher insgesamt	1,00 [b]	1,33*	2,03*	2,78*	4,56*
≥ 20 Zigaretten pro Tag	1,00 [b]	1,63*	2,43*	5,98*	13,54*

*: $p < 0,05$; a: Kontrollierte Variablen: Alter, Wohnsitz Stadt/Land, angestrebter Beruf
b: Vergleichsgruppe
Stichprobe: 20.462 Berufsfach-Schüler (Durchschnittsalter: 18,9 Jahre)
Datenbasis: Befragung 1994
Quelle: Setter et al. 1998

Berufliche Abschlußnote und Rauchen

In einer etwas älteren Publikation aus der DDR wird ein Zusammenhang beschrieben, der vorher und nachher kaum untersucht wurde, und zwar der Zusammenhang zwischen der Benotung in der schulischen oder beruflichen Ausbildung und dem Rauchen (Reissig 1977). Der Zusammenhang ist verblüffend regelmäßig: Mit besseren Noten nimmt der Anteil der Raucher schrittweise ab (vgl. Tabelle 79). Die Benotung kann einen starken Einfluß auf den späteren sozio-ökonomischen Status ausüben; die Ergebnisse liefern somit einen wichtigen Hinweis für die Erklärung des Zusammenhangs zwischen sozio-ökonomischem Status und Rauchen bei Erwachsenen. Eine weitergehende Diskussion müßte jedoch auf aktuelleren Daten basieren.

Tabelle 79: Berufliche Abschlußnote und Rauchen bei jungen Erwachsenen

	Anteil Raucher (in %)				
Note:	Bestanden	Befriedigend	Gut	Sehr gut	Auszeichnung
	57	48	40	33	29

Stichprobe: ca. 4.000 Männer & Frauen aus verschiedenen Bezirken (Erwerbstätige bis 25 J.)
Datenbasis: Befragung in der DDR 1975
Quelle: Reissig 1977

Beruflicher Status und Rauchen

Im Mikrozensus (vgl. Kapitel II-1a) wurde 1970, 1978, 1985, 1989, 1992 und 1995 auch nach dem Rauchverhalten gefragt. Auswertungen über den Zusammenhang zwischen beruflichem Status und Rauchen liegen m.W. nur auf Basis der Daten von 1978 (Schafstedde 1989, Borgers/Menzel 1984, Borgers 1988), von 1989 (Brückner 1991) und von 1995 (Helmert/Borgers 1998) vor. Aus dem Mikrozensus von 1995 wurden oben bereits Ergebnisse über den Zusammenhang zwischen Schulbildung und Rauchen dargestellt (vgl. Tabelle 74). Dieselbe Publikation enthält auch Angaben über den Zusammenhang zwischen beruflichem Status und Rauchen. Sie veranschaulichen zum einen erneut, daß der Anteil der Raucher bei Männern höher ist als bei Frauen, und daß er mit zunehmendem Alter zurückgeht. Zum anderen werden auch die Unterschiede nach beruflichem Status deutlich. Vor allem bei den Männern zwischen 18 und 49 Jahren und bei den Frauen zwischen 18 und 34 Jahren ist eine deutliche Zunahme des Rauchens mit abnehmendem beruflichen Status zu erkennen (vgl. Tabelle 80).

Tabelle 80: Beruflicher Status und Rauchen

	Anteil Raucher (in %)					
	Männer			Frauen		
	18-34 J.	35-49 J.	50-65 J.	18-34 J.	35-49 J.	50-65 J.
Kaufm.-/Verwalt.-Berufe						
höhere Qualifikation	31	31	24	26	27	16
niedrigere Qualifik.	38	35	22	31	26	15
Manuelle Berufe						
höhere Qualifikation	41	39	27	38	27	17
niedrigere Qualifik.	51	48	32	39	32	15

Stichprobe: 56.710 Männer & 38.649 Frauen (Erwerbstätige aus alten & neuen Bundesländ.)
Datenbasis: Befragung1995 (Mikrozensus)
Quelle: Helmert/Borgers 1998

Einkommen und Rauchen

In einer neueren Publikation über den Zusammenhang zwischen Einkommen und Rauchen wird das Haushalts-Nettoeinkommen nach Anzahl und Alter der Haushaltsmitglieder gewichtet. Der Median des so errechneten 'Äquivalenz-Einkommens' (vgl. Kapitel I-3c) betrug demnach Anfang der 90er Jahre in den alten Bundesländern 1.397,- DM und in den neuen Bundesländern 972,- DM. Auf der Basis dieses Äquivalenz-Einkommens werden anschließend drei Einkommensgruppen unterschieden, wobei die untere Gruppe (< 60% vom Median des Äquivalenz-Einkommens) als 'einkommens-arm' bezeichnet werden kann (Helmert/Maschewsky-Schneider 1998).

Abbildung 20: Einkommen und Rauchen

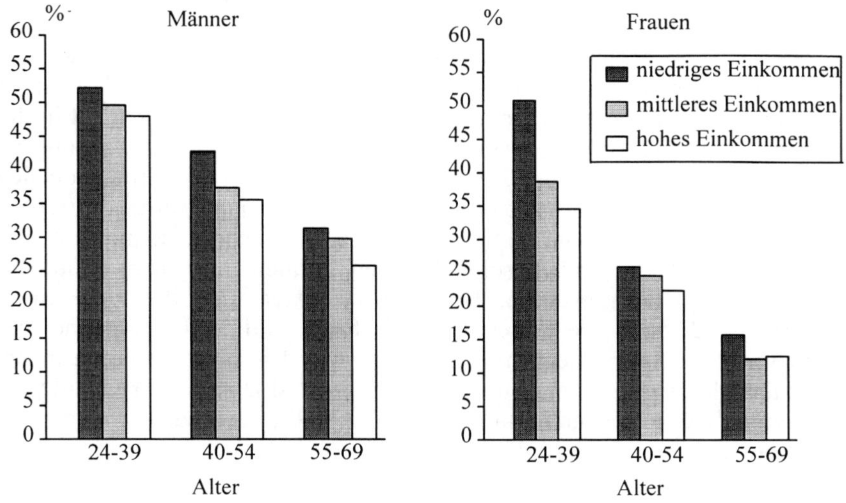

Niedriges, mittleres, hohes Einkommen:
< 60%, 60-100%, > 100% vom Median des Äquivalenz-Einkommens
Stichprobe:3.286 Männer und 3.400 Frauen (alte/neue Bundesländer, 25-69 Jahre, Deutsche)
Datenbasis: Befragung 1990/92 (DHP-Studie, Gesundheitssurvey Ost)
Quelle: Helmert/Maschewsky-Schneider 1998 (eigene Darstellung)

Die Auswertungen verdeutlichen nicht nur, daß der Anteil der Raucher mit zunehmendem Alter abnimmt und bei Männer zumeist höher ist als bei Frauen. Sie zeigen auch, daß innerhalb dieser sozio-demographischen Unterschiede das Rauchen mit zunehmendem Einkommen seltener wird; die einzige Ausnahme findet sich bei Frauen in der Altersgruppe 55-69 Jahre (vgl. Abbildung 20). Eine vergleichbare Auswertung derselben Daten kommt zu einem sehr ähnlichen Ergebnis (Helmert et al. 1997b). Der Zusammenhang zwischen Einkommen und Rauchen wird auch bei einer Auswertung der Mikrozensus-Daten aus dem Jahr 1995 deutlich, bei der keine Äquivalenzierung des Haushalts-Nettoeinkommens erfolgt (Helmert 1999a).

Soziale Schicht und kardiovaskuläre Risikofaktoren

Die meisten empirischen Ergebnisse über die sozio-ökonomischen Unterschiede bei den kardiovaskulären Risikofaktoren liegen für die Unterschiede nach dem Index 'soziale Schicht' vor. Dies ist auch und vor allem den Publikationen von U. Helmert zu verdanken, der seine beiden Indices (vgl. Kapitel I-4a) in einer

Vielzahl von Publikationen verwendet hat (z.B. Helmert 1993, Helmert/Greiser 1988, Helmert/Lang 1997, Helmert et al. 1989/90/94b/95). Die Ergebnisse lassen sich mit Hilfe der Publikation von U. Helmert et al. (1995) illustrieren. Dort werden nicht nur die Daten aus den drei DHP-Surveys von 1984/86, 1987/88, 1990/91 (vgl. Kapitel II-1c) zusammengefaßt, sondern es wird auch untersucht, ob und wie sich die schichtspezifischen Unterschiede zwischen 1984/86 und 1990/91 verändert haben. Die Auswertungen zeigen zunächst den bekannten Zusammenhang, daß Zigarettenrauchen, Bluthochdruck und Übergewicht in der unteren sozialen Schicht häufiger sind als in der oberen, und zwar sowohl bei Männern als auch bei Frauen (vgl. Tabelle 81). Die weitergehende Frage, ob sich dieser Zusammenhang mit der Zeit verändert hat, muß bejaht werden. Offenbar sind in dem relativ kurzen Zeitraum von ca. 5 Jahren zumindest die schichtspezifischen Unterschiede beim Rauchen (Frauen) und beim Bluthochdruck (Männer) größer geworden. Bei Frauen deutet auch der zusammenfassende Index '2 oder mehr der Risikofaktoren' auf eine Zunahme der schichtspezifischen Unterschiede hin. Derartige Trend-Analysen werden in der Bundesrepublik leider nur selten durchgeführt. Sie sind jedoch sehr wichtig zur 'Skandalisierung' der gesundheitlichen Ungleichheit, vor allem wenn die Ergebnisse auf eine Zunahme der Ungleichheit hinweisen (vgl. Kapitel II-8a).

Tabelle 81: Soziale Schicht und kardiovaskuläre Risikofaktoren

	Zusammenhang mit sozialer Schicht [a] (Odds Ratios [b])			
	Zusammenfassung der Daten aus 1984/86, 1987/88, 1990/91 [c]		Änderung 1984/86 bis 1990/91 [d]	
	Männer	Frauen	Männer	Frauen
Einzelne Risikofaktoren				
Zigarettenrauchen [e]	2,05***	1,61***	1,08	1,45*
Bluthochdruck [f]	1,26**	2,41**	1,43*	1,00
Hypercholesterinämie [g]	1,00	1,12	0,83	1,23
Übergewicht [h]	1,87***	3,80***	1,23	1,05
2 oder mehr Risikofaktoren	1,15***	2,60***	1,04	1,49*

*: p < 0,05; **:p < 0,01; ***: p < 0,001

a: Index aus Schulbildung, beruflicher Stellung und Einkommen;

b: kontrollierte Variable: Alter

c: Odds Ratio >1 bedeutet zunehmende Prävalenz mit abnehmender sozialer Schicht

d: Odds Ratio >1 bedeutet Zunahme der Schichtunterschiede zwischen 1984/86 und 1990/91

e: zum Zeitpunkt der Befragung mindestens eine Zigarette am Tag

f: systolischer Blutdruck ≥ 160 mmHg und/oder diastolischer Blutdruck ≥ 95 mmHg, oder Einnahme von blutdrucksenkenden Medikamenten

g: Gesamtcholesterin ≥ 250 mg/dl; h: Body Mass Index (Körpergewicht / Größe^2) ≥ 30

Stichprobe: 7.673 Männer & 7.739 Frauen (25-69 Jahre, Deutsche) aus den alten Bundesländ.

Datenbasis: Befragung/Untersuchung 1984/86, 1987/88, 1990/91 (DHP-Studie)

Quelle: Helmert et al. 1995

Tabelle 82: Soziale Schicht und niedriges HDL-Cholesterin

	Prävalenz von niedrigem HDL-Cholesterin [a]			
	Männer		Frauen	
	OR [b]	(95% Konf. Intervall)	OR [b]	(95% Konf. Intervall)
Soziale Schicht [c]				
obere Schicht	1,00		1,00	
mittlere Schicht	1,11	(0,98 - 1,55)	1,49	(1,16 - 1,92)
untere Schicht	1,42	(1,05 - 1,90)	2,04	(1,54 - 2,72)

a: bei Männern < 55 mg/dl, bei Frauen < 65 mg/dl
b: Odds Ratio; kontrollierte Variablen: Alter, Bundesland, Gemeindegröße
c: Index aus Bildung, beruflicher Stellung und Einkommen
Stichprobe: 2.383 Männer & 2.348 Frauen (25-69 Jahre, Deutsche) aus den alten Bundesländ.
Datenbasis: Befragung/Untersuchung 1984/86 (DHP-Studie)
Quelle: Hoffmeister et al. 1992

Eine der wenigen Analysen zur schichtspezifischen Prävalenz bei niedrigem HDL-Cholesterin basiert auf dem Schicht-Index von J. Winkler (vgl. Kapitel I-4b). Die Auswertungen beziehen sich auf den ersten Survey der DHP-Studie (vgl. Kapitel II-1c) und weisen auf ein höheres Risiko in der unteren sozialen Schicht hin (vgl. Tabelle 82). Dieses Ergebnis von H. Hoffmeister et al. (1992) ist vor allem deswegen interessant, weil beim Gesamt-Cholesterin zumeist kein klarer Zusammenhang mit der sozialen Schicht gefunden wird. Möglicherweise wird er dann erkennbar, wenn der Einfluß des HDL-Cholesterins kontrolliert wird; eine derartige Analyse ist m.W. in der Bundesrepublik jedoch noch nicht durchgeführt worden. Die von H. Hoffmeister et al. (1992) verwendeten Grenzwerte von < 55 mg/dl bei Männern und < 65 mg/dl bei Frauen sind ungewöhnlich hoch; in anderen Untersuchungen wird häufig ein Wert von < 35 mg/dl als Risiko angenommen (z.B. Kohlmeier et al. 1993a). In späteren Analysen sollten daher nach Möglichkeit die niedrigeren Grenzwerte verwendet werden.

Von U. Maschewsky-Schneider (1997) wurde eine umfangreiche Analyse speziell bezogen auf Frauen vorgelegt. Die Darstellung der Ergebnisse ist 'benutzerfreundlicher' als in vielen Publikationen, weil hier keine Odds Ratios verwendet werden, sondern schichtspezifische Prävalenzen (mit statistischer Kontrolle der Altersverteilung durch Standardisierung). Bei den Risikofaktoren Rauchen, Hypertonie, Übergewicht und Mangel an sportlicher Betätigung ist wieder ganz deutlich die Zunahme der Prävalenz mit abnehmender sozialer Schicht zu sehen (vgl. Tabelle 83). Bei der Hypercholesterinämie ist dagegen erneut kein Zusammenhang mit der sozialen Schicht erkennbar. Interessanterweise nehmen hier beim HDL-Cholesterin die durchschnittlichen Werte mit abnehmender sozialer Schicht etwas ab, und der Risikofaktor 'Gesamt-Cholesterin minus HDL-Cholesterin' weist wieder in die Richtung eines zunehmenden Risikos mit abnehmender sozialer Schicht. Offenbar ist es in der

Tat wichtig, nicht nur das 'Gesamt-Cholesterin zu betrachten, sondern auch das HDL-Cholesterin; und offenbar hängt das HDL-Cholesterin auch vom Erwerbsstatus ab, zumindest bei Frauen. Eine Auswertung der Augsburger MONICA-Daten hat ergeben, daß erwerbstätige Frauen höhere HDL-Cholesterin Werte aufweisen als Hausfrauen (Härtel et al. 1992). In künftigen Analysen sollte daher auch der Erwerbsstatus statistisch kontrolliert werden.

Tabelle 83: Soziale Schicht und koronare Risikofaktoren bei Frauen

	Risikofaktoren-Prävalenz (in %) [a]					
	Soziale Schicht [a]					
	obere	mittlere			untere	Insg.
Anteil in der Stichprobe (in %)	15,3	22,5	23,9	17,4	21,0	100,1
Rauchen [c]	24,1	26,0	27,4	31,9	35,0	28,1
Hypertonie [d]	9,2	12,3	16,3	18,6	19,1	16,2
BMI ≥ 25 [e]	31,1	49,6	52,2	61,7	62,7	52,0
BMI ≥ 30 [e]	8,8	15,6	15,8	27,0	29,1	19,6
keine sportliche Betätigung	33,8	37,9	46,5	57,9	66,9	48,5
Hypercholesterinämie [f]	32,0	39,8	37,0	37,3	37,5	36,7
Hypercholesterinämie [g]	6,7	11,5	10,9	11,6	11,2	10,5
HDL-Cholesterin (mg/dl)	70,9	69,0	66,7	66,8	64,1	67,4
Gesamt- minus HDL-Cholesterin (mg/dl)	160,9	172,1	172,4	173,2	173,9	170,6

a: Altersstandardisierung der Schicht-Unterschiede
b: Index aus Schulbildung, beruflicher Stellung, Einkommen
c: Zur Zeit Raucher
d: systolischer Blutdruck ≥ 160 mmHg oder diastolischer Blutdruck ≥ 95 mmHg
e: Body Mass Index (Körpergew./Größe^2): Übergew. (≥ 25) oder starkes Übergew. (≥ 30)
f: Gesamtcholesterin ≥ 250 mg/dl; g: Gesamtcholesterin ≥ 300 mg/dl
Stichprobe: 2.688 Frauen aus den alten Bundesländern (25-69 Jahre, Deutsche)
Datenbasis: Befragung/Untersuchung 1990/91 (DHP-Studie)
Quelle: Maschewsky-Schneider 1997 (S. 75, 77, 81, 82, 84, 99, 100)

Die Publikation von U. Maschewsky-Schneider (1997) beinhaltet auch eine interessante Analyse zum Rauchen. In der DHP-Studie wurde die folgende Frage zum Rauchverhalten gestellt: „Haben Sie früher geraucht oder rauchen Sie zur Zeit?“ (Antwortvorgaben: Habe früher geraucht, rauche jetzt nicht mehr. Rauche zur Zeit. Habe noch nie geraucht). Auf Grundlage dieser Angaben kann errechnet werden, wieviele Personen jemals geraucht haben, und wieviele von ihnen das Rauchen inzwischen beendet haben. Der Prozentsatz der Frauen, die jemals geraucht haben, ist in allen sozialen Schichten ungefähr gleich hoch; nur beim *gegenwärtigen* Rauchen ist das vertraute Bild einer zunehmenden Prävalenz mit abnehmender sozialer Schicht zu erkennen (vgl. Tabelle 84).

Tabelle 84: Soziale Schicht und Beendigung des Rauchens

	Angaben in % [a] Soziale Schicht [b]					
	obere	mittlere			untere	Insg.
Männer						
gegenwärtige Raucher	30,6	33,3	41,4	43,3	50,5	39,2
ehemalige Raucher	36,4	35,5	35,1	33,4	29,1	34,2
Raucher insgesamt	67,0	68,8	76,5	76,7	79,6	73,4
Anteil der ehemaligen Raucher	54,3	51,6	45,9	43,5	36,6	46,6
Frauen						
gegenwärtige Raucherinnen	24,1	26,0	27,4	31,9	35,0	28,1
ehemalige Raucherinnen	26,3	20,2	17,8	15,9	14,4	18,6
Raucherinnen insgesamt	50,4	46,2	45,2	47,8	49,4	46,7
Anteil der ehemaligen Raucherinnen	52,2	43,7	39,4	33,3	29,1	39,8

a: Altersstandardisierung der Schicht-Unterschiede
b: Index aus Schulbildung, berufliche Stellung, Einkommen
Stichprobe: 2.579 Männer und 2.688 Frauen (25-69 Jahre, Deutsche, alte Bundesländer)
Datenbasis: Befragung/Untersuchung 1990/91 (DHP-Studie)
Quelle: Maschewsky-Schneider 1997 (S.75, 143)

Mit anderen Worten: Das 'Ausprobieren' des Rauchens ist offenbar nicht von der sozialen Schicht abhängig, aber die Frauen aus der oberen sozialen Schicht hören mit dem Rauchen eher wieder auf als die Frauen aus der unteren sozialen Schicht. Das gleiche gilt für Männer, wenn auch in etwas abgeschwächter Form. Vergleichbare Ergebnisse wurden bereits oben in Tabelle 75 angesprochen. Die Ergebnisse legen den Schluß nahe, daß sich die schichtspezifischen Unterschiede im Rauchen vor allem durch Unterschiede in der Motivation zur*Beendigung* des Rauchens erklären lassen, und nicht durch Unterschiede in der Motivation für den *Beginn* des Rauchens. Es könnte z.B. sein, daß die Aufklärungsmaßnahmen über die Gefahren des Rauchens vor allem bei den Personen Gehör finden, die sich in der oberen sozialen Schicht befinden.

d) Ernährung

Die Beschränkung der kardiovaskulären Risikofaktoren auf die fünf Faktoren Rauchen, Übergewicht, Bluthochdruck, Hypercholesterinämie und Bewegungsarmut - bzw. die gesonderte Diskussion der empirischen Ergebnisse zum Thema 'Ernährung' - mag auf den ersten Blick etwas willkürlich erscheinen. Die hier gewählte Unterscheidung ist vor allem darin begründet, daß die fünf genannten kardiovaskulären Risikofaktoren häufig gemeinsam untersucht werden.

Armut und Ernährung

Seit Mitte der 90er Jahre wird auch in der Bundesrepublik zunehmend über das Thema 'Armut und Ernährung' diskutiert. Dies ist vor allem der Arbeitsgruppe um E. Barlösius, B. Köhler und E. Feichtinger zu verdanken. In den drei von der Arbeitsgruppe herausgegebenen Sammelbänden
- 'Ernährung in der Armut. Gesundheitliche, soziale und kulturelle Folgen in der Bundesrepublik Deutschland' (Barlösius et al. 1995)
- 'Poverty and Food in Welfare Societies' (Köhler et al. 1997)
- 'Annotierte Bibliographie Armut und Ernährung' (Köhler/Feichtinger 1998)

wird der Stand der Diskussion mit vielen empirischen Beispielen ausführlich dargestellt. Einen Überblick über die Ergebnisse liefern z.B. E. Feichtinger (1995) und A. Mielck und U. Helmert (1998a).

Eine Auswertung der DHP-Daten aus den Jahren 1990/91 (vgl. Kapitel II-1c) und der Gesundheitssurvey-Ost-Daten aus den Jahren 1991/92 (vgl. Kapitel II-1d) ist in Tabelle 85 wiedergegeben. Als Beispiel für eine gesunde Ernährung ist hier der Konsum von Salat und Vollkornbrot ausgewählt worden. Demnach ernähren sich die Personen, die nahe der Armutsgrenze leben, ungesünder als die Personen mit höherem Einkommen. Dieser Zusammenhang ist in den alten und in den neuen Bundesländern zu beobachten, sowohl bei den Männern als auch bei den Frauen.

Tabelle 85: Einkommen und Ernährung

	Konsum seltener als 1mal pro Woche Odds Ratio (95% Konf. Intervall) [a] Haushalts-Nettoeinkommen [b]		
	hoch [c]	mittel [d]	gering [e]
Alte Bundesländer: Männer			
Salat	1,00	1,26	1,13
Vollkornbrot	1,00	1,27	1,50*
Alte Bundesländer: Frauen			
Salat	1,00	1,01	1,82*
Vollkornbrot	1,00	1,41	2,03**
Neue Bundesländer: Männer			
Salat	1,00	1,17	1,46
Vollkornbrot	1,00	1,42	1,97*
Neue Bundesländer: Frauen			
Salate	1,00	2,01*	2,47*
Vollkornbrot	1,00	1,51	2,07*

*:p < 0,05; **: p < 0,01; ***: p < 0,001 ; a: kontrollierte Variablen: Alter
b: pro-Kopf, gewichtet nach Anzahl und Alter der Personen im Haushalt (Äquivalenzierung)
c: mehr als 140% des durchschnittlichen Einkommens (Vergleichsgruppe)
d: zwischen 62,5% und 140%; e: maximal 62,5% des durchschnittlichen Einkommens
Stichprobe: 4.958 bzw. 2.186 Personen (alte bzw. neue Bundesländer, 25-69 Jahre, Deutsche)
Datenbasis: Befragung 1990/92 (DHP-Studie, Gesundheitssurvey-Ost)
Quelle: Helmert et al. 1997b

Tabelle 86: Einkommen und Änderungen in der Ernährung

	Odds Ratio (95% Konf. Intervall) [a] Haushalts-Nettoeinkommen [b]		
Gesündere Ernährung [f]	hoch [c]	mittel [d]	gering [e]
Alte Bundesländer : Männer	1,00	0,70**	0,57***
Alte Bundesländer : Frauen	1,00	0,99	0,59***
Neue Bundesländer : Männer	1,00	0,96	0,43*
Neue Bundesländer : Frauen	1,00	0,64*	0,47*

*:p < 0,05; **: p < 0,01; ***: p < 0,001
f: 2 oder mehr der folgenden Änderungen in den letzten 3 Jahren:
weniger Butter, Fleisch oder Wurst; mehr Früchte, Salate oder Vollkornprodukte
(weitere Legende: vgl. Tabelle 85)
Quelle: Helmert et al. 1997b

Aufschlußreich sind auch die weitergehenden Analysen von U. Helmert et al. (1997b) über die Änderungen in der Ernährung in den letzten drei Jahren vor der Befragung. Demnach ist eine Änderung in Richtung auf eine gesündere Ernährung vor allem bei den Erwachsenen vorhanden, die über ein relativ hohes Einkommen verfügen (vgl. Tabelle 86). Da es sich hier nicht um eine Längsschnitt-Studie handelt, müssen diese Daten mit Vorsicht interpretiert werden. Es ist z.B. auch möglich, daß die Erinnerung an das frühere Ernährungsverhalten einkommensspezifische Unterschiede aufweist. Trotz dieser Bedenken kann jedoch die Hypothese abgeleitet werden, daß die bundesweiten Aufklärungsmaßnahmen über eine gesunde Ernährung vor allem bei den Personen Gehör finden, die sich in der oberen Einkommensgruppe befinden. Diese Hypothese besitzt auch deswegen einen hohen Stellenwert, weil oben beim Thema 'Ausbildungsdauer und Rauchen' (vgl. Tabelle 75) und beim Thema 'soziale Schicht und Rauchen' (vgl. Tabelle 84) bereits ähnliche Hypothesen formuliert werden konnten.

Schulbildung und Ernährung

Ein besonders reichhaltiger Schatz an Daten zum Thema 'Schulbildung/Einkommen und Ernährung' wird durch die 'Nationale Verzehrs-studie (NVS)' zur Verfügung gestellt, und auch durch die darin eingebettete 'Verbundstudie Ernährungserhebung und Risikofaktoren-Analytik (VERA-Studie)'. Die im Rahmen der beiden Studien publizierten Tabellenbände enthalten eine Reihe von Angaben über sozio-ökonomische Unterschiede im Ernährungsverhalten (Adolf et al. 1995, Herwig 1995, Heseker et al. 1992/1994, Kohlmeier et al. 1993a/1995, Kübler et al. 1997, Schneider 1992, Schneider et al. 1992, Wetzel et al. 1994). Weitere Auswertungen über den Zusammenhang zwischen Schulbildung/Einkommen und Ernährung sind m.W. jedoch kaum vorhanden (z.B. Adolf 1995, Karg et al. 1997).

Tabelle 87: Schulbildung und Konsum von Vitamin C und von Jod

	Tägliche Zufuhr von Vitamin C (mg) Ausbildung [a]			Tägliche Zufuhr von Jod (µg) Ausbildung [a]		
	Volks-/ Hauptschule	Abitur	Studium	Volks-/ Hauptschule	Abitur	Studium
Männer						
18 - 34 Jahre	65,1	83,9	92,2	99	121	133
35 - 54 Jahre	66,5	72,7	87,2	109	142	145
55 - 74 Jahre	74,8	84,5	97,7	108	138	151
Frauen						
18 - 34 Jahre	70,8	93,6	96,0	91	116	139
35 - 54 Jahre	72,5	87,3	97,4	108	145	130
55 - 74 Jahre	79,0	101,2	92,4	106	133	154

Stichprobe: 24.632 Personen (alte Bundesländer, Deutsche)
Datenbasis: Befragung 1985-1988 (7-Tage-Ernährungs-Protokoll, Nationale Verzehrsstudie)
Quelle: Adolf et al. 1995

Obwohl die Daten aus dem Zeitraum 1985 bis 1988 stammen, bilden sie nach wie vor eine der wichtigsten Quellen für diesen Themenbereich. In der NVS haben ca. 25.000 Personen ein 7-Tage-Ernährungs-Protokoll ausgefüllt; die ca. 2.000 Teilnehmer der VERA-Studie wurden zusätzlich mit klinisch-biochemischen Methoden untersucht. Eine ähnlich aufwendige Ernährungs-Studie ist m.W. in der Bundesrepublik seitdem nicht wieder durchgeführt worden. Aus der Nationalen Verzehrsstudie sollen hier beispielhaft die Ergebnisse über den täglichen Konsum von Vitamin C und von Jod vorgestellt werden. Um die Darstellung zu vereinfachen, werden dabei nur drei Bildungsstufen berücksichtigt. Der Konsum nimmt mit zunehmender Bildung offenbar erheblich zu (vgl. Tabelle 87). Vergleichbare Angaben über den Konsum von Vitamin C finden sich z.B. in R. Schneider (1992), und vergleichbare Angaben zum Konsum von Jod z.B. in Bundesministerium (1993) und Ministerium (1997a).

Die Unterschiede im Konsum von Vitamin C und von Jod zeigen sich auch bei einer Auswertung der 7-Tage-Ernährungs-Protokolle aus der ersten Erhebung der Augsburger MONICA-Studie (vgl. Kapitel II-1f). Die Analyse umfaßt jedoch noch mehr Merkmale des Ernährungsverhaltens (Kußmaul et al. 1995). Die meisten Lebensmittelgruppen, Nährstoffe, Vitamine, Mineralstoffe und Spurenelemente weisen in Richtung auf eine gesündere Ernährung in der oberen Bildungsgruppe (vgl. Tabelle 88). Dabei treten z.T. sehr große Unterschiede zur unteren Bildungsgruppe auf, z.B. bei Frischobst und Frischgemüse. Eine Auswertung der Daten aus dem 24-Stunden-Ernährungsprotokoll des Gesundheitssurveys-Ost (vgl. Kapitel II-1d) erbrachte vergleichbare Ergebnisse über den Zusammenhang zwischen der Schulbildung einerseits und dem Konsum von Käse und Gemüse andererseits (Thiel/Minh Thai 1995).

Tabelle 88: Schulbildung und Ernährung bei Männern

	Mittlere Nahrungsmittel-Aufnahme pro Tag [a] Ausbildungsdauer			
	8 Jahre	10 Jahre	11-13 Jahre	≥15 Jahre
Fleisch (g)	125***	117	114	104
Käse (g)	25	27	30	39***
Frischobst (g)	70	93	104	126***
Frischgemüse (g)	164	181	177	214***
Gesamtenergie (kcal)	2.562	2.624	2.569	2.599
Cholesterin (mg)	532*	506	488	501
Ballaststoffe (g)	19	20	20	23***
Vitamin C (mg)	53	64	65	80***
Jod (μg)	121	148	164	209***
Magnesium (mg)	311	334	334	344**
Calcium (mg)	611	655	669	727***

* : $p<0,05$; ** : $p<0,01$; *** : $p<0,001$ (jeweils Vergleich geringste vs. höchste Ausbildung)
a: kontrollierte Variable: Alter
Stichprobe: 899 Männer (45-64 Jahre) aus der Studienregion Augsburg.
Datenbasis: 7-Tage-Ernährungs-Protokolle 1984/85 (MONICA-Studie)
Quelle: Kußmaul et al. 1995

Soziale Schicht und Ernährung bei Jugendlichen

In der bereits oben erwähnten Studie von A. Klocke und K. Hurrelmann (vgl. Tabelle 49) wurden die Jugendlichen auch nach ihren Ernährungsgewohnheiten gefragt. Die Einteilung in fünf soziale Schichten erfolgte dabei mit Hilfe von Aussagen der Schüler über den sozio-ökonomischen Status ihrer Eltern (vgl. Kapitel I-4c). Bei den Schülern sind ähnliche schichtspezifische Unterschiede in der Ernährung festzustellen wie bei den Erwachsenen (vgl. Tabelle 89). Dabei sind zumindest einige Unterschiede (z.B. bei Vollkornbrot oder Cola/ Süßgetränken) relativ groß. Bei der Interpretation darf jedoch nicht übersehen werden, daß die beiden Extremgruppen 1 und 5 sehr klein sind, daß hier also die äußeren Enden der sozialen Hierarchie miteinander verglichen werden. Wenn die Ergebnisse von Erwachsenen und von Jugendlichen gemeinsam betrachtet werden, wird die Hypothese nahegelegt, daß die Kinder aus der unteren Bildungsgruppe die vergleichsweise ungesunde Ernährung von ihren Eltern 'lernen'. Eine empirische Studie, in der diese These explizit überprüft wird, ist m.W. jedoch noch nicht vorhanden.

Tabelle 89: Soziale Schicht und Ernährung bei Jugendlichen

		Derzeitiger Konsum (Angaben in %)				
		Soziale Schicht [a]				
Ausgewählte Nahrungsmittel [b]		1 (unten)	2	3	4	5 (oben)
Anteil in der Stichprobe		5,3	38,1	24,2	26,2	6,2
Gemüse	(wöchentlich)	48	50	47	54	54
Obst	(mehrmals täglich)	32	37	40	45	42
Vollkornbrot	(täglich)	26	40	45	47	51
Vollmilch	(mehrmals täglich)	31	35	40	43	43
Chips	(wöchentlich)	54	46	46	43	36
Pommes Frites	(wöchentlich)	55	49	49	44	37
Cola, Süßgetränke	(täglich)	45	44	40	32	28
Kaffee	(wöchentlich)	37	33	24	23	24

a: Index aus Ausbildung und Beruf der Eltern, finanzielle Lage der Familie,
b: Nahrungsmittel mit sign. Unterschieden (5%-Niveau) zwischen den sozialen Schichten
Stichprobe: 3.328 Schüler (11-15 Jahre) in Nordrhein-Westfalen
Datenbasis: Befragung von Schülern 1994
Quelle: Klocke 1995

Kosten einer Vollwert-Ernährung

Ein gutes Beispiel für 'gesunde Ernährung' ist die Vollwert-Ernährung. Mit diesem Begriff wird eine Ernährungsweise bezeichnet, die „hauptsächlich aus Vollkornprodukten, Gemüse und Obst sowie Milch und Milchprodukten besteht" (Becker et al. 1995, S. 202). Sie wird von den Ernährungswissenschaftlern empfohlen als eine „zeitgemäße, gesunde und abwechslungsreiche Dauerkost" (ebd.). In einer vor wenigen Jahren durchgeführten Studie sind die folgenden Ernährungs-Typen unterschieden worden:

- 'Konsequente Vollwertköstler': Weitgehende Verwirklichung der Prinzipien der Vollwert-Ernährung
- 'Gemäßigte Vollwertköstler': Weniger strenge Verwirklichung, Verzicht auf den Kauf von ökologisch angebautem Obst und Gemüse
- 'Qualitätsbewußte Traditionalisten': Traditionelle und qualitätsbewußte Ernährungsweise
- 'Unbekümmerte Billigesser': Preisgünstige und anspruchslose Ernährungsweise

Eine Schätzung der monatlichen Ausgaben für Ernährung macht deutlich, daß die Ausgaben vom 'unbekümmerten Billigesser' bis hin zum 'konsequenten Vollwertköstler' auf das Doppelte ansteigen. Besonders interessant ist der Vergleich dieser Ausgaben mit dem Sozialhilfebetrag, der für Ernährung vorgesehen ist (vgl. Tabelle 90). Offenbar ist die Sozialhilfe nur für ein 'unbekümmertes Billigessen' ausreichend; eine 'gemäßigte Vollwertkost' übersteigt das Budget schon um ca. 40%.

Tabelle 90: Kosten einer Vollwert-Ernährung

	Kosten der Ernährung pro Monat [b]
Ernährungs-Typen [a]	
'Unbekümmerte Billigesser'	290,- DM
'Qualitätsbewußte Traditionalisten'	350,- DM
'Gemäßigte Vollwertköstler'	380,- DM
'Konsequente Vollwertköstler'	570- DM
Anteil der Sozialhilfe für die Ernährung (pro Monat) [c]	270,- DM

a: vgl. Beschreibung oben
b: Geschätzte Werte für einen alleinstehenden Erwachsenen bezogen auf 1993
c: Anteil der Sozialhilfe, der laut Bundessozialhilfegesetz (BSHG) auf die Ernährung entfällt.
Quelle: eigene Berechnungen auf Basis von Becker et al. 1995

e) Alkoholkonsum

Alkoholkonsum bei Erwachsenen

Die aus der Bundesrepublik vorliegenden Studien über sozio-ökonomische Unterschiede im Alkoholkonsum bei Erwachsenen ergeben kein klares Bild (Mielck/Helmert 1998a). Die meisten Studien zeigen, daß der Alkoholkonsum in der oberen sozialen Schicht höher (!) ist als in der unteren; einige Studien weisen jedoch auf einen umgekehrten Zusammenhang hin. Die fehlende Übereinstimmung zwischen den Studien kann darauf beruhen, daß in ihnen verschiedene Methoden angewendet wurden zur Definition des sozio-ökonomischen Status und zur Klassifizierung des Alkoholkonsums. In einigen Studien wurde zudem der Einfluß des Alters nicht statistisch kontrolliert. Die Vergleichbarkeit zwischen den Studien wird zusätzlich dadurch erschwert, daß sie sich auf verschiedene Zeitpunkte und Regionen beziehen.

Um zur weiteren Aufklärung des Zusammenhangs zwischen sozio-ökonomischem Status und Alkoholkonsum beizutragen, wurde eine neue Datenauswertung auf Basis der DHP-Daten (vgl. Kapitel II-1c) durchgeführt. Die Befragung enthielt auch Fragen zum durchschnittlichen Konsum von Bier, Wein/Sekt und von Hochprozentigem. Nach Umrechnung der Angaben in Gramm Alkohol - und Addition der Mengen aus den verschiedenen alkoholischen Getränken - läßt sich so der durchschnittliche tägliche Konsum von Gramm Alkohol berechnen. Auf diese Weise wurden vier Gruppen des Alkoholkonsums gebildet:

- kein täglicher Alkoholkonsum
- geringer täglicher Alkoholkonsum : bis 20 g
- mittlerer täglicher Alkoholkonsum : 20 bis 40 g
- hoher täglicher Alkoholkonsum : mehr als 40 g

Tabelle 91: Soziale Schicht und Alkoholkonsum bei Erwachsenen

Soziale Schicht [a]	Durchschnittlicher täglicher Alkoholkonsum (Angaben in % der Personengruppe) nein	bis 20 g	20 - 40 g	mehr als 40 g	Σ
Männer					
untere soz. Schicht	25	27	21	27	100
mittlere soz. Schicht	18	28	26	28	100
obere soz. Schicht	16	23	27	34	100
Frauen					
untere soz. Schicht	57	26	11	6	100
mittlere soz. Schicht	46	32	14	8	100
obere soz. Schicht	34	34	18	14	100

a: Index aus Ausbildung, Beruf und Einkommen
Stichprobe: 5.248 Männer und Frauen (25-69 Jahre) aus den alten Bundesländern
Datenbasis: Befragung 1987/88 (DHP-Studie)
Quelle: Mielck/Helmert 1998a

Der hohe Alkoholkonsum kann dabei als gesundheitsgefährdend definiert werden (Poikolainen 1995). Die Einteilung der Befragten in soziale Schichten erfolgte nach dem Index von J. Winkler (vgl. Kapitel I-4b) auf Basis der Angaben zur Ausbildung, zum Beruf und zum Einkommen. Schon der einfache Vergleich des Alkoholkonsums zwischen den sozialen Schichten zeigt, daß der mittlere und der hohe Konsum in der oberen sozialen Schicht häufiger ist als in der unteren (vgl. Tabelle 91).

In einem weiteren Schritt wurde im Rahmen einer logistischen Regression die Altersverteilung kontrolliert. Die Auswertungen ergaben, daß der höhere Alkoholkonsum (durchschnittlicher täglicher Gesamtkonsum von 40g oder mehr) in der oberen sozialen Schicht signifikant häufiger ist als in der unteren, und zwar bei Männer 1,92mal und bei Frauen sogar 3,45mal (vgl. Tabelle 92). Bei Männern ist dieser Zusammenhang auf den Konsum von Wein/Sekt und Hochprozentigem zurückzuführen, nur der Konsum von Bier ist in der unteren sozialen Schicht häufiger als in der oberen. Bei Frauen ist dagegen der Konsum von allen alkoholischen Getränken in der oberen sozialen Schicht höher als in der unteren.

In ihrer Auswertung der Daten aus dem dritten DHP-Survey und aus dem Gesundheitssurvey-Ost (Datenerhebung 1990/1992; vgl. Kapitel II-1d) unterscheiden C. Meyer et al. (1998) zwischen einem risiko-armen und einem risiko-reichen Alkoholkonsum. Der risiko-reiche Konsum beginnt demnach bei einem durchschnittlichen täglichen Alkoholkonsum von 20g bei Frauen und 30g bei Männern. Auch nach dieser Analyse ist der risiko-reiche Alkoholkonsum in der unteren sozialen Schicht seltener als in der oberen. Die Daten der 'Nationalen Verzehrsstudie' (vgl. Tabelle 87) - und der darin eingebetteten 'Verbundstudie Ernährungserhebung und Risikofaktoren-Analytik (VERA-Studie)' - ergeben ein vergleichbares Bild: Mit zunehmendem Einkommen steigt der Alkoholkonsum an, und zwar bei Frauen noch stärker als bei Männern (Heseker et al. 1994).

Tabelle 92: Alkoholkonsum bei Erwachsenen (obere soziale Schicht)

		Durchschnittlicher täglicher Alkoholkonsum in der oberen sozialen Schicht [a] OR [b]	95% Konf.-Intervall
Männer:			
Gesamter Alkoholkonsum	≥ 40 g	1,92	1,35 - 2,70
Wein, Sekt	≥ 40 g	6,67	4,17 - 11,11
Bier	≥ 40 g	0,45	0,29 - 0,72
Hochprozentiges	JA [c]	1,30	0,99 - 1,69
Frauen			
Gesamter Alkoholkonsum	≥ 40 g	3,45	2,17 - 5,26
Wein, Sekt	≥ 40 g	4,35	2,50 - 7,14
Bier	JA [c]	1,33	1,02 - 1,79
Hochprozentiges	JA [c]	1,75	1,25 - 2,38

a: Index aus Ausbildung, Beruf und Einkommen, Vergleichsgruppe: untere soziale Schicht
b: kontrollierte Variable: Alter
c: zu geringe Fallzahl für Analyse des Konsums ≥ 40 g
Stichprobe: 5.248 Männer und Frauen (25-69 Jahre) aus den alten Bundesländern
Datenbasis: Befragung 1987/88 (DHP-Studie)
Quelle: Mielck 1996

Der Alkoholkonsum steigt auch mit zunehmender Schulbildung, in allen Altersgruppen ab 18 Jahren, und wiederum bei Frauen noch stärker als bei Männern (Adolf et al. 1995). In anderen westeuropäischen Staaten wurde ebenfalls gezeigt, daß Frauen mit höherer Bildung mehr Alkohol konsumieren als Frauen mit niedrigerer Bildung (Bloomfield/Damm 1999).

Alkoholkonsum bei Jugendlichen

Der oben dargestellte Zusammenhang zwischen sozio-ökonomischem Status und Alkoholkonsum gilt offenbar nur für Erwachsene. Bei Jugendlichen weisen die vorliegenden empirischen Studien eher auf einen umgekehrten Zusammenhang hin, d.h. auf einen höheren Konsum in der unteren Statusgruppe. Die Ergebnisse sind allerdings nicht eindeutig: Einerseits haben A. Klocke und K. Hurrelmann (1995a) bei ihrer 1994 in Nordrhein-Westfalen durchgeführten Befragung von ca. 3.300 Schülern zwischen 11 und 15 Jahre keine großen schichtspezifischen Unterschiede im Bierkonsum feststellen können. Andererseits ergab eine Befragung von 14- bis 17jährigen Schülern in Bremen und Berlin, daß Hauptschüler häufiger und mehr Alkohol trinken als Gymnasiasten (Semmer et al. 1991). Auch M. Scholz und M. Kaltenbach (1995) haben bei ihrer Befragung von ca. 3.000 Schülern zwischen 12 und 13 Jahren beobachtet, daß der Bier- und

Weinkonsum bei Hauptschülern signifikant höher ist als bei Gymnasiasten (vgl. Tabelle 93).

Tabelle 93: Schultyp, Alkohol- und Drogenkonsum bei Jugendlichen

	Angaben in %			
	Haupt-schule	integrierte Gesamtschule	Real-schule	Gym-nasium
Alkoholkonsum pro Woche				
1 oder mehr Gläser Bier	15,6***	12,3**	13,4***	6,9
1 oder mehr Gläser Wein	10,9***	10,0**	10,4***	5,2
Drogen mindesten 1mal probiert [a]	9,4**	5,3	5,3	4,4

*: p < 0,05; **: p < 0,01; ***: p < 0,001 (jeweils vs. Gymnasium)
a: z.B. Konsum von Haschisch, Marihuana, Klebstoff/Lösungsmittel ('schnüffeln'), LSD
Stichprobe: 2.979 Schüler (12-13 Jahre) in Offenbach und Hanau
Datenbasis: Befragung 1991/92
Quelle: Scholz/Kaltenbach 1995

Selbstverständlich stellt sich generell die Frage nach der Zuverlässigkeit derartiger Angaben. Die Antworten zum Alkoholkonsum können auch und gerade bei Jugendlichen durch prahlerisches oder ängstliches Verhalten verzerrt werden, und diese Verzerrungen können ihrerseits schichtspezifische Unterschiede aufweisen. Besonders groß ist dieses Problem vermutlich bei Fragen nach dem Konsum von Drogen wie Haschisch und Marihuana. Die Ergebnisse von M. Scholz und M. Kaltenbach (1995) zum Drogenkonsum müssen daher zurückhaltend interpretiert werden, zumal aus der Bundesrepublik offenbar keine vergleichbaren Ergebnisse vorliegen.

f) Soziale Unterstützung

In der Bundesrepublik wurde m.W. bisher nur sehr selten die Hypothese überprüft, daß Personen aus der unteren sozialen Schicht weniger soziale Unterstützung erhalten als Personen aus höheren sozialen Schichten. Nach M. Diewald (1991) ergibt der Forschungsstand jedoch ein relativ klares Bild:

> „Im Gegensatz zu sozialromantischen Vorstellungen einer besonderen Unterstützungsqualität sozialer Netzwerke in den unteren Bevölkerungsschichten zeigen fast alle Untersuchungen, daß Menschen mit höherer Bildung und einem höheren Einkommen tendenziell auch die besseren Unterstützungsbeziehungen haben (...). Ihre Netzwerke sind im Schnitt größer, räumlich weiter verstreut, enthalten mehr Freundschaftsbeziehungen und vermitteln insbesondere mehr an kognitiv-emotionalen Formen der sozialen Unterstützung“ (ebd., S. 117).

Tabelle 94: Sozio-ökonomischer Status und enge Freundschaften

	Enge Freundschaften (in %) [a]		
	1978	1984	1988
Subjektive Schicht-Einstufung			
Arbeiter-Schicht	63	63	71
Mittelschicht	78	78	85
Obere Mittel- oder Oberschicht	84	88	87
Schulabschluß			
Volksschule	67	68	76
Mittlere Reife	81	82	87
(Fach-)Abitur	86	88	91

a: Einen oder mehrere wirklich enge Freunde (außerhalb der Familie)
Stichprobe: pro Befragung ca. 2.000 Männer und Frauen ab 18 Jahren, alte Bundesländer
Datenbasis: Befragung 1978, 1984, 1988 (Wohlfahrtssurveys)
Quelle: Diewald 1991

Als Beleg führt er lediglich drei Studien an, von denen nur eine (Diewald 1986) aus der Bundesrepublik stammt. Er kann seine Aussage jedoch durch eine weitere Untersuchung unterstützen. Grundlage für diese empirischen Analysen sind die Wohlfahrtssurveys, sie beinhalten Antworten von ca. 2.000 repräsentativ ausgewählten Erwachsenen aus den alten Bundesländern. Die Ergebnisse zeigen, daß enge Freundschaften mit zunehmendem sozio-ökonomischen Status offenbar immer häufiger werden (vgl. Tabelle 94). Die Unterschiede sind zwar nicht sehr groß, aber doch klar zu erkennen. Weitere Auswertungen weisen darauf hin, daß die Frage nach engen Freundschaften mit zunehmendem Alter immer seltener bejaht wird. Es wäre daher wichtig, in den Analysen zum Thema 'sozio-ökonomischer Status und enge Freundschaften' die Altersverteilung statistisch zu kontrollieren. Ein höherer Schulabschluß ist vor allem bei den jüngeren Personen zu finden. Es bleibt daher unklar, ob die Personen mit höherem sozio-ökonomischem Status vor allem deswegen häufiger enge Freundschaften haben, weil sie im Durchschnitt jünger sind.

In einer Studie von H. Andreß et al. (1995) werden Daten aus dem Sozio-ökonomischen Panel von 1991 ausgewertet (vgl. Kapitel II-1b). Dabei wird Armut definiert als ein 'äquivalenziertes Haushalts-Einkommen' (vgl. Kapitel I-3c) von weniger als 60% des durchschnittlichen Einkommens. Die Ergebnisse sind in Tabelle 95 zusammengefaßt: Die Zahl der nicht im Haushalt lebenden Verwandten und Freunde, mit denen Kontakt gepflegt wird, ist bei den armen Personen im Durchschnitt fast genauso groß wie bei den reicheren. Der einzige auffallende Unterschied findet sich bei der Frage, wieviele Personen mit keinem Freund in engerem Kontakt stehen. Hier ist der Anteil bei den armen Personen deutlich erhöht, allerdings nur in den alten Bundesländern.

Tabelle 95: Einkommen und soziale Isolation

	Alte Bundesländer		Neue Bundesländer	
	Einkommen[a]			
	< 60%	> 60%	< 60%	> 60%
Anzahl der Personen	956	5.680	390	3.742
Kontakte außerhalb des eigenen Haushalts				
Anzahl der Verwandten, zu denen K. besteht	6,5	6,5	6,9	7,3
Anzahl der Freunde, zu denen K. besteht	1,2	1,4	1,5	1,5
Anteil ohne K. zu Freunden	43%	35%	31%	30%
Bei Grippe oder bei Pflegebedürftigkeit [b]				
keine Hilfe von Verwandten	4%	6%	7%	5%
keine Hilfe von Freunden	80%	76%	78%	81%
überhaupt keine Hilfe	0%	1%	0%	0%

a) Weniger bzw. mehr als 60% des durchschnittlichen Haushalts-Äquivalenzeinkommens
b) Antwort auf die Frage: Wer würde helfen bei Grippe oder bei Pflegebedürftigkeit?
Stichprobe: 6.636/4.132 Personen (Deutsche ab 16 Jahre) aus den alten/neuen Bundesländern
Datenbasis: Befragung 1991 (Sozio-ökonomisches Panel)
Quelle: Andreß et al. 1995

Interessant ist vor allem die Frage, ob Verwandte und/oder Freunde bei Bedarf helfen würden. Im Fragebogen werden die beiden 'Bedarfs-Fälle' Grippe und Pflegebedürftigkeit unterschieden. Der Anteil der Befragten, die hier auf die Unterstützung durch Verwandte und/oder Freunde zählen können, ist offenbar weitgehend unabhängig vom Einkommen der befragten Person. Die Studie läßt einige Fragen unbeantwortet. Es wäre z.B. interessant zu erfahren, ob das Einkommen eine Rolle spielt bei Art und Ausmaß der sozialen Unterstützung *innerhalb* des eigenen Haushalts, oder ob die Beziehung zwischen Einkommen und sozialer Unterstützung auch vom Geschlecht oder Alter der befragten Person abhängig ist. Festzuhalten bleibt hier jedoch vor allem, daß nach diesen Daten die soziale Unterstützung in allen Einkommensgruppen ungefähr gleich groß ist. Offenbar ist der Zusammenhang zwischen Schichtzugehörigkeit und sozialer Unterstützung nicht so eindeutig, wie es in der oben zitierten Aussage von M. Diewald (1991) klingt. Der sich aus dieser Unstimmigkeit ergebende Forschungsbedarf wird in Kapitel III-4f ausführlicher diskutiert.

g) Gesundheitliche Aufklärung

Seit vielen Jahren werden große Anstrengungen unternommen, um die Bevölkerung über die gesundheitlichen Gefahren zu informieren, die beispielsweise mit dem Rauchen oder mit einer unausgewogenen Ernährung verbunden sind. Die Frage, welche Personengruppen durch diese Informations-Maßnahmen erreicht werden, wird bisher jedoch kaum systematisch untersucht. Da die Personen aus der unteren sozialen Schicht zumeist einen besonders schlechten Gesundheitszustand aufweisen, wäre es sinnvoll, die Maßnahmen auch und vor allem auf diese Personengruppe zu konzentrieren; dies geschieht jedoch nur sehr selten. Die meisten Maßnahmen richten sich an die Allgemeinbevölkerung, und es wäre daher besonders wichtig, die Unterschiede in der Akzeptanz dieser Maßnahmen zwischen den sozialen Schichten zu analysieren.

Tabelle 96: Wissen über AIDS und HIV-Infektion

	Häufigkeit der Nennungen (in %)			
	Männer		Frauen	
	16-35 Jahre	36-45 Jahre	16-35 Jahre	36-45 Jahre
Intensiv um Informationen über AIDS bemüht				
Haupt-, Volksschule	25,4	9,1	20,0	16,1
Fachhochschulreife, Abitur	48,3	42,4	40,0	45,5
Informationen über AIDS haben verwirrt				
Haupt-, Volksschule	18,1	18,2	11,1	24,2
Fachhochschulreife, Abitur	10,3	9,1	10,0	9,1
Schon an einem HIV-Test teilgenommen				
Haupt-, Volksschule	8,3	3,0	10,0	4,8
Fachhochschulreife, Abitur	13,8	9,1	17,5	18,2

Stichprobe: 200 Männer und 223 Frauen aus den alten Bundesländern (Deutsche)
Datenbasis: Befragung 1987
Quelle: Mielck 1992b

Aus den alten und neuen Bundesländern sind m.W. nur sehr wenige empirische Informationen dazu vorhanden. Eine der Ausnahmen bezieht sich auf das Wissen über die HIV-Infektion und AIDS-Erkrankung. Ausgewertet wurden Daten einer repräsentativen Befragung, die 1987 in den alten Bundesländern im Auftrag der Bundeszentrale für gesundheitliche Aufklärung (BZgA) durchgeführt wurde (Mielck 1992b). Im Mittelpunkt standen dabei die folgenden Hypothesen: Personen mit Hauptschul-Abschluß
- bemühen sich besonders wenig um Informationen über AIDS
- sind besonders schlecht über die möglichen Infektionswege informiert
- vermeiden besonders stark den täglichen Umgang mit HIV-Infizierten
- verhalten sich in bezug auf eine mögliche HIV-Infektion besonders risikoreich
- nehmen besonders selten an einem HIV-Test teil

Bestätigt werden konnte vor allem die erste, zweite und fünfte Hypothese (vgl. Tabelle 96). Offenbar hat die öffentliche Aufklärung über die Risiken einer HIV-Infektion vor allem die Erwachsenen aus der oberen Bildungsgruppe erreicht.

Die mit homosexuellen Männern durchgeführten empirischen Untersuchungen (vgl. Kapitel II-4d) weisen darauf hin, daß das Risiko einer HIV-Infektion und AIDS-Erkrankung in der unteren sozialen Schicht besonders groß ist. Dort wird auch über den schichtspezifischen Unterschied im Informationsstand berichtet.

Demnach waren Anfang der 90er Jahre die homosexuellen Männer aus der unteren sozialen Schicht erheblich schlechter über HIV und AIDS informiert als die homosexuellen Männer aus der oberen sozialen Schicht, und zwar sowohl in den alten als auch in den neuen Bundesländern (Bochow 1997a, S. 89 ff). Das Ergebnis muß zurückhaltend interpretiert werden, da der Zugang zur Gruppe der homosexuellen Männer schwierig ist, und da eine statistische Kontrolle der Altersverteilung fehlt. Es ist jedoch bemerkenswert, wie gut es mit den Ergebnissen aus Tabelle 96 übereinstimmt. Wie kaum anders zu erwarten, sind die Unterschiede im Informationsstand, die in der Allgemeinbevölkerung gefunden werden, auch bei den homosexuellen Männern zu sehen.

h) Vorsorge und Früherkennung

Da empirische Studien über sozio-ökonomische Unterschiede im *Angebot* von Vorsorge- und Früherkennungs-Maßnahmen weitgehend fehlen, konzentrieren sich die folgenden empirischen Beispiele auf die *Inanspruchnahme*.

Krankheits-Früherkennungsprogramm für Kinder

Das Krankheits-Früherkennungsprogramm für Kinder umfaßt derzeit die Untersuchungen U1 (Untersuchung am 1. Lebenstag) bis U9 (Untersuchung im 60.-64. Lebensmonat). Die Untersuchungen gehören für alle in der GKV (mit-)versicherten Kinder zum Katalog der Regelleistungen; sie können also ohne Zuzahlung in Anspruch genommen werden. Trotz dieses für alle Versicherten gleichen Angebots sind bei der Inanspruchnahme sozio-ökonomische Unterschiede vorhanden. Dies wird nicht nur in älteren Untersuchungen deutlich (z.B. Albrecht-Richter/Thiele 1985, Collatz et al. 1979), sondern auch in einer Auswertung von relativ aktuellen Daten aus Braunschweig. Dort wird bei der Einschulungs-Untersuchung nach dem SOPHIA-Modell verfahren, d.h. daß die Eltern nach ihrem Beruf gefragt und die Antworten auf dem Untersuchungsbogen notiert werden (Schubert 1996). Da bei der Untersuchung auch Angaben über die Teilnahme an den U1- bis U9-Untersuchungen erhoben werden, lassen sich Unterschiede in der Teilnahme nach dem beruflichen Status der Eltern ermitteln. Ein Vergleich der Nicht-Teilnahme an den U1- bis U9-Untersuchungen zeigt, daß dieses Problem in der unteren Berufsgruppe häufiger zu finden ist als in der oberen (vgl. Tabelle 97). Dieser statusspezifische Unterschied ist bei allen Untersuchungen vorhanden, besonders deutlich jedoch bei den U1- bis U7-Untersuchungen.

Tabelle 97: Teilnahme an den U1- bis U9-Untersuchungen

Untersuchungen	Nicht-Teilnahme an der Untersuchung (in %) Niedriger beruflicher Status der Eltern	Mittlerer oder höherer beruflicher Status der Eltern
U 1 (1. Lebenstag)	4,8	1,9
U 2 (3.- 10. Lebenstag)	4,6	2,1
U 3 (4.- 6. Woche)	7,4	2,8
U 4 (3.- 4. Monat)	7,9	2,8
U 5 (6.- 7. Monat)	9,4	4,0
U 6 (10.- 12. Monat)	10,5	4,8
U 7 (21.- 24. Monat)	12,2	6,7
U 8 (43.- 48. Monat)	13,5	9,4
U 9 (60.- 64. Monat)	31,4	29,8

Stichprobe: 1.588 Schulanfänger in Braunschweig
Datenbasis: Einschulungs-Untersuchung 1993
Quelle: Schubert 1996

Eine Auswertung der Einschulungs-Untersuchungen in Köln aus dem Jahr 1997 hat gezeigt, daß die Kinder aus den Stadtteilen mit einer hohen 'Sozialhilfe-Dichte' eine besonders niedrige Teilnahme an den Früherkennungs-Untersuchungen U8 und U9 aufweisen (Mersmann 1998, Mersmann/Warrlich 1998). Die Sozialhilfe-Dichte (d.h. der Anteil der 6-14jährigen Kinder aus Haushalten von Sozialhilfe-Empfängern an allen 6-14jährigen Kindern im Stadtteil) ist lediglich ein Maß für die Armut in dem Stadtteil, und nicht für die finanzielle Lage bei den eingeschulten Kindern. Es kann davon ausgegangen werden, daß in den Stadtteilen mit einer hohen Sozialhilfe-Dichte auch besonders viele der eingeschulten Kinder aus einkommensschwachen Familien kommen.

Tabelle 98: Teilnahme an den U8- und U9-Untersuchungen

	Sozialhilfe-Dichte [a] (Angaben in %) hoch	mittel	niedrig	Insges.
Anteil der Kinder insgesamt	30,6	35,5	33,9	100,0
Anteil der ausländischen Kinder pro Stadtteil	38,6	27,5	15,6	27,0
Teilnahme an Früherkennungs-Untersuchungen [b]				
U8	74,1	82,9	85,0	81,1
U9	62,1	68,9	70,0	67,3

a: Bei Kindern (6 - 14 Jahre): Anteil der Sozialhilfeempfänger pro Stadtteil (N=85) in Köln (hoch: 17-30%, mittel: 10-16%, niedrig: 0 bis 9%)
b: Auswertung der Vorsorge-Hefte von 7.665 Kindern
Stichprobe: 10.086 Kinder bei der Einschulung
Datenbasis: Sozialhilfe-Statistik und Einschulungs-Untersuchungen aus Köln 1997
Quelle: Mersmann/Warrlich 1998

Wichtig ist jedoch, daß die nicht 100%ige Übereinstimmung zwischen der Sozialhilfe-Dichte im Stadtteil und der finanziellen Lage einzelner Familien vermutlich dazu führt, daß die Unterschiede zwischen den Inanspruchnahme-Raten unterschätzt werden (vgl. Tabelle 98). Angaben zur Teilnahme an den Untersuchungen U1 bis U7 sind in dem Beitrag leider nicht enthalten, sinnvoll wäre auch eine getrennte Analyse nach Geschlecht und Nationalität. Die Studie wird hier dennoch vorgestellt, weil andere aktuelle Belege für die Existenz von sozio-ökonomischen Unterschieden bei der Inanspruchnahme der Früherkennungs-Untersuchungen kaum vorhanden sind. Weitere Auswertungen zeigen, daß bei den Durchimpfungs-Raten offenbar keine größeren Unterschiede zwischen den Stadtteilen vorhanden sind.

Auch wenn nur wenige aktuelle Daten verfügbar sind, das Problem der schichtspezifischen Inanspruchnahme ist offenbar auch noch heute vorhanden: In einem vor kurzem publizierten Beitrag nennt L. Altenhofen vom Zentralinstitut für die kassenärztliche Versorgung in der Bundesrepublik Deutschland fünf Kritikpunkte am Früherkennungsprogramm für Kinder, und der erste lautet: „Geringe Inanspruchnahme durch untere soziale Schichten" (Altenhofen 1998, S. 32).

Impfschutz

In der bereits oben erwähnten Studie aus Köln (Mersmann 1998, Mersmann/Warrlich 1998) werden keine auffälligen sozio-ökonomischen Unterschiede in der Durchimpfungs-Rate berichtet. Eine Auswertung von schulärztlichen Ergebnissen aus Hamburg (Glaser-Möller et al. 1992) zeigt jedoch, daß die Durchimpfungs-Rate bei Gymnasiasten deutlich höher ist als bei Haupt- oder Realschülern (vgl. Tabelle 99). Die Diskrepanz zwischen der Kölner und der Hamburger Studie läßt sich möglicherweise durch methodische Effekte erklären: Da in der Hamburger Studie einzelne Schüler miteinander verglichen werden, in der Kölner Studie aber ganze Stadtteile, kann der 'wahre' Unterschied in der Hamburger Studie eher gefunden werden als in der Kölner.

Tabelle 99: Schultyp und Impfschutz bei Schülern

	Schulärztliche Ergebnisse (Angaben in %) Schultyp	
	Haupt- oder Realschule	Gymnasium
vollständiger Impfschutz gegen Diphterie, Tetanus, Polio, Masern und Mumps	20	50

Stichprobe: 887 Schüler der 8. Klasse aus dem Gymnasium und 835 Schüler der 8. Klasse aus der Haupt- oder Realschule aus zwei Bezirken in Hamburg
Datenbasis: Schulärztliche Befragung/Untersuchung 1989/90
Quelle: Glaser-Möller et al. 1992

Tabelle 100: Haushalts-Einkommen und Impfschutz bei Schulanfängern

		Schulanfänger ohne Impfschutz (Angaben in % Monatliches Haushalts-Nettoeinkommen < 3.000 DM	≥ 3.000 DM
Anzahl der Schulanfänger		1.316	4.530
Ohne Impfschutz gegen	Masern	22,3	15,6
	Mumps	24,6	17,7
	Röteln	35,8	34,7

Datenbasis: Befragung/Untersuchung von 8.204 Schulanfängern in München 1994
Quelle: Markuzzi et al. 1997

In die gleiche Richtung wie die Hamburger Ergebnisse weisen auch die Ergebnisse der Schulanfänger-Untersuchung 1994 in Brandenburg (Ministerium 1997a/b). Demnach waren in der unteren sozialen Schicht 5,4% der Kinder ohne Masern-Impfschutz, in der oberen waren es dagegen nur 3,7%. Größere sozio-ökonomische Unterschiede im Impfstatus wurden in München bei den Schulanfängern aus dem Jahrgang 1994 gefunden (Markuzzi et al. 1997). Verglichen mit der oberen Einkommensgruppe waren in der unteren erheblich mehr Kinder ohne Masern- oder Mumps-Impfschutz (vgl. Tabelle 100). Hier wurde das Haushalts-Nettoeinkommen leider nicht nach Größe und Zusammensetzung des Haushaltes gewichtet, aber vermutlich ändert dies nicht viel an dem Zusammenhang zwischen Haushalts-Nettoeinkommen und Impfstatus. Interessant ist auch der Hinweis darauf, daß in München deutlich mehr Schulanfänger ohne Masern-Impfschutz sind als in Brandenburg.

Teilnahme an Krebsfrüherkennungs-Untersuchungen

In bezug auf Erwachsene liegen Angaben über sozio-ökonomische Unterschiede bei der Teilnahme an Vorsorge- und Früherkennungs-Maßnahmen m.W. vor allem für die Teilnahme an Krebsfrüherkennungs-Untersuchungen vor. Die bisher publizierten empirischen Studien ergeben ein etwas widersprüchliches Bild (vgl. Tabelle 101).

Eine weitere Analyse auf Basis der DHP-Daten aus den Jahren 1984/86 hat auf eine wichtige Spezifikation des Zusammenhangs zwischen sozio-ökonomischem Status und KFU-Teilnahme bei Frauen hingewiesen. Offenbar muß zwischen erwerbstätigen und nicht-erwerbstätigen Frauen unterschieden werden (vgl. Tabelle 102):

- Erwerbstätige Frauen: Die KFU-Teilnahme ist bei Volks-/Hauptschul-Absolventen signifikant geringer als bei Abiturienten
- Nicht-erwerbstätige Frauen: Es besteht kein statistisch signifikanter Zusammenhang zwischen Schulbildung und KFU-Teilnahme.

Tabelle 101: Teilnahme an Krebsfrüherkennungs-Untersuchungen (KFU)

	Sozio-ökonomische Unterschiede in der KFU-Teilnahme Männer	 Frauen
Alte Bundesländer		
Härtel 1985	0 [a, c]	+ [a, c]
Kirschner 1985	+ [a, c]	+ [a, c]
Mielck/Brenner 1991	0 [a, c]	0 [a, c]
Bormann 1993	0 [a]	+ [a]
Neue Bundesländer		
Kavungu et al. 1983	(nicht untersucht)	+ [b, c]

0: kein Unterschied nach sozio-ökonomischem Status
+: höhere Teilnahmerate bei höherem Status
a: alle Lokalisationen; b: nur Zervix; c: statistische Kontrolle der Altersverteilung
Quelle: Mielck/Brenner 1994

In der Analyse von A. Mielck und H. Brenner (1994) wurde auch bestätigt, daß bei Männern kein statistisch signifikanter Zusammenhang zwischen dem sozio-ökonomischen Status (hier gemessen über die Schulbildung) und der KFU-Teilnahme vorhanden ist. Unklar bleibt jedoch, ob diese Aussagen auch noch für die heutige Zeit zutreffen. Eine Analyse mit aktuelleren Daten ist dringend erforderlich; die hier ausgewerteten DHP-Daten sind bereits vor ca. 15 Jahre erhoben worden.

Was oben im Kapitel 'gesundheitliche Aufklärung' gesagt wurde, gilt auch hier: Da die Personen aus der unteren sozialen Schicht zumeist einen besonders schlechten Gesundheitszustand aufweisen, wäre es sinnvoll, die Vorsorge- und Früherkennungs-Maßnahmen auch und vor allem auf diese Personengruppe zu konzentrieren. Offenbar geschieht dies jedoch nur selten.

Tabelle 102: Schulbildung und Krebsfrüherkennungs-Untersuchungen

Geschlecht	Erwerbs-tätigkeit	Odds Ratios (95% Konfidenz-Intervall) [a] Höchster Schulabschluß Abitur FH-Reife	 Mittlere Reife Realschule	 Volks- Hauptschule
Männer	ja oder nein	1,0[b]	1,26 (0,83 - 1,95)	0,97 (0,68 - 1,39)
Frauen	ja	1,0[b]	1,05 (0,70 - 1,59)	0,57 (0,40 - 0,82)
	nein	1,0[b]	1,39 (0.85 - 2,26)	0,81 (0,53 - 1,25)

a: Teilnahme im letzten Jahr; kontrollierte Variablen: Alter, allein lebend (ja/nein)
b: Vergleichsgruppe
Stichprobe: 2.292 Frauen & 2.298 Männer (25-69 Jahre, Deutsche, alte Bundesländer)
Datenbasis: Befragung 1984/86 (DHP-Studie)
Quelle: Mielck/Brenner 1994

Die vorhandenen empirischen Informationen weisen auf eine relativ geringe Inanspruchnahme der Maßnahmen in der unteren sozialen Schicht hin. Selbstverständlich muß zwischen Angebot und Inanspruchnahme unterschieden werden. Vermutlich sind keine großen sozio-ökonomischen Unterschiede im *Angebot* von Vorsorge- und Früherkennungs-Maßnahmen vorhanden. Wichtig ist jedoch die *Inanspruchnahme*, und wenn hier eine Benachteiligung der unteren sozialen Schicht erkennbar wird, dann sind spezielle Angebote zur Förderung der Teilnahme in der unteren sozialen Schicht erforderlich.

i) Gesundheits- und Krankheitsverhalten

Die beiden Begriffe Gesundheits- und Krankheitsverhalten lassen sich wie folgt unterscheiden (vgl. Härtel 1994):

- Gesundheitsverhalten: Das Verhalten einer sich gesund fühlenden Person, das auf die Bewahrung dieses Zustandes abzielt.
- Krankheitsverhalten: Das Verhalten einer sich krank fühlenden Person, das auf die Verbesserung dieses Zustandes abzielt.

Eine klare Trennung zwischen Gesundheits- und Krankheitsverhalten ist oft nur schwer möglich. Häufig wird der Begriff 'Gesundheitsverhalten' auch zur Umschreibung aller gesundheitsrelevanten Verhaltensweisen verwendet.

Die Ungenauigkeit bei der Verwendung der beiden Begriffe darf jedoch nicht darüber hinwegtäuschen, daß hier ein sehr wichtiges Thema angeschnitten wird. Es geht vor allem um die individuelle Haltung gegenüber dem Sinn von Vorsorge- und Früherkennungs-Maßnahmen, und um die Reaktion auf erste Krankheitsanzeichen. Sozio-ökonomische Unterschiede in dieser 'präventiven Orientierung' werden vermutlich auch zu Unterschieden in der Teilnahme an Vorsorge- und Früherkennungs-Maßnahmen führen. Die Erklärung von schichtspezifischen Unterschieden in der Inanspruchnahme von Angeboten der gesundheitlichen Versorgung ist m.E. generell nur dann möglich, wenn auch die 'präventive Orientierung' untersucht wird.

Trotz der Bedeutung dieses Themas wurde es in den alten und neuen Bundesländern m.W. bisher kaum untersucht. Eine der nach wie vor aussagekräftigsten Studien wurde bereits vor über 25 Jahren durchgeführt. Im Mittelpunkt stand dabei die Hypothese, daß die individuelle Zukunftsorientierung, die Aufmerksamkeit gegenüber frühen Krankheitssymptomen und die präventive Einstellung in der unteren sozialen Schicht schwächer ausgeprägt sind als in der mittleren (Kramer/Siegrist 1973). Die empirischen Ergebnisse basieren auf zwei voneinander unabhängigen Befragungen; die eine erfolgte mit 78 männlichen Kurpatienten (Siegrist/Bertram 1970/1971) und die andere mit 165 männlichen Arbeitern und Angestellten. Dabei wurden z.B. die folgenden Fragen verwendet (Antwortmöglichkeiten jeweils Ja/Nein; vgl. Siegrist/Bertram 1970, S. 212 ff.):

- Individuelle Zukunftsorientierung: „Mit dem Alter kommen ja erst eigentlich die Gebrechen auf. Denken Sie manchmal jetzt schon daran, wie das bei Ihnen sein wird? "
- Aufmerksamkeit gegenüber frühen Krankheitssymptomen: „Würden Sie beim Verspüren chronischer Müdigkeit den Arzt aufsuchen? "
- Präventive Einstellung: „Zum Arzt sollte man erst gehen, wenn ein handfester Beweis für ein Krankheitsanzeichen gegeben ist".

Die Auswertungen zeigen, daß die Kombination 'zukunftsorientiert und symptomaufmerksam' bei 23% der Mittelschicht-Angehörigen anzutreffen ist, aber nur bei 6% der Personen aus der unteren sozialen Schicht (vgl. Tabelle 103). Ein ähnlich großer Unterschied ist auch bei der Kombination 'zukunftsorientiert und präventiv eingestellt' (37% versus 11%). Die Ergebnisse werden von J. Siegrist (1974, S. 96) wie folgt zusammengefaßt:

> „Aus der Sozialisationsforschung wissen wir, daß mittelschichtspezifische Erziehungsstile ein langfristiges Planen der eigenen Lebensführung fördern, während in unteren Schichten gegenwartsnahe Techniken der Situationsbewältigung ausgebildet werden. Die Annahme liegt somit nahe, daß eine Unterstützung präventiver Maßnahmen sowie eine gesteigerte Aufmerksamkeit gegenüber Äußerungen des eigenen Leibes, also auch gegenüber Krankheitsanzeichen, durch den Sozialisationsstil der Mittelschicht besser gewährleistet sind als durch den der Grundschicht. Unsere Ergebnisse unterstützen diese Annahme".

Ähnlich wie bei den oben dargestellten Ergebnissen über die Teilnahme an den Krebsfrüherkennungs-Untersuchungen (vgl. Tabelle 102) bleibt auch hier unklar, ob diese Aussagen noch für die heutige Zeit zutreffen. Die Studie von A. Kramer und J. Siegrist (1973) basiert auf einer sehr kleinen Stichprobe, und die Daten wurden vor mehr als 25 Jahren erhoben. Eine Analyse mit aktuelleren Daten ist daher dringend erforderlich.

Tabelle 103: Krankheitsverhalten und soziale Schicht

	Krankheitsverhalten (Angaben in %)	
	Untere soziale Schicht [a]	Mittl. soziale Schicht [a]
Anteil in der Stichprobe (in %)	45,7	54,3
Zukunftsorientiert, symptomaufmerksam		
Ja, beides	6	23
Nein, weder noch	60	21
Zukunftsorientiert, präventiv eingestellt		
Ja, beides	11	37
Nein, weder noch	44	14

a: Index aus Ausbildung und Stellung im Beruf
Stichprobe: 78 Kurpatienten, 84 Arbeiter und 81 Angestellte (Männer, 20-60 Jahre)
Datenbasis: 2 Befragungen Anfang der 70er Jahre
Quelle: Kramer/Siegrist 1973

Die m.W. einzigen annähernd vergleichbaren Ergebnisse aus den 90er Jahren basieren auf der schon mehrfach erwähnten 'Dritten Deutschen Mundgesundheitsstudie (DMS III)' von 1997 (Micheelis/Reich 1999). Der Fragebogen enthält auch die folgende Frage: „Gehen Sie nur zum Zahnarzt, wenn Sie Schmerzen oder Beschwerden haben, oder gehen Sie manchmal auch zur Kontrolle"? Aus den Antworten wurden die beiden Gruppen 'Beschwerde-Orientierung' und 'Kontroll-Orientierung' gebildet, und die Verteilung nach Schulbildung zeigt, daß die 'Kontroll-Orientierung' in der unteren Bildungsgruppe besonders selten ist (vgl. Tabelle 104).

Die Forderung nach einer detaillierteren Analyse der sozio-ökonomischen Unterschiede bei Symptom-Aufmerksamkeit und präventiver Orientierung erhält zusätzliches Gewicht durch die folgende Argumentation: Die meisten empirischen Ergebnisse über schichtspezifische Morbiditäts-Unterschiede beruhen auf Befragungsdaten. Wenn die Symptom-Aufmerksamkeit in der unteren sozialen Schicht schwächer ausgeprägt ist als in der oberen - d.h. wenn die Krankheitssymptome in der unteren sozialen Schicht weniger ernst genommen und eher verdrängt werden - dann würde dies zu einer Unterschätzung der schichtspezifischen Morbiditäts-Unterschiede führen. Die 'wahren' Unterschiede wären also (noch) größer als bisher beschrieben. Die Studie von A. Kramer und J. Siegrist (1973) unterstützt diese Vermutung; ohne weitergehende empirische Analysen muß es jedoch bei einer Vermutung bleiben.

Tabelle 104: Schulbildung und präventive Orientierung bei Zahngesundheit

	Gesundheitsverhalten (in %) Schulbildung [a]		
	niedrig	mittel	hoch
Alter 35-44 Jahre			
Beschwerde-Orientierung	44,3	26,1	28,4
Kontroll-Orientierung	53,7	73,9	71,0
Alter 65-74 Jahre			
Beschwerde-Orientierung	42,9	37,1	32,3
Kontroll-Orientierung	51,6	61,1	65,4

a: niedrig: Volksschulabschluß, Abschluß der 8. Klasse, kein Schulabschluß
mittel: Mittlere Reife, Abschluß der 10. Klasse (POS); hoch: Fachhochschulreife, Abitur

Stichprobe: 449 bzw. 206 35-44jährige Deutsche und 891 bzw. 476 65-74jährige Deutsche aus den alten bzw. neuen Bundesländern

Datenbasis: Befragung/Untersuchung 1997 in den alten und neuen Bundesländern

Quelle: Micheelis/Reich 1999 (S. 444)

j) Ambulante gesundheitliche Versorgung

Wie oben bereits angedeutet wurde (vgl. Kapitel III-1b), lassen sich auf einer allgemeinen Ebene zwei Ansätze zur Erklärung der gesundheitlichen Ungleichheit unterscheiden. Etwas plakativ formuliert lauten sie 'Armut macht krank' und 'Krankheit macht arm'. Die in Deutschland diskutierten Erklärungsansätze beziehen sich auch deswegen vor allem auf den Ansatz 'Armut macht krank', weil mit der vor mehr als 100 Jahren gegründeten Gesetzlichen Krankenversicherung (GKV) das Problem 'Krankheit macht arm' weitgehend behoben wurde. Durch die Zahlung von Krankengeld, und durch die Übernahme der Ausgaben für die gesundheitliche Versorgung, sind die finanziellen Belastungen, die sich aus einer Erkrankung ergeben können, für die Versicherten relativ niedrig geworden. Das Problem 'Krankheit macht arm' ist selbstverständlich nicht vollkommen verschwunden, aber heute wird zumeist davon ausgegangen, daß die gesundheitliche Ungleichheit vor allem durch das Problem 'Armut macht krank' erklärt werden kann. In der GKV wird auch dieses Problem verringert, da die ärmeren Versicherten den gleichen Anspruch auf gesundheitliche Versorgung besitzen wie die reicheren. Die vielfältigen mit Armut verbundenen gesundheitlichen Belastungen lassen sich im Rahmen der GKV jedoch kaum reduzieren.

Vor Einführung der GKV mußten die Kosten für die medizinische Versorgung von den Patienten i.d.R. direkt bezahlt werden. Ein Zitat aus dem Jahr 1810 mag die damalige Situation verdeutlichen. In der Broschüre mit dem Titel 'Bitte an deutsche Aerzte, ihre Kranken nicht arm zu machen' schreibt der (offenbar aus guten Gründen anonym bleibende) Verfasser:

> „Niemand wird bezweifeln, daß es edle Aerzte gibt, welchen es Freude macht, ihren Kranken, besonders den Unbegüterten, mit dem mindesten Kostenaufwand zu heilen; die bei ihren Verordnungen die Vermögensumstände der Kranken nie ohne Rücksicht, die Schonung derselben nie unbeachtet lassen. (...) Aber es frägt sich, ob solche Aufmerksamkeit auf die Lage der Kranken, ob beständige Sorgfalt dafür, daß das gute Arzneimittel auch ein möglichst wohlfeiles sei, bei unseren Aerzten sehr häufig sind. (...) Der schlechtere Teil des Haufens ist nun schlechterdings ohne Rücksicht, wie er wahrlich durchaus keine verdient. Die zu ihm gehören, vergeuden sechsfache Kosten, wo mit einfachen auszukommen wäre. Sie machen ganz arm, um halb gesund zu machen" (ohne Verfasser 1810, S. 33).

Man kann sich gut vorstellen, welche Folgen sich daraus für die ärmeren Bevölkerungsgruppen ergeben haben: Für viele gab es keine gesundheitliche Versorgung, weil die Kosten nicht aufgebracht werden konnten, und viele sind durch eine Erkrankung in die schlimmste Armut getrieben worden. In den alten und neuen Bundesländern sind diese extremen Formen der sozialen und gesundheitlichen Ungleichheit heute kaum noch vorhanden, und dies ist auch und vor allem ein Verdienst der GKV.

Mehrere Autoren heben hervor, daß die gesundheitliche Versorgung heute keine wichtige Rolle mehr bei der Erklärung der gesundheitlichen Ungleichheit spielt (z.B. Siegrist 1995, Behrens 1997). Empirische Analysen zur Überprüfung dieser Annahme sind jedoch kaum vorhanden. In einer sehr bekannt gewordenen Publikation hat der britische Wissenschaftler J. Hart Anfang der 70er Jahre den Begriff 'the inverse care law' geprägt, auf deutsch etwa 'das Gesetz der umgekehrten Versorgung' (Hart 1971). Mit Hilfe von empirischen Beispielen aus Großbritannien konnte er zeigen, daß das Angebot an gesundheitlicher Versorgung dort am geringsten ist, wo der Bedarf am größten ist, d.h. vor allem dort, wo die Personen mit einem niedrigen sozio-ökonomischen Status leben. Für die Bundesrepublik hat das 'inverse care law' vermutlich nur eine sehr begrenzte Gültigkeit. Es könnte z.B. sein, daß das Angebot an Fach- bzw. Gebietsärzten in reicheren Regionen größer ist als in ärmeren; empirisch überprüft wurde diese Hypothese m.W. bisher noch nicht. Auch wenn bei uns keine wichtigen schichtspezifischen Unterschiede im *Angebot* an gesundheitlicher Versorgung vorhanden sein sollten, so bleibt doch die Frage nach schichtspezifischen Unterschieden in der *Inanspruchnahme*. Oben wurde bereits gezeigt, daß bei den Vorsorge- und Früherkennungs-Maßnahmen - trotz eines weitgehend gleichen Angebots - relativ große Unterschiede in der Inanspruchnahme bestehen (vgl. Kapitel III-2h). In diesem Kapitel soll die Frage untersucht werden, ob ähnliche Unterschiede auch bei der ambulanten Versorgung vorhanden sind.

Ambulante Versorgung

Formal besitzen alle Versicherten der GKV den gleichen Anspruch auf die Inanspruchnahme der ambulanten gesundheitlichen Versorgung. Eine Auswertung der Daten aus dem DHP-Survey von 1990/91 (vgl. Kapitel II-1c) und aus dem Gesundheitssurvey-Ost von 1991/92 (vgl. Kapitel II-1d) weist jedoch darauf hin, daß offenbar trotzdem deutliche Unterschiede nach dem Einkommen der Versicherten vorhanden sind: In den unteren Einkommensgruppen werden Praktische Ärzte und Ärzte für Allgemeinmedizin besonders häufig und Gebietsärzte besonders selten in Anspruch genommen. Der Zusammenhang zeigt sich vor allem bei Männern und Frauen in den alten Bundesländern (vgl. Tabelle 105). Mit einem unterschiedlichen Bedarf an ambulanter Versorgung läßt sich diese vom Einkommen abhängige Inanspruchnahme kaum erklären. Da Personen mit niedrigem Einkommen zumeist kränker sind als andere Personen (vgl. Kapitel II-4), wäre auch zu erwarten, daß sie häufiger zu Gebietsärzten gehen. Es muß demnach gefragt werden, welche Hemmschwellen gerade bei den unteren Einkommensgruppen die Inanspruchnahme von Gebietsärzten erschweren.

Tabelle 105: Einkommen und Arztbesuche

	Arztbesuche in den letzten 4 Wochen [a]			
	alte Bundesländer		neue Bundesländer	
	Männer	Frauen	Männer	Frauen
Praktischer Arzt oder Arzt für Allgemeinmedizin				
Einkommensgruppe 1 (unteres Einkommen) [b]	1,31*	2,25*	1,00	1,23
Einkommensgruppe 2 [c]	1,26*	1,61*	1,12	1,15
Einkommensgruppe 3 [d]	1,10	1,57*	0,82	1,44*
Einkommensgruppe 4 (oberes Einkommen) [e]	1,00	1,00	1,00	1,00
Fach- bzw. Gebietsarzt				
Einkommensgruppe 1 (unteres Einkommen) [b]	0,58*	0,65*	0,42*	0,69
Einkommensgruppe 2 [c]	0,63*	0,69*	0,34*	0,69*
Einkommensgruppe 3 [d]	0,72*	0,82	0,48*	1,05
Einkommensgruppe 4 (oberes Einkommen) [e]	1,00	1,00	1,00	1,00

*: statistisch signifikanter Unterschied verglichen mit oberer Einkommensgruppe ($p<0,10$)
a: Odds Ratios, kontrollierte Variable: Alter
Einkommensgruppen (Verteilung in Prozent der Personen):
b: 0-19%; c: 20-49%; d: 50-74%; e: 75-100%
Stichprobe: 4.958 bzw. 2.186 Personen (alte bzw. neue Bundesländer, 25-69 Jahre, Deutsche GKV-Versicherte)
Datenbasis: Befragung 1990/92 (DHP-Studie, Gesundheitssurvey-Ost)
Quelle: Mielck (neue Datenauswertung)

Die Unterschiede zwischen der Versorgung durch Praktische Ärzte und Ärzte für Allgemeinmedizin einerseits und Gebietsärzte andererseits sagen selbstverständlich noch nichts aus über die Qualität der ambulanten Versorgung. Wenn beispielsweise ein Praktischer Arzt mit seinen einkommensschwachen Patienten ein langfristiges Vertrauensverhältnis aufgebaut hat, dann wird er viele gesundheitliche Probleme besser behandeln können als ein Gebietsarzt, der die Patienten nur sehr selten sieht. Es wäre auch möglich, daß die oberen Einkommensgruppen 'zu schnell und zu oft' zu einem Gebietsarzt gehen (d.h. auch dann, wenn ein Besuch beim Praktischen Arzt oder beim Arzt für Allgemeinmedizin ausgereicht hätte). Es wäre jedoch wichtig, diese Vermutungen zu überprüfen, und dabei sollten auch die gesundheitlichen Folgen untersucht werden, die sich aus den einkommens-spezifischen Unterschieden in der Inanspruchnahme der ambulanten Versorgung ergeben können.

Ein vergleichbares empirisches Ergebnis wurde bei einer Analyse der DHP-Daten aus den Jahren 1984/85 gefunden: Verglichen mit Abiturienten gehen Volks- oder Hauptschüler häufiger zum Allgemeinarzt und seltener zu einem Facharzt (Hoeltz et al. 1990). Die Aussagekraft dieser Daten ist eingeschränkt, da die Einflüsse von Alter und Geschlecht nicht statistisch kontrolliert wurden. Sie bestärken jedoch den Eindruck eines systematischen Zusammenhangs zwischen dem sozio-ökonomischen Status und der Arztwahl.

Tabelle 106: Beruflicher Status und Arztwahl

		Angaben in %	
	Unterer Status	Mittlerer Status	Oberer Status
Anteil in der Stichprobe	39,0	35,2	25,8
Gehe immer zuerst zum Allgemeinarzt [a]			
Alter der Befragten: 21-30 Jahre	66	41	41
31-40 Jahre	63	49	39
41-50 Jahre	68	52	37
51-60 Jahre	72	53	40
älter als 60 Jahre	75	59	52

a: Frage: Wenn Sie wegen irgendwelcher Beschwerden zum Arzt gehen, suchen Sie dann zunächst einen praktischen Arzt oder gleich einen Facharzt auf?
Stichprobe: 2.076 Männer und Frauen (Deutsche ab 21 Jahre) in Gelsenkirchen und Frankfurt/Main
Datenbasis: Befragung 1977
Quelle: Schardt 1986 (S. 115)

Eine Befragung in Köln führte zu einem ähnlichen Ergebnis (Klaes 1985). Zur Erklärung dieses Zusammenhangs bieten sich zwei Hypothesen an:

- Personen mit niedrigem sozio-ökonomischen Status gehen bei gesundheitlichen Beschwerden häufiger als andere Personen zuerst zu einem Allgemeinarzt und nicht gleich zu einem Facharzt.
- Personen mit niedrigem sozio-ökonomischen Status werden seltener als andere Personen von einem Allgemeinarzt an einen Facharzt überwiesen.

Eine empirische Überprüfung der ersten Hypothese ist m.W. bisher erst in einer einzigen Studie versucht worden, und die dort verwendeten Daten sind schon über 20 Jahre alt (Schardt 1986). Die Hypothese wird eindeutig bestätigt (vgl. Tabelle 106); unklar bleibt jedoch, ob die Ergebnisse auf die derzeitige Situation in den alten und neuen Bundesländern übertragen werden können. Die zweite Hypothese ist m.W. bei uns überhaupt noch nicht empirisch überprüft worden.

Zahnärztliche Versorgung

Oben wurde bereits eine Studie zur Zahngesundheit in den alten und neuen Bundesländern vorgestellt (vgl. Tabellen 31, 40, 47, 50, 104). Grundlage dieser Studie ist eine repräsentative Auswahl von Personen in vier Altersgruppen (8-9, 13-14, 35-44 und 45-54 Jahre). Die Ergebnisse aus dieser Studie zur medizinischen Versorgung sind ebenfalls von Interesse, vor allem, da die Studie eine zahnärztliche Untersuchung einschloß und die Ergebnisse daher eine hohe Validität aufweisen (Micheelis/Bauch 1991, 1993). Eine erste Gruppe von Ergebnissen bezieht sich auf den 'Sanierungsgrad' der Zähne. Der Sanierungsgrad gibt den Anteil der kariösen Zähne wieder, die mit einer Füllung versehen sind. Er wird berechnet durch den folgenden Quotienten: 'Anzahl der mit einer Füllung versehenen Zähne / Anzahl der mit einer Füllung versehenen Zähne plus der anderen kariösen Zähne'.

Tabelle 107: Soziale Schicht und Sanierungsgrad der Zähne

Alter	Sanierungsgrad der Zähne (in %)[a] Soziale Schicht[b] Alte Bundesländer untere	mittlere	obere	Neue Bundesländer untere	mittlere	obere
8 - 9 Jahre (Milchzähne)	42,6	43,2	54,7	63,2	56,5	71,5
8 - 9 Jahre (bleibende Zähne)	42,8	48,5	54,3	73,8	78,9	81,8
13 -14 Jahre (bleibende Zähne)	57,7	61,3	64,1	75,8	85,2	86,3
35 - 44 Jahre (bleibende Zähne)[c]	78,8	83,0	91,4	78,8	87,6	92,4
45 - 54 Jahre (bleibende Zähne)	75,5	84,1	90,0	-	-	-

a: (Zähne mit einer Füllung) / (Zähne mit einer Füllung plus andere kariöse Zähne)
b: Index aus Schulbildung, Beruf und Einkommen (bei Kindern: Angaben von den Eltern)
c: In den neuen Bundesländern: 35 - 54 Jahre
Stichprobe: 1.763 bzw. 1.519 Personen (alte bzw. neue Bundesländer, Deutsche)
Datenbasis: Befragung/Untersuchung in den alten (1989) und neuen (1992) Bundesländern
Quelle: Micheelis/Bauch 1991/1993

Die Auswertungen zeigen, daß der Sanierungsgrad in der unteren sozialen Schicht am niedrigsten und in der oberen sozialen Schicht am höchsten ist (vgl. Tabelle 107). Eine vergleichbare Studie aus dem Jahr 1997 hat in den Altersgruppen 35-44 Jahre und 65-74 Jahre einen ähnlichen Zusammenhang zwischen Schulbildung und Sanierungsgrad aufgezeigt (Micheelis/Reich 1999, S. 256, 346). Wichtig ist auch die Feststellung, daß der Sanierungsgrad bei den Jugendlichen in den neuen Bundesländern erheblich höher war als bei den Jugendlichen in den alten Bundesländern.

Die zweite Gruppe von Ergebnissen bezieht sich auf den Ersatz von fehlenden Zähnen (vgl. Tabelle 108). Die durchschnittliche *Anzahl* fehlender Zähne ist in den neuen Bundesländern höher als in den alten, und in beiden Teilen Deutschlands in der unteren sozialen Schicht am höchsten. Besonders aufschlußreich sind die Zahlen zum *Ersatz* der fehlenden Zähne: Die Anzahl der nicht-ersetzten Zähne (d.h. der Zahnlücken) ist in der unteren sozialen Schicht am höchsten, sowohl in den alten als auch in den neuen Bundesländern. Daraus läßt sich die Hypothese ableiten, daß schichtspezifische 'Zugangs-Barrieren' (z.B. in Form der finanziellen Selbstbeteiligung) den Ersatz fehlender Zähne erschweren. Die Hypothese, daß die zahnärztliche Versorgung vom Einkommen der Patienten abhängig ist, wird auch dadurch bestärkt, daß bei dem Ersatz von Zähnen in der unteren sozialen Schicht besonders häufig die zumeist preisgünstigere Variante 'herausnehmbarer Zahnersatz' gewählt worden ist. Besonders deutlich ist dieser Zusammenhang in den alten Bundesländern: In der unteren sozialen Schicht wurden auf diese Weise pro Person durchschnittlich 4,5 Zähne ersetzt (60% aller fehlenden Zähne), in der oberen sozialen Schicht dagegen nur 0,4 Zähne (14,8% aller fehlenden Zähne).

Tabelle 108: Soziale Schicht und Zahnersatz

	Ersetzte und nicht ersetzte fehlende Zähne Soziale Schicht [a] untere Anzahl	(in %)	mittlere Anzahl	(in %)	obere Anzahl	(in %)
Alte Bundesländer						
- ersetzte Zähne: festsitzend	1,0	(13,3)	1,4	(27,5)	1,3	(48,2)
herausnehmbar	4,5	(60,0)	2,2	(43,1)	0,4	(14,8)
- nicht ersetzte Zähne	2,0	(26,7)	1,5	(29,4)	1,0	(37,0)
fehlende Zähne insgesamt	7,5	(100)	5,1	(100)	2,7	(100)
Neue Bundesländer						
- ersetzte Zähne: festsitzend	0,4	(4,3)	0,4	(7,5)	0,4	(8,0)
herausnehmbar	5,3	(57,0)	2,0	(37,7)	2,4	(48,0)
- nicht ersetzte Zähne	3,6	(38,7)	2,9	(54,8)	2,2	(44,0)
fehlende Zähne insgesamt	9,3	(100)	5,3	(100)	5,0	(100)

a: Index aus Schulbildung, beruflicher Stellung und Einkommen
Stichprobe: 868 bzw. 731 Personen (alte bzw. neue Bundesländer, 35-54 Jahre, Deutsche)
Datenbasis: Befragung/Untersuchung in den alten (1989) und neuen (1992) Bundesländern
Quelle: Micheelis/Bauch 1991/1993

In der späteren, vergleichbaren Untersuchung von Personen zwischen 35-44 Jahren und 65-74 Jahren zeigen sich sowohl beim Indikator 'Zahnlosigkeit' als auch beim Indikator 'unversorgte Zahnlücken' ähnliche Unterschiede zwischen verschiedenen Schulbildungs-Gruppen (Micheelis/Reich 1999, S. 301, 307, 388, 394).

Behandlung psychischer Erkrankungen

Die bereits oben erwähnte Studie zur psychischen Morbidität in den bayerischen Gemeinden Palling, Traunreut und Traunstein (vgl. Kapitel II-4b) beinhaltet auch interessante Angaben zum Behandlungsgrad (Dilling/Weyerer 1987). Am aussagekräftigsten sind m.E. die Ergebnisse einer Befragung durch psychiatrisch geschulte Interviewer.

Tabelle 109: Behandlungsgrad der psychischen Morbidität

	Prävalenz und Behandlungsgrad (in %) Beruflicher Status 1 (unterer)	2	3	4 (oberer)
Anteil in der Stichprobe (in %)	12,4	33,7	41,7	12,2
1. Behandlungsbedürftige 'wahre' Prävalenz [a]	46,5	33,4	27,5	20,2
2. In psychiatrischer Behandlung	11,2	7,8	7,1	4,8
3. Behandlungsgrad ($^2/_1$)	0,24	0,24	0,26	0,24

a: Diagnose nach ärztlicher Befragung
Stichprobe: 1.375 Männer und Frauen (20 Jahre und älter) aus Palling, Traunstein, Traunreut
Datenbasis: Befragung 1980/81
Quelle: Dilling/Weyerer 1987

Die Interviewer haben zum einen die psychische Morbidität der Probanden eingeschätzt und zum anderen nach der Behandlung psychischer Störungen gefragt. Der auf dieser Grundlage berechnete Behandlungsgrad der psychischen Morbidität weist keine Unterschiede nach dem beruflichen Status auf (vgl. Tabelle 109). Die Prävalenz der psychischen Morbidität nimmt zwar mit zunehmendem Status ab, aber der gleiche Trend zeigt sich auch für die Behandlung der psychischen Morbidität.

Dieses Ergebnis muß selbstverständlich sehr vorsichtig interpretiert werden. Die Erfassung der psychischen Morbidität ist mit großen Unsicherheiten behaftet; die Prävalenz von 20 bis 40 Prozent deutet an, daß hier eine weite Definition gewählt wurde. Ähnliche Probleme entstehen bei den Fragen zur Behandlung. Möglicherweise würde sich nach einer statistischen Kontrolle der Altersverteilung ein anderer Zusammenhang ergeben. Völlig unklar ist auch, ob und wie sich diese knapp 20 Jahre alten Ergebnisse aus drei Gemeinden auf die heutigen Verhältnisse in den alten und neuen Bundesländern übertragen lassen. Trotz der eingeschränkten Aussagekraft werden die Ergebnisse hier jedoch bewußt vorgestellt, um auf die Machbarkeit derartiger Studien hinzuweisen, und auch um den Bedarf an aktuelleren Daten zu diesem Thema zu betonen.

Hilfeleistungen bei alten Menschen

In der 'Berliner Altersstudie (BASE)' wurde Anfang der 90er Jahre eine Zufallsstichprobe der in West-Berlin lebenden Personen über 70 Jahren befragt (Mayer/Wagner 1996; vgl. auch Kapitel III-2b). Die Ergebnisse sind zum einen deswegen interessant, weil diese Altersgruppe nur sehr selten untersucht wird.

Tabelle 110: Soziale Schicht und pflegerische Unterstützung

		Erhalt von Hilfeleistungen (Angaben in %) Status der letzten beruflichen Stellung			
	1 (unten)	2	3	4	5 (oben)
Anteil in Stichprobe: Männer	8,0	22,4	26,4	28,5	14,8
Frauen	9,4	18,1	26,8	36,3	9,4
Wohnort: Privathaushalt					
ohne Hilfe	73,9	69,3	61,9	77,2	64,1
nur informelle Hilfe [a]	7,8	8,2	8,7	5,8	0,9
nur professionelle Hilfe [b]	6,2	9,7	17,1	10,5	32,7
beide Arten der Hilfe	2,1	2,6	1,2	0,6	2,1
Wohnort: Heim	10,0	10,2	11,0	5,9	0,2
	100,0	100,0	99,9	100,0	100,0

a: z.B. durch Verwandte oder Freunde; z.B. durch Mitarbeiter von Sozialstationen
Stichprobe: 516 Männer und Frauen ab 70 Jahren in Berlin
Datenbasis: Befragung 1990 bis 1993 (Berliner Altersstudie)
Quelle: Mayer/Wagner 1996

Zum anderen wird deutlich, daß ein Zusammenhang zwischen der Inanspruchnahme professioneller Unterstützung und dem sozio-ökonomischen Status besteht: In den unteren Statusgruppen ist der Anteil der Personen, die in einem Heim leben, deutlich höher als in den oberen Statusgruppen (vgl. Tabelle 110). Bei den in Privathaushalten lebenden alten Menschen fällt auf, daß die professionelle Hilfe - d.h. vor allem die pflegerische Unterstützung durch die ambulanten Dienste - mit zunehmendem Status erheblich zunimmt. Die Interpretation liegt auf der Hand: „Offenbar können Personen mit ausreichenden materiellen Ressourcen auch privat besser Hilfen organisieren und so z.B. den Umzug in ein Heim zumindest hinausschieben" (Linden et al. 1996, S. 483).

Es wäre wichtig, speziell für ältere Menschen genauere Daten über die sozio-ökonomischen Unterschiede bei Angebot und Inanspruchnahme von Leistungen der gesundheitlichen Versorgung zu erhalten. Die oben präsentierten Ergebnisse der Berliner Altersstudie können nur einen ersten Hinweis darauf geben, daß solche Unterschiede in der Tat vorhanden sind. Sie sagen z.B. nichts darüber aus, wie gut die pflegerische Versorgung im Privathaushalt oder im Heim ist, und bis zu welchem Grad der Versorgungsbedarf gedeckt wird. Es bleibt zu hoffen, daß diese Forschungsfragen in Zukunft eine stärkere Beachtung erhalten.

k) Versorgungsqualität und Patientenzufriedenheit

Eine weitere bisher kaum beantwortete Frage ist, ob die Qualität der gesundheitlichen Versorgung vom sozio-ökonomischen Status der Patienten abhängig ist. In der Qualitätsforschung wird zumeist zwischen Struktur-, Prozeß- und Ergebnisqualität unterschieden. Die drei Dimensionen lassen sich wie folgt definieren (Schwartz et al. 1998b, S. 836):

- „Unter Strukturqualität werden die Rahmenbedingungen für die medizinische Versorgung gefaßt. Dazu zählen (...) die räumliche und apparative Ausstattung, die organisatorischen und finanziellen Gegebenheiten etc.".
- „Die Prozeßqualität beinhaltet sämtliche ärztlichen und pflegerischen Aktivitäten. Unter Prozeßqualität werden Inhalte und Tätigkeiten wie Anamnese, Befunderhebung, Diagnosestellung, Behandlung, Pflege, Medikation usw. subsumiert."
- „Die Ergebnisqualität umfaßt die End- bzw. Zielpunkte medizinischer Versorgung im eigentlichen Sinne. Sie beschreibt die durch das medizinische Handeln bewirkten Veränderungen des Gesundheitszustands (...) einschließlich weiterer von der medizinischen Versorgung ausgehender Wirkungen".

Bezogen auf das Thema 'gesundheitliche Ungleichheit' kann z.B. gefragt werden, ob bei den folgenden Qualitätsmerkmalen Unterschiede in Abhängigkeit vom sozio-ökonomischen Status der Patienten vorhanden sind:

- Strukturqualität : Erreichbarkeit und Ausstattung von Arztpraxen, Wartezeit
- Prozeßqualität : Intensität der gesundheitlichen Untersuchung und Beratung

- Ergebnisqualität : Therapieerfolg, Patientenzufriedenheit

Um möglichen Mißverständnissen vorzubeugen: Mit diesen Fragen soll selbstverständlich nicht impliziert werden, daß Ärzte, Krankenschwestern etc. die Patienten aus der unteren sozialen Schicht bewußt diskriminieren. Wenn Mängel in der Prozeß- oder Ergebnisqualität vorhanden sind, dann müssen die Ursachen bei der Strukturqualität gesucht werden.

Die empirische Erfassung der Strukturqualität ist methodisch gesehen kein großes Problem. Es wäre z.B. möglich, Patienten und Ärzte nach der durchschnittlichen Wartezeit zu fragen. Die Prozeßqualität ist dagegen nur schwer zu messen, und noch größere Probleme bereitet die Analyse der Ergebnisqualität. Es ist daher kaum verwunderlich, daß nur sehr wenige Untersuchungen über sozio-ökonomische Unterschiede in der Ergebnisqualität vorliegen. Dazu gehören zum einen die oben dargestellten Studien zur Überlebenszeit von Patienten mit Herzinfarkt (vgl. Tabelle 21) oder mit kolorektalem Karzinom (vgl. Tabelle 26). Zum anderen lassen sich auch die Ergebnisse über den Zusammenhang zwischen Schulbildung und Patientenzufriedenheit dieser Gruppe zuordnen: „Heute (...) wird der Patientenzufriedenheit eine deutlich erweiterte Bedeutung zugeschrieben: Sie gilt als elementare Dimension des Behandlungsergebnisses und somit als ein zentraler Bewertungsmaßstab für die Qualität der gesundheitlichen Versorgung" (Mielck et al. 1993, S. 142).

Die Frage, warum sozio-ökonomische Unterschiede in der Überlebenszeit von Patienten mit kolorektalem Karzinom oder mit Herzinfarkt vorhanden sind, lautet in der Terminologie der Qualitätsforschung: Können die Unterschiede in der Ergebnisqualität durch Unterschiede in der Struktur- und/oder der Prozeßqualität erklärt werden? Hierzu liegen leider noch keine Antworten vor. Es sind allgemein nur sehr wenige empirische Untersuchungen über den Zusammenhang zwischen dem sozio-ökonomischen Status der Patienten und der Struktur- bzw. der Prozeßqualität vorhanden; zudem beziehen sie sich nur auf die Qualität der ambulanten Versorgung. In einer 1977 in Gelsenkirchen und Frankfurt/Main durchgeführten Befragung wurde auch nach der Wartezeit und nach der Intensität der Behandlung gefragt (Schardt 1986). Die Ergebnisse weisen darauf hin, daß Personen mit niedrigem beruflichen Status vor der Behandlung besonders lange im Wartezimmer warten müssen, und daß sich die Ärzte für ihre Behandlung dann besonders wenig Zeit nehmen (vgl. Tabelle 111). Die Studie wurde oben bereits erwähnt (vgl. Tabelle 106) und auch hier muß betont werden, daß diese Daten schon über 20 Jahre alt sind, und daß daher unklar bleibt, ob sie auf die derzeitige Situation in den alten und neuen Bundesländern übertragen werden können. Sie verdeutlichen jedoch zumindest, daß der Zusammenhang zwischen dem sozio-ökonomischen Status der Patienten und der Struktur- bzw. Prozeßqualität der ambulanten Versorgung genauer untersucht werden sollte.

Tabelle 111: Beruflicher Status und ambulante Behandlung

	Angaben in %		
	Unterer Status	Mittlerer Status	Oberer Status
Anteil in der Stichprobe	39,0	35,2	25,8
Wartezeit [a]			
bis zu 30 Minuten	36	49	64
2 Stunden oder mehr	28	18	9
Dauer der Behandlung [b]			
ca. 5 Minuten	26	20	18
20 Minuten oder länger	21	27	36
Verhalten des Arztes [c]			
geht auf Probleme ein	63	69	75
eher auf rasche Abfertigung aus	29	18	14

a: Frage: Wie lange haben Sie bei dem Arzt, den Sie am häufigsten aufsuchen, im Durchschnitt im Wartezimmer warten müssen?
b: Frage: Erinnern Sie sich noch, wie lange die eigentliche Behandlung im allgemeinen gedauert hat?
c: Frage: Haben Sie den Eindruck, daß Ihr Arzt (bzw. Ihre Ärzte) sich im allgemeinen für Ihre Beschwerden und Probleme Zeit nimmt oder daß er in den meisten Fällen mehr auf rasche Abfertigung aus ist?
Stichprobe: 2.076 Männer und Frauen (Deutsche ab 21 Jahre) in Gelsenkirchen und Frankfurt/Main
Datenbasis: Befragung 1977
Quelle: Schardt 1986 (S. 102, 103, 115)

Die Frage, ob die Patientenzufriedenheit vom sozio-ökonomischen Status der Patienten abhängig ist, läßt sich für die alten und neuen Bundesländer kaum beantworten. Zu diesem Thema wurde m.W. bisher erst eine einzige Studie publiziert. Die Daten stammen aus einer vom Institut für Sozialhygiene und Organisation des Gesundheitswesens der DDR (ISOG) durchgeführten Befragung über die ambulante medizinische Versorgung im Stadt- und Landkreis Görlitz. Der Fragebogen enthielt die folgenden Fragen zur Zufriedenheit mit der ambulanten-ärztlichen Versorgung; sie beziehen sich auf den Arzt, von dem der oder die Befragte seit längerer Zeit hauptsächlich behandelt wird (Mielck et al. 1993):

1) Sind Sie mit Ihrem Arzt zufrieden?
2) Können Sie Ihrem Arzt Sorgen und Probleme mitteilen, die Sie beschäftigen, abgesehen von den Sorgen um Ihre gegenwärtige Krankheit?
3) Wenn Ihnen der Arzt ein Medikament verordnet, erklärt er Ihnen dann auch, worauf dessen Heilwirkung beruht?
4) Haben Sie bei Ihrem behandelnden Arzt den Eindruck, daß er Sie gewissenhaft untersucht?
5) Machen Sie Ihrem Arzt Vorschläge zu Ihrer Behandlung?
6) Wenn Ja: Geht Ihr Arzt auf solche Vorschläge ein?
7) Informiert Sie der Arzt über die Entstehung und den Verlauf Ihrer Krankheit?
8) Wie lange müssen Sie im Durchschnitt bei Ihrem Arzt warten?

Tabelle 112: Zufriedenheit mit der ambulanten Versorgung

	Zufriedenheit mit der ambulanten Versorgung [a] Odds-Ratios [b] (95% Konfidenz-Intervall) Schulbildung		
	12. Klasse [c]	bis 10. Klasse	bis 8. Klasse
1) bin mit Arzt zufrieden	1,00	0,69 (0,47-1,01)	0,81 (0,54-1,20)
2) kann Arzt Sorgen mitteilen	1,00	0,75 (0,53-1,06)	0,81 (0,57-1,15)
3) Medikamente werden erklärt	1,00	0,72 (0,51-1,03)	0,90 (0,63-1,28)
4) werde gewissenhaft untersucht	1,00	0,55 (0,37-0,81)	0,65 (0,44-0,96)
5) mache eigene Behandlungsvorschläge	1,00	0,69 (0,45-1,07)	0,62 (0,41-0,94)
6) Arzt geht auf diese Vorschläge ein	1,00	0,52 (0,33-0,80)	0,43 (0,28-0,65)
7) werde gut über Krankheit informiert	1,00	0,70 (0,49-0,99)	0,76 (0,53-1,08)
8) muß nur bis zu 30 Minuten warten	1,00	0,59 (0,42-0,83)	0,62 (0,45-0,87)

a: Bezogen auf den Arzt, von dem der Befragte hauptsächlich behandelt wird
b: Kontrollierte Variablen: Alter, Gesundheitszustand; c: Vergleichsgruppe
Stichprobe: 1.021 Männer und 1.666 Frauen (ab 20 Jahre, Deutsche) aus Görlitz
Datenbasis: Befragung 1986/87
Quelle: Mielck et al. 1993

Bei den ersten sieben Fragen werden die folgenden Antwortmöglichkeiten angeboten: Ja, mehr Ja als Nein, mehr Nein als Ja, Nein. Als Ausdruck der Zufriedenheit wird in Tabelle 112 nur die Antwort 'Ja' verwendet. Bei der letzten Frage sind sechs Antwortmöglichkeiten vorgesehen ('brauche nicht zu warten' bis zu 'muß 2 Stunden oder mehr warten'). Die Auswertungen zeigen, daß die älteren Patienten zufriedener sind als die jüngeren, und daß die relativ gesunden Patienten zufriedener sind als die relativ kranken. Der Einfluß der Variablen Alter und Gesundheitszustand ist daher in der folgenden Analyse statistisch kontrolliert worden. Eine Unterscheidung zwischen Männern und Frauen hat sich dagegen als nicht notwendig erwiesen. Der Zusammenhang zwischen den Zufriedenheits-Merkmalen und der Schulbildung der Patienten ist in Tabelle 112 wiedergegeben: Offenbar sind die Patienten mit geringerer Schulbildung in allen Bereichen unzufriedener als die Patienten mit der höchsten Schulbildung. Der Zusammenhang ist zwar nur in 8 von 16 Vergleichen signifikant, aber bei weiteren 5 Vergleichen wird die Signifikanz-Grenze nur knapp verfehlt.

Wie oben bereits angedeutet wurde, läßt sich die erste Frage nach der allgemeinen Zufriedenheit mit dem Arzt als Möglichkeit zur Erfassung der Ergebnisqualität einordnen. Die anderen sieben Fragen betreffen dagegen mehr die Struktur- und Prozeßqualität, d.h. sie können dazu beitragen, die Unterschiede in der Ergebnisqualität zu erklären. In einer weitergehenden Analyse könnte versucht werden, die Variablen der Struktur- und Prozeßqualität herauszufiltern, die einen besonders großen Einfluß auf die allgemeine Patientenzufriedenheit ausüben, und die zur Erklärung des Zusammenhangs zwischen Schulbildung und allgemeiner Patientenzufriedenheit besonders wichtig sind. Bisher kann nur spekuliert werden, daß einzelne Variablen - wie z.B. 'Arzt geht auf diese Vorschläge ein' - einen größeren Einfluß auf die bildungsspezifischen Unterschiede in der Zufriedenheit ausüben als andere.

Bei diesen Ergebnissen muß selbstverständlich beachtet werden, daß sie auf einer subjektiven Einschätzung der Patienten beruhen, und nicht auf einer Erhebung von objektiven Fakten. Auch für den Therapieerfolg ist es jedoch zweifellos sehr wichtig, wie zufrieden die Patienten mit der Behandlung sind. Die in Tabelle 112 präsentierten Ergebnisse sollten auch nicht mit dem Argument beiseite geschoben werden, daß sie aus der Zeit vor der Wende stammen, und daß das Gesundheitssystem der DDR mit unserem heutigen nur schwer vergleichbar ist. Solange keine aktuelleren Daten vorliegen, sollte von der Hypothese ausgegangen werden, daß die in den Tabellen 111 und 112 gezeigten Zusammenhänge auch noch heute vorhanden sind.

l) Medikamentenkonsum

Über sozio-ökonomische Unterschiede beim Medikamentenkonsum ist bisher relativ wenig bekannt, und einige der vorliegenden empirischen Ergebnisse sind auf Grund der fehlenden Kontrolle grundlegender Variablen wie Alter und Geschlecht nur schwer zu interpretieren (z.B. Hoeltz et al. 1990, Thefeld et al. 1996a). Aussagekräftige Daten liegen m.W. nur für den Konsum von Antihypertensiva und von Psychopharmaka vor.

Konsum von Antihypertensiva

Eine Auswertung der Daten aus den drei DHP-Surveys (vgl. Kapitel II-1c) zum Konsum von Antihypertensiva bei Männern erbrachte ein bemerkenswertes Ergebnis: Obwohl ein *negativer* Zusammenhang zwischen sozialer Schicht und Hypertonie vorhanden ist (d.h. höhere Prävalenz in der *unteren* sozialen Schicht; vgl. Kapitel III-2c), zeigt sich ein *positiver* Zusammenhang zwischen sozialer Schicht und Antihypertensiva-Konsum (d.h. höherer Konsum in der *oberen* sozialen Schicht; vgl. Tabelle 113). In dem etwas lapidaren Kommentar der beiden Autoren heißt es dazu:

> „Da die Prävalenz der Hypertonie und anderer Krankheiten des Herz-Kreislaufsystems in der Unterschicht höher ist als in der Oberschicht (...), deutet diese Tatsache auf eine schichtspezifisch unterschiedliche Inanspruchnahme medizinischer Leistungen bei den Männern hin" (Knopf/Melchert 1996, S. 123).

Man könnte auch die pointiertere Hypothese formulieren, daß bei männlichen Hypertonikern der Versorgungsgrad in der unteren sozialen Schicht erheblich schlechter ist als in der oberen. Zur genaueren Überprüfung dieser Hypothese müßte in einem nächsten Schritt geklärt werden, ob schichtspezifische Unterschiede im Antihypertensiva-Konsum speziell bei den Männern vorhanden sind, bei denen Hypertonie festgestellt wurde.

Tabelle 113: Soziale Schicht und Antihypertensiva bei Männern

	Odds Ratios (95% Konfidenz-Intervall) [a] Soziale Schicht [b]		
	untere [c]	mittlere	obere
Anteil in der Stichprobe	ca. 20%	ca. 60%	ca. 20%
Regelmäßiger Antihypertensiva-Konsum	1,00	1,22 (0,99 - 1,50)	1,40 (1,08 - 1,80)

a: Kontrollierte Variablen: Alter, Übergewicht, Rauchen, Selbsteinschätzung des eigenen Gesundheitszustandes, Erhebungszeitraum, Beachtung der eigenen Gesundheit
b: Index aus Schulbildung, beruflicher Stellung und Einkommen; c: Vergleichsgruppe
Stichprobe: 7.754 Männer und 7.682 Frauen (alte Bundesländer, 25-69 Jahre, Deutsche)
Datenbasis: Befragung 1984/86, 1987/88 und 1990/91 (DHP-Studie)
Quelle: Knopf/Melchert 1996

Erste empirische Hinweise zur Unterstützung dieser Hypothese sind in der Studie von S. Stock (1993) enthalten. Die von ihm ausgewerteten Daten beruhen auf einer Längsschnitt-Untersuchung, die 1982 in drei metallverarbeitenden Betrieben begonnen wurde. Die Stichprobe bestand aus 416 Arbeitern ohne Herzkreislauf-Krankheiten, die aber am Arbeitsplatz herzkreislauf-relevanten Risiken ausgesetzt waren (Lärm, Akkord- und Schichtarbeit etc.). Die Arbeiter wurden in den Jahren 1983, 1985 und 1988 erneut befragt und untersucht. Auf Grund der Messung des Blutdrucks im Jahr 1982 sind Männer mit Bluthochdruck definiert worden, und in den drei nachfolgenden Befragungen wurde auch der regelmäßige Konsum von Antihypertensiva erfaßt. Die Auswertungen zeigen, daß der Versorgungsgrad der Hypertoniker von 1983 bis 1988 kontinuierlich anstieg. Sie zeigen jedoch auch, daß die angelernten Arbeiter schlechter versorgt waren als die Meister (vgl. Tabelle 114). Sogar in dieser sehr homogenen Population sind also deutliche Unterschiede des Versorgungsgrades nach der Stellung im Beruf zu beobachten.

Tabelle 114: Stellung im Beruf und Antihypertensiva bei Männern

	Anteil medikamentös versorgter Hypertoniker (Angaben in %) [a]		
	Angelernte Arbeiter	Facharbeiter	Meister
1983	21,4	30,4	28,6
1985	16,7	27,4	44,0
1988	55,6	63,3	75,0

a: Anteil der Probanden mit Bluthochdruck, die regelmäßig antihypertens. Medik. einnehmen.
Stichprobe: 416 Arbeiter und Meister (Männer, 25-55 Jahre, Deutsche)
ohne Herz-Kreislauf-Erkrankungen
Datenerhebung: Befragung/Untersuchung 1982, 1983, 1985, 1988 (Kohortenstudie)
Quelle: Stock 1993

Tabelle 115: Soziale Schicht und Kontrolle der Hypertonie bei Frauen

	Häufigkeit (in %) Soziale Schicht[a] untere				obere	
Anteil in der Stichprobe	21,0	17,4	23,9	22,5	15,3	100,1
Hypertonie insgesamt[b]	26,4	24,8	21,9	18,2	12,3	22,0
unkontrollierte Hypertonie[c]	19,1	18,6	16,3	12,3	9,2	16,2
kontrollierte Hypertonie[d]	7,3	6,2	5,6	5,9	3,1	5,8
Anteil an Hyp. insgesamt[e]	27,7	25,0	25,6	32,4	25,2	26,4

a: Index aus Schulbildung, beruflicher Stellung und Einkommen
(Altersstandardisierung der Schicht-Unterschiede)
b: unkontrollierte plus kontrollierte Hypertonie
c: systolischer Blutdruck ≥ 160 mmHg oder diastolischer Blutdruck ≥ 95 mmHg
d: systol. Blutdr. < 160 mmHg und diastol. Blutdr. < 95 mmHg, Medik. gegen Bluthochdruck
e: Anteil kontrollierter Hypertonie an gesamter Hypertonie
Stichprobe: 2.688 Frauen aus den alten Bundesländern (25-69 Jahre, Deutsche)
Datenbasis: Befragung/Untersuchung 1990/91 (DHP-Studie)
Quelle: Maschewsky-Schneider 1997 (S. 77, 99)

In der von H. Knopf und H. Melchert (1996) durchgeführten Auswertung der DHP-Daten wurde nur bei Männern ein signifikanter Zusammenhang zwischen sozialer Schicht und Antihypertensiva-Konsum gefunden. Die Arbeit von S. Stock (1993) bezieht sich ausschließlich auf Männer. Es sind aber auch relativ detailliertere Informationen über den schichtspezifischen Zusammenhang zwischen Hypertonie und medikamentöser Kontrolle der Hypertonie bei Frauen vorhanden. In den Auswertungen der DHP-Daten durch U. Maschewsky-Schneider (1997) wird deutlich, daß die Prävalenz sowohl der kontrollierten als auch der unkontrollierten Hypertonie mit zunehmender sozialer Schicht abnimmt (vgl. Tabelle 115). Der Anteil der Hypertonikerinnen, die medikamentös erfolgreich gegen Hypertonie behandelt werden, ist dagegen in allen sozialen Schichten ungefähr gleich groß.

Die oben formulierte Hypothese, daß bei Hypertonikern der Versorgungsgrad in der unteren sozialen Schicht geringer ist als in der oberen, muß offenbar präzisiert werden, da sich mindestens zwei Definitionen des Begriffes 'Versorgungsgrad' unterscheiden lassen:
- Anteil der Hypertoniker, bei denen die Hypertonie medikamentös kontrolliert wird
- Prävalenz der unkontrollierten Hypertonie

Entsprechend ergeben sich nach den Analysen von U. Maschewsky-Schneider (1997) zwei ganz unterschiedliche Aussagen zur schichtspezifischen Versorgung bei Frauen:
- Der Anteil der Hypertonikerinnen, bei denen die Hypertonie medikamentös kontrolliert wird, ist in allen sozialen Schichten ungefähr gleich hoch (bzw. gleich niedrig).

- Die Prävalenz der unkontrollierten Hypertonie ist in der unteren sozialen Schicht erheblich höher als in der oberen.

Die schichtspezifischen Versorgungsdefizite zeigen sich demnach erst bei der zweiten Definition. Unklar bleibt, ob die gleiche Aussage auch für Männer gilt.

Psychopharmaka

Die einzigen aussagekräftigen Daten über sozio-ökonomische Unterschiede beim Konsum von Psychopharmaka stammen m.W. aus einer Studie, die vor ca. 20 Jahren in Bayern durchgeführt wurde (Weyerer/Dilling 1991). In der bereits oben erwähnten Untersuchung ist eine bevölkerungsrepräsentative Stichprobe von Personen ab 15 Jahren durch psychiatrisch geschulte Interviewer befragt worden (vgl. Kapitel II-4b und Tabelle 109). Auf Grund der Interview-Antworten und der persönlichen Eindrücke des Interviewers wurde bei jedem Probanden entschieden, ob eine physische und/oder psychische Beschwerde vorliegt. Die Antworten zum Konsum von Psychopharmaka zeigen zunächst, daß der Konsum bei Frauen höher ist als bei Männern, und bei älteren Personen höher als bei jüngeren. Der sozio-ökonomische Status ist mit Hilfe des Berufes definiert worden, wobei vermutlich der jeweils höchste Status pro Haushalt verwendet wurde. In der Gruppe der Probanden ohne erkennbare physische oder psychische Beschwerden ist der Anteil der Konsumenten mit 4,2% relativ niedrig, aber er ist in der oberen Statusgruppe mit 4,6% doch erkennbar höher als in der unteren mit 3,5% (vgl. Tabelle 116). Bei den Probanden mit psychischen Beschwerden ist der Konsum erwartungsgemäß deutlich häufiger, aber auch hier ist der Anteil der Konsumenten in der oberen Statusgruppe höher als in der unteren Statusgruppe.

Tabelle 116: Stellung im Beruf und Konsum von Psychopharmaka

	Konsum von Psychopharmaka (in %)[a]		
	Unterer berufl. Status	Oberer berufl. Status	Insg.
Anteil in der Stichprobe	45,4	54,6	100,0
Ohne Beschwerden	3,5	4,6	4,2
Nur physische Beschwerden	3,5	4,7	4,1
Nur psychische Beschwerden	25,6	33,8	29,4
Physische und psychische Beschwerden	17,7	26,4	21,2

a: Konsum von Psychopharmaka in der letzten Woche in jeder Beschwerde-Gruppe
Stichprobe: 1.536 Männer & Frauen (ab 15 Jahre, Deutsche) in Palling, Traunstein, Traunreut
Datenbasis: Befragung 1975/79
Quelle: Weyerer/Dilling 1991

Leider fehlt eine statistische Kontrolle von Alter und Geschlecht. Der statusspezifische Unterschied im Konsum läßt sich möglicherweise schon dadurch erklären, daß die status-hohen Personen älter sind als die status-niedrigen. Aus den Daten lassen sich aber zumindest einige wichtige Hypothesen für weitere Studien ableiten wie z.B.:

- Der Anteil der Psychopharmaka-Konsumenten ist in der unteren Statusgruppe generell niedriger als in der oberen.
- Wenn der Psychopharmaka-Konsum bei Probanden ohne erkennbare psychische Beschwerden als 'Über-Versorgung' definiert wird, dann ist die Über-Versorgung in der unteren Statusgruppe seltener als in der oberen.
- Wenn der fehlende Psychopharmaka-Konsum bei Probanden mit erkennbaren psychischen Beschwerden als 'Unter-Versorgung' definiert wird, dann ist die Unter-Versorgung in der unteren Statusgruppe häufiger als in der oberen.

Eine genaue Erfassung der Über- und Unterversorgung ist selbstverständlich nur dann möglich, wenn für jeden Probanden der spezifische Bedarf an Psychopharmaka bestimmt wird, und wenn dann untersucht wird, ob diese jeweils benötigten Psychopharmaka auch tatsächlich konsumiert werden. Die Studie von S. Weyerer und H. Dilling (1991) deutet an, daß der Konsum von Psychopharmaka auch vom sozio-ökonomischen Status der Patienten abhängig ist, sie müßte jetzt jedoch durch neuere und methodisch ausgereiftere Studien ergänzt werden.

m) Zuzahlungen und direkte Käufe von Gesundheitsgütern

Das Solidaritätsprinzip der Gesetzlichen Krankenversicherung (GKV) gewährleistet eine vom Einkommen weitgehend unabhängige gesundheitliche Versorgung. Dies ist eine wichtige Feststellung, zumal da ca. 90% der Bevölkerung in der GKV versichert sind. Ein Blick über die Grenzen verdeutlicht, daß die bei uns geübte Solidarität eine große gesundheitspolitische Errungenschaft darstellt. Ein gleiches *Angebot* an gesundheitlicher Versorgung ist aber selbstverständlich noch nicht gleichbedeutend mit einer gleichen *Inanspruchnahme.* Es muß daher gefragt werden, ob verschiedene Einkommensgruppen das Angebot auch dann unterschiedlich wahrnehmen, wenn sie den gleichen Versorgungsbedarf aufweisen. Es darf vor allem nicht übersehen werden, daß das Solidaritätsprinzip in den letzten Jahren schrittweise eingeschränkt worden ist. Die Zuzahlungs-Erhöhungen haben zu einer erheblichen finanziellen Mehrbelastung der Kranken geführt. Die Versicherten aus der unteren sozialen Schicht sind davon doppelt betroffen, da sie zumeist kränker sind als die anderen Versicherten, und da sie zudem die Zuzahlungen von einem kleineren Budget bestreiten müssen. Es gibt zwar Härtefall-Klauseln, nach denen die einkommensschwachen Versicherten von den Zuzahlungen ganz oder teilweise befreit werden können (vgl. unten), aber niemand weiß, ob sie ihren Zweck auch tatsächlich erfüllen. Die zunehmende Ausgrenzung von

Leistungen aus dem Leistungskatalog der GKV trägt ebenfalls nicht gerade zu einer Entlastung der unteren Einkommensgruppen bei (Mielck/John 1996).

Zusätzliche Gesundheitsausgaben der privaten Haushalte

Einschränkungen des Solidaritätsprinzips können sich dadurch ergeben, daß nicht alle Gesundheitsausgaben der GKV-Versicherten durch die GKV abgedeckt werden. In der offiziellen Gesundheitsausgaben-Statistik des Bundesministeriums für Gesundheit wird zwischen den folgenden Ausgabenträgern unterschieden:
- Öffentliche Haushalte
- Gesetzliche Krankenversicherung
- Rentenversicherung
- Gesetzliche Unfallversicherung
- Private Krankenversicherung
- Arbeitgeber
- Private Haushalte

Die 'Ausgaben der privaten Haushalte' umfassen die Zuzahlungen und die direkten Käufe von Gesundheitsgütern (Selbstmedikation etc.). Gleichbedeutend mit dem Begriff 'Ausgaben der privaten Haushalte' wird manchmal auch der Begriff 'Selbstbeteiligung' verwendet. Beide Begriffe sind m.E. etwas irreführend, weil sie vernachlässigen, daß die privaten Haushalte z.B. auch über die Krankenkassenbeiträge und die Steuern zur Finanzierung der gesundheitlichen Versorgung beitragen. Diese Beiträge und Steuern werden bei den Begriffen 'Ausgaben der privaten Haushalte' und 'Selbstbeteiligung' jedoch explizit ausgeklammert. Daher wäre es m.E. sinnvoller, von den 'zusätzlichen Ausgaben der privaten Haushalte' zu sprechen.

Im Jahr 1994 beliefen sich die zusätzlichen Ausgaben der privaten Haushalte in den alten und neuen Bundesländern auf insgesamt 36,3 Mrd. DM, d.h. auf 7,74% der gesamten Gesundheitsausgaben (Bundesministerium 1997). Pro Kopf der Bevölkerung waren dies ca. 450,- DM. Informativer ist eine Unterteilung nach Leistungsart. In der offiziellen Berichterstattung des Bundesministeriums für Gesundheit werden die folgenden Leistungsarten-Gruppen unterschieden:
- Vorbeugende und betreuende Maßnahmen
- Behandlung
- Krankheitsfolgeleistungen
- Ausbildung und Forschung
- Nicht aufteilbare Ausgaben

Nach der Gesundheitsausgaben-Statistik treten die zusätzlichen Ausgaben der privaten Haushalte nur in der Gruppe 'Behandlung' auf. Es wäre daher sinnvoll, die zusätzlichen Ausgaben speziell für die Leistungsart 'Behandlung' zu berechnen. Der Anteil der zusätzlichen Ausgaben der privaten Haushalte an den gesamten Ausgaben beträgt dann nicht mehr 'nur' 7,74%, sondern er steigt auf

13,22% (vgl. Tabelle 117). Da die Trennung zwischen vorbeugenden und betreuenden Maßnahmen einerseits und Behandlung andererseits häufig nur schwer möglich ist, wäre es vermutlich noch sinnvoller, die zusätzlichen Ausgaben auf die Summe aus den beiden ersten Leistungsarten zu beziehen. Dann würde sich ein Anteil der zusätzlichen Ausgaben von 11,74% ergeben. Eine weitergehende Unterteilung nach Behandlungs-Kategorie zeigt, daß der Anteil der zusätzlichen Ausgaben an den gesamten Ausgaben zum Teil sehr hoch ist. Bei Arzneien, Heil- und Hilfsmitteln beträgt er z.B. 26,40% und beim Zahnersatz sogar 35,36%. Mit anderen Worten: ca. 35% der gesamten Ausgaben für Zahnersatz werden von den privaten Haushalten getragen, und zwar zusätzlich zu den Krankenkassenbeiträgen. Das Beispiel 'Zahnersatz' macht das Problem sehr deutlich: Die Personen aus der unteren sozialen Schicht weisen eine besonders schlechte Zahngesundheit und damit auch einen besonders großen Bedarf an Zahnersatz auf (vgl. Tabellen 31, 40, 108). Die hohen Zuzahlungen können jedoch gerade von diesen Patienten nur schwer aufgebracht werden. Sie haben daher nur die Wahl zwischen zwei Alternativen: entweder aus Geldmangel mit einer Zahnlücke leben, oder einen unverhältnismäßig hohen Anteil des verfügbaren Einkommens für den Zahnersatz ausgeben. Mit dem Solidaritätsprinzip lassen sich beide Möglichkeiten jedoch nur schwer vereinbaren.

Bisher liegen kaum Studien vor, in denen untersucht wird, wie stark verschiedene Bevölkerungsgruppen von den nicht durch die GKV abgedeckten Gesundheitsausgaben betroffen sind. Im Rahmen der vorliegenden Arbeit wurden daher einige neue empirische Analysen durchgeführt. Dabei sind die folgenden zusätzlichen Ausgaben der privaten Haushalte zusammengefaßt worden:
- Selbstmedikation
- Rezeptgebühren
- Verbandstoffe und andere Verbrauchsgüter (Kompressen, Spritzen etc.)
- Gebrauchsgüter (Brillen, Hörgeräte etc.)
- Ambulante Dienstleistungen von Ärzten und anderen medizinischen Fachkräften (Eigenbeteiligungen beim Zahnersatz, Massagen etc.)
- Stationäre Dienstleistungen (Eigenbeteiligungen im Krankenhaus etc.)

Die erste Auswertung beruht auf der 1988 durchgeführten Einkommens- und Verbrauchsstichprobe (EVS), d.h. auf einer großen und repräsentativen Bevölkerungsbefragung aus den alten Bundesländern. In der Auswertung werden dabei nur die Haushalte von GKV-Versicherten berücksichtigt. Die Analyse beginnt mit der Berechnung des 'Äquivalenz-Einkommens' (vgl. Kapitel I-3c) und einer Unterteilung der Haushalte in vier Einkommensgruppen. Die untere Gruppe beinhaltet dabei die einkommens-armen Haushalte. Im Durchschnitt aller Einkommensgruppen wurden pro Kopf und Monat 18,59 DM ausgegeben; in der unteren Einkommensgruppe waren es jedoch nur 7,23 DM und in der oberen dagegen 32,31 DM (vgl. Tabelle 118). Mit zunehmendem pro-Kopf Haushaltseinkommen steigen auch die pro-Kopf Ausgaben kontinuierlich an. Der Anteil des Einkommens, der für die zusätzlichen Gesundheitsausgaben aufgewendet wird, nimmt mit höher werdendem Einkommen jedoch kontinuierlich ab (von 1,68% auf 1,34%).

Tabelle 117: Ausgaben für Gesundheit nach Leistungsart

Leistungsarten	Ausgaben für Gesundheit 1994 (alle Bundesländer) Insgesamt in Mill. DM	durch private Haushalte in Mill. DM	in Prozent
Vorbeugende/betreuende Maßnahmen	34.793	-	-
Behandlung	274.714	36.326	13,22
Ambulante Behandlung	83.018	13.132	15,82
Stationäre Behandlung	106.221	860	0,81
Stationäre Kurbehandlung	10.898	1.290	11,84
Arznei, Heil-/Hilfsmittel, Zahnersatz	74.577	21.044	28,22
Arznei, Heil-/Hilfsmittel	59.439	15.691	26,40
Zahnersatz	15.138	5.353	35,36
Krankheitsfolgeleistungen	129.140	-	-
Ausbildung und Forschung	8.185	-	-
Nicht aufteilbare Ausgaben	22.741	-	-
	469.573	36.326	7,74

Quelle: Bundesministerium 1997 (S. 317)

Dies sind durchschnittliche Werte für alle Haushalte in einer Einkommensgruppe. Noch aussagekräftiger wird die Analyse dann, wenn die Haushalte ausgeschlossen werden, bei denen gar keine zusätzlichen Gesundheitsausgaben angefallen sind (vgl. Tabelle 118, Zeile 'Netto-Zahler'): Die Haushalte, die diese zusätzlichen Gesundheitsausgaben tatsächlich hatten, haben dafür pro-Kopf zwischen 13,00 DM (untere Einkommensgruppe) und 42,93 DM (obere Einkommensgruppe) ausgegeben. Hier nimmt der Anteil des Einkommens, der für die zusätzlichen Gesundheitsausgaben aufgewendet wird, mit höher werdendem Einkommen ebenfalls kontinuierlich ab (von 2,97% auf 1,79%). Interessant ist auch die Feststellung, daß der Anteil der Haushalte ohne zusätzliche Gesundheitsausgaben mit zunehmendem Einkommen stetig abnimmt (von 38,80% auf 16,10%). In weiterführenden Analysen sollten daher die beiden folgenden Fragen unterschieden werden:

- Wie groß ist der Anteil der Haushalte mit zusätzlichen Gesundheitsausgaben?
- Bezogen auf die Haushalte mit zusätzlichen Gesundheitsausgaben: Wie hoch sind diese Ausgaben pro Haushaltsmitglied?

Hiermit wurde m.W. zum ersten Mal für die Bundesrepublik gezeigt, daß die zusätzlichen Gesundheitsausgaben mit zunehmendem Einkommen ebenfalls ansteigen. Soweit sich der *Bedarf* an gesundheitlicher Versorgung mit Hilfe von Angaben zu Mortalität und Morbidität abbilden läßt, ist zu erwarten, daß der Bedarf mit zunehmendem Einkommen abnimmt. In diesem Sinne wäre eine bedarfsgerechte Versorgung gleichbedeutend mit geringeren Gesundheitsausgaben bei höherem Einkommen. Es zeigen sich jedoch große Unterschiede in umgekehrter Richtung: Im Vergleich zur unteren Einkommensgruppe wird in der oberen pro Kopf über 3mal so viel ausgegeben.

Tabelle 118: Zusätzliche Ausgaben der privaten Haushalte 1988

	Äquivalenziertes Haushalts-Nettoeinkommen [a]				
	≤ 50%	51-100%	101-150%	> 150%	Insges.
Anteil der Haushalte (in %)	5,19	45,23	30,26	19,32	100,00
Pro-Kopf Einkommen (in DM) [b]	429,35	883,52	1.449,08	2.411,25	1.326,18
Pro-Kopf Ausgaben					
- alle Haushalte: absolut (DM) [c]	7,23	12,87	20,33	32,31	18,59
in % vom pro-Kopf Einkommen	1,68	1,46	1,40	1,34	1,40
- Netto-Zahler: absolut (DM) [d]	13,00	18,01	27,27	42,93	25,72
in % vom pro-Kopf Einkommen[e]	2,97	2,02	1,89	1,79	1,91
Haushalte ohne Ausgaben [f] (in %)	38,80	20,70	17,20	16,10	19,70

a: in Prozent vom Median des Einkommens [in DM: ≤ 653, 654-1.306, 1.307-1.959, >1.959]
b: Mittelwert (Mean) pro Monat
c: monatliche Netto-Ausgabe (d.h. mit Berücksichtigung von Rückzahlungen durch GKV), Mittelwert (Mean) für alle Haushalte
d: wie c, aber nur bezogen auf die Haushalte mit einer Netto-Ausgabe
e: neue Berechnung des pro-Kopf Einkommens für diese Gruppe von Haushalten
f: Brutto, d.h. zusätzliche Ausgaben ohne Berücksichtigung von Rückzahlungen durch GKV
Stichprobe: 31.250 Haushalte von GKV-Versicherten in den alten Bundesländern
Datenbasis: Befragung 1988 (Einkommens- und Verbrauchsstichprobe, EVS)
Quelle: Mielck (neue Datenauswertung)

Noch ist unklar, warum die absoluten zusätzlichen Ausgaben mit höherem Einkommen schrittweise zunehmen. Zur Interpretation dieses Zusammenhangs bieten sich vor allem die drei folgenden Hypothesen an:

- In den unteren Einkommensgruppen sind mehr Kinder mitversichert als in den oberen Einkommensgruppen. Das sich daraus ergebende geringere Durchschnittsalter der unteren Einkommensgruppen führt zu einem geringeren Bedarf an gesundheitlicher Versorgung.
- Der erhöhte Bedarf an Leistungen der gesundheitlichen Versorgung in den unteren Einkommensgruppen wird durch die von der GKV voll finanzierten Leistungen abgedeckt.
- In den unteren Einkommensgruppen besteht auch ein erhöhter Bedarf an den Leistungen, die nicht voll von der GKV finanziert werden. Gerade die einkommensschwachen Versicherten können sich diese zusätzlichen Ausgaben jedoch kaum leisten.

Selbstverständlich sind auch Mischformen denkbar, aber m.E. spricht viel für die dritte Hypothese.

Tabelle 119: Zusätzliche Ausgaben der privaten Haushalte, 1993

a) alte Bundesländer

	Äquivalenziertes Haushalts-Nettoeinkommen [a]				
	≤ 50%	51-100%	101-150%	> 150%	Insges.
Anteil der Haushalte (in %)	4,93	46,20	30,32	18,55	100,00
Pro-Kopf Einkommen (in DM) [b]	582,33	1.152,49	1.932,45	3.201,38	1.741,00
Pro-Kopf Ausgaben					
- alle Haushalte: absolut (DM) [c]	11,00	24,54	38,85	58,99	34,61
- in % vom pro-Kopf Einkommen	1,89	2,13	2,01	1,84	1,99
- Netto-Zahler: absolut (DM) [d]	18,07	30,99	46,61	70,94	42,98
in % vom pro-Kopf Einkommen [e]	3,08	2,66	2,41	2,22	2,43
Haushalte ohne Ausgaben [f] (in %)	29,50	15,70	12,60	12,20	14,80

a: in Prozent vom Median des Einkommens (in DM: ≤ 875, 876-1.750, 1.751-2.625, >2.625)
Stichprobe: 28.849 Haushalte von GKV-Versicherten in den alten Bundesländern

b) neue Bundesländer

	Äquivalenziertes Haushalts-Nettoeinkommen [a]				
	≤ 50%	51-100%	101-150%	> 150%	Insges.
Anteil der Haushalte (in %)	2,80	50,51	34,55	12,14	100,00
Pro-Kopf Einkommen (in DM) [b]	438,83	943,60	1.409,60	2.199,80	1.242,98
Pro-Kopf Ausgaben					
- alle Haushalte: absolut (DM) [c]	7,00	19,33	27,14	32,09	23,23
in % vom pro-Kopf Einkommen	1,60	2,05	1,93	1,46	1,87
- Netto-Zahler: absolut (DM) [d]	11,30	23,63	31,29	38,81	28,02
in % vom pro-Kopf Einkommen [e]	2,55	2,48	2,22	1,78	2,22
Haushalte ohne Ausgaben [f] (in %)	35,30	14,70	9,70	10,60	13,00

a: in Prozent vom Median des Einkommens (in DM: ≤ 667, 668-1.333, 1.334-2.000, >2.000)
Stichprobe: 9.623 Haushalte von GKV-Versicherten in den neuen Bundesländern

c) alte plus neue Bundesländer

	Äquivalenziertes Haushalts-Nettoeinkommen [a]				
	≤ 50%	51-100%	101-150%	> 150%	Insges.
Anteil der Haushalte (in %)	4,34	46,92	30,58	18,16	100,00
Pro-Kopf Einkommen (in DM) [b]	542,10	1.069,77	1.786,77	2.998,25	1.616,43
Pro-Kopf Ausgaben					
- alle Haushalte: absolut (DM) [c]	9,75	22,28	36,03	54,30	31,76
in % vom pro-Kopf Einkommen	1,80	2,08	2,02	1,81	1,96
- Netto-Zahler: absolut (DM) [d]	16,30	27,63	43,19	65,18	39,16
in % vom pro-Kopf Einkommen [e]	2,99	2,56	2,42	2,18	2,39
Haushalte ohne Ausgaben [f] (in %)	31,60	15,10	12,40	11,60	14,30

a: in Prozent vom Median des Einkommens (in DM: ≤ 806, 807-1.611, 1.612-2.417, >2.417)
b: Mittelwert (Mean) pro Monat
c: monatliche Netto-Ausgabe (d.h. mit Berücksichtigung von Rückzahlungen durch GKV), Mittelwert (Mean) für alle Haushalte
d: wie c, aber nur bezogen auf die Haushalte mit einer Netto-Ausgabe
e: neue Berechnung des pro-Kopf Einkommens für diese Gruppe von Haushalten
f: Brutto, d.h. zusätzliche Ausgaben ohne Berücksichtigung von Rückzahlungen durch GKV
Stichprobe: 38.472 Haushalte von GKV-Versicherten in den alten und neuen Bundesländern
Datenbasis: Befragung 1993 (Einkommens- und Verbrauchsstichprobe, EVS)
Quelle: Mielck (neue Datenauswertung)

Mit der gleichen Methode wurden auch die Daten der Einkommens- und Verbrauchsstichprobe (EVS) von 1993 ausgewertet (vgl. Tabelle 119). Es zeigt sich ein sehr ähnliches Bild wie im Jahr 1988: Mit höher werdendem Einkommen nehmen die zusätzlichen Gesundheitsausgaben zu; ihr Anteil am Einkommen wird jedoch geringer (vgl. Zeile 'Netto-Zahler'). In dieser Hinsicht gibt es auch keine großen Unterschiede zwischen den alten und neuen Bundesländern. Besonders interessant sind die Veränderungen bei den zusätzlichen Gesundheitsausgaben in den alten Bundesländern von 1988 bis 1993. In dem relativ kurzen Zeitraum von fünf Jahren ist der Anteil der Haushalte ohne zusätzliche Gesundheitsausgaben von 19,70% auf 14,80% gesunken. Die zusätzlichen Gesundheitsausgaben sind zugleich erheblich angewachsen, wenn die 'Netto-Zahler' betrachtet werden von 25,72 DM auf 42,98 DM. Dies ist eine Steigerung von 67%. Der Anteil des Einkommens, der für die zusätzlichen Gesundheitsausgaben aufgewendet wird, hat zudem in allen Einkommensgruppen zugenommen.

Zu den Bereichen 'Selbstmedikation' und 'Zuzahlungen' liegen weitere Analysen vor, die im folgenden kurz dargestellt werden sollen.

Selbstmedikation

Die zusätzlichen Gesundheitsausgaben der privaten Haushalte setzen sich aus den direkten Käufen von Gesundheitsgütern und den Zuzahlungen zusammen. Bei den direkten Käufen handelt es sich vor allem um die Selbstmedikation. In den letzten Jahren haben diese Ausgaben erheblich zugenommen:

> „Der Wachstumstrend der Selbstmedikation wurde durch das Gesundheitsreformgesetz (GRG) von 1989 und durch das Gesundheitsstrukturgesetz (GSG) von 1993 maßgeblich gefördert. Nach Inkrafttreten des GRG gingen die Verordnungen rezeptfreier Arzneimittel gegenüber dem Vorjahr um 22 Mio. Packungen zurück, gleichzeitig verzeichnete der Selbstmedikationsmarkt ein Plus von 23 Mio. Packungseinheiten. Nach dem GSG sank die Zahl der Verordnungen rezeptfreier Arzneimittel gegenüber dem Vorjahr um 37 Mio. Packungseinheiten, die Selbstmedikation nahm gleichzeitig um 39 Mio. Packungen zu“ (John et al. 1998, S. 481).

Mit anderen Worten: Die Arzneimittelkosten werden in einem immer höheren Ausmaß von den Versicherten getragen, nicht nur durch eine Zunahme der Zuzahlungen, sondern zusätzlich auch durch eine Zunahme der Selbstmedikation.

Tabelle 120: Zuzahlungen in der Gesetzlichen Krankenversicherung

	Zuzahlungen der GKV-Versicherten					
	in Mio. DM			in % der Ausgaben [a]		
Leistungsgruppe	1980 [b]	1992 [c]	1994 [c]	1980 [b]	1992 [c]	1994 [c]
Zahnersatz	1.836	4.665	4.810	20,0	32,8	40,6
Arzneimittel	644	1.317	2.864	4,9	3,9	8,9
Krankenhaus	-	693	845	-	1,1	1,1
Heilmittel	39	406	440	2,4	9,4	9,2
Fahrtkosten	2	147	155	0,3	5,5	4,3
Vorsorge-/Reha-Einrich.	-	75	94	-	2,1	2,2
	2.521	7.303	9.208	3,1	3,6	4,2

a: Ausgaben für Zuzahlungen / Ausgaben der GKV plus Ausgaben für Zuzahlungen
b: alte Bundesländer; c: alte und neue Bundesländer
Daten: Ausgaben- und Finanzierungsrechnung für die Gesundheitsberichterstattung des Bundes, Statistisches Bundesamt
Quelle: John et al. 1998

Zuzahlungen

Die Zuzahlungen sind in den letzten Jahren ebenfalls ständig gestiegen. Diese Entwicklung läßt sich z.B. mit Hilfe des Indikators 'Ausgaben für Zuzahlungen / Ausgaben der GKV plus Ausgaben für Zuzahlungen' aufzeigen. Danach belief sich der Anteil der Zuzahlungen 1980 auf 3,1% und 1994 auf 4,2%; dies ist ein Zuwachs von 35% (vgl. Tabelle 120). In den beiden letzten Jahren, d.h. von 1992 bis 1994, war der Zuwachs mit 17% dabei besonders groß. Die Unterteilung nach Leistungsgruppen zeigt, daß im Zentrum des Problems die Zuzahlungen zu Zahnersatz und zu Arzneimitteln stehen. Sie sind absolut gesehen am höchsten und weisen zudem eine überdurchschnittlich hohe Zuwachsrate auf. Es sollte also vor allem danach gefragt werden, ob die Zuzahlungsregelungen eine finanzielle Barriere für die Inanspruchnahme von Zahnersatz und von Arzneimitteln bilden.

Härtefall-Regelungen

Um der Gefahr entgegenzuwirken, daß einkommensschwachen Versicherten auf Grund der Zuzahlungen der Zugang zur Versorgung verwehrt wird, wurden die 'Härtefall-Regelungen' eingeführt (vgl. SGB V §§ 61/62.): Die 'Sozial-Klausel' ermöglicht eine *vollständige* und die 'Überforderungs-Klausel' eine *teilweise* Befreiung von den gesetzlichen Zuzahlungen zu bestimmten Leistungen. Kinder unter 18 Jahren sind generell von den meisten gesetzlichen Zuzahlungen befreit; diese Bestimmung ist jedoch kein Teil der Härtefall-Regelung.

Tabelle 121: Härtefall-Regelungen in der GKV (Auszug, Januar 1999)

Zuzahlungen		Befreiung von der Zuzahlung: Vollständig – Alter bis 18 Jahre	Befreiung von der Zuzahlung: Vollständig – Härtefall (Sozial-Klausel)	Befreiung von der Zuzahlung: Teilweise – Härtefall (Überford.-Klausel)
Arzneimittel	DM 8,- 9,- oder 10,- pro Medikament	Ja	Ja	Ja
Verbandmittel	DM 9,- für jedes Mittel	Ja	Ja	Ja
Heilmittel (z.B. Krankengymnastik)	15% der Kosten	Ja	Ja	Ja
Hilfsmittel (z.B. Bandagen)	20% der von Kasse zu übernehmenden Kosten	Ja	Ja	Nein
Fahrtkosten	- zur stationären Behandl.: DM 25,- pro Fahrt - für Rettungsfahrten ins Krankenhaus; für Krankentransporte mit Krankenwagen; zur ambulanten Behandlung, wenn dadurch stat. Behandl. Vermieden oder verkürzt wird: DM 25,- - zu anderen ambul. Behandlungen: alle Kosten	Nein	Ja	Ja
Krankenhausbehandlung	pro Tag für max. 14 Tage: DM 17,- (West) oder DM 14,- (Ost)	Ja	Nein	Nein
Anschluß-Rehabilitation	(wie bei Krankenhausbehandlung)	Ja	Ja	Nein
Zahnersatz	50% bis 65% der Kosten (Bonus-Regelung)	Ja	Ja	Ja [a]
Kieferorthopädie	20% der Kosten [b]	Ja	Ja	Ja [a]
Stationäre Vorsorge- und Reha-Maßnahmen	pro Tag DM 25,- (West) oder DM 20,- (Ost)	Ja	Ja	Nein
Mütterkuren	pro Tag DM 17,- (West) oder DM 14,- (Ost)	Ja	Ja	Nein

a: max. Selbstbeteiligung des Patienten:
3 x (Differenz zwischen monatl. Einkommensgrenze für Sozial-Klausel und monatl. Bruttoeinnahmen)
b: Volle Rückzahlung an alle Versicherten, die sich an die ärztlichen Empfehlungen gehalten haben (vgl. SGB V §29/2).
Quellen: Bundesministerium für Gesundheit 1999 (http://www.bmgesundheit.de), Techniker Krankenkasse 1999 (http://www.tk-online.de), Deutsche Angestellten Krankenkasse (DAK) (http://www.dak.de), Allgemeine Ortskrankenkasse (AOK) (http://www.aok.de), Deutsche Gesellschaft für Versicherte und Patienten e.V. 1999 (http://www.dgvp.de)

Auch bei einigem Bemühen ist es nicht einfach, aus den öffentlich zugänglichen Publikationen einen Überblick über die aktuellen Zuzahlungs- und Befreiungsbestimmungen zu erhalten; sie sind häufig sehr umständlich formuliert und die meisten Übersichten sind unvollständig. Die Zusammenstellung in Tabelle 121 basiert daher auf verschieden Quellen. Der Vergleich der Befreiungsmöglichkeiten mit den Zuzahlungsregelungen verdeutlicht, daß Erwachsene sogar bei einer Inanspruchnahme der Befreiungsmöglichkeit noch relativ viele Zuzahlungen zu leisten haben.

Im Januar 1999 galten die folgenden Anspruchs-Berechtigungen (Bundesministerium für Gesundheit 1999; vgl. http://www.bmgesundheit.de):

- Sozial-Klausel: z.B. alleinstehende Versicherte mit monatlichen 'Bruttoeinnahmen zum Lebensunterhalt' von maximal 1.764,- DM (alte Bundesländer) bzw. 1.484,- DM (neue Bundesländer); z.B. Ehepaare mit einem Kind und mit monatlichen 'Bruttoeinnahmen zum Lebensunterhalt' von maximal 2.866,50 DM (alte Bundesländer) bzw. 2.411,50 DM (neue Bundesländer). Unabhängig vom Einkommen gilt die Sozial-Klausel auch für die Versicherten, die „laufende Hilfe zum Lebensunterhalt nach dem *Bundessozialhilfegesetz*, *Kriegsopferfürsorge*, *Arbeitslosenhilfe*, *Ausbildungsförderung* nach dem Bundesausbildungsförderungsgesetz sowie im Rahmen der Arbeitsförderung oder nach den Regelungen für die Arbeits- und Berufsförderung *Behinderter* Leistungen“ erhalten, und auch für die Versicherten, die „in einem *Heim* oder einer ähnlichen Einrichtung von der Sozialhilfe oder der Kriegsopferfürsorge versorgt“ werden (ebd., Hervorhebung im Original).
- Überforderungs-Klausel: Für alle Versicherten, welche die Einkommensgrenze der 'Sozial-Klausel' überschreiten, gilt: „Kein Versicherter muß mehr als zwei Prozent seines Jahresbruttoeinkommens als Eigenbeteiligung für Arznei-, Verband- und Heilmittel sowie Fahrtkosten leisten“ (ebd.). Ledige Versicherte mit einem Bruttoeinkommen von 70.000 DM pro Jahr müßten demnach Zuzahlungen von maximal 1.400 DM pro Jahr zahlen; dies entspricht im Durchschnitt immerhin ca. 117,- DM pro Monat. Zudem müssen andere Zuzahlungen (z.B. für Hilfsmittel) in voller Höhe selbst bezahlt werden.
- Für chronisch Kranke gilt eine besondere Regelung: „Chronisch Kranke, die wegen ein und derselben Krankheit in Dauerbehandlung sind und ein Kalenderjahr lang Zuzahlungen in Höhe von mindestens 1 Prozent des jährlichen Brutto-Familieneinkommens geleistet haben, sind danach für die weitere Dauer dieser Behandlung von Zuzahlungen zu Arznei-, Verband- und Heilmitteln sowie Fahrtkosten befreit“ (ebd.).

Es ist zu befürchten, daß viele Anspruchsberechtigte aus Scham oder aus Unwissenheit keinen Gebrauch von der vollständigen oder teilweisen Befreiung machen; genauere Zahlen sind dazu m.W. jedoch nicht vorhanden. Bei der Sozialhilfe wird geschätzt, daß nur ca. 50% der Anspruchsberechtigten ihren Anspruch geltend machen (vgl. Kapitel I-3b). Bei der Härtefall-Regelung ist der

Anteil der Nicht-Inanspruchnehmer vermutlich noch höher, da sie vielen Anspruchsberechtigten nur unzureichend bekannt sein dürfte. Detailliertere Angaben zu Ausmaß und Folgen der Nicht-Inanspruchnahme sind von dem Projekt 'Härtefall-Regelungen nach SGBV §§ 61 ff.' zu erwarten. Die Ergebnisse dieses im Bayerischen Public Health Verbundes geförderten Projektes (Leitung: S. Busch. A. Mielck, M. Pfaff) werden jedoch erst Ende 2001 vorliegen.

Auch im 'Gesundheitsbericht für Deutschland', der 1998 vom Statistischen Bundesamt herausgegeben wurde, wird darauf hingewiesen, daß die Selbstbeteiligung eine Gefährdung für das Solidaritäts-Prinzip darstellt:

> „Zumindest bei niedrigem Einkommen besteht die Gefahr, daß eine Selbstbeteiligung in spürbarer Höhe negative gesundheitliche Auswirkungen hat. Selbstbehalte führen tendenziell dazu, daß kranke, vor allem chronisch kranke und multimorbide Versicherte durch die medizinische Versorgung finanziell relativ höher belastet werden als gesunde, weniger verdienende höher als gut verdienende und Frauen höher als Männer" (John et al. 1998, S. 483).

Die beiden Thesen 'Armut macht krank' und 'Krankheit macht arm' erhalten durch die Zunahme der Selbstbeteiligung also wieder eine wachsende Bedeutung. Vor allem für die Versicherten mit geringem Einkommen sollte untersucht werden, welche gesundheitlichen und finanziellen Auswirkungen die Selbstbeteiligungen mit sich bringen. Dies ist m.W. bisher jedoch noch nicht geschehen.

3) Im westeuropäischen Ausland diskutierte Erklärungsansätze

In einer Vielzahl von Publikationen aus dem westeuropäischen Ausland wird versucht, Richtung und Ausmaß der gesundheitlichen Ungleichheit zu erklären. Die meisten Arbeiten stammen aus Großbritannien, den skandinavischen Ländern und den Niederlanden. Die dort diskutierten Erklärungsansätze lassen sich grob in die Zeit vor und die Zeit nach dem 'Black Report' einteilen. Der Black Report ist Anfang der 80e Jahre in Großbritannien erschienen. Es handelt sich dabei um den Bericht einer Expertenkommission, die von der Regierung damit beauftragt wurde, die empirischen Ergebnisse zur gesundheitlichen Ungleichheit zusammenzufassen und zu bewerten. Sowohl in Großbritannien als auch in anderen westeuropäischen Staaten war der Black Report so etwas wie die Initialzündung für eine öffentliche Diskussion über gesundheitliche Ungleichheiten. Die durch den Black Report ausgelöste politische Kontroverse wird in Kapitel IV-2b etwas ausführlicher diskutiert.

Die im Black Report diskutierten Erklärungsansätze wurden bereits in mehreren deutschsprachigen Publikationen relativ ausführlich vorgestellt (z.B. Abel-Smith

1990, Davey Smith et al. 1994, Elkeles/Mielck 1997a, Geyer 1997a, Siegrist et al. 1997); im vorliegenden Buch werden sie daher nur kurz beschrieben. Die im Anschluß an den Black Report geführte Diskussion über weiterführende Erklärungsansätze ist in der Bundesrepublik dagegen nur wenig zur Kenntnis genommen worden; diesen Ansätzen ist im folgenden Kapitel darum etwas mehr Raum gewidmet worden.

a) Erklärungsansätze im Black Report

Im Black Report erfolgt die Interpretation der empirischen Ergebnisse auf Basis der folgenden vier Erklärungsansätze (Townsend et al. 1990):

- Methodische Artefakte	(Artefact explanation)
- Gesundheitsbedingte soziale Mobilität	(Natural or social selection)
- Gesundheitsverhalten	(Cultural/behavioural explanation)
- Materielle Lebensbedingungen	(Materialist/structuralist explanation)

Beim Erklärungsansatz 'methodische Artefakte' wird die Hypothese aufgestellt, daß in Wahrheit gar keine (größeren) sozio-ökonomischen Unterschiede im Gesundheitszustand vorhanden sind. So abwegig diese Hypothese auf den ersten Blick erscheinen mag, so wichtig ist doch ihre exakte Überprüfung. Die Möglichkeit, daß die Art der Datenerhebung und -auswertung große Verzerrungen beinhaltet und somit ein falsches Bild von der Wirklichkeit produziert, muß aus wissenschaftlicher Sicht sehr ernst genommen werden. Erst wenn diese Möglichkeit ausgeschlossen ist, macht es Sinn, über den Stellenwert der drei folgenden inhaltlichen Erklärungsansätze (gesundheitsbedingte soziale Mobilität, Gesundheitsverhalten, materielle Lebensbedingung) weiter zu diskutieren. Die empirischen Ergebnisse über Unterschiede in der Mortalität nach Berufsstatus könnten in Großbritannien z.B. dadurch verzerrt sein, daß Zähler (Anzahl der Todesfälle) und Nenner (Anzahl der Personen in der Berufsgruppe) aus unterschiedlichen Datenquellen stammen (Zähler: Mortalitätsstatistik; Nenner: Volkszählung). Zudem muß in Bevölkerungsbefragungen immer mit dem Problem statusspezifischer Unterschiede in der Zuverlässigkeit der Antworten gerechnet werden. Durch derartige Verzerrungen könnte ein Zusammenhang zwischen sozialem Status und Gesundheitszustand vorgetäuscht werden, der in Wirklichkeit gar nicht existiert.

Beim Erklärungsansatz 'gesundheitsbedingte soziale Mobilität' wird die Hypothese aufgestellt, daß der sozio-ökonomische Status durch den Gesundheitszustand bestimmt wird. Entsprechend der plakativ formulierten Aussage 'Krankheit macht arm' stehen hier die Prozesse des sozialen Aufstiegs und Abstiegs im Vordergrund, die durch den Gesundheitszustand beeinflußt werden können. An der Sinnhaftigkeit dieser Hypothese besteht kein Zweifel. Ein sozialer *Aufstieg* ist für Gesunde vermutlich eher möglich als für Kranke, und umgekehrt ist ein sozialer *Abstieg* bei Kranken wahrscheinlicher als bei Gesunden.

Beim Erklärungsansatz 'Gesundheitsverhalten' wird die Hypothese aufgestellt, daß sich die statusspezifischen Unterschiede im Gesundheitszustand durch Unterschiede im Gesundheitsverhalten erklären lassen. Dieser Erklärungsansatz wird durch eine Vielzahl von empirischen Ergebnissen untermauert. In der Tat sind gesundheitsgefährdende Verhaltensweisen wie Rauchen, ungesunde Ernährung und Bewegungsmangel in den unteren Statusgruppen zumeist weiter verbreitet als in den oberen (vgl. Kapitel III-2c, III-2d).

Beim Erklärungsansatz 'materielle Lebensbedingungen' wird die Ursache der gesundheitlichen Ungleichheit bei den sozio-ökonomisch bedingten Lebensbedingungen gesucht, die einen direkten oder indirekten Einfluß auf den Gesundheitszustand ausüben können. Entsprechend der plakativ formulierten Aussage 'Armut macht krank' stehen hier die gesundheitlichen Belastungen im Vordergrund, die sich z.B. aus einem geringen Einkommen und aus engen Wohnverhältnissen ergeben können. Im Black Report wird dieser Erklärungsansatz besonders hervorgehoben:

> „Wir betonen unsere Überzeugung, daß die beste Antwort auf die Frage nach den Ursachen in dem Ansatz 'materielle Lebensbedingungen' enthalten ist. Es ist allerdings kaum zu bezweifeln, daß die empirischen Ergebnisse zum Teil auch durch die anderen Ansätze erklärt werden können" (Townsend et al. 1990, S. 114; deutsche Übersetzung durch A.M.).

Im nächsten Kapitel wird beschrieben, wie die Erklärungskraft der vier Ansätze in der Folgezeit bewertet wurde, und welche weiterführenden Ansätze sich aus dieser Diskussion ergeben haben.

b) Diskussion im Anschluß an den Black Report

Noch heute ist die Diskussion über die Erklärung der gesundheitlichen Ungleichheit geprägt von der Unterscheidung zwischen den vier im Black Report vorgeschlagenen Ansätzen. Obwohl sich diese Systematisierung der Erklärungsmöglichkeiten als sehr fruchtbar und tragfähig erwiesen hat, mangelt es jedoch nicht an Kritik. In einem 15 Jahre nach dem Black Report publizierten Aufsatz schreiben D. Vågerö und R. Illsley (1995) z.B., daß die Systematisierung aus methodischer Sicht ungenau und aus inhaltlicher Sicht überholt ist. Als Begründung führen sie vor allem die folgenden Argumente an:

- Der Ansatz 'methodische Artefakte' ist relativ unwichtig, da - wenn überhaupt - nur ein kleiner Anteil der gesundheitlichen Ungleichheit auf diese Weise erklärt werden kann.
- Der Ansatz 'materielle Lebensbedingungen' ist zu unpräzise. Die Verfasser des Black Reports haben hier offenbar in erster Linie an die Folgen von Armut und 'materieller Deprivation' gedacht, aber es werden auch andere Dimensionen wie z.B. die Arbeitszufriedenheit angesprochen. Besser wäre es,

die folgenden Dimensionen zu unterscheiden und als eigenständige Erklärungsansätze zu behandeln: Armut, Arbeitsbedingungen, Ausbildung.
- Im Black Report wird der potentielle Erklärungsansatz 'Verfügbarkeit über gesundheitsfördernde Ressourcen' vernachlässigt. Materielle und immaterielle Ressourcen wie verfügbares Einkommen, soziale Unterstützung und Optimismus sind jedoch in der Bevölkerung unterschiedlich verteilt, und sie können zweifellos auch den Gesundheitszustand beeinflussen.

Die durch den Black Report ausgelöste Diskussion über die Erklärung der gesundheitlichen Ungleichheit kann hier nur in Ausschnitten wiedergegeben werden. Die unten vorgestellten Diskussionsbeiträge sind m.E. jedoch von besonderer Wichtigkeit.

Lebensbedingungen

Bereits in den ersten Stellungnahmen zum Black Report wurde deutlich, daß der Ansatz 'materielle Lebensbedingungen' als der wichtigste Ansatz zur Erklärung der gesundheitlichen Ungleichheit angesehen wird (Blane 1985), und an dieser Bewertung hat sich bis heute wenig geändert. In dem Aufsatz von G. Davey Smith et al. (1994) wird analysiert, ob und wie sich die einzelnen Erklärungsansätze durch empirische Belege untermauern lassen. Dabei kommen die Autoren zu dem folgenden Ergebnis:
- Methodische Artefakte: Das Ausmaß der in empirischen Studien beschriebenen gesundheitlichen Ungleichheit hängt in der Tat auch davon ab, wie der sozio-ökonomische Status und der Gesundheitszustand gemessen werden. In den vorhandenen Studien führte dies jedoch eher zu einer Unter- als zu einer Überschätzung der gesundheitlichen Ungleichheit.
- Gesundheitsbedingte soziale Mobilität: Es kann kein Zweifel daran bestehen, daß Gesunde eher sozial aufsteigen können als Kranke, und daß Kranke eher sozial absteigen werden als Gesunde. Diese gesundheitsbedingte soziale Mobilität übt jedoch nur einen kleinen Einfluß auf das Ausmaß der gesundheitlichen Ungleichheit aus.
- Gesundheitsverhalten: Statusspezifische Unterschiede im Gesundheitsverhalten (z.B. beim Rauchen) bieten einen wichtigen Ansatzpunkt zur Erklärung der gesundheitlichen Ungleichheit. Die Bedeutung dieses Erklärungsansatzes wird jedoch häufig überschätzt. Auch bei statistischer Kontrolle des Gesundheitsverhaltens lassen sich große gesundheitliche Ungleichheiten beobachten.
- Materielle Lebensbedingungen: Da die gesundheitliche Ungleichheit durch methodische Artefakte, gesundheitsbedingte soziale Mobilität und Gesundheitsverhaltens nur unzureichend erklärt werden kann, müssen die Ursachen in den statusspezifischen Lebensbedingungen gesucht werden, vor allem in den Arbeits- und Wohnbedingungen.

Die Autoren argumentieren also ganz ähnlich wie im Black Report: Die Lebensbedingungen müssen deswegen der wichtigste Erklärungsansatz sein, weil das Ausmaß der gesundheitlichen Ungleichheit mit Hilfe der anderen drei Ansätze nicht oder nur unzureichend erklärt werden kann.

Die Lebensbedingungen umfassen demnach den 'unerklärten Rest' der Ursachen. Was m.E. jetzt fehlt ist ein empirisch überprüfbares Modell, in dem spezifiziert wird, welche Lebensbedingungen welchen Einfluß auf Entstehung und Verfestigung der gesundheitlichen Ungleichheit ausüben können. Mit dem Begriff 'Lebensbedingungen' wird also eine 'black box' beschriftet, über deren Inhalt noch wenig bekannt ist. Die nachfolgend dargestellten Diskussionsbeiträge bestätigen die Argumentation von G. Davey Smith et al. (1994). Zumeist wird darauf hingewiesen, daß die gesundheitliche Ungleichheit vor allem auf Unterschiede in den Lebensbedingungen zurückgeführt werden kann. Der Einfluß konnte m.W. bisher jedoch nur für wenige spezifische Umweltfaktoren empirisch belegt und größenmäßig beschrieben werden.

Der Stellenwert der Lebensbedingungen wird auch deutlich, wenn nach den statusspezifischen Ursachen der Morbidität gefragt wird. In einem Beitrag aus Schweden wird die folgende Hypothese aufgestellt (Saltman 1997): Die Gründe für einen schlechten Gesundheitszustand unterscheiden sich zwischen den sozialen Schichten. In der mittleren und oberen sozialen Schicht steht das Gesundheitsverhalten im Vordergrund, in der unteren sind dagegen die Lebensbedingungen wichtiger (d.h. vor allem die Arbeits- und Wohnbedingungen). Die Hypothese ist m.W. bisher noch nicht empirisch bestätigt worden, zweifellos ist sie jedoch sehr plausibel. Bezogen auf die Erklärung und Verringerung der gesundheitlichen Ungleichheit lassen sich die beiden folgenden Thesen ableiten:

- Maßnahmen, die sich auf eine Änderung des Gesundheitsverhaltens richten, können den Gesundheitszustand vor allem in der mittleren und oberen Statusgruppe verbessern.
- Eine Verbesserung des Gesundheitszustandes in der unteren Statusgruppe muß sich dagegen vor allem auf die Lebensbedingungen konzentrieren.

Bisher ist kaum untersucht worden, ob der Einfluß eines gesundheitlichen Risikofaktors in allen Statusgruppen ungefähr gleich groß ist. Für die Planung und Durchführung von Maßnahmen zur Verringerung der gesundheitlichen Ungleichheit wären derartige Untersuchungen jedoch sehr wichtig.

In ähnlicher Weise kann argumentiert werden, daß der Stellenwert des Ansatzes 'materielle Lebensbedingungen' dann besonders deutlich wird, wenn nach den gesundheitspolitischen Konsequenzen der einzelnen Ansätze gefragt wird: Einige Erklärungsansätze können als Entschuldigung für politische Passivität mißbraucht werden. Beim Ansatz 'methodische Artefakte' liegt die Gefahr auf der Hand. Sie besteht jedoch auch bei dem Erklärungsansatz 'Gesundheitsverhalten'. Hier ließe sich z.B. die folgende Argumentation konstruieren: Die Angehörigen der unteren sozialen Schicht sind deswegen besonders krank, weil sie besonders viel rauchen. Sie haben daher selber Schuld und die politischen Akteure müssen nicht viel mehr tun, als die Raucher über die

Gefahren des Tabakkonsums zu informieren. Diese Argumentation wird in den Gesundheitswissenschaften als 'dem Opfer die Schuld zuschieben' (blaming the victim) bezeichnet. Als Gegenposition wird gefordert, die in den Lebensbedingungen liegenden Ursachen des Rauchens zu beachten und nach Möglichkeit abzubauen. Eine ähnliche Gefahr besteht bei der heute vermehrt diskutierten Frage nach den genetischen Ursachen der gesundheitlichen Ungleichheit (Mielck et al. 1998a, S. 31): Wenn Morbidität als angeborenes und damit unausweichliches Schicksal erklärt wird, dann verliert die Forderung nach gesundheitspolitischen Maßnahmen zur Verbesserung des Gesundheitszustandes an Gewicht.

Andere Erklärungsansätze betonen dagegen die Verantwortung und Handlungsmöglichkeit der gesundheitspolitischen Akteure (Whitehead 1997). Das trifft z.B. auf den Ansatz 'gesundheitsbedingte soziale Mobilität' zu: Die Gefahr einer beruflichen Benachteiligung von Kranken kann durch staatliche Maßnahmen deutlich verringert werden. Die Frage nach den gesundheitspolitischen Konsequenzen der einzelnen Erklärungsansätze verdeutlicht jedoch vor allem den Stellenwert des Ansatzes 'materielle Lebensbedingungen': Da sich viele gesundheitsrelevante Lebensbedingungen durch zielgerichtete politische Maßnahmen verbessern lassen, und da sich vermutlich der Großteil der gesundheitlichen Ungleichheit durch Unterschiede in den Lebensbedingungen erklären läßt, werden die gesundheitspolitischen Akteure hier direkt in die Pflicht genommen.

Es geht also nicht nur darum, wieviel Prozent der gesundheitlichen Ungleichheit durch einen spezifischen Ansatz erklärt werden kann. Noch wichtiger ist die Frage, welchen Beitrag dieser Ansatz für die Planung und Durchführung von Maßnahmen zur Verringerung der gesundheitlichen Ungleichheit leistet. An einem extremen Beispiel wird die Argumentation besonders deutlich: Der Ansatz X erklärt 90% der gesundheitlichen Ungleichheit, er ermöglicht jedoch keine gesundheitspolitische Intervention zur Verringerung der gesundheitlichen Ungleichheit. Der Ansatz Y erklärt dagegen nur 10%, er ermöglicht jedoch eine schnelle und kostenlose Intervention. Aus wissenschaftlicher Sicht wäre der Ansatz X interessanter, aber aus gesundheitspolitischer Sicht wäre zweifellos der Ansatz Y wichtiger. Bezogen auf die oben vorgestellten Erklärungsansätze stellt sich die Lage noch einfacher dar: Der Ansatz 'materielle Lebensbedingungen' besitzt offenbar sowohl den größten Anteil an der Erklärung der gesundheitlichen Ungleichheit als auch die größte gesundheitspolitische Relevanz.

Gleichzeitige statistische Kontrolle mehrerer Risikofaktoren

In empirischen Analysen sollte nach Möglichkeit versucht werden, Variablen aus verschiedenen Erklärungsansätzen gleichzeitig statistisch zu kontrollieren, um so den 'Netto-Effekt' verschiedener Variablen und ihre gegenseitige Abhängigkeit zu verstehen. Derartige Analysen sind jedoch noch relativ selten.

Die am häufigsten zitierte derartige Analyse beruht auf den Daten der in Großbritannien durchgeführten Whitehall-Studie. In dieser großen Studie wurde die Mortalität von Beschäftigten im Öffentlichen Dienst untersucht. Nach einer Unterteilung in vier hierarchisch geordnete Berufsgruppen zeigt sich, daß die Mortalität durch koronare Herzkrankheiten (KHK) mit abnehmender beruflicher Position kontinuierlich zunimmt, und daß sie in der unteren Berufsgruppe ca. 2,6mal so groß ist wie in der oberen. Nach Kontrolle der Altersverteilung und der üblichen Risikofaktoren wie Rauchen, Blutdruck und Cholesterin bleibt der Gradient zunehmender KHK-Mortalität mit abnehmendem beruflichen Status erhalten, wobei die Mortalität in der unteren Berufsgruppe immer noch ca. 2mal so groß ist wie in der oberen (Marmot 1994). Die gesundheitliche Ungleichheit läßt sich demnach nur zu einem kleinen Teil durch die üblichen Risikofaktoren erklären. Einige vergleichbare empirische Ergebnisse sind auch aus den Niederlanden (Duijkers et al. 1989, Mackenbach 1994) und aus den alten Bundesländern vorhanden (z.B. Helmert et al. 1993a, Helmert/Shea 1994, Helmert et al. 1997a, Mielck et al. 1995b).

Die bisher umfangreichste statistische Kontrolle von Risikofaktoren erfolgte m.W. in einer Studie aus Finnland (Lynch et al. 1996). Sie beruht auf den Daten der 'Kuopio Ischemic Heart Disease Risk Factor Study'. In der finnischen Stadt Kuopio wurden zwischen 1984 und 1989 insgesamt ca. 2.700 Männer zwischen 42 und 60 Jahren eingehend befragt und untersucht. Die folgenden Risikofaktoren wurden dabei erhoben

- 'biologische Risikofaktoren': Fibrinogen, Apolipoprotein, HDL-Cholesterin, Triglyceride, Leukozyten, Hämoglobin, Blut-Glucose, Blutdruck, Übergewicht, Atemvolumen
- 'verhaltensbedingte Risikofaktoren': Rauchen, Alkoholkonsum, körperliche Bewegung
- 'psycho-soziale Risikofaktoren': soziale Unterstützung, Mitarbeit in Organisationen, Depression, Hoffnungslosigkeit, Familienstand

Als Indikator für den sozio-ökonomischen Status dient das persönliche Einkommen, wobei fünf gleich große Gruppen mit jeweils ca. 20% der Männer gebildet wurden. Im Mittelpunkt der Auswertung steht zum einen die Frage, ob die Teilnehmer bis Ende 1993 einen Herzinfarkt erlitten haben, und zum anderen, ob und woran die Teilnehmer bis Ende 1993 gestorben sind. Nach Kontrolle der Altersverteilung ist die Mortalität (alle Todesursachen) in der unteren Einkommensgruppe 3,14mal so groß wie in der oberen. Nach Kontrolle der 'biologischen Risikofaktoren' verringert sich dieser Unterschied auf 1,90, nach Kontrolle der 'verhaltensbedingten Risikofaktoren' auf 2,39, und nach Kontrolle der 'psycho-sozialen Risikofaktoren' auf 2,03. Bei simultaner Kontrolle aller Risikofaktoren bleibt die Mortalität in der unteren Einkommensgruppe immer noch 1,32mal so hoch wie in der oberen. Die Ergebnisse zeigen somit, daß verschiedene Risikofaktoren einen unterschiedlich großen Anteil der erhöhten Mortalität erklären können, und daß auch bei Kontrolle aller erhobenen Risikofaktoren immer noch ein 'unerklärter Rest' nachbleibt. In bezug auf Herzkreislauf-Erkrankungen sind die Ergebnisse widersprüchlich: Wenn die Herzkreislauf-Mortalität beachtet wird, bleibt bei simultaner Kontrolle aller erhobenen Risikofaktoren kein 'unerklärter Rest' übrig. Tödliche und nicht-tödliche Herzinfarkte sind jedoch in der unteren Einkommensgruppe nach Kontrolle von Alter 4,23mal und nach Kontrolle aller Risikofaktoren immer noch 2,83mal so häufig wie in der oberen.

Aus den Niederlanden stammt eine Studie, in der m.W. zum ersten Mal versucht wird, den Einfluß des Gesundheitsverhaltens auf die gesundheitliche Ungleichheit bei gleichzeitiger Kontrolle von Indikatoren der Lebensbedingungen zu bestimmen (Stronks et al. 1996b). Es wird häufig die These vertreten, daß das Gesundheitsverhalten weitgehend durch die Lebensbedingungen geprägt wird, und daß Interventionsmaßnahmen daher primär bei den Lebensbedingungen und nicht beim Gesundheitsverhalten ansetzen sollten (anders ausgedrückt: Verhältnis-Prävention ist wichtiger als Verhaltens-Prävention). Eine empirische Überprüfung dieser These hat m.W. bisher jedoch gefehlt. Die neue Analyse aus den Niederlanden basiert auf den Daten der 'Longitudinal Study on Socio-Economic Health Differences (LS-SEHD)'. In dieser Studie wurde 1991 eine Stichprobe von ca. 20.000 Personen zwischen 45 und 74 Jahren aus dem Raum Eindhoven schriftlich befragt. Ausgewertet werden konnten Angaben von ca. 16.000 Teilnehmern. Die Ergebnisse zeigen erwartungsgemäß, daß die folgenden Variablen des *Gesundheitsverhaltens* mit einer erhöhten Morbidität verbunden sind: Rauchen, hoher Alkoholkonsum, Mangel an körperlicher Betätigung, Übergewicht. Deutlich wird auch die Gesundheitsgefährdung durch die folgenden *Lebensbedingungen*: feuchte und/ oder kalte Wohnung, laute und/oder von Vandalismus betroffene Wohnumgebung, finanzielle Probleme, Arbeitslosigkeit, Belastungen am Arbeitsplatz durch Lärm, Staub und/oder Unfallgefahr.

Gemessen am Morbiditäts-Indikator 'kein guter allgemeiner Gesundheitszustand' ist die Morbidität in der unteren Bildungsgruppe ca. 4,5mal (Männer) bzw. ca. 5,5mal (Frauen) so hoch wie in der oberen. Diese gesundheitliche Ungleichheit wird in dem Modell, in dem alle Risikofaktoren gleichzeitig kontrolliert werden, wie folgt erklärt (Stronks et al. 1996b):

- Lebensbedingungen unabhängig vom Gesundheitsverhalten ca. 35%,
- Gesundheitsverhalten unabhängig von Lebensbedingungen ca. 15%,
- durch Lebensbedingungen bedingtes Gesundheitsverhalten ca. 20%
- unerklärter Anteil ca. 30%

Die Ergebnisse weisen also zum einen darauf hin, daß Lebensbedingungen und Gesundheitsverhalten einen voneinander unabhängigen Einfluß auf die gesundheitliche Ungleichheit ausüben. Zum anderen wird aber auch deutlich, daß der Einfluß des Gesundheitsverhaltens zu einem großen Teil auf den Einfluß der Lebensbedingungen zurückgeführt werden kann (vgl. Abbildung 21).

Abbildung 21: Stellenwert der Lebensbedingungen

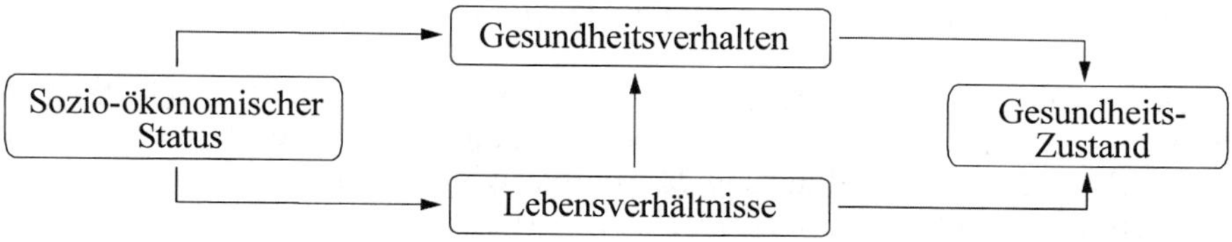

Quelle: Stronks et al. 1996b (eigene Darstellung)

Der direkte und indirekte Einfluß der Lebensbedingungen summiert sich auf 55%, der von den Lebensbedingungen *unabhängige* Einfluß des Gesundheitsverhaltens beträgt dagegen nur 15%. Die These 'Verhältnis-Prävention vor Verhaltens-Prävention' wird durch die Auswertung also eindrucksvoll unterstützt. Dabei darf jedoch nicht übersehen werden, daß es sich um eine Querschnitt-Studie handelt. Eine Bestätigung der Ergebnisse im Rahmen einer Längsschnitt-Studie steht m.W. noch aus.

In einer Querschnitt-Studie aus Schweden wurden ca. 6.000 Personen zwischen 15 und 75 Jahren befragt. Der Fragebogen enthielt sowohl Fragen nach der physischen und psychischen Morbidität als auch Fragen nach insgesamt 10 gesundheitlichen Risikofaktoren: Kindheit in einer Familie mit finanziellen Problemen, gegenwärtige finanzielle Probleme, körperliche schwere Arbeit, gefährliche Arbeit (Exposition gegenüber Lärm, Staub, Giften etc.), Notwendigkeit hoher Konzentration während der Arbeit, geringer Handlungsspielraum während der Arbeit, schwaches soziales Netz, ungesunde Ernährung, starkes Rauchen, hoher Alkoholkonsum (Lundberg 1991). Als wichtigste Risikofaktoren für die physische und auch für die psychische Morbidität erwiesen sich die körperlich schweren und die gefährlichen Arbeitsbedingungen, und zwar unabhängig davon, ob der Effekt der einzelnen Faktoren jeder für sich betrachtet oder in einem gemeinsamen Modell gegenseitig kontrolliert wurde.

Unter der Überschrift 'Gleichzeitige statistische Kontrolle mehrerer Risikofaktoren' lassen sich demnach vor allem zwei Ergebnisse festhalten:

- Die verhaltensbedingten Risikofaktoren wie Rauchen und Bewegungsmangel können nur einen relativ kleinen Anteil der gesundheitlichen Ungleichheit erklären.
- Die gesundheitsgefährdenden Lebensbedingungen erklären einen größeren Anteil der gesundheitlichen Ungleichheit als die verhaltensbedingten Risikofaktoren.

Die empirischen Studien unterstützen demnach die oben (vgl. Kapitel III-1b) formulierte These, daß der Ansatz 'materielle Lebensbedingungen' das größte Erklärungspotential besitzt.

Wichtigkeit der Lebensbedingungen für Mortalität und Morbidität

In einem relativ aktuellen Literaturüberblick von D. Blane et al. (1997) wird zusammengetragen, was wir bisher über den Anteil der Lebensbedingungen an der Erklärung von Mortalität und Morbidität wissen. Dabei konzentrieren sich die Autoren vor allem auf vier Krankheiten (Krebs, Herzkreislauf-Krankheiten, Unfälle, Atemwegserkrankungen) und auf vier Lebensbedingungen (Belastungen am Arbeitsplatz, Ernährung, Wohnbedingungen, Luftverschmutzung). Der Überblick verdeutlicht, daß wir sehr wenig wissen. Viele Fragen wurden noch gar nicht untersucht, und die Ergebnisse der einschlägigen Studien weichen z.T. stark voneinander ab. Erste Antworten liegen z.B. zu den folgenden Fragen vor:

- Um welchen Anteil ließe sich die Krebs-Mortalität reduzieren, wenn die beruflichen Expositionen vollständig abgebaut werden würden? Die Schätzungen schwanken häufig um einen Wert von 6%, d.h. bei Vermeidung von krebserzeugenden beruflichen Expositionen würde die Krebs-Mortalität in der Gesamtbevölkerung auf 94% des derzeitigen Wertes sinken. Bezogen auf die Lungenkrebs-Prävalenz schwanken die geschätzten Werte dagegen zwischen 1% und 40%.
- Welcher Anteil der Herzkreislauf-Mortalität läßt sich bei Berufstätigen auf Belastungen am Arbeitsplatz zurückführen? Erste Schätzungen gehen von einem Anteil von 16% bei Männern und 22% bei Frauen aus.
- Bezogen auf die gesamten Todesfälle durch Krebs, Herzkreislauf-Krankheiten, Unfälle und Atemwegserkrankungen: Wie groß ist der Anteil, der sich durch berufliche Expositionen bzw. Belastungen erklären läßt? D. Blane et al. (1997) schätzen den Anteil auf ungefähr 10%.
- Wie groß ist bei den Krebs-Todesfällen der Anteil, der sich auf Luftverschmutzung zurückführen läßt? Erste Schätzungen gehen von einem Wert um 2% aus.
- Bezogen auf die Gesamt-Mortalität: Wie groß ist der Anteil, der sich durch die Lebensbedingungen erklären läßt? D. Blane et al. (1997) schätzen den Anteil auf maximal 25%.

Auch wenn bisher viele Fragen nicht untersucht wurden, und auch wenn die vorliegenden Schätzungen sehr grob sind, so kann der Überblick doch verdeutlichen, wie wichtig die Lebensbedingungen nicht nur für den Gesundheitszustand, sondern auch für die Erklärung der gesundheitlichen Ungleichheit sind. Es kann kein Zweifel daran bestehen, daß zumindest bei den Belastungen am Arbeitsplatz, den Wohnbedingungen und der Luftverschmutzung erhebliche Unterschiede zwischen den sozialen Schichten bestehen. Da die Lebensbedingungen einen großen Einfluß auf den Gesundheitszustand ausüben, liegt daher auch die Vermutung nahe, daß sie einen großen Einfluß auf das Ausmaß der gesundheitlichen Ungleichheit haben. Mit anderen Worten: Durch eine Verringerung der sozio-ökonomischen Unterschiede in den Lebensbedingungen ließe sich die gesundheitliche Ungleichheit vermutlich deutlich reduzieren. Bisher läßt sich jedoch kaum abschätzen, wie groß dieses Potential ist, auch weil wir bisher zu wenig darüber wissen, wie groß der Einfluß von bestimmten Lebensbedingungen auf bestimmte Krankheiten und Todesursachen ist.

Gesundheitsbedingte soziale Mobilität

Wie oben bereits betont wurde, wird dem Erklärungsansatz 'gesundheitsbedingte soziale Mobilität' weder im 1982 zum ersten Mal publizierten Black Report noch in der 12 Jahre später publizierten Überblicksarbeit von G. Davey Smith et al. (1994) ein großer Stellenwert zugeschrieben. Auch andere Autoren haben darauf hingewiesen, daß die soziale Mobilität keinen großen Anteil an der Erklärung der gesundheitlichen Ungleichheit besitzen kann (z.B. Fox et al. 1985). Zwei m.E. besonders aussagekräftige Überprüfungen dieses Erklärungsansatzes lagen beim Verfassen des Beitrages von G. Davey Smith et al. (1994) noch gar nicht vor. Sie sollen daher im folgenden etwas ausführlicher vorgestellt werden.

D. Blane et al. (1993) gehen bei ihrer Argumentation wie folgt vor: In Großbritannien wird die gesundheitliche Ungleichheit zumeist an Unterschieden in der Mortalität zwischen hierarchisch geordneten Berufsgruppen festgemacht. Die These der gesundheitsbedingten sozialen Mobilität geht davon aus, daß die Zugehörigkeit zu einer Statusgruppe auch durch den Gesundheitszustand bestimmt wird. Die auch und gerade bei *Rentnern* gefundenen Unterschiede in der Mortalität lassen sich auf diese Weise jedoch nicht erklären, da bei Rentnern keine Änderung der Berufsgruppe mehr möglich ist. Die Zugehörigkeit zu einer Statusgruppe wird bei *Kindern* über den Beruf der Eltern und bei *Frauen* häufig über den Beruf des Mannes definiert. Bei Kindern und bei Frauen kann die Statuszugehörigkeit also nicht durch den eigenen Gesundheitszustand bestimmt werden, und trotzdem sind auch bei ihnen ähnliche gesundheitliche Ungleichheiten vorhanden wie bei den Männern. Am direktesten läßt sich die These der gesundheitsbedingten sozialen Mobilität somit bei den *Männern im erwerbsfähigen Alter* anwenden und überprüfen.

> „Hier sind die wissenschaftlichen Ergebnisse relativ klar und unterstreichen eindeutig, daß soziale Mobilität nur einen kleinen Anteil an der Schaffung der schichtspezifischen Mortalitätsunterschiede besitzt. Mobilität kann nur bei dem Eintritt in den Arbeitsmarkt eine wichtige Rolle spielen; die wissenschaftlichen Ergebnisse weisen aber nur auf einen schwachen Effekt hin“ (Blane et al. 1993, S. 11; deutsche Übersetzung durch A.M.).

Die Autoren betonen in ihrer Schlußfolgerung, daß der Gesundheitszustand maßgeblich durch die statusspezifischen Lebensbedingungen geprägt wird, daß

Kinder häufig in der gleichen sozialen Schicht bleiben wie ihre Eltern, und daß sich die gesundheitlichen Effekte daher verstärken und verfestigen können.

Die m.E. aussagekräftigste Überprüfung des Erklärungsansatzes 'gesundheitsbedingte soziale Mobilität' wurde von M. Bartley und I. Plewis (1997) im Rahmen einer Auswertung von Daten aus der 'Longitudinal Study (LS)' vorgelegt. In dieser Studie wird seit 1971 ca. 1% der Bevölkerung aus England und Wales erfaßt. Für jeden Teilnehmer sind Angaben zur beruflichen Position in den Jahren 1971, 1981 und 1991 vorhanden, und zudem wird fortlaufend die Mortalität der Teilnehmer erhoben. Die Längsschnitt-Daten sind für eine Überprüfung des Erklärungsansatzes also hervorragend geeignet. Die empirischen Analysen beziehen sich auf die 63.573 Männer, die 1971 zwischen 15 und 40 Jahre alt waren. Bei der Auswertung wird zwischen dem 'outflow' (Abfließen) aus und dem 'inflow' (Einfließen) in eine Berufsgruppe unterschieden. Der 'outflow' ist in der Tat mit dem Gesundheitszustand verbunden: Die Aufsteiger sind gesünder und die Absteiger sind kränker als die Personen, die in der Berufsgruppe bleiben. Beachtet werden muß jedoch auch der 'inflow': Die aufgestiegenen Personen sind kränker als die Personen, die schon in der höheren Berufsgruppe waren, und die abgestiegenen Personen sind gesünder als die Personen, die schon in der niedrigeren Berufsgruppe waren. Wenn diese 'outflow'- und 'inflow'-Effekte miteinander verrechnet werden, bleibt das Ausmaß der gesundheitlichen Ungleichheit fast unverändert. Der Einfluß der sozialen Mobilität auf das Ausmaß der gesundheitlichen Ungleichheit läßt sich also erst bei gemeinsamer Betrachtung von 'inflow' und von 'outflow' einschätzen, in den bisherigen Studien wurde jedoch zumeist nur der 'outflow' betrachtet.

Stellenwert verschiedener sozio-ökonomischer Indikatoren

Zum besseren Verständnis des Zusammenhangs zwischen sozio-ökonomischem Status und Gesundheitszustand sollte der Zusammenhang für verschiedene Indikatoren des sozio-ökonomischen Status untersucht werden. Hier steht vor allem die folgende Frage im Vordergrund: Welcher sozio-ökonomische Indikator weist die stärkste Beziehung zum Gesundheitszustand auf, wenn (a) jeder Indikator für sich betrachtet wird und wenn (b) die Einflüsse der Indikatoren gegenseitig statistisch kontrolliert werden? Eine besonders aussagekräftige Studie zur Beantwortung dieser Fragen wurde aus Schweden vorgestellt. Sie basiert auf einer Befragung von über 30.000 Personen zwischen 25 und 64 Jahren und auf einer ca. 10 Jahre nach der Befragung durchgeführten Überprüfung ihres Vitalstatus (Sundquist/Johansson 1997). Die Überprüfung des Vitalstatus erfolgte durch einen Abgleich der Personenkennziffer mit den Daten des Schwedischen Mortalitätsregisters, d.h. durch ein sehr verläßliches, aber in der Bundesrepublik kaum durchführbares Verfahren. Im Interview wurden die folgenden sozio-ökonomischen Indikatoren erhoben: Erwerbsstatus, Stellung im Beruf, Besitz oder Miete der Wohnung, Schulbildung. Nach statistischer

Kontrolle von Alter und Geschlecht zeigt sich eine erhöhte Mortalität vor allem bei Arbeitslosen, und etwas schwächer ausgeprägt auch bei Mietern, bei un- und angelernten Arbeitern und bei Personen mit geringer Schulbildung. In einem zweiten Schritt wurden diese Indikatoren simultan kontrolliert, gemeinsam mit den Variablen Alter, Geschlecht, Nationalität, Familienstand und Einschränkung der Erwerbsfähigkeit. Nach dieser gegenseitigen Kontrolle schälten sich als besonders wichtige sozio-ökonomische Mortalitätsrisiken die Arbeitslosigkeit und das Wohnen zur Miete heraus.

Interessant ist vor allem die Variable 'Wohnen zur Miete'. Sie wurde auch in anderen Studien aus Dänemark und Großbritannien als Risikofaktor für den Gesundheitszustand identifiziert (Sundquist/Johansson 1997). Aus den alten und neuen Bundesländern liegen m.W. dagegen keine vergleichbaren Studien vor. Warum ist die Mortalität bei Mietern höher als bei Personen, die in ihren eigenen vier Wänden wohnen? Ist der Einfluß vom Wohnen zur Miete gleichbedeutend mit dem Einfluß von Einkommen bzw. Vermögen, oder handelt es sich hier um einen eigenständigen Einfluß? Welcher eigenständige Einfluß kann sich hinter dem Wohnen zur Miete verbergen? Ist es z.B. so, daß das Wohnen in den eigenen vier Wänden mehr Sicherheit in der Lebensplanung vermittelt, und daß das Erkrankungsrisiko bei größerer Sicherheit abnimmt? Ist die Sicherheit der Lebensplanung überhaupt wichtig für den Gesundheitszustand? Ist ein höherer sozio-ökonomischer Status generell mit einer größeren Sicherheit verbunden, und bietet diese Überlegung daher einen allgemeinen Ansatz zur Erklärung der gesundheitlichen Ungleichheit? Diese Fragen machen deutlich, wie wichtig die Berücksichtigung zusätzlicher sozio-ökonomischer Variablen ist, und wie fruchtbar diese erweiterte empirische Basis für die Diskussion über die Erklärung der gesundheitlichen Ungleichheit sein kann.

Absolute und relative Deprivation

Seit mehreren Jahren wird vor allem in Großbritannien und Finnland die These diskutiert, daß gesundheitliche Ungleichheit nicht nur auf absolute, sondern auch auf relative Deprivation zurückzuführen ist. Unter 'absoluter Deprivation' werden dabei die direkten Auswirkungen materieller Armut verstanden, z.B. die gesundheitlichen Auswirkungen schlechter Wohnbedingungen und unzureichender Ernährung. Das Gefühl, in der sozialen Hierarchie nur eine relativ niedrige Position einzunehmen, kann jedoch unabhängig von den materiellen Ressourcen eine eigenständige psychische Belastung darstellen, und diese Belastung wird mit dem Begriff 'relative Deprivation' umschrieben (Vågerö/Illsley 1995, Wilkinson 1997). Die im Deutschen übliche Unterscheidung zwischen absoluter und relativer Armut (vgl. Kapitel I-3c) zielt in die gleiche Richtung.

Etwas genauer ausformuliert wurde dieser Ansatz durch J. Hasan (1989). Er geht davon aus, daß die von der Mehrheit der Bevölkerung angestrebten materiellen Werte zumeist in der *oberen* sozialen Schichten definiert und auch erreicht werden. Die *unteren* sozialen Schichten wären somit der permanenten Frustration nicht erreichbarer Ziele ausgesetzt. Sogar wenn die Angehörigen der unteren sozialen Schicht in materiell gesicherten Verhältnissen lebten, dann verfügten sie doch immer noch über weniger materielle Ressourcen als die Angehörigen der oberen sozialen Schichten. Bildlich gesprochen würden sie somit einem Pferd ähneln, das einem Bündel Hafer nachläuft, welches an einem Stock auf dem Rücken festgebunden ist und vor der Schnauze baumelt: Egal wie schnell das Pferd läuft, es kann den Hafer doch nie erreichen. (Um im Bild zu bleiben: Der einzige Ausweg aus dieser Falle wäre demnach, stehenzubleiben und sich nach anderem Futter umzusehen.) In einer etwas älteren, aber nach wie vor viel zitierten Arbeit hat J. Cassel (1976) die These aufgestellt, daß die Lebensbedingungen in der unteren sozialen Schicht zu einer allgemeinen (!) Schwächung der physischen und psychischen Widerstandskräfte führen, und daß daher bei diesen Personen nahezu alle Krankheiten besonders häufig auftreten. Theoretisch ausgearbeitet und empirisch überprüft wurde die postulierte kausale Kette 'Lebensbedingungen - allgemeine Schwächung der Abwehrkräfte - Krankheit' bisher jedoch kaum. Schwierig ist vor allem die Definition und Messung der Variablen 'allgemeine Schwächung der Abwehrkräfte'. J. Hasan versteht seinen theoretischen Ansatz auch als einen Versuch, diese allgemeine Schwächung der Abwehrkräfte in der unteren sozialen Schicht zu erfassen.

Bei dem Versuch der empirischen Überprüfung seines theoretischen Ansatzes bezieht sich J. Hasan (1989) auf eine finnische Studie mit Beschäftigten aus der Metallindustrie. Aus den verschiedensten Arbeitsbereichen wurden insgesamt ca. 900 Männer und Frauen befragt und untersucht, zum ersten Mal im Jahr 1973 und zum zweiten Mal im Jahr 1978. Auf Grundlage der Ergebnisse aus der ersten Befragung wurde aus den folgenden Faktoren ein 'Streß-Score' gebildet: Sodbrennen, Appetitverlust, Brechreiz, Bauchschmerzen, Durchfall, Schlafprobleme, Alpträume, Kopfschmerzen, Verlust des sexuellen Interesses, Schwindelanfälle, unregelmäßiger Puls, Zittern der Hände, Schweißausbrüche ohne sportliche Aktivität, Kurzatmigkeit ohne sportliche Anstrengung, allgemeine Antriebslosigkeit, allgemeine Müdigkeit, allgemeine Nervosität, Wutanfälle. Die Auswertungen ergeben eine stufenweise Zunahme der Streß-Belastung mit abnehmendem beruflichen Status, und zwar sowohl bei Männern als auch bei Frauen. Durch den Vergleich der Daten aus dem Jahr 1978 mit den Daten aus dem Jahr 1973 kann die Inzidenz chronischer Krankheiten errechnet werden, d.h. die Häufigkeit neu aufgetretener chronischer Krankheiten. Besonders interessant ist hier der klare und statistisch signifikante Zusammenhang zwischen der Streß-Belastung im Jahr 1973 und der nachfolgenden Neuerkrankungs-Rate, der auch bei Kontrolle von Alter, Geschlecht und beruflichem Status bestehen bleibt.

Wenn die Streß-Belastung als Ausdruck einer allgemeinen Schwächung der Abwehrkräfte interpretiert wird, dann liegt hiermit eine empirische Bestätigung für die von J. Hasan (1989) postulierte Bedeutung der relativen Deprivation vor, und damit auch für die von J. Cassel (1976) postulierte kausale Kette 'Lebensbedingungen - allgemeine Schwächung der Abwehrkräfte - Krankheit'.

In einer späteren Publikation führt J. Hasan (1994) seine Argumentation noch etwas detaillierter aus: Es muß unterschieden werden zwischen einer objektiven Bedingung und ihrer subjektiven Wahrnehmung und Bewertung. Wenn die grundlegenden Bedürfnisse befriedigt werden, dann bessert sich der Gesundheitszustand, und aus diesem Grunde sind die Menschen in den industrialisierten Staaten heute erheblich gesünder als noch vor 100 Jahren. Es werden jedoch ständig weitergehende soziale Bedürfnisse geweckt. Wenn eine große und dauerhafte Diskrepanz zwischen diesen Bedürfnissen und ihrer Befriedigung vorhanden ist, dann entsteht daraus eine gesundheitliche Belastung, auch wenn das angestrebte Ziel 'objektiv' gesehen keinen Beitrag zur Gesundheit leistet. Wer sich z.B. ein Auto wünscht und sich diesen Wunsch nicht erfüllen kann, der wird durch diese Frustration gesundheitlich belastet, obwohl das Autofahren selbst eher eine Gefährdung für die Gesundheit bedeutet. Die weitergehenden Bedürfnisse sind häufig 'sozial definiert', d.h. sie entstehen aus dem Vergleich mit anderen Menschen und äußern sich z.B. in dem Streben nach Anerkennung und Macht.

Der theoretische Ansatz von J. Hasan (1989, 1994) beinhaltet verschiedene Hypothesen, die sich wie folgt veranschaulichen lassen (vgl. Abbildung 22): Die Nicht-Befriedigung von Grundbedürfnissen übt einen unmittelbaren Einfluß auf den Gesundheitszustand aus. Die Nicht-Befriedigung von sozial-definierten Bedürfnissen führt dagegen über Frustration und eine allgemeine Schwächung der Abwehrkräfte zu erhöhter Morbidität und Mortalität. Für beide Gruppen von Bedürfnissen gilt, daß die Möglichkeit der Befriedigung auch und vor allem vom sozio-ökonomischen Status abhängig ist. In den industrialisierten Ländern stehen jedoch die sozial-definierten Bedürfnisse im Vordergrund, da die Grundbedürfnisse weitgehend gedeckt sind. Die Befriedigung der sozial-definierten Bedürfnisse nach Macht und Anerkennung ist um so schwieriger, je niedriger der eigene sozio-ökonomische Status ist. Die daraus folgende zunehmende Schwächung der allgemeinen Abwehrkräfte ist ein wesentlicher Grund für die Entstehung der gesundheitlichen Ungleichheit.

In den Kapiteln II-3 und II-4 wurde an verschiedenen Stellen betont, daß Mortalität und Morbidität mit abnehmendem sozio-ökonomischen Status häufig *stufenweise* schlechter werden (d.h. daß ein 'Gradient' besteht). Es lassen sich demnach zwei Fragen unterscheiden:

- Warum weisen die Angehörigen der unteren sozialen Schicht einen besonders schlechten Gesundheitszustand auf?
- Wie läßt sich der Gradient erklären? (Oder etwas überspitzt formuliert: Warum sind die Reichen kränker als die ganz Reichen?)

Abbildung 22: Nichtbefriedigung von Bedürfnissen: gesundheitliche Folgen

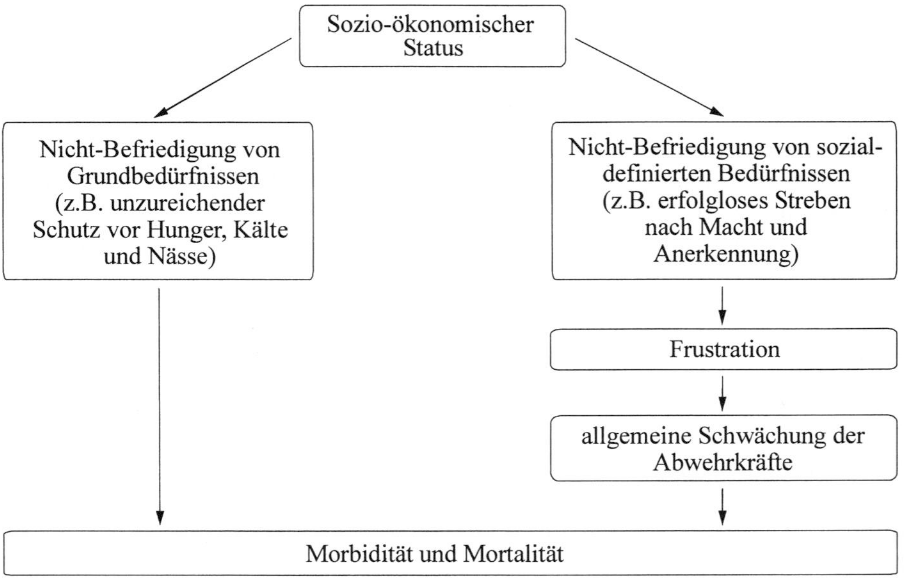

Quelle: Mielck (neue Darstellung)

Bei der Beantwortung der ersten Frage müssen Elemente sowohl der absoluten als auch der relativen Deprivation berücksichtigt werden; die zweite Frage läßt sich dagegen nur durch Elemente der relativen Deprivation beantworten. Das oben dargestellte Hypothesengebäude der relativen Deprivation ist bisher erst ansatzweise theoretisch ausgearbeitet und empirisch untermauert worden. Vermutlich kann es jedoch einen wichtigen Beitrag zur Beantwortung der zweiten Frage leisten.

Psycho-sozialer Stress

In einer vergleichbaren Diskussion steht die Frage im Mittelpunkt, ob die soziale Position in einer Hierarchie direkt mit dem psycho-sozialen Stressniveau und damit auch mit der biologischen Stressreaktion in Verbindung steht. Die Hypothese lautet: Je weiter unten, desto mehr psycho-sozialer Stress auf Grund des blockierten Strebens nach Dominanz, und aus diesem Grunde auch desto kränker (Brunner 1997). Das interessante an diesem Ansatz ist vor allem, daß er - ähnlich wie der oben skizzierte Ansatz der relativen Deprivation - eine Möglichkeit zur Erklärung des Gradienten bietet, der sich etwas überspitzt wie folgt ausdrücken läßt: der Reiche ist kränker und stirbt früher als der ganz Reiche. Eine genauere Überprüfung dieses stresstheoretischen Ansatzes steht m.W. jedoch noch aus.

Zumeist werden unter dem Stichwort 'psycho-sozialer Stress' die beiden folgenden Hypothesen diskutiert (Stronks et al. 1998):
- Schichtspezifische Exposition: Die objektiven Belastungen durch Stressoren (genauer formuliert: durch Anzahl und/oder Stärke der Stressoren) sind in der unteren sozialen Schicht größer als in der oberen.
- Schichtspezifische Vulnerabilität: Auch bei gleicher Stressoren-Belastung ist die gesundheitliche Beeinträchtigung in der unteren sozialen Schicht größer als in der oberen.

Beide Hypothesen bieten somit auch einen Ansatz zur Erklärung der gesundheitlichen Ungleichheit. Graphisch lassen sich die Hypothesen wie folgt veranschaulichen (vgl. Abbildung 23).

In der m.W. bisher sorgfältigsten Analyse dieser Hypothesen wurden die folgenden Belastungen bzw. Stressoren berücksichtigt:
- Änderungen der Lebensverhältnisse: Umzug in ein neues Haus, erhebliche Verringerung des Einkommens, Opfer einer kriminellen Tat, Verlust des Arbeitsplatzes, schwere Erkrankung von Partner oder Kind, schwere Erkrankung der Eltern, Tod des Partners, Tod anderer enger Familienangehöriger, Scheidung.
- Chronische Probleme: finanzielle Sorgen, Einschränkung der Freizeitaktivitäten auf Grund finanzieller Sorgen, Lärm und/oder Luftverschmutzung in der Wohnumgebung, Probleme im Umgang mit Verwandten und/oder Freunden.

Die Auswertungen basieren auf einem mündlichen Interview von ca. 3.000 Personen aus dem Raum Eindhoven im Alter zwischen 15 und 74 Jahren ('Longitudinal Study on Socio-Economic Health Differences, LS-SEHD)'. Sie zeigen, daß die These der schichtspezifischen Exposition einen wesentlichen Beitrag zur Erklärung der gesundheitlichen Ungleichheit leisten kann: Die Belastungen durch die untersuchten Lebensverhältnisse und chronischen Probleme sind in der unteren sozialen Schicht erheblich stärker ausgeprägt als in der oberen. Wenn der Einfluß dieser Exposition statistisch kontrolliert wird, dann verringert sich das Ausmaß der gesundheitlichen Ungleichheit um 10-15% (Stronks et al. 1998). Die These der schichtspezifischen Vulnerabilität konnte in der Studie dagegen nur ansatzweise bestätigt werden.

Abbildung 23: Gesundheitliche Ungleichheit und psycho-sozialer Stress

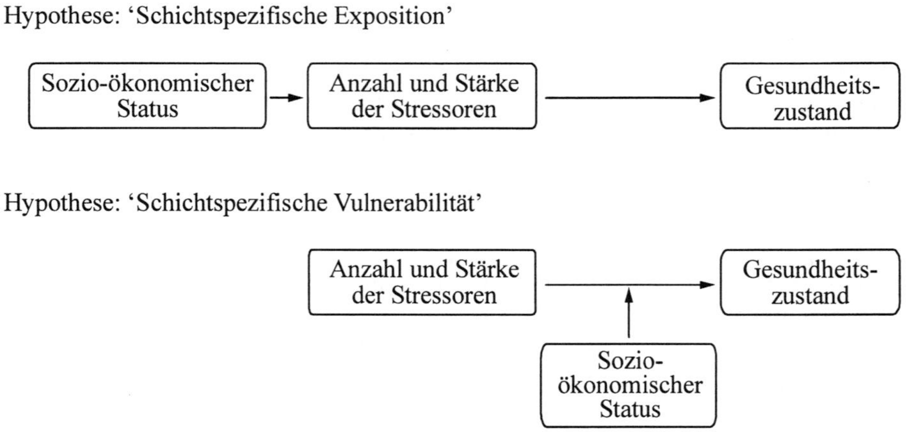

Quelle: Stronks et al. 1998 (eigene Darstellung)

Genetische Faktoren

Wie oben dargestellt werden im Black Report die folgenden vier Ansätze zur Erklärung der gesundheitlichen Ungleichheit unterschieden: methodische Artefakte, gesundheitsbedingte soziale Mobilität, Gesundheitsverhalten, materielle Lebensbedingungen (vgl. Kapitel III-3a) Nur wenige Autoren weisen darauf hin, daß die soziale Mobilität auch genetische Faktoren enthalten kann. In der m.W. aussagekräftigsten Studie zu diesem Thema wurden in Schweden zwei Gruppen von eineiigen Zwillingen untersucht, und zwar eine Gruppe von gemeinsam und eine andere Gruppe von getrennt aufgewachsenen Zwillingen (Lichtenstein et al. 1992). Die Zwillinge wurden befragt und medizinisch untersucht; ihr Durchschnittsalter betrug 59 Jahre. Die in der Auswertung überprüften Hypothesen lassen sich wie folgt graphisch darstellen (vgl. Abbildung 24).

In der Auswertung werden alle drei Hypothesen bestätigt. Dabei ging es nicht darum zu bestimmen, ob eine Hypothese eine größere Erklärungskraft besitzt als eine andere. Wichtig ist hier vor allem die Feststellung, daß genetische Faktoren einen Einfluß auf die gesundheitliche Ungleichheit ausüben können (vgl. 3. Hypothese), und daß diese Aussage nicht gleichbedeutend ist mit einer passiven Hinnahme der gesundheitlichen Ungleichheit.

Abbildung 24: Umweltbedingungen und genetische Faktoren

1. Hypothese: Umweltbedingungen im Kindesalter

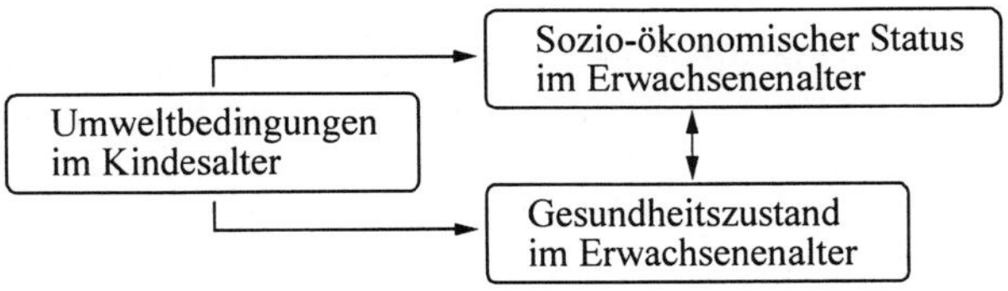

2. Hypothese: Umweltbedingungen im Erwachsenenalter

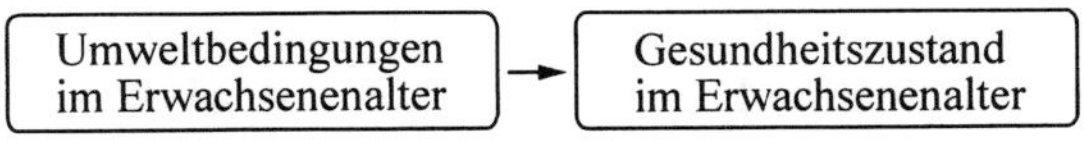

3. Hypothese: Genetische Faktoren der sozialen Mobilität

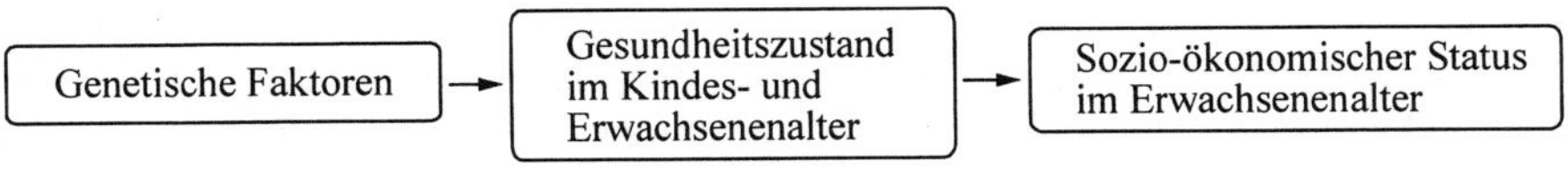

Quelle: Lichtenstein et al. 1992 (eigene Darstellung)

Eher im Gegenteil: Wenn deutlich wird, daß der Gesundheitszustand den sozio-ökonomischen Status beeinflußt (vgl. die These 'Krankheit macht arm'), dann stellt sich die Frage, durch welche sozialpolitischen Maßnahmen dieser Zusammenhang verringert werden kann, auch und gerade dann, wenn es sich um genetisch bedingte Krankheiten handelt.

'Harte' und 'weiche' Version der Erklärungsansätze

In ihrem ausführlichen Überblick über die durch den Black Report ausgelöste Diskussion unterscheidet S. Macintyre (1997) zwischen einer 'harten' und einer 'weichen' Version der vier im Black Report genannten Erklärungsansätze. Die harte Version des Ansatzes 'methodische Artefakte' geht davon aus, daß es gar keine gesundheitliche Ungleichheit gibt; die weiche Version besagt dagegen, daß das *Ausmaß* der gesundheitlichen Ungleichheit durch die Wahl der Indikatoren für den sozio-ökonomischen Status und für den Gesundheitszustand bestimmt wird. Die harte Version des Ansatzes 'gesundheitsbedingte soziale Mobilität' geht davon aus, daß sich die gesundheitliche Ungleichheit *vollständig* durch einen gesundheitsbedingten sozialen Auf- oder Abstieg erklären läßt; die weiche

Version setzt dem entgegen, daß der soziale Auf- oder Abstieg zur Erklärung der gesundheitlichen Ungleichheit *beitragen* kann. In ähnlicher Weise lassen sich auch harte und weiche Versionen der beiden Erklärungsansätze 'Gesundheitsverhalten' und 'materielle Lebensbedingungen' unterscheiden.

Mit dieser Unterscheidung zwischen einer harten und einer weichen Version kann S. Macintyre (1997) einige Mißverständnisse ausräumen. Im Black Report wird die *harte* Version der ersten drei Erklärungsansätze abgelehnt, d.h. es wird davon ausgegangen, daß sich die gesundheitliche Ungleichheit nicht vollständig durch methodische Artefakte, durch gesundheitsbedingte soziale Mobilität und/oder durch Gesundheitsverhalten erklären läßt. In diesem Ausschluß-Verfahren wird dann gefolgert, daß zur Erklärung auch und vor allem die Lebensbedingungen wichtig sind. Im Black Report wird die Auffassung vertreten, daß die Lebensbedingungen den größten Anteil an der Erklärung der gesundheitlichen Ungleichheit besitzen; die anderen drei Erklärungsansätze werden jedoch nicht vollkommen abgelehnt. Diese Unterscheidung zwischen der harten und der weichen Version wurde in der nachfolgenden Auseinandersetzung über die im Black Report vorgestellten Erklärungsansätze häufig übersehen. Auf diese Weise konnte z.B. ein Argument für den Ansatz 'methodische Artefakte' diffamiert werden als ein Argument, welches den Ansatz 'Umweltbedingungen' zu einer unbedeutenden Größe schrumpfen läßt. Inzwischen hat sich jedoch offenbar die konstruktivere Haltung durchgesetzt, daß jeder Ansatz zur Erklärung der gesundheitlichen Ungleichheit beitragen kann, und daß es jetzt darum geht, die Reichweite jedes Ansatzes und die Verbindung zwischen den Ansätzen zu verstehen.

Schichtspezifische Progression von Herzkreislauf-Krankheiten

Aus den USA liegt eine empirische Studie vor, in der untersucht wurde, ob schichtspezifische Unterschiede auch bei vorklinischen Anzeichen von Atherosklerose vorhanden sind, und ob sich diese Unterschiede durch die kardiovaskulären Risikofaktoren erklären lassen. Eine empirische Auswertung von Daten aus einer großen Querschnitt-Erhebung (15.800 Personen zwischen 45 und 64 Jahren) hat gezeigt, daß nach Kontrolle von Alter und Geschlecht die Intima-Media-Dicke der A. carotis mit höherer Schulbildung relativ gleichmäßig abnimmt, und daß dieser schichtspezifische Unterschied durch Risikofaktoren wie Rauchen, Bluthochdruck und Übergewicht weitgehend erklärt wird. Die schichtspezifischen Unterschiede bei manifesten Herzkreislauf-Krankheiten ließen sich die durch die gleichen Risikofaktoren dagegen kaum erklären (Diez-Roux et al. 1995). Diese Forschungsrichtung verdeutlicht vor allem den Bedarf an Studien zur schichtspezifischen Progression von Krankheiten. So weist das obige Ergebnis darauf hin, daß wir mehr über die Entwicklung von vorklinischen Formen der Atherosklerose bis hin zu manifesten Herzkreislauf-Krankheiten speziell in der unteren sozialen Schicht wissen sollten.

Aus Westeuropa liegt inzwischen eine Untersuchung vor, in der dieser Zusammenhang noch genauer untersucht werden konnte. Mit Hilfe der Daten aus der finnischen 'Kuopio Ischemic Heart Disease Risk Factor Study' wurde der Frage nachgegangen, ob sich die These einer schichtspezifischen Progression von Atherosklerose auch in einer Längsschnitt-Studie bestätigen läßt (Lynch et al. 1997). Die Stichprobe umfaßte 1.516 Männer zwischen 42 und 60 Jahren. Sie wurden zuerst um 1988 und dann ca. 4 Jahre später erneut befragt und untersucht. Die Ergebnisse der ersten Untersuchung zeigen für die untere soziale Schicht nicht nur eine erhöhte Prävalenz von Herzkreislauf-Krankheiten, sondern auch eine erhöhte Intima-Media-Dicke der A. carotis. Durch die Nachfolge-Untersuchung wurde deutlich, daß im Verlauf der 4 Jahre die Zunahme der Intima-Media-Dicke der A. carotis und der Höhe des Plaques in der unteren sozialen Schicht größer war als in den anderen sozialen Schichten, und zwar unabhängig davon, ob die Auswertung alle Männer einschloß oder nur die Männer, die bei der ersten Untersuchung keine manifeste Herzkreislauf-Krankheit aufwiesen. Die Untersuchungen weisen also darauf hin, daß die Erklärung des inversen Zusammenhangs zwischen sozialer Schicht und Herzkreislauf-Krankheiten offenbar bei sehr frühen Krankheits-Stadien beginnen muß.

Regionale und/oder individuelle Risikomerkmale

In Großbritannien wird seit einigen Jahren die Frage diskutiert, ob die gesundheitliche Ungleichheit auch durch 'regionale Risikomerkmale' erklärt werden kann. Es erscheint z.B. möglich, daß das Leben in einem Stadtteil mit einem hohen Anteil von Arbeitslosen auch für die Bewohner belastend ist, die selber nicht arbeitslos sind. Aus der Kombination zwischen dem individuellen Risikomerkmal 'berufstätig oder arbeitslos' und dem regionalen Risikomerkmal 'Arbeitslosenrate im Stadtteil' könnten sich demnach ganz unterschiedliche gesundheitliche Belastungen für die einzelnen Bewohner ergeben. Da individuell belastete Personen häufig auch in besonders belasteten Regionen wohnen, sind beide Einflüsse nur schwer voneinander zu trennen. Etwas präziser formuliert lautet die Frage daher: Welchen Anteil besitzen die regionalen Risikomerkmale an der Erklärung der gesundheitlichen Ungleichheit?

Die m.W. aussagekräftigste Studie aus Westeuropa zur Beantwortung dieser Frage wurde kürzlich aus England und Wales vorgelegt (Sloggett/Joshi 1998). Die Analyse umfaßt Angaben aus einer dem Mikrozensus vergleichbaren Befragung von ca. 500.000 Personen und einer kontinuierlichen Überprüfung der Mortalität in dieser Personengruppe. Aus der Befragung liegen beispielsweise Informationen über die 'individuellen Risikomerkmale' Erwerbsstatus und beruflicher Status vor. Die regionalen Risikomerkmale pro 'ward' (Bezirk) werden ebenfalls dem Mikrozensus entnommen und beinhalten z.B. Angaben über den durchschnittlichen Erwerbsstatus und beruflichen Status pro 'ward'. Die Auswertungen beschränken sich zunächst auf den Zusammenhang zwischen den regionalen Risikomerkmalen und dem Gesundheitszustand. Sie zeigen das bekannte Ergebnis der zunehmenden Mortalität und Morbidität mit abnehmendem sozio-ökonomischen Status. Dieser Zusammenhang verschwindet jedoch weitgehend, wenn zusätzlich die individuellen Risikomerkmale kontrolliert werden. Die Studie weist demnach darauf hin, daß bei der Erklärung der gesundheitlichen Ungleichheit den regionalen Risikomerkmalen eine erheblich geringere Bedeutung zukommt als den individuellen.

Die Ergebnisse dieser britischen Studie dürfen jedoch nicht dazu verleiten, die Frage nach der Bedeutung von regionalen Risikomerkmalen ad acta zu legen. Aus den USA wurde eine methodisch etwas bessere Studie vorgelegt, die zu einem ganz anderen Ergebnis kommt als die obige Studie. Ausgewertet wurden Daten aus der ersten Erhebung der 'Atherosclerosis Risk in Communities (ARIC)' Studie, die um 1988 in vier Zentren durchgeführt wurde (Forsyth County in North Carolina, Jackson in Mississippi, Vorort von Minneapolis in Minnesota, Washington County in Maryland). Aus dieser Erhebung gingen die drei individuellen Risikomerkmale Haushaltseinkommen, Schulbildung und beruflicher Status in die Analyse ein. Dem Zensus von 1990 konnten Angaben über die drei folgenden regionalen Risikomerkmale entnommen werden: Anteil der Erwachsenen ohne High School Abschluß, durchschnittliches Haushaltseinkommen, Anteil der Arbeiter an der erwerbstätigen Bevölkerung. Im Unterschied zur obigen Studie aus Großbritannien war es hier möglich, auch individuelle Angaben über koronare Risikofaktoren wie Rauchen und Bluthochdruck einzubeziehen.

Selbstverständlich besteht ein Zusammenhang zwischen den regionalen und den individuellen Risikomerkmalen, d.h. die regionalen Risikomerkmale häufen sich in den Bezirken, in denen auch die individuellen vermehrt vorhanden sind. Der Zusammenhang zwischen beiden Gruppen von Risikomerkmalen ist jedoch nicht perfekt, d.h. in belasteten Bezirken leben auch Personen ohne eigene individuelle Belastung und vice versa. Obwohl zwischen den vier ARIC-Zentren Unterschiede zu beobachten sind, lassen sich doch die folgenden Ergebnisse der Datenanalyse festhalten (Diez-Roux et al. 1997): Mit zunehmender regionaler Belastung nimmt das Rauchen zu, sogar nach Kontrolle der individuellen Risikomerkmale. Die Prävalenz von Herzkreislauf-Krankheiten steigt ebenfalls mit zunehmender regionaler Belastung an, und zwar auch nach Kontrolle von Alter, Geschlecht, individuellen Risikomerkmalen und (individuellen) koronaren Risikofaktoren. Bei der Erklärung dieser Ergebnisse sind die Autoren auf Spekulationen angewiesen. Sie vermuten, daß 'regionale Stressoren' wie die Verfügbarkeit von Grün- und Erholungsflächen dafür verantwortlich sind, daß die Wohnumgebung einen eigenständigen Einfluß auf die Prävalenz der koronaren Risikofaktoren und der Herzkreislauf-Krankheiten ausübt.

Frühe Prägung im Lebenslauf

In den letzten Jahren wurde besonders intensiv darüber diskutiert, welchen Einfluß die Lebensbedingungen im Kindesalter auf die gesundheitlichen Ungleichheiten im Erwachsenenalter ausüben (Mheen 1998). Es liegt auf der Hand, daß sowohl der sozio-ökonomische Status als auch der Gesundheitszustand von Erwachsenen durch ihre Kindheit geprägt werden. Die Frage liegt daher nahe, ob die Bemühungen um eine Verringerung der gesundheitlichen Ungleichheit bereits im Kindesalter ansetzen müßten. Die grundlegenden Hypothesen sind in Abbildung 25 dargestellt. Etwas verkürzt formuliert wird also vermutet, daß sich der sozio-ökonomische Status und damit auch die gesundheitliche Ungleichheit von Generation zu Generation fortpflanzen und stabilisieren.

Die Analyse der Übertragung gesundheitlicher Ungleichheiten von der Kindheit auf das Erwachsenenalter beinhaltet demnach die folgenden Hypothesen:

1. Hypothese: Kinder erreichen häufig eine vergleichbare Ausbildung, einen vergleichbaren Beruf und/oder ein vergleichbares Einkommen wie ihre Eltern.
2. Hypothese: Kinder von Eltern mit niedrigem sozio-ökonomischen Status weisen zumeist einen schlechteren Gesundheitszustand auf als andere Kinder.
3. Hypothese: Erwachsene mit niedrigem sozio-ökonomischen Status weisen zumeist einen schlechteren Gesundheitszustand auf als andere Erwachsene.
4. Hypothese: Ein schlechter Gesundheitszustand in der Kindheit führt häufig zu einem schlechten Gesundheitszustand im Erwachsenenalter.
5. Hypothese: Ein schlechter Gesundheitszustand in der Kindheit behindert den sozialen Aufstieg, d.h. das Erreichen eines hohen sozio-ökonomischen Status.
6. Hypothese: Kinder von Erwachsenen mit niedrigem sozio-ökonomischen Status erlernen weniger gesundheitsfördernde Verhaltensweisen und Einstellungen als andere Kinder.

Die 1. Hypothese konnte im Rahmen soziologischer Studien bereits häufig bestätigt werden. Mit der 2. und der 3. Hypothese sind die zentralen Themen der sozial-epidemiologischen Forschung angesprochen; an ihrem Wahrheitsgehalt kann heute kein Zweifel mehr bestehen (vgl. Kapitel II-4) Die 4. Hypothese wurde bisher dagegen kaum überprüft. Die umfangreichste Diskussion dieser These ist m.W. bei D. Vågerö und R. Illsley (1995) zu finden. Sie gehen der Frage nach, welchen Beitrag die 'biologische Programmierung' zur Erklärung der gesundheitlichen Ungleichheit leisten kann. Der Begriff 'biologische Programmierung' wurde durch D. Barker eingeführt. Er geht davon aus, daß der Gesundheitszustand von Erwachsenen bereits in ihrer frühen Kindheit entscheidend geprägt (d.h. 'programmiert') wird, und daß die gesundheitliche Entwicklung von Föten und von Kleinkindern auch und vor allem von den Lebensbedingungen ihrer Eltern abhängt (Barker 1991/1992, Marmot/Feeney 1997).

Abbildung 25: Einflüsse der Kindheit auf die gesundheitliche Ungleichheit

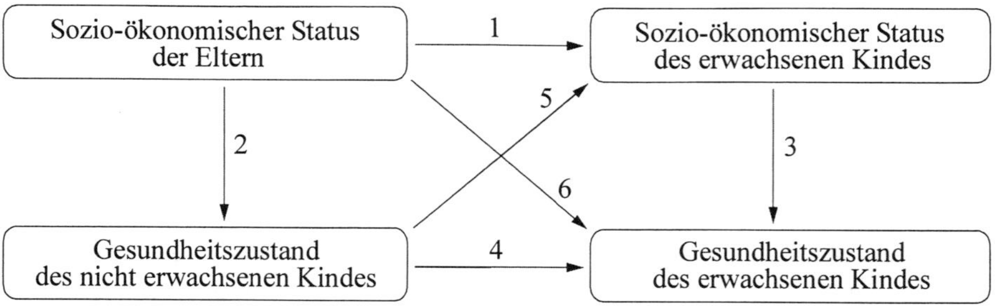

Quelle: Mielck (neue Darstellung)

Empirisch überprüft hat D. Barker seine These z.B. durch einen Vergleich zwischen dem Geburtsgewicht von Erwachsenen und ihrer Mortalität. Wie postuliert zeigt sich die höchste Sterblichkeit bei den Erwachsenen mit dem geringsten Geburtsgewicht. Aus methodischen Gründen ist die Aussagekraft dieser Studien jedoch sehr eingeschränkt, vor allem weil wichtige Bedingungen für die Sterblichkeit (z.B. der sozio-ökonomische Status im Erwachsenenalter) nicht kontrolliert wurden (Elford et al. 1991/1992). Entsprechend der 1. Hypothese (vgl. Abbildung 25) könnte man z.B. auch von einer 'sozialen Programmierung' sprechen (Vågerö/Illsley 1995), und ohne statistische Kontrolle dieses potentiellen Einflusses läßt sich das Ausmaß der 'biologischen Programmierung' kaum einschätzen. Die 5. Hypothese ist Bestandteil des Erklärungsansatz 'gesundheitsbedingte soziale Mobilität'. Wie oben bereits angesprochen (vgl. Kapitel III-1b), gibt es einige Belege für diese These. Allgemein wird jedoch davon ausgegangen, daß sie nur einen kleinen Teil der gesundheitlichen Ungleichheit bei Erwachsenen erklären kann. In bezug auf die 6. Hypothese liegen bisher erst wenige empirische Ergebnisse vor.

Die bisher umfangreichste empirische Überprüfung der oben genannten Hypothesen wurde m.W. mit den Daten der niederländischen 'Longitudinal Study on Socio-Economic Health Differences (LS-SEHD)' durchgeführt. Die Befragung fand 1991 und 1995 statt und umfaßte Personen zwischen 15 und 74 Jahren; in der unten dargestellten Auswertung werden jedoch nur die Teilnehmer mit einem Mindestalter von 25 Jahren berücksichtigt. Der Fragebogen enthält z.B. auch die folgenden Fragen zu den Lebensbedingungen im Alter von 12 Jahren: sozio-ökonomischer Status der Eltern, Arbeitslosigkeit der Eltern, finanzielle Probleme, Alleinerziehung durch Mutter oder durch Vater, Berufstätigkeit der Mutter. Die folgenden Ergebnisse lassen sich hervorheben (Mheen 1998, Mheen et al. 1997/1998a/b/c/d):

- Die Erwachsenen mit geringerem sozio-ökonomischen Status weisen zur Zeit der Befragung einen schlechteren Gesundheitszustand auf als die

Erwachsenen mit höherem Status, auch nach Kontrolle von Variablen wie Alter, Geschlecht und Familienstand.
- Die Erwachsenen mit geringerem sozio-ökonomischen Status wiesen schon in der Kindheit einen schlechteren Gesundheitszustand auf als die Erwachsenen mit höherem Status.
- Statistisch lassen sich bis zu 10% der gesundheitlichen Ungleichheit im Erwachsenenalter durch die gesundheitliche Ungleichheit im Kindesalter erklären.
- Bei den Erwachsenen mit geringerem sozio-ökonomischen Status waren die Lebensbedingungen in der Kindheit belastender als bei den Erwachsenen mit höherem Status.
- Statistisch lassen sich bis zu 25% der gesundheitlichen Ungleichheit bei Erwachsenen durch die Lebensbedingungen in der Kindheit erklären.
- Gesundheitsgefährdendes Verhalten ist bei den Erwachsenen besonders häufig, deren Eltern einen geringen sozio-ökonomischen Status aufweisen, und zwar unabhängig davon, welchen sozio-ökonomischen Status die Erwachsenen selbst erreicht haben.
- Es läßt sich nur sehr wenig gesundheitsbedingte soziale Mobilität beobachten.

Auch diese Analyse bestätigt also wieder, wie wichtig die Lebensbedingungen für die Erklärung der gesundheitlichen Ungleichheit sind.

Integration der verschiedenen Erklärungsansätze in ein gemeinsames Modell

Bei der Vielfalt und Komplexität der oben angesprochenen Erklärungsansätze ist es kaum verwunderlich, daß bisher nicht versucht wurde, sie alle in ein gemeinsames Modell zu integrieren. Es lassen sich auch nur wenige Publikationen finden, die einen relativ umfassenden Überblick über die derzeit diskutierten Erklärungsansätze geben. Eine dieser Publikationen stammt von L. Ellis (1994). Er unterscheidet zwischen den folgenden Ansätzen:
- die ersten drei Erklärungsansätze aus dem Black Report (d.h. methodische Artefakte, gesundheitsbedingte soziale Mobilität, Gesundheitsverhalten)
- Gesundheitsfördernde und -belastende Umweltbedingungen (Arbeits- und Wohnbedingungen, Umweltverschmutzung, psycho-sozialer Stress etc.)
- Zugang zu und Inanspruchnahme von Leistungen der gesundheitlichen Versorgung
- Relative Einkommensungleichheit (psychische Belastung in den unteren Einkommensgruppen durch den ständigen Vergleich mit den höheren Einkommensgruppen)
- Genetische Ursachen (Beeinflussung des sozialen Status und des Gesundheitszustandes durch die vererbten Gene)

Die sieben Ansätze werden nicht ausführlich beschrieben, und einige der oben angesprochenen Erklärungsansätze werden nicht erwähnt (z.B. die Hypothese der schichtspezifischen Vulnerabilität), aber die Auflistung stellt gegenüber dem Black Report doch eine wesentliche Erweiterung dar.

4) Forschungsbedarf

In diesem Kapitel III 'Ansätze zur Erklärung der gesundheitlichen Ungleichheit' wurde bereits an vielen Stellen auf Forschungsbedarf hingewiesen. Aus der Vielzahl der wichtigen, offenen Forschungsfragen werden im folgenden nur einige ausgewählt und beispielhaft vertieft. Die Auswahl spiegelt dabei Themen wider, die m.E. in der jetzigen deutschsprachigen Diskussion zu wenig beachtet werden.

a) Arbeits- und Wohnbedingungen

Wie oben bereits angedeutet wurde, lassen sich zwei Beobachtungen unterscheiden:
- Die Angehörigen der unteren sozialen Schicht weisen einen besonders schlechten Gesundheitszustand auf.
- Morbidität und Mortalität nehmen mit abnehmendem sozio-ökonomischen Status stufenweise zu; oder etwas überspitzt formuliert: Die Reichen sind kränker als die ganz Reichen.

Bei der Erklärung der ersten Beobachtung stehen möglicherweise andere Themen im Vordergrund als bei der Erklärung der zweiten Beobachtung. Es kann z.B. davon ausgegangen werden, daß Lärm und Luftverschmutzung für die Erklärung der ersten Beobachtung wichtiger sind als für die Erklärung der zweiten. Es ist daher vermutlich hilfreich, zunächst zu versuchen, jede Beobachtung für sich genommen zu erklären. Dies muß nicht unbedingt bedeuten, daß zuerst die eine und dann die andere Beobachtung erklärt werden sollte; aber wenn eine Reihenfolge festgelegt werden muß, dann sollte m.E. die Erklärung der ersten Beobachtung im Vordergrund stehen. Das Problem der gesundheitlichen Ungleichheit findet schließlich seinen deutlichsten Ausdruck durch den besonders schlechten Gesundheitszustand der status-niedrigen Personen. Wenn man dieser Argumentation folgt, dann sollte sich die Erklärung der gesundheitlichen Ungleichheit auch und vor allem auf die Lebensbedingungen in der unteren sozialen Schicht konzentrieren.

Psycho-soziale Arbeitsbelastungen

Physikalisch-chemische Arbeitsbedingungen - wie schwere Muskelarbeit, Lärm und das Hantieren mit giftigen Substanzen - üben zweifellos einen großen Einfluß auf den Gesundheitszustand aus, und Berufstätige aus der unteren sozialen Schicht sind von diesen Belastungen ohne Frage stärker betroffen als andere Berufstätige (vgl. Kapitel III-2a). Dieser Teil der gesundheitlichen Ungleichheit ist weitgehend geklärt, und jetzt sollte nicht die weitere wissenschaftliche Erforschung im Vordergrund stehen, sondern die praktische

Umsetzung der vorliegenden Forschungsergebnisse. Weitgehend unklar ist dagegen, ob auch die psycho-sozialen Arbeitsbelastungen in der unteren sozialen Schicht besonders groß sind.

Im Mittelpunkt der medizin-soziologischen Forschung über den Zusammenhang zwischen Arbeitsbedingungen und Gesundheitszustand stehen seit einigen Jahren die beiden folgenden Konzepte (vgl. Kapitel III-1b):

- 'Job strain', d.h. die Kombination von hoher beruflicher Anforderung und geringem Handlungsspielraum (Karasek/Theorell 1990)
- 'Berufliche Gratifikationskrise' d.h. die Kombination von hoher beruflicher Verausgabung und niedriger Belohnung für diese Verausgabung (Siegrist 1994)

Die gesundheitsschädigenden Effekte dieser beiden Belastungsarten sind inzwischen vielfach belegt worden, und vermutlich sind beide Belastungen bei status-niedrigen Berufen häufiger und stärker vorhanden als bei status-hohen. Empirisch untermauern läßt sich diese Vermutung bisher jedoch kaum. Eine aktuelle Publikation aus Großbritannien weist darauf hin, daß die berufliche Gratifikationskrise bei den status-niedrigen Berufen besonders groß ist (Bosma et al. 1998). In einer Analyse aus Schweden konnte dieses Ergebnis allerdings nicht bestätigt werden (Peter et al. 1998). Aus der Bundesrepublik liegt m.W. noch keine Studie über sozio-ökonomische Unterschiede beim 'job strain' oder bei der beruflichen Gratifikationskrise vor.

Expositionen in der Wohnung und in der Wohnumgebung

Die aus den alten und neuen Bundesländern vorliegenden empirischen Ergebnisse über den Zusammenhang zwischen dem sozio-ökonomischen Status und den umweltbedingten Expositionen (vgl. Kapitel III-2a, III-2b) ergeben ein eindeutiges Bild: Bei Personen mit niedrigem sozio-ökonomischen Status ist die Exposition besonders hoch (vgl. Tabelle 122). Auch wenn die Tabelle noch einige Lücken aufweist, so ist diese Aussage doch gut begründet.

Die Vermutung liegt daher nahe, daß auch die umweltbedingten Erkrankungen in der unteren sozialen Schicht häufiger auftreten als in der oberen. Erstaunlicherweise ist dies jedoch nicht immer der Fall. In ihrem Gutachten 'Soziale Ungleichheit und umweltbedingte Erkrankungen in Deutschland' konzentrieren sich J. Heinrich et al. (1998a) vor allem auf Allergien, Atemwegserkrankungen, Hautkrankheiten und bösartige Neubildungen. Der Überblick über die vorliegenden empirischen Ergebnisse zeigt ein unklares Bild, nicht nur weil große Forschungslücken deutlich werden (vgl. Tabelle 123). Es zeigt sich auch, daß in der unteren sozialen Schicht offenbar die Allergien und Hauterkrankungen besonders selten (!) und die bösartigen Neubildungen besonders häufig sind. Die Ergebnisse zu den Atemwegserkrankungen sind sehr widersprüchlich, vermutlich auch deswegen, weil nur selten der Schweregrad der Erkrankung berücksichtigt wird (vgl. Tabelle 103).

Tabelle 122: Soziale Ungleichheit und umweltbedingte Expositionen

	Zusammenhang mit sozio-ökonomischem Status	
	Alte Bundesländer	Neue Bundesländer
Außenluft-Schadstoffe in Wohnumgebung		
Schwefeldioxid	-	?
Staub	-	?
Stickoxide [a]	-	-
Dieselruß [a]	-	-
Schadstoffe innerhalb der Wohnung		
Staub	-	-
Schwermetalle im Staub: Blei	-	-
Cadmium	-	-
Arsen	-	-
Weitere Wohnbedingungen		
nahe an verkehrsreicher Straße	?	-
Fehlen einer Zentralheizung	?	-
feuchte Wohnung	-	-

- : negativer Zusammenhang (höhere Exposition bei niedrigerem sozio-ökon. Status)
?: keine Ergebnisse vorhanden
Quelle: Heinrich et al. 1998a

Wenn die Ergebnisse zu den Expositionen in der Wohnumgebung und zu den Erkrankungen gemeinsam betrachtet werden, dann fällt zunächst die folgende Unstimmigkeit auf: Allergien und Hautkrankheiten sind offenbar in der unteren sozialen Schicht *seltener* als in der oberen. Die vorliegenden Informationen über die Schadstoff-Exposition in der Außenluft und im Innenraum sprechen jedoch eindeutig für eine *höhere* Belastung in der unteren sozialen Schicht. Die sozio-ökonomische Verteilung von Allergien und Hautkrankheiten läßt sich somit nicht durch eine entsprechende Verteilung von Risikofaktoren erklären.

Ein anderer Forschungsbedarf ist m.E. jedoch wichtiger: Bisher liegen aus der Bundesrepublik nur sehr wenige Studien über sozio-ökonomische Unterschiede bei den umweltbedingten Expositionen in der Wohnung und in der Wohnumgebung vor. Die in Tabelle 122 zusammengefaßten Ergebnisse basieren auf nur sieben Studien (Jarre 1975, Mielck 1985, Ministerium 1997a/b, Heinrich et al. 1998b, Krämer et al. 1997, Krause et al. 1991, Hoting 1996). Die meisten beziehen sich auf eine relativ kleine Region, und zu vielen Expositionen liegen überhaupt keine Ergebnisse vor (z.B. Dieselruß). Diese Forschungslücke wird hier auch deswegen betont, weil mit den Daten der 1985/86 bzw. 1990/91 durchgeführten Umwelt-Surveys (vgl. Kapitel II-1e) ein großer Datensatz zur Analyse dieser Themen zur Verfügung steht. Erstaunlicherweise wurde diese Möglichkeit bisher kaum genutzt. Es lassen sich auch nur sehr wenige Publikationen finden, in denen der Bedarf an weiteren Studien zum Thema 'sozio-ökonomische Unterschiede bei umweltbedingten Expositionen' explizit hervorgehoben wird. Offenbar haben die Sozial-Epidemiologen und die Umwelt-Epidemiologen bisher zuwenig kooperiert.

Tabelle 123: Soziale Ungleichheit und umweltbedingte Erkrankungen

	Zusammenhang mit dem sozio-ökonomischen Status			
	Alte Bundesländer		Neue Bundesländer	
	Kinder	Erwachsene	Kinder	Erwachsene
Allergien	+	+	+	+
Atemwegs-Erkrankungen				
Asthma bronchiale insgesamt	±	±	+	±
schweres Asthma bronchiale	-	?	?	?
Bronchitis	±	-	+	?
Pseudokrupp	+	?	+	?
Hautkrankheiten	+	?	+	?
Bösartige Neubildungen				
insgesamt	?	-	?	?
Lungenkrebs	?	-	?	?
Nieren-, Blasenkrebs	?	-	?	-
Leukämie, maligne Lymphome	?	-	?	?

- : negativer Zusammenhang (höhere Morbidität bei niedrigerem sozio-ökon. Status)
+: positiver Zusammenhang (höhere Morbidität bei höherem sozio-ökon. Status)
±: uneinheitliche Ergebnisse; ?: keine Ergebnisse vorhanden
Quelle: Heinrich et al. 1998a

Die hier im Vordergrund stehenden Hypothesen sind in Abbildung 26 veranschaulicht: Wenn man die Verursachungskette von der 'Schadstoff-Emission' bis hin zu den 'gesundheitsschädigenden Effekten' betrachtet, dann konzentriert sich der potentielle Einfluß des sozio-ökonomischen Status vor allem auf das mittlere Element 'Exposition des Menschen'. Etwas konkreter formuliert ist zu vermuten, daß sich die status-niedrigen Personen besonders häufig in Regionen und Räumen mit einer hohen Schadstoff-Konzentration aufhalten. Dieser Zusammenhang kann - aber muß nicht - darin begründet sein, daß dort auch die Schadstoff-Emission besonders hoch ist. Untersucht werden sollte ebenfalls, ob sich bei gleicher Exposition die gesundheitsschädigenden Effekte von Statusgruppe zu Statusgruppe unterscheiden. Da die Angehörigen der unteren sozialen Schicht häufig kränker sind als andere Personen, wäre es z.B. möglich, daß die gesundheitsschädigende Wirkung der internen Dosis bei ihnen besonders groß ist. Zur Vereinfachung der Darstellung wird diese Hypothese in Abbildung 26 jedoch nicht berücksichtigt.

Der Forschungsbedarf wird auch durch einen Vergleich mit den USA deutlich. Dort wird seit über 15 Jahren unter dem Stichwort 'environmental justice' (auf deutsch: umweltbezogene Gerechtigkeit) darüber diskutiert, ob die Umweltbelastung auf alle Bevölkerungsgruppen gleichmäßig, d.h. 'gerecht' verteilt ist (Heinrich et al. 1998a). Die Diskussion wurde im Jahr 1982 ausgelöst, als im Bundesstaat North Carolina eine PCB Mülldeponie ausgerechnet in einer Gemeinde eingerichtet werden sollte, in der vor allem Schwarze wohnen (Mohai/Bryant 1992).

Abbildung 26: Sozio-ökonomischer Status und Belastung durch Schadstoffe

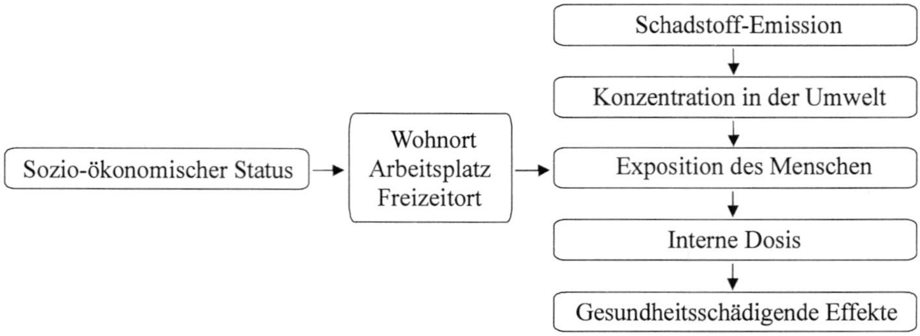

Quelle: Mielck (neue Darstellung)

Es kam zu öffentlichen Protesten und landesweiten Untersuchungen. Dabei wurde deutlich, daß die Mülldeponien mit dem größten gesundheitsgefährdenden Potential überwiegend in den Gemeinden liegen, die einen besonders hohen Anteil Schwarzer aufweisen. Einen vorläufigen Höhepunkt erreichte die Diskussion durch eine speziell zu diesem Thema organisierte Konferenz, die 1990 in Chicago stattfand. Der Erfolg der Konferenz ist vor allem daran zu erkennen, daß kurz darauf durch die zuständige Bundesbehörde (U.S. Environmental Protection Agency, EPA) offiziell anerkannt wurde, daß Schwarze und Personen mit geringem Einkommen offenbar überproportional von umweltbezogenen Expositionen betroffen sind. Die EPA beauftragte daraufhin eine Arbeitsgruppe mit der genaueren Analyse des Problems, und in dem 1992 vorgelegten Bericht wird der EPA empfohlen, für eine bessere Datenbasis zu sorgen, und künftig auf eine gerechtere Verteilung der Umweltbelastung zu achten (Reilly 1992). In einer neueren Publikation der EPA wird noch einmal bestätigt, daß bisher nur wenige methodisch belastbare empirische Daten zur 'environmental justice' in den USA vorliegen (Perlin et al. 1995). Aus der Bundesrepublik liegen jedoch noch weniger Daten über die sozio-ökonomischen Unterschiede in der Umweltbelastung vor. Auch was die Breite und Tiefe der Diskussion angeht, können wir viel von den USA lernen. Es wäre z.B. wichtig, wenn sich die zuständigen Behörden bei uns für dieses Thema in ähnlicher Weise engagieren würden wie die EPA in den USA.

b) Wirtschaftliche Lage

Unter der Überschrift 'wirtschaftliche Lage' sollen hier die vier folgenden Themen angesprochen werden: Vermögen, Abschluß einer Lebensversicherung, Verschuldung, Sorgen wegen künftiger materieller Absicherung. In der wissenschaftlichen Diskussion zur gesundheitlichen Ungleichheit tauchen diese vier Themen bisher kaum auf. Dies hat auch methodische Gründe: Angaben zum Vermögen und zur Verschuldung sind nur schwer zu erheben. Die Vernachlässigung dieser fundamentalen Dimensionen der (vertikalen) sozialen Ungleichheit ist m.E. dennoch nicht zu rechtfertigen. Eine unzureichende - oder als unzureichend empfundene - finanzielle Absicherung ist vermutlich eine große psychische Belastung, von der vor allem die Angehörigen der unteren sozialen Schicht betroffen sind. Da ein höherer sozio-ökonomischer Status häufig auch mit einem höheren Vermögen, einer geringen Verschuldung und geringen Sorgen wegen der künftigen materiellen Absicherung verbunden sein wird, bieten diese Themen zudem eine Möglichkeit zur Erklärung des 'Gradienten' (vgl. Kapitel II-3b, II-4a, II-4c).

Vermögen

Eine wichtige - und in der sozial-epidemiologischen Forschung bisher kaum gestellte - Frage bezieht sich auf den Unterschied zwischen Einkommen und Vermögen. Die Frage lautet, ob der häufig belegte Zusammenhang zwischen *Einkommen* und Gesundheitszustand nicht primär auf einem Zusammenhang zwischen *Vermögen* und Gesundheitszustand basiert. Geldvermögen bzw. Haus- und Grundbesitz können große Konsummöglichkeiten eröffnen und ein grundlegendes Sicherheitsgefühl vermitteln, und zwar auch dann, wenn das Einkommen relativ gering ist. Umgekehrt können Schulden eine große Belastung darstellen, auch wenn das Einkommen relativ hoch ist. Etwas präziser formuliert lassen sich mindestens vier Fragen unterscheiden:

- Gibt es einen Zusammenhang zwischen Vermögen und Gesundheitszustand?
- Ist dieser Zusammenhang stärker als der Zusammenhang zwischen Einkommen und Gesundheitszustand?
- Wird der Zusammenhang zwischen Einkommen und Gesundheitszustand deutlicher, wenn das Vermögen statistisch kontrolliert wird?
- Übt das Vermögen einen vom Einkommen unabhängigen Einfluß auf den Gesundheitszustand aus?

Aus der Bundesrepublik liegen m.W. bisher keine empirischen Arbeiten vor, in denen diese Fragen untersucht werden. Empirische Analysen aus Großbritannien zeigen, daß die Mortalität bei Haus- und Wohnungseigentümern niedriger ist als bei Mietern, und bei PKW-Besitzern niedriger als bei den Personen, die keinen PKW besitzen (Davey Smith et al. 1994). Eine systematische Analyse der oben genannten Fragen ist jedoch weder in Großbritannien noch in anderen westeuropäischen Staaten zu erkennen.

Abbildung 27: Geldvermögen privater Haushalte

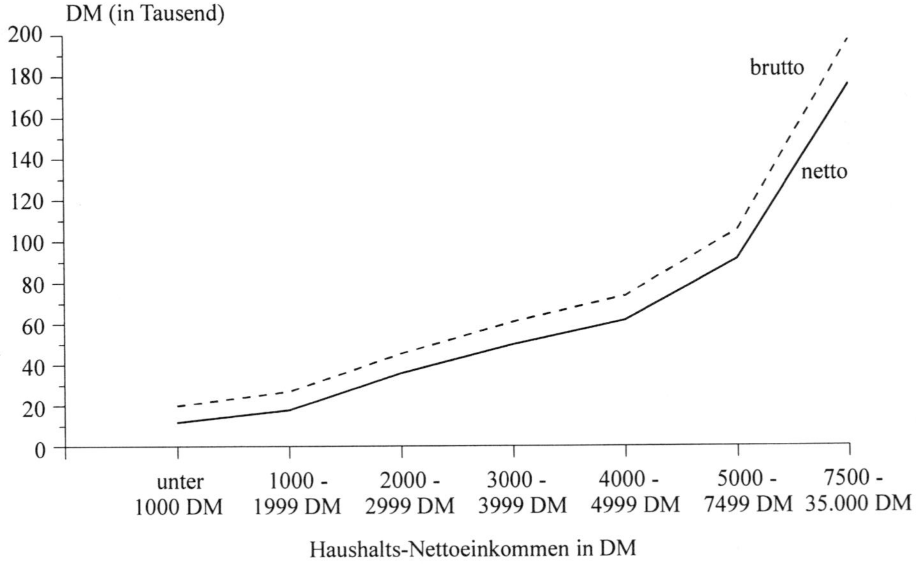

brutto: Summe aus Spar-, Bauspar- und Versicherungsguthaben, Wertpapieren etc.
netto: brutto minus Restschulden aus persönlichen Kleinkrediten, Anschaffungsdarlehen, Überziehungskrediten und Krediten zu besonderen Anlässen (Hochzeit, Umzug etc.)
Stichprobe: ca. 43.000 Haushalte aus den alten Bundesländern
Datenbasis: Einkommens- und Verbrauchsstichprobe (EVS) 1993
Quelle: Bedau 1998 (eigene Darstellung)

Tabelle 124: Haushalte mit Haus- und Grundbesitz

Haushalts-Nettoeinkommen	Anteil der Haushalte mit Haus- und Grundbesitz
unter 1.000	19,7
1.000 - 1.999	27,9
2.000 - 2.999	40,0
3.000 - 3.999	53,3
4.000 - 4.999	63,1
5.000 - 7.499	76,8
7.500 - 35.000	88,9
	50,1

Stichprobe, Datenbasis und Quelle: vgl. Abbildung 27

Abbildung 28: Wert von Immobilien privater Haushalte

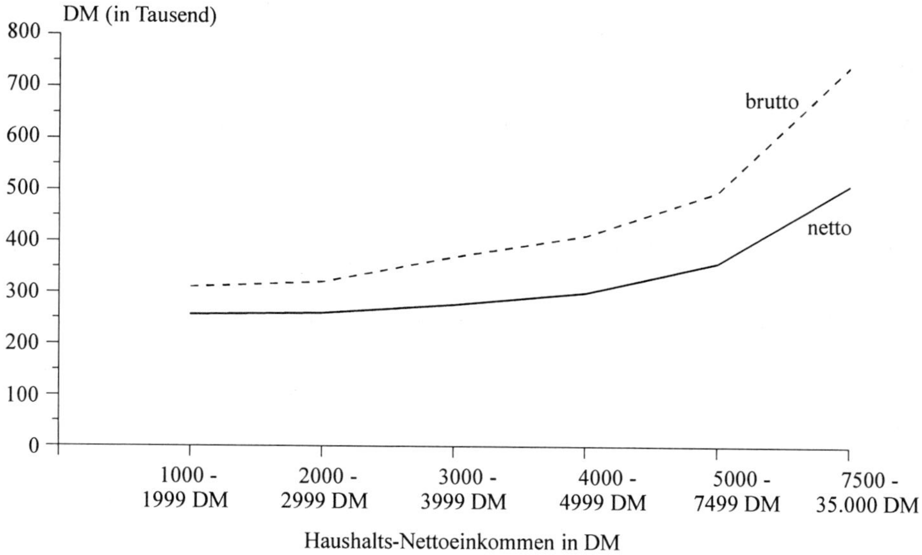

brutto: Verkehrswert (pro Haushalt mit Haus- und Grundbesitz)
netto: Verkehrswert minus Restschulden
Stichprobe: vgl. Abbildung 27
Quelle: Bedau 1998 (eigene Darstellung)

Einkommen und Vermögen hängen selbstverständlich eng miteinander zusammen (Bedau 1998, Laue 1995). Eine Analyse der 1993 in den alten Bundesländern erhobenen Daten aus der 'Einkommens- und Verbrauchs-stichprobe (EVS)' zeigt für die privaten Haushalte, daß mit zunehmendem Einkommen das Netto-Geldvermögen ebenso ansteigt wie der Anteil der Haus- und Grundbesitzer (vgl. Abbildung 27 und Tabelle 124). Auch innerhalb der Gruppe der Haus- und Grundbesitzer wird der finanzielle Wert der Immobilien (Verkehrswert, Verkehrswert minus Restschulden) mit zunehmendem Einkommen immer größer (vgl. Abbildung 28). Es wäre also durchaus möglich, daß sich hinter dem Zusammenhang zwischen *Einkommen* und Gesundheits-zustand vor allem der Zusammenhang zwischen *Vermögen* und Gesundheits-zustand verbirgt.

Abschluß einer Lebensversicherung

Wichtig für die Sorgen um die zukünftige materielle Absicherung ist auch, ob eine Lebensversicherung abgeschlossen wurde und wie hoch der auszuzahlende Betrag ist. Wie kaum anders zu erwarten, besteht ein enger Zusammenhang zwischen dem Einkommen und dem Abschluß einer Lebensversicherung. Mit Zahlen belegt wurde diese Vermutung z.B. durch Th. Bulmahn (1998). Die Auswertung der Mikrozensus-Daten (vgl. Kapitel II-1a) aus dem Jahr 1995 macht deutlich, wie kraß die Unterschiede sind. Nur 4,4% der Personen aus der unteren Einkommensgruppe besitzen eine Lebensversicherung in Höhe von mindestens 50.000 DM, in der oberen Einkommensgruppe sind es dagegen 59,0% (vgl. Tabelle 125). Bei Kontrolle von Variablen wie Alter und Geschlecht bleibt dieser Unterschied weitgehend erhalten.

Die hier interessierende Hypothese lautet, daß der Abschluß einer Lebensversicherung eine gewisse Sicherheit vermittelt, die sich ihrerseits positiv auf den Gesundheitszustand auswirkt. Bei einer Bestätigung der Hypothese ließe sich folgern, daß die oberen Einkommensgruppen auch aus diesem Grunde einer relativ geringen gesundheitlichen Belastung ausgesetzt sind. Hintergrund dieser Überlegung ist, daß das Einkommen nur in Ausnahmefällen einen direkten Effekt auf die Gesundheit besitzt. Das Augenmerk richtet sich daher auf die zwischen Einkommen und Gesundheit vermittelnden Faktoren, und vermutlich lassen sich diese Faktoren besser verstehen, wenn auch die Variable 'finanzielle Absicherung' einbezogen wird.

Verschuldung und Überschuldung

Angaben zu Verbreitung und Ausmaß von finanziellen Schulden sind in der oben genannten Auswertung der EVS-Daten (vgl. Abschnitt 'Vermögen') leider nicht enthalten. Zuverlässige Daten zum Thema 'finanzielle Schulden von privaten Haushalten' sind in der Bundesrepublik allgemein kaum vorhanden. Es wäre jedoch sehr wichtig, den Zusammenhang zwischen Einkommen und Schulden genauer zu analysieren. Vermutlich ist das Problem 'Schulden' bei den Beziehern von niedrigen Einkommen besonders groß, und vermutlich ist dieses Problem mit einer starken gesundheitlichen Belastung verbunden. In Ergänzung zu den vier oben genannten Fragen sollten daher auch die beiden folgenden untersucht werden:

- Gibt es einen Zusammenhang zwischen finanziellen Schulden und Gesundheitszustand?
- Kann der schlechte Gesundheitszustand voneinkommensschwachen Personen auch dadurch erklärt werden, daß bei ihnen das Problem 'finanzielle Schulden' größer ist als bei anderen Personen?

Tabelle 125: Einkommen und Abschluß einer Lebensversicherung

	Lebensversicherung (Angaben in %) nicht vorhanden	vorhanden im Wert von < 50 TDM	50 - 99 TDM	> 100 TDM	Insg.
Einkommensgruppen [a]					
unter 1.000 DM	77,6	18,0	2,8	1,6	100,0
1.000 - 2.999 DM	57,8	33,0	6,2	3,1	100,1
3.000 - 5.999 DM	37,9	32,4	16,2	13,5	100,0
6.000 DM und mehr	24,7	16,2	17,5	41,5	99,9
Insgesamt	60,4	27,3	7,0	5,3	100,0

a: Monatliches Nettoeinkommen der befragten Personen (alle Einkommen)
Datenbasis: Befragung 1995 (Mikrozensus)
Stichprobe: Personen zwischen 15 und 64 Jahren aus den alten und neuen Bundesländern
Quelle: Bulmahn 1998

Wenn empirisch belegt werden kann, daß finanzielle Schulden eine große gesundheitliche Belastung darstellen, dann ließe sich ein Schutz vor Verschuldung und eine Unterstützung von Schuldnern mit mehr Nachdruck fordern. In der Diskussion über die Verschuldung privater Haushalte wird zwischen den beiden Begriffen 'Verschuldung' und 'Überschuldung' unterschieden. Mit *Verschuldung* ist „jede Form des Eingehens von Zahlungsverpflichtungen zu verstehen, die ökonomisch und juristisch geregelt sind“ (Zimmermann 1998, S. 3). Dabei kann es sich um bankmäßige Schulden (z.B. Dispositions- oder Ratenkredite) oder um nicht-bankmäßige Schulden (z.B. Mietschulden oder Schulden bei Freunden) handeln. *Überschuldung* liegt dagegen dann vor, „wenn nach Abzug der fixen Lebenshaltungskosten (Miete, Energie, Versicherung etc. zzgl. Ernährung) der verbleibende Rest des monatlichen Einkommens für zu zahlende Raten nicht ausreicht“ (Zimmermann 1998, S. 4). Überschuldung tritt also dann ein, wenn „bestehende Zahlungsverpflichtungen nicht mehr eingehalten werden können und in der Folge der Schuldner insolvent bzw. 'zahlungsunfähig' wird“ (ebd.). Der Gesetzgeber hat eine 'Pfändungs-Freigrenze' festgelegt. Bei Zahlungsunfähigkeit muß nur der über dieser Grenze liegende 'freie Einkommensrest' zur Tilgung der Schulden verwendet werden. Die Pfändungs-Freigrenze lag z.B. 1998 für einen alleinstehenden Erwachsenen bei einem monatlichen Nettoeinkommen von 1.219,99 DM. Sie liegt zumeist knapp oberhalb des Betrages, der einem Schuldner nach dem Bundessozialhilfegesetz (BSHG) als Hilfe zum Lebensunterhalt zustehen würde (mündliche Mitteilung von Herrn Zimmermann). Mit anderen Worten: Die Personen, die zahlungsunfähig sind und denen z.B. ein Teil des Arbeitseinkommens gepfändet wird, müssen nach dem alltagssprachlichen Verständnis als einkommens-arm bezeichnet werden; sie tauchen in der Sozialhilfestatistik jedoch kaum auf.

Über das Ausmaß der Überschuldung in den alten und neuen Bundesländern ist wenig bekannt. Die vermutlich genaueste Schätzung wurde von D. Korczak und G. Pfefferkorn (1992) und von D. Korczak (1997) vorgelegt. Sie gehen davon aus, daß zu Beginn der 90er Jahre in den alten Bundesländern ca. 1,5 Mill. Haushalte und in den neuen Bundesländern ca. 0,5 Mill. Haushalte überschuldet waren. In Prozent ausgedrückt sind dies in den alten Bundesländern ca. 5% und in den neuen Bundesländern ca. 7% aller Haushalte. Wenn im Durchschnitt 2,2 Personen pro Haushalt gerechnet werden, wären demnach ca. 4,4 Mill. Personen von Überschuldung betroffen. Dies sind ca. 5% der Bevölkerung oder fast genauso viele Personen wie Sozialhilfe-Empfänger (vgl. Kapitel I-3a). Auch aus diesem Grunde ist anzunehmen, daß die Sozialhilfe-Statistiken das Ausmaß der Einkommens-Armut erheblich unterschätzen. In einem Spiegel-Artikel aus dem Jahr 1998 wird vermutet, daß in der Bundesrepublik mehr als 2 Mill. Haushalte überschuldet sind, und daß weitere 2 Mill. Haushalte kurz davor stehen (ohne Verfasser 1998).

Genauere Informationen über die Lebenslage der überschuldeten Haushalte sind kaum zu erhalten. Es sind einige Angaben aus den Schuldner-Beratungsstellen vorhanden, aber es wird vermutet, daß nur 5-10% der überschuldeten Haushalte diese Beratungsstellen aufsuchen. Eine Auswertung von aktuellen Daten aus den Schuldner-Beratungsstellen des Deutschen Caritasverbandes und des Diakonischen Werks der EKD zeigt, daß nur 17% der Schuldner eine höhere Schulbildung als den Hauptschulabschluß aufweisen, und daß die Gesamtforderungen pro Haushalt im Durchschnitt bei ca. 40.000 DM liegt (Zimmermann 1998). Genauere Angaben zu gesundheitlichen Problemen fehlen. Es kann kein Zweifel daran bestehen, daß Überschuldung mit erheblichen psychischen und gesundheitlichen Belastungen verbunden ist. Untersucht wurde dieser Zusammenhang m.W. jedoch noch nicht.

Der Weg von der Verschuldung in die Überschuldung besteht zumeist aus fünf Phasen (Baumann et al. 1993):
- Kreditaufnahme
- unvorhergesehene Verschlechterung der finanziellen Lage (z.B. Verlust des Arbeitsplatzes)
- Versuch, die finanziellen Probleme in den Griff zu bekommen (z.B. Suche nach zusätzlichen Verdienstmöglichkeiten, Ablösung der alten Kreditverträge durch neue)
- Zahlungsverzug (z.B. Bitte um Stundung, Kündigung des Kredites)
- Überschuldung (Ausgaben für die fixen Lebenshaltungskosten und die Kredite übersteigen die finanziellen Ressourcen)

Es ist offensichtlich, daß die gesundheitliche Belastung nicht erst bei der Überschuldung beginnt, sondern schon in den Phasen davor. Genauere Angaben über die Anzahl der Personen in der zweiten, dritten oder vierten Phase sind m.W. nicht vorhanden. Es ist jedoch zu vermuten, daß die oben angegebene Schätzung, nach der ca. 5% der Bevölkerung von Überschuldungs-Problemen betroffen sind, nach oben korrigiert werden muß. Um so wichtiger wäre es, die gesundheitliche Belastung zu untersuchen, die mit der Überschuldung einhergeht (Prahm 1999).

Sorgen wegen zukünftiger materieller Absicherung

Gerade in einer Zeit, in der das 'soziale Netz' geschwächt wird, und in der immer wieder von der Notwendigkeit weiterer Einschnitte die Rede ist, sind viele Personen verunsichert, und die Verunsicherung dürfte bei denjenigen am größten sein, die nicht durch eigenes Vermögen abgesichert sind. Bisher ist m.W. noch nicht untersucht worden, ob der Gesundheitszustand durch derartige Zukunftssorgen beeinflußt wird, aber der Zusammenhang liegt auf der Hand. Zur Erklärung der gesundheitlichen Ungleichheit bietet sich daher eine weitere Hypothese an:

- Der schlechte Gesundheitszustand von einkommensschwachen Personen kann auch dadurch erklärt werden, daß bei ihnen die Sorge um die zukünftige finanzielle Absicherung besonders groß ist.

Empirisch überprüft wurde diese Hypothese m.W. noch nicht. Es liegen jedoch einige Daten vor, die belegen, wie groß die sozio-ökonomischen Unterschiede bei derartigen Sorgen um die wirtschaftliche Absicherung sind. Eine 1996 durchgeführte Befragung von Erwachsenen aus den alten und neuen Bundesländern enthielt auch eine Frage nach der Bewertung der eigenen wirtschaftlichen Lage. Die Verteilung der Antworten ist eindeutig: Die Meinung, daß sich die eigene wirtschaftliche Lage verbessert hat und auch weiter verbessern wird, ist in der unteren sozialen Schicht um ein Vielfaches seltener als in der oberen, und zwar sowohl in den alten als auch in den neuen Bundesländern (vgl. Tabelle 126).

Eine weitere Auswertung der Daten aus dem 'Sozialwissenschaftenbus 1996' wurden durch Th. Bulmahn (1997b) vorgelegt. Aus dem Fragebogen ist hier die folgende Frage verwendet worden: „Es gibt im Augenblick Diskussionen zum Sozialumbau in Deutschland. Wenn Sie an die Zukunft denken, was meinen Sie? Wie werden Sie in Zukunft bei Krankheit, im Alter und bei Arbeitslosigkeit gesichert sein?“

Tabelle 126: Soziale Schicht und Bewertung der wirtschaftlichen Lage

	Bewertung der wirtschaftlichen Lage 1996 (in %)							
	Alte Bundesländer Soziale Schicht [a]				Neue Bundesländer Soziale Schicht [a]			
Die eigene wirtschaftliche Lage ...	1	2	3	4	1	2	3	4
... hat sich seit 1990 verbessert.	8	16	19	26	11	39	59	72
... wird in 5 Jahren besser sein.	18	18	17	27	18	21	30	47

a: Subjektive Einstufung der eigenen Schichtzugehörigkeit von 1 (unten) bis 4 (oben)
Stichprobe: 2.019 bzw. 1.078 Männer & Frauen ab 18 Jahre aus alten bzw. neuen Bundesländ.
Datenbasis: Befragung 1996 (Sozialwissenschaftenbus 1996)
Quelle: Habich et al. 1997

Abbildung 29: Schlechte Absicherung bei Krankheit, Alter, Arbeitslosigkeit

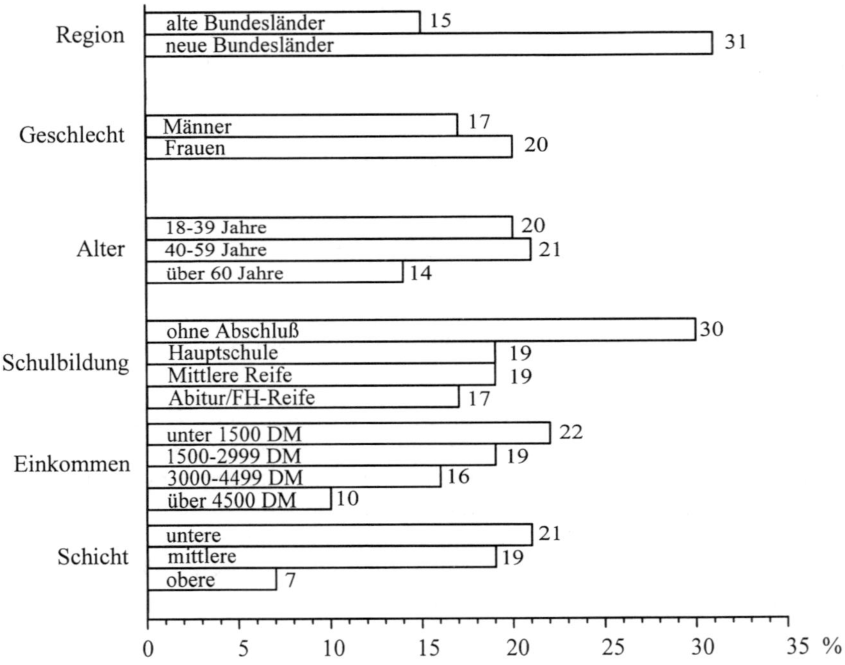

Frage: Wie werden Sie in Zukunft bei Krankheit, im Alter und bei Arbeitslosigkeit gesichert sein? Antwort: schlecht
Subjektive Einstufung der eigenen Schichtzugehörigkeit von 1 (unten) bis 4 (oben)
Stichprobe und Datenbasis: vgl. Tabelle 126
Quelle: Bulmahn 1997b (eigene Darstellung)

Als Antwortmöglichkeiten waren vorgesehen: gut, eher gut, eher schlecht, schlecht. Insgesamt antworteten 18% der Befragten mit 'schlecht'; und besonders weit verbreitet waren diese Zukunftsängste bei den Personen mit niedrigem sozio-ökonomischen Status (vgl. Abbildung 29).

Die Analyse der sozio-ökonomischen Unterschiede erfolgt leider auch in dieser Auswertung ohne statistische Kontrolle von Alter und Geschlecht. Zumindest für den Indikator 'Schulbildung' läßt sich dieses Problem jedoch relativ einfach lösen: Da ältere Personen sowohl eine relativ niedrige Schulbildung als auch relativ selten Zukunftsängste aufweisen, kann davon ausgegangen werden, daß die Unterschiede zwischen den Schulbildungs-Gruppen in Abbildung 29 eher unter- als überschätzt werden.

Tabelle 127: Stellung im Beruf und Bewertung der wirtschaftlichen Lage

	Stellung im Beruf (Angaben in %) Einfache Angestellte	Qualifiz. Angestellte	Leitende Angestellte
Große Sorgen um eigene wirtschaftliche Situation			
alte Bundesländer	17	12	2
neue Bundesländer	26	21	7
Große Sorgen um eigenen Arbeitsplatz			
alte Bundesländer	7	6	1
neue Bundesländer	20	20	10

Datenbasis: Befragung 1994 (Sozio-ökonomisches Panel)
Stichprobe: ca. 9.000 bzw. 4.000 Männer & Frauen ab 16 Jahren, alte bzw. neue Bundesländ.
Quelle: Bulmahn 1997a

In einer vergleichbaren Untersuchung wurden die Antworten zu den folgenden Fragen aus dem Sozio-ökonomischen Panel (vgl. Kapitel II-1b) ausgewertet:
Wie ist es mit den folgenden Gebieten - machen Sie sich da Sorgen ?
- Um Ihre eigene wirtschaftliche Situation ?
- Um die Sicherheit Ihres Arbeitsplatzes ?

Vorgesehen waren die Antwortmöglichkeiten 'große Sorgen, einige Sorgen, keine Sorgen'. Erwartungsgemäß nehmen die großen Sorgen mit zunehmendem beruflichen Status erheblich ab (vgl. Tabelle 127). Untermauert wird dieses Ergebnis durch eine weitere Auswertung derselben Daten, die an anderer Stelle publiziert worden ist: Wenn das Äquivalenz-Einkommen (vgl. Kapitel I-3c) zugrundegelegt wird, dann ist die Angabe 'große Sorgen um die eigene wirtschaftliche Situation' bei den ärmsten 20% der Bevölkerung ca. 5mal häufiger zu finden als bei den reichsten 20% (Bulmahn/Habich 1997).

c) Relative Deprivation

In Kapitel III-3b wurde bereits darauf hingewiesen, daß nicht nur die *absolute* Deprivation einen Einfluß auf den Gesundheitszustand ausüben kann, sondern auch die *relative* - d.h. nicht nur der objektive Mangel an materiellen Ressourcen, sondern auch die im Vergleich zu anderen Bevölkerungsgruppen geringere Verfügbarkeit über materielle Ressourcen. Personen mit einem mittleren Einkommen werden z.B. nur selten von einem absoluten Mangel an Ressourcen zur Erhaltung ihrer Gesundheit betroffen sein. Verglichen mit Personen aus höheren Einkommensgruppen können sie jedoch 'relativ depriviert' und damit auch gesundheitlich stärker belastet sein. Wichtig ist hier aber vor allem, daß das Konzept der absoluten und relativen Deprivation einen Ansatz zur Erklärung der besonders großen gesundheitlichen Belastung in der unteren sozialen Schicht bietet: Die relative Deprivation wird bei diesen Personen am größten sein, und hier können auch Elemente der absoluten Deprivation hinzukommen.

Tabelle 128: Sozio-ökonomischer Status und relative Deprivation

	Anzahl Personen	Hohe relative Deprivation [a] (in %)
Schulabschluß		
Hauptschule	1.477	23
Mittlere Reife	626	13
Höherer Abschluß	1.006	15
Haushalts-Nettoeinkommen [b]		
1. Quartil (geringes Einkommen)	691	41
2. Quartil	670	21
3. Quartil	602	11
4. Quartil (hohes Einkommen)	544	6
Eigene Schichteinstufung		
Unterschicht	118	57
Untere Mittelschicht	781	33
Mittlere Mittelschicht	1.552	12
Obere Mittelschicht	277	4
Oberschicht	17	0

a: Oberes Quintil des Deprivations-Indexes (vgl. Text); b: äquivalenziert
Stichprobe: ca. 3.200 Erwachsene aus den alten und neuen Bundesländern
Datenbasis: Befragung 1996 (Sozialwissenschaftenbus)
Quelle: Andreß/Lipsmeier 1999

In der deutschen soziologischen und sozial-epidemiologischen Forschung wurde das Thema 'relative Deprivation' bisher weitgehend vernachlässigt. Erst in jüngster Zeit ist hierzu eine größere empirische Untersuchung vorgestellt worden. Sie beruht auf einer 1996 durchgeführten Befragung von ca. 3.200 Erwachsenen aus den alten und neuen Bundesländern (Andreß/Lipsmeier 1999). Das zentrale Element der Studie ist eine Liste mit insgesamt 27 Merkmalen des Lebensstandards (Besitz eines Autos, Wohnen in einer guten Wohngegend, Urlaub weg von zu Hause, abends ausgehen etc.). Bei jedem Merkmal wurden die Erwachsenen gefragt, ob sie es für wichtig halten und ob sie es sich finanziell leisten können. Der Algorithmus zur Berechnung des 'Deprivations-Indexes' geht davon aus, daß eine Person dann relativ depriviert ist, wenn sie sich ein Merkmal nicht leisten kann, und daß diese Deprivation um so größer ist, je wichtiger dieses Merkmal nach Meinung aller Befragten ist. Die Auswertungen zeigen erwartungsgemäß, daß eine geringe Schulbildung und ein geringes Einkommen mit einer hohen relativen Deprivation verbunden sind, und daß die Deprivation bei den Personen besonders hoch ist, die sich selbst der unteren sozialen Schicht zuordnen (vgl. Tabelle 128).

In bezug auf das Thema 'gesundheitliche Ungleichheit' sind hier vor allem die drei folgenden Fragen von Interesse:

- Wie stark ist der Zusammenhang zwischen relativer Deprivation und Gesundheitszustand?
- Ist der Zusammenhang zwischen relativer Deprivation und Gesundheitszustand stärker als der Zusammenhang zwischen sozio-ökonomischem Status und Gesundheitszustand?

- Läßt sich der Zusammenhang zwischen sozio-ökonomischem Status und Gesundheitszustand durch die Unterschiede in der relativen Deprivation erklären?

Es spricht einiges dafür, daß die relative Deprivation ein eigenständiger gesundheitsgefährdender Faktor ist. Die in der Tabelle wiedergegebenen krassen Unterschiede in der relativen Deprivation sind zudem ein deutlicher Hinweis darauf, daß die relative Deprivation einen Ansatz zur Erklärung der gesundheitlichen Ungleichheit bietet. Aus der Bundesrepublik liegt m.W. jedoch noch keine empirische Untersuchung vor, in der versucht wird, die drei oben genannten Fragen zu beantworten.

d) Compliance

Der englische Begriff 'Compliance' wird im Lexikon mit 'Befolgung' oder 'Einverständnis' übersetzt. In den Gesundheitswissenschaften wird manchmal auch der Begriff 'Therapie-Treue' verwendet; die meisten Autoren verzichten jedoch auf eine deutsche Übersetzung. Von S. Stock (1993, S. 24) wird die folgende Definition vorgeschlagen:

> „Compliance bedeutet (...) das Maß der Übereinstimmung zwischen geplanten und eingehaltenen Vereinbarungen zwischen dem Patienten und dem Arzt, um ein abgesprochenes und akzeptiertes Therapieziel, d.h. Heilung, Besserung oder Vorbeugung zu erreichen. Weitgehende Nichteinhaltung bezeichnet man als 'Non-Compliance' “.

Die Assoziation, die durch den Begriff 'Compliance' ausgelöst wird, folgt häufig dem Klischee des autoritären Arztes, der Kraft seiner Erfahrung und Weisheit schon weiß, was das Beste für den Patienten ist, und der sich daher nur wenig um die Wünsche und Bedenken seiner Patienten kümmert. Die Definition verdeutlicht jedoch, daß es bei der Compliance nicht nur um den Grad der Übereinstimmung zwischen dem geplanten und dem tatsächlichen Verhalten des Patienten geht, sondern auch darum, wie der Plan festlegt wurde. Es wäre z.B. möglich, daß der Arzt einen Therapieplan festlegt und auch gegen den Widerstand des Patienten durchzusetzen versucht. Es wäre jedoch auch möglich, daß der Arzt den Patienten nach seinen Behandlungswünschen fragt und dann mit ihm gemeinsam einen Therapieplan entwickelt. In der Definition von S. Stock wird bewußt darauf hingewiesen, daß bei der Compliance die Einhaltung eines mit dem Patienten abgesprochenen und von ihm akzeptierten Therapieziels im Vordergrund steht.

Etwas konkreter formuliert, geht es bei der Compliance „um die Einhaltung von therapeutischen Empfehlungen, Verhaltens- oder Diätvorschriften, um korrekte Medikamenteneinnahme oder um Einhaltung von Sprechstunden oder Kontrollterminen“ (Stock 1993, S. 24). Bezogen auf das Thema 'gesundheitliche Ungleichheit' sind m.E. hier vor allem die drei folgenden Fragen wichtig:

- Gibt es Unterschiede in der Compliance nach dem sozio-ökonomischen Status des Patienten?
- Gibt es Unterschiede in Verständnis und Akzeptanz der ärztlichen Empfehlungen nach dem sozio-ökonomischen Status des Patienten?
- Welche gesundheitlichen Folgen ergeben sich aus einer unterschiedlichen Compliance?

Derartige Fragen wurden m.W. bisher weder in den alten noch in den neuen Bundesländern untersucht. Es liegen nur einige indirekte empirische Hinweise vor. So wurde z.B. festgestellt, daß die rauchenden Eltern mit höherer Schulbildung während einer Schwangerschaft eher dazu bereit sind, mit dem Rauchen aufzuhören, als die rauchenden Eltern mit niedriger Schulbildung (Brenner/Mielck 1993b). Vermutlich ist allen rauchenden Eltern empfohlen worden, das Rauchen während der Schwangerschaft einzustellen. Eine direkte Überprüfung der oben genannten Fragen ist mit derartigen Daten jedoch nicht möglich.

e) Kontroll-Überzeugung (Locus of Control)

Das 'Locus of Control' - Konzept wurde vor ca. 30 Jahren durch J. Rotter eingeführt (Rotter 1990). Im Deutschen wird hierfür der Begriff 'Kontroll-Überzeugung' verwendet. Es lassen sich zwei Ausprägungen unterscheiden (Finke 1994, S. 193):

> „Wenn die Person grundsätzlich glaubt, sie habe ihr Schicksal selbst in der Hand, sie selbst entscheide mit ihrem Einsatz darüber, ob sie Ziele erreicht oder nicht, so lokalisiert sie den Ort der Kontrolle bei sich selbst (internal locus of control). Hat die Person hauptsächlich die Erwartung, selbst wenig zur Zielerreichung beitragen zu können, so daß letztlich der Zufall, das Schicksal oder andere mächtige Menschen darüber bestimmen, sieht sie den Ort der Kontrolle außerhalb von sich (external locus of control)".

Des weiteren werden häufig zwei Varianten der 'externalen Kontroll-Überzeugung' unterschieden (Weber 1994, S. 191): „Während die internale Kontrollüberzeugung eindeutig scheint (es liegt eben an mir), wurde die externale noch einmal getrennt in die Überzeugung, andere Menschen übten Kontrolle aus, oder aber die Ereignisse seien Spielball unpersönlicher Mächte, Schicksal, Zufälle".

Zur empirischen Erfassung der Kontroll-Überzeugung sind viele verschiedene Fragebögen entwickelt worden. Allein für die Untersuchung des Zusammenhangs zwischen Kontroll-Überzeugung und Gesundheitszustand liegen ca. 30 'Health Locus of Control' - Instrumente vor (Furnham/Steele 1993). Untersucht wird dabei vor allem die These, daß „internal Kontrollüberzeugte sich mehr um ihre Gesundheit kümmern, da sie ja Gesundheit als von ihrem eigenen Verhalten abhängig sehen. External Überzeugte, zumal diejenigen, die Zufall oder Schicksal am Werke sehen, lassen, so die Hypothese, von präventivem

Verhalten eher ab“ (Weber 1994, S. 192). In ähnlicher Weise wird auch vermutet, daß Kranke mit internaler Kontroll-Überzeugung eher wieder gesund werden als Kranke mit externaler Kontroll-Überzeugung. Bezogen auf das Thema 'gesundheitliche Ungleichheit' sind hier vor allem die beiden folgenden Fragen wichtig:

- Weisen Personen mit unterschiedlichem sozio-ökonomischen Status auch Unterschiede in der Kontroll-Überzeugung auf?
- Tragen die Unterschiede in der Kontroll-Überzeugung zu Entstehung und Verfestigung der gesundheitlichen Ungleichheit bei?

Die Hypothese liegt auf der Hand, daß die Angehörigen der unteren sozialen Schicht eher external und die Angehörigen der oberen sozialen Schicht eher internal kontrolliert sind. Wer auf seinen sozialen Status stolz sein kann, der wird dazu neigen, diesen Erfolg den eigenen Bemühungen zuzuschreiben. Wer auf seinen sozialen Status aber nicht stolz sein kann, der wird dazu neigen, für dieses Manko den Zufall, das Schicksal oder andere mächtige Menschen verantwortlich zu machen. Es spricht auch einiges dafür, daß Personen aus der unteren sozialen Schicht häufiger als andere Personen davon überzeugt sind, daß man den eigenen Gesundheitszustand kaum beeinflussen kann. Dieser Mangel an Optimismus basiert vermutlich auf der täglichen Erfahrung, daß es für die Angehörigen der unteren sozialen Schicht besonders schwer ist, die eigenen Lebensbedingungen zu verbessern.

Die m.W. bisher einzige Längsschnitt-Studie, in der die Wirkung der Kontroll-Überzeugung auf den Gesundheitszustand untersucht wurde, ist Ende der 70er Jahre in den USA durchgeführt worden. Sie hat ergeben, daß die externale Kontroll-Überzeugung das Gesundheitsverhalten und damit auch den Gesundheitszustand negativ beeinflußt (Seeman/Seemann 1983). Selbstverständlich kann umgekehrt auch der Gesundheitszustand die Kontroll-Überzeugung beeinflussen. Da diese Auswertung auf Längsschnitt-Daten beruht, steht hier die kausale Reihenfolge (d.h. Kontroll-Überzeugung wirkt auf Gesundheitszustand) jedoch eindeutig fest. Vermutlich wird die kausale Reihenfolge auch bei uns nachzuweisen sein. Die Kontroll-Überzeugung bietet daher eine wichtige neue Möglichkeit zur Erklärung der gesundheitlichen Ungleichheit.

In Deutschland wurde diese Möglichkeit bisher jedoch kaum genutzt. Einige Wissenschaftler haben versucht, das Augenmerk auf mögliche schichtspezifische Unterschiede in der Kontroll-Überzeugung zu richten (z.B. Faltermaier 1994b, Gawatz/Novak 1993, Horn et al. 1983, Janßen 1997, Janßen/Lüschen 1998). Sehr erfolgreich waren diese Bemühungen aber offenbar nicht; eine sorgfältige empirische Untersuchung zur Beantwortung der beiden oben genannten Fragen ist m.W. noch nicht durchgeführt worden. Auch aus den USA und den anderen westeuropäischen Staaten liegen nur sehr wenige Informationen vor (Anderson/Armstead 1995).

Tabelle 129: Sozio-ökonomischer Status und Kontroll-Überzeugung

	Angaben in % [a] Sozio-ökonomischer Status des Vaters				
	1 (gering)	2	3	4	5 (hoch)
Anzahl der Personen	485	649	456	447	137
Externe Kontroll-Überzeugung	42	34	28	22	15
Aktives Angehen von Problemen	20	23	26	28	40
Bemühen um soziale Unterstützung	21	23	22	30	36

a: Kontrollierte Variablen: Alter, Geschlecht
Stichprobe: 2.174 Personen (25 - 74 Jahre) in dem Raum Eindhoven (Niederlande)
Datenbasis: Befragung 1991 ('Longitudinal Study on Socio-Economic Health Differences')
Quelle: Mheen 1998 (S. 124)

Erste Hinweise über sozio-ökonomische Unterschiede in der Kontroll-Überzeugung können einer neuen Studie aus den Niederlanden entnommen werden (Mheen 1998): In einer Befragung von ca. 2.000 Erwachsenen aus dem Raum Eindhoven wurde auch der 'Locus of Control' - Fragebogen von J. Rotter eingesetzt. Die Ergebnisse zeigen, daß die externe Kontroll-Überzeugung der Befragten mit zunehmendem sozio-ökonomischen Status ihres Vaters kontinuierlich abnimmt (vgl. Tabelle 129). In die gleiche Richtung weisen auch Angaben über das Verhalten bei Problemen (d.h. über das 'Coping'), welches mit Hilfe der 'Utrecht Coping List (UCL)' erfaßt wurde: Die Befragten, deren Vater einen hohen Status aufweist, versuchen ein Problem aktiver anzugehen und bemühen sich dabei häufiger um soziale Unterstützung als die anderen Befragten. Offenbar haben vor allem Kinder aus der oberen sozialen Schicht gelernt, daß auftretende Probleme durch eigene Anstrengungen gelöst werden können.

f) Belastende Lebensereignisse und soziale Unterstützung

Vor ca. 30 Jahren wurde eine intensive Diskussion darüber geführt, ob und warum der 'Di-Stress' (d.h. der gesundheitsgefährdende psychische Stress) in der unteren sozialen Schicht größer ist als in der oberen (Kessler/Cleary 1980). An der Diskussion beteiligten sich vor allem Wissenschaftler aus den USA; aus der Bundesrepublik liegen m.W. nur wenige theoretische und empirische Beiträge vor.

Die epidemiologischen Studien zur psychischen Morbidität und zur subjektiven Belastung durch Di-Stress weisen zumeist auf eine besonders hohe Prävalenz in der unteren sozialen Schicht hin (vgl. auch Kapitel II-4b, III-1b). Zunächst wurde versucht, diesen Zusammenhang durch eine schichtspezifische Häufung von belastenden oder 'kritischen' Lebensereignissen zu erklären. Vor allem in den USA wurde zu Beginn der 70er Jahre über die Hypothese diskutiert, daß die Angehörigen der unteren sozialen Schicht einer besonders hohen Belastung durch 'stressfull life events' (kritische Lebensereignisse) ausgesetzt sind (Dohrenwend 1973). Es gibt m.W. keine verbindliche Liste der Lebensereignisse, die sich unter diesem Begriff zusammenfassen lassen, aber der Ansatz läßt sich mit einem Vorschlag des WHO Regionalbüros für Europa veranschaulichen (WHO 1989). Danach sollten in der multinationalen MONICA Studie (vgl. Kapitel II-1f) die folgenden Lebensereignisse berücksichtigt werden: Verlust des Arbeitsplatzes, Scheidung, Verlust von Wohnung/Haus durch Feuer etc., Umzug in eine schlechtere Wohngegend, größere finanzielle Verluste, Verarmung, Verhaftung oder Verurteilung durch ein Gericht, Nichtbestehen einer wichtigen Prüfung, schwere gesundheitliche Erkrankungen in der Familie, Tod von Verwandten (Partner, Kind, andere Familienangehörige) oder Freunden.

Die Hypothese einer besonders hohen Prävalenz kritischer Lebensereignisse in der unteren sozialen Schicht konnte bisher nur teilweise empirisch bestätigt werden (Geyer 1997a/1999, Anderson/Armstead 1995). Zum einen wurde dabei deutlich, daß in bezug auf Anzahl und Stärke kritischer Lebensereignisse keine größeren Unterschiede zwischen den sozialen Schichten zu bestehen scheinen. Zum anderen zeigte sich aber auch, daß in der unteren sozialen Schicht die psychische Belastung in Folge von kritischen Lebensereignissen größer ist als in den anderen sozialen Schichten. Besonders aussagekräftig ist eine Studie aus den USA, in der Daten aus verschiedenen Bevölkerungsbefragungen zusammengefaßt wurden (McLeod/Kessler 1990). Von insgesamt ca. 7.600 Personen standen die folgenden Angaben zur Verfügung: sozio-ökonomischer Status (Bildung, Beruf, Einkommen), psychischer Di-Stress (Nervosität, Appetitlosigkeit etc.), kritische Lebensereignisse (Einkommensverlust, schwere Erkrankung, Scheidung, Trennung von Partner/Freund, Tod von engen Verwandten/Freunden), Alter, Geschlecht und Familienstand. Die Auswertungen zeigen eine leichte Häufung der kritischen Lebensereignisse bei den Personen, die eine geringe Bildung, einen niedrigen beruflichen Status und/oder ein geringes Einkommen aufweisen. Vor allem zeigen sie aber, daß der Zusammenhang zwischen kritischen Lebensereignisse und Di-Stress vom sozio-ökonomischen Status der betroffenen Person abhängig ist: Auch bei gleicher 'objektiver' Belastung durch kritische Lebensereignisse ist die subjektiv empfundene Belastung (d.h. der Di-Stress) in der unteren sozialen Schicht zumeist größer als in den anderen sozialen Schichten. Es wurde bereits früh vermutet, daß die Ressourcen zur Bewältigung von kritischen Lebensereignissen in der unteren sozialen Schicht besonders schwach ausgeprägt sind (Kessler/Cleary 1980). Empirische Belege sind jedoch nach wie vor selten.

Aus der Diskussion lassen sich die folgenden Hypothesen ableiten:
- Die Belastung durch kritische Lebensereignisse ist in der unteren sozialen Schicht besonders groß.
- Diese besonders große Belastung resultiert vor allem aus einer geringeren Kraft zur psychischen Bewältigung der Lebensereignisse, aber auch aus einer größeren Anzahl dieser Ereignisse.

Die Hypothesen richten das Augenmerk auf die materiellen, sozialen und psychischen Ressourcen, die den unteren Statusgruppen zur Bewältigung von Problemen zur Verfügung stehen. Damit werden Fragen angeschnitten, die in der bisherigen Diskussion über die gesundheitliche Ungleichheit nur eine sehr untergeordnete Rolle spielen. Bezogen auf die Angehörigen der unteren sozialen Schicht lauten sie z.B.: Wie groß sind die materiellen Probleme beim Tod des Ehepartners, und welche gesundheitlichen Konsequenzen ergeben sich daraus für den überlebenden Partner? Wie groß ist die soziale Unterstützung bei einer Ehescheidung, und könnten die mit der Ehescheidung einhergehenden psychischen Belastungen durch eine bessere soziale Unterstützung verringert werden? Wie können die psychischen Ressourcen gestärkt werden, die zur Bewältigung einer finanziellen Krise notwendig sind? Derartige Fragen bieten somit sehr konkrete Ansatzpunkte zur Erklärung - und auch zur Verringerung - der gesundheitlichen Ungleichheit. Empirische Studien sind hierzu jedoch kaum vorhanden.

Etwas allgemeiner formuliert lassen sich zwei Möglichkeiten zur Stärkung der Problemlösungs-Kompetenz unterscheiden: Zum einen kann das Angebot an materieller und sozialer Unterstützung verbessert und zum anderen kann die Fähigkeit zur Selbsthilfe gestärkt werden. Aus Sicht des Forschungsbedarfs ist die zweite Möglichkeit von besonders großem Interesse. Die Befähigung zur Selbsthilfe und zur aktiven Gestaltung des eigenen Lebens - hierfür wird häufig auch der Begriff 'empowerment' verwendet - ist ein häufig genanntes, zentrales Ziel der Gesundheitsförderung (z.B. Siegrist 1998b). Empirische Studien zur Frage, wie groß das 'empowerment' auch und gerade in der unteren sozialen Schicht ist, sind m.W. jedoch noch nicht vorhanden.

Der Versuch, die gesundheitliche Auswirkung belastender Lebensereignisse zu erklären, hat sich in den letzten Jahren auf die soziale Unterstützung konzentriert. Es gab und gibt jedoch nur relativ wenige Studien über den Zusammenhang zwischen sozialer Schicht und sozialer Unterstützung. Die vorwiegend aus den USA stammenden Studien über sozio-ökonomische Unterschiede in der sozialen Unterstützung sind zudem widersprüchlich; einige zeigen eine geringere soziale Unterstützung in der unteren sozialen Schicht (Fischer 1982), andere dagegen einen umgekehrten oder gar keinen Zusammenhang (Turner/Marino 1994). In Kapitel III-2f wurde bereits darauf hingewiesen, daß aus den alten und neuen Bundesländern nur sehr wenige Studien zum Thema 'sozio-ökonomischer Status und soziale Unterstützung' vorliegen, und daß sie ebenfalls zu widersprüchlichen Ergebnissen führen.

Eine neuere - und methodisch sehr sorgfältige - Untersuchung basiert auf einer Befragung von 18- bis 55jährigen Erwachsenen in Toronto. Die höchste berufliche Stellung des Befragten bzw. des (Ehe-)paares wurde in sechs Gruppen unterteilt, und bei der Erfassung der sozialen Unterstützung sind vier potentielle 'Quellen' unterschieden worden: (Ehe-)Partner, Verwandte, Freunde, Arbeitskollegen. Die Auswertungen ergaben das folgende Ergebnis (Turner/Marino 1994):

- Personen mit niedriger beruflicher Stellung erhalten soziale Unterstützung aus weniger 'Quellen' als Personen mit höherer beruflicher Stellung.
- Auch nach statistischer Kontrolle von Alter, Geschlecht und Familienstand zeigt sich ein negativer Zusammenhang zwischen beruflicher Stellung und psychischer Morbidität (d.h. bei der niedrigsten beruflichen Stellung ist die Morbidität am höchsten). Die zusätzliche Kontrolle der sozialen Unterstützung ändert daran nur sehr wenig. Die soziale Unterstützung hat also offenbar nur einen geringen Einfluß auf den Zusammenhang zwischen beruflicher Stellung und psychischer Morbidität.

In den alten und neuen Bundesländern wurde m.W. bisher keine vergleichbare Studie durchgeführt; und selbstverständlich können diese Ergebnisse aus Toronto nicht einfach auf die Bundesrepublik übertragen werden. Der Ansatz 'soziale Unterstützung' beinhaltet ein großes Potential zur Erklärung der gesundheitlichen Ungleichheit, und dieses Potential ist m.E. bisher noch bei weitem nicht ausgeschöpft worden. Auf der einen Seite liegen mehrere große Studien vor, aus denen eindeutig hervorgeht, daß der Mangel an sozialer Unterstützung ein gesundheitliches Risiko darstellt (House 1993). Auf der anderen Seite wissen wir nur sehr wenig über sozio-ökonomische Unterschiede beim Empfang von sozialer Unterstützung. Es erscheint daher sinnvoll, diesem Themenbereich in Zukunft größere Aufmerksamkeit zu widmen. Dabei sollte der folgende theoretische Rahmen zugrundegelegt werden: Ausgangspunkt sind belastende oder 'kritische' Lebensereignisse. Bei den Ressourcen zur Bewältigung dieser Belastung kann es sich um psychische Ressourcen (Selbstwertgefühl etc.), finanzielle Ressourcen (Einkommen, Vermögen) oder um soziale Ressourcen (Unterstützung durch Freunde etc.) handeln. In der epidemiologischen Forschung richtete sich das Interesse vor allem auf die sozialen Ressourcen.

Durch die Verbindung des Ansatzes 'kritische Lebensereignisse' mit dem Ansatz 'soziale Unterstützung' ergibt sich ein eigenständiger Ansatz zur Erklärung der gesundheitlichen Ungleichheit. Der Ansatz wird in Abbildung 30 noch einmal graphisch veranschaulicht. Wichtig erscheint vor allem die empirische Überprüfung der folgenden Hypothesen: Im Vergleich zu Personen aus höheren sozialen Schichten

- sind Personen aus der unteren sozialen Schicht häufiger mit belastenden Lebensereignissen konfrontiert,
- steht Personen aus der unteren sozialen Schicht weniger soziale Unterstützung zur Bewältigung der Lebensereignisse zur Verfügung,
- sind Personen aus der unteren sozialen Schicht daher sogar bei gleichen Lebensereignissen stärker gesundheitlich beeinträchtigt.

Abbildung 30: Soziale Unterstützung

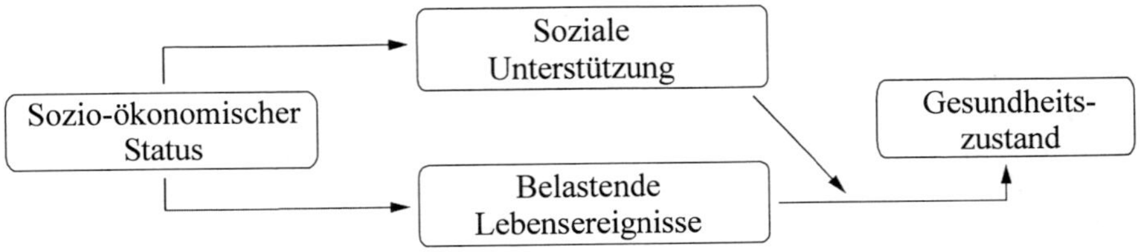

Quelle: Mielck (neue Darstellung)

Anders formuliert wird also vermutet, daß die Angehörigen der unteren sozialen Schicht durch kritische Lebensereignisse quasi doppelt belastet werden, weil bei ihnen zum einen die Zahl der Schicksalsschläge besonders groß ist, und weil sie zum anderen unter jedem Schicksalsschlag besonders stark leiden.

g) Kohärenz-Sinn (Sense of Coherence)

Das theoretische Konzept 'Sense of Coherence' (auf deutsch: 'Kohärenz-Sinn') ist erstmals in einem vor etwas mehr als 10 Jahren publizierten Buch ausgearbeitet worden (Antonovsky 1987, Bengel et al. 1998). Das Konzept wurde auch deswegen sehr populär, weil es die 'Salutogenese' in den Mittelpunkt stellt. Die Gesundheitsforschung konzentriert sich zumeist auf die 'Pathogenese', d.h. auf die Frage 'Warum werden Menschen krank?'. Bei der Salutogenese geht es dagegen vor allem um die Frage 'Warum bleiben Menschen gesund?'. In den letzten Jahren haben Fragen der Salutogenese - z.B. unter dem Stichwort 'Gesundheitsförderung' - immer größere Beachtung gefunden, und das Konzept 'Kohärenz-Sinn' war und ist ein wichtiger Motor dieser Entwicklung.

Der Kohärenz-Sinn besteht aus drei Komponenten (Geyer 1997a, S. 39):
- „*Verstehbarkeit ('comprehensibility')*: Die soziale Umwelt wird für das Individuum als rational verstehbar, geordnet, strukturiert, konsistent und vorhersehbar eingeschätzt. (...)
- *Beherrschbarkeit ('manageability')* bezeichnet das Ausmaß, in dem Individuen solche Ressourcen als persönlich verfügbar betrachten, die zur Bewältigung einer Aufgabe oder eines Problems als notwendig und adäquat erscheinen.
- *Sinnhaftigkeit ('meaningfulness')* als die motivationale Komponente, die bestimmt, ob Situationen als Herausforderung eingeschätzt werden, die es wert sind, sich dafür zu engagieren und ob es sinnvoll erscheint, für deren Bewältigung einen gewissen Aufwand in Kauf zu nehmen“.

Wie kaum anders zu erwarten, nahm die Entwicklung eines Instrumentes zur Messung des Kohärenz-Sinnes einige Zeit in Anspruch. Inzwischen liegen zwei Fragebogen-Versionen vor, die eine umfaßt 29 Fragen und die andere 13 Fragen. Offenbar sind beide Versionen methodisch relativ ausgereift und gut zu handhaben (Antonovsky 1993). Gelegentlich werden auch andere Instrumente eingesetzt. Es wird jedoch allgemein empfohlen, nur die beiden oben genannten Fragebogen-Versionen zu verwenden. Beide Versionen liegen auch in deutscher Übersetzung vor.

Häufig wird die These vertreten, daß der Kohärenz-Sinn in der unteren sozialen Schicht schwächer ausgeprägt ist als in der oberen (Geyer 1997a,b). Ähnlich wie bei der Diskussion zum Thema 'soziale Unterstützung' (vgl. Kapitel III-2f, III-4f) wird auch hier argumentiert, daß die Angehörigen der unteren sozialen Schicht durch kritische Lebensereignisse quasi doppelt belastet werden (besonders starke Belastung durch 'kritische Lebensereignisse' plus besonders schwach ausgeprägter Kohärenz-Sinn zur Bewältigung der Belastungen). Eine empirische Überprüfung dieser Argumentation müßte zumindest die beiden folgenden Hypothesen umfassen:

- Ein stark ausgeprägter Kohärenz-Sinn wirkt sich positiv auf den Gesundheitszustand aus.
- Personen aus der unteren sozialen Schicht weisen einen relativ schwach ausgeprägten Kohärenz-Sinn auf.

Die erste Hypothese ist bisher erst ansatzweise empirisch bestätigt worden (Geyer 1997b). In bezug auf die zweite These liegen Ergebnisse aus zwei schwedischen Studien vor (Lundberg/Nyström Peck 1994, Larsson/Kallenberg 1996). Die erste Studie weist darauf hin, daß bei höheren Angestellten der Kohärenz-Sinn stärker ausgeprägt ist als bei angelernten Arbeitern. Die Messung des Kohärenz-Sinnes erfolgt jedoch nicht mit Hilfe der beiden oben erwähnten Fragebogen-Versionen, sondern mit Hilfe von drei 'selbstgestrickten' Fragen. Es ist also unklar, ob sie überhaupt in der Lage sind, den Kohärenz-Sinn zu erfassen. In der zweiten Studie aus Schweden wird dagegen der empfohlene 13 Fragen umfassende Fragebogen verwendet. Die Ergebnisse deuten in die postulierte Richtung, d.h. mit zunehmender Bildung, zunehmendem beruflichen Status und zunehmendem Einkommen nimmt auch der Kohärenz-Sinn zu. Die Unterschiede sind allerdings relativ klein. Eine weitere Bestätigung der beiden oben genannten Hypothesen ergibt sich aus einer vor kurzem publizierten finnischen Studie (Poppius et al. 1999). Sie zeigt, daß männliche Angestellte mit einem schwach ausgeprägten Kohärenz-Sinn häufiger von Herzkreislauf-Krankheiten betroffen sind als männliche Angestellte mit einem stark ausgeprägten Kohärenz-Sinn. Bei männlichen Arbeitern konnte dagegen kein Zusammenhang zwischen Kohärenz-Sinn und Herzkreislauf-Krankheiten gefunden werden.

Zusammenfassend muß gesagt werden, daß das theoretische Konzept 'Kohärenz-Sinn' einen wichtigen Ansatz zur Erklärung der gesundheitlichen Ungleichheit bietet. Bisher wurde diese Möglichkeit jedoch kaum genutzt. Die intensive Diskussion über das Konzept begann erst vor wenigen Jahren, und in dieser relativ kurzen Zeit stand verständlicherweise die Entwicklung eines Instrumentes zur empirischen Erfassung des Kohärenz-Sinnes im Vordergrund. Inzwischen liegen diese Instrumente jedoch vor und es bleibt zu hoffen, daß in den nächsten Jahren intensiver der Frage nachgegangen wird, ob und wie die gesundheitliche Ungleichheit durch Unterschiede im Kohärenz-Sinn erklärt werden kann.

h) Zeitlich versetzte Entwicklung schichtspezifischer Prävalenzen

Zu Beginn dieses Jahrhunderts wurde in Westeuropa und in den USA allgemein davon ausgegangen, daß von den Herzkreislauf-Krankheiten vor allem die *oberen* sozialen Schichten betroffen sind. Große epidemiologische Studien, in denen diese Aussage bestätigt wird, lassen sich nur schwer finden, der Wahrheitsgehalt der Aussage wurde jedoch kaum angezweifelt (Antonovsky 1968). Aus den letzten Jahren liegen dagegen viele empirische Studien vor, die eine besonders hohe Prävalenz von Herzkreislauf-Krankheiten in den *unteren* sozialen Schichten belegen (vgl. Tabellen 20, 30, 39 und Abbildungen 10, 15). Es fand also offenbar eine Umdrehung des Zusammenhangs zwischen sozialer Schicht und Herzkreislauf-Krankheiten statt (Kaplan/Keil 1993). Die Frage, wann genau diese Umdrehung von einem positiven zu einem negativen Zusammenhang erfolgte, ist bisher erst ansatzweise beantwortet worden, und vermutlich wird sich der Zeitpunkt auch von Region zu Region unterscheiden. In einer ländlichen Gemeinde im Süden der USA fand diese Umdrehung z.B. erst in den 60er Jahre statt (Morgenstern 1980). In Abbildung 31 wird versucht, die vermutete zeitliche Entwicklung der schichtspezifischen Prävalenz für Herzkreislauf-Krankheiten zu verdeutlichen. Dabei kommt es mehr auf die allgemeine Aussage an als auf den genauen Verlauf der beiden Kurven bzw. den genauen Zeitpunkt ihrer Überschneidung. Bezogen auf Diabetes mellitus wird davon ausgegangen, daß bis in die 1930er Jahre hinein die Prävalenz in der oberen sozialen Schicht höher war als in der unteren, und daß zumindest seit 1970 ein umgekehrter Zusammenhang besteht (Mackenbach/Maas 1989, S. 40).

Diese Thematik wird häufig unter dem Stichwort 'Diffusions-Hypothese' diskutiert (der Begriff ist m.E. jedoch nicht sehr gut gewählt). Die Hypothese läßt sich wie folgt konkretisieren: In den Industrieländern begann die Zunahme der Herzkreislauf-Krankheiten in der oberen sozialen Schicht, da sich diese Personen das gesundheitsgefährdende Verhalten (Rauchen, fettreiche Ernährung, wenig körperliche Bewegung etc.) zuerst 'leisten' konnten. Dieses Verhalten breitete sich dann langsam bis zu den unteren sozialen Schichten aus, u.a. ausgelöst durch Imitation und durch die Verbesserung der Lebensverhältnisse auch dieser Personengruppe.

Abbildung 31: Herzkreislauf-Prävalenz und soziale Schicht (Trend)

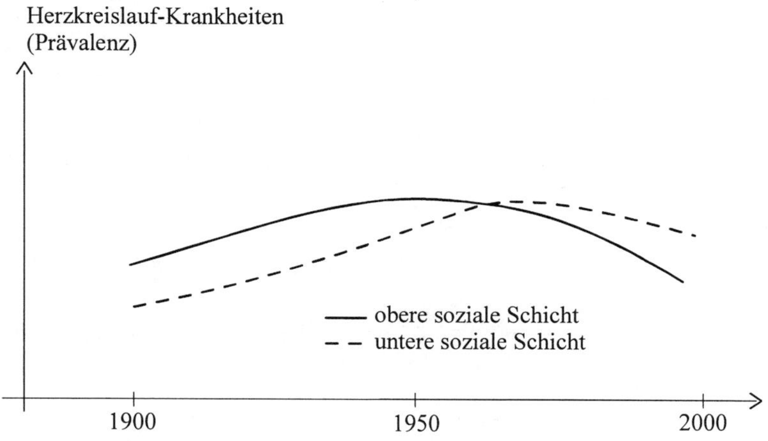

Quelle: Mielck (vermutete zeitliche Entwicklung; neue Darstellung)

Die jetzt zu beobachtende Abnahme der Herzkreislauf-Krankheiten begann wieder zuerst bei der oberen sozialen Schicht, da diese Personen auch das jetzt neue Verhalten (kein Rauchen, keine fettreiche Ernährung, Sport etc.) zuerst aufgegriffen haben. Daher finden wir heute eine gesundheitliche Ungleichheit zuungunsten der unteren sozialen Schicht, aber das jetzt neue Verhalten wird sich langsam auch in der unteren sozialen Schichten auf breiterer Basis durchsetzen. Wenn sich diese 'Diffusions-Hypothese' bestätigen lassen sollte, dann müßte sich die gesundheitspolitische Forderung darauf konzentrieren, die Ausbreitung des gesundheitsfördernden Verhaltens in die unteren sozialen Schichten hinein zu verstärken.

Die Annahme bzw. Hoffnung, daß sich das gesundheitsbewußte Verhalten langsam auch in den unteren sozialen Schichten durchsetzt, ist bisher nur sehr selten empirisch überprüft worden. Aus Finnland liegen z.B. Daten über die Änderungen des Rauchverhaltens zwischen 1972 und 1987 vor (Vartiainen et al. 1998). Bei männlichen Arbeitern nahm das Rauchen in der Tat ab, bei weiblichen nahm es jedoch zu. Die Unterschiede zwischen Arbeitern und Angestellten sind bei den Männern ungefähr gleich groß geblieben, aber bei den Frauen haben sie sogar zugenommen (vgl. Abbildung 32).

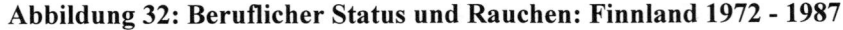

Abbildung 32: Beruflicher Status und Rauchen: Finnland 1972 - 1987

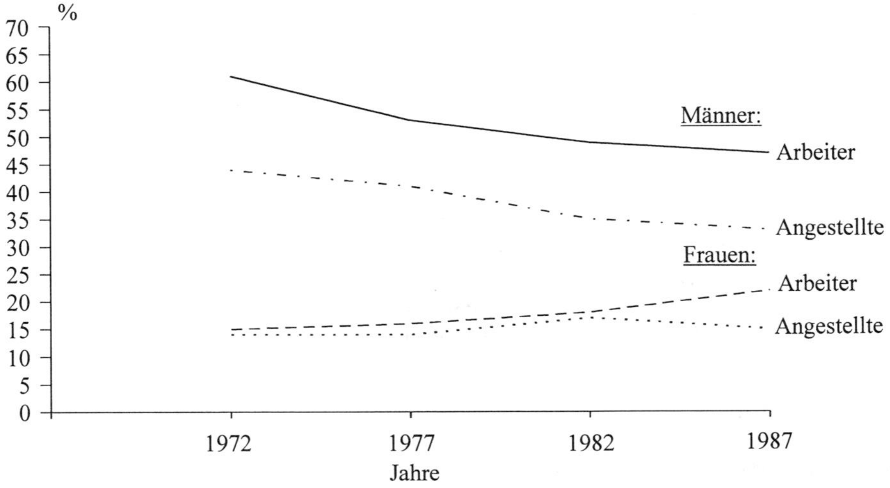

Stichprobe: insges. ca. 15.000 Männer und 15.000 Frauen (30-59 Jahre) aus Finnland
Datenbasis: Querschnitt-Befragungen mit identischem Studienprotokoll
Quelle: Vartiainen et al. 1998 (eigene Darstellung)

Eine vergleichbare Studie mit Daten aus den USA und aus Kanada zeigt für den Zeitraum 1974 bis 1987, daß das Rauchen in der unteren Bildungsgruppe annähernd konstant blieb und in der oberen Bildungsgruppe deutlich abnahm (vgl. Abbildung 33). Durch diese Daten aus Finnland, den USA und Kanada wird die 'Diffusions-Hypothese' also eher widerlegt als bestätigt.

In einigen empirischen Studien aus den alten Bundesländern wird auf zeitliche Veränderungen im Ausmaß der gesundheitlichen Ungleichheit hingewiesen, so z.B. in bezug auf das Rauchen (vgl. Tabelle 75), das Cholesterin (vgl. Tabelle 137), die kardiovaskulären Risikofaktoren (vgl. Tabellen 81, 138), den Anteil der medikamentös versorgten Hypertoniker (vgl. Tabelle 114) und die subjektiven Angaben zum Gesundheitszustand (vgl. Tabelle 37). Die Vergleiche beziehen sich aber auf einen sehr kurzen Zeitraum. Die dort beschriebenen Unterschiede im Ausmaß der gesundheitlichen Ungleichheit spiegeln daher vermutlich keine tatsächlichen Änderungen im Ausmaß der gesundheitlichen Ungleichheit wider, sondern zufällige Schwankungen zwischen den einzelnen Datenerhebungen.

Abbildung 33: Schulbildung und Rauchen: USA und Kanada 1974 - 1987

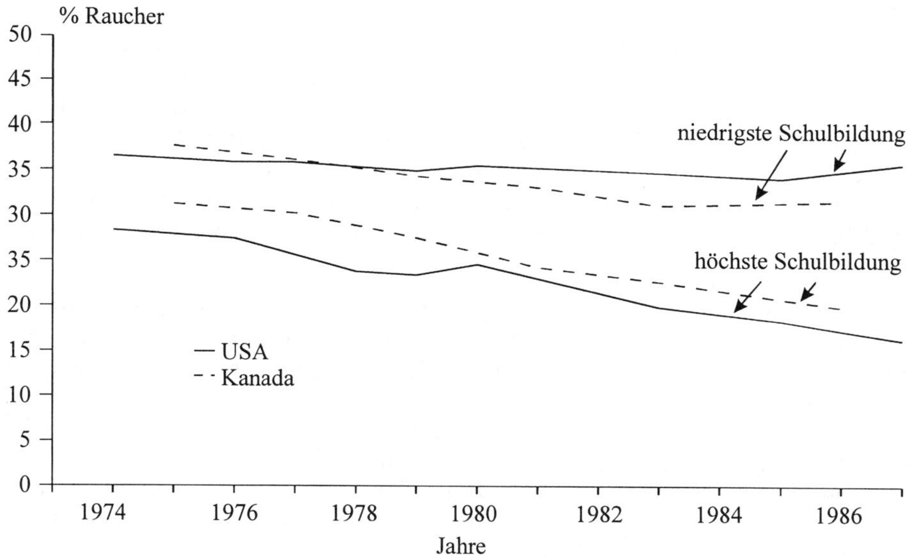

Stichprobe: pro Jahr > 10.000 Erwachsene (ab 20 Jahre) aus den USA und aus Kanada
Datenbasis: Querschnitt-Befragungen mit identischem Studienprotokoll
Quelle: Pierce 1989 (eigene Darstellung)

Wichtig wäre eine methodisch fundierte empirische Analyse z.B. der folgenden Fragen:

- Wie bekannt sind die Empfehlungen für ein gesundheitsbewußtes Verhalten in der unteren sozialen Schicht, und wie hat sich dieses Wissen im Laufe der Zeit verändert?
- Welche Hemmnisse erschweren die Einhaltung der Empfehlungen speziell in der unteren sozialen Schicht?
- Wie kann die Ausbreitung des gesundheitsbewußten Verhaltens in die untere soziale Schicht hinein verbessert werden?
- Wie haben sich in den letzten Jahren die schichtspezifischen Prävalenzen bei den kardiovaskulären Risikofaktoren (Rauchen, Übergewicht, Bluthochdruck, Hyper-cholesterinämie, Bewegungsarmut) verändert?
- Wie haben sich in den letzten Jahren die schichtspezifischen Prävalenzen bei Herzkreislauf-Krankheiten und Diabetes verändert?

Die zur Beantwortung dieser Fragen benötigten Daten sind derzeit leider kaum vorhanden. Wichtig ist vor allem die Verfügbarkeit von Daten, die in einem Zeitraum von mindestens 10 Jahren zu verschiedenen Zeitpunkten mit einem identischen Verfahren erhoben worden sind.

i) Wahrnehmung der gesundheitlichen Ungleichheit

Offenbar haben sich aber bisher nur wenige Sozial-Epidemiologen die selbstkritische Frage gestellt, wieviel von ihrem Wissen 'in der Öffentlichkeit' angekommen ist, bzw. ob ihre wissenschaftlichen Ergebnisse die Lebenserfahrung der betroffenen Personengruppen widerspiegeln. Besonders interessant ist dabei die Frage, wie gesundheitliche Ungleichheiten in verschiedenen sozialen Schichten wahrgenommen und erklärt werden. Die Frage wird bei uns kaum gestellt und entsprechend selten wissenschaftlich untersucht (Mielck et al. 1998a).

Ein neuer Anlauf zur Förderung dieser Diskussion wurde vor kurzem von M. Blaxter unternommen (Blaxter 1997). In ihrem Beitrag mit dem Titel 'Wessen Schuld ist es? Die Vorstellungen in der Bevölkerung über die Ursachen der gesundheitlichen Ungleichheit' (deutsche Übersetzung durch A.M.) wird deutlich, daß wir bisher sehr wenig über die sozialen Unterschiede in der Wahrnehmung der gesundheitlichen Ungleichheiten wissen, und daß sich die vorhandenen Forschungsergebnisse zum Teil widersprechen. Unter Berücksichtigung dieser Unsicherheiten läßt sich der Forschungsstand in Form der folgenden Thesen zusammenfassen:

- Die für Sozial-Epidemiologen so wichtige Erkenntnis, daß Personen aus der unteren sozialen Schicht kränker sind und früher sterben als andere Personen, wird in der Bevölkerung weitgehend ignoriert. Diese Nicht-Wahrnehmung ist besonders ausgeprägt bei den Personen aus der unteren sozialen Schicht.
- Die von vielen Gesundheitswissenschaftlern vertretene Überzeugung, daß die Lebensverhältnisse einen entscheidenden Einfluß auf den Gesundheitszustand ausüben, wird von der Mehrheit der Bevölkerung nicht geteilt. Auch und vor allem bei den Personen aus der unteren sozialen Schicht überwiegt die Überzeugung, daß der Gesundheitszustand vor allem durch das individuelle Verhalten beeinflußt wird.
- Personen aus der unteren sozialen Schicht sind zumeist der Meinung, daß sie für ihren Gesundheitszustand selbst verantwortlich sind.
- Die gesellschaftliche Norm, daß 'man gesund sein und seine Aufgaben erfüllen muß', wird vor allem von den Angehörigen der unteren sozialen Schicht akzeptiert. Ein im Vergleich mit anderen sozialen Schichten schlechterer Gesundheitszustand wird daher häufig als persönlicher Makel empfunden und entsprechend negiert.
- Die 'Klagsamkeit' (oder positiv formuliert: die 'Symptom-Aufmerksamkeit') weist schichtspezifische Unterschiede auf: Bei 'objektiv' gleichem Gesundheitszustand fühlen sich Personen aus der unteren sozialen Schicht zumeist gesünder als Personen aus höheren sozialen Schichten.

Tabelle 130: Einfluß der Arbeitsbedingungen auf Gesundheit

	Die Arbeitsbedingungen beeinflussen meinen Gesundheitszustand[a] (in %)		
	geringes Einkommen	mittleres Einkommen	hohes Einkommen
1986/87: Männer	20	33	46
Frauen	14	19	28
1990/91: Männer	17	33	42
Frauen	11	20	31

a: Antwort auf offene Frage nach Einflüssen auf den eigenen Gesundheitszustand
Stichprobe: 9.003 (1986/87) Personen (ab 18 Jahre, nicht pensioniert) aus Großbritannien
Datenbasis: Befragung 1986/87 und 1990/91 (Panel-Studie: Health and Lifestyle Survey)
Quelle: Blaxter 1997

Tabelle 131: Beruf und Einfluß der Arbeitsbedingungen auf Gesundheit

	Die Arbeitsbedingungen sind mit schuld an der Verschlechterung meines Gesundheitszustandes [a] (in %)			
	Arbeiter		Angestellte	
	unterer Status	oberer Status	unterer Status	oberer Status
Männer: 25 - 45 Jahre	6	8	11	19
46 - 66 Jahre	3	3	4	10
Frauen: 25 - 45 Jahre	3	4	7	9
46 - 66 Jahre	1	3	6	5

a: Antwort auf Frage: Wenn Ihre Gesundheit in den letzten Jahren schlechter wurde: Warum?
Stichprobe: 5.352 Personen (ab 18 Jahre, nicht pensioniert) aus Großbritannien
Datenbasis: Befragung 1990/91 (Panel-Studie: Health and Lifestyle Survey)
Quelle: Blaxter 1997

- Personen aus der unteren sozialen Schicht empfinden sich häufig solange als gesund, wie sie ihren täglichen Verpflichtungen nachkommen können. Sie können sich daher auch bei 'objektiv' vorhandenen gesundheitlichen Problemen gesund fühlen.
- Besondere Anerkennung wird den Personen entgegengebracht, die trotz widriger Lebensverhältnisse bei guter Gesundheit sind. Gerade Personen aus der unteren sozialen Schicht können daher durch Verdrängung von gesundheitlichen Problemen ihre gesellschaftliche Anerkennung erhöhen.
- Die Bezeichnung 'arm' beinhaltet eine starke soziale Diskriminierung, und auch der Begriff 'krank' wird häufig als diskriminierend empfunden. Die Personen, die von Außenstehenden als 'arm und krank' angesehen werden, können diese doppelte Diskriminierung kaum akzeptieren. Sie ignorieren die gesundheitlichen Beschwerden daher eher als andere Personen.

Bisher konnten diese Thesen erst ansatzweise empirisch belegt werden. In größeren Bevölkerungsstichproben ließen sich bisher vor allem die beiden folgenden Aussagen untermauern (vgl. Tabellen 130 und 131):

- Mit zunehmendem Einkommen wird den Arbeitsbedingungen eine immer größere Bedeutung für den Gesundheitszustand zugeschrieben.

- Auch bei einer Verschlechterung des Gesundheitszustandes werden die Arbeitsbedingungen mit zunehmendem beruflichem Status immer mehr als Erklärung herangezogen.

Die objektiven Arbeitsbelastungen, die in der unteren sozialen Schicht vermutlich nicht kleiner sind als in der oberen, entsprechen also offenbar nicht den subjektiv wahrgenommenen Arbeitsbelastungen. Anders formuliert ist zu vermuten, daß die Exposition gegenüber gesundheitsgefährdenden Lebensverhältnissen vor allem von den Personen negiert wird, die diesen Lebensverhältnissen ausgesetzt sind und daran auch kaum etwas ändern können.

Die oben genannten Thesen bilden ein wichtiges Bindeglied zwischen der wissenschaftlichen Forschung einerseits und der praktischen Umsetzung von Forschungsergebnissen andererseits. Es bleibt daher zu hoffen, daß ihnen in Zukunft eine größere wissenschaftliche Aufmerksamkeit gewidmet wird. Es ist m.W. vor zwei Jahren zum ersten Mal versucht worden, diese Diskussion auch in Deutschland anzustoßen (Mielck et al. 1998a). Das Echo war jedoch schwach; offenbar haben sich bisher erst sehr wenige Wissenschaftler mit den Thesen beschäftigt.

Wiederholt gestellt wurde bei uns in den letzten Jahren nur die Frage, was 'Gesundheit' im subjektiven Verständnis verschiedener Personen bedeutet (Flick 1997). Im Mittelpunkt steht hier die Feststellung: „Obwohl wir den Begriff 'Gesundheit' im Alltag sehr häufig verwenden, ist doch ziemlich unklar, was wir genau darunter verstehen“ (Faltermaier 1994a, S. 99). In seiner Zusammenfassung der vorliegenden - und fast ausschließlich aus dem Ausland stammenden - empirischen Ergebnisse zu den schichtspezifischen Unterschieden im Gesundheitsverständnis hebt R. Gawatz (1993, S. 156) hervor: „Arbeiter und Landwirte betonen in ihren Gesundheitskonzepten oftmals körperliche Leistungs- und Arbeitsfähigkeit. Die Vorstellung von Gesundheit als einem Gleichgewicht, das sich in psychischem Wohlbefinden, guter Laune, einer körperlich guten Verfassung, Belastbarkeit, Aktivität und guten Beziehungen ausdrückt, findet sich öfters bei mittleren und höheren Schichten“. T. Faltermaier (1994a, S. 117) warnt jedoch: „Aber allgemeine Schlußfolgerungen sind sicher verfrüht, solange die Erkenntnisbasis noch so schmal ist. Denn nur wenige Studien haben direkte Vergleiche angestellt und diese sind entweder auf eine kleine Stichprobe von Frauen beschränkt (...) oder haben sich auf Methoden gestützt, die nicht voll überzeugen können (...). Zudem stellt die Arbeiterschicht bei weitem keine homogene Einheit dar“. Man kann sich dieser Warnung nur anschließen und sie als Forderung verstehen, die sozio-ökonomischen Unterschiede im Gesundheitsverständnis genauer zu untersuchen.

Kapitel IV: Ansätze zur Verringerung der gesundheitlichen Ungleichheit

Einer der renommiertesten amerikanischen Sozial-Epidemiologen hat vor kurzem darauf hingewiesen, daß sich nach wie vor nur wenige Public Health Wissenschaftler um die Beschreibung und Erklärung der gesundheitlichen Ungleichheit bemühen. Auf der Suche nach den Gründen für dieses Vermeidungsverhalten schreibt er:

> „Viele sind der Meinung, daß diese Untersuchungen nicht sehr sinnvoll sind, weil sie vor der Aufgabe zurückschrecken, Vorschläge zur Verringerung der sozialen Ungleichheit zu entwickeln. Sie gehen davon aus, daß die soziale Ungleichheit Bestand haben wird, und daß es sich daher nicht lohnt, ihre Auswirkungen zu analysieren. Es wäre danach besser, die gesundheitlichen Folgen von den Problemen zu untersuchen, gegen die etwas getan werden kann, wie z.B. einseitige Ernährung, Rauchen und Bluthochdruck" (Syme 1998, S. 493; Übersetzung durch A.M.)

Vergleichbare Argumente sind auch in der Bundesrepublik immer wieder zu hören, und zwar nicht nur von Wissenschaftern, sondern auch von gesundheitspolitischen Akteuren. Der folgende tatsächlich stattgefundene Dialog mag die gegensätzlichen Standpunkte verdeutlichen: 'Was wollen Sie? Wollen Sie, daß alle Menschen über das gleiche Einkommen und das gleiche Vermögen verfügen?' - 'Nein, es geht nicht um utopische, sondern um realistische Ziele. Die gesundheitliche Ungleichheit sollte auf das kleinstmögliche Maß reduziert werden. Wer kann behaupten, daß das jetzige Ausmaß der gesundheitlichen Ungleichheit nicht verringert werden kann?'

Mit anderen Worten: Um der Zurückhaltung bei den Wissenschaftlern und der Skepsis bei den gesundheitspolitischen Akteuren zu begegnen, ist es gerade beim Thema 'gesundheitliche Ungleichheit' sehr wichtig, die praktischen Handlungsmöglichkeiten zur Verringerung dieses Problems aufzuzeigen. Da diese Diskussion noch in den Anfängen steckt, sind bisher allerdings nur wenige Handlungsmöglichkeiten bekannt. Benötigt wird demnach eine Art Initialzündung: Wenn erst einmal einige konkrete Handlungsoptionen aufgedeckt worden sind, wird das Interesse bei Wissenschaftlern und gesundheitspolitischen Akteuren vermutlich erheblich zunehmen, so daß weitere Handlungsoptionen deutlich werden können. Um einen derartigen Prozeß in Gang setzen zu können, müßten zunächst nur relativ wenige konkrete Interventionsmaßnahmen zur Verringerung der gesundheitlichen Ungleichheit entwickelt und wissenschaftlich evaluiert werden. Die erfolgreichen Maßnahmen könnten dann als Vorbild für weitere Maßnahmen dienen. Selbstverständlich ist dies leichter gesagt als getan, aber eine so formulierte Aufgabe ist zweifellos eher zu erfüllen - und daher auch für Wissenschaftler und gesundheitspolitische

Akteure interessanter - als eine pauschal formulierte Aufgabe wie 'Verringerung der sozialen Ungleichheit'.

Die Forderung läßt sich auch wie folgt formulieren: Wir brauchen keinen Erklärungs-Ansatz, sondern einen Interventions-Ansatz. Aus der Vielzahl der möglichen Ansätze zur Erklärung der gesundheitlichen Ungleichheit müssen diejenigen ausgewählt und genauer analysiert werden, die eine Intervention zur Verringerung der gesundheitlichen Ungleichheit ermöglichen. Die Wichtigkeit eines Erklärungsansatzes würde sich demnach nicht danach richten, wie groß der Anteil der auf diese Weise erklärten gesundheitlichen Ungleichheit ist, sondern danach, ob eine praktische Möglichkeit zur Verringerung der gesundheitlichen Ungleichheit deutlich wird. Dieser Wechsel der Perspektive - weg von der wissenschaftlichen Frage nach den Ursachen und hin zur Planung und Durchführung von konkreten Interventionsmaßnahmen - eröffnet eine bisher in Deutschland kaum geführte Diskussion. Für Wissenschaftler ist es zumeist nicht einfach, die Frage nach der praktischen Relevanz ihrer Forschungsergebnisse zuzulassen, und umgekehrt fällt es vielen gesundheitspolitischen Akteuren schwer, sich ernsthaft mit der wissenschaftlichen Frage nach den Ursachen zu beschäftigen. Die häufig zu beobachtende Sprachlosigkeit zwischen Wissenschaftlern und gesundheitspolitischen Akteuren ist ein deutlicher Beleg für dieses Kommunikationsproblem. Selbstverständlich müssen sich der wissenschaftliche und der gesundheitspolitische Ansatz gegenseitig ergänzen. In den vorangegangenen Kapiteln kam vor allem der wissenschaftliche Ansatz zu Wort. In diesem abschließenden Kapitel soll daher eine Integration des gesundheitspolitischen Ansatzes versucht werden.

Im folgenden wird das Problem 'soziale Ungleichheit und Gesundheit' aus einer 'Akteur-Perspektive' heraus betrachtet. Im Mittelpunkt steht hier die Frage, welche 'Akteure' - d.h. welche Personengruppen, Verbände, Organisationen etc. - sich in welcher Weise an den Bemühungen um eine Verringerung der gesundheitlichen Ungleichheit beteiligen sollten. Es ließe sich vermutlich eine nahezu unbegrenzte Liste derartiger Akteure zusammenstellen. In diesem Kapitel sollen daher nur die m.E. wichtigsten angesprochen werden, d.h. die Angehörigen der unteren sozialen Schicht, die in der gesundheitlichen Versorgung praktisch tätigen Personen ('health professionals' bzw. 'professionelle Helfer') und die Gesundheitspolitiker. Etwas ausführlicher formuliert stehen in diesem Kapitel die folgenden Fragen im Vordergrund:

- Wie kann das gesundheitspolitische Ziel genauer definiert werden?
- Wird in anderen westeuropäischen Staaten versucht, aus den wissenschaftlichen Analysen konkrete gesundheitspolitische Empfehlungen abzuleiten, und wie erfolgreich sind diese Versuche bisher gewesen?
- Was wissen die wichtigsten Akteure in Deutschland über das Ausmaß der sozialen und gesundheitlichen Ungleichheit, über die Ursachen der gesundheitlichen Ungleichheit und darüber, ob und wie sie verringert werden kann? Welche Maßnahmen haben die Akteure bereits unternommen zur

Verringerung der gesundheitlichen Ungleichheit, und welche weiteren Maßnahmen könnten sie unternehmen?

Die Beantwortung der ersten Frage ist relativ unproblematisch. Bei der Frage nach den Erfahrungen in anderen westeuropäischen Staaten kann hier nur exemplarisch auf einige Staaten eingegangen werden. Die Beispiele verdeutlichen vor allem, daß wir von diesen Staaten viel lernen können.

Am schwierigsten ist die Beantwortung der im dritten Spiegelstrich zusammengefaßten Fragen. Sowohl in der wissenschaftlichen als auch in der gesundheitspolitischen Diskussion tauchen sie nur am Rande auf. Das vorliegende Kapitel kann daher nicht viel mehr sein als eine erste Diskussionsanregung. Die Fragen werden bei uns offenbar kaum gestellt. Von dieser Kritik sind auch die Wissenschaftler nicht ausgenommen. Es ist aus der Bundesrepublik m.W. bisher keine größere wissenschaftliche Studie vorhanden, in der versucht wird, auf sie einzugehen. Diese relative Gleichgültigkeit gegenüber den Möglichkeiten einer praktischen gesundheitspolitischen Intervention ist vermutlich auch darin begründet, daß viele Wissenschaftler zu sehr 'im Elfenbeinturm' arbeiten. So haben die Wissenschaftler z.B. nur selten die Gelegenheit, ihre Forschungsergebnisse direkt mit den Gesundheitspolitikern zu diskutieren. Sie suchen auch selten das Gespräch mit Angehörigen der unteren sozialen Schicht, um mehr darüber zu erfahren, welche Möglichkeiten die direkt Betroffenen zur Verbesserung ihrer gesundheitlichen Lage sehen. Das vorliegende Buch soll dazu beitragen, diesen Mangel an Kommunikation zu verringern, indem die oben genannten Fragen formuliert und so weit wie möglich beantwortet werden.

1) Das Ziel 'gesundheitliche Chancengleichheit'

Aus welchem Grunde sollte die Verringerung der gesundheitlichen Ungleichheit ein gesundheitspolitisches Ziel sein? So provokant diese Frage klingen mag, so wichtig ist doch ihre Beantwortung. Die Forderung nach einer Verringerung der gesundheitlichen Ungleichheit erhält erheblich mehr Gewicht, wenn Übereinstimmung darüber besteht, warum die gesundheitliche Ungleichheit so klein wie möglich sein sollte. Da diese Frage in der Bundesrepublik bisher kaum diskutiert wird, ist ein Rückgriff auf Diskussionsbeiträge aus dem westeuropäischen Ausland notwendig. In einem m.E. besonders wichtigen Beitrag werden die beiden folgenden Antworten unterschieden (Vågerö 1995):

- Gesundheit ist für jeden Bürger ein grundlegendes 'Recht'. Der Staat sollte jedem Bürger dabei helfen, so gesund wie möglich zu sein.
- Durch die Verringerung der gesundheitlichen Ungleichheit läßt sich der Gesundheitszustand der Gesamtbevölkerung erheblich verbessern.

Das erste Argument läßt sich mit Hilfe der gesundheitlichen Versorgung konkretisieren. Das Ziel 'gleicher Zugang zur gesundheitlichen Versorgung für jeden' wird heute allgemein anerkannt, und in der Bundesrepublik wird dieses Ziel im Rahmen der Gesetzlichen Krankenversicherung (GKV) auch weitgehend erreicht. Es muß jedoch auch gefragt werden, ob 'der Staat' bereits alles ihm Mögliche zur Unterstützung des 'Rechts auf Gesundheit' unternommen hat, auch und vor allem für die Angehörigen der unteren sozialen Schicht. Während sich das erste Argument auf ethische Prinzipien beruft, steht beim zweiten Argument die eher pragmatische Frage im Vordergrund, durch welche Maßnahmen sich der Gesundheitszustand im Bevölkerungsdurchschnitt verbessern läßt. Nach D. Vågerö (1995) sind die gesundheitlichen Ungleichheiten und die Möglichkeiten ihrer Verringerung so groß, daß dadurch im Bevölkerungsdurchschnitt eine erhebliche Verbesserung des Gesundheitszustandes erreicht werden kann, daß die gesundheitlichen Ungleichheiten also schon aus diesem Grunde reduziert werden sollten. Somit liefern *beide* Argumente eine Grundlage für die Forderung nach einer Verringerung der gesundheitlichen Ungleichheit.

Die Diskussion über eine Verringerung der gesundheitlichen Ungleichheit ist auch deswegen so schwierig, weil häufig keine Klarheit über das Ziel 'gesundheitliche Gleichheit' besteht. In einer etwas älteren, aber nach wie vor häufig zitierten Publikation unterscheidet G. Mooney (1983) sieben Arten von 'gesundheitlicher Gleichheit' (vgl. auch Mielck 1994b):

1) Gleiche Ausgaben pro Person: Wenn die finanziellen Mittel für das Gesundheitssystem regional verteilt werden, sollte jede Region pro Kopf der Bevölkerung den gleichen Anteil erhalten.
2) Gleiche Ressourcen pro Person: Die erste Definition kann mit dem Problem konfrontiert sein, daß sich die Kosten regional unterscheiden. Die Finanzierung sollte daher gewährleisten, daß pro Region und pro Kopf nicht der gleiche Geldbetrag zur Verfügung steht, sondern die gleichen Ressourcen erworben werden können.
3) Gleiche Prioritäten: Um regionale Unterschiede im Versorgungsniveau zu vermeiden, müssen nicht nur die finanziellen Ressourcen, sondern auch die politischen Prioritäten bei der Verwendung der Gelder pro Region ähnlich sein.
4) Gleiche Ressourcen bei gleichem Bedarf: Die Finanzierung sollte auch den 'Bedarf' an Versorgung einbeziehen, d.h. vor allem die Morbiditäts- und Mortalitätsstruktur. Mit den Worten von G. Mooney (1983, S. 180): „Wenn es möglich wäre zu sagen, daß in der Population A der Bedarf 10% größer ist als in der Population B, dann sollte - ceteris paribus - die Population A auch 10% mehr Ressourcen erhalten als Population B“ (deutsche Übersetzung durch A.M.).
5) Gleicher Zugang bei gleichem Bedarf: Die Kosten (in bezug auf Geld, Zeit etc.), um die gesundheitliche Versorgung in Anspruch nehmen zu können, sollten für alle Patienten mit gleichem Bedarf gleich groß sein.

6) Gleiche Inanspruchnahme bei gleichem Bedarf: Da die Inanspruchnahme der medizinischen Versorgung nicht nur von den Kosten, sondern auch von Faktoren wie Informationsstand und individuelle Präferenz abhängig ist, bedeutet gleicher Zugang nicht automatisch auch gleiche Inanspruchnahme. Falls die Inanspruchnahme einer Population trotz gleichen Zugangs relativ gering ist, sollten zusätzliche Ressourcen eingesetzt werden, um gleiche Inanspruchnahme zu erreichen.
7) Gleicher Gesundheitszustand: Während sich die ersten sechs Definitionen auf die Allokation und Nutzung von Ressourcen im Gesundheitssystem konzentrieren, bezieht sich diese letzte Definition direkt auf das Ziel eines gleichen Gesundheitszustandes.

Die Betonung regionaler Gleichheitsaspekte (vgl. die Definitionen 1 bis 4) spiegelt die Diskussion in Großbritannien wider, wo sich die regionalisierte finanzielle Unterstützung des Gesundheitssystems auch nach den Mortalitätsziffern der Regionen richtet (Townsend et al. 1990, S. 139). Diese Definitionen sind jedoch auch wichtig für die ökologischen Studien aus Deutschland, d.h. für die Studien, in denen regionale Unterschiede im Gesundheitszustand thematisiert werden. In einer Studie aus dem Saarland zur Überlebenszeit von Patienten mit kolorektalem Krebs wurde z.B. gezeigt, daß die Überlebenszeit in Gemeinden mit niedrigem sozio-ökonomischen Status erheblich geringer ist als in Gemeinden mit höherem sozio-ökonomischen Status (Brenner et al. 1991; vgl. Tabelle 26 und Abbildung 8). Die Forderung, daß vor allem die Versorgung der Patienten aus den Gemeinden mit niedrigem sozio-ökonomischen Status verbessert werden sollte, läßt sich z.B. mit dem höheren 'Bedarf' in diesen Gemeinden begründen, d.h. mit der vierten Definition.

Die Definitionen 5 und 6 beziehen sich nicht auf die regionale, sondern auf die individuelle Ebene; sie dürften kaum strittig sein. Die 7. Definition besitzt den Vorteil, daß sie das eigentliche Ziel der Diskussion, d.h. den Gesundheitszustand in den Vordergrund stellt, und nicht die Verteilung und Nutzung von Ressourcen. Dieses Ziel kann jedoch leicht mißverstanden werden: Es ist selbstverständlich unrealistisch, wenn damit ein gleicher Gesundheitszustand von einzelnen Personen angestrebt werden sollte. Es wird jedoch weniger utopisch, wenn es sich auf größere Bevölkerungsgruppen bezieht. Etwas konkreter formuliert könnte dieses Ziel z.B. heißen: Unabhängigkeit des Gesundheitszustandes vom Wohnort und vom sozialen Status.

a) Die WHO Strategie 'Gesundheit für alle'

Im Jahr 1977 wurde auf der 30. Versammlung der Weltgesundheitsorganisation (WHO) die folgende Entschließung angenommen: „Alle Menschen der Welt (sollen) bis zum Jahr 2000 ein Gesundheitsniveau erreichen, das es ihnen erlaubt, ein sozial und wirtschaftlich produktives Leben zu führen“ (WHO 1993, S. 1). Diese anspruchsvolle Strategie hat in der Folgezeit unter dem Titel

'Gesundheit für alle' (bzw. unter dem Titel 'Gesundheit 2000') eine Fülle von relativ konkreten gesundheitspolitischen Empfehlungen hervorgebracht. Zur Umsetzung der Strategie 'Gesundheit für alle' wurden 1984 von den Mitgliedstaaten der europäischen WHO Region, zu denen selbstverständlich auch die BRD und die DDR zählten, insgesamt 38 Gesundheitsziele verabschiedet. Das erste (!) Ziel trägt in der deutschen Übersetzung die Überschrift 'Chancengleichheit auf dem Gebiet der Gesundheit'. Es lautet:

> „Bis zum Jahr 2000 sollten die derzeit bestehenden Unterschiede im Gesundheitszustand zwischen den Ländern sowie zwischen verschiedenen Gruppen innerhalb der Länder um mindestens 25 Prozent verringert werden, und zwar durch Verbesserung des Gesundheitsniveaus der benachteiligten Völker und Gruppen“ (WHO 1985, S. 33).

Ein wichtiger Schritt in Richtung auf eine Klarstellung dieses Ziels war die Publikation der Broschüre 'Die Konzepte und Prinzipien von Chancengleichheit und Gesundheit' (Whitehead 1991), in der allgemeinverständlich dargestellt wird, welche Art von gesundheitlicher Ungleichheit abgebaut werden sollte. Es wird betont, daß nicht alle Unterschiede im Gesundheitszustand auch gleichzeitig ein gesundheitspolitisches Problem darstellen, daß vor allem die vermeidbaren und 'unfairen' Unterschiede problematisch sind. Um entscheiden zu können, ob ein Unterschied im Gesundheitszustand vermeidbar ist, müssen also zunächst die *Ursachen* der Unterschiede analysiert werden. Die anschließende Frage, ob die vermeidbaren Unterschiede auch unfair sind, läßt sich selbstverständlich nur schwer beantworten, zumal die Antwort davon abhängen wird, wer gefragt wird.

Als Orientierungshilfe werden sieben Ursachen der gesundheitlichen Ungleichheit unterschieden (Whitehead 1991):
- angeborene Eigenschaften des Menschen
- frei gewähltes gesundheitsrelevantes Verhalten
- unterschiedliche Geschwindigkeit bei der Inanspruchnahme neuer Präventions- und Gesundheitsförderungs-Angebote
- nicht frei gewähltes gesundheitsrelevantes Verhalten
- Exposition gegenüber gesundheitsgefährdenden Arbeits- und Wohnbedingungen
- Zugang zur gesundheitlichen Versorgung
- gesundheitsbedingte soziale Mobilität

In der wissenschaftlichen Diskussion werden zumeist nur die gesundheitlichen Ungleichheiten als unvermeidbar oder als 'fair' angesehen, die sich aus den ersten drei Ursachen ergeben können. Die anderen Ursachen bilden somit den Kern der 'problematischen gesundheitlichen Ungleichheit', d.h. sie sind vermeidbar und 'unfair', und die daraus resultierenden gesundheitlichen Ungleichheiten sollten reduziert werden (vgl. auch Whitehead 1992).

Wie oben bereits angedeutet wurde, sollte das Ziel von Maßnahmen zur Verringerung der gesundheitlichen Ungleichheit so klar wie möglich definiert werden. Sollen alle Menschen gleich gesund sein und gleich lange leben? Dies ist weder ein erreichbares noch ein erstrebenswertes Ziel. In Anlehnung an die Argumentation der WHO (Whitehead 1991, 1992) läßt sich das Ziel wie folgt definieren:

> Jeder soll eine faire Chance erhalten, sein Gesundheitspotential voll auszuschöpfen, d.h. alle vermeidbaren Hemmnisse zur Erreichung dieses Potentials sollen beseitigt werden.

Die Zielvorstellung läßt sich m.E. am besten mit dem Begriff '*gesundheitliche Chancengleichheit*' umschreiben.

b) Definition des Begriffes 'Problematische gesundheitliche Ungleichheit'

Auf englisch wird zumeist zwischen den Begriffen 'health inequalities' und 'health inequities' unterschieden (Whitehead 1992). 'Health inequalities' ist der wertneutrale Begriff, mit dem alle Unterschiede im Gesundheitszustand gekennzeichnet werden. Der Begriff 'health inequities' hat dagegen eine moralische, wertende Komponente; er wird zur Beschreibung von ungerechten oder unfairen Unterschieden verwendet; diese Unterschiede werden also zumindest von einem Teil der Wissenschaftler oder Politiker als so relevant eingeordnet, daß sie Handlungsbedarf erzeugen. Die Grenzen zwischen 'health inequalities' und 'health inequities' sind selbstverständlich fließend und können sich durch veränderte Rahmenbedingungen oder Wahrnehmungen verschieben.

Der englische Sprachgebrauch bietet sich als Vorbild für deutsche Definitionen an, entsprechend können unter dem Begriff

- *'gesundheitliche Ungleichheiten'* (health inequalities) alle Unterschiede im Gesundheitszustand nach Merkmalen der sozialen Differenzierung verstanden werden, während der Begriff
- *'problematische gesundheitliche Ungleichheiten'* (health inequities) die als ungerecht empfundenen Unterschiede kennzeichnen kann.

Damit ist auch sprachlich die Verbindung zur soziologischen Diskussion über die 'soziale Ungleichheit' ausgedrückt: Der Begriff 'soziale Ungleichheit' ist ebenfalls zunächst wertneutral; nur bestimmte Ausprägungen der sozialen Ungleichheit werden als Problem empfunden.

Eine etwas weitergehende Spezifizierung der Begriffe wird von K. Stronks und L. Gunning-Schepers (1993) vorgeschlagen: Sie unterscheiden zwei Arten von 'gesundheitlichen Ungleichheiten' (bzw. 'health inequalities'), und zwar die vermeidbaren und die unvermeidbaren. 'Problematische gesundheitliche Ungleichheiten' (d.h. 'health inequities') sind nur dann vorhanden, wenn sie Folge von *vermeidbaren* Gesundheitsgefährdungen sind, und wenn die Gesundheitsgefährdung nicht durch die gefährdete Person selbst, sondern durch andere Personen verringert bzw. vermieden werden kann.

Abbildung 34: Der Begriff 'Problematische gesundheitliche Ungleichheit'

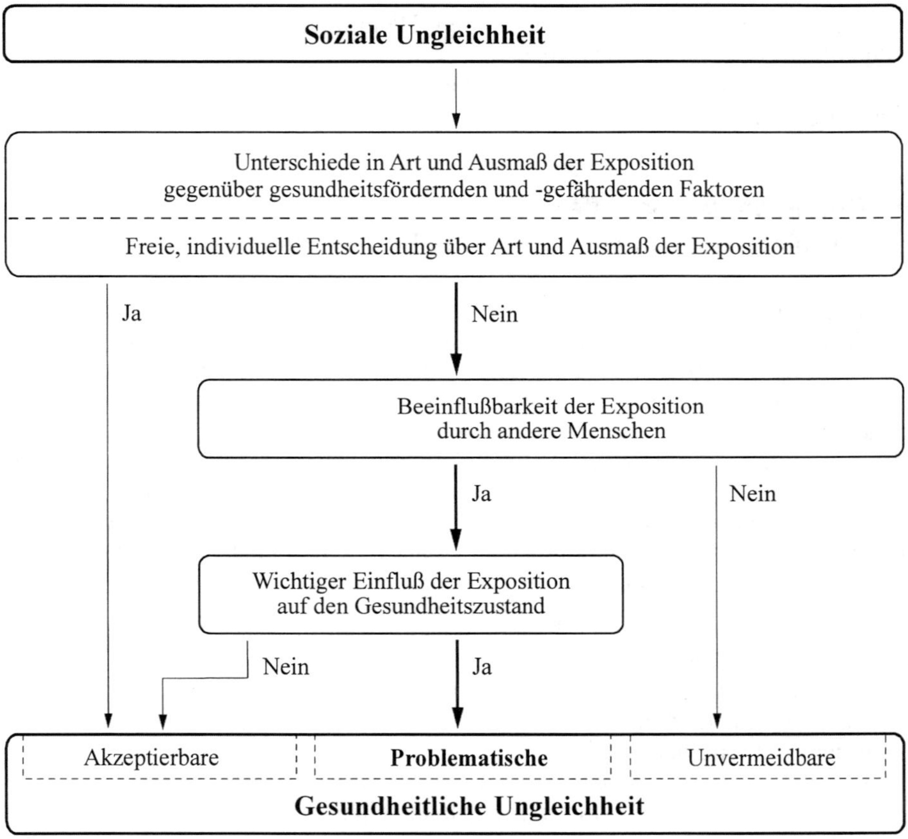

Quelle: Mielck 1999a/b

Diese Definition sollte m.E. noch um ein weiteres Element ergänzt werden: Bei der gesundheitlichen Ungleichheit kann es sich um so geringe Unterschiede in Morbidität und Mortalität handeln, daß sich daraus kaum ein gesundheitspolitischer Handlungsbedarf ableiten läßt. Der Begriff 'problematische gesundheitliche Ungleichheit' sollte sich daher auf die größeren Ungleichheiten beschränken, d.h. auf die Gesundheitsgefährdungen, die einen erheblichen Einfluß auf das Ausmaß der gesundheitlichen Ungleichheit ausüben können. In

Abbildung 34 wird diese etwas komplizierte Argumentation noch einmal graphisch veranschaulicht.

2) Diskussion im westeuropäischen Ausland

Wie oben bereits angedeutet wurde, ist derzeit weder in den alten noch in den neuen Bundesländern eine breite öffentliche Diskussion darüber zu erkennen, ob und wie die problematischen gesundheitlichen Ungleichheiten verringert werden können. Im WHO Regionalbüro für Europa und in einigen westeuropäischen Staaten wird dagegen schon seit mehreren Jahren intensiv über diese Frage diskutiert; bisher ist davon aber offenbar nur wenig nach Deutschland gedrungen. Selbstverständlich müssen die relativ allgemein gehaltenen Strategiepapiere des WHO Regionalbüros für Europa noch in konkrete Maßnahmen übersetzt werden, und selbstverständlich lassen sich Erfahrungen aus anderen westeuropäischen Staaten nicht einfach auf Deutschland übertragen. Aus der sorgfältigen Beobachtung dieser Diskussion können sich jedoch wichtige Anregungen auch für Deutschland ergeben. Für die folgende Darstellung sind Großbritannien und die Niederlande ausgewählt worden, weil die Fragen der gesundheitlichen Ungleichheit in diesen Staaten besonders intensiv diskutiert werden. Um auch ein Beispiel aus dem deutschsprachigen Ausland zu präsentieren, werden zusätzlich einige Erfahrungen aus der Schweiz beschrieben. Bezogen auf weitere westeuropäische Staaten liegen vor allem Berichte aus Schweden vor (Whitehead 1998, Lindholm et al. 1997).

a) WHO Regionalbüro für Europa

Im Kapitel IV-1a wurde bereits das erste Ziel der WHO Strategie 'Gesundheit für alle' angesprochen. Das Ziel beinhaltet die Formulierung 'Verringerung der gesundheitlichen Ungleichheit bis zum Jahr 2000 um 25%', und es stellt sich sofort die Frage, wie sich das WHO Regionalbüro die Erreichung dieses ehrgeizigen Ziels vorstellt. Das Regionalbüro verfügt nur über sehr geringe finanzielle und personelle Ressourcen; zudem übt es nur eine beratende (bzw. mahnende) Funktion aus.

Eine kritische Würdigung dieses ersten Ziels der WHO Strategie 'Gesundheit für alle' muß m.E. mit dem folgenden Argument beginnen: Auch wenn das Ziel im positiven Sinn utopisch sein mag; wichtig ist vor allem, daß sich die Mitgliedstaaten der europäischen WHO Region auf dieses Ziel überhaupt verständigt haben. Bis heute lassen sich nur wenige offizielle Dokumente finden, in denen das gesundheitspolitische Ziel, die bestehenden gesundheitlichen Ungleichheiten zu reduzieren, explizit formuliert wird. Die Vorgabe '25 Prozent' ist dabei mehr von symbolischer Bedeutung. Die 38 Ziele wurden 1991 noch einmal überarbeitet. Wie schon den Zielen von 1984, so lag auch dieser Aktualisierung das Prinzip zugrunde, die Ziele so zu gestalten, daß sie 'eine Mischung aus der Wirklichkeit von heute und den Träumen von morgen' darstellen (WHO 1993, S. 5). Das erste Ziel blieb unverändert erhalten und zählt sicher zu 'den Träumen von morgen'. Entscheidend ist jedoch, daß es 1991 nicht geändert oder gestrichen wurde. Vor wenigen Monaten wurde vom WHO Regionalbüro eine erneute Überarbeitung der Gesundheitsziele vorgestellt (WHO 1999). Das Programm umfaßt jetzt 21 Ziele, und die beiden ersten lauten:

- Verringerung der gesundheitlichen Ungleichheit zwischen den Staaten
- Verringerung der gesundheitlichen Ungleichheit innerhalb der Staaten

Dies ist ein weiterer Beleg dafür, daß zumindest im WHO Regionalbüro für Europa das Problem 'gesundheitliche Ungleichheit' sehr ernst genommen wird, und daß die einzelnen Mitgliedstaaten keine grundlegenden Einwände gegen dieses Ziel vorbringen.

Das Ziel 'Verringerung der gesundheitlichen Ungleichheit innerhalb der Staaten' wird jetzt wie folgt spezifiziert (WHO 1999; deutsche Übersetzung durch A.M.): „Durch Verbesserung des Gesundheitszustandes in der unteren sozialen Schicht soll die gesundheitliche Ungleichheit bis zum Jahr 2020 um mindestens 25% verringert werden. Dies bedeutet vor allem:

- Verringerung der Unterschiede in der Lebenserwartung um mindestens 25%
- Verringerung der sozio-ökonomischen Unterschiede bei den wichtigsten Indikatoren für Morbidität, gesundheitsbedingter Behinderung und Mortalität
- Verringerung der Unterschiede in Einkommen, Ausbildungsniveau und Erwerbstätigkeit
- Verringerung des Anteils einkommens-armer Personen an der Gesamtbevölkerung
- einfacher Zugang der ökonomisch und gesundheitlich besonders belasteten Personen zu den Versorgungsangeboten."

In einer älteren WHO Publikation steht, daß 1984 die Ziele 'durch das Regionalkomitee angenommen' wurden (WHO 1985, S. IX). In einer neueren Publikation steht dagegen, daß die Gesundheitsziele 'von den 32 Mitgliedstaaten verabschiedet' worden sind (WHO 1993, S. IX). Diese sprachliche Ungenauigkeit verweist auf eine Frage, die in den WHO Publikationen nur unzureichend beantwortet wird, und zwar die Frage nach der Verbindlichkeit der Strategie für die einzelnen Mitgliedstaaten. In der 1984 vom Regionalkomitee der WHO für Europa verabschiedeten Resolution heißt es:

> „Das Regionalkomitee (...) billigt, zwecks Anwendung soweit angemessen und unter Berücksichtigung der jeweiligen Gegebenheiten in den einzelnen Mitgliedstaaten, die Einzelziele zur Unterstützung der Regionalstrategie für 'Gesundheit 2000'. (...) (Es) bittet die Mitgliedstaaten eindringlich, ihre Bemühungen um Erarbeitung nationaler gesundheitspolitischer Konzepte und Programme, die mit der Regionalstrategie für 'Gesundheit 2000' in Einklang stehen, zu verstärken und nationale Ziele derart zu setzen, daß sie gleichfalls zur Erreichung der Regionalziele beitragen" (WHO 1985, S. 193).

Das klingt nicht sehr verbindlich, auf jeden Fall unverbindlicher als die Formulierung 'von den 32 Mitgliedstaaten verabschiedet'.

Es ist daher nicht möglich, und es war auch bestimmt nie beabsichtigt, einzelne Regierungen für die Einhaltung des Ziels 'gesundheitliche Chancengleichheit' quasi rechtlich haftbar machen zu können. Dennoch ist die Strategie 'Gesundheit für alle' selbstverständlich eine wichtige gesundheitspolitische Willenserklärung der Mitgliedstaaten, und auch die Bundesregierung sollte immer wieder aufgefordert werden, sich für das in dieser Strategie enthaltene Ziel 'gesundheitliche Chancengleichheit in der Bundesrepublik' einzusetzen.

In den WHO Broschüren finden sich auch viele mehr oder weniger konkrete Handlungsansätze zur Erreichung des Ziels einer gesundheitlichen Chancengleichheit (Whitehead 1991, Dahlgren/Whitehead 1993). Ein zentraler Ansatz ist z.B. die Chancengleichheit bei der gesundheitlichen Versorgung. Etwas konkreter ausgedrückt lassen sich drei Ausprägungen dieser Gleichheit unterscheiden:

- gleicher *Zugang* zur gesundheitlichen Versorgung bei gleichem Bedarf
- gleiche *Nutzung* der gesundheitlichen Versorgung bei gleichem Bedarf
- gleiche *Qualität* der gesundheitlichen Versorgung für alle Nutzer

Die weiteren Handlungsansätze beziehen sich beispielsweise auf die Verringerung der Armut, die Verbesserung von Lebens- und Arbeitsbedingungen und die Unterstützung bei der Annahme gesünderer Lebensweisen. In einer neueren WHO Broschüre wird zudem dargestellt, mit welchen empirischen Methoden diese Themenkomplexe analysiert werden können (Kunst/Mackenbach 1996).

Die einzelnen Ziele der Strategie 'Gesundheit für alle' werden im WHO Regionalbüro für Europa verschiedenen Personen zugeordnet. Für das Ziel 'Chancengleichheit' ist Frau Ritsatakis zuständig; sie bekleidet im Regionalbüro die Position eines 'Regional Advisers for Country Health Policies and Equity in Health'. In einer 1994 veröffentlichten Stellungnahme hat Frau Ritsatakis eine etwas zwiespältige Bilanz der bisher erzielten Fortschritte gezogen.

> „Bezogen auf die Chancengleichheit sind nur langsam Fortschritte zu erkennen, und (...) einige Indikatoren zeigen eine Zunahme der gesundheitlichen Ungleichheit sowohl zwischen den Mitgliedstaaten als auch zwischen den Bevölkerungsgruppen innerhalb eines Staates. In den letzten Jahren kann jedoch als klarer Erfolg der WHO Strategie verbucht werden, daß das Thema 'gesundheitliche Chancengleichheit' ein fester Teil der politischen Agenda geworden ist“ (Ritsatakis 1994, S. 204; deutsche Übersetzung durch A.M.).

Einschränkend muß angemerkt werden: In einigen westeuropäischen Staaten - wie z.B. in Großbritannien - ist die gesundheitliche Ungleichheit in der Tat schon seit mehreren Jahren 'fester Teil der politischen Agenda', in einigen anderen - wie z.B. in Deutschland - jedoch (noch) nicht.

b) Großbritannien

Wie oben bereits angedeutet wurde (vgl. Kapitel III-3a), stellt der Black Report so etwas wie die Initialzündung für die öffentliche Diskussion über gesundheitliche Ungleichheiten dar, und zwar nicht nur in Großbritannien selbst, sondern auch in anderen westeuropäischen Staaten. 1977 erteilte der 'Minister für Soziales' (Secretary of State for Social Services) aus der damaligen Labour Regierung einer Arbeitsgruppe den Auftrag, die vorhandenen Informationen über das Ausmaß und die Ursachen der gesundheitlichen Ungleichheit zusammenzutragen. Leiter der vierköpfigen Arbeitsgruppe war Sir Douglas Black, der Präsident des 'Royal College of Physicians'. Der Bericht, der später unter dem Titel 'Black Report' bekannt wurde, ist 1980 dem dann zuständigen Minister aus der neuen konservativen Regierung unter Frau Thatcher übergeben worden.

Wie kaum anders zu erwarten, war die Reaktion der konservativen Regierung 'sehr zurückhaltend' (Townsend et al. 1990, S. 3). Dies wurde schon daran deutlich, daß nur 260 Kopien des Berichtes gedruckt wurden; und es gab weder eine Pressemitteilung noch eine Pressekonferenz. Einigen ausgewählten Journalisten wurde eine Kopie zugesandt, aber an einem Tag, an dem man sicher sein konnte, daß der Bericht kaum zur Kenntnis genommen werden würde (Freitag vor dem 'Bank Holiday' im August). Einer der Journalisten erkannte jedoch die Bedeutung des Berichtes, und er überzeugte die Arbeitsgruppe um Sir Douglas Black davon, daß sie eine eigene Pressekonferenz organisieren muß. Die Pressekonferenz wurde ein voller Erfolg; in der allgemeinen Presse und auch in der Fachpresse wurden der Bericht - und die Reaktion der Regierung auf diesen Bericht - ausführlich diskutiert. In der renommierten medizinischen Fachzeitschrift 'The Lancet' ist der Schluß gezogen worden, daß die konservative Regierung den Bericht offenbar so weit wie möglich unterdrücken möchte. In einer anderen renommierten medizinischen Fachzeitschrift, dem 'British Medical Journal', wurde betont, daß der Bericht eine sorgfältigere Stellungnahme von Seiten der Regierung verdient habe.

Die offizielle Stellungnahme des Ministers war in der Tat sehr knapp und eher unwillig. Im Vorwort zum Black Report schrieb er: „Es ist der Gruppe leider nicht gelungen, die verschiedenen Ursachen der gesundheitlichen Ungleichheit zu entflechten, aber angesichts der methodischen Probleme ist dies vermutlich auch nicht erstaunlich. (...) Die Gruppe kommt zu dem Schluß, daß sich die gesundheitliche Ungleichheit nur durch ein großes und weitreichendes Programm staatlicher Ausgaben verringern läßt. Es ist aus meiner Sicht ganz klar, daß sich die zusätzlichen Staatsausgaben, die sich aus den Empfehlungen ableiten lassen, im Rahmen der gegenwärtigen und der absehbaren ökonomischen Möglichkeiten nicht realisieren lassen“ (Macintyre 1997, S. 730; deutsche Übersetzung durch A.M.).

Man kann sich das Rauschen im Blätterwald vorstellen, das durch die öffentlich ausgetragene Kontroverse um den Black Report ausgelöst wurde. 1981 bekräftigte der Minister seine Kritik an dem Bericht noch einmal mit den folgenden drei Argumenten (Townsend et al. 1990, S. 5):

- Der Bericht kann die gesundheitlichen Ungleichheiten nur unzureichend erklären, und die vorgeschlagenen Maßnahmen sind nicht finanzierbar.
- Die in dem Bericht vertretene These, daß der Zugang zur gesundheitlichen Versorgung für die unteren sozialen Schichten eingeschränkt ist, entspricht nicht den Tatsachen.
- Die in dem Bericht vertretene These, daß die gesundheitlichen Ungleichheiten durch erhöhte Ausgaben der öffentlichen Hand reduziert werden können, ist nicht belegt worden.

Die Mitglieder der Arbeitsgruppe - und mit ihnen viele Wissenschaftler und Vertreter von Verbänden und Institutionen - wiesen diese pauschale Kritik jedoch zurück und forderten einen vorurteilsfreien Dialog über die Ursachen der gesundheitlichen Ungleichheit und die Möglichkeiten ihrer Verringerung.

1982 wurde der Black Report zum ersten Mal durch einen Buchverlag veröffentlicht. Vier Jahre später erhielt Frau M. Whitehead von einer staatlich geförderten, aber rechtlich unabhängigen Institution (Health Education Council) den Auftrag, einen Nachfolgebericht zum Black Report zu schreiben. 1987 gab sie den neuen Bericht mit dem Titel 'The Health Divide' (auf deutsch: 'Die Aufteilung der Gesundheit') ab. Darin wird bekräftigt, daß das Problem der gesundheitlichen Ungleichheit nichts von seiner Aktualität und Wichtigkeit eingebüßt hat (vgl. Townsend et al. 1990). Ähnlich wie beim Black Report versuchte auch hier der Auftraggeber, eine Pressekonferenz zum Bericht zu verhindern, und auch hier war der Versuch vergeblich. Das öffentliche Interesse an dem neuen Bericht war enorm, zumal eine Wahl bevorstand. Der Bericht wurde am 24. März vorgelegt. Für den 1. April war im Parlament eine Diskussion über die Zukunft des Gesundheitssystems geplant, und viele Mitglieder des Parlaments hatten sich noch schnell eine Kopie des neuen Berichtes besorgt. In der parlamentarischen Diskussion spielte der Bericht dann auch eine wichtige Rolle.

Die gesundheitspolitischen Reaktionen auf den Black Report werden hier in einiger Ausführlichkeit vorgestellt, weil sie ein Lehrstück für andere Staaten sein können. Großbritannien ist in Westeuropa der Staat mit der vermutlich intensivsten wissenschaftlichen und öffentlichen Diskussion über das Thema 'gesundheitliche Ungleichheiten'; aber auch dort gibt es selbstverständlich große politische Widerstände gegen eine offene Diskussion über Ausmaß und Ursache der gesundheitlichen Ungleichheit, und über die Möglichkeiten ihrer Verringerung. Ein Bericht wie der Black Report ist in der Bundesrepublik noch nicht publiziert worden, es läßt sich daher nur vermuten, daß die Reaktion bei uns vermutlich ähnlich sein würde wie in Großbritannien.

Welche Ansätze zur Verringerung der gesundheitlichen Ungleichheit werden im Black Report und in dem Nachfolgebericht 'The Health Divide' genannt? Die Liste der Empfehlungen ist lang und etwas unübersichtlich. Sie reicht von einer Förderung der wissenschaftlichen Forschung über die gesundheitliche Ungleichheit bis hin zu einer Verbesserung der gesundheitlichen Versorgung in den 'sozialen Brennpunkten'. Die beiden Berichte können und sollen keine ausgereifte Strategie zum schrittweisen Abbau der gesundheitlichen Ungleichheit vorschlagen; sie verstehen sich mehr als Diskussionsbasis für die gemeinsame Entwicklung einer derartigen Strategie.

Die Wissenschaftler sind in einer wenig beneidenswerten Lage. Wenn sie schon einmal Gesundheitspolitiker finden, die dazu bereit sind, sich ernsthaft mit dem Problem der gesundheitlichen Ungleichheit zu beschäftigen, dann werden sie zumeist mit der Bitte konfrontiert, konkrete Maßnahmen zur Verringerung des Problems vorzuschlagen. Hier müssen die Wissenschaftler aber häufig in relativ allgemeine Empfehlungen flüchten wie z.B. die, daß die Arbeits- und Wohnbedingungen in der unteren sozialen Schicht verbessert werden sollten. Die Ursachen der gesundheitlichen Ungleichheit sind oft so komplex, daß man bei der Frage nach den Möglichkeiten zur Verringerung dieses Problems leicht in Passivität erstarren kann; und dies gilt nicht nur für Gesundheitspolitiker, sondern auch für Wissenschaftler (vgl. Einleitung zu Kapitel IV).

Um so wichtiger ist es, zur Überwindung dieser nach wie vor weit verbreiteten Erstarrung konkrete Möglichkeiten zum Abbau der gesundheitlichen Ungleichheit vorzustellen, und seit Anfang der 90 Jahre stellen sich auch immer mehr Wissenschaftler dieser für sie häufig ungewohnten Aufgabe. In 'The Lancet', d.h. in einer der weltweit renommiertesten medizinischen Fachzeitschriften, wurde 1991 ein Artikel mit dem Titel 'What can be done about inequalities in health?' (Was kann man bei der gesundheitlichen Ungleichheit tun?)' publiziert. Der Artikel markiert einen Wechsel in der Diskussion über die gesundheitliche Ungleichheit in den westeuropäischen Staaten: Während bisher zumeist empirische Belege für die Existenz, das Ausmaß und die mögliche Erklärung der gesundheitlichen Ungleichheit zusammengetragen wurden, wird in den wissenschaftlichen Zeitschriften in den letzten Jahren vermehrt die Frage gestellt, ob und wie die gesundheitliche Ungleichheit verringert werden kann.

Die erste Autorin ist M. Whitehead, die Verfasserin des oben erwähnten Berichtes 'The Health Divide'. Gemeinsam mit G. Dahlgren stellt sie drei mögliche Ansatzpunkte vor, und zwar einen Ansatzpunkt zur Verringerung spezifischer Gesundheitsprobleme, einen zur Verbesserung von Lebensverhältnissen und einen zur Etablierung des Themas 'gesundheitliche Ungleichheit' in der Gesundheitspolitik (vgl. Tabelle 132). Als spezifisches Gesundheitsproblem wählen sie z.B. den Gesundheitszustand von Säuglingen und Kindern aus. In verschiedenen Studien wurde belegt, daß bei Säuglingen und Kindern sowohl Mortalität als auch Morbidität in der unteren sozialen Schicht besonders hoch sind.

Tabelle 132: Ansätze zur Verringerung der gesundheitlichen Ungleichheit

	Ansatzpunkt		
	Gesundheitsproblem	Lebensverhältnisse	Gesundheitspolitik
Vorteil des Ansatzpunktes	Klar definiertes Problem	Direkter Bezug zu Krankheitsursachen	Langfristigkeit der Maßnahmen
Beispiel	Gesundheitszustand von Säuglingen und Kindern	Arbeitsbedingungen	Kontinuierliche Berichterstattung über gesundheitliche Ungleichheit
Mögliche Maßnahmen	z.B.: Erhöhung der Teilnahme an Früherkennungsmaßnahmen und Impfungen; Unterstützung der Eltern bei der Beendigung des Rauchens in der Schwangerschaft	z.B.: Weiterer Abbau der Unfallgefahren am Arbeitsplatz; bessere Beachtung der Vorschläge von Arbeitern zur Verbesserung ihrer Arbeitsbedingungen	z.B.: Nationales Forschungsprogramm zur Analyse der gesundheitlichen Ungleichheit und ihrer Ursachen, und zur Entwicklung und Evaluation von Maßnahmen zu ihrer Verringerung

Quelle: Whitehead/Dahlgren 1991

Die beiden Autoren betonen, daß bereits viele konkrete Maßnahmen zur Verringerung von Mortalität und Morbidität bei Säuglingen und Kindern bekannt sind, und daß es jetzt darauf ankommt, diese Vorschläge vermehrt bei den Angehörigen der unteren sozialen Schicht umzusetzen (Whitehead/Dahlgren 1991).

In dem Artikel werden mehr Vorschläge genannt, als in Tabelle 132 aufgelistet werden können, und viele Vorschläge werden durch konkrete Umsetzungsbeispiele aus Schweden, Finnland, Großbritannien und den Niederlanden untermauert. Bezeichnenderweise werden aus der Bundesrepublik keine Beispiele genannt. Dies mag z.T. daran liegen, daß die beiden Autoren aus Großbritannien und Schweden stammen, und daß sie daher nur englisch- und schwedischsprachige Publikationen berücksichtigt haben. Der Hauptgrund liegt aber vermutlich eher darin, daß in der Bundesrepublik bisher nur sehr wenig über Maßnahmen zur Verringerung der gesundheitlichen Ungleichheit nachgedacht und publiziert worden ist.

Die beiden Autoren haben drei Jahre später ihre Forderung nach konkreten Maßnahmen zur Verringerung der gesundheitlichen Ungleichheit noch einmal wiederholt (Whitehead/Dahlgren 1994). Was die praktische Durchführung von Maßnahmen angeht, so sind sie jetzt 'gedämpft optimistisch'. Auf der einen Seite beklagen sie zwar die zunehmende Orientierung der westeuropäischen Gesundheitssysteme an die Mechanismen des freien Marktes, auf der anderen

Seite betonen sie aber auch, daß die Forderung nach einer Verringerung der gesundheitlichen Ungleichheit immer mehr Gehör findet.

In ihrer Doktorarbeit beschäftigt sich M. Whitehead erneut mit der Frage, wie gesundheitspolitische Maßnahmen zur Verringerung der gesundheitlichen Ungleichheit gefördert werden können. Die folgenden fünf Punkte sind für sie dabei von besonderer Bedeutung (Whitehead 1997, S. 14):
- Allgemeinverständliche und 'Politik-nahe' Präsentation der empirischen Ergebnisse zur gesundheitlichen Ungleichheit
- Vertiefung des Verständnisses über die Ursachen der gesundheitlichen Ungleichheit
- Evaluation von Maßnahmen, die zu einer Verringerung der gesundheitlichen Ungleichheit beitragen können
- Wiederholung der erfolgreichen Maßnahmen in anderen Regionen
- Prüfung der geplanten und der durchgeführten gesundheitspolitischen Maßnahmen daraufhin, welchen Einfluß sie auf die gesundheitliche Ungleichheit ausüben können

Vier in den 90er Jahren in Großbritannien publizierte Berichte machen besonders deutlich, daß dort inzwischen nicht mehr die Beschreibung und Erklärung der gesundheitlichen Ungleichheit im Mittelpunkt steht, sondern die Entwicklung von Strategien zur Verringerung dieser Ungleichheit:
- In dem ersten Bericht mit dem Titel 'Tackling Inequalities in Health' (auf deutsch: 'Gesundheitliche Ungleichheiten in Angriff nehmen') werden Themen angesprochen wie die gesundheitlichen Folgen schlechter Wohnbedingungen und die Auswirkungen gesundheitspolitischer Initiativen auf die gesundheitliche Ungleichheit (Benzeval et al. 1995a).
- Der zweite Bericht mit dem Titel 'Review of the Research on the Effectiveness of Health Service Interventions to Reduce Variations in Health' (auf deutsch: Überblick über die Forschung zur Effektivität von Interventionen in der Gesundheitsversorgung, mit denen die gesundheitliche Ungleichheit verringert werden soll) beinhaltet eine umfassende wissenschaftliche Bewertung der bisher zu diesem Thema publizierten Arbeiten (The University of York 1995).
- In dem dritten Bericht mit dem Titel 'Working for equality in health' (auf deutsch: Arbeiten für gesundheitliche Chancengleichheit) kommen vor allem Praktiker der gesundheitlichen Versorgung zu Wort. Sie berichten zum einen über die gesundheitlichen Folgen der Lebensbedingungen in der unteren sozialen Schicht. Zum anderen verdeutlichen sie, daß die gesundheitliche Ungleichheit nur verringert werden kann, wenn alle professionellen und nichtprofessionellen Helfer zusammenarbeiten (Bywaters/McLeod 1996).
- Der vierte Bericht ist unter dem Titel 'Acheson Report' (1998) bekannt geworden. Der ausführliche Titel lautet 'Independent Inquiry into Inequalities in Health' (auf deutsch: Unabhängige Untersuchung über die gesundheitliche Ungleichheit). Ausgangspunkt des Berichtes ist ein Auftrag der Regierung an eine unabhängige Kommission unter Leitung von Sir Donald Acheson. Die

Kommission wurde gebeten, einen Bericht über die beiden folgenden Themen vorzulegen: aktueller Forschungsstand zur gesundheitlichen Ungleichheit in Großbritannien, Identifikation von gesundheitspolitischen Interventionsmöglichkeiten zur Verringerung der gesundheitlichen Ungleichheit.

Als Motto kann ein Satz aus dem Vorwort des Berichtes von M. Benzeval et al. (1995a) gelten: „Die Frage ist heute nicht mehr, ob die gesundheitliche Ungleichheit existiert, sondern wen das interessiert, und was dagegen getan werden kann“ (ebd., S. IX; deutsche Übersetzung durch A.M.). In dem Bericht werden Strategien unterschieden:

- Stärkung einzelner Personen (z.B. Unterstützung bei der Änderung des Gesundheitsverhaltens und beim Umgang mit Belastungen)
- Stärkung einzelner Stadtteile und Gemeinden (z.B. Unterstützung bei der Bildung von sozialen Netzwerken und bei der Verringerung von Umweltbelastungen)
- Verbesserung der allgemeinen Lebensbedingungen (z.B. Verbesserung der hygienischen Verhältnisse in der Wohnung und des Unfallschutzes am Arbeitsplatz)
- Unterstützung von makro-ökonomischen und kulturellen Veränderungen (z.B. Abbau von Armut und Arbeitslosigkeit, Verbesserung der Integration von Minderheiten)

In dem Bericht wird betont, daß die erste Strategie bisher nur wenig Erfolg hatte im Sinne einer Verringerung der gesundheitlichen Ungleichheit, und daß die beiden letzten Strategien am erfolgversprechendsten sind. 'Der Gesundheitszustand einer Person wird entscheidend geprägt durch ihre sozialen und ökonomischen Lebensbedingungen'. Basierend auf diesem Kernsatz der Sozial-Medizin und der Medizin-Soziologie wird - auch und vor allem für die Angehörigen der unteren sozialen Schicht - gefordert:

- Schutz vor Armut und Arbeitslosigkeit
- Schutz vor Umweltverschmutzung
- Verbesserung der Arbeits- und Wohnbedingungen
- Verbesserung des Zugangs zu den sozialen Diensten und zur gesundheitlichen Versorgung
- Unterstützung beim Abbau gesundheitsgefährdender Verhaltensweisen

Es handelt sich somit um eine nahezu vollständige Liste der gesundheitsrelevanten Lebensbedingungen. Die Botschaft dieses Berichtes entspricht also der Botschaft des oben erwähnten Artikels von M. Whitehead und G. Dahlgren (vgl. Tabelle 132). Sie läßt sich wie folgt zusammenfassen:

- Der Gesundheitszustand in der unteren sozialen Schicht kann verbessert und die gesundheitliche Ungleichheit kann verringert werden.
- Wir wissen so viel über gesundheitsgefährdende bzw. -fördernde Lebensbedingungen. Jetzt muß dieses Wissen dafür eingesetzt werden, daß der Gesundheitszustand vor allem in der unteren sozialen Schicht verbessert wird.

Auch wenn diesen beiden Aussagen nur zugestimmt werden kann, so sollte m.E. jedoch nicht übersehen werden, daß in dem Bericht von M. Benzeval et al. (1995a) die einzelnen Forderungen nicht nach Wichtigkeit oder Umsetzbarkeit geordnet werden. Er enthält eine Fülle von konkreten Empfehlungen z.B. zur Verringerung der Armut und zur Verbesserung der Wohnverhältnisse von Personen mit geringem Einkommen. Die Forderungen sind jedoch so komplex, und die Liste der Forderungen ist so umfangreich, daß es den meisten Gesundheitspolitikern schwerfallen dürfte, daraus einen Katalog der wichtigsten konkreten Maßnahmen abzuleiten. Der Bericht bietet eine wertvolle Liste potentieller Ansatzpunkte, jedoch noch kein fertiges gesundheitspolitisches Konzept.

Der zweite Bericht basiert auf einer umfangreichen Suche nach wissenschaftlich evaluierten Maßnahmen zur Verringerung der gesundheitlichen Ungleichheit (The University of York 1995). Die Suche umfaßt Publikationen aus den Jahren 1984 bis 1994, dabei gab es keine Einschränkung der verwendeten Sprache (Englisch, Französisch etc.). Aufgenommen wurden nur die Studien, die eine Evaluation auf Basis eines experimentellen oder quasi-experimentellen Designs beinhalten. Insgesamt erfüllten 94 Studien diese Einschlußkriterien. Die Maßnahmen, die zu einer Verringerung der gesundheitlichen Ungleichheit (bzw. zu einer Verbesserung des Gesundheitszustandes von Personen aus der unteren sozialen Schicht) beigetragen haben, zeichnen sich demnach häufig durch die folgenden Eigenschaften aus:
- Erleichterung des Zugangs zur vorhandenen Versorgung
- Intensiver persönlicher Kontakt mit der Zielgruppe
- Fokussierung auf die Ziele, die von der Zielgruppe definiert wurden
- Kombination von verschiedenen Ansatzpunkten
- Einbeziehung von Personen aus dem sozialen Umfeld
- Kooperation zwischen den betroffenen Interessengruppen

Von den 94 Studien stammen 68 aus den USA, 19 aus Großbritannien und die restlichen 7 aus Kanada und Irland. Diese Verteilung zeigt deutlich, wo das Thema 'gesundheitliche Ungleichheit' als wichtiges Problem angesehen wird, und wo zugleich akzeptiert wird, daß Interventionsmaßnahmen evaluiert werden sollen und können. Aus der Bundesrepublik kommt bezeichnenderweise keine Studie.

Die Art der Maßnahmen läßt sich mit Hilfe der beiden folgenden Beispiele verdeutlichen: In Los Angeles (USA) wurden 2.004 Frauen aus der unteren sozialen Schicht in eine Studie aufgenommen (Marcus et al. 1992). Die Frauen wiesen einen auffälligen Befund beim Krebsfrüherkennungs-Test auf Zervix-Karzinom auf, und das Ziel der Intervention bestand darin, den Anteil der Frauen zu erhöhen, die an einer Nachuntersuchung teilnehmen. Die folgenden Interventionen wurden durchgeführt: (a) Information über den Befund per Telephon; (b) persönlicher und vom Klinikdirektor unterschriebener Brief mit dem Testergebnis und mit weiteren Informationen zum Zervix-Karzinom; (c)

Zusendung einer Fahrkarte der öffentlichen Verkehrsmittel für die Fahrt in die Klinik zur Nachuntersuchung; (d) im Warteraum während der ersten Untersuchung: Dia- und Tonband-Vortrag zum Zervix-Karzinom und zur Nachuntersuchung. Die Kontrollgruppe erhielt keine Intervention, und bei den vier Untersuchungsgruppen wurden die Interventionen (a) bis (d) in verschiedener Weise kombiniert. Die höchste Teilnahmerate wurde erzielt durch Kombination der Interventionen (a) und (c).

Eine andere Studie aus Großbritannien konzentriert sich auf das Problem, daß bei Kindern aus der unteren sozialen Schicht das Wachstum häufig verzögert ist. Speziell wurde untersucht, ob und wie die kostenlose Ausgabe von Milch an 7- bis 8jährige Kinder in der Schule dazu beitragen kann, dieses Problem zu verringern. Die ca. 500 Kinder aus der unteren sozialen Schicht wurden in eine Interventionsgruppe (kostenlose Ausgabe von Milch) und eine Kontrollgruppe (keine kostenlose Ausgabe von Milch) unterteilt. Nach zwei Jahren zeigte sich eine deutliche Verbesserung zugunsten der Interventionsgruppe, d.h. diese Kinder legten mehr an Körpergröße und -gewicht zu als die Kinder aus der Kontrollgruppe (Baker et al. 1980).

Diese konkreten Projekte beinhalten Anregungen auch für die Bundesrepublik. Wichtig ist hier aber vor allem der folgende Punkt: Während in den oben dargestellten Arbeiten von M. Whitehead und G. Dahlgren (1991) und von M. Benzeval et al. (1995a) die These vertreten wird, daß die gesundheitliche Ungleichheit verringert werden *kann*, werden in dem Bericht aus York (The University of York 1995) Studien zusammengefaßt, die diese These auch empirisch belegen. Betont werden muß zudem, daß es möglich ist, Maßnahmen zur Verringerung der gesundheitlichen Ungleichheit wissenschaftlich zu evaluieren. Die weit verbreitete Skepsis gegenüber einer Evaluation von Interventionsmaßnahmen läßt sich offenbar überwinden im Interesse einer Optimierung der Maßnahmen und einer Verbreitung der erfolgreichen Maßnahmen.

Der 'Acheson Report' wurde dem britischen Gesundheitsminister im September 1998 übergeben. In der Zusammenfassung wird betont:

> „Obwohl die Mortalität in den letzten 50 Jahren abgenommen hat, sind nach wie vor inakzeptable gesundheitliche Ungleichheiten vorhanden. Viele Indikatoren des Gesundheitszustandes zeigen, daß die Ungleichheit entweder gleich groß geblieben ist oder in den letzten Jahrzehnten sogar noch zugenommen hat. (...) Die wissenschaftlichen Ergebnisse untermauern eine sozio-ökonomische Erklärung der gesundheitlichen Ungleichheit. Demnach lassen sich die Ursachen auf Faktoren wie Einkommen, Bildung und Berufstätigkeit, auf die Lebensbedingungen und den Lebensstil zurückführen. (...) Ausgehend von den potentiellen Einflüssen auf eine Verringerung der gesundheitlichen Ungleichheit - und von den offenkundigen Zusammenhängen - haben wir eine Reihe von gesundheitspolitischen Empfehlungen identifiziert. Sie umfassen Bereiche wie Armut, Einkommen, Steuern,

> finanzielle Unterstützungen, Ausbildung, Berufstätigkeit, Wohnverhältnisse und Wohnumwelt, Umweltverschmutzung, Ernährung. (...) Drei Bereiche sind u.E. von besonders großer Bedeutung: Bei allen Maßnahmen, die einen Einfluß auf die Gesundheit haben können, sollte auch der Einfluß auf die gesundheitliche Ungleichheit überprüft werden. Der Gesundheitszustand von Familien mit Kindern sollte eine hohe Priorität erhalten. Es sollten weitere Schritte zur Verringerung der Einkommensunterschiede und zur Verbesserung des Lebensstandards von einkommensschwachen Haushalten unternommen werden" (Acheson Report 1998, S. xi; deutsche Übersetzung durch A.M.).

Im Abschnitt 'gesundheitspolitische Empfehlungen' werden sehr unterschiedliche Themen angesprochen wie z.B.:

- Verbesserung der Ausstattung von Schulen, in denen vor allem die Kinder aus der unteren sozialen Schicht unterrichtet werden
- Verringerung der Arbeitslosigkeit und ihrer gesundheitlichen Folgen
- Verringerung der Fahrkartenpreise im öffentlichen Nahverkehr für Rentner und Behinderte
- Verringerung der Armut von Familien mit Kindern
- Verringerung des Rauchens auch und vor allem in der unteren sozialen Schicht
- Verbesserung der gesundheitlichen Versorgung von ethnischen Minoritäten

Die Themen werden sehr übersichtlich nach der einheitlichen Gliederung 'Beschreibung der sozialen Ungleichheit - Einfluß auf den Gesundheitszustand - Empfehlungen' dargestellt. Sie sind zweifellos auch für die Bundesrepublik wichtig, eine direkte Übertragung der Empfehlungen ist jedoch kaum möglich. Die sozialen Bedingungen und Interventionsmöglichkeiten sind von Land zu Land verschieden und sollten für jedes Land gesondert analysiert werden. Notwendig wäre demnach ein deutscher 'Acheson Report', aber davon sind wir wohl noch ein paar Jahre entfernt.

Den vorläufigen Höhepunkt der Diskussion in Großbritannien bildet eine Publikation des Gesundheitsministeriums in London, in dem die gesundheitspolitischen Ziele für die nächsten Jahre spezifiziert werden (Department of Health 1998). Demnach stehen die beiden folgenden Ziele im Mittelpunkt (Benzeval 1999, Crown 1998):

- Verlängerung der Lebensjahre ohne gesundheitliche Beschwerden
- Verringerung der gesundheitlichen Ungleichheit

Das Thema 'gesundheitliche Ungleichheit' ist in Großbritannien zweifellos zu einem der wichtigsten Themen in der gesundheitspolitischen Diskussion geworden (ohne Verfasser 1997), und wir dürfen gespannt darauf sein, zu welchen praktischen Maßnahmen diese Diskussion führen wird. Zunächst ist vorgesehen, daß in jeder Region ein Plan zur Erreichung der beiden Ziele ausgearbeitet wird, und daß in diesen Plänen vier Bereiche angesprochen werden sollen: Verbesserung der Gesundheitsberichterstattung, Verringerung der gesundheitsbedingten sozialen Mobilität, Verringerung der Exposition gegenüber gesundheitsgefährdenden Faktoren, Bereitstellung zusätzlicher

Versorgungsangebote für die Angehörigen der unteren sozialen Schicht. Inzwischen hat das 'Economic & Social Research Council (ASRC)' ein Forschungsprogramm zum Thema 'health variations' (auf deutsch: Unterschiede im Gesundheitszustand) eingerichtet; der Schwerpunkt liegt dabei auf der Analyse von Ansätzen zur Verringerung der gesundheitlichen Ungleichheit. Im Internet (http://www.lancs.ac.uk/users/apsocsci/hvp/INTRO.HTM) sind neue Informationen abrufbar. In Westeuropa ist m.W. bisher nur ein vergleichbares Forschungsprogramm vorhanden (http://www.kttl.helsinki.fi/tero/teroengl.htm), über das ebenfalls per Internet informiert wird. Es wurde 1998 in Finnland gestartet.

c) Die Niederlande

Ein weiteres wichtiges Vorbild für die öffentliche Diskussion über das Thema 'gesundheitliche Ungleichheit' bieten die Niederlande. Nach der Übernahme des WHO Programms 'Gesundheit für alle' (vgl. Kapitel IV-1a) durch die Regierung wurde dort 1986 auch das erste Ziel des Programms, d.h. das Ziel 'gesundheitliche Chancengleichheit', in ein offizielles Dokument der Regierung aufgenommen (Mackenbach 1994/1998). Ein Jahr später fand eine Tagung zum Thema 'gesundheitliche Ungleichheit' statt, und als Reaktion auf den im Laufe dieser Tagung deutlich gewordenen Forschungsbedarf wurde im Jahr 1989 ein großes Forschungsprogramm gestartet; für die ersten fünf Jahre standen ca. 5 Million DM zur Verfügung.

Im Mittelpunkt stand dabei zunächst die Aufgabe, mehr empirische Informationen über Art, Ausmaß und Ursachen der gesundheitlichen Ungleichheit zu erhalten. So wurden z.B. über 40 Studien zur Auswertung vorhandener epidemiologischer Daten finanziert; und um die Vergleichbarkeit der Ergebnisse zu verbessern, wurde ein Standardverfahren zur Messung des sozio-ökonomischen Status entwickelt (Mackenbach 1992/1994/1998). Die Studien zeigen, daß Mortalität und Morbidität mit abnehmendem sozio-ökonomischen Status zumeist erheblich zunehmen. Die Ergebnisse der empirischen Untersuchungen, in denen versucht wird, diese gesundheitliche Ungleichheit zu erklären, wurden vor kurzem übersichtlich zusammengefaßt (vgl. Tabelle 133).

Nach Ablauf des ersten 5-Jahre-Programms wurde 1995 ein zweites gestartet, in dem die Entwicklung, Durchführung und Evaluation von Maßnahmen zur Verringerung der gesundheitlichen Ungleichheit im Mittelpunkt stehen. Von einem derart pragmatischen Vorgehen sind wir in der Bundesrepublik noch weit entfernt, und auch von einer vergleichbaren finanziellen Förderung eines Forschungsverbundes, der sich auf die Analyse der gesundheitlichen Ungleichheit und die Entwicklung von Interventionsmaßnahmen zur Verringerung dieser Ungleichheit konzentriert.

Tabelle 133: Risikofaktoren: Empirische Ergebnisse aus den Niederlanden

	Größeres Risiko in unterer sozialer Schicht	Beitrag zur Erklärung der gesundheitlichen Ungleichheit
Gesundheitsverhalten		
Zigarettenrauchen	JA	JA
Übergewicht	JA	JA
Gesamt-Cholesterin	JA	JA
Bluthochdruck	JA	JA
Mundhygiene	JA	JA
Ernährung	JA	noch nicht untersucht
Alkoholkonsum	unklare Ergebnisse	unklare Ergebnisse
Sportliche Betätigung	unklare Ergebnisse	unklare Ergebnisse
Umweltbedingungen		
Arbeitsbedingungen	JA	JA
Wohnbedingungen	JA	unklare Ergebnisse
Kritische Lebensereignisse	JA	unklare Ergebnisse
Soziale Unterstützung	JA	unklare Ergebnisse

Quelle: Mackenbach 1998

Im Rahmen dieses Forschungsprogramms wurde auch eine Studie gefördert zur Sichtung und Bewertung der Interventionsmaßnahmen, die eine Verringerung der gesundheitlichen Ungleichheit ermöglichen (Gepkens / Gunning-Schepers 1995/1996). Ähnlich wie bei der oben erwähnten Studie aus York (The University of York 1995) wurden dabei allgemein zugängliche Publikationen (Beiträge in Zeitschriften etc.) unabhängig davon eingeschlossen, in welchem Staat und in welcher Sprache die Publikation erschienen ist. Die ergänzende Erfassung von 'grauer Literatur' konzentrierte sich dagegen auf Arbeiten aus den Niederlanden und aus Großbritannien. Die Suche erstreckte sich auf die Publikationen, die bis einschließlich Juli 1993 veröffentlicht wurden, und ergab schließlich eine Liste von 98 allgemein zugänglichen und 31 'grauen' Arbeiten. Die Einschlußkriterien dieser Literatursuche sind nur zum Teil mit denen identisch, die in der Studie aus York verwendet wurden. Beide Studien unterscheiden sich daher auch etwas im Resultat ihrer Literatursuche. Sie kommen jedoch zum gleichen Ergebnis in bezug auf Beiträge aus der Bundesrepublik: Bei A. Gepkens und L. Gunning-Schepers (1995/1996) kommen 54 der 98 allgemein zugänglichen Arbeiten aus den USA, jeweils 18 aus Großbritannien und aus den Niederlanden, 3 aus Belgien, 2 aus Israel, und jeweils 1 aus Kanada, Norwegen und Schweden. Mit anderen Worten: Beiträge aus der Bundesrepublik fehlen auch hier.

Wenn die allgemein zugänglichen Arbeiten danach gruppiert werden, ob die Intervention vor allem eine bestimmte Altersgruppe erreichen, eine bestimmte Krankheit bekämpfen oder bestimmte Lebensverhältnisse verbessern soll, dann wird deutlich, daß sich die meisten Interventionen auf den Abbau von Zugangsbarrieren zur gesundheitlichen Versorgung beziehen (vgl. Tabelle 134). Hierzu gehören in erster Linie die Interventionen zum Abbau von finanziellen und sprachlichen Barrieren.

Tabelle 134: Interventionen

Ansatzpunkt der Intervention	Beispiel	Anzahl der Publikat.
Altersgruppe		
Fötus	Schwangerschaftsbetreuung	5
Kinder zwischen 0 und 8 Jahren	Krankheitsfrüherkennung	14
Schulkinder	Gesundheitsverhalten	13
Erwachsene	Betreuung junger Mütter	8
Krankheit		
Herzkreislauf-Krankheiten	Maßnahmen gegen das Rauchen	18
Zervix-Karzinom	Krebsfrüherkennung	7
Psychotherapie	Förderung der Compliance	1
AIDS	Aufklärung der Bevölkerung	1
Lebensverhältnisse		
Gesundheitsversorgung	Abbau von Zugangsbarrieren	25
Arbeitslosigkeit	Unterstützung von Arbeitslosen	5
Radioaktive Strahlung	Aufklärung der Bevölkerung	1

Quelle: Gepkens / Gunning-Schepers 1996

Ähnlich wie in dem oben erwähnten Bericht aus York (The University of York 1995) wird auch in dem Bericht von A. Gepkens und L. Gunning-Schepers (1995/1996) versucht, die wirksamen Interventionen zu identifizieren. 'Wirksam' heißt hier wirksam im Sinne einer Verbesserung des Gesundheitsverhaltens, der gesundheitlichen Versorgung und/oder des Gesundheitszustandes in der unteren sozialen Schicht. Demnach sind z.B. die folgenden Interventionen wirksam gewesen:

- Allgemeine Maßnahmen: Ausgabe von kostenloser Milch an Schulkinder, Fluoridierung des Trinkwassers, Verbesserung des Heizungssystems in alten Häusern
- Abbau von Zugangsbarrieren: Bereitstellung einer für den Patienten kostenlosen medizinischen Versorgung, Unterstützung von Migranten bei sprachlichen Verständigungsproblemen
- Gesundheitsförderung: persönliche Beratung von Eltern zur Verringerung der Unfallgefahren von Kindern im Haushalt, persönliche Beratung und Unterstützung von werdenden Müttern, Gesundheitserziehung in der Grundschule, persönliche Beratung von Frauen zur Förderung der Teilnahme an Krebsfrüherkennungs-Untersuchungen

In einer Kritik des Berichtes von A. Gepkens und L. Gunning-Schepers (1995/1996) weist W. Holland (1997) darauf hin, daß hier nur die Publikationen berücksichtigt wurden, die nach 1965 erschienen sind. Die elektronischen Literatur-Datenbanken (MEDLINE etc.), in denen wissenschaftliche Publikationen erfaßt und damit relativ einfach mit Hilfe von Suchbegriffen gefunden werden können, gehen zumeist nur bis 1964 zurück. Die Literatursuche in dem Bericht von A. Gepkens und L. Gunning-Schepers (1995/1996) basierte in erster Linie auf diesen elektronischen Datenbanken und übersah daher ältere Publikationen. Diese Kritik von W. Holland ist nicht nur deswegen interessant, weil sie das Problem der Nutzung von elektronischen Literatur-Datenbanken in Erinnerung ruft; sie ist auch inhaltlich relevant, weil durch diese zeitliche Beschränkung eine ganze Gruppe von Interventionsmaßnahmen in dem Bericht weitgehend ausgeblendet wird. W. Holland betont, daß in den Jahrzehnten vor 1965 der Gesundheitszustand in der unteren sozialen Schicht vor allem durch strukturelle Maßnahmen wie die Bekämpfung der Armut und der Arbeitslosigkeit verbessert werden konnte, daß derartige Maßnahmen auch heute noch vielversprechend sind, aber selbstverständlich eine erheblich größere Anstrengung erfordern als Maßnahmen wie z.B. die Förderung der Teilnahme an Krebsfrüherkennungs-Untersuchungen.

In den Niederlanden beschäftigen sich schon seit einigen Jahren mehrere Wissenschaftler mit der Frage, warum keine stärkeren gesundheitspolitischen Anstrengungen zu erkennen sind in Richtung auf eine Verringerung der gesundheitlichen Ungleichheit. Die Aufgabenstellung dieser in der Bundesrepublik bisher kaum geführten wissenschaftlichen Diskussion wird in dem folgenden Zitat deutlich:

> „Gesundheitliche Ungleichheit existiert. Immer mehr wissenschaftliche Studien belegen, daß es einen nahezu uniformen Gradienten gibt zwischen Gesundheit einerseits und Einkommen, Bildung und Berufsstatus andererseits. Alles deutet darauf hin, daß die Gesundheit bei denen besser ist, die mehr verdienen, eine höhere Bildung und mehr Macht haben. Trotz dieser Belege und trotz der Tatsache, daß das erste Ziel der WHO-Strategie 'Gesundheit für alle' das Ziel 'Verringerung der gesundheitlichen Ungleichheit um 25%' ist, gab es kaum politische Anstrengungen zur Verringerung der gesundheitlichen Ungleichheit. Für die Personen, die die wissenschaftlichen Belege erarbeitet und zusammengestellt haben, und auch für diejenigen, die die Leidtragenden der gesundheitlichen Ungleichheit sind, ist dieser Mangel an politischer Anstrengung unerklärbar und unentschuldbar. Es gibt aber gute Gründe und politische Zwänge, die dabei helfen können, diese ausweichende gesundheitspolitische Reaktion zu erklären" (Gunning-Schepers 1994, S. 193; deutsche Übersetzung durch A.M.).

Es geht also darum, diese 'guten Gründe und politischen Zwänge' zu verstehen, und zwar nicht nur, um die Enttäuschung über unzureichende gesundheitspolitische Anstrengungen zu verarbeiten, sondern vor allem, um die wissenschaftlichen Ergebnisse 'politik-näher' präsentieren zu können. L. Gunning-Schepers (1994) weist darauf hin, daß sich Politik auf die *lösbaren* Probleme konzentrieren muß, und daß dementsprechend auch nur der Teil der gesundheitlichen Ungleichheit als politisch relevantes Problem wahrgenommen werden kann, der vermeidbar ist. Zudem müssen die vermeidbaren gesundheitlichen Ungleichheiten danach unterschieden werden, ob sie von 'der

Gesellschaft' als akzeptabel oder als inakzeptabel angesehen werden. Politischer Handlungsbedarf besteht demnach nur bei den gesundheitlichen Ungleichheiten, die zugleich vermeidbar und inakzeptabel sind. Die gleiche Argumentation liegt auch der Unterscheidung zwischen den 'health inequalities' und den 'health inequities' zugrunde (Stronks/Gunning-Schepers 1993; vgl. auch Abbildung 34). Vermeidbarkeit und Akzeptanz der gesundheitlichen Ungleichheiten lassen sich selbstverständlich nur schwer bestimmen. Letztlich kann diese Bestimmung nur auf der Basis wissenschaftlich fundierter Ergebnisse und im Rahmen einer breiten öffentlichen Diskussion erfolgen.

Das Engagement in den Niederlanden wird auch daran deutlich, daß an der Erasmus Universität in Rotterdam vom Department of Public Health ein 'Documentation Centre Socio-Economic Differences in Health' eingerichtet wurde. Dort sind einige tausend Publikationen über das Thema 'gesundheitliche Ungleichheit' in eine spezielle Datenbank aufgenommen worden (Stronks et al. 1996a). Alle wichtigen seit 1985 publizierten Arbeiten sind hier zu finden, und die Datenbank wird laufend aktualisiert. Gegen eine geringe Gebühr steht die Datenbank auch Wissenschaftlern aus anderen Staaten zur Verfügung (http://www.eur.nl/fgg/mgz/docucentre.html).

d) Schweiz

Im deutschsprachigen Ausland, d.h. in Österreich und in der Schweiz, wird bisher offenbar kaum darüber diskutiert, ob und wie die gesundheitlichen Ungleichheiten verringert werden können. In der Schweiz lassen sich jetzt aber erste Ansätze einer derartigen Diskussion erkennen. Dort hat die Schweizer Gesellschaft für Prävention und Gesundheitswesen kürzlich eine Publikation vorgelegt, in der es darum geht, „die von der WHO formulierten Gesundheitsziele auf die Schweiz hin zu analysieren und entsprechende Maßnahmen zu formulieren“ (S. 1). Das 1. Ziel (vgl. Kapitel IV-1a) wird wie folgt etwas präzisiert:

> „Chancengleichheit kann durch Förderung individueller Ressourcen, durch Reduzierung von Belastungen sowie insbesondere durch die Verbesserung der sozialen Rahmenbedingungen für Gesundheit (wie z.B. der Schaffung von Arbeitsplätzen für alle, dem Ermöglichen von Leben in adäquaten Umweltbedingungen) erreicht werden“ (Wydler 1997, S. 3).

In dem Bericht wird konstatiert, daß auch in der Schweiz die Mortalität in der unteren sozialen Schicht höher ist als in der oberen, und daß die Verbesserung der Chancengleichheit ein gesundheitspolitisches Ziel von höchster Priorität ist. „Die Anhebung der Voraussetzungen der Deprivierten an das Niveau der Privilegierten stellt diejenige Massnahme mit dem grössten gesundheitlichen Gewinnpotential dar“ (Wydler 1997, S. 4). Die Vorschläge zur Erreichung dieses Ziels bleiben relativ vage; sie reichen von einer Verringerung der ungleichen Einkommensverteilung bis hin zu speziellen Programmen der

Gesundheitsförderung für die unteren sozialen Schichten. Wichtig ist jedoch vor allem das klare Bekenntnis der Schweizer Gesellschaft für Prävention und Gesundheitswesen zum ersten Ziel des WHO Programms 'Gesundheit für alle', d.h. das Anstoßen einer Diskussion, die zu konkreten Vorschlägen führen soll. Eine vergleichbare Stellungnahme wissenschaftlicher Fachgesellschaften aus der Bundesrepublik ist m.W. bisher noch nicht vorhanden.

3) Diskussionsansätze in Deutschland

Mitte der 90er Jahre haben Wissenschaftler aus verschiedenen europäischen Staaten ein Netzwerk zum Thema 'Verringerung der gesundheitlichen Ungleichheit' gebildet. Es soll dem Erfahrungsaustausch und der gemeinsamen Entwicklung von neuen Strategien dienen. Ende 1998 fand der dritte Workshop des Netzwerkes statt, und es ist bezeichnend, daß hier - ebenso wie bei den beiden vorangegangenen Workshops - kein Teilnehmer aus Deutschland anwesend war. Der Tagungsband des dritten Workshops beinhaltet Beiträge aus Großbritannien, Finnland, Schweden, den Niederlanden und Spanien (Mackenbach/Droomers 1999). Inhaltlich konzentrieren sich die Beiträge auf die Möglichkeiten zur Änderung der Einkommensverteilung und der gesundheitsrelevanten Verhaltensweisen. Bemerkenswert ist hier jedoch vor allem das Fehlen eines deutschen Beitrages; deutlicher läßt sich der hiesige Stand der Diskussion kaum illustrieren. Inzwischen ist der Verfasser (A.M.) gebeten worden, an dem Netzwerk teilzunehmen. Der deutsche Beitrag wird sich vor allem auf das Lernen von anderen westeuropäischen Staaten konzentrieren müssen, da nur wenig über eigene Aktivitäten berichtet werden kann.

In Deutschland gibt es aber selbstverständlich eine Vielzahl von Ansätzen für die Entwicklung von Vorschlägen zur Verringerung der gesundheitlichen Ungleichheit. Im folgenden Kapitel soll versucht werden, einen Überblick über diese Ansätze zu geben. Zu Beginn wird kurz auf die in den letzten Jahren zum Teil heftig geführte Debatte über die Existenz von Einkommens-Armut in Deutschland eingegangen. Anschließend wird dargestellt, wie die wichtigsten gesundheitspolitischen Akteure das Problem der gesundheitlichen Ungleichheit wahrnehmen.

a) Debatte über die Existenz von Einkommens-Armut in Deutschland

Etwas vereinfacht formuliert lassen sich zwei Ebenen der Diskussion unterscheiden. Zum einen wird über das Thema 'Armut' diskutiert, und zum anderen über das Thema 'Armut und Gesundheit'. In der Öffentlichkeit hat vor allem das erste Thema heftige Kontroversen ausgelöst. Die gegenteiligen

Standpunkte werden z.B. in einem Dialog deutlich, der 1998 zwischen Herrn Hans-Olaf Henkel (Präsident des Bundesverbandes der Deutschen Industrie) und Herrn Ulrich Beck (Professor für Soziologie) stattfand (Die ZEIT, 2. April 1998, S. 37):

> *Beck:* Der eindrucksvollste Indikator für die Zunahme der Armut ist die Vervielfachung der Kinderarmut. 1980 wuchsen in Deutschland 3,2 Prozent der Kinder unter sieben Jahren in Haushalten auf, deren Einkommen unter der Armutsgrenze liegt. 1992 waren es bereits 11 Prozent! (...)
>
> *Henkel:* Ich weiß nicht, wo Sie leben. Was Kapitalgewinne und Einkommen der Arbeitnehmer angeht, berufe ich mich einmal auf die Bundesbank, die für mich verläßlichste Datenquelle. Danach sind die Nettogewinne der Unternehmen zwischen 1980 und 1994 um real 17 Prozent zurückgegangen. Die Nettoeinkommen der Arbeitnehmer sind im gleichen Zeitraum um real sieben Prozent gestiegen. Dann sagen Sie, wir werden ärmer. Das stimmt nicht. Was ist nach Ihrer Meinung eigentlich Armut?
>
> *Beck:* Man hat sich mit guten Gründen darauf geeinigt, als relative Armutsgrenze fünfzig Prozent des durchschnittlichen Nettoeinkommens pro Kopf anzunehmen. Über den Daumen: Sozialhilfe abwärts.
>
> *Henkel:* Es tut mir leid. Die Sozialhilfe ist gestiegen. Das verfügbare Einkommen derjenigen, die in Westdeutschland von Sozialhilfe leben, stieg zwischen 1980 und 1994 um 73 Prozent. Die These der 'neuen Armut' ist falsch.
>
> *Beck:* Nein. Das relative Einkommen ist im selben Zeitraum gefallen, und zwar von 50 auf 48 Prozent des durchschnittlichen Nettoeinkommens. Herr Henkel, Sie wollen uns weismachen: Die Armen werden immer reicher, die Reichen immer ärmer. Das stellt alles auf den Kopf. Wenn Sie einen ganzen sozialwissenschaftlichen Forschungszweig zur Armut, der in den letzten zehn Jahren systematisch Daten dazu gesammelt hat, nicht zur Kenntnis nehmen, argumentieren Sie ideologisch. (...)
>
> *Henkel:* Es gibt kaum ein Land, in dem die Spreizung zwischen Niedrig- und Höchsteinkommen in der Industrie so gering ist wie in Deutschland. Sie sollte sich verbreitern.
>
> *Beck:* Sie verbreitert sich schon.
>
> *Henkel:* Nicht genug.

Klarer läßt sich gestörte Kommunikation zwischen Wissenschaft und Wirtschaft - und auch die weitverbreitete Ignoranz gegenüber der Armutsproblematik - wohl kaum demonstrieren.

Als zweites Beispiel kann die Antwort der Bundesregierung auf die Große Anfrage der SPD zum Thema 'Armut in der Bundesrepublik Deutschland' dienen (Antwort der Bundesregierung 1995). Die Große Anfrage beinhaltet die folgende Aussage (ebd., S. 1):

> „Der Bezug von laufender Hilfe zum Lebensunterhalt nach dem Bundessozialhilfegesetz ist ein Indiz für Armut in unserer Gesellschaft. Allerdings reicht eine solche Sichtweise nicht aus, um Unterversorgung und

Ausgrenzung in ihren gesamten Dimensionen deutlich zu machen. Die von der EU-Kommission vorgeschlagene Grenze der Einkommensarmut, die bei 50 Prozent des durchschnittlich verfügbaren Einkommens in der Bundesrepublik Deutschland liegt, bietet dagegen die Möglichkeit, relative Einkommensarmut zu verdeutlichen und verteilungspolitische Ungerechtigkeiten deutlich zu machen".

In der Antwort der Bundesregierung heißt es (ebd., S. 2):

„Armut kann aber auch nicht - wie es die vorliegende Anfrage unterstellt - als Unterschreitung eines bestimmten gesellschaftlichen Durchschnittseinkommens verstanden werden. Nach dieser Definition gäbe es in Ländern mit sehr niedrigem Einkommensniveau und geringer Einkommensstreuung - in denen also Armut tatsächlich weit verbreitet ist - keine Armut. Für die Beschreibung der sozialen Wirklichkeit in Deutschland ist dieser Maßstab unbrauchbar. Auch die Zahl der Sozialhilfebezieher ist kein Armutsindikator. Die Sozialhilfe bekämpft Armut, sie schafft sie nicht. Wer die ihm zustehenden Leistungen der Sozialhilfe in Anspruch nimmt, ist nicht mehr arm".

Der Wissenschaftler steht einigermaßen fassungslos vor dieser Argumentation der Bundesregierung. Die Frage, wie aussagekräftig die Angaben zu 'relativen Armut' (50% oder weniger des Durchschnittseinkommens) in der Bundesrepublik sind, läßt sich wohl kaum durch einen Hinweis auf arme Staaten in der sogenannten Dritten Welt beantworten. Kaum nachzuvollziehen ist auch, daß Sozialhilfe-Empfänger einfach als nicht-arm definiert werden. Mit dem alltagssprachlichen und dem wissenschaftlichen Verständnis von Armut hat dies wenig zu tun, und viele der direkt Betroffenen (d.h. die Sozialhilfe-Empfänger) werden eine derartige Argumentation als zynisch empfinden.

Das dritte Beispiel basiert ebenfalls auf einer Stellungnahme der Bundesregierung. Ende 1998 löste der 'Zehnte Kinder und Jugendbericht' (1998) eine heftige politische Kontroverse aus. Die von der Bundesregierung beauftragten Sachverständigen hatten in ihrem Bericht u.a. geschrieben (ebd., S. 90):

„Es gibt (...) grundlegende, durch sämtliche Analysen gestützte Aussagen, die zeigen, daß Kinderarmut ein gravierendes Problem in Deutschland ist. Immer wieder wurde belegt, daß aus der Altersarmut der 60er Jahre eine Armut junger Menschen geworden ist. Überproportional gestiegen ist über die letzten Jahrzehnte hinweg sowohl der Anteil der Sozialhilfeempfänger bei Kindern und Jugendlichen als auch der Anteil der Kinder, deren Pro-Kopf-Einkommen nicht den Einkommensanteil erreicht, der für sie in dem Haushalt vorhanden sein müßte, damit sie oberhalb der so definierten Armutsgrenze leben".

In der Antwort der Bundesregierung heißt es dagegen (ebd., S. XII ff.):

„Die Kommission baut ihre Ausführungen und Wertungen zur Armut von Kindern in der Weise auf, daß sie einerseits am Sozialhilfebezug anknüpft und andererseits die Grenze der Einkommensarmut bei 50% des durchschnittlich verfügbaren Einkommens des jeweiligen Landes sieht. (...) Die Bundesregierung ist der Auffassung, daß dieses Meßkonzept nicht geeignet ist,

> soziale Problemlagen von Familien und Kindern zutreffend zu beschreiben. (...) Die Kommission begründet ihre ausführliche Ergebnisdarstellung mit der Behauptung, daß es grundlegende, durch sämtliche Analysen gestützte Aussagen gäbe, die eine wachsende Kinderarmut in Deutschland diagnostizieren. Diese Behauptung ist unzutreffend. (...) Gemessen werden Einkommensdisparitäten, die nicht mit Armut gleichgesetzt werden dürfen. (...) Die Gleichsetzung von Armut und Sozialhilfebezug ist nicht akzeptabel. Sozialhilfe sichert nicht nur ein Existenzminimum ab, das das Überleben garantiert. Sie gewährleistet darüber hinaus in der Regel die Teilnahme am gesellschaftlichen und kulturellen Leben. Die Sozialhilfe bekämpft Armut, sie schafft sie nicht".

Die Bundesregierung ist also auch noch 1998 bei ihrem Standpunkt geblieben, daß Sozialhilfeempfänger nicht als arm bezeichnet werden können. Im übrigen ist die umfangreiche Stellungnahme der Bundesregierung geprägt von dem Bestreben, die bereits geleisteten finanziellen Ausgaben zur Förderung der Familien zu betonen. Das Zugeständnis, daß Armut bei Kindern in der Tat ein großes gesellschaftliches Problem ist, welches durch politische Maßnahmen verringert werden sollte, sucht man dagegen vergebens. Interessant ist auch, daß das Thema 'Armut und Gesundheit' sowohl im Bericht der Kommission als auch in der Stellungnahme der Bundesregierung nur sehr beiläufig erwähnt wird.

Von diesem Parteiengezänk hebt sich eine gemeinsame Stellungnahme der Evangelischen Kirche in Deutschland und der Deutschen Bischofskonferenz wohltuend ab. Dort heißt es:

> „Armut wird heute immer noch stark tabuisiert. Der Streit über den Armutsbegriff ähnelt dem Streit, wie er Anfang der 70er Jahre über die Umwelt geführt wurde, als Probleme mit dem Hinweis geleugnet wurden, sie ließen sich nicht wissenschaftlich verläßlich nachweisen. Es gilt jedoch, die tatsächlich bestehende Armut zur Kenntnis zu nehmen" (EKD/DBK 1997, S. 31).

In den anschließenden Kommentaren wird deutlich, daß die beiden oben genannten Definitionen (maximal 50% des durchschnittlichen Haushalts-Nettoeinkommens, Bezug von Sozialhilfe) auch von der Evangelischen Kirche in Deutschland und von der Deutschen Bischofskonferenz als die derzeit besten Definitionen für Einkommens-Armut akzeptiert werden.

Das Thema 'Armut' ist zu einem der wichtigsten sozialpolitischen Themen geworden. Das wachsende öffentliche Interesse läßt sich auch in Zeitungen und Zeitschriften erkennen. Eine Zusammenstellung von Berichten über Armut aus 32 überregionalen Zeitungen und Zeitschriften hat ergeben, daß die Anzahl der Berichte zwischen 1991 und 1995 kontinuierlich zugenommen hat: von 9 (1991), über 23 (1992), 38 (1993), und 46 (1994) bis hin zu 110 im Jahr 1995 (Peters 1996). Die seit Ende der 80er Jahre publizierten Armutsberichte (z.B. Armutsbericht 1989, Bayerischer Armutsbericht 1994, Behörde 1997, Hanesch et al. 1994, Hauser/Hübinger 1993) sind ein weiteres Anzeichen für die zunehmende Wichtigkeit der Armutsproblematik. Hervorzuheben ist auch die Gründung der 'Nationalen Armutskonferenz' im Jahr 1993. Sie entstand als die deutsche Sektion des Europäischen Armuts-Netzwerkes 'European Anti Poverty Network (EAPN)'. Ihr gehören nicht nur die sechs Spitzenverbände der Freien Wohlfahrtspflege an (d.h. die Arbeiterwohlfahrt, der Deutsche Caritasverband der katholischen Kirche, das Diakonische Werk der evangelischen Kirche, der Deutsche Paritätische Wohlfahrtsverband, das Deutsche Rote Kreuz, die Zentralwohlfahrtsstelle der Juden in Deutschland), sondern auch weitere Verbände wie z.B. der Deutsche Gewerkschaftsbund und die BAG-Wohnungslosenhilfe.

Die Nationale Armutskonferenz „sieht ihren Auftrag unter anderem darin, einen Beitrag zu einer veränderten Politik zu leisten, damit die Lebenslage armer Menschen verbessert und eine strukturelle Überwindung von Armutsbedrohung erreicht wird“ (Biehn 1997, S. 5). Im Vordergrund steht das Problem der zunehmenden Spaltung zwischen Reich und Arm. „Die Spaltung der Gesellschaft ist kein neues Phänomen, ebenso wenig wie Armut neu ist. Die Spaltung war nur nicht so im öffentlichen Bewußtsein. Sie ist deutlich sichtbarer geworden durch die Zunahme der Armut, deren Indiz z.B. die steigende Zahl der Sozialhilfeempfänger ist“ (ebd.). In ihren Broschüren betont die Nationale Armutskonferenz z.B., daß die Sozialhilfezahlungen erhöht, die Arbeitsbeschaffungs-Maßnahmen ausgebaut und die steuerlichen Belastungen für die unteren Einkommensgruppen verringert werden müssen (Nationale Armutskonferenz 1997). Großes Gewicht wird auch auf die Forderung nach einer nationalen Armutsberichterstattung gelegt. Fragen der gesundheitlichen Ursachen oder Folgen von Armut stehen dagegen nicht im Vordergrund, zumindest nicht in den publizierten Broschüren.

Das Thema 'Armut und Gesundheitszustand' findet jedoch zunehmend Eingang in die wissenschaftliche Diskussion. Zu nennen sind hier vor allem die umfangreichen Arbeiten über den Zusammenhang zwischen Armut und Ernährung (Barlösius et al. 1995, Köhler et al. 1997, Köhler/Feichtinger 1998, Mielck/Helmert 1998a; vgl. Kapitel III-2d). In den letzten Jahren sind auch mehrere Publikationen über die Themen 'Armut und Konsum von Suchtmitteln' (Henkel/Vogt 1998) und 'Armut und Gesundheit bei Kindern' (Klocke/ Hurrelmann 1995a, Mansel/Neubauer 1998, Mielck 1998a) erschienen. Die Ergebnisse der wissenschaftlichen Diskussion findet sogar langsam Eingang in die bundesweite Gesundheitsberichterstattung; in dem neuen 'Gesundheitsbericht für Deutschland' wird explizit auf den Zusammenhang zwischen Armut und Gesundheit hingewiesen (Mielck et al. 1998b). Von einer systematischen Verzahnung zwischen Armuts- und Gesundheitsberichterstattung sind wir allerdings noch weit entfernt.

Die größer werdende Anzahl der von Armut betroffenen Personen (vgl. Kapitel I-3) - und die zunehmende öffentliche Wahrnehmung und wissenschaftliche Diskussion dieser Problematik - läßt vermuten, daß die Armutsdiskussion in den nächsten Jahren weiter an Intensität gewinnen wird. Es bleibt zu hoffen, daß die sachlichen Argumente dabei eine größere Rolle spielen werden als in der Vergangenheit.

b) Wahrnehmung der gesundheitlichen Ungleichheit

In der oben bereits erwähnten Großen Anfrage der SPD zum Thema 'Armut in der Bundesrepublik Deutschland' wird auch der Zusammenhang zwischen Armut und Gesundheit angesprochen (Antwort der Bundesregierung 1995, S. 53):

> „Ist der Bundesregierung bekannt, in welcher Weise und in welchem Ausmaß sich Einkommensarmut bzw. Bezug von HzL (Hilfe zum Lebensunterhalt, A.M.) auch in anderen Bereichen für die Betroffenen nachteilig auswirken, so in Form von (...) Beeinträchtigung der Gesundheit und Anfälligkeit für Suchtkrankheiten“?

Die Antwort der Bundesregierung fällt sehr kurz aus (ebd., S. 54):

> „Unmittelbare nachteilige Auswirkungen des Bezugs von laufender Hilfe zum Lebensunterhalt auf die Gesundheit und auf die Anfälligkeit für Suchtkrankheiten oder Beeinträchtigungen in anderen Bereichen sind der Bundesregierung nicht bekannt“.

Es ist schon verblüffend, wie wenig die damalige Bundesregierung über den Zusammenhang zwischen Armut und Gesundheit zu sagen hatte. Dieses Manko ist nicht unbedingt der Bundesregierung anzulasten. Die Wissenschaftler müssen sich fragen lassen, ob sie die Politiker ausreichend über ihre Ergebnisse informiert haben. Mit anderen Worten: Hier geht es nicht um eine Schuldzuweisung, sondern um das Erstaunen über die oberflächliche Reaktion auf eine sehr wichtige Frage.

Unter den 'Public Health - Wissenschaftlern' (der deutsche Begriff 'Gesundheits-Wissenschaftler' ist m.E. etwas irreführend) wird die gesundheitliche Ungleichheit dagegen als das wichtigste Thema angesehen. 1997 wurden 40 Wissenschaftler aus der Bundesrepublik um eine Priorisierung von Public Health Themen gebeten (Laaser 1998). Als die drei wichtigsten Themen ergaben sich dabei (aufgelistet nach abnehmender Priorität):

- gesundheitliche Ungleichheit
- Altern und Gesundheit
- chronische Krankheiten

Die Befragung war Teil eines Projektes der Europäischen Kommission, und im Rahmen dieses Projektes wurden vergleichbare Umfragen in 13 weiteren westeuropäischen Staaten durchgeführt. Auch wenn sich die Prioritätenlisten von Staat zu Staat unterscheiden: Die anderen westeuropäischen Wissenschaftler setzen ebenfalls die gesundheitliche Ungleichheit an die erste Stelle (Weil/McKee 1998).

Zunahme der öffentlichen Wahrnehmung

Die Entscheidung der deutschen Public Health - Wissenschaftler, dem Thema 'gesundheitliche Ungleichheit' die höchste Priorität einzuräumen, spiegelt die zunehmende Wahrnehmung dieses Themas in der Öffentlichkeit wider. Die Entwicklung zeigt sich z.B. darin, daß seit Anfang der 90er Jahre mehrere Tagungen speziell zu Fragen der gesundheitlichen Ungleichheit durchgeführt wurden. Die nachfolgende Liste ist vermutlich nicht vollständig, aber sie verdeutlicht bereits so die Vielfalt der Veranstalter und Themenschwerpunkte:

- November 1993 in Köln: Gesunde-Städte Symposium zum Thema 'Gesundheitsförderung auf dem Prüfstand - Was kann sie für gesundheitlich und sozial Benachteiligte leisten?' (Publikation der Beiträge: Stadt Köln 1994).
- Juni 1994 in Bielefeld: Wissenschaftliche Tagung des Deutschen Verbandes für Gesundheitswissenschaften (DVG) zum Thema 'Armut und Gesundheit' (Publikation der Beiträge: Zeitschrift für Gesundheitswissenschaften 1995, 2. Beiheft).
- August 1994 in Bonn: Konferenz der Koalition gegen das Rauchen zum Thema 'Rauchen und Armut' (keine Publikation der Beiträge).
- 'Oktober 1994 in Berlin: Tagung im Wissenschaftszentrum Berlin (WZB) in Kooperation mit der Arbeitsgemeinschaft Ernährungsverhalten zum Thema 'Folgen der heutigen Armut auf die Ernährung' (Publikation der Beiträge: Barlösius et al. 1995).
- Oktober 1995 in Freising: Tagung der Arbeitsgemeinschaft Ernährungsverhalten und der Technischen Universität München zum Thema 'Armut und Ernährung' (Publikation der Beiträge: Köhler et al. 1997).
- November 1995 in Hamburg: Fachtagung der Behörde für Arbeit, Gesundheit und Soziales zum Thema 'Armut und Gesundheit von Kindern in Hamburg' (Publikation der Beiträge: Behörde 1996).
- November 1995 in Stuttgart: Gesundheitspolitisches Symposium des Sozialministeriums in Baden-Württemberg zum Thema 'Soziale Ungleichheit als Herausforderung für Gesundheitsförderung' (Publikation der Beiträge: Sozialministerium 1996a).
- Dezember 1995 in Berlin: 1. bundesweiter Kongreß zum Thema 'Armut und Gesundheit', veranstaltet u.a. von der Ärztekammer Berlin (Publikation der Beiträge: Bouali et al. 1996)
- März 1996 in Hannover: Gemeinsame Tagung der Akademie für Sozialmedizin Hannover und der Landesvereinigung für Gesundheit Niedersachsen zum Thema 'Armut und Krankheit. Wechselwirkungen zwischen Krankheit/ Gesundheit und sozialer Lage bei Frauen mit Kindern' (Publikation der Beiträge in Vorbereitung).
- November 1996 in Berlin: 2. bundesweiter Kongreß zum Thema 'Armut und Gesundheit', veranstaltet u.a. von der Ärztekammer Berlin (Publikation der Beiträge: Berlin 1997).

- September 1997 in Nürnberg: Gemeinsame Tagung der Sektionen 'Medizinsoziologie' und 'Soziale Ungleichheit und Sozialstrukturanalyse' der Deutschen Gesellschaft für Soziologie zum Thema 'Soziale Ungleichheit, Gesundheit und Krankheit' (Publikation der Beiträge in Vorbereitung).
- Dezember 1997 in Berlin: 3. bundesweiter Kongreß zum Thema 'Armut und Gesundheit', veranstaltet u.a. von der Ärztekammer Berlin.
- Dezember 1997 in Düsseldorf: Konferenz zum Thema 'Armut und Gesundheit in Düsseldorf', organisiert durch das Dezernat für Jugend, Gesundheit, Soziales und Sport der Landeshauptstadt Düsseldorf (Gesundheitsamt Düsseldorf 1998, Renner 1998a).
- Mai 1998 in Düsseldorf: 'Kongreß für solidarische Gesundheitspolitik', organisiert durch das Forum für kritische Sozial- und Gesundheitspolitik e.V.
- Mai 1998 in Münster: Tagung zum Thema 'Gesundheit und soziale Ungleichheit in Europa - Handlungsfelder für seine öffentlichen Gesundheitsdienste', organisiert durch den Bundesverband der Ärzte des öffentlichen Gesundheitsdienstes e.V. und den Bundesverband der Zahnärzte des öffentlichen Gesundheitsdienstes e.V. (Müller/Schmacke 1998).
- Juli 1998 in Hannover: Tagung zum Thema 'Die im Dunkeln sieht man nicht. Armut und Gesundheitsgefährdung von Kindern', organisiert durch die Landesvereinigung für Gesundheit Niedersachsen e.V. und die Akademie für Sozialmedizin Hannover e.V.
- Dezember 1998 in Berlin: 4. bundesweiter Kongreß zum Thema 'Armut und Gesundheit', veranstaltet u.a. von der Ärztekammer Berlin.
- Januar 1999 in Osnabrück: Gesundheitskonferenz zum Thema 'Macht Armut krank? Soziale Benachteiligung und Gesundheit', veranstaltet vom Osnabrücker Arbeitskreis 'Armut und Gesundheit' (Gesundheitszentrum 1999)
- März 1999 in Bielefeld: 2. Wissenschaftliche Tagung des Deutschen Verbandes für Gesundheitswissenschaften (DVG) zum Thema 'Armut und Gesundheit' (Publikation der Beiträge in Vorbereitung).
- März 1999 in Bremen: Workshop zum Thema 'Soziale Ungleichheit und Gesundheit', veranstaltet vom Zentrum für Sozialpolitik der Universität Bremen (Helmert 1999b; Publikation der Beiträge in Vorbereitung).
- März 1999 in Hannover: Tagung zum Thema 'Chancengleichheit im Gesundheitswesen ?!', organisiert durch die Landesvereinigung für Gesundheit Niedersachsen e.V.
- Dezember 1999 in Berlin: 5. bundesweiter Kongreß zum Thema 'Armut und Gesundheit', veranstaltet u.a. von der Ärztekammer Berlin.

Die Zunahme der öffentlichen Wahrnehmung ist auch daran zu erkennen, daß 1996 durch die Landesvereinigung für Gesundheit Niedersachsen e.V. der 'Arbeitskreis Armut und Gesundheit' gegründet wurde. In der Selbstdarstellung heißt es:

> „Mittlerweile ist Armut auch in der Bundesrepublik keine Randerscheinung mehr. Damit erhalten die gesundheitlichen Folgen von Verarmungsprozessen nicht nur auf der individuellen, sondern ebenso auf der gesamt-

> gesellschaftlichen Ebene eine immense Bedeutung. Um so dringlicher ist es, die gerade begonnene gesundheitspolitische Diskussion zu Armut und Gesundheit weiter zu forcieren. (...) Der Arbeitskreis 'Armut und Gesundheit', der sich aus AkteurInnen des Sozial-, Forschungs-, Bildungs- und Gesundheitsbereiches zusammensetzt, will neben dem Informationsaustausch zu Ursachen und Umfang schichten-spezifischer Gesundheitsunterschiede vor allem Handlungsperspektiven für die Praxis aufzeigen".

Auf den regelmäßigen Treffen des Arbeitskreises werden z.B. die folgenden Themen diskutiert: Integration des Themas 'Armut und Gesundheit' in die Sozial- und Gesundheitsberichte, Kontakte zu ähnlichen bundesweiten und europäischen Initiativen, gesundheitliche Lage von wohnungslosen Menschen, kontinuierliche Berichterstattung des Arbeitskreises in Ärztezeitschriften.

Die Landesvereinigung für Gesundheit Niedersachsen e.V. hat zudem die 'Celler Erklärung' organisiert. Die Erklärung wurde auf einer Tagung formuliert, die 1996 aus Anlaß des zehnjährigen Bestehens der Ottawa-Charter stattfand. In der 1986 in Ottawa auf der 'Ersten Internationalen Konferenz zur Gesundheitsförderung' verabschiedeten Charter heißt es z.B.: „Gesundheitsförderung zielt auf einen Prozeß, allen Menschen ein höheres Maß an Selbstbestimmung über ihre Gesundheit zu ermöglichen und sie damit zur Stärkung ihrer Gesundheit zu befähigen" (Franzkowiak/Sabo 1993, S. 96). Entsprechend dieses sehr umfassenden Konzeptes wird z.B. gefordert, eine gesundheitsfördernde Gesamtpolitik zu entwickeln, gesundheitsförderliche Lebenswelten zu schaffen, gesundheitsbezogene Gemeinschaftsaktionen in der Gemeinde zu unterstützen und persönliche Kompetenzen zu entwickeln. Als wesentliches Ziel wird dabei die Verringerung der gesundheitlichen Ungleichheit hervorgehoben: „Gesundheitsförderung ist auf Chancengleichheit auf dem Gebiet der Gesundheit gerichtet. Gesundheitsförderndes Handeln bemüht sich darum, bestehende soziale Unterschiede des Gesundheitszustandes zu verringern sowie gleiche Möglichkeiten und Voraussetzungen zu schaffen, damit alle Menschen befähigt werden, ihr größtmögliches Gesundheitspotential zu verwirklichen" (Franzkowiak/Sabo 1993, S. 97).

Die Ottawa-Charter ist eines der wichtigsten internationalen Dokumente zur Gesundheitsförderung (Rosenbrock 1998), und entsprechend wurde auf der Tagung in Celle versucht, der Forderung nach umfassender Gesundheitsförderung mehr Nachdruck zu verleihen. Konkreter Anlaß dieser Forderung war das Vorhaben der Bundesregierung, den §20 aus dem fünften Sozialgesetzbuch zu streichen. In der von einigen hundert Experten unterzeichneten Celler Erklärung heißt es z.B.:

> „Der weitaus überwiegende Anteil an der Verbesserung der Lebenserwartung kommt im weitesten Sinne präventiven Faktoren zu. Sozio-ökonomische Faktoren, Bildung, hygienische Lebensbedingungen und Ernährung sind die wichtigsten. Angehörige sozial benachteiligter Schichten haben quer durch das Krankheitspanorama (außer bei Allergien) ein bis zu fünfmal höheres Erkrankungsrisiko als besser gestellte Bevölkerungsschichten. In Deutschland

existieren keine nennenswerten *sozialkompensatorischen Programme* (Hervorhebung im Original), die die Gesundheitschancen sozial benachteiligter Bevölkerungsgruppen verbessern. (...) Hierzulande vergrößern sich zur Zeit die sozialen Unterschiede bei der Verteilung von Krankheitsrisiken. Die Ausklammerung von Präventionsaktivitäten aus der solidarischen Krankenversicherung wird diese Unterschiede weiter verschärfen" (Celler Erklärung 1996, S. 1).

Der Paragraph 20 war erst 1989 im Rahmen des Gesundheitsreformgesetzes (GRG) aufgenommen worden und besagt, daß Gesundheitsförderung und Krankheitsverhütung zu den Aufgaben der Gesetzlichen Krankenversicherung (GKV) gehören. In der Tat wurde der §20 im Beitragsentlastungsgesetz (BEG) von 1996 sehr stark eingeschränkt. Der 1999 von der neuen Bundesregierung vorgelegte Gesetzentwurf sieht vor, diese Einschränkungen wieder rückgängig zu machen.

Man kann über die Aussagekraft des nicht nur in der Celler Erklärung verwendeten Begriffes 'sozial-kompensatorisch' streiten. Schließlich soll ja nicht 'das Soziale' kompensiert werden, sondern die in der unteren sozialen Schicht besonders große gesundheitliche Belastung. Dieses Ziel wird z.B. besser mit der Umschreibung 'gesundheitsfördernde Maßnahmen speziell für die untere soziale Schicht' umschrieben. Die zentrale Aussage der Celler Erklärung, daß derartige Maßnahmen weitgehend fehlen, ist jedoch kaum anzuzweifeln. Ausnahmen bestätigen auch hier die Regel. So haben z.B. die Ende der 60er Jahre erfolgten Umwälzungen auch dazu geführt, daß in Stadtteilen mit einem hohen Arbeiteranteil spezielle Programme zur Verbesserung der psychosozialen Versorgung durchgeführt wurden (z.B. Guski 1988). Von einer umfassenden, intensiven und kontinuierlichen Gesundheitsförderung speziell für die Personen mit niedriger Bildung, niedrigem beruflichen Status und/oder niedrigem Einkommen ist jedoch wenig zu spüren (vgl. auch Kapitel V-6).

Eine weitere Initiative wurde 1997 mit der Gründung des 'Forums für Kritische Sozial- und Gesundheitspolitik e.V.' ins Leben gerufen. In der Einladung zur Gründungsversammlung heißt es: „Das Forum für Kritische Sozial- und Gesundheitspolitik e.V. dient einer kritischen Analyse der gesellschaftlichen, wissenschaftlichen, medizinischen und politischen Aspekte des Sozial- und Gesundheitswesens". Insgesamt werden sieben inhaltliche Schwerpunkte genannt, und einer davon lautet 'Soziale Ungleichheit und Gesundheit'. Die Arbeit in diesem Schwerpunkt soll sich auf die Frage konzentrieren, ob und wie die Sozial- und Gesundheitspolitik zu einer Verschärfung (!) der gesundheitlichen Ungleichheiten führt. Die bisherigen Aktivitäten des Forums konzentrierten sich vor allem auf die Organisation eines großen Kongresses, der im Mai 1998 in Düsseldorf stattfand ('Kongreß für solidarische Gesundheitspolitik'). Er wurde durch eine Vielzahl von Verbänden und Organisationen unterstützt, angefangen von der Arbeiterwohlfahrt bis hin zur Industriegewerkschaft Metall. Die über 1.000 Teilnehmer diskutierten über Themen wie die Zukunft der sozialen Sicherung und die Möglichkeiten einer bürgernahen

Gesundheitspolitik; das Thema 'soziale Ungleichheit und Gesundheit' nahm dabei selbstverständlich einen breiten Raum ein.

Die erste der oben genannten Tagungen fand Ende 1993 statt. Der 'Arbeitskreis Armut und Gesundheit' wurde 1996 gegründet, und das 'Forum für Kritische Sozial- und Gesundheitspolitik e.V.' ist 1997 entstanden. Die 'Celler Erklärung' stammt aus dem Jahr 1996. Offenbar wird erst seit Beginn der 90er Jahre intensiver über die Probleme der gesundheitlichen Ungleichheit diskutiert. Es ist zu befürchten, daß sich die Armutsproblematik in den kommenden Jahren weiter verschärfen wird; vermutlich wird daher auch die öffentliche Wahrnehmung des Problems 'Armut und Gesundheit' weiter zunehmen.

Wahrnehmung bei den Angehörigen der unteren sozialen Schicht

Die allgemeine Feststellung, daß dem Problem der gesundheitlichen Ungleichheit in den letzten Jahren eine zunehmende Aufmerksamkeit zuteil wurde, sagt selbstverständlich noch nicht viel darüber aus, ob und wie das Problem von den wichtigsten 'Akteuren' wahrgenommen wird. Zu nennen sind hier vor allem die folgenden Akteure:
- die Angehörigen der unteren sozialen Schicht
- die Angehörigen der Gesundheitsberufe (d.h. die 'professionellen Helfer')
- die Gesundheitspolitiker

Die Angehörigen der unteren sozialen Schicht sollten mit ihrer Unzufriedenheit über die derzeitige gesundheitliche Ungleichheit einen wichtigen Impuls geben können für die Entwicklung von Maßnahmen zur Verringerung dieser Ungleichheit; und die konkrete Planung und Durchführung der Maßnahmen ist ohne eine enge Kooperation zwischen den Angehörigen der unteren sozialen Schicht, den professionellen Helfern und den Gesundheitspolitikern kaum vorstellbar.

In bezug auf die Wahrnehmung der gesundheitlichen Ungleichheit in der unteren sozialen Schicht liegen m.W. aus der Bundesrepublik bisher keine empirischen Ergebnisse vor. Offenbar ist diese immense Forschungslücke bisher noch kaum zur Kenntnis genommen worden (Mielck et al. 1998a). Etwas überspitzt formuliert liegt der Verdacht nahe, daß die Teilnehmer der überwiegend wissenschaftlich geführten Diskussion nicht sehr daran interessiert sind, die Expertise der direkt Betroffenen einzubeziehen, d.h. die Erfahrungen und Kenntnisse der Personen, die der unteren sozialen Schicht angehören. Der Mangel an Informationen über die Sichtweise der unteren sozialen Schicht kann jedoch auch andere Ursachen haben: In der Bundesrepublik beschäftigen sich nur sehr wenige Wissenschaftler schwerpunktmäßig mit Fragen der gesundheitlichen Ungleichheit. In den letzten Jahren haben sie sich vor allem darauf konzentriert, mit empirischen Analysen die Existenz und das Ausmaß der gesundheitlichen Ungleichheit zu belegen. Dies war vermutlich eine gute Entscheidung, da das Problem der gesundheitlichen Ungleichheit früher kaum zur Kenntnis genommen wurde. Heute wird das Problem in der Öffentlichkeit erheblich mehr wahrgenommen. Daher sollte sich m.E. jetzt der Schwerpunkt der wissenschaftlichen Arbeit auf die Erklärung und die mögliche Verringerung der gesundheitlichen Ungleichheit verlagern; und damit rückt auch die Expertise der direkt Betroffenen stärker in den Mittelpunkt als früher. Der Mangel an Informationen über die Sichtweise der unteren sozialen Schicht ist auch darauf zurückzuführen, daß diese Informationen vor allem mit *qualitativen* Studien erhoben werden müßten. Derartige Studien erfordern intensive Gespräche mit den Betroffenen; sie sind daher erheblich aufwendiger als *quantitative* Studien - in denen z.B. vorher festgelegte Fragen und Antwortvorgaben verwendet werden - und daher entsprechend selten.

Wahrnehmung bei professionellen Helfern und bei Gesundheitspolitikern

Die Frage, ob und wie das Problem der gesundheitlichen Ungleichheit von den 'professionellen Helfern' (d.h. den Angehörigen der Gesundheitsberufe) und von den Gesundheitspolitikern wahrgenommen wird, läßt sich nur schwer beantworten. Zu diesem Themenkomplex ist m.W. bisher noch keine detaillierte Studie vorhanden. Es kann jedoch kein Zweifel daran bestehen, daß professionelle Helfer und Gesundheitspolitiker im Rahmen ihrer täglichen Arbeit in vielfältiger Weise darum bemüht sind, den Gesundheitszustand von Angehörigen der unteren sozialen Schicht zu verbessern. Die Maßnahmen reichen von der Sozialhilfe bis hin zu speziellen Beratungsangeboten für Drogenabhängige. Es wäre unfair und falsch zu behaupten, daß sich die professionellen Helfer und die Gesundheitspolitiker nicht um die 'sozial Schwachen' kümmern würden. Es ist jedoch eine andere Frage, ob sie *genug* darum bemüht sind, den Gesundheitszustand in der unteren sozialen Schicht zu verbessern. Hierzu gibt es selbstverständlich keine objektive Antwort. Vermutlich werden die meisten professionellen Helfer und Gesundheitspolitiker sagen, daß sie bereits alles tun, was sie tun können; und vermutlich werden die meisten Public Health Forscher und Vertreter der Wohlfahrtsverbände die Meinung vertreten, daß erheblich mehr getan werden könnte und sollte.

Um eine fruchtbare Diskussion über diesen Themenkomplex in Gang zu setzen, sollen hier die m.E. wichtigsten Stellungnahmen von professionellen Helfern und Gesundheitspolitikern zum Thema 'gesundheitliche Ungleichheit' vorgestellt werden. Der folgende Überblick basiert nicht auf einer vollständigen Sichtung aller vorhandenen Stellungnahmen. Sie sind zum Teil nur schwer zu finden, und eine umfassende Übersicht über derartige Stellungnahmen ist m.E. noch nicht publiziert worden. Es handelt sich somit um einen ersten Versuch; Ergänzungen und kritische Stellungnahmen sind herzlich willkommen.

Umfrage in Bayern, Brandenburg und Hamburg,

1993 wurde in den drei Bundesländern Bayern, Brandenburg und Hamburg bei insgesamt 166 gesundheitspolitischen Akteuren eine Befragung zum Thema 'gesundheitliche Ungleichheit' durchgeführt (Mielck et al. 1995a). Die drei Bundesländer wurden ausgewählt, um Flächenstaaten (sowohl aus dem neuen als auch aus dem alten Teil der Bundesrepublik) und einen Stadtstaat einzuschließen; eine bundesweite Befragung war im Rahmen der Studie leider nicht möglich. In jedem der drei Bundesländer wurden die folgenden Akteure angeschrieben:

- politische Parteien (CDU/CSU, SPD, FDP etc.)
- Gesundheitsministerium bzw. Gesundheitsbehörde
- alle Gesundheitsämter
- Arbeitgeberverbände
- Gewerkschaften (DAG, DGB)
- Krankenkassen (AOK, VdAK, PKV etc.)
- alle Landesversicherungsanstalten
- Ärztevertretungen (Landesärztekammer, Landeszahnärztekammer, Kassenärztliche Vereinigung, Kassenzahnärztliche Vereinigung, Hartmannbund, Marburger Bund etc.)
- Pflege-Berufsverbände (Deutscher Berufsverband für Altenpflege etc.)
- Wohlfahrtsverbände (Arbeiterwohlfahrt, Caritas, Deutsches Rotes Kreuz, Diakonisches Werk, Paritätischer Wohlfahrtsverband etc.)
- gewerbliche Berufsgenossenschaften

Die Adressaten erhielten die bereits oben erwähnte Broschüre des WHO-Regionalbüros für Europa 'Die Konzepte und Prinzipien von Chancengleichheit und Gesundheit' (vgl. Kapitel IV-1a). In der Broschüre (Whitehead 1991) wird darauf hingewiesen, daß offenbar in allen westeuropäischen Staaten erhebliche sozio-ökonomische Unterschiede sowohl beim Gesundheitszustand als auch bei der gesundheitlichen Versorgung bestehen; und abschließend wird dazu aufgefordert, diese Unterschiede so weit wie möglich abzubauen. Um den Leseaufwand für die Adressaten zu verringern, wurde bei unserer Studie zusätzlich eine kurze Zusammenfassung der in der Broschüre enthaltenen wesentlichen Aussagen beigelegt. Der den Adressaten mitgesandte Fragebogen enthält nur sieben kurze Fragen; die beiden wichtigsten lauten:

- „In der WHO-Broschüre werden ungerechte Unterschiede im *Gesundheitszustand* zwischen sozialen Gruppen problematisiert. Wie groß ist dieses Problem Ihrer Ansicht nach in Deutschland? "
- „In der WHO-Broschüre werden auch ungerechte Unterschiede in der *Gesundheitsversorgung* zwischen sozialen Gruppen problematisiert. Wie groß ist dieses Problem Ihrer Ansicht nach in Deutschland? "

Tabelle 135: Wahrnehmung des Themas 'Gesundheitliche Ungleichheit'

	Verschickt n	Antworten n (in %)	Ungerechte Unterschiede in Gesundheit [a]	G.-Versorgung [b]
Parteien	18	1 (6)	3,0	2,0
Gesundheitsministerien	3	3 (100)	3,3	2,8
Gesundheitsämter	54	9 (17)	4,4	3,0
Arbeitgeberverbände	3	1 (33)	2,0	1,0
Gewerkschaften	6	3 (50)	3,7	4,3
Krankenkassen	18	2 (11)	4,5	1,5
Rentenversicherungsträger	6	1 (17)	4,0	3,0
Ärztevertretungen	24	9 (38)	2,2	2,0
Pflege-Berufsverbände	9	4 (44)	4,8	4,3
Wohlfahrtsverbände	22	8 (36)	4,0	3,6
Berufsgenossenschaften	3	-	-	-
	166	41 (25)	3,6 [c]	3,0 [c]

a Anwort auf Frage: Ungerechte Unterschiede im Gesundheitszustand zwischen sozialen Gruppen. Wie groß ist dieses Problem Ihrer Ansicht nach in Deutschland? Antwortmöglichkeit von 1 (extrem klein) bis 8 (extrem groß).

b Antwort auf gleiche Frage für 'ungerechte Unterschiede in der Gesundheitsversorgung'.

c Gewichteter Mittelwert

Datenbasis: Befragung 1993 in den Bundesländern Bayern, Brandenburg und Hamburg

Quelle: Mielck et. al. 1995

In beiden Fällen wurden die Befragten gebeten, ihre Meinung anhand einer Skala von 1 (extrem klein) bis 8 (extrem groß) einzustufen. Die Ergebnisse sind in Tabelle 135 wiedergegeben. Auffällig ist zunächst die geringe Antwortquote von insgesamt 25%. Von den angeschriebenen 18 Krankenkassenverbänden schickten z.B. nur zwei den Fragebogen ausgefüllt zurück. Einige Adressaten haben ihre Teilnahmeverweigerung schriftlich begründet. Zwei dieser Antworten sind besonders aufschlußreich:

- „Der Fragebogen erscheint uns nicht auf die deutschen Verhältnisse abgestellt. Das Untersuchungskonzept dürfte sich u.E. auf Länder beziehen, welche die deutschen Standards in der Gesundheitsversorgung noch nicht erreicht haben."
- „Ihr Fragebogen richtet sich an Länder, in denen ungerechte Unterschiede in der Gesundheitsversorgung der verschiedenen sozialen Gruppen vorhanden sind."

Es ist zu vermuten, daß diese Haltung auch von den anderen Akteuren geteilt wird, die sich an der Befragung nicht beteiligten; die niedrige Antwortquote dürfte also vor allem Ausdruck eines geringen Problembewußtseins sein.

Selbstverständlich müssen die Befragungsergebnisse wegen der kleinen Fallzahl mit großer Zurückhaltung interpretiert werden, aber es lassen sich doch einige wichtige Hinweise für die Wahrnehmung des Themas 'gesundheitliche Ungleichheit' ableiten: Selbst die Akteure, von denen Antworten vorliegen, halten ungerechte Unterschiede im Gesundheitszustand und in der Gesundheitsversorgung offenbar für kein wichtiges Problem in Deutschland. Ein Wert von

4,5 würde eine mittlere Position zwischen dem Wert 1 ('Problem ist extrem klein') und dem Wert 8 ('Problem ist extrem groß') andeuten. Tatsächlich wird jedoch beim Thema 'Gesundheitszustand' ein Mittelwert von 3,6 erreicht und beim Thema 'Gesundheitsversorgung' sogar nur von 3,0. Es darf dabei nicht übersehen werden, daß das Problembewußtsein bei einigen Akteuren erheblich stärker ausgeprägt ist als bei anderen. Bei Betrachtung der Antwortquote einerseits und der vorliegenden Antworten andererseits fällt vor allem auf, daß die Gewerkschaften, die Pflege-Berufsverbände und die Wohlfahrtsverbände ein relativ hohes Problembewußtsein demonstrieren. Es ist wohl kein Zufall, daß diese drei Akteure auch eine besonders große Nähe zu den Alltagssorgen besonders belasteter Personen aufweisen.

Ärztekammer Berlin

Die Befragung deutet an, daß das Thema 'gesundheitliche Ungleichheit' von den Ärztevertretungen bisher nur unzureichend zur Kenntnis genommen worden ist. Dieser Eindruck wird auch dadurch bestärkt, daß in der Zeitschrift 'Deutsches Ärzteblatt', die wöchentlich von der Bundesärztekammer und von der Kassenärztlichen Bundesvereinigung herausgegeben und an alle Ärzte in Deutschland verschickt wird, m.W. bisher nur 3 Beiträge zu diesem Thema erschienen sind (Bergmann et al. 1993, Pötschke-Langer 1998, Trabert 1999). Bei den ersten beiden Beiträgen ist zudem am Titel kaum zu erkennen, daß hier Fragen der gesundheitlichen Ungleichheit angesprochen werden. Sie lauten:
- „Atopie in Deutschland. Untersuchung zur Vorhersagemöglichkeit einer Atopie bei Geburt“ (Bergmann et al. 1993)
- „Was Hänschen nicht lernt .... Heidelberger Studie plädiert für alters- und schulspezifische Beratung sowie Einbeziehung der Eltern“ (Pötschke-Langer 1998; vgl. Tabelle 41)

Eindeutig im Mittelpunkt steht die gesundheitliche Ungleichheit nur bei dem Artikel von G. Trabert (1999); er trägt den Titel „Armut und Gesundheit. Soziale Dimension von Krankheit vernachlässigt“.

Auch bei den anderen Zeitschriften, die sich speziell an Ärzte richten, sieht es nicht viel besser aus. In der folgenden Liste sind einige dieser Zeitschriften aufgeführt, zusammen mit den darin publizierten Beiträgen zu Fragen der gesundheitlichen Ungleichheit:
- Hamburger Ärzteblatt: Pauli (1978)
- Berliner Ärzteblatt: Spatz (1987)
- Nervenarzt: Cooper/Sosna (1983), Häfner (1971), Schüssler et al. (1982), Weyerer/Dilling (1984)
- Der Kassenarzt: Loosen (1996)
- Zeitschrift für Allgemeinmedizin: Mielck (1995)

Diese geringe Repräsentanz des Themas 'gesundheitliche Ungleichheit' in den ärztlichen Fachzeitschriften sollte den Wissenschaftlern zu denken geben.

Offenbar haben sie bisher zu wenig Wert darauf gelegt, daß ihre Ergebnisse den professionellen Helfern vorgestellt werden.

Auch von den Ärztekammern lassen sich kaum Stellungnahmen finden, in denen die gesundheitliche Ungleichheit als ein wichtiges gesundheitspolitisches Problem beschrieben wird. Die einzige Ausnahme bildet die Ärztekammer Berlin. Wie zu Beginn dieses Kapitels bereits angedeutet wurde, werden in Berlin seit 1995 einmal pro Jahr Konferenzen zum Thema 'Armut und Gesundheit' durchgeführt (Bouali et al. 1996, Berlin 1997), und die Ärztekammer Berlin nimmt bei der Planung und Durchführung dieser Tagungen eine tragende Rolle ein. Der Präsident der Ärztekammer Berlin, Herr Dr. Huber, hat auf der ersten Tagung das gesundheitspolitische Problem sehr klar beschrieben:

> „Armut macht krank. Gesellschaftliche Ausgrenzung zerstört Körper und Seelen. (...) Wir wissen auch, daß Armut in unserer Gesellschaft kein Randproblem mehr ist. Wir stecken mittendrin in einem Prozeß, der die Gesellschaft in zwei Drittel Besitzende und ein Drittel Ausgegrenzte spalten will. Die Ärztekammer Berlin ist als öffentlich-rechtliche Körperschaft dem Gemeinwesen und seiner Gesundheit besonders verpflichtet. Es ist daher unsere Aufgabe, Laut zu geben, wenn Ausgrenzung und Entwurzelung in unserer Stadt drohen. Es ist auch unsere Pflicht, aufzutreten und einzutreten, wenn besondere Hilfe und Unterstützung für die Menschen nötig wird, die durch soziale Not und durch staatliche Vernachlässigung krank werden“ (Huber 1996, S. 9).

Diese Passage wird hier auch deswegen relativ ausführlich zitiert, weil vergleichbare Äußerungen von Ärztekammern (bzw. von Ärztekammer-Präsidenten) m.W. nicht vorhanden sind. Es ist auch kein Geheimnis, daß E. Huber nicht die Mehrheit der Ärztekammer-Präsidenten repräsentiert.

Baden-Württemberg: Sozialministerium

Im Jahr 1995 fand in Stuttgart eine vom Sozialministerium organisierte Tagung zum Thema 'Soziale Ungleichheit als Herausforderung für Gesundheitsförderung' statt. In der Einleitung des Tagungsbandes wird durch das Ministerium auf die Herausforderung hingewiesen, daß „Arme immer kränker und Reiche immer gesünder“ werden:

> „Gesundheitsförderung muß sich dieser sozialen Ungleichheit stellen - im Sinne einer zusätzlichen flankierenden Strategie bei der Bewältigung sozialer Probleme und der Chancenverbesserung für sozial benachteiligte bzw. gesellschaftlich randständige Gruppen. Handicap ist, daß bisherige Konzepte und Methoden der Gesundheitsförderung/-erziehung vornehmlich sozial Integrierte, meist auch aus den mittleren und oberen sozialen Schichten angesprochen haben und möglicherweise sogar oft dazu beitrugen, die Unterschiede zwischen den sozialen Schichten noch zu verschärfen“ (Sozialministerium 1996a, S. 5).

Das einleitende Referat wurde von der zuständigen Ministerin, Frau H. Solinger, gehalten. Sie betonte dabei z.B. die folgenden Punkte:

> „Es ist unübersehbar, daß viele gesundheitliche Beeinträchtigungen und Krankheiten durch die Lebens-, Arbeits- und Umweltverhältnisse entscheidend mitverursacht werden: Ursachen, die nicht individuell, sondern gesellschaftlich-politisch anzugehen sind. (...) Nach gesicherten epidemiologischen Befunden besteht ein Zusammenhang zwischen Gesundheitszustand und Lebenserwartung einerseits und sozialer Schichtzugehörigkeit (...) andererseits. Schlechte materielle Lebensbedingungen, besondere Belastungen am Arbeitsplatz, riskante Lebensweisen und geringerer Zugang zu gesundheitsförderlichen und medizinischen Dienstleistungen gehen Hand in Hand. (...) Gerade in Zeiten immer knapper werdender Ressourcen finanzieller wie personeller Art wird 'Gesundheit' eine gemeinschaftliche Aufgabe im Sinne der Förderung und Sicherstellung individueller wie sozialer Lebensqualität aller sein: Besonders für jene, die zunächst geringere Chancen haben“ (Solinger 1996, S. 9-13).

Für Sozial-Epidemiologen mögen diese Aussagen wenig Neues enthalten. Sie werden hier dennoch relativ ausführlich wiedergegeben, weil von Ministerien derartige Bekenntnisse nur sehr selten zu hören sind. Um den durch die Tagung ausgelösten Impuls zu verstärken, wurde im folgenden Jahr durch das Sozialministerium eine Bestandsaufnahme von den Projekten der Gesundheitsförderung durchgeführt, die sich auch und vor allem an 'sozial Benachteiligte' richten. Aus dem hieraus entstandenen Bericht soll ebenfalls eine Stellungnahme des Sozialministeriums zitiert werden, weil sie in seltener Klarheit betont,

> „daß es mit den bisherigen gesundheitsfördernden Maßnahmen nicht gelungen ist, diese gefährdeten Bevölkerungsschichten bzw. die von Armut Betroffenen zu erreichen. Gefordert werden daher gezielte Programme und Maßnahmen zur Verbesserung der Lebensbedingungen und der Gesundheitslage benachteiligter Bevölkerungsschichten“ (Sozialministerium 1996b, S. 5).

Bei der Bestandsaufnahme wurden in einem ersten Schritt die Gesundheits-, Sozial- und Jugendämter in Baden-Württemberg und die in diesem Bundesland einschlägig tätigen Beratungseinrichtungen, Vereine und Verbände angeschrieben. In einem weiteren Schritt erstreckte sich die Suche dann auch auf ca. 300 öffentliche und private Institutionen aus der gesamten Bundesrepublik. In dem abschließenden Bericht werden 115 Projekte aufgelistet und kurz vorgestellt (Zielgruppe, Inhalte, Ziele, Dauer, Träger etc.). Wie nicht anders zu erwarten, sind die Projekte sehr heterogen. Dies wird schon an der Vielfalt der Zielgruppen deutlich; die Liste umfaßt nicht nur Obdachlose und Sozialhilfe-Empfänger, sondern z.B. auch Häftlinge, Migranten, Arbeitslose, Behinderte und alte Menschen. Der Bericht erhebt nicht den Anspruch, eine vollständige oder repräsentative Erhebung aller Projekte zu sein, und es dürfte auch schwerfallen, die Kriterien für die Aufnahme von Projekten in eine derartige Liste exakt zu definieren. Die Bestandsaufnahme soll vor allem dazu anregen, Gesundheitsförderungs-Projekte für sozial Benachteiligte durchzuführen und den Informations- und Erfahrungsaustausch zwischen den Projekten zu verbessern.

In diesem Sinne handelt es sich um eine sehr wertvolle Bestandsaufnahme; sie ist m.W. die erste ihrer Art in der Bundesrepublik. Sie verdeutlicht, daß vielerorts bereits tatkräftig versucht wird, sozial benachteiligte Personen gesundheitlich zu fördern. Dies heißt selbstverständlich noch nicht, daß die öffentliche Unterstützung dieser Bevölkerungsgruppen groß genug ist und nicht ausgebaut werden sollte, aber es wäre auch falsch zu behaupten, daß bisher noch nichts getan worden wäre. Die Unterstützung durch staatliche Institutionen konzentriert sich häufig auf die Gesundheitsämter, dort werden z.B. Maßnahmen durchgeführt wie die AIDS-Aufklärung in Gefängnissen, die Betreuung von Straßenkindern und die Ernährungsberatung von Spätaussiedlern. Die Unterstützung durch nicht-staatliche Institutionen umfaßt z.B. die Betreuung von Kindern aus 'Trennungsfamilien' durch den Kinderschutzbund, die durch die Arbeiterwohlfahrt angebotenen Stammtische für Alleinerziehende und die Versorgung von Sozialhilfe-Empfängern mit hochwertigen Lebensmitteln durch die Diakonischen Beratungsstellen.

Der Bericht verdeutlicht auch, daß die meisten Maßnahmen mit einem sehr begrenzten Budget auskommen müssen und daher nur eine relativ kleine Zahl von Personen aus der Zielgruppe erreichen können. Es sind gleichsam viele Fäden für ein 'Netz der gesundheitlichen Unterstützung' zu erkennen. Viele dieser Fäden sind jedoch sehr dünn; vor allem fehlt offenbar die langfristige und massive Unterstützung durch staatliche und nicht-staatliche Organisationen, um aus diesen Fäden ein stabiles, engmaschiges und dauerhaftes Netz zu formen.

Nordrhein-Westfalen: Ministerium für Arbeit, Gesundheit und Soziales

Seit einigen Jahren werden von einigen Bundesländern und Kommunen Gesundheitsberichte (bzw. 'Gesundheitsreports') herausgegeben, die nicht nur wie früher lange Zahlenkolonnen aus einer bestimmten Institution enthalten. Die neuen Berichte zeichnen sich vor allem dadurch aus, daß dort die aussagekräftigsten Daten aus allen erreichbaren Quellen zusammengefaßt werden, und daß dabei die Interpretation der Daten im Vordergrund steht, nicht nur ihre bloße Wiedergabe. Diese Art von Gesundheitsbericht ist somit erheblich 'politik-näher' als ein reiner Zahlenband, durch Auswahl und Interpretation besonders relevanter Daten bietet er mehr Möglichkeiten einer praktischen Politikberatung. Nordrhein-Westfalen ist vermutlich der wichtigste Wegbereiter für diese neue Form der Gesundheitsberichterstattung. Es ist daher bemerkenswert, daß in dem Gesundheitsreport von Nordrhein-Westfalen der gesundheitlichen Ungleichheit ein eigenes Kapitel gewidmet wird. Bei Gesundheitsberichten aus anderen Bundesländern ist dies nur selten der Fall (z.B. Gesundheitsbericht Bremen 1992).

Der erste Gesundheitsreport von Nordrhein-Westfalen wurde 1991 veröffentlicht und enthält 37 Kapitel zu Themen wie AIDS, Lärm und Krebsnachsorge (MAGS 1991). Der zweite Gesundheitsreport folgte 1995 und enthält 29 Kapitel (MAGS 1995a). Ein Kapitel in diesem zweiten Report trägt die Überschrift 'Soziale Ungleichheit und Gesundheit' (Streich/Mielck 1995). Dort wird darauf hingewiesen, daß sich verschiedene Bevölkerungsgruppen in einer 'sozialen Notlage' befinden (Sozialhilfe-Empfänger, alleinerziehende Frauen, Wohnungslose etc.), und daß der Gesundheitszustand in diesen Bevölkerungsgruppen besonders schlecht ist. Indirekt wird das Thema 'gesundheitliche Ungleichheit' auch in einem neueren Band der Serie 'Gesundheitsberichterstattung' aufgegriffen. Der Band beschäftigt sich mit den „bevölkerungsspezifischen Rahmenbedingungen des Gesundheitswesens“ und enthält aktuelle Zahlen zur Verteilung von Armut und Arbeitslosigkeit in Nordrhein-Westfalen (LÖGD 1997). Die Beziehung zwischen Armut und Arbeitslosigkeit einerseits und Gesundheitszustand andererseits wird hier allerdings nicht thematisiert.

Die Berücksichtigung des Themas 'gesundheitliche Ungleichheit' in dem Gesundheitsreport heißt offenbar noch nicht, daß dieses Thema bei der Formulierung von Gesundheitszielen einen hohen Stellenwert erhält. Nordrhein-Westfalen ist Mitglied im WHO Netzwerk 'Regionen für Gesundheit', und auf Basis der 38 Ziele der WHO-Strategie 'Gesundheit für alle' wurden 10 vorrangige Gesundheitsziele formuliert (MAGS 1995b). Die ausgewählten Ziele konzentrieren sich z.B. auf die Reduktion der Herzkreislauf-Krankheiten und die Verbesserung der Gesundheitsberichterstattung. Das erste Ziel der WHO-Strategie, d.h. das Ziel 'Chancengleichheit' (vgl. Kapitel IV-1a), wurde jedoch nicht als eigenes Ziel aufgenommen. In der Einführung heißt es lediglich:

> „Nicht berücksichtigte WHO - Health for All - Ziele von großer Aktualität und Relevanz für die nordrhein-westfälische Situation, wie beispielsweise die Verbesserung der Situation chronisch Kranker (HFA - Ziel 4) und behinderter Menschen (HFA - Ziel 3), die Herstellung von Chancengleichheit im Gesundheitsbereich (HFA - Ziel 1), werden als Querschnittsthemen aufgefaßt und sind an passenden Stellen der NRW Auswahl als Unterpunkte berücksichtigt worden“ (MAGS 1995b, S. 9).

Man muß bei der Beschreibung der 10 vorrangigen Gesundheitsziele allerdings schon sehr genau suchen, um konkrete Hinweise auf das Ziel 'Chancengleichheit' zu finden. Offenbar sind auch in Nordrhein-Westfalen die politischen Handlungsträger nur eingeschränkt dazu bereit, sich dem Ziel 'Verringerung der gesundheitlichen Ungleichheiten' zu widmen.

Freie und Hansestadt Hamburg: Behörde für Arbeit, Gesundheit und Soziales

Im Jahr 1990 veröffentlichte die Behörde für Arbeit, Gesundheit und Soziales den ersten Hamburger Kinder- und Jugendgesundheitsbericht. In dem Bericht werden 14 vorrangige gesundheitspolitische Themenschwerpunkte formuliert, und das 14. Ziel mit der Überschrift 'Armut' lautet: „Um die gesundheitlichen

Auswirkungen einer unsicheren sozialen Lage zu vermindern, wird die Jugendarbeitslosigkeit bekämpft und der Trend zu immer stärkerer Abhängigkeit von Sozialhilfe umgekehrt" (Behörde 1995, S. 86). Eine erste Zwischenbilanz über die Erreichung der 14 Ziele wurde 1994 gezogen, und in bezug auf das 14. Ziel heißt es dort, daß die Sozialhilfeabhängigkeit von Kindern und Jugendlichen weiter zugenommen hat (ebd.).

Das Thema 'Armut und Gesundheit von Kindern in Hamburg' wurde 1995 auf einer eigens hierzu von der Behörde organisierten Tagung vertieft (Behörde 1996). Der erste Vortrag wurde von der zuständigen Senatorin, Frau H. Fischer-Menzel, selbst gehalten; sie formuliert die gesundheitspolitische Aufgabe sehr deutlich:

- „ 'Arm und krank' - diese beiden Attribute scheinen seit jeher unzertrennlich. (...) Der Volksmund formuliert es heute drastisch und stellt knapp fest 'Weil du arm bist, mußt du früher sterben'. Doch nicht nur das Volk trägt die Wahrheit im Munde. Auch wissenschaftlich ist die Wechselwirkung von sozialer Lage und gesundheitlichem Status längst belegt. (...) Ich werde heute mittag der Öffentlichkeit neueste Hamburger Sozialhilfedaten präsentieren, die den weiteren und scheinbar unaufhaltsamen Anstieg der Sozialhilfeempfänger in unserer Stadt belegen. Seit 1993 ist die Zahl der Hilfeempfänger um etwa 11% angestiegen. (...) Schon lange ist die Armut kein Minderheitenproblem mehr. (...) Deshalb müssen wir Armut und Gesundheit als Querschnittsthemen verstehen, die für alle Politikfelder eine große Herausforderung stellen. (...) Angesichts dieser Erkenntnisse muß das vordringliche Ziel (nicht nur) der Gesundheits- und Sozialpolitik in der Herstellung und Sicherung von Chancengleichheit liegen" (Fischer-Menzel 1996, S. 1f.).

Gesundheitsministerkonferenz der Länder

Die Hamburger Behörde für Arbeit, Gesundheit und Soziales hat auch versucht, die Diskussion über 'Armut und Gesundheit bei Kindern' bundesweit zu fördern. Genau ein Jahr vor der oben erwähnten Tagung (d.h. im November 1994) fand in Hamburg die 67. Gesundheitsministerkonferenz (GMK) statt. In einer durch Hamburg eingebrachten Entschließung mit dem Titel 'Auswirkungen von sozialer Benachteiligung auf die Gesundheit bei Kindern' wird dort festgestellt:

> „Soziale Benachteiligung führt zu gesundheitlichen Risiken wie höhere Frühgeburtlichkeit bzw. Säuglingssterblichkeit, häufigeren Verkehrsunfällen und vermehrten Infektionskrankheiten. Schulärztliche Daten zeigen häufiger stationäre Behandlungen und zum Zeitpunkt der schulärztlichen Untersuchungen vermehrt klärungsbedürftige Befunde. Gleichzeitig nehmen Kinder und Jugendliche sozial benachteiligter Eltern weniger an Frühförderungsangeboten teil, sind nicht so oft im Sportverein, haben häufiger Fehlernährungsprobleme, suchen seltener einen Arzt auf und greifen früher und häufiger auf legale und illegale Suchtmittel zurück" (Behörde 1996, S. 41).

An dieser Stelle sei ein kleiner persönlicher Kommentar erlaubt: So erfrischend klar und deutlich das Problem auch beschrieben wird, der Sozial-Epidemiologe vermißt hier die empirische Fundierung der Aussagen. Es wäre bestimmt zu begrüßen, wenn die Wissenschaft durch die Politik sozusagen links überholt wird, d.h. wenn politische Entschlüsse gefaßt werden, bevor die zu lösenden Probleme in allen Einzelheiten auch wissenschaftlich exakt beschrieben worden sind. Es wäre m.E. jedoch hilfreich, zumindest das Ausmaß der zu lösenden Probleme genauer zu beschreiben. Viel wichtiger als diese vielleicht überkritische Ansicht eines Wissenschafters ist jedoch die Tatsache, daß das Problem in der GMK überhaupt so klar formuliert worden ist.

„Zur Milderung bzw. Beseitigung“ der gesundheitlichen Risiken für Kinder aus „sozial benachteiligten Familien“ werden in der GMK-Entschließung mehrere Forderungen formuliert wie z.B. (Behörde 1996, S. 41-43):

- „Das System der gesundheitlichen Versorgung ist auf Zugangsbarrieren, die zu solch' ungleichen Chancen beitragen, zu überprüfen. Beispiele für solche Barrieren sind die für Problemgruppen oft nicht ausreichende Durchschaubarkeit und Koordination im ambulant-medizinischen Bereich, Zuzahlungsregelungen, Sprach- und Kulturbarrieren, Öffnungszeiten und wohnortferne Angebote. (...) Für Kinder und Eltern mit massiven Versorgungsdefiziten ist zu erwägen, ob der ÖGD subsidiär spezielle Versorgungsangebote entwickeln und vorhalten muß“.
- „In Regionen, die einen hohen Problemdruck aufweisen ('soziale Brennpunkte'), müssen im besonderen vom Öffentlichen Gesundheitsdienst (ÖGD) jugendärztliche und sozialarbeiterische Kompetenzen sowie wohnortnahe Gesundheitsförderungsangebote intensiviert werden, um eine gezielte Betreuung bzw. Unterstützung einzelner Kinder und deren Eltern zu veranlassen oder zu gewährleisten. Insbesondere die Gesundheitsförderung für sozial benachteiligte Familien bzw. Alleinerziehende mit ihren Kindern ist zu verbessern“.
- „Die Verbesserung der gesundheitlichen Bedingungen für sozial benachteiligte Kinder setzt ressortübergreifende Kooperation der unmittelbar und mittelbar Beteiligten voraus. Die primär gesundheitlichen Ansätze, vertreten durch den ÖGD, die Krankenkassen - einschließlich der privaten Krankenversicherung (PKV) - und die Sozialversicherungsträger, müssen durch die Zusammenarbeit mit Verkehrsplanern, Stadtplanern, den verantwortlichen Stellen der Sozial- und Jugendarbeit, um exemplarisch einige der wesentlichsten Bereiche zu nennen, ergänzt werden“.
- „In sozialen Brennpunkten sollen Modellvorhaben mit dem Ziel gefördert werden, durch Vernetzung der vorhandenen Träger von Gesundheitsangeboten und -hilfen und unter Einbeziehung der lokal tätigen Ärzte, Apotheken, Schulen, Sportvereine, Mütter- und Einfamilienberatungsstellen sowie der lokalen Dienste und Sozialämter (...) aussagefähige statistische Indikatoren zu entwickeln, durch die auf kleinräumlicher Ebene der

> Zusammenhang von gesundheitlicher Lage und Armut erkannt und geeignete Maßnahmen zur Beseitigung ergriffen werden können".

Die Entschließung aus dem Jahr 1994 wird hier in einiger Ausführlichkeit zitiert, da vergleichbare Stellungnahmen äußerst selten sind. Sie ist m.W. zudem bisher nur in der 'grauen Literatur' publiziert worden und dürfte daher auch vielen Experten, die sich für das Thema gesundheitliche Ungleichheit interessieren, nicht bekannt sein. Dies ist m.E. die wichtigste behördliche Stellungnahme in der Bundesrepublik zur gesundheitlichen Ungleichheit; zum einen, weil es sich hier um die Entschließung einer Gesundheitsministerkonferenz aller Bundesländer handelt, und zum anderen, weil sie sich klar zu der Aufgabe bekennt: Die gesundheitliche Ungleichheit kann und soll verringert werden durch Verbesserung des Gesundheitszustandes in der unteren sozialen Schicht.

Die Frage, ob und wie die GMK-Entschließung aus dem Jahr 1994 in den einzelnen Bundesländern umgesetzt wurde, läßt sich nur schwer beantworten. Bisher ist m.W. erst in einem Bundesland ein Bericht erschienen, der sich speziell auf die GMK-Entschließung bezieht. Es ist kaum überraschend, daß es sich hierbei um Hamburg handelt, da Hamburg auch die Entschließung in die GMK eingebracht hatte. In dem Bericht (Behörde 1996, S. 44-50) werden die besonders betroffenen Bevölkerungsgruppen spezifiziert (Kinder von Alleinerziehenden, Kinder von sozial nicht integrierten Ausländern, Kinder aus benachteiligten Wohngebieten, Kinder arbeitsloser Eltern, arbeitslose Jugendliche etc.). Es werden auch eine Reihe von Vorschlägen entwickelt zur Förderung des Gesundheitszustandes dieser Kinder und Jugendlichen wie z.B. Einrichtung von Arbeitsgemeinschaften und Gesundheitskonferenzen in den sozialen Brennpunkten, Abbau von Zugangsbarrieren durch aufsuchende Arbeit ('Geh-Angebote'), räumliche Zusammenlegung der gesundheitlichen und sozialen Hilfen, Verstärkung der Gesundheitsberatung in Kindergärten und Schulen durch Mitarbeiter des Öffentlichen Gesundheitsdienstes (ÖGD), medizinische Versorgung durch den ÖGD bei den Personen, die durch das Angebot der Gesetzlichen Krankenversicherung (GKV) kaum erreicht werden (Wohnungslose, Asylbewerber etc.).

Das Thema 'Auswirkung von sozialer Benachteiligung auf die Gesundheit bei Kindern' wurde auch auf einer Sitzung der Arbeitsgemeinschaft der Leitenden Medizinalbeamten (AGLMB) im November 1997 diskutiert. In der hierzu verabschiedeten Entschließung heißt es z.B.:

> „Eine Investition in Gesundheitsförderung und Prävention verspricht langfristig eine Verminderung von gesundheitlichen Fehlentwicklungen, insbesondere bei sozial benachteiligten Kindern und Jugendlichen, und unterstützt damit die gesundheitspolitischen Bestrebungen, die Mittel im Gesundheitswesen zielgerichtet und wirtschaftlich zu verwenden. Gesundheitsberichterstattung weist in ihren Auswertungen nach, daß Kinder und Jugendliche aus sozial-benachteiligten Familien häufiger erkranken, vermehrt verunglücken, öfter ins Krankenhaus müssen, einen schlechteren Impfschutz

> haben und sich insgesamt weniger gesundheitsgerecht verhalten. (...) Zu den potentiell sozial-benachteiligten Gruppen, deren gesundheitliche Lage zu verbessern ist, gehören beispielsweise: Kinder von Alleinerziehenden, jugendliche alleinerziehende Mütter, (...), Kinder aus benachteiligten Wohngebieten, Sonder- und Hauptschüler, (...), jugendliche Nichtseßhafte. Diesen benachteiligten Gruppen ist die Nutzung vorhandener gesundheitlicher Versorgungsleistungen offenbar erschwert, weil es ihnen häufig nicht gelingt, diese von sich aus in Anspruch zu nehmen. Die vorhandenen Leistungen müssen deshalb auf ihre Nutzbarkeit, Wirksamkeit und Vernetzung zur Erreichung sozial benachteiligter Gruppen überprüft werden, um die vorhandenen Ressourcen effizient einzusetzen“ (AGLMB 1997).

An konkreten Maßnahmen wird beispielsweise vorgeschlagen, den Öffentlichen Gesundheitsdienst (ÖGD) stärker als bisher in die gesundheitliche Versorgung der sozial benachteiligten Gruppen einzubeziehen und zur besseren Koordinierung der kommunalen und regionalen Aktivitäten eigene Gesundheitskonferenzen zu diesem Thema durchzuführen. Den Krankenkassen wird z.B. empfohlen, alle anspruchsberechtigten Mitglieder schriftlich zu den jeweiligen Kinderfrüherkennungs-Untersuchungen einzuladen. Betont wird auch, daß alle diese Maßnahmen evaluiert werden sollten.

Bundesministerien

Der erste offizielle Hinweis eines Bundesministeriums auf das Thema 'gesundheitliche Ungleichheit' stammt m.W. aus dem Jahr 1971. Damals wurde durch das Bundesministerium für Jugend, Familie und Gesundheit der erste bundesweite Gesundheitsbericht veröffentlicht. In dem Bericht, mit dem die Regierung Brandt ein Versprechen aus der Regierungserklärung von 1969 einlöste und der heute erstaunlicherweise weitgehend in Vergessenheit geraten ist, heißt es u.a.:

> „Die Sozialmedizin bildet in der Regierungserklärung vom 28. Oktober 1969 erstmals einen besonderen Schwerpunkt. Auf diesem Gebiet forscht inzwischen das beim Bundesgesundheitsamt eingerichtete Institut für Sozialmedizin und Epidemiologie. Seine Aufgaben sind: Beobachtung von Gesundheitszustand und Krankheitshäufigkeit in der Bevölkerung und in deren Schichten und Gruppen, und die Erforschung der wechselseitigen Beziehung zwischen Gesundheit, Gesundheitsgefahren und Krankheit einerseits, den sozialen, wirtschaftlichen und ökologischen Verhältnissen andererseits“ (Bundesministerium 1971a, S. 164).

Empirische Daten zur gesundheitlichen Ungleichheit werden nicht präsentiert. Der neue 'Gesundheitsbericht für Deutschland' entstand auf Basis eines Projektes, das vom Bundesministerium für Bildung, Wissenschaft, Forschung und Technologie sowie vom Bundesministerium für Gesundheit gefördert wurde (Statistisches Bundesamt 1998). Dieser Bericht enthält auch die beiden Kapitel 'Einkommensverhältnisse' und 'Bildung', und dort werden mehrere empirische

Ergebnisse über das Ausmaß der gesundheitlichen Ungleichheit vorgestellt. Diese beiden Gesundheitsberichte können den Eindruck erwecken, daß die zuständigen Bundesministerien bereits seit knapp 30 Jahren das Thema 'gesundheitliche Ungleichheit' als ein wichtiges Thema ansehen. Dieser Eindruck täuscht jedoch. Es lassen sich nur sehr wenige offizielle Stellungnahmen von Bundesministerien finden. Die bisher deutlichste stammt m.W. aus dem Jahr 1981. Damals wurde auf Initiative des Bundesministeriums für Arbeit und Sozialordnung ein Symposium zum Thema 'Schichtenspezifische Versorgungsprobleme im Gesundheitswesen' durchgeführt (Hauß et al. 1981a). Die Ankündigung des Symposiums löste bei den Akteuren der gesundheitlichen Versorgung zum Teil Überraschung und Unverständnis aus. „Es gab zwar auch eindeutig ablehnende Haltungen (z.B. 'absurdes Forschungsvorhaben des Bundesarbeitsministers', Stellungnahme des Hartmannbundes). Insgesamt wurde im Rahmen des Symposiums die Thematik aber konstruktiv aufgearbeitet“ (Eßer 1994, S. 168).

An dem Symposium nahmen neben verschiedenen hochrangigen Wissenschaftlern auch Vertreter der wichtigsten Organisationen und Verbände teil (Bundesministerium für Arbeit und Sozialordnung, Bundesministerium für Forschung und Technologie, Bundesministerium für Jugend, Familie und Gesundheit, SPD-Bundestagsfraktion, FDP-Bundestagsfraktion, Bundesverband der Betriebskrankenkassen, Bundesverband der Ortskrankenkassen, Wissenschaftliches Institut der Ortskrankenkassen, Verband der Angestellten-Krankenkassen, Bundesverband der Landwirtschaftlichen Krankenkassen, Kassenärztliche Vereinigung Nord-Württemberg, Kassenzahnärztliche Bundesvereinigung, Bundesgesundheitsamt, Deutscher Gewerkschaftsbund, Verband der deutschen Rentenversicherungsträger etc.). Das Symposium bot somit einen hervorragenden Rahmen für die Diskussion gesundheitspolitischer Ansätze zur Verringerung der gesundheitlichen Ungleichheit. Das wichtigste Ergebnis war die Vorbereitung eines Forschungsprogramms. Der Ausschreibungstext für dieses Programm konzentrierte sich auf die folgenden vier Fragen (Eßer 1994, S. 169):

- „Inwieweit ist die angestrebte Chancengleichheit der gesundheitlichen Versorgung in unterschiedlichen Lebenslagen gleichermaßen verwirklicht?
- Sind die im Gesundheitswesen angebotenen Leistungen für alle Bevölkerungsgruppen gleich gut zugänglich?
- Entsprechen die Angebotsformen für Leistungen der gesundheitlichen Versorgung den Bedürfnissen unterschiedlicher Bevölkerungsgruppen gleich gut?
- Wie verteilen sich die Kosten der Krankenversicherung und der daraus gezogene gesundheitliche Nutzen auf die verschiedenen Bevölkerungsgruppen?“

Im Mittelpunkt sowohl des Symposiums als auch des Forschungsprogramms stand also die gesundheitliche Versorgung. Dies ist zwar nur ein Aspekt des Themas 'gesundheitliche Ungleichheit' - und vermutlich auch nicht der wichtigste - er spiegelt jedoch den primären Zuständigkeitsbereich des

Bundesministeriums für Arbeit und Sozialordnung wider. Auffallend ist zudem, daß der Begriff 'schichtenspezifisch', der im Titel des Symposiums zu finden ist, im Ausschreibungstext durch die allgemeineren Begriffe 'Lebenslage' und 'Bevölkerungsgruppen' ersetzt wurde. Offensichtlich fand hier eine Korrektur zugunsten einer weniger konfliktträchtigen Formulierung statt.

Obwohl viele Wissenschaftler ihr Interesse an den Ausschreibungs-Unterlagen bekundet hatten, war das Ergebnis für die Initiatoren des Symposiums und des Forschungsprogramms enttäuschend: Es wurden nur 49 Forschungsanträge eingereicht, von denen letztlich nur 14 als förderungswürdig eingestuft worden sind. Als Gründe für dieses unbefriedigende Ergebnis werden vor allem genannt (Eßer 1994, S. 169):
- „Aus universitärer Wissenschaft und Forschung waren nur wenige Forschungsvorschläge entwickelt worden. Der überwiegende Teil der Forschungsanträge war von Markt- bzw. Sozialforschungsfirmen vorgelegt worden.
- Inhaltlich boten die Anträge wenig Kreativität und Problemangemessenheit. Schwerpunkt bildete die Ermittlung von zahllosen Umfragedaten über längere Zeiträume. (...) So denn einigermaßen wissenschaftlichen und inhaltlichen Anforderungen entsprechende Anträge vorgelegt wurden, blieb völlig offen, inwieweit die Ergebnisse der Forschung zur Verbesserung der Chancengleichheit in der gesundheitlichen Versorgung hätten Anwendung finden können“.

Die Ergebnisse aus den 14 geförderten Projekten sind in zwei vom Bundesministerium für Arbeit und Sozialordnung herausgegebenen Bänden zusammengefaßt worden (Bundesministerium 1987/1990). Beispielhaft seien hier die folgenden Ergebnisse erwähnt: Die Inanspruchnahme von präventiven Angeboten der Gesetzlichen Krankenkassen ist in der unteren Statusgruppe (Arbeiter/Angestellte ohne Berufsausbildung) am niedrigsten und in der oberen Statusgruppe (Angestellte/Selbständige/Beamte mit Hochschulabschluß) am höchsten (Lemke et al. 1987). In einem Kölner Stadtteil, in dem der Anteil der Sozialhilfeempfänger besonders hoch ist, läßt sich eine überdurchschnittlich hohe Morbidität feststellen (Breuer/Klaes 1987). In der Gesetzlichen Krankenversicherung (GKV) erfolgt eine Umverteilung finanzieller Ressourcen zu Gunsten der unteren Einkommensgruppen (Pfaff et al. 1990). Die Prävalenz von Psoriaris ist bei Angestellten und Meistern höher als bei einfachen Arbeitern (Garbe 1990). Die Prävalenz des unbehandelten Bluthochdrucks ist bei einfachen Arbeitern höher als bei Facharbeitern und Angestellten (Borowski/Preiser 1990).

Diese Forschungsinitiative wird hier aus drei Gründen etwas ausführlicher dargestellt. Zum einen sind die oben formulierten Forschungsfragen noch heute aktuell. Zum anderen hat die Enttäuschung über die Ergebnisse dieser Initiative m.E. dazu geführt, daß in der Folgezeit von den Bundesbehörden kein weiteres Forschungsprogramm speziell zum Thema 'gesundheitliche Ungleichheit' entwickelt worden ist. Der dritte Grund bezieht sich auf das Selbstverständnis der Wissenschaftler: In der Ausschreibung ist betont worden, daß die *praktische Umsetzung* von Vorschlägen zur Verbesserung der Chancengleichheit im Mittelpunkt steht. Sowohl bei den 49 Forschungsanträgen als auch bei den 14 geförderten Projekten ist diese Forderung jedoch weitgehend ignoriert worden. Dieses Problem hat m.E. wenig an Aktualität eingebüßt. Noch zu Beginn der 90er Jahre schrieb P. Eßer (1994, S. 170):

> „Dieser Mangel in der Gesundheitsforschung ist auch heute noch in vollem Umfang feststellbar: Die zum Gesundheitswesen Forschenden scheint es nur wenig zu kümmern, ob und wie ermittelte Ergebnisse genutzt werden können. Es scheint wohl mehr wissenschaftliche Ehre zu bringen, Problembereiche aufzuzeigen, als Lösungen anzubieten. Oder sind etwa die Wissenschaftler bei der Lösungsfindung ratlos? “

Auch wenn diese Formulierung vielleicht etwas überzogen ist, einen wahren Kern hat sie zweifellos.

Bundesregierung

Zu Beginn dieses Unterkapitels ist bereits die Antwort der damaligen Bundesregierung auf die Große Anfrage zum Thema 'Armut in der Bundesrepublik Deutschland' erwähnt worden. Die Antwort läßt darauf schließen, daß beim Thema 'gesundheitliche Ungleichheit' kein großes Problembewußtsein vorhanden gewesen ist (Antwort der Bundesregierung 1995). Dieser Eindruck wird etwas abgemildert durch die Antwort der Bundesregierung auf eine weitere Große Anfrage, die sich auf die 'Prävention in der Gesundheitspolitik' bezieht. In der Anfrage wird deutlich, daß die Bundestagsfraktion der SPD die gesundheitliche Ungleichheit als ein wichtiges gesundheitspolitisches Problem ansieht. Dies zeigt sich z.B. an den folgenden Formulierungen (Antwort der Bundesregierung 1994, S. 1f.):

- „Sowohl das Risiko, an vermeidbaren Krankheiten zu erkranken oder zu sterben, als auch die Möglichkeiten, Gesundheitsbelastungen durch individuelles Verhalten zu begegnen, sind in bezug auf Geschlecht und Sozialstatus ungleich verteilt. Die Zugehörigkeit zu sozialen Schichten, z.B. ausgedrückt durch Bildung, Einkommen und Stellung im Beruf, sowie das Geschlecht bestimmen auch bei formal gleicher Zugangsberechtigung zu Einrichtungen der Gesundheitsversorgung nach wie vor erheblich die Chancen für ein längeres Leben und verbesserte Gesundheitserwartung“.
- „Hinsichtlich der Anlage, Umsetzung und Qualitätssicherung von bevölkerungsbezogener Prävention besteht im Anschluß an die Dokumente der WHO international weitgehend Einigkeit darüber, (...) daß bevölkerungsbezogene Programme der Prävention und Gesundheitsförderung die gegebene ungleiche Verteilung gesundheitlicher Chancen in den unteren Sozialschichten und benachteiligten Gruppen im Sinne einer 'positiven Diskriminierung' berücksichtigen müssen, um die in allen Industrieländern

fortbestehende soziale Ungleichheit in Lebenserwartung und Gesundheitschancen zu verringern".

In der Großen Anfrage werden viele spezifische Fragen zur Gesundheitspolitik der Bundesregierung gestellt, und an einigen Stellen wird auch gezielt danach gefragt, wie die Bundesregierung das Problem der gesundheitlichen Ungleichheit einschätzt und was sie zur Verringerung dieses Problems unternimmt. Interessant sind hier vor allem die beiden folgenden Fragen und die entsprechenden Antworten der Bundesregierung (Antwort der Bundesregierung 1994, S. 7, 25):

- Frage A.4: „Über welche Erkenntnisse verfügt die Bundesregierung hinsichtlich der ungleichen Verteilung von Gesundheitschancen in der Bevölkerung in Abhängigkeit von der sozialen Lage, vom Geschlecht, vom individuellen Verhalten und von der Verschränkung zwischen sozialer Lage und individuellem Verhalten?"
  In der Antwort der Bundesregierung wird auf die Ergebnisse der DHP-Studie hingewiesen: „Personen der unteren sozialen Schicht geben etwa doppelt so häufig einen schlechten Gesundheitszustand wie Personen in der oberen sozialen Schicht an". Zur Erklärung dieser gesundheitlichen Ungleichheit wird z.B. gesagt: „Eine unterschiedliche medizinische Versorgung scheidet als Ursache für die Geschlechts- bzw. Sozialdifferenzen aus, weil soziale Barrieren der Zugänglichkeit zum Gesundheitswesen in Deutschland fehlen".
- Frage E.3: „Über welche Erkenntnisse verfügt die Bundesregierung hinsichtlich der Verteilung ernährungsbezogener Risiken nach sozialen Schichten bzw. Lebenslage-Gruppen und Geschlecht?"
  In der Antwort der Bundesregierung wird auf die vorliegenden empirischen Ergebnisse hingewiesen, nach denen sich die Angehörigen der oberen sozialen Schicht zumeist gesünder ernähren als die Angehörigen der unteren sozialen Schicht (vgl. auch Kapitel III-2d).

Die empirischen Ergebnisse zur gesundheitlichen Ungleichheit sind der Bundesregierung offenbar weitgehend bekannt. Bei der Frage nach den gesundheitspolitischen Konsequenzen, die sich daraus ergeben, werden jedoch grundlegende Unterschiede zwischen der SPD und der Bundesregierung deutlich. Auf die oben erwähnte Forderung der SPD, daß die Präventions- und Gesundheitsförderungs-Programme eine 'positive Diskriminierung' zugunsten der unteren sozialen Schicht beinhalten sollten, geht die Bundesregierung beispielsweise überhaupt nicht ein. Die SPD weist in ihrer Anfrage wiederholt darauf hin, daß die großen Volkskrankheiten auch und vor allem durch die Arbeits- und Lebensbedingungen verursacht werden, „die nicht individuell, sondern nur politisch gestaltet werden können" (Antwort der Bundesregierung 1994, S. 1). Sie betont also den Stellenwert der 'Verhältnis-Prävention'. Die Bundesregierung betont in ihrer Antwort dagegen den Stellenwert der 'Verhaltens-Prävention', d.h. sie hebt die individuelle Verantwortung jedes Einzelnen zur Erhaltung seiner Gesundheit hervor. Bei aller Berechtigung der verhaltens-präventiven Maßnahmen: Die einseitige Betonung dieses Ansatzes durch die damalige Bundesregierung birgt die Gefahr, daß notwendige strukturelle Maßnahmen zur Verbesserung der Arbeits- und Lebensbedingungen vernachlässigt werden, und daß die erhöhte Morbidität und Mortalität von Angehörigen der unteren sozialen Schicht als ihr Eigenverschulden dargestellt wird.

Der Öffentliche Gesundheitsdienst (ÖGD)

Zur Erreichung des Ziels 'Verringerung der gesundheitlichen Ungleichheit' ist die Mitarbeit des Öffentlichen Gesundheitsdienstes (ÖGD) besonders wichtig. Von allen Akteuren der gesundheitlichen Versorgung besitzen die Gesundheitsämter vermutlich die größte Nähe zu den sozialen und gesundheitlichen Problemen in der Kommune. Der ÖGD ist zudem einer der größten Akteure der gesundheitlichen Versorgung, und seine Stimme besitzt einiges Gewicht in der gesundheitspolitischen Diskussion. Vor allem mit Blick auf den ÖGD betont J. Siegrist (1998a, S. 616) in einem vor kurzem publizierten Beitrag z.B.:

> „Der Spielraum struktureller und verhaltensbezogener Interventionen (...), die sich an den neuen Erkenntnissen von Sozialepidemiologie, Verhaltensmedizin und Public Health Forschung orientieren, ist wesentlich größer als zunächst vermutet. Durch konzentrierte Bemühungen von Wissenschaft und Praxis können auf diese Weise soziale Ungleichheiten in begrenzten, jedoch wichtigen Bereichen gezielt gemindert werden".

An gesundheitlichen Belastungen, die zum einen in der unteren sozialen Schicht besonders häufig sind, und die zum anderen verringert werden könnten und sollten, nennt er beispielsweise 'job strain' (Kombination von hoher Anforderung und geringem Handlungsspielraum) und 'berufliche Gratifikationskrisen' (Diskrepanz zwischen hoher beruflicher Verausgabung und niedriger Belohnung; vgl. Kapitel III-1b).

In diesem Zusammenhang lassen sich m.E. mindestens drei Aufgaben des ÖGD unterscheiden:

- Kompensatorische Gesundheitsversorgung: Gesundheitliche Versorgung auch und vor allem für die Personen aus der unteren sozialen Schicht, die einen besonders schlechten Gesundheitszustand aufweisen.
- Koordination der kommunalen Aktivitäten: Aufbau und Koordination eines kommunalen Netzwerkes, in dem alle Akteure der gesundheitlichen Versorgung vertreten sind, die zu einer Verringerung der gesundheitlichen Ungleichheit beitragen können.
- Interessenvertretung für die Angehörigen der unteren sozialen Schicht: Vertretung der Forderung nach einer Verringerung der gesundheitlichen Ungleichheit auf allen Ebenen der gesundheitspolitischen Diskussion.

Auch aus dem ÖGD heraus wird in den letzten Jahren zunehmend gefordert, die Aufgabe des Interessenvertreters zu übernehmen. In einer aktuellen Stellungnahme von Herrn Schmacke, dem Leiter der Akademie für Öffentliches Gesundheitswesen Düsseldorf, heißt es z.B.:

> „Die Akteure im Gesundheitswesen können viel dazu beitragen, daß die Brisanz sozialer Ungleichheit vor Krankheit und Tod besser wahrgenommen wird und daß auf allen Ebenen des gesellschaftlichen Lebens Barrieren für ein gesundes Leben und für ein akzeptables Leben mit Krankheit aus dem Wege geräumt werden“ (Schmacke 1998, S. 63).

Die Aufgabe 'Koordination der kommunalen Aktivitäten' ist in den letzten Jahren ebenfalls vermehrt wahrgenommen worden. Das Gesundheitsamt Düsseldorf war z.B. maßgeblich an der Durchführung der Tagung 'Armut und Gesundheit in Düsseldorf' beteiligt, die im Dezember 1997 stattfand (Gesundheitsamt Düsseldorf 1998). Zur Vorbereitung der Tagung führte das Gesundheitsamt eine Befragung bei den 'Akteuren des Düsseldorfer Hilfesystems' durch (Kirchen, Wohlfahrtsverbände, Selbsthilfegruppen, politische Parteien, Jugendamt, Sozialamt, Gesundheitsamt etc.). Im Mittelpunkt stand dabei die Bitte, sich zu den drei folgenden Punkten zu äußern (Renner 1998b, S. 95):

1. Bei diesem Thema (Armut und Gesundheit) bedrückt mich am meisten: ....
2. Ich wünsche mir, daß am schnellsten in unserer Stadt folgendes geändert wird: ......
3. Zu diesem Thema möchte ich gerne folgendes genauer wissen: ...

In den 119 ausgefüllten Fragebögen (Response-Rate 39%) werden insgesamt 170 Problemschwerpunkte genannt. Sie lassen sich den folgenden Bereichen zuordnen: Kinder/Jugendliche (39 Nennungen), Frauen (30), Drogen/Alkohol/Sucht (30), chronisch Kranke (15), Obdachlosigkeit (15), ältere Menschen (11), Arbeitslose (11), verdeckte Armut (6), weitere Problemschwerpunkte (13).

Die Antworten verdeutlichen, daß die kommunalen Akteure das Problem 'Armut und Gesundheit' aus vielfältiger praktischer Erfahrung heraus sehr gut kennen, und daß sie konkrete Vorschläge zur Verringerung des Problems 'in der Schublade haben'. Es werden z.B. die folgenden Vorschläge genannt (Renner 1998b, S. 103):

- „Wir wünschen uns, daß für kinderreiche Familien mehr geschieht; viele können nicht in Urlaub fahren und deswegen sind Ferienmaßnahmen für Kinder bzw. unterstützende 'Geldspritzen' sehr wichtig“.
- „Mehr Hilfen (Betreuung, finanzielle Unterstützung, Wohnung) für alleinerziehende Mütter“.
- „Krankenhilfe für alle Prostituierten, unabhängig vom ausländerrechtlichen Status und unabhängig vom Verbleiben in der Prostitution oder Ausstieg“.
- „Im Süden der Stadt müßten Armenküchen eingerichtet werden“.

Eine Verringerung der gesundheitlichen Ungleichheit ist wohl nur dann möglich, wenn dieses Potential an Sachkenntnis und an konkreten Verbesserungsvorschlägen genutzt wird; möglicherweise könnte dabei der ÖGD die Koordination übernehmen.

Im Gesundheitsamt Düsseldorf ist eine 'Arbeitsgruppe Armut und Gesundheit' eingerichtet worden. In ihrem 1997 publizierten Bericht 'Auswirkungen von Armut auf die Gesundheit der Düsseldorfer Bürger' werden z.B. die folgenden Aussagen mit Daten aus Düsseldorf empirisch belegt (Schneitler et al. 1997):

- In den Bezirken mit einer hohen Sozialhilfe-Dichte ist auch die Säuglingssterblichkeit besonders hoch.
- Die Inanspruchnahme der U1- bis U9-Untersuchungen ist in den 'sozialen Brennpunkten' besonders niedrig.
- Die Zahngesundheit ist bei Gymnasiasten besser als bei Hauptschülern

Angesprochen werden auch Themen wie Armut und Prostitution, Armut und Drogenabhängigkeit, Wohnungslosigkeit und Gesundheitsversorgung, Armut und Gesundheit im Alter. Bisher wurde m.W. noch von keinem anderen Gesundheitsamt eine derart umfassende regionale Bestandsaufnahme des Problems 'Armut und Gesundheit' vorgelegt.

Herr Schneitler, der Leiter des Gesundheitsamtes Düsseldorf, faßt in einer späteren Publikation die zu bewältigende Aufgabe wie folgt zusammen (Schneitler 1998, S. 77): „Für uns sind vier Hauptziele erkennbar:

1. Als grundlegende Forderung: Die Verringerung der Armut in Düsseldorf,
2. die Verbesserung der gesundheitlichen Versorgung Armer,
3. die Verringerung gesundheitsriskanter Verhaltensweisen von Armen,
4. die gezielte Gesundheitsförderung für Arme“.

Durch eine kompensatorische Gesundheitsversorgung, die Koordination der kommunalen Aktivitäten und die Vertretung der Interessen von einkommensschwachen Personen kann der ÖGD m.E. entscheidend dazu beitragen, daß diese Ziele so weit wie möglich erreicht werden.

Der ÖGD befindet sich derzeit in einer Phase der Neuorientierung. In einer Publikation der Akademie für Öffentliches Gesundheitswesen in Düsseldorf zu den „Perspektiven der Gesundheitsämter auf dem Weg ins 21. Jahrhundert“ wird z.B. gefordert, daß sich der ÖGD stärker als bisher in den Themenbereichen engagieren sollte, die derzeit unter dem Stichwort 'Public Health' diskutiert werden (Schmacke 1996). Dabei wird auch und vor allem gefordert, daß sich der ÖGD stärker dem Thema 'soziale Ungleichheit und Gesundheit' widmen sollte, zumal dieses Thema ursprünglich zu den zentralen Themen des ÖGD gehört hatte: „Es sei hier die These vertreten, daß in dieser Wiederentdeckung von sozialer Ungleichheit eine Chance liegt, den bevölkerungs- und gruppenbezogenen Arbeitsansatz des ÖGD wieder mit mehr Bedeutung auszustatten“ (ebd., S. 30).

Die zunehmende Wahrnehmung des Aufgabengebietes 'gesundheitliche Ungleichheit' durch den ÖGD wird auch am Wissenschaftlichen Kongreß der Bundesverbände der Ärzte und der Zahnärzte des Öffentlichen Gesundheitsdienstes aus dem Jahr 1998 deutlich. Der Kongreß stand unter dem Motto: 'Gesundheit und soziale Ungleichheit in Europa - Handlungsfelder für seine Öffentlichen Gesundheitsdienste' (Müller/Schmacke 1998). Der Beitrag von H. Brand und N. Schmacke trägt die Überschrift 'Soziale Ungleichheit und Gesundheit: Die Rolle kommunaler Gesundheitsdienste in Deutschland'. Dort wird betont, daß auch in der Bundesrepublik „sozialkompensatorische Arbeitsansätze zum festen Bestandteil der Arbeit des öffentlichen Gesundheitsdienstes gehören" (Brand/Schmacke 1998, S. 627). Diese Aussage wird mit den beiden folgenden Beispielen belegt:

- Das Gesundheitsamt Potsdam führt seit 1994 im Rahmen der Schuleingangs-Untersuchungen auch eine Befragung der Eltern durch (vgl. auch Ellsäßer 1998, Ministerium 1997a/b). Die im Rahmen der Befragung erhobenen Angaben zur sozialen Lage haben gezeigt, daß die Kinder aus schwierigen sozialen Verhältnissen (alleinerziehende Eltern, Eltern mit niedriger beruflicher Qualifikation etc.) eine besonders hohe Morbidität aufweisen. Zur Diskussion dieser Ergebnisse wurde 1998 in Potsdam eine 'Kindergesundheits-Konferenz' durchgeführt. Dort wurden von Vertretern verschiedener kommunaler Institutionen gemeinsam Vorschläge zur Verbesserung des Gesundheitszustandes der betroffenen Kinder entwickelt.
- Das Gesundheitsamt Hamburg-Harburg hat um 1995 eine Auswertung der Daten aus dem schulärztlichen Dienst und aus den Mütterberatungsstellen durchführen lassen. Die Auswertungen haben ergeben, daß Mortalität und Morbidität bei den ausländischen Kindern besonders hoch sind, und daß ihre Eltern häufig Probleme bei der Kommunikation mit dem medizinischen Fachpersonal haben. Die Diskussion der Ergebnisse mit Vertretern von verschiedenen kommunalen Gremien hat schließlich dazu geführt, daß die kommunale Verwaltung um Vorschläge zur Verbesserung der Situation gebeten worden ist. „Damit war das Thema soziale Ungleichheit und Gesundheit (...) dort gelandet, wo es im Sinne von stadtteilbezogener Gesundheitsförderung hingehört: Die Experten haben den Auftrag erhalten, der Kommunal- und Stadtpolitik konkrete Vorschläge zu unterbreiten, die parlamentarisch abstimmungsfähig sind" (Brand/Schmacke 1998, S. 629).

Eine Übersicht über alle vergleichbaren Aktivitäten des ÖGD ist m.W. nicht vorhanden, aber bei diesen Beispielen handelt es sich vermutlich eher um die Ausnahme als um die Regel.

Im Beitrag von H. Brand und N. Schmacke werden vier Interventions-Typen zur Verringerung der gesundheitlichen Ungleichheit unterschieden (ebd.):

- „Reduktion der sozialen Unterschiede: v.a. Hebung des Bildungsstandes, der Qualifikation und des Einkommens benachteiligter sozialer Schichten, Stadtteilentwicklung, Hebung der Wohnungsstandards"
- „Minimierung krankheitsbedingter Beeinträchtigung der sozialen Beweglichkeit"
- „Reduzierung ungesunder Lebensstile in benachteiligten Sozialschichten"
- „Kompensatorische Gesundheitshilfen für benachteiligte soziale Schichten"

Aus diesen Interventions-Typen werden die folgenden „Handlungsoptionen im Feld soziale Ungleichheit und Gesundheit für den ÖGD" abgeleitet (Brand/ Schmacke 1998, S. 629):

- Aufbau einer kleinräumigen Gesundheitsberichterstattung unter Einschluß von Sozialindikatoren; „Anwaltfunktion in Sachen Basisvoraussetzungen für Gesundheit."
- „Beispiel chronisch kranke Kinder: Beratung und Unterstützung von Erzieherinnen/Erziehern/Lehrerinnen/Lehrern durch den ÖGD; Förderung differenzierter Integrationskonzepte."
  „Beispiel chronisch kranke Erwachsene: (...) im wesentlichen Anwaltfunktion (Hinweisen auf Konsequenzen von Arbeitslosigkeit, Unterstützen entsprechender Initiativen)."
- „Entwicklung geeigneter, d.h. akzeptierter Programme von Gesundheitserziehung. Schaffung von Treffpunkten für integrierte Beratung, Kooperation mit Bildungseinrichtungen, Förderung von Eigeninitiativen von Eltern und Kindern".
- „Kombinieren niedrigschwelliger gesundheitlicher und sozialer Dienstleistungen durch den ÖGD selbst wie mittels Kooperationsprojekte. Enger Kontakt mit den Gesundheitsfachberufen des Regelsystems zur Schließung von Angebots- und Versorgungslücken."

Die Ziele und Handlungsoptionen werden hier relativ detailliert zitiert, da aus dem ÖGD nur sehr wenige vergleichbare Aussagen vorliegen, und da Herr Brand (Landesinstitut für den öffentlichen Gesundheitsdienst in NRW, Bielefeld) und Herr Schmacke (Akademie für öffentliches Gesundheitswesen, Düsseldorf) im ÖGD wichtige Position einnehmen. Nicht nur die Durchführung der Tagung selbst, sondern auch die programmatischen Vorschläge dieser beiden Autoren unterstreichen das Bemühen des ÖGD, sich stärker als bisher dem Problem der gesundheitlichen Ungleichheit zu widmen.

Kapitel V: Zusammenfassung und Ausblick

Das nachfolgende Kapitel enthält zunächst eine kurze Zusammenfassung der zentralen Ergebnisse aus den Kapiteln I bis IV. Auf diese Weise soll es dem eiligen Leser ermöglicht werden, in thesenhafter Form einen Überblick über die wesentlichen Aussagen zu erhalten. Den Abschluß bildet eine Diskussion der sich daraus ergebenden wissenschaftlichen und gesundheitspolitischen Aufgaben.

1) Soziale Ungleichheit in der Bundesrepublik Deutschland

In der soziologischen und sozial-epidemiologischen Diskussion wird zwischen der vertikalen und der horizontalen sozialen Ungleichheit unterschieden. Der Begriff '*horizontale* soziale Ungleichheit' bezieht sich z.B. auf die Unterschiede nach Geschlecht, Familienstand und Nationalität. Unter dem Begriff '*vertikale* soziale Ungleichheit' werden die hierarchischen Strukturen der Gesellschaft thematisiert, d.h. vor allem die Unterschiede nach Bildung, beruflichem Status und Einkommen. In diesem Zusammenhang spricht man häufig auch vom 'sozio-ökonomischen Status' einer Person. In den sozial-epidemiologischen Publikationen wird oft auch der Begriff 'soziale Schicht' verwendet. Viele Soziologen lehnen diesen Begriff ab, da nach ihrer Meinung in Deutschland keine klar abgrenzbaren sozialen Schichten mehr vorhanden sind. Andere Soziologen betonen jedoch, daß unsere Gesellschaft nach wie vor durch eine deutliche vertikale Hierarchie geprägt ist. In der Sozial-Epidemiologie wird der Begriff 'soziale Schicht' vor allem zur Kennzeichnung eines Index verwendet, mit dem Angaben zur Bildung, zum Beruf und zum Einkommen zusammengefaßt werden.

Das vorliegende Buch konzentriert sich auf den Zusammenhang zwischen der vertikalen sozialen Ungleichheit einerseits und dem Gesundheitszustand andererseits. Um die Ausdrucksweise zu vereinfachen, wird dabei häufig nur von 'sozialer Ungleichheit' - und nicht von 'vertikaler sozialer Ungleichheit' - gesprochen. In dem Text werden sowohl der Begriff 'sozio-ökonomischer Status' als auch der Begriff 'soziale Schicht' verwendet. Aus wissenschaftlicher Sicht wäre es vermutlich sinnvoll, sich auf den neutraleren Begriff 'sozio-ökonomischer Status' zu beschränken. Die ständige Wiederholung dieses Begriffes ist jedoch ermüdend, und soziale Schichten sind m.E. nach wie vor vorhanden, wenn auch nicht in der krassen Form wie noch vor 100 Jahren.

Wie bereits erwähnt, wird die vertikale soziale Ungleichheit mit Hilfe der drei Indikatoren Bildung, beruflicher Status und Einkommen erfaßt. Bei der schulischen Bildung wird zumeist nach dem höchsten erreichten Schulabschluß gefragt. Der größte Nachteil dieses Indikators besteht darin, daß die untere Bildungsgruppe (Abschluß einer Volks- oder Hauptschule) sehr groß ist. In den alten Bundesländern umfaßt diese Gruppe über 50% der Bevölkerung; eine feine sozio-ökonomische Untergliederung ist daher auf diesem Wege nicht möglich. Der berufliche Status läßt sich mit Hilfe der beruflichen Tätigkeit und der Stellung im Beruf bestimmen. Die 'berufliche Tätigkeit' wird in Bevölkerungsbefragungen z.B. mit den drei folgenden Fragen ermittelt: Welche berufliche Tätigkeit üben Sie aus? Bitte beschreiben Sie die berufliche Tätigkeit genau. Hat dieser Beruf noch einen besonderen Namen? Die Verschlüsselung der Klartext-Antworten ist sehr aufwendig, und die Vielzahl der beruflichen Tätigkeiten läßt sich nur mühsam in eine klare hierarchische Struktur einordnen. Der Indikator besitzt jedoch den Vorteil, daß er mit dem Bezug zur Arbeitswelt eine direkte Verbindung zu gesundheitsgefährdenden Lebensbedingungen aufweist. Die 'Stellung im Beruf' wird zumeist mit einer geschlossenen Frage ermittelt (Antwortvorgaben: ungelernte Arbeiter, Facharbeiter, Angestellte mit einfacher Tätigkeit, Angestellte mit umfassenden Führungsaufgaben etc.). Auch hier ist es nicht ganz einfach, die Antworten in eine hierarchische Struktur einzuordnen. Ein weiteres Problem besteht darin, daß sich die Unterschiede zwischen Arbeitern und Angestellten heute immer mehr verwischen.

Beim Thema 'Einkommen' steht die Einkommens-Armut im Vordergrund der sozial-epidemiologischen Diskussion. Armut wird zum einen über den Empfang von Sozialhilfe definiert. Die Sozialhilfe-Quote (d.h. der Anteil der Sozialhilfe-Empfänger an der Gesamtbevölkerung) lag Mitte der 90er Jahre in den alten Bundesländern bei ca. 7% und in den neuen Bundesländern bei ca. 5%. Seit den 70er Jahren hat die Sozialhilfe-Quote in den alten Bundesländern erheblich zugenommen, vor allem bei den Kindern. Bei der Definition von Armut mit Hilfe der Sozialhilfe muß beachtet werden, daß nicht alle Personen, die einen Anspruch auf Sozialhilfe besitzen, diesen Anspruch auch tatsächlich wahrnehmen. Unter dem Stichwort 'verdeckte Armut' wurde versucht, das Ausmaß dieser Nicht-Inanspruchnahme zu schätzen. Es wird vermutet, daß ca. 50% der Anspruchsberechtigten dieses Recht nicht in Anspruch nehmen, d.h. keine Sozialhilfe erhalten. Das Ausmaß der Armut wird demnach durch die Sozialhilfe-Quote erheblich unterschätzt. Zum anderen wird Armut auch über das Haushalts-Nettoeinkommen definiert. Demnach ist 'relative Armut' dann vorhanden, wenn ein Haushalt nur über maximal 50% des durchschnittlichen Haushalts-Nettoeinkommens verfügt. Dabei wird zumeist das 'Äquivalenz-Einkommen' berechnet, d.h. das Haushalts-Nettoeinkommen wird nach der Zahl der Haushaltsmitglieder und deren Alter gewichtet. Nach diesen Berechnungen mußten Mitte der 90er Jahre in den alten Bundesländern ca. 13% und in den neuen Bundesländern ca. 8% der Bevölkerung als arm bezeichnet werden. Der Indikator 'Einkommen' hat den Nachteil, daß exakte Angaben nur schwer zu erhalten sind. Dem steht jedoch ein wichtiger Vorteil gegenüber: Einkommen (bzw. Armut) wird häufig als der zentrale Maßstab für die soziale Ungleichheit angesehen.

Die Frage, wie die drei Indikatoren Bildung, beruflicher Status und Einkommen zu einem Index der sozialen Schicht zusammengefaßt werden können, wird in der deutschen sozial-epidemiologischen Literatur uneinheitlich beantwortet. Nach einem Vorschlag von U. Helmert sollten die Angaben zur Schulbildung, zur Stellung im Beruf und zum Einkommen mit einem Punktwert zwischen 1 und 10 versehen werden, so daß sich die Punktwerte pro Person addieren und anschließend in Quintile einteilen lassen. In seinen Analysen unterscheidet U. Helmert daher fünf soziale Schichten, die jeweils ca. 20% der Personen umfassen. In einer revidierten Version dieses Index wird auch die berufliche Ausbildung berücksichtigt, und die Berechnung des Einkommens erfolgt jetzt auf Basis des 'Äquivalenz-Einkommens'. Ein ähnliches Verfahren wird auch von J. Winkler vorgeschlagen; hier werden jedoch nur Punktwerte zwischen 1 und 7 vergeben und drei soziale Schichten gebildet, wobei die untere und obere soziale Schicht jeweils ca. 20% der Personen umfassen. Ein völlig anderes Verfahren ist von A. Klocke und K. Hurrelmann gewählt worden. Bei ihrer Befragung von Jugendlichen haben sie auch Angaben über den Bildungsabschluß und die berufliche Tätigkeit der Eltern, die Anzahl der Automobile im Haushalt, das Vorhandensein eines eigenen Zimmers für den Jugendlichen, die Anzahl der Urlaubsreisen im letzten Jahr und die allgemeine finanzielle Lage des Haushaltes erhalten. Diese Angaben wurden dann zu einem Index der sozialen Schicht zusammengefaßt.

Die vier verschiedenen Indikatoren der vertikalen sozialen Ungleichheit (d.h. Bildung, beruflicher Status, Einkommen, Index der sozialen Schicht) weisen spezifische Vor- und Nachteile auf. Die soziale Lage wird durch den Index 'soziale Schicht' z.B. umfassender abgebildet als durch die isolierte Verwendung der Indikatoren Bildung, beruflicher Status oder Einkommen. Der Index besitzt jedoch auch einen großen Nachteil: Er ist sehr abstrakt. Die Beschreibung 'Hauptschulabschluß' ist zweifellos sehr viel konkreter als die Beschreibung 'untere 20% der Bevölkerung bei Kombination von Bildung, beruflichem Status und Einkommen'. In der vorliegenden Arbeit werden gesundheitliche Unterschiede nach allen vier Indikatoren der vertikalen sozialen Ungleichheit beschrieben. Erst aus dieser Gesamtschau läßt sich ein umfassendes Bild über Art und Ausmaß der gesundheitlichen Ungleichheit erhalten.

2) Empirische Ergebnisse zur gesundheitlichen Ungleichheit

Der Zusammenhang zwischen sozialer Ungleichheit und Gesundheitszustand - bzw. zwischen Bildung, beruflichem Status und/oder Einkommen einerseits und Mortalität und Morbidität andererseits - wird als 'gesundheitliche Ungleichheit' bezeichnet. Zur empirischen Analyse der gesundheitlichen Ungleichheit stehen in Deutschland mehrere große Datenquellen zur Verfügung. Zu nennen sind hier vor allem der Mikrozensus, das Sozio-ökonomische Panel (SOEP), die Deutsche Herz-Kreislauf-Präventionsstudie (DHP-Studie), der Gesundheitssurvey-Ost, die Umwelt-Surveys und die MONICA-Studie. Diese Möglichkeit der Datenanalyse wurde bei einigen Datenquellen bereits umfangreich genutzt (z.B. bei der DHP-Studie), bei anderen Quellen (z.B. bei den Umwelt-Surveys) jedoch kaum.

Die Auswahl der hier vorgestellten empirischen Ergebnisse basiert auf einem mehrstufigen Verfahren. In einem ersten Schritt wurde versucht, aus den alten und neuen Bundesländern alle Publikationen zu finden, in denen empirische Ergebnisse über den Zusammenhang zwischen Bildung, beruflichem Status und/oder Einkommen einerseits und Gesundheitszustand und Exposition gegenüber gesundheitsgefährdenden und -fördernden Faktoren andererseits enthalten sind. Viele dieser Publikationen beschäftigen sich in der Hauptsache mit anderen Themen als der gesundheitlichen Ungleichheit. Die Ergebnisse zur gesundheitlichen Ungleichheit sind eher ein 'Nebenprodukt', und am Titel ist daher nicht zu erkennen, daß diese Publikationen auch Ergebnisse zur gesundheitlichen Ungleichheit beinhalten. Die Literatursuche ist daher mühsam, und es ist nur schwer zu sagen, wie vollständig das Ergebnis ist. Insgesamt konnten 441 empirische Untersuchungen gefunden werden; damit ist dieser Überblick erheblich umfangreicher und vollständiger als die früher publizierten. Von den bis Ende 1998 publizierten Arbeiten ist vermutlich keine wichtige übersehen worden. Unsicher bleibt jedoch, ob alle im Jahr 1999 bis zum 'Redaktionsschluß' im Juli publizierten Arbeiten erfaßt wurden. Aus diesem 'Angebot' an Publikationen wurden in einem zweiten Schritt die m.E. aussagekräftigsten empirischen Ergebnisse ausgewählt.

Die Präsentation dieser Ergebnisse erfolgt in Form von Tabellen und Abbildungen. Durch die zahlenmäßige Wiedergabe der Ergebnisse soll ein Eindruck von der Größenordnung der gesundheitlichen Ungleichheit vermittelt werden. Nach Möglichkeit wird dabei auch angegeben, wie groß die miteinander verglichenen Personengruppen sind und wie weit sie auf der Status-Skala voneinander entfernt liegen. Wenn z.B. die extrem Armen mit den extrem Reichen verglichen werden, dann ist die gesundheitliche Ungleichheit zumeist größer als bei einem Vergleich zwischen weniger extremen Einkommensgruppen. Wenn die kränkere Personengruppe sehr groß ist, können zudem auch relativ kleine gesundheitliche Unterschiede auf ein großes gesundheitspolitisches

Problem hinweisen. Das Ausmaß der gesundheitlichen Ungleichheit läßt sich daher nur interpretieren, wenn weitere Informationen über die miteinander verglichenen Personengruppen vorliegen.

Die Ergebnisse zur Mortalität zeigen z.B., daß Erwachsene ohne Abitur eine kürzere Lebenserwartung aufweisen als Erwachsene mit Abitur, daß die Sterblichkeit bei Un- und Angelernten höher ist als bei Angestellten mit abgeschlossener Lehre, daß die Sterblichkeit in der unteren Einkommensgruppe höher ist als in der oberen, und daß die Überlebenszeit nach einem Erst-Infarkt bei Erwachsenen mit geringem beruflichen Status kürzer ist als bei Erwachsenen mit höherem beruflichen Status. Dabei ist häufig ein 'Gradient' zu beobachten, d.h. eine mit zunehmendem sozio-ökonomischen Status stufenweise geringer werdende Mortalität. Das Ausmaß der Mortalitätsunterschiede ist beträchtlich. Die Unterschiede in der Lebenserwartung betragen beispielsweise 3,3 Jahre für Männer und 3,9 Jahre für Frauen.

Die Ergebnisse zur Morbidität zeigen z.B., daß Erwachsene mit Haupt- oder Realschulabschluß häufiger einen Herzinfarkt erleiden als Erwachsene mit Abitur oder Fachhochschulabschluß, daß die Prävalenz psychischer Störungen bei Erwachsenen mit niedrigem beruflichen Status größer ist als bei Erwachsenen mit höherem beruflichen Status, und daß Erwachsene aus der unteren Einkommensgruppe bei der Frage nach dem allgemeinen Gesundheitszustand häufiger mit 'schlecht' antworten als Erwachsene aus der oberen Einkommensgruppe. Bei Kindern und Jugendlichen zeigt sich ein ganz ähnliches Bild. So leiden z.B. Hauptschüler häufiger unter Kopfschmerzen als Gymnasiasten, und Kinder von Eltern mit niedriger Schulbildung haben ungesündere Zähne als Kinder von Eltern mit höherer Schulbildung. Auch hier bestätigen Ausnahmen die Regel; so sind z.B. Allergien in der unteren Statusgruppen *seltener* als in der oberen. Fast alle anderen Indikatoren des Gesundheitszustandes weisen jedoch darauf hin, daß die Morbidität in den unteren Statusgruppen erheblich höher ist als in den oberen Statusgruppen, und zwar sowohl bei Erwachsenen als auch bei Kindern. Wie schon bei der Mortalität, so zeigt sich auch bei der Morbidität zumeist ein 'Gradient' der gesundheitlichen Ungleichheit, d.h. die Morbidität nimmt mit zunehmendem sozio-ökonomischen Status stufenweise ab. Dabei ist die Morbidität in der unteren Statusgruppe häufig 2-3mal so groß wie in der oberen Statusgruppe.

Der Überblick über die aus den alten und neuen Bundesländern vorhandenen empirischen Studien verdeutlicht auch, daß ein großer Bedarf an weitergehenden Untersuchungen besteht. So häufen sich z.B. in den letzten Jahren aus verschiedenen westeuropäischen Staaten die Berichte, die auf eine *Zunahme* der gesundheitlichen Ungleichheit hinweisen. Vergleichbare Daten zur zeitlichen Entwicklung der gesundheitlichen Ungleichheit in Deutschland fehlen jedoch. Wir wissen bisher auch sehr wenig darüber, ob die gesundheitliche Ungleichheit bei Frauen größer ist als bei Männern, oder ob sie in den unteren Altersgruppen größer ist als in den oberen Altersgruppen. Ein derartiges Wissen wäre aber sehr wichtig für die Erklärung der gesundheitlichen Ungleichheit und für die Entwicklung von Vorschlägen zur ihrer Verringerung. Ein weiterer großer Forschungsbedarf bezieht sich auf die notwendige krankheitsspezifische Differenzierung. Es macht beispielsweise wenig Sinn, alle Krebs-Lokalisationen zusammenzufassen. Erst bei einer Analyse der gesundheitlichen Ungleichheit pro spezifischer Lokalisation wäre es möglich, die wichtigen Ungleichheiten zu identifizieren und gezielte Maßnahmen zu ihrer Verringerung zu entwickeln. Von großer Bedeutung wäre zudem die Analyse statusspezifischer Unterschiede in der 'Symptom-Aufmerksamkeit'. Es deutet einiges darauf hin, daß sich bei objektiv gleichen Krankheitssymptomen die status-niedrigen Personen eher als gesund und die status-hohen Personen eher als krank empfinden. Diese Unterschiede in der Symptom-Aufmerksamkeit würden dazu führen, daß das Ausmaß der gesundheitlichen Ungleichheit häufig unterschätzt wird. Um die Wahrnehmung und Akzeptanz der empirischen Ergebnisse durch die gesundheitspolitischen Akteure zu erhöhen, wäre es auch sinnvoll, bei der Beschreibung der gesundheitlichen Ungleichheit noch mehr als bisher auf sehr anschauliche Maße zurückzugreifen. Hier bieten sich z.B. die bei uns in diesem Zusammenhang noch nicht verwendeten Maße 'verlorene Lebensjahre' oder 'Lebenserwartung ohne Beschwerden' an.

3) Ansätze zur Erklärung der gesundheitlichen Ungleichheit

Aus den empirischen Ergebnissen lassen sich die beiden folgenden Fragen ableiten:

- Warum weisen die Angehörigen der unteren sozialen Schicht einen besonders schlechten Gesundheitszustand auf?
  (Oder etwas überspitzt formuliert: Warum sind die Armen kränker als die Reichen?)
- Wie läßt sich der 'Gradient' erklären, d.h. warum nehmen Mortalität und Morbidität mit zunehmendem sozio-ökonomischen Status schrittweise ab?
  (Oder etwas überspitzt formuliert: Warum sind die Reichen kränker als die ganz Reichen?)

Diese Unterscheidung ist auch wichtig bei dem Versuch, die gesundheitliche Ungleichheit zu erklären. Es ist offensichtlich, daß viele der alltäglichen Belastungen, die mit finanzieller Armut einhergehen, einen negativen Einfluß auf den Gesundheitszustand ausüben können. Bei der Erklärung des Gradienten muß jedoch nach anderen gesundheitsbelastenden Faktoren gesucht werden. Es wäre z.B. möglich, daß der besonders schlechte Gesundheitszustand in der unteren sozialen Schicht auf unhygienische Wohnverhältnisse zurückzuführen ist; unhygienische Wohnverhältnisse werden jedoch den Gradienten kaum erklären können. Für die Erklärung des Gradienten muß nach Faktoren gesucht werden, die sich mit zunehmendem sozio-ökonomischen Status ebenfalls stufenweise verändern, und die zudem einen Einfluß auf den Gesundheitszustand ausüben können. Die bei uns diskutierten Erklärungsansätze beziehen sich vor allem auf die erste Frage; die zweite Frage wird nur sehr selten angesprochen.

Bei der Erklärung der gesundheitlichen Ungleichheit wird zumeist zwischen den beiden folgenden Hypothesen unterschieden:
- Der sozio-ökonomische Status beeinflußt den Gesundheitszustand (plakativ formuliert: 'Armut macht krank')
- Der Gesundheitszustand beeinflußt den sozio-ökonomischen Status (plakativ formuliert: 'Krankheit macht arm')

Die bei uns diskutierten Erklärungsansätze beziehen sich zumeist auf die erste Hypothese. In der zweiten Hypothese wird das Problem angesprochen, daß die Gefahr eines sozialen Abstiegs bei kranken Personen häufig größer ist als bei gesunden. Für die meisten Wissenschaftler ist der Zusammenhang 'Krankheit macht arm' jedoch nicht so bedeutend wie der Zusammenhang 'Armut macht krank'. Es wird mit einer Vielzahl von Ansätzen versucht, den Einfluß des sozio-ökonomischen Status auf den Gesundheitszustand zu erklären. Hervorzuheben sind vor allem die folgenden: Physische Belastungen am Arbeitsplatz, 'job strain' (d.h. die Kombination von hoher beruflicher Anforderung und geringem Handlungsspielraum), 'berufliche Gratifikationskrise' (d.h. die Kombination von hoher beruflicher Verausgabung und niedriger Belohnung für diese Verausgabung), Wohnbedingungen, belastende Lebensereignisse, Kompetenzen und Ressourcen zur Bewältigung von Belastungen, gesundheitsgefährdendes bzw. präventives Verhalten, Beachtung frühzeitiger Symptome, Verhalten bei gesundheitlichen Problemen.

Für die meisten theoretischen Ansätze wurde bereits empirisch belegt, daß sie in der Tat einen Beitrag zur Erklärung der gesundheitlichen Ungleichheit leisten können. Von vielen physischen und psychischen Arbeitsbelastungen - z.B. körperlich schwerer Arbeit, Lärm, Eintönigkeit, geringe Möglichkeiten des Mitentscheidens - sind die Erwerbstätigen in der unteren Statusgruppe besonders stark betroffen. Die Wohnungen der un- und angelernten Arbeiter weisen häufig kein Bad und keine Zentralheizung auf; und ein Balkon oder ein Garten ist sehr viel seltener als in den Wohnungen von Akademikern. Die Angehörigen der unteren sozialen Schicht wohnen besonders häufig an verkehrsreichen Straßen und in feuchten Wohnungen; und die Luftverschmutzung ist in den Arbeiterwohngebieten höher als in anderen Wohngebieten. Eine empirische Studie zur Schadstoff-Belastung innerhalb der Wohnung hat gezeigt, daß die Belastung der Innenluft mit Staub, Blei, Cadmium und Arsen bei Arbeitern höher ist als bei Angestellten.

In bezug auf die kardiovaskulären Risikofaktoren liegen eindeutige empirische Ergebnisse für Rauchen, Übergewicht, Bluthochdruck und Mangel an sportlicher Betätigung vor: Bei allen vier Risikofaktoren ist die Prävalenz in den unteren Statusgruppen deutlich höher als in den oberen Statusgruppen. Besonders häufig wurde die soziale Ungleichheit beim Rauchen untersucht. Dabei ist z.B. gezeigt worden, daß das Rauchen mit zunehmendem Einkommen stufenweise abnimmt, daß Eltern mit geringer Schulbildung häufiger rauchen als Eltern mit höherer Schulbildung, und daß 12-13jährige Hauptschüler mehr rauchen als 12-13jährige Gymnasiasten. Widersprüchlich sind dagegen Ergebnisse beim Gesamt-Cholesterin; hier scheinen nur geringe sozio-ökonomische Unterschiede vorhanden zu sein. Offenbar ist es sinnvoller, die Komponenten HDL und LDL getrennt zu analysieren. In einer Studie wurde beispielsweise gezeigt, daß der kardiovaskuläre Risikofaktor 'niedrige HDL-Cholesterinwerte' in der unteren sozialen Schicht deutlich häufiger vorhanden ist als in der oberen sozialen Schicht. Auch zur Ernährung liegen mehrere Untersuchungen vor. Unabhängig davon, ob Lebensmittelgruppen, Nährstoffe, Vitamine, Mineralstoffe oder Spurenelemente betrachtet werden: Die Studien lassen keinen Zweifel daran, daß die Ernährung in den status-niedrigen Gruppen zumeist ungesünder ist als in den status-hohen. In bezug auf den Alkoholkonsum ergibt sich kein so klares Bild: Bei Erwachsenen liegt eine Ausnahme von der 'Regel' vor, d.h. der hohe Alkoholkonsum scheint in der oberen sozialen Schicht weiter verbreitet zu sein als in der unteren. Bei Jugendlichen sind die Ergebnisse dagegen widersprüchlich.

So vielfältig die Ursachen eines schlechten Gesundheitszustandes sein können, so vielfältig sind auch die möglichen Erklärungen der gesundheitlichen Ungleichheit. Die Liste der potentiellen Erklärungsansätze ist nahezu unbegrenzt, und nur zu relativ wenigen liegen empirische Untersuchungen vor. Oben wurde bereits eine ganze Reihe von erklärenden Faktoren angesprochen. Weitere Ergebnisse liegen vor allem zu den folgenden Faktoren vor: soziale Unterstützung bei Problemen, Verständnis von Maßnahmen der gesundheitlichen Aufklärung, Inanspruchnahme von Vorsorge- und Früherkennungsuntersuchungen, Wahrnehmung von frühen Krankheitssymptomen, Inanspruchnahme der ambulanten gesundheitlichen Versorgung, Versorgungsqualität und Patientenzufriedenheit, Medikamentenkonsum, Zuzahlungen und direkte Käufe von Gütern der gesundheitlichen Versorgung.

Die empirischen Befunde sind spärlich, und die Datenerhebungen liegen zum Teil schon relativ viele Jahre zurück. Unter Beachtung dieser Einschränkung lassen sich die zentralen Ergebnisse wie folgt zusammenfassen: Bei der sozialen Unterstützung sind keine großen sozio-ökonomischen Unterschiede vorhanden. Die Maßnahmen der gesundheitlichen Aufklärung stoßen bei den Angehörigen der unteren sozialen Schicht auf besonders große Verständnis- und Akzeptanzprobleme. Vorsorge- und Früherkennungsuntersuchungen werden in den unteren Statusgruppen seltener in Anspruch genommen als in den oberen. Bei kleineren gesundheitlichen Problemen gehen die Erwachsenen aus der unteren sozialen Schicht nicht so schnell zu einem Arzt wie die Erwachsenen aus den oberen sozialen Schichten. Erwachsene mit niedrigem Einkommen gehen häufiger zu praktischen Ärzten und Ärzten für Allgemeinmedizin als Erwachsene mit höherem Einkommen, aber seltener zu Fach- bzw. Gebietsärzten. In der unteren sozialen Schicht ist der Sanierungsgrad erkrankter Zähne besonders niedrig, und der Ersatz von fehlenden Zähnen besonders selten. Erwachsene mit niedriger Schulbildung sind mit der ambulanten Versorgung unzufriedener als Erwachsene mit höherer Schulbildung. Hypertonie ist bei Frauen aus der unteren sozialen Schicht häufiger als bei Frauen aus der oberen sozialen Schicht, sowohl bei medikamentös kontrollierter als auch bei nicht medikamentös kontrollierter Hypertonie. Unabhängig davon, ob psychische Beschwerden vorliegen oder nicht: Der Anteil der Erwachsenen, die Psychopharmaka einnehmen, ist in der oberen Statusgruppe höher als in der unteren Statusgruppe.

Die Ausgaben der privaten Haushalte für die gesundheitliche Versorgung setzen sich aus den Krankenkassenbeiträgen und den 'zusätzlichen Ausgaben' (für Zuzahlungen, Selbstmedikation etc.) zusammen. Die zusätzlichen Ausgaben beliefen sich Mitte der 90er Jahre auf über 36 Mrd. DM. Bei der ambulanten Versorgung machten sie ca. 16% aller Ausgaben aus, und beim Zahnersatz sogar 35%. Durch diese zusätzlichen Ausgaben wird somit das Solidaritätsprinzip der Gesetzlichen Krankenversicherung (GKV) in einem erheblichen Maße eingeschränkt. Die zusätzlichen Ausgaben steigen mit höher werdendem Einkommen kontinuierlich an, d.h. die selbstfinanzierte gesundheitliche Versorgung ist bei GKV-Versicherten mit höherem Einkommen besser als bei GKV-Versicherten mit niedrigem Einkommen. Um zu verhindern, daß die Zuzahlungen bei den unteren Einkommensgruppen zu einer unzureichenden Inanspruchnahme der gesundheitlichen Versorgung führen, sind die Härtefall-Regelungen eingeführt worden. Bisher ist jedoch noch nicht untersucht worden, ob sie ihren Zweck auch erfüllen. Zusammengefaßt lassen die Ergebnisse zur gesundheitlichen Versorgung den folgenden Schluß zu: Obwohl ca. 90% der Bevölkerung in der GKV versichert sind, und obwohl allen GKV-Versicherten die gleiche umfassende gesundheitliche Versorgung angeboten wird, sind doch wichtige sozio-ökonomische Unterschiede in der Inanspruchnahme vorhanden. Sie gehen vor allem zu Lasten der unteren Statusgruppen.

In einigen anderen westeuropäischen Staaten wird erheblich intensiver als bei uns über die Möglichkeiten zur Erklärung der gesundheitlichen Ungleichheit diskutiert, vor allem in Großbritannien. Dabei werden zumeist die folgenden vier Erklärungsansätze unterschieden: Methodische Artefakte (die gesundheitliche Ungleichheit ist in Wahrheit viel unbedeutender als die Daten vorspiegeln), gesundheitsbedingte soziale Mobilität (die Gesunden steigen eher sozial auf und die Kranken steigen eher sozial ab), Gesundheitsverhalten (die unteren Statusgruppen verhalten sich besonders ungesund), materielle Lebensbedingungen (die unteren Statusgruppen sind mit besonders gesundheitsgefährdenden Lebensbedingungen konfrontiert). Die Ergebnisse der umfangreichen theoretischen Überlegungen und empirischen Analysen lassen sich wie folgt zusammenfassen: das Ausmaß der gesundheitlichen Ungleichheit wird durch die vorhandenen Daten eher unter- als überschätzt; und die gesundheitliche Ungleichheit läßt sich vor allem durch ungleiche Lebensbedingungen erklären.

Im Kapitel 'empirische Ergebnisse zur gesundheitlichen Ungleichheit' wurde bereits darauf hingewiesen, daß bei uns ein großer Bedarf an weitergehenden Untersuchungen vorhanden ist. Ein zumindest genauso großer Forschungsbedarf wird im Kapitel 'Ansätze zur Erklärung der gesundheitlichen Ungleichheit' deutlich. Es wäre z.B. wichtig, mehr über die sozio-ökonomischen Unterschiede bei den psycho-sozialen Arbeitsbelastungen und bei den Schadstoffbelastungen in der Wohnung zu erfahren. Die ökonomische Lage sollte genauer als bisher erfaßt werden, vor allem durch Berücksichtigung von Angaben zum Vermögen und zur Verschuldung. Untersucht werden sollte auch, ob die 'relative Deprivation' einen Beitrag zur Erklärung der gesundheitlichen Ungleichheit leisten kann. Das Gefühl, im Vergleich zu anderen Menschen in der Gesellschaft materiell benachteiligt zu sein, könnte eine eigenständige gesundheitliche Belastung darstellen; und mit diesem Ansatz ließe sich vielleicht erklären, warum 'die Reichen kränker sind als die ganz Reichen'.

Weitere wichtige - und bisher weitgehend ungeklärte - Fragen sind: Gibt es sozio-ökonomische Unterschiede bei der Compliance? Sind die status-niedrigen Personen mehr als andere Personen davon überzeugt, daß sie ihr Schicksal kaum beeinflussen können; und tragen diese Unterschiede in der 'Kontroll-Überzeugung' zur Entstehung und Verfestigung der gesundheitlichen Ungleichheit bei? Ist die gesundheitliche Belastung durch kritische Lebensereignisse (Scheidung, Tod des Partners etc.) in der unteren sozialen Schicht besonders groß? Ist es gesundheitsfördernd, wenn das Leben als verstehbar, beherrschbar und sinnvoll empfunden wird, und bietet dieser 'Kohärenz-Sinn' einen Ansatz zur Erklärung der gesundheitlichen Ungleichheit? Setzen sich die Änderungen des Gesundheitsverhaltens zuerst in der oberen sozialen Schicht durch, aber dann mit einiger zeitlicher Verzögerung auch in der unteren? Wie wird die gesundheitliche Ungleichheit durch die Angehörigen der unteren sozialen Schicht wahrgenommen, d.h. sind sie sich dieses Problems bewußt und wie erklären sie es? Dies sind nur Beispiele aus der langen Liste wichtiger Forschungsfragen. Ohne eine intensivere theoretische und empirische Analyse derartiger Fragen wird es kaum möglich sein, die gesundheitliche Ungleichheit so weit zu erklären, daß umfassende und konkrete Maßnahmen zur Verringerung dieser Ungleichheit entwickelt werden können.

4) Ansätze zur Verringerung der gesundheitlichen Ungleichheit

Der Hinweis auf die bisher unzureichende Erklärung der gesundheitlichen Ungleichheit ist aus forschungspolitischer Sicht zweifellos richtig und sinnvoll. Aus gesundheitspolitischer Sicht ist der Hinweis jedoch etwas gefährlich, da er die folgende Argumentation unterstützen könnte: 'Maßnahmen zur Verringerung der gesundheitlichen Ungleichheit lassen sich erst dann entwickeln und durchführen, wenn wir mehr über die Ursachen der gesundheitlichen Ungleichheit wissen.' Bei näherem Hinsehen erweist sich diese Argumentation jedoch als haltlos. Wir wissen heute schon so viel über mögliche Maßnahmen zur Verringerung der gesundheitlichen Ungleichheit, daß eine derartige gesundheitspolitische Passivität nicht mehr begründbar ist, schon gar nicht durch den Hinweis auf nach wie vor bestehende Wissenslücken. Die beiden Forderungen - weitergehende Erklärung der gesundheitlichen Ungleichheit einerseits und Durchführung von Maßnahmen zur Verringerung der gesundheitlichen Ungleichheit andererseits - müssen gemeinsam und parallel schrittweise erfüllt werden; sie bilden keine gegenseitige Schwächung, sondern Stärkung. Letztlich steht jedoch die Durchführung von Interventionsmaßnahmen im Vordergrund, und nicht die vollständige wissenschaftliche Klärung aller Zusammenhänge. Der Sinn eines Erklärungs-Ansatzes ergibt sich schließlich vor allem aus seinem Beitrag zur Entwicklung eines Interventions-Ansatzes.

In Deutschland wird bisher kaum darüber diskutiert, ob und wie die gesundheitliche Ungleichheit verringert werden kann. Zur Förderung dieser Diskussion wird hier versucht, eine erste Antwort auf die folgenden Fragen zu finden:
- Wie kann das gesundheitspolitische Ziel genauer definiert werden?
- Wird in anderen westeuropäischen Staaten versucht, aus den wissenschaftlichen Analysen konkrete gesundheitspolitische Empfehlungen abzuleiten, und wie erfolgreich sind diese Versuche bisher gewesen?
- Was wissen die wichtigsten Akteure in Deutschland über das Ausmaß der sozialen und gesundheitlichen Ungleichheit, über die Ursachen der gesundheitlichen Ungleichheit und darüber, ob und wie sie verringert werden kann? Welche Maßnahmen haben die Akteure bereits unternommen zur Verringerung der gesundheitlichen Ungleichheit, und welche weiteren Maßnahmen könnten sie unternehmen?

Das gesundheitspolitische Ziel läßt sich mit dem Begriff 'gesundheitliche Chancengleichheit' umschreiben und folgendermaßen definieren:

> Jeder Mensch sollte unabhängig von Ausbildung, beruflichem Status und/oder Einkommen die gleiche Chance erhalten, gesund zu bleiben bzw. zu werden. Bei den gesellschaftlich bedingten - und somit potentiell auch veränderbaren - Einflüssen auf den Gesundheitszustand sollte es daher so wenig Unterschiede

nach Ausbildung, beruflichem Status und/oder Einkommen geben wie möglich.

Selbstverständlich können nicht alle gesellschaftlich bedingten Unterschiede im Gesundheitszustand vollständig abgebaut werden. Eine etwas konkretere Zieldefinition könnte daher lauten: 'Verringerung der gesundheitlichen Ungleichheit auf das kleinst mögliche Ausmaß'. Da wir von diesem Ziel vermutlich noch weit entfernt sind, läßt sich die Forderung nach weiteren gesundheitspolitischen Maßnahmen zur Verringerung der gesundheitlichen Ungleichheit mit Nachdruck vertreten.

In Großbritannien wird über diese Forderung bereits seit Anfang der 90er Jahre intensiv diskutiert, und inzwischen wurde sie auch vom Gesundheitsministerium in London offiziell akzeptiert. In einer aktuellen Publikation betont das Ministerium, daß in den nächsten Jahren zwei gesundheitspolitische Ziele im Vordergrund stehen, und eines davon lautet 'Verringerung der gesundheitlichen Ungleichheit'. Seit ca. fünf Jahren wird in mehreren umfangreichen Publikationen der Frage nachgegangen, welche konkreten Maßnahmen zur Erreichung dieses Ziels durchgeführt werden können. Die Empfehlungen sind zum Teil noch etwas vage, sie reichen von 'Verringerung der Umweltbelastung in den besonders betroffenen Stadtteilen' bis hin zu 'Verringerung der Arbeitslosigkeit und ihrer gesundheitlichen Folgen'. Wichtig ist jedoch vor allem, daß die britischen Gesundheitspolitiker und Wissenschaftler nach praktischen Möglichkeiten zur Verringerung der gesundheitlichen Ungleichheit suchen. Ein ähnliches Bild zeigt sich auch in den Niederlanden. Dort unterstützt die Regierung seit Ende der 80er Jahre ein großes Forschungsprogramm, in dem zunächst die empirische Analyse der gesundheitlichen Ungleichheit im Mittelpunkt stand, und in dem jetzt die Möglichkeiten zur Verringerung der gesundheitlichen Ungleichheit untersucht werden.

In Deutschland ist von vergleichbaren Anstrengungen bisher wenig zu sehen. Offizielle Stellungnahmen von Gesundheitspolitikern, in denen das Ziel 'Verringerung der gesundheitlichen Ungleichheit' überhaupt nur erwähnt wird, lassen sich kaum finden. Von einem intensiven Dialog zwischen Gesundheitspolitikern und Wissenschaftlern, in dem die Möglichkeiten zur Erreichung dieses Ziels abgeklärt werden, sind wir offenbar noch einige Jahre entfernt. Wie schwierig die Diskussion bei uns ist, wird bereits bei der Kontroverse über Existenz und Ausmaß der Armut in Deutschland deutlich. Wenn die Bundesregierung noch Ende der 90er Jahre bestreitet, daß ein großer Teil der Bevölkerung (Sozialhilfe-Empfänger etc.) als einkommens-arm bezeichnet werden muß, dann bleibt wenig Raum für eine Auseinandersetzung über das Ziel 'Verringerung des Zusammenhangs zwischen Armut und Gesundheit'.

Dennoch ist auch in Deutschland zu beobachten, daß die gesundheitliche Ungleichheit zunehmend als ein wichtiges Problem wahrgenommen wird. So sind in den letzten sechs Jahren mindestens 20 Tagungen speziell zu diesem

Thema durchgeführt worden, in verschiedenen Bundesländern und getragen durch verschiedene öffentliche und nicht-öffentliche Institutionen. Die Ärztekammer Berlin organisiert z.B. den seit 1995 jährlich stattfindenden bundesweiten Kongreß 'Armut und Gesundheit'; das Sozialministerium von Baden-Württemberg hat eine Tagung zum Thema 'Soziale Ungleichheit als Herausforderung für Gesundheitsförderung' durchgeführt; und die Gesundheitsministerkonferenz (GMK) der Länder hat in einer Entschließung betont, daß Kinder aus 'sozial benachteiligten Familien' gesundheitlich besonders gefährdet sind, und daß daher spezielle Maßnahmen zur Verbesserung ihres Gesundheitszustandes durchgeführt werden müssen. Besonders deutliche Stellungnahmen liegen aus dem Öffentlichen Gesundheitsdienst (ÖGD) vor. In den letzten Jahren ist aus den Reihen des ÖGD wiederholt gefordert worden, sich stärker als bisher für die Verringerung der gesundheitlichen Ungleichheit einzusetzen. Diese Anzeichen für ein wachsendes Problembewußtsein dürfen jedoch nicht darüber hinwegtäuschen, daß die gesundheitliche Ungleichheit bei uns nach wie vor kein vorrangiges gesundheitspolitisches Thema ist. Offenbar wird es von vielen Gesundheitspolitikern als ein relativ unwichtiges oder als ein nicht verringerbares Problem angesehen.

Was sollte also bei uns konkret getan werden zur Verringerung der gesundheitlichen Ungleichheit? Bisher liegen m.W. keine Listen mit detailliert diskutierten Vorschlägen vor, und im Rahmen der vorliegenden Arbeit können sie auch nicht erstellt werden. Auf einer etwas allgemeineren Ebene läßt sich die Frage jedoch relativ einfach beantworten: Wir besitzen ein immenses Wissen über die Möglichkeiten zur Vermeidung und Heilung von Krankheiten. Dieses Wissen muß jetzt gezielt dafür eingesetzt werden, daß der Gesundheitszustand in den unteren Statusgruppen verbessert wird.

5) Wissenschaftliche Aufgabenstellungen

An verschiedenen Stellen dieses Buches wurde bereits auf den großen Forschungsbedarf hingewiesen. Diese Hinweise sollen hier nicht wiederholt werden. Im Mittelpunkt steht vielmehr der Versuch, zentrale und bisher nur unzureichend belegte Hypothesen zu formulieren, den Bedarf an einer Verbesserung der wissenschaftlichen Kooperation und Lehre zu skizzieren, und die wissenschaftliche Evaluation von Interventionsmaßnahmen vorzubereiten.

Zentrale Hypothesen

Die empirischen Ergebnisse zur gesundheitlichen Ungleichheit lassen sich wie folgt zusammenfassen: Personen mit geringer Ausbildung, niedrigem beruflichen Status und/oder geringem Einkommen weisen zumeist eine höhere Mortalität und Morbidität auf als andere Personen; und die meisten bisher untersuchten gesundheitlichen Risiken weisen ebenfalls auf eine besonders hohe Belastung der status-niedrigen Personen hin. Weitergehende Fragen nach den Ursachen der gesundheitlichen Ungleichheit und nach den Möglichkeiten, den Gesundheitszustand speziell in den unteren sozialen Schichten zu verbessern, werden bei uns bisher kaum diskutiert, und entsprechend groß ist der Bedarf an wissenschaftlichen Untersuchungen. Der Bedarf soll hier in Form von Hypothesen formuliert werden, die zwar eine hohe Plausibilität aufweisen, durch wissenschaftliche Untersuchungen aber noch nicht ausreichend belegt werden konnten. Die folgenden Hypothesen sind m.E. von besonderer Wichtigkeit (vgl. Mielck 1999b):

- Die Mehrheit der Bevölkerung akzeptiert, daß es vertikale soziale Ungleichheiten gibt, d.h. Unterschiede in Schulbildung, beruflichem Status und Einkommen. Es wird aber nicht allgemein akzeptiert, daß die Personen aus der unteren sozialen Schicht kränker sind und früher sterben als die Personen aus der oberen sozialen Schicht. Es besteht ein gesellschaftlicher Konsens darüber, daß die Chance, gesund zu bleiben bzw. zu werden, so unabhängig vom sozio-ökonomischen Status sein sollte wie möglich. Die gesundheitliche Ungleichheit bietet somit einen Ansatzpunkt zur Problematisierung der zugrundeliegenden sozialen Ungleichheit.
- Unter 'Public Health' - Gesichtspunkten steht das Ziel im Vordergrund, den Gesundheitszustand von möglichst vielen Personen so weit wie möglich zu verbessern. Das größte Potential zur Erreichung dieses Ziels besitzen die Maßnahmen, mit denen erreicht werden kann, daß sich der Gesundheitszustand in der unteren sozialen Schicht dem Gesundheitszustand in der oberen sozialen Schicht annähert.
- Unterschiede im Gesundheitszustand nach Ausbildung, beruflichem Status und/oder Einkommen sind nur dann ein gesundheitspolitisches Problem, wenn sie ein bestimmtes Ausmaß überschreiten und zudem vermeidbar sind. Es ist möglich, diese 'zu großen und vermeidbaren' gesundheitlichen Ungleichheiten zu identifizieren.
- Die gesundheitlichen Ungleichheiten können verringert, aber auch vergrößert werden. Veränderbar sind vor allem die folgenden Einflußfaktoren: Ausmaß der sozialen Ungleichheit, Arbeits- und Wohnbedingungen, Maßnahmen der Gesundheitsförderung und Prävention, Art und Umfang der gesundheitlichen Versorgung, Gesundheitsverhalten.
- Das Ausmaß der gesundheitlichen Ungleichheit wird durch das *Ausmaß der sozialen Ungleichheit* beeinflußt. In den letzten Jahren haben die sozialen und damit auch die gesundheitlichen Ungleichheiten zugenommen; größer geworden sind z.B. die Einkommensunterschiede und auch die Unterschiede im Gesundheitszustand zwischen den oberen und den unteren Einkommensgruppen.
- Das Ausmaß der gesundheitlichen Ungleichheit wird durch die *Arbeits- und Wohnbedingungen* beeinflußt. Verglichen mit den Belastungen, denen die Angehörigen der unteren sozialen Schicht noch um die Jahrhundertwende ausgesetzt waren, haben sich ihre Arbeits- und Wohnbedingungen erheblich

verbessert. Eine weitere Verbesserung ist möglich, in den letzten Jahren fand jedoch eher eine Verschlechterung statt.

- Das Ausmaß der gesundheitlichen Ungleichheit kann durch *Maßnahmen der Gesundheitsförderung und Prävention* beeinflußt werden. Je stärker sich die Maßnahmen auf die Angehörigen der unteren sozialen Schicht konzentrieren, um so mehr können sie zu einer Verringerung der gesundheitlichen Ungleichheit beitragen. Die bisher durchgeführten Maßnahmen richten sich jedoch zumeist an alle Bevölkerungsgruppen; die gesundheitliche Ungleichheit wird durch sie daher eher vergrößert als verringert.
- Das Ausmaß der gesundheitlichen Ungleichheit wird durch *Art und Umfang der gesundheitlichen Versorgung* beeinflußt. Das Solidaritätsprinzip der Gesetzlichen Krankenversicherung (GKV) gewährleistet eine vom Einkommen weitgehend unabhängige gesundheitliche Versorgung. In den letzten Jahren wurde das Solidaritätsprinzip durch die Erhöhung der Zuzahlungen und die Verkleinerung des GKV-Leistungskataloges jedoch geschwächt. Es sind zwar Härtefall-Regelungen vorhanden, nach denen einkommensschwache Versicherte von den Zuzahlungen ganz oder teilweise befreit sind. Viele Anspruchsberechtigte nehmen diese Befreiung jedoch nicht in Anspruch, weil das Verfahren häufig kompliziert und die Offenlegung der eigenen schlechten finanziellen Lage unangenehm ist.
- Das Ausmaß der gesundheitlichen Ungleichheit wird durch das *Gesundheitsverhalten* beeinflußt. Eine Verbesserung des Gesundheitsverhaltens in der unteren sozialen Schicht würde zu einer erheblichen Verringerung der gesundheitlichen Ungleichheit führen. Das Gesundheitsverhalten läßt sich mit Appellen an die Verantwortung für die eigene Gesundheit jedoch kaum beeinflussen. Dies trifft auch und vor allem dann zu, wenn Angehörige der unteren sozialen Schichten durch Angehörige höherer sozialer Schichten ermahnt werden. Das Gesundheitsverhalten basiert zudem nicht nur auf freien Entscheidungen, sondern wird maßgeblich geprägt durch die Lebensumstände. Ohne Berücksichtigung der komplexen Ursachen des Gesundheitsverhaltens besteht die Gefahr, daß dem 'Opfer die Schuld zugeschoben wird' (blaming the victim).
- Der Gesundheitszustand von Personen mit niedrigem sozio-ökonomischen Status läßt sich erheblich verbessern, wenn im Sinne einer 'konzertierten Aktion' alle Beteiligten (Gesundheitspolitiker, Vertreter von Ärzte- und von Wohlfahrtsverbänden, Wissenschaftler etc.) gemeinsam nach praktikablen Möglichkeiten zur Erreichung dieses Ziels suchen.

Mit den hier formulierten Hypothesen soll verdeutlicht werden, wie wichtig das Thema 'gesundheitliche Ungleichheit' ist und welcher Forschungs- und Handlungsbedarf damit verbunden ist. Es wäre wünschenswert, wenn die notwendigen gesundheitspolitischen Maßnahmen zur Verringerung der gesundheitlichen Ungleichheit schon auf Grund der hohen Plausibilität der Hypothesen - und der Dringlichkeit der Problematik - durchgeführt werden würden. Vermutlich wird es jedoch erforderlich sein, die Hypothesen wissenschaftlich zu untermauern. Es ist weitgehend bekannt, daß die Personen aus der unteren sozialen Schicht kränker sind und früher sterben als die Personen aus der oberen sozialen Schicht. Die Möglichkeiten, diese gesundheitliche Ungleichheit zu reduzieren, werden aber zumeist als äußerst gering eingeschätzt. Diese passive Haltung läßt sich wohl nur überwinden, wenn in wissenschaftlichen Studien belegt wird, daß die gesundheitliche Ungleichheit in der Tat verringert werden kann.

Kooperation zwischen verschiedenen wissenschaftlichen Disziplinen

Der Zusammenhang zwischen sozialer Ungleichheit und Gesundheitszustand wird in verschiedenen wissenschaftlichen Disziplinen thematisiert. Bisher haben sich vor allem Mediziner, Soziologen und Epidemiologen mit der gesundheitlichen Ungleichheit beschäftigt, zumeist in 'Bindestrich-Disziplinen' wie Sozial-Medizin, Medizin-Soziologie und Sozial-Epidemiologie. Diese enge Kooperation zwischen unterschiedlichen Wissenschaftsbereichen ermöglicht eine relativ umfassende Analyse der gesundheitlichen Ungleichheit. Sie ist jedoch noch nicht umfassend genug; aus weiteren Disziplinen wie Psychologie und Ökonomie sind in den letzten Jahren leider nur wenige Beiträge gekommen. Unter dem Stichwort 'Public Health' wird in Deutschland derzeit eine übergreifende Disziplin etabliert, in der die medizinischen und epidemiologischen Ansätze mit den Ansätzen der Wirtschafts- und Sozialwissenschaften verbunden werden. Eine derartige allgemeine 'Gesundheits-Wissenschaft' bildet auch die Basis für eine weitergehende Analyse der gesundheitlichen Ungleichheit.

Die gesundheitliche Ungleichheit wird bei uns in verschiedenen wissenschaftlichen Fachgesellschaften explizit thematisiert. Zu nennen sind vor allem die Deutsche Gesellschaft für Sozialmedizin und Prävention (DGSMP), die Deutsche Gesellschaft für Medizinische Soziologie (DGMS), die Deutsche Gesellschaft für Soziologie (DGS) mit ihrer Sektion 'Medizinsoziologie', und der Deutsche Verband für Gesundheitswissenschaften (DVGE). Bisher fehlt eine klare Aufgabenteilung, d.h. eine Zuordnung spezifischer Themen aus dem Bereich 'gesundheitliche Ungleichheit' zu den einzelnen Fachgesellschaften. Zur besseren Koordination ihrer Arbeit haben im Jahr 1995 mehrere Wissenschaftler aus Deutschland, Österreich und der Schweiz ein eigenes Netzwerk zum Thema 'Soziale Ungleichheit und Gesundheit' gegründet. Es war eine Keimzelle der zwei Jahre später gebildeten 'Arbeitsgruppe Sozial-Epidemiologie'. Die Arbeitsgruppe ist formal an die DGSMP angegliedert, steht jedoch allen Interessenten offen. Sie beschäftigt sich auch und vor allem mit der gesundheitlichen Ungleichheit und umfaßt mittlerweile über 100 Wissenschaftler aus Deutschland, Österreich und der Schweiz (Mielck/Bloomfield 1999). Die Arbeitsgruppe ist erst dabei, ihr eigenes Profil zu entwickeln, sie könnte jedoch zum Mittelpunkt der wissenschaftlichen Auseinandersetzung über das Thema 'gesundheitliche Ungleichheit' werden.

Besonders erfreulich ist, daß sich die Soziologen wieder verstärkt diesem Thema widmen. Wie oben bereits angedeutet wurde, haben sich die deutschen Soziologen in den letzten Jahren vor allem mit Fragen der *horizontalen* sozialen Ungleichheit beschäftigt (vgl. Einleitung zu Kapitel I). Langsam werden jedoch die Stimmen wieder lauter, die daran erinnern, daß bei uns nach wie vor wichtige *vertikale* soziale Ungleichheiten vorhanden sind (Geißler 1996). So wurde auch auf dem 1996 durchgeführten Kongreß der Deutschen Gesellschaft für Soziologie (DGS) unter der Überschrift 'Differenz und Integration' wieder mehr über Fragen der vertikalen sozialen Schichtung diskutiert als auf den vorangegangenen DGS-Kongressen (Hradil 1997b). Die beiden Sektionen der DGS, die sich mit der gesundheitlichen Ungleichheit beschäftigen bzw. beschäftigen sollten - d.h. die Sektion 'Soziale Ungleichheit und Sozialstrukturanalyse' und die Sektion 'Medizinsoziologie' - haben im September 1997 eine erste gemeinsame Tagung zum Thema 'Soziale Ungleichheit, Gesundheit und Krankheit' durchgeführt. Es bleibt zu hoffen, daß dieser Dialog verstärkt wird und in Zukunft zu einer besseren Vernetzung der soziologischen und medizinsoziologischen Ansätze führt. Ohne die soziologische Diskussion über Ursachen und Folgen der *sozialen* Ungleichheit wird es kaum möglich sein, Ursachen und Folgen der *gesundheitlichen* Ungleichheit zu verstehen.

Ausbildung an Fachhochschulen, Hochschulen und Universitäten

Bisher ist m.W. noch nicht untersucht worden, ob und wie das Thema 'gesundheitliche Ungleichheit' Eingang in die Ausbildung an Fachhochschulen, Hochschulen und Universitäten gefunden hat. Bezogen auf die Disziplin 'Sozial-Medizin' liegen jedoch erste Hinweise vor, die nicht sehr optimistisch stimmen. Seit 1970 sollen angehende Mediziner auch mit den für sie relevanten Ergebnissen der Sozial-Medizin, Psychologie, Soziologie, Psychosomatik, Arbeits-Medizin, Rechts-Medizin und Umwelthygiene vertraut gemacht werden. In den letzten Jahren kam noch die Medizinische Statistik hinzu. Bisher verfügen jedoch nur wenige Fakultäten über die dafür notwendigen personellen Ressourcen bzw. Fachkräfte (Schagen 1997). Die Prüfungsfragen für den Zweiten Abschnitt der Ärztlichen Prüfung, die 1993 durch das Institut für Medizinische und Pharmazeutische Prüfungsfragen (IMPP) zusammengestellt wurden, enthalten auch Fragen zum Fach Sozial-Medizin. Dort werden im Abschnitt 1.2 'Soziale Umwelt und Krankheit' die folgenden Unter-Abschnitte aufgeführt (ebd., S. 129):

- „Einflüsse soziokulturell vermittelter Lebensstile (Krankheitsrisiken durch Einstellungen, Haltungen und soziale Normen, z.B. im Hinblick auf Eß-, Trink- und Rauchverhalten)
- Einflüsse soziodemographischer Variablen (Beruf, Ausbildung, Einkommen, Familienstand, Sozialschicht, soziale und geographische Mobilität, Stadt-Land-Unterschiede)

- Einflüsse des sozialen Wandels (Änderungen der Gesellschaftsstruktur, gesellschaftliche Veränderungen durch technologische und wissenschaftliche Entwicklungen)
- sozialmedizinische Bedeutung der Arbeitswelt (epidemiologische Studien in Betrieben / occupational epidemiology)
- Sozialanamnese (Erfassung sozialer Einflüsse auf das Krankheitsgeschehen und der mit der Krankheit verbundenen sozialen Folgen)."

Die Fragen aus diesem Abschnitt bieten somit eine hervorragende Möglichkeit zur Diskussion der gesundheitlichen Ungleichheit, d.h. es können die verschiedenen Themen wie Ausmaß, Ursachen und Folgen der gesundheitlichen Ungleichheit angesprochen werden. Das IMPP ist eine durch Staatsvertrag der Bundesländer bestehende Einrichtung, und die Prüfungsfragen sind eine „Handreichung für die Ausbildung und Prüfungsvorbereitung". Eine Analyse der von 1976 bis 1995 im Zweiten Abschnitt der Ärztlichen Prüfung tatsächlich verwendeten Fragen ergab in bezug auf den Abschnitt 'Soziale Umwelt und Krankheit' jedoch: „In zwanzig Jahren zentraler staatlicher Prüfungsfragestellungen ist zu diesem Gesamtkomplex *keine einzige* (Hervorhebung im Original, A.M.) Frage gestellt worden!" (Schagen 1997, S. 125). Es kann wohl zu Recht davon ausgegangen werden, daß Fragen der gesundheitlichen Ungleichheit auch in der vorangegangenen Ausbildung der Medizinstudenten keine große Rolle gespielt haben.

Es wäre wichtig, mehr darüber zu erfahren, ob und wie die gesundheitliche Ungleichheit an Fachhochschulen, Hochschulen und Universitäten thematisiert wird, z.B. bei der Ausbildung von Sozialpädagogen, Ökotrophologen, Psychologen, Soziologen, Epidemiologen, Ökonomen und Politikwissenschaftlern. Ohne das Ergebnis einer derartigen Befragung vorwegnehmen zu wollen, so ist doch zu vermuten, daß die Ausbildung in diesem Punkt erheblich verbessert werden kann. Ein breiter wissenschaftlicher Nachwuchs ist aber nur dann zu erwarten, wenn das Thema in der Lehre ausführlich diskutiert wird.

Vor einiger Zeit haben sich Vertreter aus allen Public-Health-Studiengängen in Deutschland auf die zentralen Lehrinhalte des Gebietes 'Sozial- und Verhaltenswissenschaftliche Grundlage' verständigt. In der Präambel dieser Empfehlungen heißt es (Siegrist 1997, S. 535):

> „Mit dem weltweiten Ausbreiten chronisch-degenerativer Erkrankungen (...) ergeben sich zentrale Probleme für die Gesundheit ganzer Bevölkerungsgruppen, denen sich Lehre, Forschung und gesundheitspolitische Praxis einer New Public Health Bewegung stellen müssen. (...). Public Health nahe Sozial- und Verhaltenswissenschaften, in erster Linie die Disziplinen Medizin- bzw. Gesundheitssoziologie, Sozialepidemiologie, und Gesundheits- bzw. Medizinpsychologie, haben in den letzten Jahrzehnten grundlegende Beiträge und Lösungsansätze hierzu erarbeitet. Ziel des vorliegenden Gegenstandskataloges ist es, unverzichtbare Basiskenntnisse aus diesen Disziplinen aufzulisten."

Das Thema 'soziale Ungleichheit und Gesundheit' wird als eines der zentralen Lehrinhalte hervorgehoben, und auch in der Liste der empfohlenen Literatur nimmt es einen prominenten Platz ein. Von den elf empfohlenen deutschsprachigen Büchern ist ein Buch speziell diesem Thema gewidmet (Mielck 1994a). Zumindest was die Lehre in den Public Health Studiengängen angeht, kann also in Zukunft mit einer intensiveren Diskussion des Themas 'gesundheitliche Ungleichheit' gerechnet werden.

Wissenschaftliche Evaluation von Interventionsmaßnahmen

In ihrem vor kurzem publizierten Überblick betont S. Macintyre (1997), daß sich die bisher publizierten Vorschläge zur Verringerung der gesundheitlichen Ungleichheit zumeist auf eine Änderung des Gesundheitsverhaltens in der unteren sozialen Schicht beziehen. Wichtig ist hier jedoch vor allem ihr Hinweis, daß über die Effektivität der bereits durchgeführten Maßnahmen kaum etwas gesagt werden kann. Einige Maßnahmen sind offenbar in dem Sinne erfolgreich gewesen, daß der Gesundheitszustand der Zielgruppe zumindest kurzfristig verbessert werden konnte. Eine Langzeitwirkung im Sinne einer Verringerung der gesundheitlichen Ungleichheit ließ sich bisher jedoch noch nicht nachweisen. Dieser mangelnde Effektivitäts-Nachweis kann zwei Ursachen haben: entweder waren die Maßnahmen nicht effektiv, oder aber sie waren effektiv, es fehlt jedoch der wissenschaftliche Nachweis. Es ist leider kaum möglich, eine der beiden Ursachen auszuschließen. Nur wenige Maßnahmen wurden sorgfältig wissenschaftlich evaluiert (zu den Ausnahmen vgl. Kapitel IV-2b), und die vorhandenen Evaluationen umfassen nur einen sehr kurzen Zeitraum.

Etwas pointierter formuliert lassen sich drei grundlegende Argumente für eine wissenschaftliche Evaluation der längerfristigen Effekte unterscheiden:
- Ohne die wissenschaftliche Evaluation wird es nicht möglich sein, die Maßnahmen zu identifizieren, mit denen die gesundheitliche Ungleichheit verringert werden kann.
- Ohne diese Identifizierung wird es nicht möglich sein, die Skeptiker davon zu überzeugen, daß die gesundheitliche Ungleichheit in der Tat verringert werden kann.
- Ohne diese Identifizierung wird es nicht möglich sein, die Maßnahmen kontinuierlich zu verbessern und die erfolgreichen Maßnahmen auch an anderer Stelle durchzuführen.

In Großbritannien (Whitehead 1997) und vor allem in den Niederlanden (Mackenbach 1995, Mackenbach/Gunning-Schepers 1997) ist in den letzten Jahren wiederholt darauf hingewiesen worden, daß ein großer Bedarf an wissenschaftlich evaluierten Maßnahmen zur Verringerung der gesundheitlichen Ungleichheit besteht.

Tabelle 136: Empfehlungen für die Durchführung einer Evaluation

Spezifikation der Ziele	- Es sollte festgestellt werden, ob und bis zu welchem Ausmaß die Intervention zu einer Verringerung der gesundheitlichen Ungleichheit geführt hat, und nicht nur, ob und bis zu welchem Ausmaß sich der Gesundheitszustand in der status-niedrigen Personengruppe verbessert hat. - Es sollte der direkte Effekt auf den Gesundheitszustand untersucht werden, und nicht nur der Effekt auf gesundheitsrelevante Faktoren wie Umweltbedingungen und Gesundheitsverhalten.
Studien-design	- Es sollte ein experimentelles Design verwendet werden. - Abhängig von der Art der Intervention können in dem Experiment entweder Personengruppen oder Regionen miteinander verglichen werden. - Die Experimente sollten so weit wie möglich nach den wissenschaftlichen Standards durchgeführt werden.
Messung der Variablen	- Die sozio-ökonomischen Variablen (d.h. Bildung, beruflicher Status und Einkommen) sollten auf Ebene von Personen und nicht auf Ebene von Regionen gemessen werden. - Die Effekt-Variablen sollten sich direkt auf das Ziel der Intervention beziehen und nach Möglichkeit mit validierten Methoden erhoben werden. - Bei der Messung des Effektes sollte die vermutete Zeitspanne zwischen Intervention und Effekt berücksichtigt werden. - Es sollten fortlaufend Daten erhoben werden, mit denen sich kontrollieren läßt, ob die Intervention so wie geplant durchgeführt worden ist. - Es sollten zumindest einige Informationen über die Kosten der Intervention erhoben werden.

Quelle: Mackenbach/Gunning-Schepers 1997 (deutsche Übersetzung durch A.M.)

In seinem Beitrag mit dem Titel 'Gesundheitliche Ungleichheiten in Angriff nehmen. Großer Bedarf an evidenz-basierten Interventionen' schreibt J. Mackenbach (1995, S. 1153) beispielsweise:

> „Nachdem die Wissenschaftler die Existenz der gesundheitlichen Ungleichheit dokumentiert und die Ansätze zur Erklärung der gesundheitlichen Ungleichheit analysiert haben, verbleibt für sie noch ein weiterer Beitrag zur Gesundheitspolitik: die Untersuchung der Effektivität von Maßnahmen, mit denen die gesundheitliche Ungleichheit verringert werden soll“ (deutsche Übersetzung durch A.M.).

Der gleiche Standpunkt wird auch von Frau Ritsatakis vom WHO Regionalbüro für Europa vertreten (Ritsatakis 1994, S. 210). Diesen Aussagen kann nur zugestimmt werden, vergleichbare Stellungnahmen aus Deutschland lassen sich jedoch kaum finden. Vor zwei Jahren haben J. Mackenbach und L. Gunning-Schepers einige grundlegende Empfehlungen für die Durchführung der Evaluation publiziert. Sie lassen sich direkt auf Deutschland übertragen und sollen daher hier etwas ausführlicher zitiert werden (vgl. Tabelle 136).

Die wissenschaftliche Begleitung einer Interventionsmaßnahme sollte selbstverständlich bereits in der Planungsphase beginnen. Schon der erste Schritt, d.h. die Ableitung von Interventionsvorschlägen aus den Ergebnissen der wissenschaftlichen Forschung, ist nur in enger Kooperation zwischen allen

Beteiligten möglich. Der Unterschied zwischen Forschung und Praxis wird z.B. bei der Definition der Zielgruppe deutlich: In vielen Studien werden die Angaben zur Schulbildung, zum beruflichen Status und zum Einkommen zu einem Index der sozialen Schicht kombiniert. Die Personen aus einer so definierten unteren sozialen Schicht lassen sich jedoch kaum gezielt auffinden. Das gleiche trifft auch auf die Personengruppe zu, die nur über maximal 50% des durchschnittlichen Einkommens verfügt. Die in wissenschaftlichen Studien definierten 'Problemgruppen' sind also nicht immer deckungsgleich mit den in einer Interventionsmaßnahme ansprechbaren 'Zielgruppen'. Langfristig sollten sich die Wissenschaftler darum bemühen, in ihren Studien nur noch 'interventions-nahe Problemgruppen' zu identifizieren. Kurzfristig gibt es aus diesem Dilemma jedoch nur den Ausweg, daß alle Beteiligten schon bei der Planung einer Interventionsmaßnahme eng kooperieren. Auf dieser Basis ist auch eine von allen akzeptierte wissenschaftliche Evaluation möglich. Von einer derartigen engen Kooperation zwischen Wissenschaft und Praxis sind wir in Deutschland aber offenbar noch einige Jahre entfernt.

6) Gesundheitspolitische Aufgabenstellungen

In den obigen Kapiteln wurde bereits wiederholt darauf hingewiesen, daß die Verringerung der gesundheitlichen Ungleichheit zu den vorrangigen gesundheitspolitischen Aufgaben gehören sollte. Die bisher in Deutschland zu beobachtenden Ansätze zur Erfüllung dieser Forderung sind in Kapitel IV-3 beschrieben worden. In dem vorliegenden Kapitel geht es mehr darum, die allgemeine Forderung nach Maßnahmen zur Verringerung der gesundheitlichen Ungleichheit etwas weiter zu spezifizieren. Auf einer allgemeinen Ebene besteht kein Zweifel daran, was zur Erreichung des Ziels 'Verbesserung des Gesundheitszustandes in der unteren sozialen Schicht' getan werden sollte. Wir wissen sehr viel über die Möglichkeiten der primären, sekundären und tertiären Prävention, d.h. Wissen ist ausreichend vorhanden. Jetzt geht es um die praktische Umsetzung bei den Personen, bei denen der Bedarf besonders groß ist, und dazu gehören auch und vor allem die Angehörigen der unteren sozialen Schicht. Es sollte sich also jeder Anbieter einer primären, sekundären oder tertiären Prävention die Frage stellen, was er bzw. sie zur Verbesserung des Gesundheitszustandes von status-niedrigen Personen beitragen kann. Die Umsetzung dieser allgemeinen Forderung in praktische Vorschläge ist jedoch schwierig und auch hier nur ansatzweise zu leisten.

In einem ersten Schritt werden die möglichen Ansatzpunkte für eine Interventionsmaßnahme skizziert und kurz bewertet. Anschließend wird am Beispiel von Schweden, Großbritannien und den Niederlanden gezeigt, wie der Weg von empirischen Belegen für die Existenz der gesundheitlichen Ungleichheit bis hin zur koordinierten Durchführung von umfassenden Interventionsmaßnahmen aussehen kann. Danach wird versucht, den Stellenwert der Verhältnis-Prävention und die Notwendigkeit von Maßnahmen speziell für die unteren Statusgruppen zu verdeutlichen. Den Abschluß bildet eine kritische Stellungnahme zur derzeitigen Reform der Gesetzlichen Krankenversicherung (GKV) und die Aufforderung, bei künftigen Reformen mehr auf die Stärkung des Solidaritätsprinzips zu achten.

Auf einer sehr allgemeinen Ebene lassen sich zwei Ansatzpunkte zur Verringerung der gesundheitlichen Ungleichheit unterscheiden:
- Verringerung der sozialen Ungleichheit
  (d.h. Verringerung der Unterschiede in der schulischen und beruflichen Ausbildung, im beruflichen Status und im Nettoeinkommen)
- Verbesserung des Gesundheitszustandes von status-niedrigen Personen

Der erste Ansatzpunkt würde das Problem quasi an der Wurzel anpacken. Er besitzt jedoch den Nachteil, daß er fundamentale strukturelle Veränderungen erforderlich macht, die nur in langfristigen gesellschaftlichen Auseinandersetzungen erreicht werden können. Die Bemühungen um eine kurz- und mittelfristige Verringerung der gesundheitlichen Ungleichheit sind vermutlich erfolgreicher, wenn sie sich zunächst auf den zweiten Ansatzpunkt konzentrieren. Wenn die Angehörigen der unteren Statusgruppen einen besonders schlechten Gesundheitszustand aufweisen, dann macht es wenig Sinn, nur auf langfristige gesellschaftliche Entwicklungen zu verweisen. Notwendig sind möglichst kurzfristig wirkende Maßnahmen zur Verbesserung des Gesundheitszustandes der heute lebenden Personen.

Das theoretische Modell zur Erklärung der gesundheitlichen Ungleichheit setzt sich aus sechs Elementen zusammen: soziale Ungleichheit, gesundheitsgefährdende bzw. -fördernde Umweltbedingungen, gesundheitliche Versorgung, Gesundheitsverhalten, Absicherung im Krankheitsfall (vgl. Abbildung 19). Entsprechend lassen sich die folgenden Ansatzpunkte zur Verringerung der gesundheitlichen Ungleichheit unterscheiden:
- Verbesserung von Ausbildung, beruflichem Status und/oder Einkommen,
- Verringerung der Expositionen gegenüber gesundheits*gefährdenden* Umweltbedingungen,
- Stärkung der gesundheits*fördernden* Umweltbedingungen,
- Verbesserung der präventiven und kurativen gesundheitlichen Versorgung,
- Verbesserung des Gesundheitsverhaltens und
- Verbesserung der Absicherung von beruflichem Status und/oder Einkommen bei Krankheit

speziell bei den status-niedrigen Personen (vgl. auch Mackenbach 1998).

Wenn die sechs Ansatzpunkte nach abnehmendem potentiellen Einfluß auf das Ausmaß der gesundheitlichen Ungleichheit sortiert werden, dann würde sich vermutlich die oben angegebene Reihenfolge ergeben. Eine Sortierung nach abnehmenden potentiellen Problemen bei der praktischen Umsetzung würde dagegen vermutlich umgedreht aussehen. Mit anderen Worten: Die

Interventionen mit dem potentiell größten Nutzen im Sinne einer Verringerung der gesundheitlichen Ungleichheit werden genau diejenigen sein, die sich am schwersten durchführen lassen. Die Interventionsmaßnahmen sollten in der Ursachenkette so weit oben wie möglich ansetzen, d.h. am besten direkt bei der sozialen Ungleichheit. In der Praxis wird jedoch immer ein Kompromiß zwischen dem Wünschenswerten und dem Möglichen gefunden werden müssen.

Koordinierte Durchführung von umfassenden Interventionsmaßnahmen

In einem vor kurzem publizierten Beitrag hat M. Whitehead (1998) beschrieben, wie das Thema 'gesundheitliche Ungleichheit' in verschiedenen westeuropäischen Staaten wahrgenommen wird. Als Orientierung dient ihr dabei ein Schema, in dem die verschiedenen Stufen der Wahrnehmung in eine zeitliche Reihenfolge gebracht worden sind, angefangen bei den empirischen Belegen für die Existenz der gesundheitlichen Ungleichheit bis hin zur Durchführung von gesundheitspolitischen Maßnahmen, mit denen diese Ungleichheit verringert werden soll (vgl. Abbildung 35).

Sie illustriert die Aussagekraft des Schemas mit Hilfe der Entwicklungen in Schweden, Großbritannien und den Niederlanden. Demnach sind in*Schweden* in den 70er Jahren einige empirische Belege für die Existenz der gesundheitlichen Ungleichheit publiziert worden; sie wurden jedoch weitgehend ignoriert. Die Lage änderte sich erst Mitte der 80er Jahre, als die Regierung dem Druck der Gewerkschaften nachgab und die Verringerung der gesundheitlichen Ungleichheit als ein wichtiges gesundheitspolitisches Ziel akzeptierte. Die wirtschaftliche Rezession zu Beginn der 90er Jahre hat dieses Ziel wieder in den Hintergrund rücken lassen. Die 1995 gewählte sozialdemokratische Regierung nahm es jedoch wieder auf und gründete 1997 eine parlamentarische Kommission, die nationale Gesundheitsziele unter expliziter Berücksichtigung des Ziels 'Verringerung der gesundheitlichen Ungleichheit' ausarbeiten sollte. Der Bericht wird im Jahr 2000 erwartet.

Ende der 70er Jahre wurde von der Labour Regierung in *Großbritannien* die 'Inequalities in Health Research Working Group' ins Leben gerufen. Sie sollte unter der Leitung von Sir Douglas Black der Frage nachgehen, ob die gesundheitliche Ungleichheit als ein wichtiges gesundheitspolitisches Problem angesehen werden müsse. In dem 1980 publizierten 'Black Report' wird mit vielen empirischen Beispielen eindrucksvoll belegt, daß es sich hierbei in der Tat um ein großes und wichtiges Problem handelt. Der Report bewirkte eine drastische 'Steigerung der öffentlichen Wahrnehmung' (vgl. Abbildung 35), die neue konservative Regierung zog sich jedoch auf die Stufe 'Gleichgültigkeit oder Leugnen' zurück. Nach dem Rücktritt von Margaret Thatcher im Jahr 1990 dauerte es noch ca. fünf Jahre, bis auf Regierungsebene die Stufe 'Wille zu handeln' erreicht worden war.

Abbildung 35: Wahrnehmung der gesundheitlichen Ungleichheit

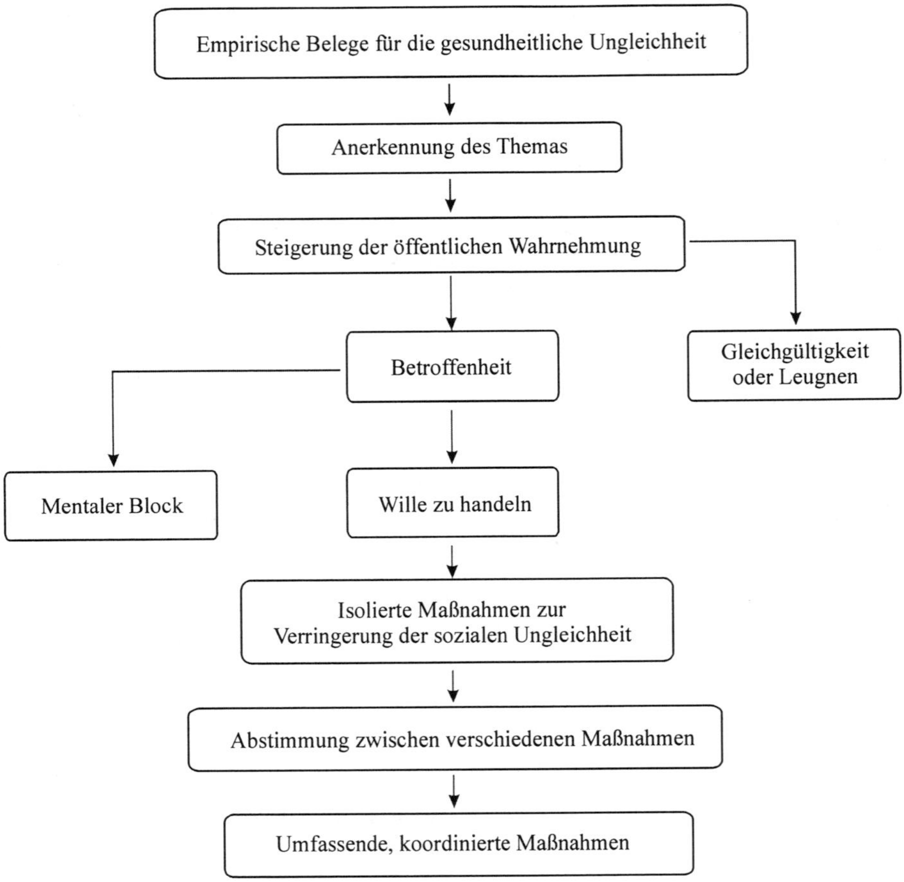

Quelle: Whitehead 1998 (eigene Darstellung, vgl. auch Mielck 1999a)

In den letzten Jahren ist ein deutlicher Fortschritt in Richtung auf die Stufe 'Umfassende und koordinierte Maßnahmen' zu erkennen. Die neue Labour Regierung hat erst kürzlich das Ziel 'Verringerung der gesundheitlichen Ungleichheit' als eines der wichtigsten gesundheitspolitischen Ziele hervorgehoben (vgl. Kapitel IV-2b).

Die Entwicklung in den *Niederlanden* läßt sich wie folgt skizzieren: In den 70er Jahren hat das Thema 'gesundheitliche Ungleichheit' praktisch nicht existiert. 1980 fand eine rein wissenschaftliche Konferenz zu dem Thema statt; die gesundheitspolitische Reaktion blieb jedoch aus. 1987 wurde durch die

Regierung eine Konferenz speziell für die gesundheitspolitischen Akteure durchgeführt. Das wichtigste Ergebnis war die Einigung auf ein 5-Jahre-Forschungsprogramm, welches schließlich ab 1989 mit ca. 5 Millionen DM gefördert wurde. Auf einer weiteren 1991 durch die Regierung organisierten Konferenz haben die gesundheitspolitischen Akteure beschlossen, die Maßnahmen zur Verringerung der gesundheitlichen Ungleichheit gegenseitig abzustimmen. Ab 1995 wird ein zweites 5-Jahre-Forschungsprogramm gefördert, in dem die Entwicklung, Durchführung und Evaluation von Maßnahmen zur Verringerung der gesundheitlichen Ungleichheit im Mittelpunkt stehen (vgl. Kapitel IV-2c).

Die Kernfrage lautet hier: Wo steht die *Bundesrepublik Deutschland*? In der Übersicht von M. Whitehead (1998) wird hierzu nichts gesagt. Die Entwicklung ist selbstverständlich nicht nur in der Bundesrepublik sehr viel komplexer und vielfältiger, als sich in einem derartigen Schema abbilden läßt. Es gibt Fort- und Rückschritte, und in verschiedenen Regionen und/oder Institutionen ist die Entwicklung weiter vorangeschritten als in anderen. Dennoch ist das Schema sehr hilfreich zur Skizzierung des Weges von empirischen Belegen bis hin zu gesundheitspolitischen Maßnahmen. Eine auffallende Parallele zwischen Schweden, Großbritannien und den Niederlanden einerseits und der Bundesrepublik andererseits besteht darin, daß sich die empirischen Belege für die Existenz der gesundheitlichen Ungleichheit erst ab dem Ende der 60er Jahre zu mehren beginnen. Offenbar hat der damalige gesellschaftliche Umbruch auch dazu geführt, daß die wissenschaftliche Aufmerksamkeit stärker auf Fragen der sozialen und gesundheitlichen Ungleichheit gelenkt worden ist. Die weitere Entwicklung verlief bei uns jedoch erheblich langsamer als in den drei anderen Staaten. In Deutschland ist stellenweise schon die Stufe 'Isolierte Maßnahmen zur Verringerung der gesundheitlichen Ungleichheit' erreicht worden; bis zur Erreichung der Stufe 'Durchführung von umfassenden und koordinierten Interventionsmaßnahmen' ist es bei uns jedoch noch ein weiter Weg. Um die hierfür notwendige Diskussion zu fördern, soll im folgenden versucht werden, die Vor- und Nachteile einiger konkreter Maßnahmen exemplarisch aufzuzeigen.

Verhaltens- und Verhältnis-Prävention

Im Zentrum der derzeitigen Präventionsmaßnahmen steht die Zielsetzung, das Gesundheitsverhalten zu verbessern. Dazu gehört vor allem: kein Rauchen, kein übermäßiger Alkoholkonsum, regelmäßige körperliche Bewegung, gesunde Ernährung und Vermeidung von zu viel Streß. Es kann kein Zweifel daran bestehen, daß diese Ziele sinnvoll und der Gesundheit dienlich sind. Zu kritisieren ist jedoch die weitgehende Ausblendung weiterer Möglichkeiten der Prävention und Gesundheitsförderung. Ausgehend von der groben Zweiteilung in Verhaltens- und Verhältnis-Prävention muß gefragt werden, warum sich die derzeitigen Bemühungen auf eine Änderung des *Verhaltens* konzentrieren, und warum nicht mit gleichem Nachdruck auch eine Änderung 'der Verhältnisse' gefordert wird. Die Antwort liegt auf der Hand: Eine Änderung 'der Verhältnisse' (z.B. der Einkommensverteilung oder der Arbeits- und Wohnbedingungen) ist offenbar viel schwieriger als eine Änderung des individuellen Gesundheitsverhaltens. Die Situation ist in etwa vergleichbar mit einer unfallträchtigen Straßenkreuzung ohne Verkehrsampel: Es ist bestimmt richtig und wichtig, an die Autofahrer zu appellieren, sich bei der Kreuzung besonders vorsichtig zu verhalten. Langfristig wäre es jedoch effektiver, eine Änderung der 'Verhältnisse' vorzunehmen, d.h. eine Ampelanlage zu installieren, auch wenn diese Maßnahme erheblich aufwendiger und teurer sein sollte als die Appelle an die Autofahrer.

Beim Thema 'gesundheitliche Ungleichheit' ist die einseitige Betonung der Verhaltens-Prävention besonders brisant. Zum einen wird bei diesem Präventionsansatz unterstellt, daß das individuelle Gesundheitsverhalten weitgehend frei gewählt werden kann. Es spricht jedoch vieles dafür, daß eine bessere Bildung, ein höherer beruflicher Status und ein höheres Einkommen mit einem objektiv größeren Handlungsspielraum verbunden sind. Es wäre demnach 'unfair', bei den Personen aus der unteren sozialen Schicht die gleiche Flexibilität im Verhalten vorauszusetzen wie bei den Personen aus höheren sozialen Schichten. Zum anderen besteht die Gefahr, daß durch die Fokussierung auf das individuelle Verhalten 'das Opfer zum Schuldigen wird'. Etwas überspitzt ausgedrückt kann dies zur Haltung führen: 'Wenn die Personen aus der unteren sozialen Schicht kränker sind als andere Personen, dann haben sie selber schuld'. Durch diese Schuldzuweisung wird eine zusätzliche Diskriminierung ermöglicht, die für die Erreichung des Ziels 'Verringerung der gesundheitlichen Ungleichheit' nicht sehr hilfreich ist.

Wenn man davon ausgeht, daß die Entwicklung in Deutschland dem Vorbild der USA folgt, dann ist die Gefahr einer derartigen Schuldzuweisung nicht von der Hand zu weisen. In seiner Analyse der Präventionspolitik und Gesundheitsförderung in den USA belegt H. Kühn (1993) mit vielen Beispielen, daß der 'Healthismus' vor allem ein Phänomen der Mittelschicht ist. 'Healthismus' wird definiert als die

> „ständige Sorge um und Befassung mit der persönlichen Gesundheit als einem primären, oft *dem* primären Mittel zur Erreichung von persönlichem Wohlbefinden; einem Ziel, das vor allem erreicht werden kann durch die Veränderung des Lebensstils (...). Auch wenn die Krankheitsentstehung als komplex betrachtet wird, so gilt im Healthismus den individuellen Verhaltensweisen, Haltungen und Gefühlen die ganze Aufmerksamkeit. (...) Für Healthisten verbleiben die Lösungen in der Bestimmung des einzelnen, der der Kultur, der Werbung, institutionellen und umweltbedingten Beschränkungen, Krankheitserregern oder einfach nachlässigen und schlechten Angewohnheiten widerstehen muß“ (Crawford 1980; deutsche Übersetzung aus Kühn 1993, S. 33).

Getreu der Devise 'I can't change the world, but I can change my diet' (Die Welt kann ich nicht ändern, aber meine Ernährung) konzentrieren sich die Bemühungen zur Erhaltung der Gesundheit ganz auf das eigene gesundheitsrelevante Verhalten. Die Stärkung des Bewußtseins, für den eigenen Gesundheitszustand selbst verantwortlich zu sein, kann sich sowohl positiv als auch negativ auswirken. Positiv ist die Wirkung nur dann, wenn dieser Impuls auch tatsächlich zu einer gesünderen Verhaltensweise führt. Die Forderung nach mehr Eigenverantwortung wird dagegen zynisch, wenn die Möglichkeiten der Verhaltensänderung sehr eingeschränkt sind bzw. als sehr eingeschränkt erlebt werden. Ähnlich wie bei der Anti-Drogen Kampagne 'Just Say No' (Sag' einfach nein) kann der Ruf nach mehr Eigenverantwortung oft die Personen kaum erreichen, die am meisten betroffen sind und die genau wissen, daß es mit einem simplen „Sag' einfach nein“ nicht getan ist.

Es ist eine wichtige Frage, warum der 'Healthismus' in den USA so weit verbreitet ist. Noch wichtiger ist hier jedoch die Frage, warum sich dieses Leitbild vor allem in den *oberen* sozialen Schichten durchgesetzt hat. Die Verantwortung für den eigenen Gesundheitszustand wird offenbar vor allem von den Personen akzeptiert, die einen relativ großen Handlungsspielraum besitzen, und die aus eigener Erfahrung heraus wissen, daß man im Leben erfolgreich sein kann, wenn man nur lange und hart genug für diesen Erfolg arbeitet. Es gibt jedoch auch Personen, die trotz langer und harter Arbeit keinen Erfolg haben, oder die nicht einmal die Chance sehen, durch lange und harte Arbeit zum Erfolg kommen zu können. Sie gehören vermutlich vor allem der unteren sozialen Schicht an. Bei ihnen ist die Forderung nach mehr Eigenverantwortung wenig hilfreich, zumal wenn sie von den Personen kommt, die diese Machtlosigkeit selber nicht erlebt haben.

In den USA ist diese Kritik schon seit vielen Jahren zu hören. Vor über 10 Jahren schrieb z.B. L. Levin (1987):

> „Es gibt keinen störenderen Punkt in der organisierten Gesundheitsförderung als die Vernachlässigung der Möglichkeiten für ein gesundheitsförderliches Leben. (...) Die Mittelklasse scheint ihre eigene Schuld am Gesundheitsrisiko zu akzeptieren und hat zugleich auch das Geld und die disponible Zeit für einen gesünderen Lebensstil (...). Ganz deutlich ist die Mittelklasse davon überzeugt, die Möglichkeiten für die Beeinflussung ihrer Gesundheit zu haben, und die Gesundheitsförderer verspüren daher keinen Druck, die Reichweite ihrer Anstrengungen auf soziale, wirtschaftliche oder politische Gebiete auszudehnen. (...) Für die Gesundheit der weniger Begüterten können die Gesundheitsförderer nichts tun. (...) Mein Vorschlag ist es, sich auf die Schranken zu konzentrieren, die so viele Menschen von einem gesünderen Leben abhalten“ (deutsche Übersetzung aus Kühn 1993, S. 113).

Wenn z.B. empirisch belegt wird, daß in der unteren sozialen Schicht besonders viele Menschen übergewichtig sind (vgl. Kapitel III-2c), dann ist damit zwar eine mögliche Ursache der gesundheitlichen Ungleichheit identifiziert worden, aber mit Appellen zur Gewichtsreduzierung ist das Problem kaum zu lösen. Es muß danach gefragt werden, warum auch und gerade in der unteren sozialen Schicht ein Ungleichgewicht zwischen Ernährung und körperlicher Bewegung vorhanden ist; und die Gesundheitsförderung sollte sich darauf konzentrieren, diese Ursachen so weit wie möglich abzubauen.

Gezielte Gesundheitsförderung und Prävention

Es ist oben bereits wiederholt darauf hingewiesen worden, wie wichtig es ist, Maßnahmen der Gesundheitsförderung und Prävention speziell für die unteren Statusgruppen anzubieten. Bisher ist dies offenbar kaum geschehen. Auch J. Siegrist betont, daß „der Zusammenhang von sozialer Ungleichheit und Gesundheit hierzulande bisher kein explizites Thema der Gesundheitspolitik im allgemeinen und der Präventionspolitik im besonderen geworden" ist (Siegrist 1995, S. 54). Diese Ignoranz führt er u.a. auf die „in wichtigen Kreisen" auch heute noch vorherrschende Meinung zurück, "daß in einer Gesellschaft wie der Bundesrepublik mit ihrem ausgebauten wohlfahrts- und sozialstaatlichen Sicherungssystem und mit weit entwickelter Chancengleichheit dieses Phänomen von untergeordneter Bedeutung sei" (ebd.).

Ausnahmen bestätigen auch hier die Regel. Auf den in Deutschland seit 1993 durchgeführten Tagungen, die sich speziell mit der gesundheitlichen Ungleichheit beschäftigt haben (vgl. Kapitel IV-3b), sind mehrere Gesundheitsförderungs-Projekte vorgestellt worden, die sich vor allem an die Angehörigen der unteren sozialen Schicht richten. Diese Projekte sind zumeist nur einem kleinen Kreis von Eingeweihten bekannt; die Erfahrungen aus den Projekten gehen daher nur selten in die öffentliche Diskussion ein. Die Tagungen bilden somit eine wichtige Plattform für den gegenseitigen Erfahrungsaustausch, und sie bestärken die Überzeugung, daß spezielle Gesundheitsförderungs-Projekte für die Angehörigen der unteren sozialen Schicht erfolgversprechend durchführbar sind. Die Formulierung 'erfolgversprechend' soll dabei ausdrücken, daß m.W. bisher kaum versucht wurde, den Erfolg im Rahmen einer wissenschaftlichen Evaluation zu überprüfen.

Auf dem Gesunde-Städte Symposium 'Gesundheitsförderung auf dem Prüfstand - Was kann sie für gesundheitlich und sozial Benachteiligte leisten?', das im November 1993 in Köln stattfand, wurde die Aufgabe besonders klar formuliert: „Vorrangiges Ziel und Maßstab aller gesundheitsfördernden Bemühungen ist die gesundheitliche Chancengleichheit" (Stadt Köln 1994, S. 1). Einige vergleichbare Forderungen wurden bereits in Kapitel IV-3b zitiert; hervorzuheben sind vor allem

- die Entschließung der Gesundheitsministerkonferenz der Länder (GMK) von 1994 mit dem Titel 'Auswirkungen von sozialer Benachteiligung auf die Gesundheit bei Kindern' (Behörde 1996, S. 41-43),

- die Stellungnahme des Berliner Ärztekammer-Präsidenten auf dem 1. bundesweiten Kongreß 'Armut und Gesundheit' von 1995 (Huber 1996),
- die Stellungnahme der Baden-Württembergischen Sozialministerin auf dem gesundheitspolitischen Symposium 'Soziale Ungleichheit als Herausforderung für Gesundheitsförderung' von 1995 (Solinger 1996),
- die Stellungnahme der Hamburgischen Senatorin für Arbeit, Gesundheit und Soziales auf der Fachtagung 'Armut und Gesundheit von Kindern in Hamburg' von 1995 (Fischer-Menzel 1996),
- die 'Celler Erklärung' von 1996 (Celler Erklärung 1996),
- verschiedene Stellungnahmen aus dem Öffentlichen Gesundheitsdienst (z.B. Gesundheitsamt Düsseldorf 1998, Brand/Schmacke 1998).

Im neuen 'Gesundheitsbericht für Deutschland', der 1998 vom Statistischen Bundesamt herausgegeben wurde, läßt sich eine ähnliche Forderung finden:

> „Bei den deutlichen bildungsspezifischen Unterschieden im Gesundheitszustand sollten zielgruppenspezifische gesundheitsfördernde Maßnahmen und Programme gezielt angegangen werden. Dabei müßte ein Schwerpunkt in der Bevölkerungsgruppe mit niedrigem Bildungsniveau liegen, denn sie sind gesundheitlichen Risiken in besonderem Maße ausgesetzt" (Statistisches Bundesamt 1998, S. 111).

Auch vom Robert Koch-Institut in Berlin (Hüttner et al. 1996a, S. 157) und von der Bundeszentrale für gesundheitliche Aufklärung (BZgA 1998b, S. 118) liegen entsprechende Aussagen vor. In den letzten Jahren sind immer mehr Akteure dazu bereit, die Aufgabe 'Durchführung von Maßnahmen der Gesundheitsförderung und Prävention speziell für die Angehörigen der unteren sozialen Schicht' zu akzeptieren. In die Praxis umgesetzt wurde diese Bereitschaft bisher aber offenbar nur selten.

Viele Angebote der Gesundheitsförderung und Prävention können die Angehörigen der unteren sozialen Schicht nur schwer erreichen. Besonders deutlich wird dieses Problem bei der Ernährung (van Eimeren/Mielck 1995). Die Empfehlungen für eine gesunde Ernährung sind häufig relativ kompliziert. Die Deutsche Gesellschaft für Ernährung (DGE) rät z.B. zu einem abwechslungsreichen und dem Energiebedarf angepaßten Konsum von „Obst und Gemüse, Vollkornbrot und anderen Vollkornprodukten, Milch und Milchprodukten, Hülsenfrüchten, Kartoffeln, Eiern, Fleisch und Fisch" (Eberle 1990, S. 50), und zu einer Einschränkung des Konsums von Fett und von „leeren Energieträgern wie Zucker und Alkohol" (ebd.). In einer vom Bundesgesundheitsamt veröffentlichen Studie werden neben generellen Empfehlungen (z.B. Erhöhung des Konsums von Obst und Gemüse) auch so spezifische Empfehlungen formuliert wie die Erhöhung des Konsums von mehrfach ungesättigten Fettsäuren (Linolsäure, Fischöle) und von einfach ungesättigten Fettsäuren (Kohlmeier et al. 1993b).

Neben den quasi offiziellen Informationsmaßnahmen durch die Bundeszentrale für gesundheitliche Aufklärung (BZgA) und durch die Deutsche Gesellschaft für

Ernährung (DGE) wird auch durch Presse, Rundfunk und Fernsehen ständig eine mehr oder weniger qualifizierte Ernährungsberatung durchgeführt. Der 'Konsument' wird mit Ratschlägen für eine gesunde Ernährung oft geradezu überhäuft und findet sich in dem Dickicht von Fachausdrücken und Mengenangaben häufig nur schwer zurecht. In einer 1989 in den alten Bundesländern durchgeführten repräsentativen Studie kritisieren 71% der Befragten, daß die Ernährungs-Informationen widersprüchlich sind, 46% empfinden die Informationen als schwer verständlich, und nur 10% sind mit den Informationen zufrieden (Ernährungsbericht 1992, S. 177). Es ist zu vermuten, daß sich die Personen aus der unteren sozialen Schicht besonders stark verunsichert fühlen, und daß ihnen auch aus diesem Grund die Umsetzung der Empfehlungen besonders schwer fällt.

Die Hypothese liegt nahe, daß allgemeine Aufklärungsmaßnahmen über gesunde Verhaltensweisen vor allem bei den status-hohen Personen Gehör finden. Diese Hypothese besitzt auch deswegen eine hohe Plausibilität, weil einige der oben dargestellten empirischen Ergebnisse auf eine Zunahme der gesundheitlichen Ungleichheit beim Rauchen und bei der ungesunden Ernährung hinweisen (Härtel et al. 1993b, Helmert et al. 1995, Helmert et al. 1997b, Maschewsky-Schneider 1997; vgl. Tabellen 75, 81, 85). Mit anderen Worten: Die bisherigen Maßnahmen der Gesundheitsförderung und Prävention sind vor allem deswegen problematisch, weil sie vermutlich häufig zu einer Vergrößerung der gesundheitlichen Ungleichheit führen. Kürzlich hat sogar ein Vertreter der WHO auf dieses Problem hingewiesen:

> „Wir müssen zur Kenntnis nehmen, daß die gegenwärtig verwendeten Instrumente der Gesundheitsförderung und primären Prävention, wenn überhaupt, dann nur in der mittleren und oberen sozialen Schicht erfolgreich sein können. Dies bedeutet auch, daß die Gesundheitsförderung vermutlich zu einer Vergrößerung der gesundheitlichen Ungleichheit beiträgt“ (Makara 1997, S. 97; deutsche Übersetzung durch A.M.).

Die direkteste Überprüfung dieser Hypothese mit Daten aus Deutschland ist im Rahmen der DHP-Studie (vgl. Kapitel II-1c) vorgenommen worden. Bezogen auf die Cholesterin-Mittelwerte wurde festgestellt, daß die Intervention allgemein gesehen erfolgreich war. Einer Abnahme in den Interventions-Regionen steht eine Zunahme in den Vergleichs-Regionen gegenüber (Breckenkamp et al. 1995). Wichtig sind hier aber vor allem die schicht-spezifischen Unterschiede: In der oberen sozialen Schicht ist ein großer positiver Interventions-Effekt vorhanden (geringfügige Zunahme in den Interventions-Regionen, starke Zunahme in den Vergleichs-Regionen); in der unteren sozialen Schicht ist dagegen fast kein Interventions-Effekt zu sehen (vgl. Tabelle 137). Dieses Ergebnis muß noch durch weitere Studien bestätigt werden, und leider liegt m.W. bisher keine vergleichbare Auswertung für andere Risikofaktoren vor. Es bleibt jedoch festzuhalten, daß die oben genannte Hypothese durch die Analyse von J. Breckenkamp et al. (1995) unterstützt wird.

Tabelle 137: Soziale Schicht und Veränderungen beim Cholesterin

		Cholesterin-Mittelwert (in mg/dl)			
			Soziale Schicht [a]		
		alle	untere	mittlere	obere
Interventions-Reg. [b]	1984/85	232,71	237,50***	232,66***	227,41
	1991/92	231,81	239,59***	231,53**	227,98
	Differenz	- 0,90	+ 2,09	- 1,13	+ 0,57
Vergleichs-Reg. [c]	1984/85	233,54	241,74***	232,88***	224,21
	1991/92	236,91	244,49***	235,58	234,43
	Differenz	+ 3,37	+ 2,75	+ 2,70	+ 10,22

*: p < 0,05; **: p < 0,01; ***: p < 0,001 (Vergleichsgruppe: obere soziale Schicht)
a: Index aus Bildung, beruflicher Stellung und Einkommen
b: Zusammenfassung der Regionen Stuttgart, Bremen, Berlin, Karlsruhe, Traunstein
c: andere Regionen in den alten Bundesländern
Stichprobe: Interventionsreg. 11.548 (1984/85) und 8.636 (1991/92); Vergleichsreg: 4.790 (1984/85) und 5.311 (1991/92); jeweils Männer und Frauen (25-69 Jahre, Deutsche)
Datenbasis: Befragung/Untersuchung 1984/85 und 1991/92 (DHP-Studie)
Quelle: Breckenkamp et al. 1995

Auch hier kann die Regel durch eine Ausnahme bestätigt werden. Bremen war eine der Interventionsregionen in der DHP-Studie (vgl. Kapitel II-1c), und sowohl in der 1984/86 als auch in der 1987/88 durchgeführten Untersuchung wurde dort eine erhöhte Prävalenz der kardiovaskulären Risikofaktoren in der unteren sozialen Schicht festgestellt (Greiser et al. 1992). Die in dem Zeitraum von 3½ Jahren durchgeführten Maßnahmen, die vor allem auf eine Änderung des Gesundheitsverhaltens abzielten, haben offenbar zu einer Verringerung der schichtspezifischen Unterschiede geführt (vgl. Tabelle 138). Dieser Erfolg ist vermutlich darauf zurückzuführen, daß bei den Maßnahmen gezielt versucht wurde, die Angehörigen der unteren sozialen Schicht zu erreichen (mündliche Mitteilung von Herrn Greiser). Es ist m.W. leider keine Publikation vorhanden, in der Planung und Durchführung der Maßnahmen ausführlich beschrieben werden. Wichtig ist hier jedoch vor allem, daß eine gezielte Verringerung der schichtspezifischen Unterschiede möglich ist. Ein Überblick über vergleichbare Interventionsprojekte in den USA und in Finnland ergibt ein uneinheitliches Bild. In einigen Projekten haben alle sozio-ökonomischen Gruppen in gleicher Weise von den Maßnahmen profitiert, in anderen jedoch vor allem die oberen Statusgruppen (Kaplan/Keil 1993). Insgesamt betrachtet bleibt daher festzuhalten, daß die oben zitierte pessimistische Aussage von P. Makara (1997) zwar sehr plausibel ist, bisher aber nur selten empirisch eindeutig belegt werden konnte.

Um wie in Bremen eine Verringerung der gesundheitlichen Ungleichheit erreichen zu können, ist offenbar eine 'positive Diskriminierung' erforderlich; d.h. es werden solche Maßnahmen der Gesundheitsförderung und Prävention benötigt, mit denen auch und vor allem die unteren Statusgruppen erreicht werden können.

Tabelle 138: Veränderungen bei kardiovaskulären Risikofaktoren

	Änderungen im Zeitraum 1984/86 bis 1987/88 (in %) Schulbildung (Schulbesuch in Jahren) ≤ 9 Jahre	10 - 11 Jahre	12 - 13 Jahre
Bluthochdruck			
Männer	- 28,3	- 13,6	+ 0,6
Frauen	- 32,2	- 35,6	- 1,1
Kardiovaskuläre Mortalität [a]			
Männer	- 9,7	- 5,8	+ 0,3
Frauen	- 13,7	- 7,8	+ 27,5

a: Schätzung mit Hilfe der folgenden Variablen:
Alter, Bluthochdruck, Hypercholesterinämie, Übergewicht, Rauchen
Stichproben: 1.800 (1984/86) und 1.235 (1987/88) Erwachsene in Bremen
Datenbasis: Befragung/Untersuchung 1984/86 und 1987/88
Quelle: Greiser et al. 1992

Einige gesundheitspolitische Akteure haben diese Forderung nach 'positiv diskriminierenden' Maßnahmen der Gesundheitsförderung und Prävention aufgegriffen, so z.B. auch die Bundestagsfraktion der SPD (Antwort der Bundesregierung 1994, S. 1f.; vgl. Kapitel IV-3b). Konkrete Beispiele für derartige Maßnahmen sind jedoch noch selten. In einer ersten Bestandsaufnahme werden 115 Projekte aufgelistet (Sozialministerium Baden Württemberg 1996b; vgl. Kapitel IV-3b); es handelt sich dabei zumeist um sehr kleine Projekte. Es wäre gewiß unfair und falsch zu behaupten, daß es bei uns so gut wie keine 'positiv diskriminierenden' Maßnahmen der Gesundheitsförderung und Prävention gibt. In vielen kleinen Initiativen wird versucht, besonders belastete Zielgruppen wie Obdachlose, Häftlinge und Langzeitarbeitslose zu unterstützen. Eine umfassende und koordinierte Gesundheitsförderungs-Bewegung zur gezielten Verbesserung des Gesundheitszustandes von status-niedrigen Personen sucht man aber vergebens.

Einen wichtigen Ansatzpunkt für 'positiv diskriminierende' Maßnahmen der Gesundheitsförderung bieten die Schulen. Als Beispiel kann eine evaluierte Interventionsstudie gegen das Zigarettenrauchen in verschiedenen Düsseldorfer Hauptschulen dienen (Hort et al. 1995). Das Programm wurde in den 6. Klassen von insgesamt 9 Hauptschulen durchgeführt; andere Hauptschulen aus Düsseldorf dienten als Kontrollgruppe. Die Intervention lief über einen Zeitraum von 2 Jahren (d.h. in der 6. und 7. Klasse) und umfaßte insgesamt ca. 15 Stunden. Die Häufigkeit des Rauchens wurde vor und nach der Intervention erhoben, und das Ergebnis ist eindeutig: Der Anteil der Raucher nahm sowohl in den Interventions- als auch in den Kontroll-Klassen zu, im Vergleich zu den Kontroll-Klassen war die Zunahme in den Interventions-Klassen jedoch nur halb so groß.

Einen weiteren wichtigen Ansatzpunkt bietet die 'kommunale Gesundheitsförderung'. Da die Angehörigen der unteren sozialen Schicht zumeist in ganz bestimmten Stadtgebieten wohnen, sollten die Maßnahmen der Gesundheitsförderung vor allem dort durchgeführt werden. Diese naheliegende Forderung ist besonders deutlich von R. Fink (1994) formuliert worden. In seinem Beitrag mit dem Titel 'Kommunale Gesundheitsförderung für Kinder in sozial benachteiligten Stadtteilen. Konzepte und Realität' schreibt er z.B.:

> „Konzepte zur Gesundheitsförderung für Kinder in sozial benachteiligten Lebenslagen müßten daher einen Schwerpunkt gesundheitsfördernder wie armutsbekämpfender Politik darstellen. Dies gilt vor allem für die kommunale Ebene, da im Zusammenhang mit schichtspezifischen Unterschieden im Gesundheitszustand die Möglichkeiten, die Wohnumfeld und Quartier bieten, eine wichtige Rolle spielen. (...) Dies bedeutet, daß es (...) zu den Aufgaben einer Kommune gehört, im Rahmen eines Gesamtkonzeptes konkrete Strategien zur Gesundheitsförderung für Kinder in sozial benachteiligten Stadtteilen zu erarbeiten“ (Fink 1994, S. 119 ff).

Erfolgversprechend - und damit auch besonders anspruchsvoll - sind vor allem die Maßnahmen, die auf eine Verringerung der gesundheitsbelastenden Umweltbedingungen (Straßenlärm, Luftverschmutzung, Mangel an Spielflächen etc.) abzielen. Diese Art der kommunalen Gesundheitsförderung speziell für Kinder in 'sozial benachteiligten Lebenslagen' ist bei uns offenbar noch sehr selten; R. Fink (1994) konnte keine einzige Publikation finden, in der eine derartige konkrete Maßnahme beschrieben wird.

In den letzten Jahren ist jedoch eine Änderung zu beobachten. In einer aktuellen Publikation aus dem Gesundheitsamt Köln heißt es z.B.:

> „Regionale Interventionskonzepte zur Gesundheitsförderung ('Ergänzende Hilfen') von Kindern in sozial benachteiligten Stadtteilen setzen sich in Anbetracht zunehmender sozialer Ungleichheiten - insbesondere in urbanen Zentren wie z.B. der Großstadt Köln - immer mehr durch“ (Mersmann/ Warrlich 1998, S. 638).

Leider ist darüber m.W. bisher sehr wenig publiziert worden. Es ist daher fast unmöglich, ein genaueres Bild über Ausmaß und Art dieser Aktivitäten zu erhalten. Das, was sich vereinzelt finden läßt, sind fast immer Berichte über kleine und regional begrenzte Projekte. Aus Köln wird z.B. über zwei Projekte in 'sozial benachteiligten' Stadtteilen berichtet, bei denen die sozialpädagogische Förderung im Kindergarten und die Bewegungsförderung in der Grundschule im Vordergrund stehen (ebd.).

Solidarität in der Gesetzlichen Krankenversicherung (GKV)

Ein sehr konkretes Beispiel für die gesundheitspolitische Aufgabenstellung 'Verringerung der gesundheitlichen Ungleichheit' bieten die Reformen der Gesetzlichen Krankenversicherung (GKV). Etwas genauer formuliert geht es dabei um die Frage, wie sich die in den letzten Jahren bereits durchgeführten und

die derzeit diskutierten Maßnahmen auf die gesundheitliche Ungleichheit auswirken bzw. auswirken können. Relevant für die gesundheitliche Ungleichheit sind vor allem die beiden folgenden - und zur Zeit besonders aktuellen - Optionen:
- Kürzung der Leistungen (gesundheitliche Versorgung, Krankengeld etc.)
- Einführung bzw. Erhöhung der Zuzahlungen

Die Notwendigkeit einer GKV-Reform wird zumeist damit begründet, daß die Gesundheitsausgaben 'explodiert' sind, und daß daher die Versicherten stärker an den Gesundheitsausgaben beteiligt werden müssen. Mit anderen Worten: Der Betrag, den die Versicherten zusätzlich zu den Krankenkassenbeiträgen für ihre Gesundheit ausgeben, soll erhöht werden. Diese 'zusätzlichen Ausgaben der privaten Haushalte' (vgl. Kapitel III-2m) setzen sich zusammen aus den direkten Käufen von Gesundheitsgütern (Selbstmedikation etc.) und aus den Zuzahlungen. Die derzeit vorhandenen direkten Käufe und Zuzahlungen basieren auf den folgenden Regelungen:
- Ausschluß von bestimmten Leistungen (z.B. Medikamenten gegen geringfügige Gesundheitsstörungen), Leistungsanbietern (z.B. Naturheilpraktikern) oder Versicherungsfällen (z.B. Erkrankungen im Ausland)
- Mengenbeschränkungen (z.B. Höchstdauer von und Mindestintervalle zwischen Kuren)
- absolute Zuzahlungen (z.B. Rezeptgebühren bei Arzneimitteln)
- prozentuale Zuzahlungen (z.B. bei Heilmitteln)
- Festbeträge (z.B. bei einem Teil der Arzneimittel)

Um eine Erhöhung der 'zusätzlichen Ausgaben der privaten Haushalte' zu erreichen, könnten diese Regelungen im Rahmen einer Reform verschärft werden. In den letzten Jahren ist vor allem an der 'Zuzahlungs-Schraube' gedreht worden. Trotz der Härtefall-Regelungen (vgl. Tab. 121) ist daher schon heute die zusätzliche finanzielle Belastung der GKV-Versicherten relativ hoch (vgl. Kapitel III-2m). Hinzu kamen einige wichtige Einschränkungen des Leistungskataloges. In dem 'Beitragsentlastungs-Gesetz', das am 1.1.1997 in Kraft trat, wurden z.B. die folgenden Kassenleistungen gestrichen: Kassenanteil für Brillenfassungen, Zuschuß zum Zahnersatz für die nach dem 1.1.1979 geborenen Versicherten, implantatgetragener bzw. -gestützter Zahnersatz, Maßnahmen der Gesundheitsförderung (Editorial 1997, S. 10). In dem 'Gesetz zur Stärkung der Solidarität in der gesetzlichen Krankenversicherung' hat die neue Bundesregierung kurz nach der Wahl den Zuschuß zum Zahnersatz für die nach dem 1.1.1979 geborenen Versicherten wieder eingeführt. Auch die Gesundheitsförderung (vgl. SGB V § 20) soll wieder Kassenleistung werden.

Die Befürworter der Kostendämpfung haben häufig übersehen, daß von einer 'Kostenexplosion' keine Rede sein kann. In dem Buch 'Das Märchen von der Kostenexplosion' wird z.B. betont:

> „Bei näherer Betrachtung erweist sich jedoch die Grundlage für die These von der Kostenexplosion als wenig aussagekräftig. Die Metapher legt ständig

steigende Ausgaben nahe. (...) Tatsächlich stieg der jahresdurchschnittliche allgemeine Beitragssatz der gesetzlichen Krankenversicherung (GKV) von 8,2% (1970) über 11,4% (1980) auf 13,41% (1993), ein Niveau, auf dem er auch noch im 1. Halbjahr 1997 (13,42) verweilte. Unbeantwortet bleibt bei einer isolierten Betrachtung der Beitragssätze, ob die Ursache in einem Anstieg der Kosten oder einer Verringerung der Einnahmen zu suchen ist" (Braun et al. 1998, S. 21).

Eine detaillierte Analyse zeigt deutlich, daß die Steigerung der Beitragssätze vor allem auf die Probleme bei den Einnahmen zurückzuführen ist (Mielck/John 1996). Es ist demnach irreführend, von einer 'Kostenexplosion' zu sprechen. Es handelt sich eher um eine 'Einnahmen-Implosion', die z.B. durch die Zunahme der Arbeitslosigkeit verursacht wurde.

Selbstverständlich kann es trotzdem sinnvoll sein, die Ausgaben der GKV zu senken. Dies sollte jedoch nicht zu Lasten der Versicherten und des Solidaritätsprinzips geschehen. Das Solidaritätsprinzip der GKV beinhaltet eine Umverteilung von den Gesunden zu den Kranken, von den Alleinstehenden zu den Familien, und von den höheren zu den niedrigeren Einkommensgruppen. Es soll eine vom Einkommen unabhängige gesundheitliche Versorgung gewährleisten, und wir sind zu Recht stolz auf eine weitgehende Erreichung dieses Ziels (Seehofer 1998). Die Gesundheitsausgaben, die zusätzlich zu den Krankenkassenbeiträgen geleistet werden müssen, schränken das Solidaritätsprinzip jedoch ein. Einige Autoren betonen, daß durch die Reformen der letzten 20 Jahre bereits immer mehr „Stücke aus der solidarischen Gesetzlichen Krankenversicherung herausgebrochen" worden sind (Editorial 1997, S. 6f.). Etwas pointierter formuliert lautet die Frage demnach, ob die bereits heute vorhandenen Einschränkungen des Solidaritätsprinzips eine unzureichende gesundheitliche Versorgung der einkommensschwachen Versicherten mit sich bringen, und ob wir eine weitere Einschränkung des Solidaritätsprinzips akzeptieren können.

Wissenschaftlich untersucht wurde diese Frage m.W. noch nicht. In der Bevölkerung scheinen die Pläne für eine weitere Einschränkung der GKV-Leistungen jedoch nicht sehr populär zu sein. Sehr anschaulich sind die Ergebnisse einer telephonischen Befragung, die 1996 im Auftrag der Deutschen Angestellten Krankenkasse durchgeführt wurde (DAK 1996). Sie verdeutlicht, daß nur 17% der Befragten bereit wären, auf einen Teil der GKV-Leistungen zu verzichten, und daß diese Bereitschaft mit zunehmendem Einkommen erheblich größer wird (vgl. Tabelle 139). In dem Studienbericht sind nur einfache Häufigkeitsauszählungen enthalten, d.h. multivariable Datenauswertungen fehlen. Der Zusammenhang zwischen der Bereitschaft zum Verzicht auf GKV-Leistungen einerseits und dem Einkommen andererseits würde sich jedoch vermutlich auch bei Kontrolle weiterer Variablen wie Alter oder Geschlecht zeigen. Der Zusammenhang läßt sich vor allem dadurch erklären, daß in den oberen Einkommensgruppen die aus der GKV ausgeschlossenen Leistungen bei Bedarf auch aus eigener Tasche bezahlt werden können.

Tabelle 139: Bereitschaft zum Verzicht auf GKV-Leistungen

	Zustimmung zu den Aussagen (Angaben in %) Bereit zum Verzicht auf GKV-Leistungen [a]	Kein Erwerb einer Zusatzversicherung [b]
Insgesamt	17	33
Geschlecht		
Männer	21	30
Frauen	13	36
Alter		
bis 29 Jahre	15	15
30 - 49 Jahre	18	27
50 Jahre und älter	18	50
Haushalts-Nettoeinkommen		
unter 2.500 DM	8	42
2.500 - 3.499 DM	13	33
3.500 - 4.499 DM	16	27
4.500 - 5.499 DM	22	22
5.500 DM und mehr	37	20

a: „Wegen der zu hohen Kosten für den Sozialstaat müssen wir auf einen Teil der jetzigen Krankenkassen-Leistungen verzichten".
b: „Auch wenn künftig einige Leistungen nicht mehr durch die Gesetzliche Krankenvers. abgedeckt werden, käme eine eigene Zusatzversicherung nicht in Frage".
Stichprobe:1.016 Männer und Frauen (ab 14 Jahre, alte und neue Bundesländer)
Datenbasis: Befragung 1996
Quelle: DAK 1996 (plus Originalunterlagen der Studienergebnisse)

Entsprechend ist bei höherem Einkommen auch eine größere Bereitschaft (bzw. finanzielle Möglichkeit) vorhanden, eine Zusatzversicherung zur Abdeckung der aus der GKV ausgeschlossenen Leistungen abzuschließen. Auf Grund der angedeuteten methodischen Schwächen müssen die Studienergebnisse zurückhaltend interpretiert werden. Sie stärken jedoch die Vermutung, daß die Einschränkung des GKV-Leistungskataloges zu einer zusätzlichen Belastung vor allem der unteren Einkommensgruppen führt.

Die Leistungen der GKV beinhalten neben den Leistungen der gesundheitlichen Versorgung auch das Krankengeld, und hier sind ebenfalls Ausgaben-Kürzungen vorgenommen worden. Im Krankheitsfall stehen den abhängig beschäftigten GKV-Versicherten die beiden folgenden 'Lohnersatz-Leistungen' zu: die *Lohnfortzahlung* durch den Arbeitgeber (häufig länger als 6 Wochen) und das *Krankengeld* von der GKV (bis maximal zur 78. Woche einer Erkrankung). In den letzten Jahren sind beide Lohnersatz-Leistungen gekürzt worden. Das 'Gesetz zur Förderung von Wachstum und Beschäftigung', das im Herbst 1996 vom Bundestag verabschiedet wurde, beinhaltet die Bestimmung, daß die Lohnfortzahlung von 100% auf 80% des Brutto-Einkommens reduziert werden kann. Durch das 'Beitragsentlastungs-Gesetz', das am 1.1.1997 in Kraft getreten ist, wurde das Krankengeld von 80% auf 70% des Brutto-Einkommens reduziert.

Beim Krankengeld ist brutto gleich netto, d.h. der Bezug von Krankengeld muß nicht gleichbedeutend sein mit massiven finanziellen Einschränkungen. Aus diesem Grunde wurde das Krankengeld früher auch auf maximal 100% des Netto-Einkommens begrenzt. Seit 1997 darf das Krankengeld jedoch nicht höher sein als 90% des Netto-Einkommens. Vermutlich kommt es gerade in den unteren Einkommensgruppen durch das Krankengeld zu einer spürbaren Kürzung des Netto-Einkommens; genauere Zahlen sind hierzu m.W. leider nicht vorhanden.

Die geplante Absenkung der Lohnfortzahlung rief so massive Proteste der Gewerkschaften hervor, daß diese Bestimmung kaum in die Praxis umgesetzt wurde. Die Absenkung des Krankengeldes wurde in der Bevölkerung jedoch offenbar weitgehend akzeptiert. Bei dieser möglichen - bzw. beim Krankengeld bereits erfolgten - Kürzung der Lohnersatz-Leistungen erhält die alte Aussage 'Krankheit macht arm' wieder eine größere Bedeutung. In einer Ende 1996 bis Anfang 1997 durchgeführten Befragung von Krankengeld-Empfängern wird deutlich, daß die Versicherten bereits vor Inkrafttreten des Beitragsentlastungs-Gesetzes im Krankheitsfall mit erheblichen finanziellen Belastungen konfrontiert waren (mögliche Reduzierung des Netto-Einkommens, direkte Ausgaben für die gesundheitliche Versorgung). Mit der Kürzung des Krankengeldes auf 70% des Brutto-Einkommens sahen viele der Befragten eine außerordentlich schwierige finanzielle Lage auf sich zukommen (Müller et al. 1997). Die Reaktion auf die Kürzungen des Krankengeldes wird z.B. in den beiden folgenden Zitaten deutlich: „Es ist für einen kranken Menschen nicht zumutbar, das Krankengeld zu kürzen und gleichzeitig Arzneimittelkosten usw. zu erhöhen". „Mein Mann war zuvor selten krank. Dieser Einschnitt seiner Krankheit traf uns in jeder Hinsicht sehr. Aber daß man noch zu allem dazu finanzielle Schwierigkeiten bekommt, nur weil man meint, an Kranken sparen zu müssen, ist unverschämt. Es sind wesentlich höhere Ausgaben auf uns zugekommen, als wenn er arbeiten würde" (Müller et al. 1997, S. 99, 101).

Die Reformdiskussion wird in den nächsten Jahren vermutlich von dem Ziel geprägt sein, den GKV-Beitragssatz zu senken oder zumindest stabil zu halten. Die SPD, Bündnis90/Die Grünen und die PDS haben wiederholt zu erkennen gegeben, daß eine Reform der GKV nicht zu höheren finanziellen Belastungen der Versicherten führen sollte; von der CDU, der CSU und der FDP sind m.W. keine vergleichbaren Aussagen vorhanden (Antwort der Bundesregierung 1994, Knoche 1998, Mielck et al. 1995a/1998a, Pfaff 1998, Stellungnahmen 1998; vgl. auch Kapitel IV-3b). Noch ist völlig unklar, ob und wie das Ziel 'Absenkung des GKV-Beitragssatzes bei Erhaltung des Solidaritätsprinzips' erreicht werden kann. Die Zielsetzung selbst stößt offenbar auf breite Akzeptanz. Auch die Ärzteschaft ist um eine Reform bemüht, bei der das Solidaritätsprinzip nicht gefährdet wird. Auf dem letzten Deutschen Ärztetag wurde u.a. die folgende Entschließung verabschiedet (Deutscher Ärztetag 1998):

- „Sozialpolitik am Scheideweg - Gesundheitswesen medizinisch orientieren: (...) Die Finanzkrise im Gesundheitswesen erfordert ferner eine Überprüfung der solidarisch finanzierten Leistungen in der GKV. So gibt es für viele Leistungen des Gesundheitswesens zwar ein - oft nachvollziehbares - Bedürfnis der Patienten, dennoch gehören diese Leistungen nicht in eine solidarisch finanzierte Krankenversicherung. Sie sind entweder nicht wissenschaftlich fundiert, dienen mehr dem Wohlbefinden oder der individuellen Lebensführung als der Gesundheit. Diese Leistungen gehören deshalb in den Bereich der Eigenverantwortung und müssen privat bezahlt werden. Jedem Patienten / jeder Patientin steht unabhängig vom Zahlungsvermögen und von der Krankenversicherungsform die medizinische Versorgung zu, die medizinisch notwendig ist."

- „Gesundheit, Krankheit und Armut: In der Sorge, daß durch die Zunahme einer in den letzten Jahren neu entstandenen Armut Krankheitsverteilung und Krankheitsspektrum in ungünstigerem Sinne beeinflußt werden könnten, rufen wir als Ärztinnen und Ärzte alle Verantwortlichen für politische Entscheidungen dazu auf, dazu beizutragen, daß die Kluft zwischen Arm und Reich nicht noch größer wird, vielmehr verringert wird. Sozial Schwache, Kranke und Behinderte brauchen den besonderen Schutz der Gesellschaft. Die Solidargemeinschaft muß gewährleisten, daß die ärztliche Versorgung der sozial Benachteiligten auch unter sozialen Krisenerscheinungen erhalten bleibt."

Die Entschließung wird hier aus mehreren Gründen relativ ausführlich zitiert. Zum einen handelt es sich um eine aktuelle gesundheitspolitische Stellungnahme der Deutschen Ärzteschaft zur gesundheitlichen Ungleichheit; vergleichbare Stellungnahmen sind kaum zu finden. Zum anderen verdeutlicht die Stellungnahme auch, wie schwierig die Grenzziehung zwischen Solidarität und Eigenverantwortung ist. Welche Leistungen sollen solidarisch finanziert werden und welche nicht; und wer sollte welchen Beitrag zur Finanzierung der Gesundheitsausgaben leisten? Diese Fragen lassen sich wie folgt spezifizieren:

- Soll gesundheitsgefährdendes Verhalten durch höhere Krankenkassenbeiträge 'bestraft' werden? (z.B.: Sollen Raucher höhere Beiträge zahlen als Nicht-Raucher?)
- Sollen die Steuern auf gesundheitsgefährdende Konsumgüter gezielt für die gesundheitliche Versorgung verwendet werden? (z.B.: Sollen die Einnahmen aus der Tabaksteuer - dies sind pro Jahr immerhin ca. 19 Mrd. DM [Sachverständigenrat 1994, S. 225] - den Krankenkassen zufließen?)
- Soll die Versorgung auch dann durch die Gemeinschaft der Versicherten solidarisch finanziert werden, wenn es sich um Gesundheitsstörungen handelt, die keine große Beeinträchtigung mit sich bringen, und die mit geringem Aufwand und preisgünstig selbst behandelt werden können? (z.B.: Soll jede Kopfschmerztablette durch die GKV bezahlt werden?)
- Soll die Versorgung auch dann solidarisch finanziert werden, wenn es sich um selbstverschuldete Gesundheitsstörungen handelt (z.B.: Soll die Versorgung von Sportverletzungen aus dem Leistungskatalog der GKV herausgenommen werden?)

Die derzeitige Ausformung des Solidaritätsprinzips beinhaltet eine bestimmte Grenzziehung zwischen Solidarität und Eigenverantwortung, und die Grenze wird in den nächsten Jahren vermutlich zur Diskussion gestellt werden. Jede Änderung der Grenzziehung kann Auswirkungen auf die gesundheitliche Ungleichheit haben. Wenn z.B. genau das gesundheitsgefährdende Verhalten der Eigenverantwortung überlassen bleibt, was in der unteren sozialen Schicht besonders häufig ist, dann ist mit einer Vergrößerung der gesundheitlichen Ungleichheit zu rechnen. Es sollte daher immer wieder darauf hingewiesen werden, daß das Ziel 'Verringerung der gesundheitlichen Ungleichheit' das zentrale Element des Solidaritätsprinzips bildet und nicht gefährdet werden darf.

Ein weiteres zentrales Element der Gesundheitsreform ist der Wettbewerb zwischen den Gesetzlichen Krankenkassen. Hier sind vor allem drei Stichworte von Bedeutung:
- Kassenwahlfreiheit (d.h. innerhalb der GKV können die Versicherten die Krankenkasse frei wählen)
- Kontrahierungszwang (d.h. eine Krankenkasse darf die Mitgliedschaft einer versicherungspflichtigen oder -berechtigten Person dann nicht ablehnen, wenn die Wahlentscheidung dieser Person den Bestimmungen des Kassenwahlrechts entspricht.)
- Risikostrukturausgleich (d.h. die Kassen werden finanziell so gestellt, als „hätten sie die gleichen Altersstrukturen, den gleichen Anteil von mitversicherten Familienangehörigen, die gleichen Grundlohnstrukturen, die gleiche Anzahl der Erwerbs- und Berufsunfähigkeitsrentner (...) und die gleiche Zusammensetzung der Geschlechter“ (Braun et al. 1998, S. 14).

In den letzten Jahren ist der Wettbewerb innerhalb der GKV durch die weitgehende Einführung der Kassenwahlfreiheit etabliert worden. In einer kritischen Stellungnahme zu dieser Entwicklung betont H. Kühn (1998b, S. 133):

> „Durch die Einführung der (fast) vollen Kassenwahlfreiheit sehen sich die gesetzlichen Krankenversicherungen (vor allem die Ersatz- und Ortskrankenkassen) einem Wettbewerb um Versicherte ausgesetzt. Sie sollen auf diese Weise unter den Zwang gestellt werden, die Beitragssätze möglichst niedrig und die eigene Servicequalität sowie die Leistungsqualität der Vertragspartner möglichst gut zu gestalten. Die absehbaren Wirkungen sind ambivalent und keineswegs durchgehend negativ, ohne Zweifel wurden die Innovationsfähigkeit und Servicequalität der Kassen sichtbar gesteigert. Trotz Kontrahierungszwang und Risikostrukturausgleich (RSA) zeichnen sich aber bereits Entsolidarisierungstendenzen ab. Die Kassen verwandeln sich in Unternehmen mit den ökonomisch definierten Zielen: (relativ) niedriger Beitragssatz, finanzieller Spielraum für die Gewährung freiwilliger Leistungen, möglichst große Mitgliedschaft bei möglichst guter Risikostruktur. Eine wettbewerbsbedingte Entsolidarisierung findet in subtiler Form statt.“

Es besteht also die Gefahr, daß die Gesetzlichen Krankenkassen die 'schlechten Risiken' abwehren bzw. abstoßen und die 'guten Risiken' gewinnen bzw. behalten wollen. Die Angehörigen der unteren sozialen Schicht gehören zumeist zu den 'schlechten Risiken', weil ihr Einkommen (und damit auch ihr Krankenkassenbeitrag) relativ niedrig ist, und vor allem, weil sie eine relativ hohe Morbidität aufweisen und damit 'teuer' sind. Die Krankenkassen werden daher darum bemüht sein, möglichst wenige Angehörige der unteren sozialen Schicht und möglichst viele Angehörige der oberen sozialen Schicht zu versichern. Der Risikostrukturausgleich (RSA) gewährleistet, daß durch einen hohen Anteil von Versicherten mit niedrigen Bruttolöhnen kein Wettbewerbsnachteil entsteht. Von den Einnahmen her betrachtet besteht also kein Grund zur Abwehr von Versicherten mit niedrigem Einkommen. Die mit einer erhöhten Morbidität verbundenen höheren Ausgaben werden im RSA jedoch nicht berücksichtigt. Etwas präziser formuliert zwingt der derzeitige Wettbewerb die Krankenkassen also dazu, möglichst viele gesunde Personen zu versichern; und dies kann auch dazu führen, daß die Angehörigen der unteren sozialen Schicht zu den 'unerwünschten Risiken' zählen. Dieser ökonomische Druck muß zu keinen praktischen Konsequenzen führen, und durch Kassenwahlfreiheit und Kontrahierungszwang sind den Handlungsmöglichkeiten der Kassen enge Grenzen gesetzt, aber der ökonomische Druck ist nicht zu leugnen.

Hier geht es nicht um eine allgemeine Kritik an den oben genannten Möglichkeiten einer Gesundheitsreform, sondern darum, auf mögliche Folgen für die gesundheitliche Ungleichheit hinzuweisen. Es ist m.E. eine der wichtigsten gesundheitspolitischen Aufgaben, vor Inkrafttreten einer Reform die möglichen Auswirkungen auf die gesundheitliche Ungleichheit ausführlich zu diskutieren, und sie nach Inkrafttreten einer Reform kontinuierlich zu untersuchen. Diese Aufgabe ist bisher jedoch kaum erfüllt worden. Wenn z.B. eine Kürzung des Leistungskataloges angestrebt wird, dann muß darüber diskutiert werden, welche Folgen sich daraus für die einkommensschwachen Versicherten ergeben können. Die Kürzung würde vermutlich zu einer Vergrößerung der gesundheitlichen Ungleichheit führen. Wenn Leistungen der gesundheitlichen Versorgung nicht mehr von der Krankenkasse übernommen werden, bleibt nur die Wahl zwischen dem Bezahlen aus der eigenen Tasche oder dem Verzicht auf die Leistung; und das Bezahlen aus der eigenen Tasche fällt den einkommensschwachen Versicherten naturgemäß schwerer als den einkommensstarken. Leistungs-Kürzungen können trotzdem notwendig und sinnvoll sein. Bevor ein solcher Schritt ins Auge gefaßt wird, sollte jedoch genau analysiert werden, ob der potentielle Nutzen (Senkung des Beitragssatzes etc.) größer ist als der potentielle Schaden (Vergrößerung der gesundheitlichen Ungleichheit etc.). Von einer derart differenzierten Diskussion ist bei uns jedoch wenig zu spüren.

Es ist besonders bemerkenswert, daß die Gesundheitsreformen der letzten Jahre nur von dem einen Ziel beherrscht wurden, den Beitragssatz zu senken. Andere mögliche Ziele - wie z.B. die Verringerung der gesundheitlichen Ungleichheit -

scheinen keine Rolle mehr zu spielen. In den nächsten Jahren wird es vermutlich keine Reform geben, die den Titel 'Verringerung der gesundheitlichen Ungleichheit' trägt, aber dieses Ziel sollte zumindest stärker beachtet werden als bisher.

Verzeichnis der empirischen Arbeiten

Empirische Studien aus den alten und neuen Bundesländern
(publiziert zwischen 1953 und Mitte 1999)

	Gesundheitsbezogene Angaben			
	Mortalität	Morbidität	Gesundh.-versorg.[1]	Risikofaktoren [2]
Abel/Kohlmann 1989				A S
Abel/Wysong 1991		E		
Abel et al. 1992				A E
Abel et al. 1993a*	A			
Abholz 1973		B		
Abholz 1974	B	B		
Abholz 1976b	B	B		
Ahrens 1981			A E	
Adolf 1995				E
Adolf et al. 1995				A E
Albrecht-Richter/Thiele 1984			A B	
Albrecht-Richter/Thiele 1985			B	
Andersen et al. 1997*		A	A	
Andreß et al. 1995				E
Arab et al. 1981				B
Asam/Henke 1982			B E	
Assaf et al. 1995				S
Babitsch 1998a		S		
Bammann et al. 1999*		A E		
Bautz/Tröster 1983			A	
Baumert/Hoppe 1958			E	
Babisch et al. 1992		A B		A B
Beckenkamp 1966		B	B	
Becker/Linke 1987	B			
Becker/Lauterbach 1997*	A			
Becker et al. 1997*				A E
Becker 1998*	A			
Beckmann et al. 1977		A		
Bellach et al. 1996*				S
Bergmann et al. 1993		A		
Bericht 1973			B	
Berndt 1967*		A B E		
Blohmke 1970		B		
Blohmke et al. 1975a		B		
Blohmke/Jost 1976		B	B	
Bloomfield/Mansmann 1997				A B E
Blum 1994	S		S	

	Mortalität	Morbidität	Gesundh.-versorg.[1]	Risiko-faktoren [2]
Bochow 1994*		S		
Bochow 1997a*		S	S	S
Bochow 1997b*		S		S
Bock et al. 1990*				A
Bolm-Audorff / Siegrist 1983		B		
Boor/Künzler 1963			A B	
Borgers 1980	B			
Borgers/Menzel 1984				B
Borgers 1988				B
Borgetto/Gerhardt 1993			B	
Bormann et al. 1991*				A B
Bormann 1993			A B	
Bormann/Schroeder 1994a		A B E		
Bormann/Schroeder 1994b		A B	A B	
Borowski/Preiser 1990			B	
Borutta 1998		S		
Brähler et al. 1977			B	
Breckenkamp et al. 1995				S
Breckenkamp/Laaser 1996				S
Brennecke 1981		E	E	
Brennecke 1985		B	B	
Brennecke 1998		A E	A E	
Brenner et al. 1991	S			
Brenner/Mielck 1993a				A
Brenner/Mielck 1993b				A
Brenner/Kerek-Bodden 1994			A B E	A B E
Breuer/Klaes 1987		S		
Brinkhoff/Mansel 1998				A
Bronder et al. 1999		S		
Brückner 1991				A B E
Brüse 1983				A B
Bundesministerium 1971b		B		
Bundesministerium 1991				B
Bundesministerium 1993*		S	S	A
Bundesministerium 1995*		S	S	
Bundesministerium 1997*		S	S	
Bundesverband 1995*			A	
Burmeister et al. 1984	B			
Burow 1999			A B E	
Buser et al. 1998		B		
Cavelaars et al. 1997				A
Cavelaars et al. 1998a		B		
Cavelaars et al. 1998b		A		

	Mortalität	Morbidität	Gesundh.-versorg.[1]	Risiko-faktoren[2]
Claßen 1994 *				A B
Cockerham et al. 1988				A B E
Collatz et al. 1979			A S	
Collatz 1981	A		A S	
Collatz et al. 1983	A B		B	
Cooper 1986		B		
Cooper/Sosna 1983		B		
Cooper/Bickel 1987			B	
Cube 1983			A	
Diewald 1986				A B E S
Diewald 1991				A S
Dietz et al. 1979		A E		
Dilling/Weyerer 1978			B	
Dilling et al. 1984		B		
Dilling/Weyerer 1987		B	B	
Döring et al. 1980		B		
Donner-Banzhoff et al. 1998			A	A
Doorslaer al. 1997		E		
Elkeles et al. 1994	S			
Elkeles et al. 1998		E		
Ellsäßer 1998*		B	B	B
Enke/Werner 1967*	B			
Enquete-Kommission 1988		S		S
Enquete-Kommission 1990		B		
Ewers 1983		B		
Ewers et al. 1986				A
Fichter et al. 1987		A S		
Fichter et al. 1989			S	
Flegel/Schütt 1967			B	
Foerster et al. 1976		S	S	S
Frühbuß 1995		S		
Fuchs 1995		E	E	
Funke 1983				E
Garbe 1990		B	B	
Garrett-Bleek et al. 1976		B		
Gatzweiler/Stiens 1982	B E			
Geling et al. 1996*			A E	
Gerhardt 1991			B	
Geyer/Peter 1998		B		
Geyer 1999		A		A
Geyer/Peter 1999	B			
Glaser-Möller et al. 1992	E	A	A	A
Gleiß 1960	A B E			

	Mortalität	Morbidität	Gesundh.-versorg.[1]	Risiko-faktoren [2]
Gohlke et al. 1987				A
Gohlke al. 1989				A
Glös et al. 1987*				A
Greiser et al. 1989				A
Greiser et al. 1992				A
Groher et al. 1974		A		
Grünauer et al. 1979			B	
Grumpelt 1988*		B		
Gülzow et al. 1980		S		
Gülzow et al. 1985		B		
Gülzow et al. 1987		B		
Haecker et al. 1990		E		
Häfner et al. 1969		S		
Häfner/Reimann 1970			S	
Härtel 1985			A B	
Härtel/Keil 1986				A
Härtel 1987			A B	
Härtel et al. 1988				A
Härtel 1988c			A B	
Härtel/Chambless 1989				B
Härtel et al. 1992				B
Härtel et al. 1993a				A
Härtel et al. 1993b				A B
Hanesch et al. 1994		E		
Harnack 1953		B		
Harnack 1958		B		
Harreis et al. 1982				A
Hauser/Hübinger 1993		E		
Hauß et al. 1981b		B		
Heilemann/Borutta 1995*		S		
Hein 1996		B		A B
Heindorf/Schönrok 1967*		B		
Heinemann et al. 1996*				A
Heinrich et al. 1995a*		A		A
Heinrich et al. 1995b*		A		A
Heinrich et al. 1998b*		A	A	A
Helmert et al. 1987				S
Helmert/Greiser 1988				S
Helmert et al. 1989				S
Helmert et al. 1990				A B E S
Helmert et al. 1992*				A B S
Helmert 1993				S
Helmert et al. 1993a		S		S

	Mortalität	Morbidität	Gesundh.-versorg.[1]	Risiko-faktoren[2]
Helmert et al. 1993b				S
Helmert 1994		S		S
Helmert/Shea 1994		S		S
Helmert et al. 1994a		S		S
Helmert et al. 1994b				S
Helmert et al. 1995				S
Helmert 1996		B		B
Helmert/Lang 1997				S
Helmert et al. 1997a		B S		B
Helmert et al. 1997b*		E		E
Helmert et al. 1997c		E		E
Helmert/Maschewsky-S. 1998*				E
Helmert et al. 1998				S
Helmert/Borgers 1998*				A B
Helmert 1999a*				E
Helmert 1999c				S
Hendel-Kramer et al. 1992		A		
Henke 1981			B	
Henkel/Roer 1976		B		
Hermann-Kunz 1995*				E S
Herwig 1995				A B E
Heseker et al. 1992				A E
Heseker et al. 1994				A E
Heuchert et al. 1990*		B		B
Hieke 1969*		B		
Höhn et al. 1992*	B			
Hoeltz et al. 1990		A B	A B	A B
Hönmann et al. 1983		S		
Hoffmeister 1981			E	A
Hoffmeister et al. 1992		A B E S		A B E S
Hoffmeister/Bellach 1995*		A		
Hoffmeister/Hüttner 1995		S	S	S
Hort/Setter 1996				A
Hoting 1996*				A
Hüttner 1977*	B	A B E		A B E
Hüttner 1996*		S		S
Hüttner et al. 1996a*		S		
Hüttner et al. 1996b*				A
Hupkens et al. 1997				A
Infratest 1983				S
Jacobsen et al. 1987				A
Jahn 1981		B		
Jarre 1975				B

	Mortalität	Morbidität	Gesundh.- versorg.[1]	Risiko- faktoren [2]
John et al. 1998*			E	
Kaak et al. 1996	S			
Kamensky et al. 1997		E		E
Karg/Gedrich 1995				E
Karg et al. 1997				A B E
Kaser 1966		B		B
Kaufhold 1987				B
Kavungu et al. 1983*			A B E	
Keil et al. 1974	A			
Keil/Backsmann 1975	A			
Keil/Backsmann 1976	A			
Keil et al. 1997				A
Kern 1989		B		
Kirschner 1981a		A B E S	S	
Kirschner 1981b			A B E	
Kirschner 1985			A B E	
Kirschner/Meinlschmidt 1994*		A	A	A
Kiss 1997a*				A
Kiss 1997b*		A	A	A
Klaes 1985			A	
Klein 1993a	B			
Klein 1993b	B			
Klein 1993c	B			
Klein 1993d	B			
Klein 1995	A			
Klein 1996	A			
Klein/Unger 1999	A E			
Klocke 1995				S
Klocke 1997a				S
Klocke 1997b		S		
Klocke/Hurrelmann 1995a		S		S
Klocke/Hurrelmann 1995b		S		S
Klosterhuis/Müller-F. 1994	E			
Klusmann/Angermeyer 1987			B E	
Knopf/Melchert 1996			S	
Köhler 1991				A B E
Kohlmeier et al. 1993a				A E
Kohlmeier et al. 1995				A E
Korczak 1994		B		B
Korte 1994		B	B	B
Krämer et al. 1997*		A		A
Kramer/Siegrist 1973			S	
Krampitz et al. 1986				B

	Mortalität	Morbidität	Gesundh.-versorg.[1]	Risiko-faktoren [2]
Krause et al. 1991				B
Krause et al. 1996*				A
Krause et al. 1997*				A
Krüger et al. 1978		S		
Kübler et al. 1997				A E
Künsebeck et al. 1984a		B		
Künsebeck et al. 1984b			A B	
Kunst et al. 1995		A		
Kunst et al. 1996*		A B E		A B E
Kußmaul/Döring 1994				A
Kußmaul et al. 1995				A
Landesgesundheitsamt 1996		S		S
Lauterbach 1995	B			
Lehr et al. 1987	A B			
Lemke et al. 1987			A B	
Lemke-Goliasch et al. 1992				B
Lieberz 1982			A B E	
Linden et al. 1996			A B E S	
Linke 1984	B			
Linke 1990	B			
Lippert et al. 1980				A
Lohmeyer et al. 1972		B		
Lüschen et al. 1997a*		A B E S	A B E S	
Lüschen et al. 1997b*		A E		
Luttmann et al. 1994		A		
Maahs/Magdowski 1985*				B
Mackenbach et al. 1997		A		
Markuzzi et al. 1997			E	
Maschewsky-S./Klesse 1993				A B S
Maschewsky-Schneider 1996				S
Maschewsky-Schneider 1997	S	S	S	A B S
Mayer/Wagner 1996		A B E	B	
Meinlschmidt 1996	S			
Meinlschmidt/Hermann 1996	S			
Melchert/Knopf 1996*			S	
Meireis 1991			S	
Meireis/Albota 1991			S	
Mersmann 1998		E	E	E
Mersmann/Warrlich 1998		E	E	E
Meyer et al. 1995	A B			
Meyer et al. 1998*				S
Meyer-Probst/Teichmann 1984*		A B E		
Meyer-Probst/Teichmann 1986*		B		

	Mortalität	Morbidität	Gesundh.-versorg.[1]	Risikofaktoren[2]
Micheelis/Bauch 1991		S	S	S
Micheelis/Bauch 1993*		S	S	
Micheelis/Reich 1999*		A B E	A	
Mielck 1985		B		B
Mielck 1987		B		
Mielck/Brenner 1991			A	
Mielck 1992a	A B	A		
Mielck 1992b			A	
Mielck/Apelt 1993*		A	A	
Mielck et al. 1993*			A	
Mielck/Apelt 1994*		A	A	A
Mielck/Brenner 1994			A	
Mielck et al. 1995b	B			
Mielck 1996				S
Mielck et al. 1996		A		
Mielck/Helmert 1998a				S
Mielck et al. 1998b*	E	E	E	E
Ministerium 1990		A		A
Ministerium 1997a*		S	S	S
Ministerium 1997b*		S		S
Mißlitz 1983*	B	B		B
Möhlmann/Zollmann 1988		B	B	
Müller 1980				B
Mutius et al. 1992		A		
Neubauer 1985	A E			
Neubauer/Frommholz 1986	A B E			
Neubauer 1988	A B E			
Neubauer 1989	A B E			
Neumann/Liedermann 1981	B			
Nikolitsch 1978		A B		
Noll/Habich 1990		B	B	B
Obladen 1985	E			
Oeter/Wilken 1981			A B E S	
Pauli/Frick 1969			S	
Pauli et al. 1974		A B E		
Pauli 1978		S	A S	
Peter/Geyer 1999		A B		
Petri 1976		B		
Petri/Thieme 1978			B	
Petri 1979		B		
Pfaff/Pfaff 1981		B		
Pfaff et al. 1990		A B E	A B E	
Pflanz 1974				A B S

	Mortalität	Morbidität	Gesundh.-versorg.[1]	Risiko-faktoren [2]
Piorkowski et al. 1982*				B
Pötschke-Langer 1998		A		A
Projektträgerschaft 1991				A B
Pudel/Richter 1980				A
Rachstein 1993			B	
Radoschewski et al. 1997		A B		A B
Rehfeld/Scheitl 1991	B E			
Reichel/Ulmer 1970		E		E
Reime et al. 1998				A B
Reinert 1980				A
Reißig 1977*				A B
Reißig 1989*				A B
Ritz 1992	B			
Robotham 1980			A	
Rohwer/Voges 1996	A			
Rudolf 1973		S	S	
Rüther 1973			A B E S	
Rütten 1989				A B E
Santen et al. 1995		S		
Schäfer 1995		A B E S		
Schafstedde 1989				B E
Schardt 1986			B	
Schepank/Tress 1987		B		
Schepers/Wagner 1989	A B			
Schiffner/Gülzow 1988		S		
Schlange et al. 1975		B		
Schlehofer et al. 1995		A		
Schneider 1992				A E
Schneider et al. 1992				A B E
Schneider 1993				A E
Schneitler et al. 1997	E	A	S	
Scholz/Kaltenbach 1995				A
Scholz/Thoelke 1997*	S			
Schott 1985*		A B		
Schott 1987		B		
Schroeder/Mucha 1991		E	E	
Schubert 1996			B	
Schüler et al. 1989*		B		
Schüssler et al. 1982			B	
Schwalb et al. 1978				B
Schwartz o.J.		A	A	A
Schwarz 1966	B			
Selbmann et al. 1980	B		B	

	Mortalität	Morbidität	Gesundh.-versorg.[1]	Risiko-faktoren [2]
Semmer et al. 1991				A
Setter al. 1998*				A
Siegrist/Bertram 1970			S	
Siegrist/Bertram 1971			S	
Siegrist 1974			S	
Spatz 1987	B	B		
Spiegelhalter/Schnabel 1962		B		
Stach 1982*		B		
Statist. Bundesamt 1963	B			
Statist. Bundesamt 1986	B			
Statist. Bundesamt 1989		B E		
Statist. Bundesamt 1992*		B E		
Statist. Bundesamt 1998*	A	A E S		A
Steuber 1973		B		
Stevens et al. 1995				A
Stock 1993			A B	
Stolpe et al. 1995	S			
Stolpe 1997	S			
Tempel/Witzko 1994	B			
Thalmann 1971		B S		
Thefeld al. 1996a*		S	S	S
Thefeld al. 1996b*				S
Thiede/Straub 1997		E		
Thiel/Minh Thai 1995*				A B E
Thiele 1981			A B E	
Thiele/Burkhardt 1991	S			
Tietze 1982			A	
Tomaszewski et al. 1997*				A
Trotnow/Pauli 1976		S		
Uber/v. d. Schulenburg 1995			A E	
Ulbricht et al. 1995*				E
Veelken/Müller-Wickop 1983	A E			
Verres 1977			A B	
Voges 1996	E			
Voges/Schmidt 1996	E			
Volkholz/Schwarz 1984	B	B		
Waller 1972			A B	
Waller 1975			B	
Wanek et al. 1998		B	B	
Weiger/Wirsching 1977			A B	
Wendt 1985a			B	
Wendt 1985b			B	
Wetterer/ v. Troschke 1986				A B E

	Mortalität	Morbidität	Gesundh.-versorg.[1]	Risiko-faktoren [2]
Wetzel et al. 1994				A B E
Weyerer/Dilling 1980			B	
Weyerer et al. 1982		B	B	
Weyerer 1983		B		
Weyerer/Dilling 1984		B	B	
Weyerer/Dilling 1987		B	B	B
Weyerer/Dilling 1991			B	
Wichmann et al. 1990		A		A
Wichmann et al. 1991		A		A
Wiesner et al. 1998*		S		
Wilde et al. 1996*		A		
Wilken 1973		B		
Winkelhake et al. 1997		E	E	
Winneke et al. 1994*				A
Wirsching/Petermann 1982		A		
Wolf 1998*				A B E S
Wolf-Ostermann et al. 1995				A
Wolk/Fritsche 1985*	B			
Wright 1997*				S
Zimmermann 1976		B		
Zintl-Wiegand et al. 1980			A B	

*: Publikation mit empirischen Ergebnisse aus der DDR bzw. aus den neuen Bundesländern
1: Angebot und/oder Inanspruchnahme von Leistungen der gesundheitlichen Versorgung
2: Risikofaktoren (Rauchen, Bluthochdruck etc.)
und protektive Faktoren (soziale Unterstützung etc.)
A: Bildung (schulische Bildung und/oder berufliche Ausbildung)
B: Beruflicher Status; E: Einkommen
S: Soziale Schicht
(Zusammenfassung von Bildung, beruflichem Status und/oder Einkommen)

Verzeichnis der Tabellen

Verzeichnis der Abbildungen

Literaturverzeichnis

Im obigen Text werden bei zwei Autoren beide Autoren genannt; bei mehr als zwei Autoren wird mit 'et al.' abgekürzt (z.B. Blohmke/Ferber et al. 1976). Im Literaturverzeichnis wird bei mehr als sechs Autoren die Abkürzung 'et al.' verwendet. Bei mehreren Beiträgen pro Erst-Autor sind im Literaturverzeichnis die Beiträge unabhängig von der Anzahl der Ko-Autoren nach dem Erscheinungsjahr sortiert.

Abel Th, Kohlmann T [1989]: Health lifestyles: A conceptual approach to the culture of health concept. In: Lüschen et al. (eds.) 1989, a.a.O., 71-82.

Abel Th [1991]: Measuring health life-styles in a comparative analysis: theoretical issues and empirical findings. Soc. Sci. Med. 32: 899-908.

Abel Th, Wysong J [1991]: Sozialer Status, gesundheitliches Risiko und Krankenversicherung: Eine vergleichende Analyse der BRD und den USA. Soz.-Präventivmed. 36:166-175.

Abel Th, Broer M, Siegrist J [1992]: Gesundheitsverhalten bei jungen Erwachsenen: Empirische Analysen komplexer Verhaltensmuster und ihrer Determinanten. Soz.-Präventivmed. 37: 293-300.

Abel Th, Geyer S, Siegrist J [1993a]: Bildungsstand und Elternsterblichkeit im Ost-West-Vergleich. Ein Diskussionsbeitrag. Bundesgesundheitsblatt; 6-11.

Abel Th, Geyer S, Gerhardt U, Siegrist J, van d. Heuvel W (eds.) [1993b]: Medical Sociology: Research on chronic illness. Informationszentrum Sozialwissenschaften, Bonn/Berlin.

Abel Th, Rütten A [1994]: Struktur und Dynamik moderner Lebensstile: Grundlagen für ein neues empirisches Konzept. In: Dangschat/Blasius (Hrsg.) 1994, a.a.O., 216-234.

Abel-Smith B [1990]: Soziale Ungleichheit und Gesundheit: Die britische Diskussion. Zeitschrift für Sozialreform 36: 169-178.

Abholz HH [1973]: Einige Daten zur Beziehung von Tuberkulosehäufigkeit und sozialer Lage - Am Beispiel Westberlin. Das Argument 78:52-55.

Abholz HH [1974]: Gesundheitsstand und soziale Lage. Daten aus Westberlin. Argument Sonderband AS4:206-230.

Abholz HH (Hrsg.) [1976a]: Krankheit und soziale Lage - Befunde der Sozialepidemiologie. Campus Verlag, Frankfurt/Main.

Abholz HH [1976b]: Sozialepidemiologische Befunde anhand der Westberliner Statistik. In: Abholz (Hrsg.) 1976a, a.a.O., 171-186.

Abholz HH [1981]: Soziale Unterschiede im Zugang zu Institutionen gesundheitlicher Versorgung - Ein Literaturüberblick unter besonderer Berücksichtigung der Literatur aus Großbritannien und den USA. In: Hauß et al. (Hrsg.) 1981, a.a.O., 64-93.

Acheson Report [1998]: Independent Inquiry into Inequalities in Health (Chairman: Sir Donald Acheson). The Stationery Office, London.

Acsadi GY, Nemeskeri J [1970]: History of human life span and mortality. Adademiai Kiado, Budapest.

Adolf T [1995]: Lebensmittelaufnahme und Vitaminversorgung Erwachsener in Abhängigkeit vom Einkommen. In: Barlösius et al. (Hrsg.) 1995, a.a.O., 89-105.

Adolf T, Schneider R, Eberhardt W, Hartmann S, Herwig A, Heseker H [1995]: Ergebnisse der Nationalen Verzehrsstudie (1985-1988) über die Lebensmittel- und Nährstoffaufnahme in der Bundesrepublik Deutschland. In: Kübler W, Anders HJ, Heeschen W (Hrsg.): VERA-Schriftenreihe, Band XI. Wissenschaftlicher Fachverlag, Niederkleen.

Ahrens S [1981]: Empirische Untersuchung zum Krankheitskonzept neurotischer, psychosomatischer und somatisch kranker Patienten. Medizinische Psychologie 7: 175-190.

Ahrens W, Bellach BM, Jöckel KH (Hrsg.) [1998]: Messung soziodemographischer Merkmale in der Epidemiologie. Robert Koch-Institut, RKI Schriften 1/98, Berlin.

Albrecht-Richter J, Thiele W [1984]: Prävention bei Schwangeren und Säuglingen - Analyse des Zusammenhangs von Inanspruchnahme und sozialer Lage mit GKV-Daten. Schriftenreihe Strukturforschung im Gesundheitswesen Bd. 12, hrsg. von der Berliner Arbeitsgruppe Strukturforschung im Gesundheitswesen (BASiG),TU Berlin.

Albrecht-Richter J, Thiele W [1985]: Wer nutzt das Früherkennungsprogramm für Kinder - Wer nicht? Sozialpädiatrie 7: 205-209.

Altenhofen L, Weber I [1993]: Mortalität der ausländischen und der einheimischen Bevölkerung in der Bundesrepublik Deutschland. Soz.-Präventivmed. 38:222-230.

Altenhofen L [1998]: Das Programm zur Krankheits-Früherkennung bei Kindern: Inanspruchnahme und Datenlage. In: BZgA (Hrsg.) 1998a, a.a.O., 25-33.

Andersen H, Grabka M, Schwarze J [1997]: Gesundheit. In: Habich/Noll (Hrsg.) 1997, a.a.O., 538-548.

Anderson NB, Armstead CA [1995]: Toward understanding the association of socioeconomic status and health. A new challenge for the biopsychosocial approach. Psychosomatic Medicine 57: 213-225.

Andreß HJ, Lipsmeier G, Salentin K [1995]: Soziale Isolation und mangelnde soziale Unterstützung im unteren Einkommensbereich? Z. für Soziol. 24: 300-315.

Andreß HJ, Lipsmeier G [1999]: Lebensstandard nicht allein vom Einkommen abhängig. Informationsdienst Soziale Indikatoren (ISI) 21: 5-9.

Angermeyer MC (ed.) [1987]: From Social Class to Social Stress. New Developments in Psychiatric Epidemiology. Springer Verlag, Berlin 1987.

Angermeyer MC, Klusmann D [1987]: From Social Class to Social Stress. New Developments in Psychiatric Epidemiology. In: Angermeyer (ed.) 1987, a.a.O., 2-13.

Antonovsky A [1968]: Social class and the major cardiovascular diseases. J. Chron. Dis. 21: 65-106.

Antonovsky A [1987]: Anraveling the mystery of health. How people manage stress and stay well. Jossey-Bass Inc., San Francisco.

Antonovsky A [1993]: The structure and properties of the Sense of Coherence scale. Soc. Sci. Med. 36: 725-733.

Antwort der Bundesregierung [1994]: Prävention in der Gesundheitspolitik. Deutscher Bundestag, Drucksache 12/8238 vom 5.7.1994.

Antwort der Bundesregierung [1995]: Armut in der Bundesrepublik Deutschland. Deutscher Bundestag, Drucksache 13/3339 vom 28.11.1995.

Apelt P [1991]: Gleichheit und Ungleichheit im Gesundheitswesen der DDR. Medizin Mensch Gesellschaft 16: 27-33.

Arab L, Schellenberg B, Schlierf G [1981]: Ernährung und Gesundheit. Eine Untersuchung bei jungen Frauen und Männern in Heidelberg. Verlag S. Karger, Basel.

Arbeitskreis [1998]: Arbeitskreis Frauen und Gesundheit im Norddeutschen Forschungsverbund Public Health (Hrsg.): Frauen und Gesundheit(en) in Wissenschaft, Praxis und Politik. Verlag Hans Huber, Bern/Göttingen.

AGLMB (Arbeitsgemeinschaft der Leitenden Medizinalbeamten) [1997]: Ergebnisniederschrift der 164. Sitzung am 25. und 26. September 1997 in Überherrn/Saar.

Arber S [1989]: Gender and class inequalities in health: understanding the differentials. In: Fox (ed.) 1989, a.a.O., 250-278.

Armutsbericht [1989]: Armutsbericht des Paritätischen Wohlfahrtsverbandes für die Bundesrepublik Deutschland. Blätter der Wohlfahrtspflege 136(11/12).

Arrow JO [1996]: Estimating the influence of health as a risk factor on unemployment: a survival analysis of employment durations for workers surveyed in the German Socio-Econonmic Panel. Soc. Sci. Med. 42:1651-1659.

Asam W, Henke KD [1982]: Verfahren zur Umbasierung individuumsbezogener in haushaltsbezogene Nutzungsdaten. Empirische Verteilungsanalyse und Modellrechnungen für den Realtransferbereich Gesundheit. Schriften zum Bericht der Transfer-Enquete-Kommission 'Das Transfersystem in der Bundesrepublik Deutschland', Band 3 (Teilband 3). Verlag W. Kohlhammer, Stuttgart.

Assaf AR, Helmert U, Lasater TL, Carleton RA, Greiser E [1995]: Measuring cardiovascular disease risk factor levels: international comparisons between Bremen-North/West (Germany) and two southeastern New England (USA) cities. Soz.- Präventivmed. 40: 218-229.

Babisch W, Ising H, Kruppa B, Wiens D [1992]: Verkehrslärm und Herzinfarkt. Ergebnisse zweier Fall-Kontroll-Studien in Berlin. Institut für Wasser, Boden- und Lufthygiene des Bundesgesundheitsamtes (WaBoLu), Hefte 2/1992, Berlin.

Babitsch B [1998a]: Soziale Ungleichheit und Gesundheit bei Frauen in Westdeutschland. In: Ahrens et al. (Hrsg.) 1998, a.a.O., 95-112.

Babitsch B [1998b]: Soziale Ungleichheit und Gesundheit - Eine geschlechtsspezifische Betrachtung. In: Arbeitskreis 1998, a.a.O., 63-73.

Bäcker G, Bispinck R, Hofemann K, Naegele G [1989]: Sozialpolitik und soziale Lage in der Bundesrepublik Deutschland. Band II: Gesundheit·Familie·Alter·Soziale Dienste. Bund Verlag, Köln.

Badura B, Kaufhold G, Lehmann H, Pfaff H, Schott T, Watz M [1987]: Leben mit dem Herzinfarkt. Eine sozialepidemiologische Studie. Springer Verlag, Berlin.

Baker IA, Elwood PC, Hughes J, Jones M, Moore F, Sweetnam PM [1980]: A randomised controlled trial of the effect of the provision of free school milk on the growth of children. J. Epidemiol. Comm. Health 34: 31-34.

Bammann K, Babitsch B, Jahn I, Maschewsky-Schneider U [1999]: Weibliche Lebensverläufe und Gesundheit - Ergebnisse einer Untersuchung nationaler Surveydaten 50-69jähriger Frauen aus Ost- und Westdeutschland. Soz.-Präventivmed. 44: 65-77.

Barefoot JC, Peterson BL, Dahlstrom WG, Siegler IC, Anderson NB, Willams RB [1991]: Hostility patterns and health implications: correlates of Cook-Medley Hostility Scale scores in a national survey. Health Psychology 10: 18-24.

Barker D [1991]: The foetal and infant origins of inequalities in health in Britain. J. Public Health Medicine 13: 64-68.

Barker D (ed.) [1992]: Fetal and infant origins of adult disease. Published by the British Medical Journal, printed by Latimer Trend & Company Ltd, Plymouth.

Barlösius E, Feichtinger E, Köhler BM (Hrsg.) [1995]: Ernährung in der Armut. Gesundheitliche, soziale und kulturelle Folgen in der Bundesrepublik Deutschland. edition sigma, rainer bohn verlag, Berlin.

Bartley M, Plewis I [1997]: Does health-selective mobility account for socioeconomic differences in health? Evidence from England and Wales, 1971 to 1991. J. of Health and Social Behavior 38: 376-386.

Baumann M, Czock H, Thünte P [1993]: Untersuchung zur Verschuldung, Überschuldung und Schuldnerberatung in Nordrhein-Westfalen. Untersuchung durch Prognos AG, Köln, im Auftrag des Ministeriums für Arbeit, Gesundheit und Soziales des Landes Nordrhein-Westfalen. Landessozialbericht Band 4. WAZ-Druck, Duisburg.

Baumert G, Hoppe R [1958]: Untersuchungen über den Einfluß sozialer Faktoren in der Tuberkulose-Therapie. Kölner Zeitschr. für Soziologie und Sozialpsychologie 10: 219-234.

Bautz M, Tröster H [1983]: Konfigurationstypen im Klientel einer Psychotherapeutischen Klinik. Z. f. klin. Psych. Psychopath. Psychother. 31: 119-136.

Bayerischer Armutsbericht [1994] (hrsg. vom Deutschen Gewerkschaftsbund Bayern): Leben ohne Würde. Armut in Bayern. München.

Beckenkamp HW [1966]: Schwierigkeit in der Begriffsanwendung 'gesund' und 'krank' - ärztliche und versicherungstechnische Gesichtspunkte. Arbeitswissenschaft 5: 79-80.

Becker B, Linke W [1987]: Socio-economic differential mortality of employees subject to social security. European Population Conference, Yüväskulä (Finland), June 1987 (presentation).

Becker W, Güse ML, Schmacke N [1995]: Vollwerternährung und Sozialhilfe. Gesundheitswesen 57: 201-206.

Becker K, Seiwert M, Bernigau W, Hoffmann K, Krause C, Nöllke P [1997]: Umwelt-Survey Band VII. Quecksilber-Zusammenhangsanalyse. Inst. für Wasser, Boden- und Lufthygiene des Bundesgesundheitsamtes (WaBoLu), Heft 6/96, Berlin.

Becker R, Lauterbach W [1997]: Wohlfahrtsentwicklung und Lebenserwartung in Ost- und Westdeutschland. In: Becker R (Hrsg.): Generationen und sozialer Wandel. Leske & Budrich, Opladen, 199-231.

Becker R [1998]: Bildung und Lebenserwartung in Deutschland. Zeitschrift für Soziologie 27: 133-150.

Beckmann D, Brähler E, Braun P [1977]: Zur Scheinkorrelation zwischen neurotischen Körperbeschwerden und sozialer Schichtzugehörigkeit. Z. für Psychosomatische Medizin und Psychoanalyse 23: 251-261.

Bedau KD [1998]: Auswertung von Statistiken über die Vermögensverteilung in Deutschland. Deutsches Institut für Wirtschaftsforschung, Beiträge zur Strukturforschung Heft 173. Duncker & Humblot, Berlin.

Behörde [1992]: Behörde für Arbeit, Gesundheit und Soziales der Freien und Hansestadt Hamburg (Hrsg.): Stadtdiagnose. Gesundheitsbericht Hamburg. Hamburg.

Behörde [1995]: Behörde für Arbeit, Gesundheit und Soziales der Freien und Hansestadt Hamburg (Hrsg.): Gesundheit von Kindern und Jugendlichen in Hamburg. Zwischenbilanz. Hamburg 1995.

Behörde [1996]: Behörde für Arbeit, Gesundheit und Soziales der Freien und Hansestadt Hamburg (Hrsg.): Armut und Gesundheit von Kindern in Hamburg. Dokumentation der Fachtagung am 20. November 1995. Hamburg.

Behörde [1997]: Behörde für Arbeit, Gesundheit und Soziales der Freien und Hansestadt Hamburg (Hrsg.): Armut in Hamburg II. Zweiter Armutsbericht für die Freie und Hansestadt Hamburg. Hamburg.

Behrens J [1997]: Krankheit/Armut: Individualisierung sichernde Lebenslauf-politiken. In: Hradil (Hrsg.) 1997b, a.a.O., 1054-1074.

Bellach BM (Hrsg.) [1996]: Die Gesundheit der Deutschen, Band 2. Robert-Koch-Institut, RKI-Heft 15/1996, Berlin.

Bellach BM, Hermann-Kunz E, Ellert U [1996]: Zusammenhänge zwischen Ernährung, soziodemografischen Faktoren und Bluthochdruck. In: Bellach (Hrsg.) 1996, a.a.O., 101-107.

Bengel J, Strittmatter R, Willmann H [1998]: Was erhält Menschen gesund? Antonovskys Modell der Salutogenese - Diskussionsstand und Stellenwert. Bundeszentrale für gesundheitliche Aufklärung (BZgA), Forschung und Praxis der Gesundheitsförderung Band 6, Köln.

Benzeval M, Judge K, Whitehead M (eds.) [1995a]: Tackling inequalities in health. An agenda for action. King's Fund, London.

Benzeval M, Judge K, Smaje C [1995b]: Beyond class, race and ethnicity: deprivation and health in Britain. Health Services Research 30: 163-177.

Benzeval M, Judge K [1996]: Access to health care in England: continuing inequalities in the distribution of GPs. J. of Public Health Medicine 18: 33-40.

Benzeval M [1999]: Tackling inequalities in health: how can we learn what works? eurohealth 5: 29-31.

Berg G [1998]: Migranten. In: Schwartz et al. (Hrsg.) 1998a, a.a.O., 549-556.

Bergmann KE, Bergmann RL, Bauer CP, Dorsch W, Forster J, Schmidt E et al. [1993]: Atopie in Deutschland. Untersuchung zur Vorhersagemöglichkeit einer Atopie bei Geburt. Deutsches Ärzteblatt 90: 1341-1347.

Bericht [1893]: Bericht des Medicinal-Inspectorats über die medicinische Statistik des Hamburgischen Staates für das Jahr 1892. Hamburg.

Bericht [1973]: Bericht der Bundesregierung über die Erfahrungen mit der Einführung von Maßnahmen zur Früherkennung von Krankheiten als Pflichtleistungen der Krankenkassen sowie den zusätzlich von den Krankenkassen gewährten Maßnahmen zur Vorsorgehilfe. Drucksache 7/454, Bonn.

Berlin [1997]: 2. bundesweiter Kongreß 'Armut und Gesundheit' (22. und 23. November 1996). Dokumentation (zu beziehen über die Ärztekammer Berlin).

Berndt H [1967]: Krebs und soziale Lage. In: Medizin und Soziologie. Materialien des 2. Internationalen Symposiums (1.-3.12.1966) in Berlin. Humboldt-Universität zu Berlin, 104-107.

Bezirksamt Hohenschönhausen (Hrsg.) [1997]: Gesundheit und soziale Lage. Gesundheitsbericht '97. Bezirksamt Hohenschönhausen von Berlin.

Biechele U [1996]: Schwule Männer aus der Unterschicht. AIDS-Forum Band XXV. Deutsche AIDS-Hilfe e.V., Berlin.

Biehn E [1997]: Die Nationale Armutskonferenz. In: Nationale Armutskonferenz in Deutschland (Hrsg.) 1997, a.a.O., 5-10.

Blane D [1985]: An assessment of the Black Report's explanations of health inequalities. Sociology of Health & Illness 7: 423-445.

Blane D, Davey Smith G, Bartley M [1990]: Social class differences in years of potential life lost: size, trends, and principal causes. British Medical Journal 301: 429-432.

Blane D, Davey Smith G, Bartley M [1993]: Social selection: what does it contribute to social class differences in health? Sociology of Health & Illness 15: 1-15.

Blane D, Bartley M, Davey Smith G [1997]: Disease aetiology and materialist explanations of socioeconomic mortality differentials. Eur. J. Public Health 7: 385-391.

Blaxter M [1997]: Whose fault is it? People's own perception of the reasons for health inequalities. Soc. Sci. Med. 44: 747-756.

Blohmke M [1970]: Verhältnis zwischen Krankenstand, sozialen Daten und ausgewählten objektiven und subjektiven Krankheitszeichen. In: Blohmke M (Hrsg.): Sozialmedizin und soziale Sicherung. Schriftenreihe Arbeitsmedizin, Sozialmedizin, Arbeitshygiene, Gentner Verlag, Stuttgart, 102-112.

Blohmke M, Depner R, Koschorreck B, Stelzer O [1975a]: Soziale Faktoren und Krankheit bei Arbeitnehmern. Eine epidemiologische Studie. Schriftenreihe Arbeitsmedizin, Sozialmedizin, Präventivmedizin Band 53, Gentner Verlag, Stuttgart.

Blohmke M, Ferber C. von, Kisker KP, Schaefer H (Hrsg.) [1975b]: Handbuch der Sozialmedizin. Band I: Grundlagen und Methoden der Sozialmedizin. Ferdinand Enke Verlag, Stuttgart.

Blohmke M, Jost K [1976]: Krankenstand, medizinische Sicht. In: Blohmke et al. (Hrsg.) 1976, a.a.O., 100-120.

Blohmke M, Ferber C. von, Kisker KP, Schaefer H (Hrsg.) [1976]: Handbuch der Sozialmedizin. Band III: Sozialmedizin in der Praxis. Ferdinand Enke Verlag, Stuttgart.

Bloomfield K, Mansmann U [1997]: Trends im Alkoholkonsum und Prädiktoren für erhöhten Alkoholkonsum in der ehemaligen BRD - Analysen zur ersten und zweiten Welle der Deutschen Herz-Kreislauf-Präventionsstudie. Gesundheitswesen 59: 283-288.

Bloomfield K, Damm S [1999]: Alkoholkonsum bei Frauen in Europa. Public Health Forum 24: 16.

Blossfeld H-P [1989]: Kohortendifferenzierung und Karriereprozeß. Campus-Verlag, Frankfurt/New York.

Blum K [1994]: Sozialökologische Gesundheitsberichterstattung. Eine empirische Untersuchung zu sozialräumlichen Einflußfaktoren der gesundheitlichen Lage und der gesundheitlichen Versorgung am Beispiel von West-Berlin. Z. f. Gesundheitswiss. 2: 293-314.

Bochow M [1994]: Schwuler Sex und die Bedrohung durch AIDS - Reaktionen homosexueller Männer in Ost- und Westdeutschland. AIDS-Forum Band XVI. Deutsche AIDS-Hilfe e.V., Berlin.

Bochow M [1997a]: Informationsstand und präventive Vorkehrungen im Hinblick auf AIDS bei homosexuellen Männern der Unterschicht. AIDS-Forum Band XXVI. Deutsche AIDS-Hilfe e.V., Berlin.

Bochow M [1997b]: Schwule Männer und AIDS. Eine Befragung im Auftrag der Bundeszentrale für gesundheitliche Aufklärung in Köln. AIDS-Forum Band XXXI. Deutsche AIDS-Hilfe e.V., Berlin.

Bock M, Voigt G, Quietzsch D, Weiss M, Linder E [1990]: Typ-A-Verhalten nach Bildungsstand und koronarer Risikofaktorenverteilung einer ausgewählten Bevölkerungsgruppe der Stadt Chemnitz nach repräsentativer Stichprobenuntersuchung. Z. klin. Med. 45: 2005-2008.

Bodenmann A, Ackermann-Liebrich U, Paccaud F, Spuhler T [1990]: Soziale Unterschiede in der vor- und nachgeburtlichen Sterblichkeit: Schweiz 1979-1985. Soz.- Präventivmed. 35:102-107.

Böker K [1971]: Entwicklung und Ursachen des Krankenstandes der westdeutschen Arbeiter. Das Argument 13: 901-927.

Bolm-Audorff U, Siegrist J [1983]: Occupational morbidity data and myocardial infarction. A case-reference study in West Germany. J. Occupational Med. 25: 367-371.

Boor C de, Künzler E [1963]: Die psychosomatische Klinik und ihre Patienten. Ernst Klett Verlag, Stuttgart.

Borgers D [1980]: Mortalitätsanalysen zur Beurteilung von Krankheitsrisiken und Gesundheitszustand der Bevölkerung. Argumente Sonderband AS53:135-152.

Borgers D, Menzel R [1984]: Wer raucht am meisten? Eine Analyse des Zigarettenkonsums in der Bundesrepublik Deutschland nach Berufen - Anhaltspunkte für präventive Strategien. Münch. med. Wschr. 126: 1092-1096.

Borgers D [1988]: Rauchen und Berufe - Rauchverhalten bei 125 ausgewählten Berufen. Prävention 11: 12-15.

Borgers D, Hueck C [1990]: Die Behandlung von Ausländern und Deutschen mit Antibiotika. In: Bundesministerium (Hrsg.) 1990, a.a.O., 160-172.

Borgetto B, Gerhardt U [1993]: Soziale Statuslage und gesellschaftliches Altern nach koronarer Bypassoperation. Soz.- Präventivmed. 38: 165-171.

Bormann C, Heinemann L, Hoeltz J (Hrsg.) [1991]: Kardiovaskuläre Risiken in Deutschland-Ost und -West. Gesundheitsberichterstattung auf der Basis des 1. Nationalen Untersuchungs-Survey der DHP-Studie 1984 bis 1986 und des Bevölkerungs-Survey des DDR-MONICA-Projekts 1983 bis 1985. Zentrum für Epidemiologie und Gesundheitsforschung und Infratest Gesundheitsforschung (Eigenverlag), München und Berlin.

Bormann C [1993]: Soziale Unterschiede in der Inanspruchnahme von Maßnahmen zur Krebsfrüherkennung in der Bundesrepublik Deutschland (alte Bundesländer). Z. f. Gesundheitswiss. 1: 353-363.

Bormann C, Schroeder E [1994a]: Soziale Ungleichheit im Krankenstand dargestellt am Beispiel des Indikators 'Tage mit gesundheitlicher Beeinträchtigung'. In: Mielck (Hrsg.) 1994a, a.a.O., 209-225.

Bormann C, Schroeder E [1994b]: The influence of socio-economic factors on morbidity and utilization of medical services in the Federal Republic of Germany. Results from the National Health Survey. In: Mielck/Giraldes (eds.) 1994, a.a.O., 51-66.

Borowski B, Preiser K [1990]: Kontinuität der Bluthochdruck-Behandlung und ihre Bedingungen bei unterschiedlichen beruflichen Statusgruppen. In: Bundesministerium (Hrsg.) 1990, a.a.O., 187-198.

Borrell C, Plasència A, Pasarin I, Ortún V [1997]: Widening social inequalities in mortality: the case of Barcelona, a southern European city. J. Epidemiol. Community Health 51: 659-667.

Borutta A [1998]: Die Mundgesundheit in Europa im Wandel sozioökonomischer Strukturen aus der Sicht des Epidemiologen. Gesundheitswesen 60: 672-677.

Bosma H, Peter R, Siegrist J, Marmot M [1998]: Two alternative job stress models and the risk of coronary heart disease. Am. J. Public Health 88: 68-74.

Botting B (ed.) [1996]: The health of our children. The Registrar General's decennial supplement for England and Wales. Office of Population Censuses and Surveys, London.

Bouali K, Hellbernd H, Wieners K, MUT Gesellschaft für Gesundheit (Hrsg.) [1996]: Kongreß 'Armut und Gesundheit' - Dokumentation. Ärztekammer Berlin, Berlin.

Brähler E, Beckmann D, Müller S [1977]: Psychosomatische Beschwerden und Schichtzugehörigkeit. Medizinische Psychologie 3: 214-223.

Brand H, Schmacke N [1998]: Soziale Ungleichheit und Gesundheit: Die Rolle kommunaler Gesundheitsdienste in Deutschland. Gesundheitswesen 60: 626-631.

Braun B, Reiners H [1986]: Ungleiche Verteilung gesundheitlicher Risiken und Chancen. In: Franz et al. (Hrsg.) 1986, a.a.O., 151-169.

Braun B, Kühn H, Reiners H [1998]: Das Märchen von der Kostenexplosion. Fischer Taschenbuch Verlag, Frankfurt am Main.

Breckenkamp J, Laaser U, Meyer S [1995]: Die Deutsche Herz-Kreislauf-Präventionsstudie (DHP): sozialer Gradient bei den Nettoeffekten in der Prävention der Hypercholesterinämie. Z. Kardiol. 84: 694-699.

Breckenkamp J, Laaser U [1996]: Körperliche Aktivität in der Freizeit. Z. f. Gesundheitswiss. 4: 41-53.

Brennecke R [1981]: Einkommensarmut und Gesundheit sowie Gesundheitsversorgung. In: Hauser et al. (Hrsg.) 1981, a.a.O., 150-166.

Brennecke R [1985]: Zur Inanspruchnahme von Gesundheitsleistungen im Januar 1981. In: Hauser/Engel (Hrsg.) 1985, a.a.O., 289-353.

Brennecke R [1998]: Einkommen und Gesundheit. Längsschnittanalysen mit dem Sozio-ökonomischen Panel. Festschrift zu Ehren von Hans-Jürgen Krupp (im Druck).

Brenner H, Mielck A, Klein R, Ziegler H [1991]: The role of socioeconomic factors in the survival of patients with colorectal cancer in Saarland/Germany. J. Clin. Epidemiol. 44: 807-815.

Brenner H, Mielck A [1993a]: Children's exposure to parental smoking in West Germany. International Journal of Epidemiology 22: 818-823.

Brenner H, Mielck A [1993b]: The role of childbirth in smoking cessation. Preventive Medicine 22: 225-236.

Brenner G, Kerek-Bodden HE [1994]: Die schichtenspezifische Inanspruchnahme von Medikamenten. In: Ortwein I (Hrsg.): Mensch und Medikament. Piper, München/Zürich, 94-130.

Breuer W, Klaes L [1987]: Die Inanspruchnahme von Gesundheitsleistungen durch sozial Benachteiligte in einem ausgewählten Kölner Stadtteil. In: Bundesministerium (Hrsg.) 1987, a.a.O., 136-154.

Brinkhoff KP, Mansel J [1998]: Soziale Ungleichheit, Sportengagement und psychosoziales Befinden im Jugendalter. In: Mansel/Brinkhoff (Hrsg.) 1998, a.a.O., 173-192.

Bronder E, Klimpel A, Helmert U, Greiser E, Molzahn M, Pommer W [1999]: Analgetika und Laxantien als Risikofaktoren für Krebs der ableitenden Harnwege - Ergebnisse der Berliner Urothelkarzinom-Studie (BUS). Soz. -Präventivmed. 44: 117-125.

Brückner G [1991]: Gesundheitsrisiko 'Rauchen'. Ergebnisse des Mikrozensus 1989 zu den Rauchgewohnheiten der Bevölkerung. Wirtschaft und Statistik 5: 341-352.

Brüse R [1983]: Social factors of obesity: a path analytical approach. Ernährungs-Umschau 30 (Suppl.): 18-20.

Brunner E [1997]: Stress and the biology of inequality. British Medical Journal 314; 1472-1476.

Buhr P, Gerhardt U, Leibfried S, Trojan A (Hrsg.) [1989/1990]: Strukturen und Ungleichheiten der gesundheitlichen Versorgung. Zeitschrift für Sozialreform 1989 (Heft 11/12) und 1990 (Heft 3/4).

Bulmahn Th [1997a]: Soziostruktureller Wandel: soziale Lagen, Erwerbsstatus, Ungleichheit und Mobilität. In: Zapf W, Habich R (Hrsg.): Wohlfahrtsentwicklung im vereinten Deutschland. Sozialstruktur, sozialer Wandel und Lebensqualität. Ed. Sigma, Berlin, 25-49.

Bulmahn Th [1997b]: Reformstau und Verunsicherung. Einstellungen zum Umbau des Sozialsystems. Informationsdienst Soziale Indikatoren (ISI) 18: 6-9.

Bulmahn Th, Habich R [1997]: Komponenten des Wohlbefindens. In: Habich/Noll (Hrsg.) 1997, a.a.O., 426-440.

Bulmahn Th [1998]: Rette sich, wer kann? Die Krise der gesetzlichen Rentenversicherung und die Privatisierung der Altersversorgung. Wissenschaftszentrum Berlin für Sozialforschung (WZB), Veröffentlichungsreihe der Abteilung Sozialstruktur und Sozialberichterstattung. Heft FS III 98-406, Berlin.

Bundesministerium [1971a]: Bundesminister für Jugend, Familie und Gesundheit (Hrsg.): Gesundheitsbericht. Verlag Kohlhammer, Stuttgart.

Bundesministerium [1971b]: Bundesministerium für Jugend, Familie und Gesundheit (Hrsg.): Statistische Berichte über das Gesundheitswesen der Bundesrepublik Deutschland 1966-1969. Verlag Kohlhammer, Stuttgart.

Bundesministerium [1987]: Bundesministerium für Arbeit und Sozialordnung (Hrsg.): Lebenslage und gesundheitliche Versorgung. Forschungsbericht Gesundheitsforschung Band 155, Bonn.

Bundesministerium [1990]: Bundesministerium für Arbeit und Sozialordnung (Hrsg.): Gesundheitliche Versorgung: Inanspruchnahme und Ausgaben der gesetzlichen Krankenversicherung. Forschungsbericht Gesundheitsforschung Band 201, Bonn.

Bundesministerium [1991]: Bundesministerium für Gesundheit (Hrsg.): Daten des Gesundheitswesens. Ausgabe 1991. Nomos Verlagsgesellschaft, Baden-Baden.

Bundesministerium [1993]: Bundesministerium für Gesundheit (Hrsg.): Daten des Gesundheitswesens. Ausgabe 1993. Nomos Verlagsgesellschaft, Baden-Baden.

Bundesministerium [1995]: Bundesministerium für Gesundheit (Hrsg.): Daten des Gesundheitswesens. Ausgabe 1995. Nomos Verlagsgesellschaft, Baden-Baden.

Bundesministerium [1997]: Bundesministerium für Gesundheit (Hrsg.): Daten des Gesundheitswesens. Ausgabe 1997. Nomos Verlagsgesellschaft, Baden-Baden.

Bundesverband [1995]: Bundesverband der Pharmazeutischen Industrie e.V. (Hrsg.): Pharma Daten 1995. Frankfurt/Main.

Burmeister I, Kolleck B, Korporal J, Tietze KW, Zink A [1984]: Regionalanalyse von Totgeburtlichkeit und Säuglingssterblichkeit in Berlin (West) 1970 bis 1980. Schriftenreihe des Bundesministers für Jugend, Familie und Gesundheit, Band 138, Verlag W. Kohlhammer, Stuttgart.

Burow D [1999]: Sozialraumanalyse und Behandlungsprävalenz - Eine Untersuchung zur stationären kinder- und jugendpsychiatrischen Behandlung. Z. f. Gesundheitswiss. 7:75-94.

Buser K, Werner S, Volk P [1998]: Krankheit und soziale Lage - Sonderfall Neurodermitis. Gesundheitswesen 60: 311-316.

Bywaters P, McLeod E (eds.) [1996]: Working for equality in health. Routledge, London and New York.

BZgA (Bundeszentrale für gesundheitliche Aufklärung) (Hrsg.) [1998a]: Gesundheit von Kindern. Epidemiologische Grundlagen. Expertentagung. Forschung und Praxis der Gesundheitsförderung, Band 3, Köln.

BZgA [1998b]: Zusammenfassung der Ergebnisse - Leitlinien der gesundheitlichen Aufklärung für Kinder. In: BZgA (Hrsg.) 1998a, a.a.O., 116-119.

Casper JL [1835]: Die wahrscheinliche Lebensdauer des Menschen, in den verschiedenen bürgerlichen und geselligen Verhältnissen nach ihren Bedingungen und Hemmnissen untersucht. Berlin.

Cassel J [1976]: The contribution of the social environment to host resistance. Am. J. Epidemiol. 104: 107-123.

Cavelaars A, Kunst A, Mackenbach JP [1997]: Socio-economic differences in risk factors for morbidity and mortality in the European Community. J. Health Psychology 2: 353-372.

Cavelaars A, Kunst A, Geurts J, Helmert U, Lundberg O, Mielck A et al. [1998a]: Morbidity differences by occupational class among men in seven European countries. Int. J. Epid. 27: 222-230.

Cavelaars A, Kunst A, Geurts J, Crialesi R, Grötvedt L, Helmert U et al. [1998b]: Differences in self reported morbidity by educational level: a comparison of 11 Western European countries. J. Epidemiol. Community Health 52: 219-227.

Celler Erklärung [1996]: Celler Erklärung zur Gesundheitsförderung. Gesundheit für alle statt Privatisierung von Krankheitsrisiken! Landesvereinigung für Gesundheit Niedersachsen e.V., Hannover.

Chmiel J, Detels R, Kaslow R, Raden M van, Kingsley L, Brookmeyer R [1987]: Factors associated with prevalent Human Immunodeficiency Virus (HIV) infection in the Multicenter AIDS Cohort Study. Am. J. Epidemiol. 126: 568-577.

Claßen E [1994]: Soziale Schicht und koronare Risikofaktoren in Deutschland-Ost und -West. In: Mielck (Hrsg.) 1994a, a.a.O., 227-242.

Cockerham WC, Kunz G, Lüschen G [1988]: Social Stratification and health lifestyles in two systems of health care delivery: a comparison of the United States and West Germany. J. of Health and Social Behavior 29: 113-126.

Collatz J, Malzahn P, Schmidt E [1979]: Erreichen die gesetzlichen Früherkennungsuntersuchungen für Säuglinge und Kleinkinder ihre Zielgruppen? Öff. Gesundh.-Wesen 41: 173-190.

Collatz J [1981]: Die Sicherstellung der Früherkennung und Frühbehandlung behinderter und von Behinderung bedrohter Kinder. Öff. Gesundh.-Wesen 43: 426-435.

Collatz J, Hecker H, Oeter K, Rohde JJ, Wilken M, Wolf E [1983]: Perinatalstudie Niedersachsen und Bremen. Soziale Lage, medizinische Versorgung, Schwangerschaft und perinatale Mortalität. Verlag Urban & Schwarzenberg, München.

Collatz J [1989]: Brennpunkte sozialer Ungleichheit bei der medizinischen Versorgung ausländischer Arbeitnehmer und Flüchtlinge in der Bundesrepublik Deutschland. In: Buhr et al. (Hrsg.) 1989/90, a.a.O., 682-697.

Collatz J [1994]: Zur Realität von Krankheit und Krankheitsversorgung von Migranten in Deutschland. Jahrbuch für Kritische Medizin 23: 101-132.

Collatz J [1998]: Kernprobleme des Krankseins in der Migration - Versorgungsstruktur und ethnozentristische Fixiertheit im Gesundheitswesen. In: David M, Borde T, Kentenich H (Hrsg.): Migration und Gesundheit. Mabuse-Verlag, Frankfurt am Main, 33-58.
Cooper B [1986]: Mental Illness, disability and social conditions among old people in Mannheim. In: Häfner H, Moschel G, Sartorius N (eds.) [1986]: Mental health in the elderly. Springer Verlag, Berlin, 35-45.
Cooper B, Sosna U [1983]: Psychische Erkrankungen in der Altenbevölkerung. Eine epidemiologische Feldstudie in Mannheim. Nervenarzt 54, 239-249.
Cooper B, Bickel H [1987]: Old people in hospital: a study of a psychiatric high-risk group. In: Angermeyer (ed.) 1987, a.a.O., 235-246.
Crawford R [1980]: Healthism and the medicalization of everyday life. Int. J. Health Services 10: 365-388.
Cremerius J [1975]: Schichtenspezifische Schwierigkeiten bei der Anwendung der Psychoanalyse. Münch. med. Wschr. 117: 1229-1232.
Cromm J [1991]: Die Betrachtung der Zusammenhänge sozialer Lagen und Krankheit und Sterblichkeit. Sozialer Fortschritt 40: 285-293.
Crown J [1998]: Tackling inequalities in health: experience in the UK. Gesundheitswesen 60: 618-621.
Cube T von [1983]: Katamnese von Patienten der Abteilung für Psychotherapie und Psychosomatik an der Psychiatrischen Klinik der Universität München. Z. psychosom. Med. 29: 49-75.
Dahl E, Kjærsgaard P [1993]: Trends in socioeconomic mortality differentials in post-war Norway: evidence and interpretations. Sociology of Health & Illness 15; 587-611.
Dahlgren G, Whitehead M [1993]: Konzepte und Strategien zur Förderung der Chancengleichheit im Gesundheitsbereich. WHO Regionalbüro für Europa, Kopenhagen.
DAK (Deutsche Angestellten Krankenkasse) [1996]: Bürger wollen soziale Sicherheit. DAK-Magazin 3: 5.
Dangschat JS, Blasius J (Hrsg.) [1994]: Lebensstile in den Städten. Leske & Budrich, Opladen.
Davey Smith G, Bartley M, Blane D [1990]: The Black report on socioeconomic inequalities in health 10 years on. British Medical Journal 301: 373-377.
Davey Smith G, Egger M [1993]: Socioeconomic differentials in wealth and health. Widening inequalities in health - the legacy of the Thatcher years. British Medical J. 307: 1085-1086.
Davey Smith G, Morris J [1994]: Increasing inequalities in the health of the nation. British Med. J. 309: 1453-1454.
Davey Smith G, Blane D, Bartley M [1994]: Soziale Ungleichheit und Mortalitätsunterschiede: Diskussion der Erklärungsansätze in Großbritannien. In: Mielck (Hrsg.) 1994a, a.a.O., 425-451.
DDR-MONICA-Team [1989]: Das DDR-MONICA-Projekt - Zielstellung und erste retrospektive Vergleiche. Z. Klin. Med. 44: 265-271.
Department of Health (ed.) [1998]: Our Healthier Nation. London.
Deppe HU [1970]: Medizinsoziologische Bemerkungen zur Ökologie und Epidemiologie am Beispiel von schizophren Erkrankten. Argument-Sonderband AS 60: 129-141.

Deutscher Ärztetag [1998]: 101. Deutscher Ärztetag. Entschließungen zum Tagesordnungspunkt I. Deutsches Ärzteblatt 95 (5. Juni): C1071 - C1074.

Deutscher Paritätischer Wohlfahrtsverband (Hrsg.) [1997]: Arbeitsschwerpunkte 1995-1997. Frankfurt am Main.

Diakonisches Werk der Evangelischen Kirche in Deutschland (Hrsg.) [1997]: Rechenschaftsbericht 1997. Stuttgart.

Diderichsen F, Hallqvist J [1997]: Trends in occupational mortality among middle-aged men in Sweden 1961-1990. Int. J. Epidemiology 26: 782-787.

Dietz G, Kiendl F, Gerold J, Bröckl G [1979]: Bestandsaufnahme des Gebißzustandes 5-10jähriger Kinder im Raum München. Dtsch. Zahnärztl. Z. 34: 140-145.

Diewald M [1986]: Sozialkontakte und Hilfeleistungen in informellen Netzwerken. In: Glatzer W, Berger-Schmitt R (Hrsg.): Haushaltsproduktion und Netzwerkhilfe. Die alltäglichen Leistungen der Haushalte und Familien. Campus Verlag, Frankfurt/New York, 51-84.

Diewald M [1991]: Soziale Beziehungen: Verlust oder Liberalisierung? edition sigma, rainer bohn verlag, Berlin.

Diez-Roux AV, Nieto FJ, Tyroler HA, Crum LD, Szklo M [1995]: Social inequalities and atherosclerosis. Am J Epidemiol 141: 960-972.

Diez-Roux AV, Nieto FJ, Muntaner C, Tyroler HA, Comstock GW, Shahar E et al. [1997]: Neighborhood environments and coronary heart disease: a multilevel analysis. Am J Epidemiol 146: 48-63.

Dilling H, Weyerer S [1978]: Epidemiologie psychischer Störungen und psychiatrische Versorgung. Urban und Schwarzenberg, München.

Dilling H, Weyerer S, Castell R [1984]: Psychische Erkrankungen in der Bevölkerung. Eine Felduntersuchung zur psychiatrischen Morbidität und zur Inanspruchnahme ärztlicher Institutionen in drei kleinstädtisch-ländlichen Gemeinden des Landkreises Traunstein/Oberbayern. Ferdinand Enke Verlag, Stuttgart.

Dilling H, Weyerer S [1987]: Social Class and Mental Disorders: Results from Upper Bavarian Studies. In: Angermeyer (ed.) 1987, a.a.O., 46-63.

Dobson AJ, Evans A, Ferrario M, Kuulasmaa KA, Moltchanov VA, Sans S et al. [1998]: Changes in estimated coronary risk in the 1980s: data from 38 populations in the WHO MONICA Project. Ann. Med. 30: 199-205.

Döring GK, Hoßfeld C, Langer HD [1980]: Statistische Erhebung an 984 Kindern mit einem Geburtsgewicht von 2500 Gramm und weniger. Geburtsh. und Frauenheilk. 40: 170-179.

Döring D, Hanesch W, Huster EU (Hrsg.) [1990]: Armut im Wohlstand. Suhrkamp Verlag, Frankfurt/Main.

Dohrenwend BS [1973]: Social status and stressful life events. J. of Personality and Social Psychology 28: 225-235.

Donner-Banzhoff N, Kreienbrock L, Katic M, Baum E [1998]: Family practitioners' renumeration and patterns of care - does social class matter? Soz.-Präventivmed. 43: 73-79.

Doorslaer E van, Wagstaff A, Bleichrodt H, Calonge S, Gerdtham UG, Gerfin M [1997]: Income-related inequalities in health: some international comparisons. Journal of Health Economics 16: 93-112.

Drever F, Whitehead M (eds.) [1997]: Health inequalities. Office for National Statistics, London.

Duijkers T, Kromhout D, Spruit IP, Doornbos G [1989]: Inter-mediating risk factors in the relation between socioeconomic status and 25-year mortality (the Zutphen Study). Int. J. Epidem. 18: 658-662.

Eberle G [1990]: Leitfaden Prävention. Herausgegeben vom Wissenschaftlichen Institut der Ortskrankenkassen (WidO). Asgard-Verlag, Sankt Augustin 1990.

Editorial [1997]: 'Gesundheitspolitik' 1977 - 1997. Wieviele 'Reformen' verträgt die Soziale Krankenversicherung? Jahrbuch für Kritische Medizin 28: 6-14.

Egen V [1998]: Krankheitsspektrum und Arzneimitteltherapie von Wohnungslosen in München. Gesundheitswesen 60: 47-51.

Eggen B [1998]: Privathaushalte mit Niedrigeinkommen. Schriftenreihe des Bundesministeriums für Gesundheit, Band 100. Nomos Verlagsgesellschaft, Baden-Baden.

Eichler M, Reisman AL, Borins EM [1992]: Gender bias in medical research. Women & Therapy 12: 61-70.

Eichler M [1998]: Offener und verdeckter Sexismus. Methodisch-methodologische Anmerkungen zur Gesundheitsforschung. In: Arbeitskreis Frauen und Gesundheit im Norddeutschen Forschungsverbund Public Health (Hrsg.): Frauen und Gesundheit(en). Verlag Hans Huber, Bern, 34-49.

Eimeren W van, Mielck A [1995]: Prävention und Ernährung: Kritische Zwischenbilanz. Aktuelle Ernährungsmedizin 20: 250-254.

EKD/DBK (Hrsg.) [1997]: Für eine Zukunft in Solidarität und Gerechtigkeit. Worte des Rates der Evangelischen Kirche in Deutschland und der Deutschen Bischofskonferenz zur wirtschaftlichen und sozialen Lage in Deutschland. Herausgegeben vom Kirchenamt der Evangelischen Kirche in Deutschland und vom Sekretariat der Deutschen Bischofskonferenz, Hannover/Bonn.

Elford J, Whincup P, Shaper AG [1991]: Early life experience and adult cardiovascular disease: longitudinal and case-control studies. Int. J. Epidemiol. 20: 833-844.

Elford J, Shaper AG, Whincup P [1992]: Early life experience and cardiovascular disease - ecological studies. J Epidemiol. Community Health 46: 1-11.

Elkeles Th, Frank M, Korporal J [1989]: Erwerbstätigkeit und Nichterwerbstätigkeit von Frauen und Schwangerschaftsergebnisse. Öff. Gesundh.-Wes. 51: 269-277.

Elkeles Th, Mielck A [1993]: Soziale und gesundheitliche Ungleichheit. Theoretische Ansätze zur Erklärung von sozioökonomischen Unterschieden in Morbidität und Mortalität. Wissenschaftszentrum Berlin für Sozialforschung (WZB), Veröffentlichungsreihe der Forschungsgruppe Gesundheitsrisiken und Präventionspolitik, Heft P93-208, Berlin.

Elkeles Th, Seifert W [1993a]: Arbeitslose und ihre Gesundheit: Langzeitanalysen für die Bundesrepublik Deutschland. Soz.- Präventivmed. 38: 148-155.

Elkeles Th, Seifert W [1993b]: Migration und Gesundheit. Sozialer Fortschritt 42: 235-241.

Elkeles Th, Frank M, Korporal J [1994]: Säuglingssterblichkeit und soziale Ungleichheit. Regionale Analyse der Säuglingssterblichkeit und der Totgeburtlichkeit für Berlin (West) 1970-1985. In: Mielck (Hrsg.) 1994a, a.a.O., 347-371.

Elkeles Th, Mielck A [1997a]: Entwicklung eines Modells zur Erklärung gesundheitlicher Ungleichheit. Gesundheitswesen 59: 137-143.

Elkeles Th, Mielck A [1997b]: Ansätze zur Erklärung und Verringerung gesundheitlicher Ungleichheit. Jahrbuch für Kritische Medizin 26: 23-44.

Elkeles Th [1998]: Arbeitende und Arbeitslose. In: Schwartz et al. (Hrsg.) 1998a, a.a.O., 516-524.

Elkeles T, Kirschner R, Kunert M [1998]: Armut und Gesundheit bei Jugendlichen und jungen Erwachsenen. Sekundäranalysen von Daten der 'Biogramm-Forschung'. In: Mansel/Brinkhoff (Hrsg.) 1998, a.a.O., 158-172.

Elkeles Th [1999]: Arbeitslosigkeit, Langzeitarbeitslosigkeit und Gesundheit. Sozialer Fortschritt 6: 150-155.

Ellis L [1994]: Social status and health in humans: the nature of the relationship and its possible causes. In: Ellis L (ed.): Social stratification and socioeconomic inequality (Vol. 2). Praeger, Westport/London, 123-144.

Ellsäßer G [1998]: Gesundheit von Schulanfängern: Auswirkung sozialer Benachteiligung am Beispiel der Brandenburger Schulanfängeruntersuchungen 1994 und 1995. Gesundheitswesen 60: 632-637.

Elsner G (Hrsg.) [1984]: Was uns kaputt macht. VSA-Verlag, Hamburg.

Elstad JI [1996]: How large are the differences - really? Self-reported long-standing illness among working class and middle class men. Sociology of Health & Illness 18: 475-498.

Emmerling D, Riede T [1997]: 40 Jahre Mikrozensus. Wirtschaft und Statistik: 160 - 174.

Emmons CA, Joseph JG, Kessler RC [1986]: Psychological predictors of reporting behavior change in homosexual men at risk for AIDS. Health Ed. Quart. 13: 331-345.

Enke H, Werner K [1967]: Zu einigen soziologischen Aspekten der Säuglingsmorbidität und Säuglingssterblichkeit. In: Medizin und Soziologie. Materialien des 2. Internationalen Symposiums (1.-3.12.1966) in Berlin. Humboldt-Universität zu Berlin, 168-173.

Enquete-Kommission [1988]: 'Strukturreform der gesetzlichen Krankenversicherung', Zwischenbericht, Drucksache 11/3267, Bonn.

Enquete-Kommission [1990]: 'Strukturreform der gesetzlichen Krankenversicherung', Endbericht, Drucksachen 11/310 und 11/3181, Bonn.

Ernährungsbericht [1992]: Deutsche Gesellschaft für Ernährung e.V. (Hrsg.), Eigenverlag, Frankfurt/Main.

Eßer P [1994]: Lebenslage und gesundheitliche Versorgung: Erfahrungen aus einem Forschungsverbund. In: Mielck (Hrsg.) 1994a, a.a.O., 167-177.

Evans RJ [1996]: Tod in Hamburg. Stadt, Gesellschaft und Politik in den Cholera-Jahren 1830-1910. Rowohlt, Reinbek bei Hamburg.

Ewers U [1983]: Krebserkrankungen bei Arbeitern und Angestellten im Spiegel der Daten der deutschen Rentenversicherungsträger. Öff. Gesundh.-Wes. 45: 561-571.

Ewers U, Dolgner R, Fiedler E, Burkardt EA [1986]: Belastungen durch kardiovaskuläre Risikofaktoren bei älteren Menschen. Öff. Gesundh.-Wes. 48: 306-310.

Faggiano F, Partanen T, Kogevinas M, Boffetta P [1997]: Socioeconomic differences in cancer incidence and mortality. In: Kogevinas et al. (eds.) 1997, a.a.O., 65-176.

Faltermaier T [1994a]: Gesundheitsbewußtsein und Gesundheitshandeln. Beltz Psychologie Verlags Union, Weinheim.

Faltermaier T [1994b]: Subjektive Konzepte von Gesundheit in einer salutogenetischen Perspektive. In: Kolip P (Hrsg.): Lebenslust und Wohlbefinden. Juventa Verlag, Weinheim/München 1994, 103-120.

Feichtinger E [1995]: Armut, Gesundheit, Ernährung: eine Bestandsaufnahme. Ernährungs-Umschau 42: 162-169.

Feinstein JS [1993]: The relationship between socioeconomic status and health: a review of the literature. The Milbank Quarterly 71: 279-322.
Ferber L von (Hrsg.) [1994]: Häufigkeit und Verteilung von Erkrankungen und ihre ärztliche Behandlung. Epidemiologische Grundlagen eines Qualitätsmonitoring. Institut für Sozialwissenschaftliche Analysen und Beratung (ISAB), Schriftenreihe Nr. 34. ISAB-Verlag, Leipzig.
Fichter MM, Koch HJ, Rehm J, Weyerer S [1987]: Adversity and the risk of mental illness: preliminary results of the Upper Bavarian Restudy. In: Angermeyer (ed.) 1987, a.a.O., 133-152.
Fichter MM, Witzke W, Leibl K, Hippius H [1989]: Psychotropic drug use in a representative community sample: the Upper Bavarian Study. Acta Psychiatr. Scand. 80: 68-77.
Fiedler K [1998]: Wohnen und Gesundheit. Gesundheitswesen 60: 656-660.
Fink R [1994]: Kommunale Gesundheitsförderung für Kinder in sozial benachteiligten Stadtteilen. Konzepte und Realität. Jahrbuch für Kritische Medizin 22: 119-137.
Finke G [1994]: Persönlichkeit. In: Pöppel et al. (Hrsg.) 1994, a.a.O., 184-198.
Fischer CS [1982]: To dwell among friends. Personal networks in town and city. The University of Chicago Press, Chicago/London.
Fischer-Menzel H [1996]: Eröffnung der Tagung. In: Behörde (Hrsg.) 1996, a.a.O., 1-4.
Flegel H, Schütt U [1967]: Psychiatrische Hospitalisierungsfrequenz und soziale Schichtung in Düsseldorf. Social Psychiatry 2: 39-42.
Flick U [1997]: Gesundheitsvorstellungen im Alltag: Forschungsansätze und ihre Bedeutung für Psychologie und Gesundheitswissenschaften. In: Weitkunat et al. (Hrsg.) 1997, a.a.O., 191-200.
Foerster RU, Blohmke M, Koschorreck B, Allnoch K [1976]: Krankheit, Arzt-Patient-Kontakt und Arbeitsunfähigkeit in einer Allgemeinpraxis. Soz.-Präventivmed. 21: 192-196.
Forschungsschwerpunkt sozialer Wandel [1997]: Angst und Enttäuschung. Die Zukunft der sozialen Sicherungssysteme. WZB-Mitteilungen 77: 3-6.
Fox J (ed.) [1989]: Health inequalities in European countries. Gower Public., London.
Fox AJ, Goldblatt PO, Jones DR [1985]: Social class mortality differentials: artefact, selection or life circumstances? J. Epidemiol. Community Health 39: 1-8.
Frank JP [1790]: Akademische Rede vom Volkselend als der Mutter der Krankheiten (bearbeitet von E. Lesky, Leipzig 1960).
Franz HW, Kruse W, Rolff HG (Hrsg.) [1986]: Neue alte Ungleichheiten. Berichte zur sozialen Lage in der Bundesrepublik. Westdeutscher Verlag, Opladen.
Franzkowiak P, Sabo P (Hrsg.) [1993]: Dokumente der Gesundheitsförderung. Verlag Peter Sabo, Mainz.
Frister S, Liljeberg H, Winkler G [1997]: Arbeitslosenreport 1997. Sozialwissenschaftliches Forschungszentrum Berlin-Brandenburg e.V. & Unabhängiges Meinungsforschungsinstitut INFO (GmbH) (Hrsg.), Verlag am Turm, Berlin.
Frühbuß J [1995]: Soziale Ungleichheit und zahnmedizinische Versorgung. Z. Gesundheitwiss., 2. Beiheft, 130-137.
Fuchs J [1995]: Beeinflußt Einkommen die Gesundheit? Analysen mit Daten des Sozio-Ökonomischen Panels. Gesundh.-Wes 57: 746-752.
Funk J [1911]: Die Sterblichkeit nach sozialen Klassen in der Stadt Bremen. Mitteilungen des Bremischen Statistischen Amts 1: 1-12.

Funke H [1983]: Socio-economic determinants of the demand for food in German households: an evaluation of samples of income and consumption. Ernährungs-Umschau 30 (Suppl.): 43-49.

Furnham A, Steele H [1993]: Measuring locus of control: A critique of general, children's, health- and work related locus of control questionnaires. British J. of Psychology 84: 443-479.

Garbe C [1990]: Schichtspezifische Arztwahl und Unterschiede in der medizinischen Behandlung am Beispiel der Psoriasis. In: Bundesministerium (Hrsg.) 1990, a.a.O., 173-186.

Gardner JW, Sanborn JS [1990]: Years of potential life lost (YPLL) - what does it measure? Epidemiology 1: 322-329.

Garrett-Bleek N, Hamacher B, Preiser K [1976]: Arbeit und Gesundheit. Analyse einer allgemeinen Vorsorgeuntersuchung. In: Abholz (Hrsg.) 1976a, a.a.O., 132-159.

Gass R [1987]: Krebsmortalität nach Beruf. Soz.- Präventivmed. 32: 221-227.

Gass R, Bopp M [1993]: Berufsspezifischer Indikator für die risikogruppen-spezifische Prävention. Soz.- Präventivmed., Suppl. 2: S112-S116.

Gatzweiler HP, Stiens G [1982]: Regionale Mortalitätsunterschiede in der Bundesrepublik Deutschland. Daten und Hypothesen. Jahrbuch für Regional-wissenschaften: 36-63.

Gawatz R [1993]: Gesundheitskonzepte: Ihre Bedeutung im Zusammenhang von sozialer Lage und Gesundheit. In: Gawatz/Novak (Hrsg.) 1993, a.a.O., 155-168.

Gawatz R, Novak P (Hrsg.) [1993]: Soziale Konstruktion von Gesundheit. Universitätsverlag Ulm.

Geiger I [1997]: Macht Fremd-sein krank? Migration und Gesundheit. Eine Projektgruppe stellt sich vor. Curare 20: 75-78.

Geissler B [1979]: Soziale Lebensverhältnisse und gesundheitliche Belastung. In: Geissler B, Thoma P (Hrsg.): Medizinsoziologie. Campus Verlag, Frankfurt/New York, S. 116-138.

Geißler U [1980]: Verlust an Lebensjahren durch vorzeitigen Tod nach Krankheitsarten, 1952 und 1975. Wissenschaftliches Institut der Ortskrankenkassen, Wido-Materialien Bd. 5, Bonn.

Geißler R [1996]: Kein Abschied von Klasse und Schicht. Ideologische Gefahren der deutschen Sozialstrukturanalyse. Kölner Zeitschrift für Soziologie und Sozial-psychologie 48: 319-338.

Geling O, Janssen C, Lüschen G [1996]: Alter, Gesundheitsstatus und die Inanspruchnahme von Allgemein- und Fachärzten. Soz.-Präventivmed. 41: 36-46.

Gensch RW, Müller R [1990]: Berufskrankheiten. Verhütung, Anerkennung, Entschädigung. Ein Leitfaden für Arbeitnehmer. Hans-Böckler-Stiftung (Hrsg.), Düsseldorf.

Gepkens A, Gunning-Schepers LJ [1995]: Interventions to reduce socio-economic health differences. University of Amsterdam, Institute of Social Medicine, Amsterdam 1995.

Gepkens A, Gunning-Schepers LJ [1996]: Interventions to reduce socioeconomic health differences: a review of the literature. Eur. J. Public Hlth. 6: 218-226.

Gerhardt U, Kirchgässler KU [1986]: The Federal Republic of Germany. In: Illsley R, Svensson PG: The health burden of social inequities. Country profiles from 20 member states of the European region of the World Health Organisation. World Health Organisation Regional Office for Europe, Copenhagen, 49-60.

Gerhardt U [1987]: Soziologische Erklärung gesundheitlicher Ungleichheit. Probleme der theoretischen Rekonstruktion empirischer Befunde. In: Giesen B, Haferkamp H (Hrsg.): Soziologie der sozialen Ungleichheit. Westdeutscher Verlag, Opladen, 393-426.

Gerhardt U [1991]: Alternsdynamik und Rehabilitation nach koronarer Bypass-operation. Z. Gerontol. 25: 243-254.

Gerhardt U [1993]: Lebensweisen und Gesundheitsorientierungen: Methodologische Probleme. In: Gawatz/Novak (Hrsg.) 1993, a.a.O., 73-97.

Gesundheitsamt Düsseldorf (Hrsg.) [1998]: Dokumentation der 2. Düsseldorfer Gesundheitskonferenz 'Armut und Gesundheit in Düsseldorf', 11. Dezember 1997.

Gesundheitsbericht Bremen [1992]: Basisbericht im Auftrag der Senatorin für Gesundheit in Bremen. Bremer Institut für Präventionsforschung und Sozialmedizin (BIPS), Bremen.

Gesundheitszentrum Osnabrück (Hrsg.) [1999]: Dokumentation der 4. Osnabrücker Gesundheitskonferenz vom 21. Januar 1999: 'Macht Armut krank? Soziale Benachteiligung und Gesundheit'.

Geyer S [1997a]: Ansätze zur Erklärung sozial ungleicher Verteilung von Krankheiten und Mortalitäten. Gesundheitswesen 59: 36-40.

Geyer S [1997b]: Some conceptual considerations on the Sense of Coherence. Soc. Sci. Med. 44: 1771-1779.

Geyer S, Peter R [1998]: Unfallbedingte Krankenhausaufnahme von Kindern und Jugendlichen in Abhängigkeit von ihrem sozialen Status - Befunde mit Daten einer nordrhein-westfälischen AOK. Gesundheitswesen 60: 493-499.

Geyer S [1999]: Macht Unglück krank? Lebenskrisen und die Entwicklung von Krankheiten. Juventa Verlag, Weinheim/München.

Geyer S, Peter R [1999]: Occupational status and all-cause mortality. A study with health insurance data from Nordrhein-Westfalen, Germany. Eur. J. Publ. Health 9: 114-118.

Glaser-Möller N, Jürgens R, Thiele W [1992]: Gesundheit und soziale Lage in Hamburg. Neue Ansätze zur Aufarbeitung eines weiterhin aktuellen Themas. In: Süß W, Trojan A (Hrsg.): Armut in Hamburg. Soziale und gesundheitliche Risiken. VSA-Verlag, Hamburg, 156-173.

Gleiss I, Seidel R, Abholz HH [1976]: Soziale Psychiatrie - Zur Ungleichheit in der psychiatrischen Versorgung. Fischer Taschenbuch, Frankfurt/Main.

Gleiß J [1960]: Soziologische Untersuchungen über die Säuglingssterblicheit im Ruhrgebiet. Forschungsbericht des Landes Nordrhein-Westfalen Nr. 855. Westdeutscher Verlag, Köln und Opladen.

Glös J, Lindner E, Schulz B, Hisslinger R, Quietzsch D, Voigt G et al. [1987]: Hängen Risikofaktorendichte und Bildungsgrad zusammen? Z. klin. Med. 42: 2209-2214.

Gohlke H, Gohlke-Bärwolf C, Peters K, Schmitt M, Schneider E, Katzenstein M [1987]: Gesundheitserziehung in der Schule - Eine Interventionsstudie im ländlichen Raum. In: Halhuber C, Halhuber MJ (Hrsg.): Prävention und Rehabilitation der koronaren Herzkrankheit. Echo Verlags-GmbH, Köln, 113-116.

Gohlke H, Gohlke-Bärwolf C, Peters K, Schmitt M, Katzenstein M, Gaida C [1989]: Prävention des Zigarettenrauchens in der Schule. Eine prospektive kontrollierte Studie. Dtsch. med. Wschr. 114: 1780-1784.

Greiser E, Joeckel KH, Giersiepen K, Maschewsky-Schneider U, Zachcial M [1989]: Cardiovascular disease risk factors, CHD Morbidity and Mortality in the Federal Republic of Germany. Int. J. Epidem. 18 (Suppl. 1): S118-S124.

Greiser E, Maschewsky-Schneider U, Helmert U, Tempel G [1992]: Closing the social gap? Midterm results of the German Cardiovascular Prevention Study in Bremen City. Circulation 85: 27.

Groher W, Gussmann R, Henschel B [1974]: Vergleichende Untersuchungen des Haltungs- und Bewegungsapparates an Schulkindern aus zwei Berliner Bezirken. Orthopädische Praxis 10: 663-667.

Grotjahn A [1912]: Soziale Pathologie. Verlag August Hirschwald, Berlin.

Grumpelt U [1988]: Studie über die Häufigkeit und Struktur ausgewählter psychonerval gestörter Patienten im Leistungsalter am Beispiel einer Poliklinik der Stadt Magdeburg. Med. Akademie Magdeburg, Diss., Magdeburg.

Grünauer F, Jahn E, Lenke HE, Schäfer T, Wilpert C [1979]: Untersuchungen zur Schichtenspezifität der Inanspruchnahme medizinischer Leistungen und der Krankheitsverläufe in der sozialen Krankenversicherung. Bundesministerium für Arbeit und Sozialordnung, Forschungsbericht Gesundheitsforschung Nr. 21, Bonn.

Gülzow HJ, Gerritzen T, Ritter HJ [1980]: Milchzahnkaries bei Großstadtkindern. Dtsch. Zahnärztl. Z. 35: 297-300.

Gülzow HJ, Schiffner U, Bauch J [1985]: Milchzahnkaries bei Kindern aus Stormaner Kindergärten. Dtsch. Zahnärztl. Z. 40: 1044-1048.

Gülzow HJ, Schiffner U, Bauch J [1987]: Milchzahnkaries bei Kindern aus Stormaner Kindergärten 2 Jahre nach Einführung gruppenprophylaktischer Maßnahmen. Dtsch. Zahnärztl. Z. 42: 44-50.

Gunning-Schepers LJ, Spruit IP, Krijnen JH (eds.) [1989]: Socio-economic inequalities in health. Questions on trends and explanations. The Netherlands Ministry of Welfare, Health and Cultural Affairs, The Hague.

Gunning-Schepers LJ [1994]: A policy response to socio-economic health differences. In: Mielck/Giraldes (eds.) 1994, a.a.O., 193-202.

Guski E [1988]: Beratung im Stadtteil. Ein Beitrag zur präventiven Orientierung psychosozialer Praxis. Hofgarten Verlag, Berlin.

Habich R, Landual D, Priller E [1991]: Geringere Lebenszufriedenheit in der ehemaligen DDR. Erste Ergebnisse der empirischen Wohlfahrtsforschung. Informationsdienst Soziale Indikatoren (ISI) 5: 1-4.

Habich R, Krause P [1995]: Armut in der Bundesrepublik Deutschland - Probleme der Messung und die Reichweite empirischer Untersuchungen. In: Barlösius et al. (Hrsg.) 1995, a.a.O., 62- 86.

Habich R, Krause P [1997]: Armut. In: Habich/Noll (Hrsg.) 1997, a.a.O., 515-525.

Habich R, Noll HH (Hrsg.) [1997]: Objektive Lebensbedingungen und subjektives Wohlbefinden im vereinten Deutschland. In: Statistisches Bundesamt (Hrsg.) [1997]: Datenreport 1997, Bundeszentrale für politische Bildung, Bonn, 419-620.

Habich, R. Noll HH, Bulmahn Th [1997]: Soziale Lagen und Mobilität. In: Habich/Noll (Hrsg.) 1997, a.a.O., 590-598.

Haecker G, Kirschner W, Meinlschmidt G [1990]: Zur Lebenssituation von Sozialhilfeempfängern in Berlin (West). Eine statistische Analyse wesentlicher Ergebnisse. Diskussionsbeiträge zur Gesundheits- und Sozialforschung der Senatsverwaltung für Gesundheit und Soziales in Berlin, Berlin.

Häfner H [1969]: Modellvorstellungen in der Sozialpsychiatrie, dargestellt am Beispiel einiger psychiatrisch-epidemiologischer Forschungsergebnisse. Zeitschrift für Psychotherapie und med. Psychologie 3: 85-114.

Häfner H, Reimann H, Immich H, Martini H [1969]: Inzidenz seelischer Erkrankungen in Mannheim 1965. Social Psychiatry 4: 126-135.

Häfner H, Reimann H [1970]: Spatial distribution of mental disorders in Mannheim, 1965. In: Hare EH, Wing JK (eds.): Psychiatric Epidemiology. Oxford University Press, London 1970, 341-354.

Häfner H [1971]: Der Einfluß von Umweltfaktoren auf das Erkrankungsrisiko für Schizophrenie. Nervenarzt 42: 557-568.

Haenszel W [1950]: A standardized rate for mortality defined in units of lost years of life. Am. J. Publ. Health 40: 17-26.

Härtel U [1985]: Soziale Determinanten der Inanspruchnahme medizinischer Hilfe. Ergebnisse und Folgerungen aus der Münchner Bluthochdruckstudie. Dissertation. Hartung-Gorre Verlag, Konstanz.

Härtel U, Keil U [1986]: Psychosoziale Faktoren und Herzkreislauferkrankungen. Laufende Studien im WHO MONICA Projekt Augsburg und erste Ergebnisse. Fortschr. Med. 104: 943-947.

Härtel U [1987]: Schichtspezifische Bedingungen des Gesundheits- und Krankheitsverhaltens. Ergebnisse der Münchner Blutdruckstudie 1980/81. In: Krasemann EO, Laaser U, Schach E (Hrsg.): Sozialmedizin. Schwerpunkt: Rheuma und Krebs. Springer Verlag, Berlin, 262-268.

Härtel U, Stieber J [1987]: Relationships between social ties and smoking behavior. Cardiovascular Disease (CVD) Epidemiology Newsletter 42: 163-164.

Härtel U [1988a]: Die unterschiedliche Sterblichkeit von Männern und Frauen, mit Beispielen aus der Bundesrepublik Deutschland. Soz.-Präventivmed. 33: 135-140.

Härtel U [1988b]: Geschlechtsspezifische Inanspruchnahme medizinischer Hilfe. Ergebnisse der Münchner Blutdruckstudie. Soz.- Präventivmed. 33: 148-154.

Härtel U, [1988c]: Soziale Differenzierung im Arzneimittelverbrauch. Über die Wechselwirkung zwischen präventivem Verhalten und Arzneimitteleinnahme. In: Baier H (Hrsg.): Arzneimittel im sozialen Wandel. Springer Verlag, Heidelberg, 51-62.

Härtel U, Stieber J, Keil U [1988]: Social relations and smoking behavior - Results from the first MONICA survey Augsburg. Soz.- Präventivmed. 33: 27-31.

Härtel U, Chambless L [1989]: Occupational position and type A behavior. Results from the first MONICA survey Augsburg. Soc. Sci. Med. 29: 1367-1372.

Härtel U, Löwel H [1991]: Familienstand und Überleben nach Herzinfarkt; Ergebnisse des MONICA-Augsburg Herzinfarktregisters. Münch. med. Wschr. 133: 464-468.

Härtel U, Heiss G, Filipiak-Pittroff B, Döring A [1992]: Cross-sectional and longitudinal associations between high density lipoprotein cholesterol and women's employment. Am. J. Epidemiol. 135: 68-78.

Härtel U, Keil U, Helmert U, Greiser E, Dai S, Gutzwiller F et al. [1993a]: The association of coronary risk factors with educational achievement: results from the ARIC-MONICA Collaborative Studies. Ann. Epidemiol. 3 (Suppl. 5): S55-S61.

Härtel U, Stieber J, Keil U [1993b]: Der Einfluß von Ausbildung und beruflicher Position auf Veränderungen im Zigarettenrauchen und Alkoholkonsum: Ergebnisse der MONICA Augsburg Kohortenstudie. Soz.- Präventivmed. 38: 133-141.

Härtel [1994]: Gesundheits- und Krankheitsverhalten. In: Pöppel et al. (Hrsg.) 1994, a.a.O., 291-303.

Häussler B, Keck M [1992]: Ein regionaler Modellversuch zur Verbesserung der Rehabilitation von Herzinfarktpatienten - Entwicklung von Maßnahmen zur Verbesserung der beruflichen Reintegration. Deutsche Rentenversicherung 7-8: 431-440.

Hagelschuer PB [1987]: Lebensversicherung. Gabler Verlag, Wiesbaden.

Heilemann KJ, Borutta A 1995]: Soziologische Bestimmungsfaktoren für das Kariesrisiko. In: Kunath H, Lochmann U, Straube R, Jöckel KH, Köhler CO (Hrsg.): Medizin und Information. Medizin Verlag München, München, 621-623.

Hallqvist J, Lundberg M, Diderichsen F, Ahlbom A [1998]: Socioeconomic differences in risk of myocardial infarction 1971-1994 in Sweden: time trends, relative risks and population attributable risks. Int. J. Epidemiol. 27: 410-415.

Hanefeld U [1987]: Das Sozio-ökonomische Panel. Grundlagen und Konzeption. Campus Verlag, Frankfurt / New York.

Hanesch W, Schütte W [1993]: Geschichten von 'Wildwuchs' und 'Mißbrauch'. Zur Polemik gegen die Sozialhilfe in der Auseinandersetzung um den 'Solidarpakt'. Stellungnahme der Arbeitsgruppe Armut und Unterversorgung. Institut für Sozialarbeit und Sozialpädagogik, ISS-Paper 7, Frankfurt am Main 1996, 130-139.

Hanesch W, Adamy W, Martens R, Rentzsch D, Schneider U, Schubert U et al. [1994]: Armut in Deutschland. Rowohlt.

Harnack GA von [1953]: Wesen und soziale Bedingtheit frühkindlicher Verhaltensstörungen. Verlag S. Karger, Basel.

Harnack GA von [1958]: Nervöse Verhaltensstörungen beim Schulkind. Eine medizinisch-soziologische Untersuchung. Georg Thieme Verlag, Stuttgart.

Harreis G, Schultze C, Schmidt F [1982]: Das Rauchen der Schüler verlagert sich auf immer jüngere Jahrgänge. In: Rauchen oder Gesundheit. Neulands-Verlagsgesellschaft mbH, Hamburg, 82-87.

Hart JT [1971]: The inverse care law. The Lancet; i: 405-412.

Harych H, Harych P [1997]: Arbeitslosigkeit und gesundheitliche Folgen in Ostdeutschland - eine Studie im Freistaat Sachsen. Argument-Verlag, Hamburg

Hasan J [1989]: Way-of-life, stress, and differences in morbidity between occupational classes. In: Fox (ed.) 1989, a.a.O., 372-385.

Hasan J [1994]: Growth, disease and length of life in a stratified society. In: Mielck/Giraldes (eds.) 1994, a.a.O., 175-192.

Hauser R, Cremer-Schäfer H, Nouvertné U (Hrsg.) [1981]: Armut, Niedrigeinkommen und Unterversorgung in der Bundesrepublik Deutschland. Bestandsaufnahme und sozialpolitische Perspektiven. Campus Verlag, Frankfurt/ Main.

Hauser R, Engel B (Hrsg.) [1985]: Soziale Sicherung und Einkommensverteilung. Empirische Analysen für die Bundesrepublik Deutschland. Campus Verlag, Frankfurt/Main.

Hauser R, Hübinger W [1993]: Arme unter uns. Teil 1: Ergebnisse und Konsequenzen der Caritas-Armutsuntersuchung. Lambertus.

Hauser R, Becker I [1996]: Zur Entwicklung der personellen Verteilung der Einkommen in West- und Ostdeutschland 1973 bzw. 1990 bis 1994. Sozialer Fortschritt 45: 285-293.

Hauser R [1997a]: Armutsberichterstattung. In: Noll HH (Hrsg.): Sozialberichterstattung in Deutschland. Juventa Verlag, Weinheim/München, 19-45.

Hauser R [1997b]: Armut, Armutsgefährdung und Armutsbekämpfung in der Bundesrepublik Deutschland. Jahrbücher f. Nationalökonomie u. Statistik 216: 524-548.

Hauser R [1997c]: Vergleichende Analyse der Einkommensverteilung und der Einkommensarmut in den alten und neuen Bundesländern von 1990 bis 1995. In: Becker I, Hauser R (Hrsg.): Einkommensverteilung und Armut. Campus Verlag, Frankfurt/New York, 63-82.

Hauß F, Naschold F, Rosenbrock R (Hrsg.) [1981a]: Schichtenspezifische Versorgungsprobleme im Gesundheitswesen. Bundesministerium für Arbeit und Sozialordnung, Forschungsbericht Gesundheitsforschung Nr. 55, Bonn.

Hauß F, Naschold F, Rosenbrock R [1981b]: Schichtenspezifische Versorgungsprobleme und leistungssteuernde Strukturpolitik im Gesundheitswesen. In: Hauß et al. (Hrsg.) 1981a, a.a.O., 175-243.

Heberer G, Schwidetzky I, Walter H [1970]: Anthropologie. Fischer Bücherei, Frankfurt am Main und Hamburg.

Hein B [1996]: Fragen zur Gesundheit. Ergebnisse des Mikrozensus 1995. Wirtschaft und Statistik 10: 624-632.

Heindorf H, Schönrok G [1967]: Soziale Faktoren bei sprachgestörten und psychisch auffälligen Kindern. In: Medizin und Soziologie. Materialien des 2. Internationalen Symposiums (1.-3.12.1966) in Berlin. Humboldt-Universität zu Berlin, 152-157.

Heinemann L, Helmert U, Classen E, Greiser E [1996]: Social gradient of CVD risk in Germany before/after unification. Reviews on Environmental Health 11: 7-14.

Heinrich J, Popescu M, Cyrys J, Wichmann HE [1995a]: Umweltmedizinische Untersuchungen von Kindern im Mansfelder Land und einem Vergleichsgebiet im Jahre 1992. GSF-Forschungszentrum für Umwelt und Gesundheit, GSF-Bericht 16/1995, Neuherberg.

Heinrich J, Popescu M, Wjst M, Trepka MJ, Cyrys J. Wichmann HE [1995b]: Umweltmedizinische Untersuchungen im Raum Bitterfeld, im Raum Hettstedt und in einem Vergleichsgebiet 1992-1994. Data Book. GSF-Forschungszentrum für Umwelt und Gesundheit, GSF-Bericht 10/95. Neuherberg.

Heinrich J, Mielck A, Schäfer I, Mey W [1998a]: Soziale Ungleichheit und umweltbedingte Erkrankungen in Deutschland. Empirische Ergebnisse und Handlungsansätze. In: Wichmann HE, Schlipköter HW, Fülgraff G (Hrsg.): Fortschritte in der Umweltmedizin. Ecomed Verlagsgesellschaft, Landsberg.

Heinrich J, Popescu MA, Wjst M, Goldstein IF, Wichmann HE [1998b]: Atopy in children and parental social class. Am. J. Public Health 88: 1319-1324.

Heising G [1973]: Aktiv-klinische Therapie mit einer schichtspezifischen Phobikergruppe. Praxis der Psychotherapie XVIII: 97-103.

Helmert U, Herman B, Klesse R, Greiser E [1987]: Prävalenz und Behandlungsstatus des Bluthochdrucks - Ergebnisse des 1. Bremer DHP-Gesundheitssurveys. Öff. Gesundh. Wes. 49: 621-627.

Helmert U, Greiser E [1988]: Soziale Schicht und Risikofaktoren für koronare Herzkrankheiten - Resultate der regionalen DHP-Gesundheitssurveys. Soz.-Präventivmed. 33: 233-240.

Helmert U, Herman B, Joeckel KH, Greiser E, Madans J [1989]: Social class and risk factors for coronary heart disease in the Federal Republic of Germany. Results of the baseline survey of the German Cardiovascular Prevention Study (GCP). J. Epidemiol. Community Health 43: 37-42.

Helmert U, Shea S, Herman B, Greiser E [1990]: Relationship of social class characteristics and risk factors for coronary heart disease in West Germany. Public Health 104: 399-416.

Helmert U, Mielck A, Claßen E [1992]: Social inequities in cardiovascular disease risk factors in East and West Germany. Soc. Sci. Med. 35: 1283-1292

Helmert U [1993]: Social class and risk factor changes at the midpoint of the German Cardiovascular Prevention Study. In: Abel et al. (eds.) 1993b, a.a.O., 133-155.

Helmert U, Maschewsky-Schneider U, Mielck A, Greiser E [1993a]: Soziale Ungleichheit bei Herzinfarkt und Schlaganfall in West-Deutschland. Soz.-Präventivmed. 38: 123-132.

Helmert U, Shea S, Greiser E, Maschewsky-Schneider U [1993b]: Effects of 3.5 years of community intervention on social class gradients for cardiovascular disease risk factors in the German Cardiovascular Prevention Study. Ann. Epidemiol. 3 (Suppl.): S36-S43.

Helmert U [1994]: Sozialschichtspezifische Unterschiede in der selbst wahrgenommenen Morbidität und bei ausgewählten gesundheitsbezogenen Indikatoren in West-Deutschland. In: Mielck (Hrsg.) 1994a, a.a.O., 187-207.

Helmert U, Shea S [1994]: Social inequalities and health status in Western Germany. Public Health 108: 341-356.

Helmert U, Janka HU, Strube H [1994a]: Epidemiologische Befunde zur Häufigkeit des Diabetes mellitus in der Bundesrepublik Deutschland 1984-1991. Diabetes und Stoffwechsel 3: 271-277.

Helmert U, Herman B, Shea S [1994b]: Moderate and vigorous leisure-time physical activity and cardiovascular disease risk factors in West Germany. Int. J. Epidemiol. 23: 285-292.

Helmert U, Shea S, Maschewsky-Schneider U [1995]: Social class and cardiovascular disease risk factor changes in West Germany 1984-1991. Eur. J. Publ. Health 5: 103-108.

Helmert U [1996]: Kardiovaskuläre Risikofaktoren und Beruf: Resultate der Gesundheitssurveys der Deutschen Herz-Kreislauf-Präventionsstudie. Soz.-Präventivmed. 41: 165-177.

Helmert U, Lang P [1997]: Passivrauchen bei Kindern im Alter bis zu 5 Jahren. Gesundheitswesen 59: 461-466.

Helmert U, Shea S, Bammann K [1997a]: The impact of occupation on self-reported cardiovascular morbidity in Western Germany: gender differences. Reviews on Environmental Health 12: 25-42.

Helmert U, Mielck A, Shea S [1997b]: Poverty, health and nutrition in Germany. Reviews on Environmental Health 12: 159-170.

Helmert U, Mielck A, Shea S [1997c]: Poverty and health in West Germany. Soz.-Präventivmed. 42: 276-285.

Helmert U, Maschewsky-Schneider U [1998]: Zur Prävalenz des Tabakrauchens bei Arbeitslosen und Armen. In: Henkel/Vogt (Hrsg.) 1998, a.a.O., 153-165.

Helmert U, Lang P, Cuelenaere B [1998]: Rauchverhalten von Schwangeren und Müttern mit Kleinkindern. Soz.- Präventivmed. 43: 51-58.

Helmert U, Borgers D [1998]: Rauchen und Beruf. Eine Analyse von 100.000 Befragten des Mikrozensus 1995. Bundesgesundheitsblatt 3/98: 102-107.

Helmert U [1999a]: Einkommen und Rauchverhalten in der Bundesrepublik Deutschland - eine Sekundäranalyse der Daten des Mikrozensus 1995. Gesundheitswesen 61: 31-37.

Helmert U [1999b]: Tagungsberichte: Soziale Ungleichheit und Gesundheit. Public Health Forum 24: 26-27.

Helmert U [1999c]: Analyse nationaler Trends kardiovaskulärer Risikofaktoren für die Bundesrepublik Deutschland von 1984 bis 1991. Z. f. Gesundheitswiss 7: 149-158.

Hendel-Kramer A, Karmaus W, Weiß K, Moseler M, Kühr J, Forster J [1992]: Sozialgruppenspezifische Einflüsse auf die Verschlechterung bronchialer Hyperregiabilitätssymptomatik bei Schulkindern. In: Laaser U, Schwartz FW (Hrsg.): Gesundheitsberichterstattung und Public Health in Deutschland. Springer Verlag, Berlin 1992, 235-242.

Henke D [1981]: Zur verteilungstheoretischen Analyse der Einnahmen- und Ausgabenströme im Gesundheitswesen. In: Hauß et al. (Hrsg.) 1981a, a.a.O., 311-320.

Henke D, Behrens C, Arab L, Schlierf G [1986]: Die Kosten ernährungsbedingter Krankheiten. Schriftenreihe des Bundesministers für Jugend, Familie, Frauen und Gesundheit, Band 179. Verlag Kohlhammer, Stuttgart.

Henkel D, Roer D [1976]: Häufigkeit, Sozialverteilung und Verursachung psychischer Störungen in der BRD. Argument-Sonderband AS 12: 148-188.

Henkel D, Vogt I (Hrsg.) [1998]: Sucht und Armut. Alkohol, Tabak, Medikamente, illegale Drogen. Leske & Budrich, Opladen.

Henkel D [1998]: Arbeitslosigkeit, Alkoholkonsum und Alkoholabhängigkeit: nationale und internationale Forschungsergebnisse. In: Henkel/Vogt (Hrsg.) 1998, a.a.O., 101-136.

Herlyn U (Hrsg.) [1980]: Großstadtstrukturen und ungleiche Lebensbedingungen in der Bundesrepublik. Verteilung und Nutzung sozialer Infrastruktur. Campus Verlag, Frankfurt/Main.

Herlyn I, Herlyn U [1983]: Wohnverhältnisse in der Bundesrepublik. Campus Verlag, Frankfurt/Main.

Hermann-Kunz E [1995]: Ernährung und relative Armut in den neuen Bundesländern. In: Barlösius et al. (Hrsg.) 1995, a.a.O., 161-182.

Herwig A [1995]: Körperliche Aktivität und Lebensgewohnheiten, Nährstoffzufuhr, klinisch-chemische Parameter. In: Kübler W, Anders HJ, Heeschen W (Hrsg.): VERA-Schriftenreihe, Band XIII. Wissenschaftlicher Fachverlag, Niederkleen.

Heseker H, Schneider R, Moch KJ, Kohlmeier M, Kübler W [1992]: Vitaminversorgung Erwachsener in der Bundesrepublik Deutschland. In: Kübler W, Anders HJ, Heeschen W, Kohlmeier W (Hrsg.): VERA-Schriftenreihe, Band IV. Wissenschaftlicher Fachverlag, Niederkleen.

Heseker H, Adolf T, Eberhardt W, Hartmann S, Herwig A, Kübler W et al. [1994]: Lebensmittel- und Nährstoffaufnahme Erwachsener in der Bundesrepublik Deutschland. In: Kübler W, Anders HJ, Heeschen W (Hrsg.): VERA-Schriftenreihe, Band III. Wissenschaftlicher Fachverlag, Niederkleen.

Heuchert G, Bräunlich A, Enderlein G, Oberdoerster G, Stark H, Wulke P [1990]: Fahndung nach Einflüssen der Arbeit auf die chronischen Erkrankungen auf der Grundlage arbeitsmedizinischer Vorsorgeuntersuchungen. In: Guggenmoos-Holzmann I (Hrsg.): Quantitative Methoden in der Epidemiologie. Springer Verlag, Berlin, 161-167.

Hieke E [1969]: Soziologische Untersuchungen über Schwangerschafts- und Geburtsverlauf bei 180 Frauen des Kreises Oranienburg. Humboldt-Universität, Med. Fak., Dissertation, Berlin.

Höhn C, Gärtner K, Störtzbach B [1992]: Perspektiven für die soziodemographische Entwicklung im vereinten Deutschland. In: Imhof AE (Hrsg.): Leben wir zu lange? Böhlau Verlag, Köln, 45-68.

Hoeltz J, Bormann C, Schroeder E [1990]: Subjektive Morbidität, Gesundheitsrisiken, Inanspruchnahme von Gesundheitsleistungen. Gesundheitsberichterstattung auf der Basis des 1. Nationalen Gesundheitssurveys der Deutschen Herz-Kreislauf-Präventionsstudie. Infratest Gesundheitsforschung (Eigenverlag), München.

Hönmann H, Schepank H, Riedel P [1983]: Beschwerden bei psychisch Gesunden und psychisch Kranken in der Allgemeinbevölkerung. In: Studt H (Hrsg.): Psychosomatik in Forschung und Praxis. Urban & Schwarzenberg, München, 3-22.

Hoffmeister H [1981]: Möglichkeiten und Grenzen epidemiologischer Forschung zur Analyse von Unterschieden in der gesundheitlichen Versorgung. In: Hauß et al. (Hrsg.) 1981a, a.a.O., S. 245-259.

Hoffmeister H, Hüttner H, Stolzenberg H, Lopez H, Winkler J [1992]: Sozialer Status und Gesundheit. Nationaler Gesundheitssurvey 1984-1986. BGA Schriften 2/92. Medizin Verlag München, München.

Hoffmeister H, Mensink GBM, Stolzenberg H [1994]: National trends in risk factors for cardiovascular disease in Germany. Preventive Medicine 23: 197-205.

Hoffmeister H, Bellach BM [1995]: Die Gesundheit der Deutschen. Ein Ost-West-Vergleich von Gesundheitsdaten. Robert-Koch-Institut, RKI-Heft 7/1995, Berlin.

Hoffmeister H, Hüttner H [1995]: Die Entwicklung sozialer Gradienten in den Nationalen Gesundheits-Surveys 1985-1991. Z. für Gesundheitswiss., 2. Beiheft: 113-129.

Hoffmeyer-Zlotnik JHP [1998]: 'Beruf' und 'Stellung im Beruf' als Indikatoren für soziale Schichtung. In: Ahrens et al. (Hrsg.) 1998, a.a.O., 54-64.

Holland WW [1997]: Socioeconomic health differences. A commentary. Eur. J. Public Health 7: 221-222.

Hoover D, Muñoz A, Carey V, Chmiel J, Taylor J, Margolick J et al. [1991]: Estimating the 1978-1990 spread and future spread of the Human Immunodeficiency Virus Type 1 in subgroups of homosexual men. Am. J. Epidemiol. 134 : 1190-11205.

Horn K, Beier C, Wolf M [1983]: Krankheit, Konflikt und soziale Kontrolle. Westdeutscher Verlag, Opladen.

Hort W, Hort H, Willers R [1995]: Interventionsstudie gegen das Zigarettenrauchen von Düsseldorfer Hauptschülern 1992-94. Z. Kardiol. 84: 700-711.

Hort W, Setter C [1996]: Zigarettenrauchen von Berufsschülerinnen und Berufsschülern in einigen deutschen Groß- und Kleinstädten - eine Pilotstudie an 27 Berufen. Die Medizinische Welt 47: 342-345.

Hoting I [1996]: Einflußfaktoren auf den Schwermetallgehalt im Staubniederschlag in Innenräumen in unterschiedlich belasteten Orten Sachsen-Anhalts. Magisterarbeit im Postgraduierten-Studiengang 'Öffentliche Gesundheit und Epidemiologie', LMU München.

House JS, Kessler RC, Herzog AR, Mero RP, Kinney AM, Breslow MJ [1990]: Age, socioeconomic status, and health. The Milbank Quarterly 68: 383-411.

House JS [1993]: Zum sozialepidemiologischen Verständnis von Public Health: soziale Unterstützung und Gesundheit. In: Badura B, Elkeles T, Grieger B, Huber E, Kammerer W (Hrsg.): Zukunftsaufgabe Gesundheitsförderung, Mabuse-Verlag, Frankfurt/Main, 173-184.

House JS, Lepkowski JM, Kinney AM, Mero RP, Kessler RC, Herzog AR [1994]: The social stratification of aging and health. J. Health & Social Behavior 35: 213-234.

Hradil S [1994]: Neuerungen in der Ungleichheitsanalyse und die Programmatik künftiger Sozialepidemiologie. In: Mielck (Hrsg.) 1994a, a.a.O., 375-392.

Hradil S [1997a]: Lebenssituation, Umwelt und Gesundheit. Bundesinstitut für Bevölkerungsforschung (BiB). Materialien zur Bevölkerungswissenschaft Heft 88. Wiesbaden.

Hradil S (Hrsg.) [1997b]: Differenz und Integration. Verhandlungen des 28. Kongresses der Deutschen Gesellschaft für Soziologie in Dresden 1996. Campus Verlag, Frankfurt/New York.

Hradil S [1999]: Soziale Ungleichheit in Deutschland. Leske & Budrich, Opladen.

Huber E [1996]: Begrüßung der KongreßteilnehmerInnen. In: Bouali et al. (Hrsg.) 1996, a.a.O., 9-10.

Hüttner H [1977]: Zur Soziologie des Gesundheitsverhaltens. Verlag Volk und Gesundheit, Berlin.

Hüttner H, Kopske C, Bittig G, Ilgert A, Apelt P, Rochow G [1981]: Studie Fürstenwalde - Zur Planung, Durchführung und zu ersten Ergebnissen einer medizin-soziologischen Untersuchung. Sozialhygiene Report 6: 58-68.

Hüttner H (Hrsg.) [1987]: Medizinsoziologie. Tatsachen und Tendenzen. Verlag Volk und Gesundheit, Berlin.

Hüttner H [1996]: Gesunde Lebensführung - zur Realität in der Primärprävention. In: Bellach (Hrsg.) 1996, a.a.O., 31-51.

Hüttner H, Wiesner G, Todzy-Wolff I [1996a]: Gesundheit und soziale Schicht. In: Bellach (Hrsg.) 1996, a.a.O., 157-178.

Hüttner H, Dortschy R, Heß H, Kahl H, Tietze K [1996b]: Rauchen unter Berliner Schülern. Ergebnisse der Berliner Studie 'Gesundheit im Kindesalter' (GIK II) 1994/95. Bundesgesundhbl. 12: 454-460.

Hüttner H [1998]: Gesundheit und soziale Schicht - ein Exkurs. In: Ahrens et al. (Hrsg.) 1998, a.a.O., 39-46.

Hupkens C, Knibbe R, Drop M [1977]: Cultural and class differences in food rules in nuclear families. In: Köhler et al. (eds.) 1997, a.a.O., 238-244.

Huster EU [1990]: Gesundheit - Risiken und Unterversorgung. In: Döring et al. (Hrsg.) 1990, a.a.O., 244-269.

Infratest Gesundheitsforschung [1983]: Konsum und Mißbrauch von Alkohol, illegalen Drogen, Medikamenten und Tabakwaren durch junge Menschen. Herausgegeben vom Bundesministerium für Jugend, Familie und Gesundheit, Bonn.

Jacobsen G, Stallmann M, Skiba EG [1987]: Jugend und Alkohol. Ergebnisse einer Befragung Berliner Jugendlicher zum Alkoholkonsum. Hofgarten Verlag, Berlin.

Jahn E [1981]: Zur Verwendbarkeit des Schichtenbegriffs in der Gesundheitsforschung. In: Hauß et al. (Hrsg.) 1981a, a.a.O., 285-295.

Janßen C [1997]: Gesundheitliche Risikoverhaltensweisen und gesundheitliche Kontrollüberzeugungen (HLC) in Ost- und Westdeutschland. Eine Querschnittstudie von 1992. In: Rehberg KS (Hrsg.): Differenz und Integration. Die Zukunft moderner Gesellschaften. Westdeutscher Verlag, Opladen, 594-598.

Janßen C, Lüschen G [1998]: Health Locus of Control (HLC) in Deutschland, Belgien, Frankreich und Niederlande. Soziodemographische und ökonomische Unterschiede (Poster). Gesundheitswesen 60: A55.

Jarre J [1975]: Umweltbelastungen und ihre Verteilung auf soziale Schichten. Verlag Otto Schwartz & Co., Göttingen.

Jöckel KH, Babitsch B, Bellach BM, Bloomfield K, Hoffmeyer-Zlotnik J, Winkler J et al. [1998]: Messung und Quantifizierung soziodemographischer Merkmale in epidemiologischen Studien. In: Ahrens et al. (Hrsg.) 1998, a.a.O., 7-38.

John J, Winkelhake O, Mielck A [1998]: Zuzahlung, direkte Käufe. In: Statistisches Bundesamt (Hrsg.) 1998, a.a.O., 479-483.

Jürgens HW [1964]: Die populationsgenetische Bedeutung des Bildungswesens. In: Baitsch H, Ritter H (Hrsg.): Bericht über die 8. Tagung der Deutschen Gesellschaft für Anthropologie. Musterschmidt Verlag, Göttingen, 182-191.

Jürgens HW [1965]: Der Sozialtypus. In: Jürgens HW, Vogel C (Hrsg.): Beiträge zur menschlichen Typenkunde. Ferdinand Enke Verlag, Stuttgart, 159-248.

Jürgens HW [1971]: Soziale Unterschiede in Wachstum und Reifung. Mschr. Kinderheilk. 119: 336-341.

Junge B [1988]: Welche Krankheiten bestimmen unsere Sterberate, Lebenserwartung, verlorenen Lebensjahre? In: Hoffmeister H, Gloßklaus D (Hrsg.): Gesundheit und Umwelt. BGA Schriften 4/88. Medizin Verlag München, München, 15-23.

Junker H [1972]: Erfahrungen aus der Ehepaargruppentherapie mit Patienten aus der oberen Unterschicht. Psyche 26: 370-388.

Kaak HJ, Lührs R, Schröder T [1996]: Sozialräumliche Verteilung der Lungenkrebsmortalität in Hamburg. Prävention 31: 87-90.

Kamensky J, Zenz H, Steinmüller H [1997]: Living situation and health of welfare recipients in Germany. In: Köhler et al. (eds.) 1997, a.a.O., 181-185.

Kaplan GA, Keil JE [1993]: Socioeconomic factors and cardiovascular disease: a review of the literature. Circulation 88: 1973-1998.

Kaplan GA, Pamuk ER, Lynch JW, Cohen RD, Balfour JL [1996]: Inequality in income and mortality in the United States: analysis of mortality and potential pathways. BMJ 312: 999-1003.

Kaplan GA, Lynch JW [1997]: Editorial: Whither studies on the socioeconomic foundations of population health? Am. J. Public Health 87: 1409-1411.

Karasek RA, Theorell T [1990]: Healthy Work. Basic Books, New York.

Karg G, Gedrich K [1995]: Ernährungsbudgets privater Haushalte - Einfluß von Haushaltseinkommen und Haushaltszusammensetzung. In: Barlösius et al. (Hrsg.) 1995, a.a.O., 106-127.

Karg G, Gedrich K, Weyrauch S [1997]: Nutrition in the Federal Republic of Germany: exploring the influence of the socio-economic situation of the household. In: Köhler et al. (eds.) 1997, a.a.O., 167-178.

Kaser P [1966]: Ältere Arbeitnehmer in der Industrie Nordrhein-Westfalens. Forschungsberichte des Landes Nordrhein-Westfalen Nr. 1608. Westdeutscher Verlag, Köln/Opladen.

Kaufhold G [1987]: Zur Bedeutung des Typ-A-Verhaltensmusters für die Herzinfarktrehabilitation. In: Badura et al. 1987, a.a.O., 286-320.

Kavungu P, Ebeling K, Ebert S [1983]: Zum Einfluß einiger Faktoren auf die Teilnahme am zytologischen Screening zur Verhütung und Früherkennung des Zervixkarzinoms. Z. ärztl. Fortbild. 77: 883-885.

Keil U, Backsmann E, Pinding M [1974]: Soziale Gegebenheiten als Gesundheitsrisiko. Bundesgesundheitsblatt 17: 385-390.

Keil U, Backsmann E [1975]: Soziale Faktoren und Mortalität in einer Großstadt der BRD. Arbeitsmedizin, Sozialmedizin, Präventivmedizin 10: 4-9.

Keil U, Backsmann E [1976]: Soziale Faktoren und Mortalität in einer Großstadt der BRD. In: Abholz (Hrsg.) 1976a, a.a.O., 160-170.

Keil U, Chambless LE, Döring A, Filipiak B, Stieber J [1997]: The relation of alcohol intake to coronary heart disease and all-cause mortality in a beer-drinking population. Epidemiology 8: 150-155.

Kern KD [1989]: Gesundheitszustand der Bevölkerung. Ergebnisse des Mikrozensus April 1986. Wirtschaft und Statistik 2: 104-108.

Kesseler K, Maffei D, Meyer FJ, Konietzko N [1995]: Tuberkulose bei Asylbewerbern. Gesundh.-Wes. 57: 670-673.

Kessler RC, Cleary PD [1980]: Social class and psychological distress. American Sociological Review 45: 463-478.

Kieselbach T (Hrsg.) [1991]: Arbeitslosigkeit und Gesundheit - Neuere Ergebnisse der psychologischen Arbeitslosigkeitsforschung. Beltz Verlag, Weinheim.

Kieselbach T [1997]: Job loss, unemployment, and social injustices: an introduction. Social Justice Research 10: 111-125.

Kirchberger S [1981]: Zur theoretischen Adäquanz des Schichtkonzepts für die Untersuchung von Versorgungsproblemen im Gesundheitswesen. In: Hauß et al. (Hrsg.) 1981a, a.a.O., 296-302.

Kirchgässler KU [1990]: Health and social inequities in the Federal Republic of Germany. Soc. Sci. Med. 31: 249-256.

Kirschner W [1981a]: Der Einfluß von Sozialfaktoren auf das Gesundheitsverhalten der Bevölkerung. Sekundäranalyse empirischer Untersuchungen zum Gesundheitszustand und Gesundheitsverhalten der Bevölkerung der Bundesrepublik Deutschland und West-Berlin. Infratest Gesundheitsforschung, Eigenverlag, München.

Kirschner W [1981b]: Bemerkungen zur empirischen Überprüfung der Inanspruchnahme präventivmedizinischer Leistungen am Beispiel der Krebsfrüherkennungsuntersuchung in der Bundesrepublik Deutschland. In: Hauß et al.(Hrsg.) 1981a, a.a.O., 260-275.

Kirschner W [1985]: Krebsfrüherkennungsuntersuchungen in der Bundesrepublik Deutschland. Gründe der Nichtinanspruchnahme und Möglichkeiten zu Erhöhung der Beteiligung. Deutsche Forschungs- und Versuchsanstalt für Luft- und Raumfahrt (DFVLR), Bereich Projektträgerschaften, Eigenverlag, Köln.

Kirschner W, Meinlschmidt G [1994]: Gesundheitliche Risikoexposition, Gesundheitsverhalten und subjektive Morbidität von West- und Ostberlinern insgesamt und nach sozialer Schichtzugehörigkeit. In: Mielck (Hrsg.) 1994a, a.a.O., 253-266

Kiss A [1997a]: Ausgewählte Daten zur gesundheitlichen Lage von Kindern und Jugendlichen in Berlin. In: Berlin 1997, a.a.O., 126-138.

Kiss A [1997b]: Gesundheit und Gesundheitsverhalten von Jugendlichen in Berlin unter besonderer Berücksichtigung der Ergebnisse der Schulentlassungsuntersuchungen 1994/95. Diskussionsbeiträge zur Gesundheits- und Sozialforschung der Senatsverwaltung für Gesundheit und Soziales in Berlin, Berlin.

Klaes L [1985]: Soziale Benachteiligung und Gesundheitsverhalten. Eine Fallstudie zur schichtenspezifischen Nichtinanspruchnahme von Gesundheitsleistungen. Verlag P. Lang, Frankfurt/Main.

Klein T [1993a]: Der Einfluß des berufsstrukturellen Wandels auf die Verlängerung der Lebenserwartung in der Bundesrepublik Deutschland - eine kohortenbezogene Analyse. Gesundh. Wes. 55: 357-363.

Klein T [1993b]: Soziale Determinanten der Lebenserwartung. Kölner Z. Soziologie und Sozialpsychologie 45: 712-730.

Klein T [1993c]: Soziale Position und Lebenserwartung. Eine kohortenbezogene Analyse mit den Daten des Sozio-ökonomischen Panels. Z. Gerontol. 26: 313-320

Klein T [1993d]: Familienstand und Lebenserwartung. Eine Kohortenanalyse für die Bundesrepublik Deutschland. Z. für Familienforschung 5: 99-114.

Klein T [1995]: Lebenserwartung zwischen Biologie und Soziologie. Z. f. Gesundheitswiss. 3: 311-419.

Klein T [1996]: Mortalität in Deutschland: Aktuelle Entwicklungen und soziale Unterschiede. In: Zapf et al. (Hrsg.) 1996, a.a.O., 366-377.

Klein T, Unger R [1999]: Aktive Lebenserwartung in der Bundesrepublik. Gesundheitswesen 61: 168-178.

Klocke A [1995]: Der Einfluß sozialer Ungleichheit auf das Ernährungsverhalten im Kindes- und Jugendalter. In: Barlösius et al. (Hrsg.) 1995, a.a.O., 185-203.

Klocke A, Hurrelmann K [1995a]: Armut und Gesundheit. Inwieweit sind Kinder und Jugendliche betroffen? Z. f. Gesundheitswiss., 2. Beiheft: 138-151.

Klocke A, Hurrelmann K [1995b]: Armut im Kindes- und Jugendalter wirkt sich auf das psychosoziale Wohlbefinden und die Gesundheit aus. Die Krankenversicherung 10: 252-254.

Klocke A, Hurrelmann K [1996]: Psychosoziales Wohlbefinden und Gesundheit der Jugendlichen nichtdeutscher Nationalität. In: Mansel J, Klocke A (Hrsg.): Die Jugend von heute. Juventa Verlag, Weinheim, 193-208.

Klocke A [1997a]: The impact of poverty on nutrition behaviour in young Europeans. In: Köhler et al. (eds.) 1997, a.a.O., 224-237.

Klocke A [1997b]: Gesundheitliche Situation von Kindern und Jugendlichen in Armut. In: Berlin 1997, a.a.O., 16-20.

Klocke A, Hurrelmann K (Hrsg.) [1998]: Kinder und Jugendliche in Armut. Westdeutscher Verlag, Opladen/Wiesbaden.

Klosterhuis H, Müller-Fahrnow W [1994]: Sozialschicht und Sterblichkeit bei männlichen Angestellten aus den alten Bundesländern. In: Mielck (Hrsg.) 1994a, a.a.O., 319-330.

Klusmann D, Angermeyer MC [1987]: Urban ecology and psychiatric admission rates: Results from a study in the city of Hamburg. In: Angermeyer (ed.) 1987, a.a.O., 16-45.

Knoche M, Hungeling G (Hrsg.) [1998]: Soziale und ökologische Gesundheitspolitik. Mabuse-Verlag, Frankfurt am Main.

Knoche M [1998]: Bündnisgrüne Gesundheitspolitik - eine Einschätzung und Bilanz nach drei Jahren im Bundestag. In: Knoche/Hungeling (Hrsg.) 1998, a.a.O., 13-38.

Knopf H, Melchert HU [1996]: Ergebnisse der Nationalen Untersuchungssurveys zum Verbrauch von Antihypertensiva. In: Bellach (Hrsg.) 1996, a.a.O., 109-132.

Köhler BM [1991]: Gibt es eine soziale Differenzierung des Ernährungsverhaltens. Wissenschaftszentrum Berlin für Sozialforschung (WZB), Veröffentlichungsreihe der Forschungsgruppe Gesundheitsrisiken und Präventionspolitik, Heft P91-208, Berlin.

Köhler BM, Feichtinger E, Barlösius E, Dowler (eds.) [1997]: Poverty and Food in Welfare Societies. edition sigma, rainer bohn verlag, Berlin.

Köhler BM, Feichtinger E (Hrsg.) [1998]: Annotierte Bibliographie 'Armut und Ernährung'. edition sigma, rainer bohn verlag, Berlin.

Kogevinas M, Pearce N, Susser M, Boffetta P (eds.) [1997]: Social inequalities and cancer. International Agency for Research on Cancer (IARC), Scientific Publications No. 138, Lyon.

Kogevinas M, Portas M [1997]: Socioeconomic differences in cancer survival: a review of the evidence. In: Kogevinas et al. (eds.) 1997, a.a.O., 177-206.

Kohl J [1992]: Armut im internationalen Vergleich. Methodische Probleme und empirische Ergebnisse. Kölner Zeitschr. Soziologie Sozialpsychol., Sonderheft 32: 272-299.

Kohlmeier M, Berndt B, Thefeld W, Eberhardt W [1993a]: Verbreitung von klinisch-chemischen Risikoindikatoren in der Bundesrepublik Deutschland. In: Kübler W, Anders HJ, Heeschen W (Hrsg.): VERA-Schriftenreihe, Band VII. Wissenschaftlicher Fachverlag, Niederkleen.

Kohlmeier L, Kroke A, Pötzsch J, Kohlmeier M, Martin K [1993b]: Ernährungsbedingte Krankheiten und ihre Kosten. Schriftenreihe des Bundesministeriums für Gesundheit, Band 27. Nomos Verlagsgesellschaft, Baden-Baden.

Kohlmeier M, Thefeld W, Stelte W, Grimm R, Häußler A, Hünchen K [1995]: Versorgung Erwachsener mit Mineralstoffen und Spurenelementen in der Bundesrepublik Deutschland. In: Kübler W, Anders HJ, Heeschen W (Hrsg.): VERA-Schriftenreihe, Band V. Wissenschaftlicher Fachverlag, Niederkleen.

Kolip P [1998]: Frauen und Männer. In: Schwartz et al. (Hrsg.) 1998a, a.a.O., 506-516.

Kopske C, Adam I, Andreas M, Apelt P, Begenau J, Denner D et al. [1987]: Zur Erfassung sozialer Indikatoren. Z. ärztl. Fortbild. 81: 847-856.

KORA [1998]: Kooperative Gesundheitsforschung in der Region Augsburg (KORA). Informationsbroschüre der GSF, Neuherberg.

Korczak D, Pfefferkorn G [1992]: Überschuldungssituation und Schuldnerberatung in der Bundesrepublik Deutschland. Schriftenreihe des Bundesministeriums für Familie und Senioren, Band 3, Verlag W. Kohlhammer, Stuttgart.

Korczak D [1994]: Der Einfluß des Sozialmilieus auf das Gesundheitsverhalten. In: Mielck (Hrsg.) 1994a, a.a.O., 267-297.

Korczak D [1997]: Marktverhalten, Verschuldung und Überschuldung privater Haushalte in den neuen Bundesländern. Schriftenreihe des Bundesministeriums für Familie, Senioren, Frauen und Jugend, Band 145, Verlag W. Kohlhammer, Stuttgart.

Korte W [1994]: Gesundheitsberichterstattung in Hamburg. In: Stadt Köln (Hrsg.) 1994, a.a.O., 62-74.

Koschorke M [1973]: Unterschicht und Beratung. Wege zum Menschen 25: 129-163.

Koschorke M [1975]: Zur Praxis der Beratungsarbeit mit Unterschichtfamilien. Wege zum Menschen 27: 315-331.

Koupilová I, Bobák M, Holcik J, Pikhart H, Leon DA [1998]: Increasing social variation in birth outcomes in the Czech Republic after 1989. Am. J. Public Health 88: 1343-1347.

Krämer U, Altmann L, Behrendt H, Dolgner R, Islam MS, Kaysers HG et al. [1997]: Comparison of the influence of socioeconomic factors on air pollution health effects in West and East Germany. In: Jantunen M (ed.): Socioeconomic and cultural factors in air pollution epidemiology. Air pollution epidemiology report number 8. European Commission, Brussels, 41-49.

Kramer A, Siegrist J [1973]: Soziale Schicht und Krankheitsverhalten - Eine Kontrollstudie. In: Enke H, Pohlmeier H (Hrsg.): Psychosoziale Rehabilitation, Hippokrates Verlag, Stuttgart, 119-131.

Krampitz D, Fehr R, Kahlke W [1986]: Einflußgrößen für Aspekte des Gesundheitsverhaltens. Ergebnisse einer Querschnittstudie an Einwohnern Hamburgs. Öff. Gesundh.-Wes. 28: 112-115 (Teil I) und 201-204 (Teil II).

Krause C, Chutsch M, Henke M, Leiske M, Schulz C, Schwarz E [1991]: Umwelt-Survey Band IIIa. Wohn-Innenraum: Spurenelementgehalte im Hausstaub. Inst. für Wasser, Boden- und Lufthygiene des Bundesgesundheitsamtes (WaBoLu), Heft 2/91, Berlin.

Krause C, Babisch W, Becker K, Bernigau W, Hoffmann K, Nöllke P et al. [1996]: Umwelt-Survey 1990/92. Band Ia: Studienbeschreibung und Human-Monitoring. Inst. für Wasser, Boden- und Lufthygiene des Bundesgesundheitsamtes (WaBoLu), Heft 1/96, Berlin.

Krause C, Schulz C, Becker K, Bernigau W, Hoffmann K, Nöllke P et al. [1997]: Umwelt-Survey 1990/92 Band Ib: Human-Biomonitoring. Deskription der Spurenelemente im Haar der Bevölkerung in der Bundesrepublik Deutschland. Inst. für Wasser, Boden- und Lufthygiene des Bundesgesundheitsamtes (WaBoLu), Heft 2/96, Berlin.

Kreuter H, Klaes L, Hoffmeister H, Laaser U [1995]: Prävention von Herz-Kreislaufkrankheiten. Ergebnisse und Konsequenzen der Deutschen Herz-Kreislauf-Präventionsstudie. Juventa Verlag, Weinheim/München.

Krüger W, Mausberg R, Kozielski PM [1978]: Kariesbefall und soziale Milieubedingungen bei Kindern im Vorschulalter. Dtsch. Zahnärztl. Z. 33: 164-166.

Kübler W, Balzter H, Grimm R, Schek A, Schneider R [1997]: Die Nationale Verzehrsstudie (NVS) und die Verbundstudie Ernährungserhebung und Risikofaktoren-Analytik (VERA). Synopsis und Ausblick. In: Kübler W, Anders HJ, Heeschen W (Hrsg.): VERA-Schriftenreihe, Band XIV. Wissenschaftlicher Fachverlag, Niederkleen.

Kühn H [1993]: Healthismus. Eine Analyse der Präventionspolitik und Gesundheitsförderung in den U.S.A. edition sigma, rainer bohn Verlag, Berlin.

Kühn H [1998a]: Ergebnisorientierung versus Wettbewerb in der medizinischen Versorgung. In: Knoche/Hungeling (Hrsg.) 1998, a.a.O., 208-220.

Kühn H [1998b]: Wettbewerb im Gesundheitswesen und sozial ungleiche Versorgungsrisiken. Sozialer Fortschritt 47: 131-136.

Künsebeck HW, Lempa W, Freyberger H [1984a]: Identification of psychosomatic and psychic disorders in non-psychiatric in-patients. Psychother. Psychosom. 42: 187-194.

Künsebeck HW, Schöl R, Freyberger H [1984b]: Interdisziplinär orientierte psychosomatische Krankenversorgung. Therapiewoche 34: 249-258.

Kunst A, Mackenbach JP [1994]: Measuring socio-economic inequalities in health. WHO Regional Office for Europe, Copenhagen.

Kunst A, Geurts J, van den Berg J [1995]: International variation in socioeconomic inequalities in self reported health. J. Epidemiol. Community. Health 49: 117-123.

Kunst A, Mackenbach JP [1996]: Die Messung sozioökonomisch bedingter gesundheitlicher Ungleichheiten. WHO Regionalbüro für Europa, Kopenhagen.

Kunst A, Cavelaars A, Groenhof F, Geurts J, Mackenbach JP [1996]: Socioeconomic inequalities in morbidity and mortality in Europe: a comparative study. Erasmus University of Rotterdam, Department of Public Health.

Kunstmann W, Gerling S, Beker H [1996]: Medizinische Versorgungsprojekte für Wohnungslose - Ursachen und Konzepte. Wohnungslos - Aktuelles aus Theorie und Praxis zur Armut und Wohnungslosigkeit 38: 103-112.

Kunzendorff E [1994]: Soziale Differenzierungen in epidemiologischen und medizinsoziologischen Untersuchungen auf dem Gebiet der DDR. Gab es soziale Ungleichheit als medizinisch relevantes Problem? In: Mielck (Hrsg.) 1994a, a.a.O., 53-92.

Kußmaul B, Döring A [1994]: Ernährungsverhalten und Ausbildungsstand: Gibt es einen Zusammenhang? In: Bayerisches Staatsministerium für Ernährung, Landwirtschaft und Forsten (Hrsg.): Schule und Beratung. München, V7 - V9.

Kußmaul B, Döring A, Stender M, Winkler G, Keil U [1995]: Zusammenhang zwischen Ernährungsverhalten und Bildungsstand: Ergebnisse der Ernährungserhebung 1984/85 des MONICA-Projektes Augsburg. Z. Ernährungswiss. 34: 177-182.

Laaser U, Schwartz FW (Hrsg.) [1992]: Gesundheitsberichterstattung und Public Health in Deutschland. Springer Verlag, Berlin.

Laaser U [1998]: Main public health issues facing the European Union: Results of the enquiry in Germany. Z. f. Gesundheitswiss. 6: 80-84.

Lahelma E, Arber S [1994]: Health inequalities among men and women in contrasting welfare states. Britain and three Nordic countries compared. Eur. J. Public Health 4: 213-226.

Landesgesundheitsamt Baden Württemberg [1996]: Pilotprojekt Beobachtungsgesundheitsämter. Zusammenfassender Bericht über die dreijährige Pilotphase, Stuttgart.

Lang T, Ducimetière P [1995]: Premature cardiovascular mortality in France: divergent evolution between social categories from 1970-1990. Int. J. Epidemiol. 24: 331-339.

Larsson G, Kallenberg KO [1996]: Sense of coherence, socioeconomic conditions and health. Eur. J. Public Health 6: 175-180.

Laue E [1995]: Grundvermögen privater Haushalte Ende 1993. Ergebnisse der Einkommens- und Verbrauchsstichprobe. Wirtschaft und Statistik 6: 488-497.

Lauterbach W [1995]: Die gemeinsame Lebenszeit von Familiengenerationen. Z. für Soziol. 24: 22-41.

Lechner I, Mielck A [1998]: Die Verkleinerung des 'Healthy Migrant Effects': Entwicklung der Morbidität von ausländischen und deutschen Befragten im Sozio-Ökonomischen Panel 1984 bis 1992. Gesundheitswesen 60: 715-720.

Lehr U, Schmitz-Scherzer R, Zimmermann EJ [1987]: Vergleiche von Überlebenden und Verstorbenen in der Bonner Gerontologischen Längsschnittstudie (BOLSA). In: Lehr U, Thomae H (Hrsg.): Formen seelischen Alterns. Enke Verlag, Stuttgart, 228-249.

Lemke P, Pfirrmann F, Schumann V [1987]: Bewohnernahe Präventionsangebote durch Krankenkassen in Gemeinden und Stadtteilen. In: Bundesministerium (Hrsg.) 1987, a.a.O., 7-29.

Lemke-Goliasch P, Füller A, Schumann V, Laaser U [1992]: Belastungen am Arbeitsplatz und kardiovaskuläre Risikofaktoren. Ergebnisse des Gesundheitssurveys der DHP 1988/1989. In: Laaser/Schwartz (Hrsg.) 1992, a.a.O., 305-317.

Leon DA, Vågerö D, Otterblad Olausson P [1992]: Social class differences in infant mortality in Sweden: comparison with England and Wales. British Med. J. 305: 687-691.

Levin LS [1987]: Every silver lining has a cloud: the limits of health promotion. Social Policy: 57-60.

Lichtenstein P, Harris JR, Pedersen NL, McClearn GE [1992]: Socioeconomic status and physical health, how are they related? An empirical study based on twins reared apart and twins reared together. Soc. Sci. Med. 36: 441-450.

Lieberz K [1982]: Zur Sozialisation neurotischer Patienten. Z. psychosom. Med. 28: 14-29.

Linden M, Gilberg R, Horgas AL, Steinhagen-Thiessen E [1996]: Die Inanspruchnahme medizinischer und pflegerischer Hilfe im hohen Alter. In: Mayer/Baltes (Hrsg.) 1996, a.a.O., 475-495.

Lindholm LA, Emmelin MA, Rosén ME [1997]: Health maximization rejected. Eur. J. Public Health 7: 405-410.

Linke W [1984]: Sozioökonomische Unterschiede der Sterblichkeit: Methoden und Ergebnisse. In: Putz F, Schwarz K (Hrsg.): Neuere Aspekte der Sterblichkeitsentwicklung. Deutsche Gesellschaft für Bevölkerungswissenschaft e.V., Selbstverlag, Wiesbaden, 145-164.

Linke W [1990]: Differentielle Sterblichkeit nach Berufen. Eine Auswertung der Beschäftigtenstatistik 1984 und 1985. Z. f. Bevölkerungswiss. 16: 29-51.

Lippert P, Hoffmeister H, Lopez H, Wünschmann E [1980]: Anmerkungen zu Interventionsprojekten im Jugendalter: Das Beispiel Zigarettenrauchen. Bundesgesundheitsblatt 23: 110-114.

Locher G [1990]: Gesundheits-/Krankheitsstatus und arbeitsbedingte Erkrankungen von alleinstehenden Wohnungslosen. Verlag Soziale Hilfe, Bielefeld.

LÖGD [1997]: Landesinstitut für den Öffentlichen Gesundheitsdienst des Landes Nordrhein-Westfalen (Hrsg.): Bevölkerung und bevölkerungsspezifische Rahmenbedingungen des Gesundheitswesens in Nordrhein-Westfalen. Gesundheitsberichterstattung Band 9, Bielefeld.

Lohmeyer H, Tenhaeff T, Riebartsch M [1972]: Kollumkarzinom und soziale Bevölkerungsstruktur. Geburtsh. und Frauenheilkunde 32: 691-698.

Loosen W [1996]: Sozialhilfereport. Kinder und Armut. Der Kassenarzt 5: 26-30.

Lucht van der F, Groothoff J [1995]: Social inequalities and health among children aged 10-11 in the Netherlands: causes and consequences. Soc. Sci. Med. 40: 1305-1311.

Lüschen G, Cockerham WC, Kunz G (eds.) [1989]: Health and Illness in America and Germany. Gesundheit und Krankheit in der BRD und den USA, R. Oldenbourg Verlag, München.

Lüschen G, Niemann S, Apelt P [1997a]: The integration of two health systems: social stratification, work and health in East and West Germany. Soc. Sci. Med. 44: 883-899.

Lüschen G, Geling O, Janßen C, Kunz G, von dem Knesebeck O [1997b]: After unification: gender and subjective health status in east and west Germany. Soc. Sci. Med. 44: 1313-1323.

Luger L [1998]: HIV/AIDS prevention and 'class' and socio-economic related factors of risk of HIV-infection. Wissenschaftszentrum Berlin für Sozialforschung (WZB), Veröffentlichungsreihe der Forschungsgruppe Public Health, Heft P98-204, Berlin.

Lundberg O [1991]: Causal explanations for class inequality in health - an empirical analysis. Soc. Sci. Med. 32: 385-393.

Lundberg O, Nyström Peck N [1994]: Sense of coherence, social structure and health. Eur. J. Publ. Health 4: 252-257.

Luttmann H, Grömping U, Kreienbrock L, Treiber-Klötzer C, Wolf-Ostermann K, Wichmann HE [1994]: Kohortenstudie zu Atemwegserkrankungen und Lungenfunktion bei Schulkindern in Südwestdeutschland. Teil 2: Regionale Einflüsse auf Atemwegserkrankungen in Mannheim und im Raum Freiburg. Zbl. Hyg. 196: 114-138.

Lynch J, Kaplan GA, Cohen RD, Tuomilehto J, Salonen JT [1996]: Do cardiovascular risk factors explain the relation between socioeconomic status, risk of all-cause mortality, cardiovascular mortality, and acute myocardial infarction? Am. J. Epidemiol. 144: 934-942.

Lynch J, Kaplan GA, Salonen R, Salonen JT [1997]: Socioeconomic status and progression of carotid atherosclerosis. Prospective evidence from the Kuopio Ischemic Heart Disease Risk Factor Study. Arterioscler. Thromb. Vasc. Biol. 17: 513-519.

Lynch J [1998]: Book Review: Health Inequalities: Discussion in Western European Countries, by Andreas Mielck and Maria Do Rosario Giraldes, Waxmann Verlag GmbH, Münster, Germany, 1994. Soc. Sci. Med. 46: 1514-1515.

Maahs H, Magdowski E [1985]: Rauchgewohnheiten von Schülern und Möglichkeiten ihrer Beeinflussung durch den Jugendarzt. Ärztl. Jugendkd. 76: 106-111.

Macintyre S [1997]: The Black Report and beyond: What are the issues? Soc. Sci. Med. 44: 723-745.

Mackenbach JP, Maas PJ v.d. [1989]: Social inequality and differences in health: a survey of the principal research findings. In: Gunning-Schepers et al. (eds.) 1989, a.a.O., 25-80.

Mackenbach JP [1992]: Socio-economic health differences in the Netherlands: a review of recent empirical findings. Soc. Sci. Med. 34: 213-226.

Mackenbach JP [1994]: Socioeconomic inequalities in health in the Netherlands: impact of a five year research programme. British Med. J. 309: 1487-1491.

Mackenbach JP [1995]: Tackling inequalities in health. Great need or evidence based interventions. Br. Med. J. 310: 1152-1153.

Mackenbach JP, Gunning-Schepers L [1997]: How should interventions to reduce inequalities in health be evaluated? J. Epidemiol. Community Health 51: 359-364.

Mackenbach JP, Kunst A, Cavelaars A, Groenhof F, Geurts J, Mielck A et al. [1997]: Socioeconomic inequalities in morbidity and mortality in Western Europe. The Lancet 349: 1655-1659.

Mackenbach JP [1998]: The Dutch experience with promoting research on inequality in health. In: Arve-Parès (ed.): Promoting research on inequality in health. Swedish Council for Social Research, Stockholm, 19-28.

Mackenbach JP, Droomers M (eds.) [1999]: Interventions and policies to reduce socioeconomic inequalities in health. Proceedings of the third workshop of the European Network on Interventions and Policies to Reduce Socioeconomic Inequalities in Health, Rotterdam, November 1998. Department of Public Health, Erasmus University Rotterdam.

MAGS [1991]: Ministerium für Arbeit, Gesundheit und Soziales des Landes Nordrhein-Westfalen (Hrsg.): Gesundheitsreport Nordrhein-Westfalen 1990, Bielefeld.

MAGS [1995a]: Ministerium für Arbeit, Gesundheit und Soziales des Landes Nordrhein-Westfalen (Hrsg.): Gesundheitsreport Nordrhein-Westfalen 1994, Bielefeld.

MAGS [1995b]: Ministerium für Arbeit, Gesundheit und Soziales des Landes Nordrhein-Westfalen (Hrsg.): Zehn vorrangige Gesundheitsziele für NRW, Bielefeld.

Makara P [1997]: Can we promote equity when we promote health? Health Promotion International 12: 97-98.

Mansel J, Brinkhoff KP (Hrsg.) [1998]: Armut im Jugendalter. Juventa Verlag, Weinheim und München.

Mansel J, Neubauer G (Hrsg.) [1998]: Armut und soziale Ungleichheit bei Kindern. Leske & Budrich, Opladen.

Marang-van de Mheen PJ, Davey Smith G, Hart CL, Gunning-Schepers LJ [1998]: Socioeconomic differentials in mortality among men within Great Britain: time rends and contributory causes. J Epidemiol Community Health 52: 214-218.

Marcus AC, Crane LA, Kaplan CP, Reading AE, Savage E, Gunning J et al. [1992]: Improving adherence to screening follow-up among women with abnormal Pap smears. Medical Care 30: 216-229.

Markuzzi A, Schlipköter U, Weitkunat R, Meyer G [1997]: Masern-, Mumps- und Rötelnimpfstatus bei Münchner Schulanfängern. Soz.-Präventivmed. 42: 133-143.

Marmot MG, McDowall ME [1986]: Mortality decline and widening social inequalities. The Lancet (August 2): 274-276.

Marmot MG [1994]: Social differentials in health within and between populations. Daedalus 123: 197-216.

Marmot M, Feeney A [1997]: General explanations for social inequalities in health. In: Kogevinas et al. (eds.) 1997, a.a.O., 207-228.

Maschewsky-Schneider U, Klesse R [1993]: Lebenslagen und Gesundheitshandeln von sozial benachteiligten Frauen. Die Bedeutung eines handlungstheoretischen Modells der Sozialstruktur für die Gesundheitsforschung. Soz.- Präventivmed. 38: 156-164.

Maschewsky-Schneider U [1996]: Rauchen, Fehlernährung, Bluthochdruck - Die Herz-Kreislauf-Risikofaktoren bei den Frauen in der (alten) Bundesrepublik Deutschland (BRD). In: Maschewsky-Schneider (Hrsg.): Frauen - das kranke Geschlecht? Mythos und Wirklichkeit. Leske & Budrich, Opladen, 73-83.

Maschewsky-Schneider U [1997]: Frauen sind anders krank. Zur gesundheitlichen Lage von Frauen in Deutschland. Juventa Verlag, Weinheim/München.

Mayer KU, Baltes PB (Hrsg.) [1996]: Die Berliner Altersstudie. Akademie Verlag, Berlin.

Mayer KU, Wagner M [1996]: Lebenslagen und soziale Ungleichheit im hohen Alter. In: Mayer/Baltes (Hrsg.) 1996, a.a.O., 250-275.

McCarron PG, Davey Smith G, Womersley JJ [1994]: Deprivation and mortality in Glasgow, changes from 1980 to 1992. British Med. J. 309: 1481-1482.

McLeod JD, Kessler RC [1990]: Socioeconomic status differences in vulnerability to undesirable life events. J. of Health and Social Behavior 31: 162-172.

McLoone P, Boddy FA [1994]: Deprivation and mortality in Scotland, 1981 and 1991. British Med. J. 309: 1465-1470.

Meer van der J [1998]: Equal care - equal cure? Socioeconomic differences in the use of health services and the course of health problems. Proefschrift. Thesis Publisher, Amsterdam.

Meinlschmidt G [1996]: Sozialstrukturatlas Berlin 1995 - ein Planungsinstrument für die Gesundheits- und Sozialplanung im Rahmen der Verwaltungsreform Berlin. Gesundheitswesen 58: 72-81.

Meinlschmidt G, Hermann S [1996]: Ein Instrument zur regionalisierten Steuerung und Planung von Ressourcen im Gesundheits- und Sozialbereich. In: Bergmann KE (Hrsg.): Gesundheitsziele für Berlin: wissenschaftliche Grundlagen und epidemiologisch begründete Vorschläge. de Gruyter, Berlin, 227-251.

Meireis H [1991]: Präventiver Status Frankfurter Schulanfänger unter Berücksichtigung der bezirklichen Sozialstruktur. Öff. Gesundh.-Wes. 53: 561-565.

Meireis H, Albota M [1991]: Präventiver Status Frankfurter Schulanfänger 1988 unter Berücksichtigung der bezirklichen Sozialstruktur. Teil II: Ortsteilbezogene Bewertung der Befunde. Sozialpädiatrie 13: 882-893.

Melchert HU, Knopf H [1996]: Daten der Nationalen Untersuchungs-Surveys zum Verbrauch oraler Kontrazeptiva (OC) in West- und Ostdeutschland. In: Bellach (Hrsg.) 1996, a.a.O., 133-148.

Mersmann H [1998]: Gesundheit von Schulanfängern - Auswirkungen sozialer Benachteiligungen. In: BZgA (Hrsg.) 1998a, a.a.O., 60-78.

Mersmann H, Warrlich R [1998]: Ergänzende Hilfen für die Gesundheit von Kindern in sozial benachteiligten Stadtteilen am Beispiel der Stadt Köln. Gesundheitswesen 60: 638-643.

Meyer S, Müller P, Schulze E, Häussler B, Reschke P, Staffeldt T [1995]: Lebenserwartung erwerbstätiger Frauen. Forschungsbericht Sozialforschung 252, herausgegeben vom Bundesministerium für Arbeit und Sozialordnung, Bonn.

Meyer C, Rumpf HJ, Hapke U, John U [1998]: Regionale Unterschiede in der Prävalenz riskanten Alkoholkonsums: Sekundäranalyse des Gesundheitssurveys Ost-West. Gesundheitswesen 60: 486-492.

Meyer-Probst B, Teichmann H [1984]: Risiken für die Persönlichkeitsentwicklung im Kindesalter. Thieme Verlag, Leipzig.

Meyer-Probst B, Teichmann H [1986]: Die Rostocker Längsschnittstudie an Risikokindern - ein Beitrag zur Dialektik des Biologischen, Psychischen und Sozialen. Z. ärztl. Fortb. 80: 73-78.

Mheen van de H, Stronks K, van den Bos J, Mackenbach JP [1997]: The contribution of childhood environment to the explanation of socio-economic inequalities in health in adult life: a retrospective study. Soc. Sci. Med. 44: 13-24.

Mheen van de H [1998]: Inequalities in health, to be continued ? A life-course perspective on socio-economic inequalities in health. Proefschrift Erasmus Universiteit, Rotterdam.

Mheen van de H, Stronks K, Looman CWN, Mackenbach JP [1998a]: Research note: Recall bias in self-reported childhood health: differences by age and educational level. Soc. Health Illness 20: 241-254.

Mheen van de H, Stronks K, Looman CWN, Mackenbach JP [1998b]: Does childhood socioeconomic status influence adult health through behavioural factors? Int. J. Epidemiol. 27: 431-437.

Mheen van de H, Stronks K, Looman CWN, Mackenbach JP [1998c]: Role of childhood health in the explanation of socioeconomic inequalities in early adult health. J. Epidemiol. Community Health 52: 15-19.

Mheen van de H, Stronks K, Mackenbach JP [1998d]: A lifecourse perspective on socio-economic inequalities in health: the influence of childhood socio-economic conditions and selection processes. Soc. Health Illness 20: 754-777.

Micheelis, W, Bauch J (Gesamtbearbeitung) [1991]: Mundgesundheitszustand und -verhalten in der Bundesrepublik Deutschland. Ergebnisse des nationalen IDZ-Survey 1989. Institut der Deutschen Zahnärzte (IDZ), Deutscher Ärzte-Verlag, Köln.

Micheelis, W, Bauch J (Gesamtbearbeitung) [1993]: Mundgesundheitszustand und -verhalten in Ostdeutschland. Ergebnisse des IDZ-Ergänzungssurvey 1992. Institut der Deutschen Zahnärzte (IDZ), Deutscher Ärzte-Verlag, Köln.

Micheelis W, Reich E (Gesamtbearbeitung) [1999]: Dritte Deutsche Mundgesundheitsstudie (DMS III). Institut der Deutschen Zahnärzte (IDZ), Deutscher Ärzte-Verlag, Köln.

Mielck A [1985]: Kind - Gesundheit - Stadt. Gesundheitliche Belastungen des Kindes durch die städtische Umwelt - am Beispiel Hamburg. Verlag P. Lang, Frankfurt/ Main.

Mielck A [1987]: Die Gesundheit von Kindern in der Großstadt. Eine empirische Analyse am Beispiel Hamburgs. Archiv für Kommunalwissenschaften 11: 281-284.

Mielck A [1989]: Educational level and HIV-prevalence in white, non - IV drug using homosexual men. Thesis, University of North Carolina at Chapel Hill, USA.

Mielck A [1991]: Soziale Schicht und Krankheit: Forschungsstand in der Bundesrepublik (alte Länder). Argument Sonderband AS 193: 35-52.

Mielck A, Brenner H [1991]: Schulbildung und Teilnahme an Krebsfrüherkennungs-Untersuchungen in der Bundesrepublik Deutschland. Soz.- Präventivmed. 36: 79-85.

Mielck A [1992a]: Gesundheitsberichterstattung zur schichtenspezifischen Morbidität und Mortalität in der Bundesrepublik. In: Laaser U, Schwartz FW (Hrsg.): Gesundheitsberichterstattung und Public Health in Deutschland. Springer Verlag, Berlin, 141-153.

Mielck A [1992b]: Schichtzugehörigkeit und HIV/AIDS. In: Ermann M, Waldvogel B (Hrsg.): HIV-Betroffene und ihr Umfeld. Ergebnisse der psychosozialen Forschung und Praxis. Springer Verlag, Berlin, 117-124.

Mielck A, Brenner H, Leidl R [1992]: Verlorene Lebensjahre: Ein zentraler und bisher vernachlässigter Indikator für die Mortalitätsberichterstattung. In: Eimeren W van et al. (Hrsg.): Gesundheit und Umwelt. Springer Verlag, Berlin, 67-71.

Mielck A, Apelt P [1993]: Comparing Health Inequalities between East and West Germany. In: Levy E, Mizrahi A (eds.): From Economic Analysis to Health Policies. Proceedings from the fourth European Health Service Research Meeting. Université Paris Dauphine, Paris, 145-152.

Mielck A, Giraldes M.d.R. (eds.) [1993]: Inequalities in health and health care. Review of selected publications from 18 Western European countries. Waxmann, Münster/New York.

Mielck A, Satzinger W, Apelt P [1993]: Zufriedenheit mit der ambulant-ärztlichen Versorgung: Unterschiede nach Schulbildung in Görlitz. Soz.-Präventivmed. 38: 142-147.

Mielck A (Hrsg.) [1994a]: Krankheit und soziale Ungleichheit. Ergebnisse der sozialepidemiologischen Forschung in Deutschland. Leske & Budrich, Opladen.

Mielck A [1994b]: 'Gesundheitliche Ungleichheit' als Thema von Forschung und Gesundheitspolitik. In: Mielck (Hrsg.) 1994a, a.a.O., 13-31.

Mielck A [1994c]: 'Soziale Medizin'. Die Diskussion zu Beginn des 20. Jahrhunderts. In: Mielck (Hrsg.) 1994a, a.a.O., 35-52.

Mielck A, Apelt P [1994]: Krankheit und soziale Ungleichheit in der DDR: das Beispiel Görlitz. In: Mielck (Hrsg.) 1994a, a.a.O., 243-252.

Mielck A, Brenner H [1994]: Soziale Ungleichheit bei der Teilnahme an Krebsfrüherkennungs-Untersuchungen in West-Deutschland und in Großbritannien. In: Mielck (Hrsg.) 1994a, a.a.O., 299-318.

Mielck A, Giraldes M.d.R. (eds.) [1994]: Health inequalities. Discussion in Western European countries. Waxmann, Münster/New.

Mielck A, Helmert U [1994a]: Krankheit und Soziale Ungleichheit: Empirische Studien in West-Deutschland. In: Mielck (Hrsg.) 1994a, a.a.O., 93-124.

Mielck A, Helmert U [1994b]: Rauchen und soziale Ungleichheit: Diskussion in Deutschland über schichtspezifische Maßnahmen gegen das Rauchen. Jahrbuch für Kritische Medizin 23: 133-148.

Mielck A [1995]: Soziale Ungleichheit. Anfänge und Entwicklung einer 'Sozialen Medizin', die sich mit sozialer Ungleichheit bei Krankheit und Tod beschäftigt. Z. für Allgemeinmed. 71: 1338-1344.

Mielck A, Satzinger W, Helmert U [1995a]: Gesundheitspolitische Reaktionen in der Bundesrepublik Deutschland auf das Problem 'Armut und Gesundheit'. Z. für Gesundheitswiss. 2. Beiheft: 39-53.

Mielck A, Löwel H, Hörmann A, Brenner H [1995b]: Sozioökonomische Unterschiede im Überleben nach Herzinfarkt. Jahrestagung der Deutschen Gesellschaft für Sozialmedizin und Prävention (DGSMP). Magdeburg, 27.-30. September 1995 (Vortrag).

Mielck A [1996]: Sozio-ökonomische Unterschiede beim Alkoholkonsum. Jahrestagung der Deutschen Gesellschaft für Sozialmedizin und Prävention (DGSMP), Witten-Herdecke, 25.-28. September 1996 (Vortrag).

Mielck A, John J [1996]: Kostendämpfung im Gesundheitswesen durch Rationierung: Was spricht dafür und was dagegen? Gesundheitswesen 58: 1-9.

Mielck A, Reitmeir P, Wjst M [1996]: Severity of Childhood Asthma by Socioeconomic Status. Int. J. Epidem. 25: 388-393.

Mielck A [1997]: Die Beziehung zwischen Armut und Krankheit bei Kindern: Von empirischen Ergebnissen zu gesundheitspolitischen Empfehlungen. In: Collatz J (Hrsg.): Armut und Gesundheit - Wechselwirkungen zwischen Krankheit/ Gesundheit und sozialer Lage bei Frauen und Kindern (im Druck).

Mielck A [1998a]: Armut und Gesundheit bei Kindern und Jugendlichen: Ergebnisse der sozial-epidemiologischen Forschung in Deutschland. In: Klocke/Hurrelmann (Hrsg.) 1998, a.a.O., 225-249.

Mielck A [1998b]: Lieber reich und gesund als arm und krank. Die Verantwortung der Gesundheitspolitik. In: Knoche/Hungeling (Hrsg.) 1998, a.a.O., 167-186.

Mielck A, Helmert U [1998a]: Beitrag der Ernährung zur Entstehung gesundheitlicher Ungleichheit. Diskussion der empirischen Ergebnisse aus den alten und neuen Bundesländern. In: Köhler/Feichtinger (Hrsg.) 1998, a.a.O., 61-78.

Mielck A, Helmert U [1998b]: Soziale Ungleichheit und Gesundheit. In: Hurrelmann K, Laaser U (Hrsg.): Handbuch Gesundheitswissenschaften (Neuausgabe). Juventa Verlag, Weinheim/München, 519-535.

Mielck A, Backett-Milburn K, Pavis S [1998a]: Perception of health inequalities in different social classes, by health professionals and health policy makers in Germany and in the United Kingdom. Wissenschaftszentrum Berlin für Sozialforschung (WZB), Veröffentlichungsreihe der Arbeitsgruppe Public Health, Heft P98-202, Berlin.

Mielck A, John J, Winkelhake O [1998b]: Einkommensverhältnisse. In: Statistisches Bundesamt (Hrsg.) 1998, a.a.O., 104-107.

Mielck A [1999a]: Präzisierung des gesundheitspolitischen Ziels 'Verringerung der gesundheitlichen Ungleichheit'. Zeitschrift für Gesundheitswissenschaften (im Druck).

Mielck A [1999b]: Gesundheitliche Ungleichheit: Empfehlungen für Prävention und Gesundheitsförderung. In: Bundesvereinigung für Gesundheit e.V. (Hrsg.): Gesundheit. Luchterhand Verlag, Neuwied (im Druck).

Mielck A, Bloomfield K [1999]: Inhalte und Ziele der Sozial-Epidemiologie. Beitrag zur Standortbestimmung der deutschsprachigen Diskussion. Gesundheitswesen 61: 445-454.

Minder CE, Beer V, Rehmann R [1986]: Sterblichkeitsunterschiede nach sozioökonomischen Gruppen in der Schweiz 1980: 15-74jährige Männer. Sozial.-Präventivmed. 31: 216-219.

Ministerium [1990]: Ministerium für Umwelt, Raumordnung und Landwirtschaft des Landes Nordrhein-Westfalen (Hrsg.): Wirkungskataster zu den Luftreinhalteplänen Rheinschiene-Süd und Rheinschiene-Mitte. Immissionswirkungen durch Luftverunreinigungen auf den Menschen. Düsseldorf.

Ministerium [1997a]: Ministerium für Arbeit, Soziales, Gesundheit und Frauen des Landes Brandenburg (Hrsg.): Zur Gesundheit der Schulanfänger im Land Brandenburg. Potsdam.

Ministerium [1997b]: Ministerium für Arbeit, Soziales, Gesundheit und Frauen des Landes Brandenburg (Hrsg.): Aktionsprogramm des Landes Brandenburg. Gesundheit von Kindern und Jugendlichen. Potsdam.

Mißlitz M [1983]: Zum Gesundheitszustand männlicher Bürger einer Längsschnittstudie. Sozialhygienereport 1/2, Eigenverlag, Rostock.

Möhlmann H, Zollmann P [1988]: Gesundheitslage und -versorgung. In: Krupp HJ, Schupp J (Hrsg.): Lebenslagen im Wandel: Daten 1987. Campus Verlag, Frankfurt/Main, 203-230.

Mohai P, Bryant B [1992]: Race, poverty, and the environment. EPA Journal 18: 6-8.

Mohammadzadeh Z [1995a]: Das Bremer Erstuntersuchungsprogramm für Asylsuchende (I). Gesundh.-Wes. 57: 457-461.

Mohammadzadeh Z [1995b]: Das Bremer Erstuntersuchungsprogramm für Asylsuchende (II). Gesundh.-Wes. 57: 462-466.

Mooney GH [1983]: Equity in health care: confronting the confusion. Effective Health Care 1: 179-185.

Moore H, Kleining G [1960]: Das soziale Selbstbild der Gesellschaftsschichten in Deutschland. Kölner Z. Soziol. Sozialpsychol. 12: 86-119.

Morgenstern H [1980]: The changing association between social status and coronary heart disease in a rural population. Soc. Sci. Med. 14A: 191-201.

Mosse M, Tugendreich G (Hrsg.) [1913]: Krankheit und soziale Lage. (Neuauflage: Verlag Jürgen Cromm, Göttingen 1981).

Müller R [1980]: Nikotin-, Alkohol- und Medikamentenkonsum bei Belastungen am Arbeitsplatz. Argument Sonderband AS 53:97-108.

Müller R [1987]: Stellungnahme zur Anhörung der Enquete-Kommission 'Strukturreform der gesetzlichen Krankenversicherung' des Deutschen Bundestages am 12. November 1987, Bonn.

Müller R, Hebel D, Braun B, Beck R, Helmert U, Marstedt G et al. [1997]: Auswirkungen von Krankengeld-Kürzungen. In: Gmünder Ersatzkasse (Hrsg.): Schriftenreihe zur Gesundheitsanalyse, Bd. 1. Denzel + Partner Verlag, Ludwigsburg.

Müller W, Schmacke N [1998]: Einführung in das Schwerpunktheft 'Gesundheit und soziale Ungleichheit in Europa - Handlungsfelder für seine öffentlichen Gesundheitsdienste'. Gesundheitswesen 60: 605-606.

Mutius E von, Nicolai T, Winter K, Frentzel-Beyme-Bauer R [1992]: Asthma bronchiale und Allergien im Kindesalter. Münchner Asthma- und Allergiestudie. Bayerisches Staatsministerium für Landesentwicklung und Umweltfragen, Materialien 83, München.

Nationale Armutskonferenz in Deutschland (Hrsg.) [1997]: Armut in der Bundesrepublik - Materialsammlung. Selbstverlag, Stuttgart.

Neubauer G [1985]: Kleinräumliche Unterschiede der Sterblichkeit in Bayern und deren mögliche Ursachen. Raumforschung und Raumordnung 43: 225-232.

Neubauer G, Frommholz C [1986]: Kleinräumliche Sterblichkeitsdifferenzen und deren mögliche Ursachen - dargestellt am Beispiel Bayern. Öff. Gesundh.-Wes. 48: 97-101.

Neubauer G [1987]: Kleinräumliche Unterschiede der Sterblichkeit und deren mögliche Ursachen. Münch. med. Wochenschrift 129: 413-416.

Neubauer G [1988]: Regionale Sterblichkeitsunterschiede in Bayern. Verlag P.C.O., Bayreuth.

Neubauer G [1989]: Gleichheit vor dem Tode - Ökonomische Aspekte unterschiedlicher Sterblichkeitsraten in Bayern. In: Gäfgen G, Oberender P (Hrsg.): Verteilungsziele und Verteilungswirkungen im Gesundheitswesen. Nomos Verlags-Ges., 47-72.

Neubauer G [1998]: Armut macht krank - Reichtum erhält gesund? In: Mansel/Neubauer (Hrsg.) 1998, a.a.O., 190-199.

Neuhäuser J [1995]: Sozialhilfeempfänger 1993. Wirtschaft und Statistik 9: 704-718.

Neumann S [1847]: Die öffentliche Gesundheitspflege und das Eigenthum. Adolph Rieß, Berlin.

Neumann U, Hertz M [1998]: Verdeckte Armut in Deutschland. Forschungsbericht im Auftrag der Friedrich-Ebert-Stiftung. Institut für Sozialberichterstattung & Lebenslagenforschung (ISL), Frankfurt am Main.

Neumann G, Liedermann A [1981]: Mortalität und Sozialschicht. Bundesgesundheitsblatt 24: 173-181.

Niehoff JU, Schneider F [1991]: Sozialepidemiologie in der DDR - Probleme und Fakten. Argument Sonderband AS 193: 53-83.

Nikolitsch JM [1978]: Zwischen sozialer Herkunft und Gebißgesundheit besteht ein enger Zusammenhang. Zahnärztl. Mitteilungen 68: 881-889.

Noll HH, Habich R [1990]: Individuelle Wohlfahrt: vertikale Ungleichheit oder horizontale Disparitäten? In: Berger PA, Hradil S (Hrsg.): Lebenslagen, Lebensläufe, Lebensstile. Verlag Otto Schwartz & Co., Göttingen, 153-188.

Obladen M [1985]: Untersuchung der regionalen Frühsterblichkeit in bezug zu Sozial- und Krankenhausstruktur. Klin. Pädiat. 197: 149-151.

Oeter K, Wilken M [1981]: Psychosoziale Entstehungsbedingungen unerwünschter Schwangerschaften. Schriftenreihe des Bundesministeriums für Jugend, Familie und Gesundheit (BMJFFG) Band 75, Verlag Kohlhammer, Stuttgart.

Ohne Verfasser [1810]: Bitte an deutsche Aerzte, ihre Kranken nicht arm zu machen. Rengersche Buchhandlung, Halle (Neuauflage 1996 im AOK-Verlag, Remagen).

Ohne Verfasser [1997]: Health inequality: the UK's biggest issue. The Lancet 349: 1185 (editorial).

Ohne Verfasser [1998]: Armut. 'Da komm' ich nie mehr raus'. Der Spiegel (14): 58-67.

Oppolzer A [1986a]: Wenn Du arm bist, muß Du früher sterben. Soziale Unterschiede in Gesundheit und Sterblichkeit. VSA-Verlag, Hamburg.

Oppolzer A [1986b]: Soziale Unterschiede in Gesundheit und Sterblichkeit: Arbeits- und Lebensbedingungen als Risikofaktoren. Soziale Sicherheit 35: 84-89.

Oppolzer A [1993]: Ökologie der Arbeit. Mensch und Arbeitswelt: Belastungen und Gestaltungserfordernisse. VSA-Verlag, Hamburg.

Oppolzer A [1994]: Die Arbeitswelt als Ursache gesundheitlicher Ungleichheit. In: Mielck (Hrsg.) 1994a, a.a.O., 125-165.

Pamuk ER [1985]: Social class inequality in mortality from 1921 to 1972 in England and Wales. Population Studies 39: 17-31.

Pappas G, Queen S, Hadden W, Fisher G [1993]: The increasing disparity in mortality between socioeconomic groups in the United States, 1960 and 1986. N. Engl. J. Med. 329: 103-109.

Pauli HK, Frick V [1969]: Der Einfluß sozialer Merkmale von Patientinnen auf Vorstellungen vom Gynäkologen und auf die Einstellung zur Unterleibsuntersuchung. Geburtshilfe und Frauenheilkunde 29: 449-455.

Pauli HK, Trotnow S, Tanner E [1974]: Der soziale Status der Eltern und die Apgarnote des Kindes. Arch. Gynäk. 217: 273-279.

Pauli HK [1978]: Die Bedeutung sozialer Faktoren für Gesundheits- und Vorsorgeverhalten der Frau. Hamburger Ärzteblatt 32: 99-108.

Pawson R [1991]: Gesundheit und materieller Wohlstand. Analyse von Ungleichheiten im Gesundheitszustand der Bevölkerung Englands. Argument Sonderband AS 193: 6-34.

Perlin S, Setzer W, Creason J, Sexton K [1995]: Distribution of industrial air emissions by income and race in the United States. An approach using the Toxic Release Inventory. Environmental Science & Technology 28: 69-80.

Peter R, Alfredsson L, Hammar N, Siegrist J, Theorell T, Westerholm P [1998]: High effort, low reward, and cardiovascular risk factors in employed Swedish men and women: baseline results from the WOLF Study. J. Epidemiol. Community Health 52: 540-547.

Peter R, Geyer S [1999]: Schul- und Berufsausbildung, Berufsstatus und Herzinfarkt - eine Studie mit Daten einer gesetzlichen Krankenversicherung. Gesundheitswesen 61: 20-26.

Peters B [1996]: Das öffentliche Bild von Armut. Aktuelle Armutsbilder im Spiegel der Presse. Zeitschrift für Sozialreform 42: 518-548.

Petri H [1976]: Über eine Untersuchung zur sozialen Schicht und psychischen Erkrankung an einer kinder- und jugendpsychiatrischen Population. In: Nissen G, Specht F (Hrsg.): Psychische Gesundheit und Schule. Luchterhand Verlag, Neuwied, 85-100.

Petri H, Thieme E [1978]: Katamnese zur analytischen Psychotherapie im Kindes- und Jugendalter. Psyche 32: 21-51.

Petri H [1979]: Soziale Schicht und psychische Erkrankung im Kindes- und Jugendalter. Verlag Vandenhoeck & Ruprecht, Göttingen.

Pfaff M, Pfaff A [1981]: Einige Grundlagen für eine gruppenspezifische Verteilungsanalyse der Versorgungslage im Gesundheitswesen. In: Hauß et al. (Hrsg.) 1981a, a.a.O., 321-331.

Pfaff AB, Pfaff M, Scheja-Strebak U, Büscher H, Busch S [1990]: Verteilungswirkungen der Gesetzlichen Krankenversicherung: Vertikale Umverteilung und Bedarfsgerechtigkeit. In: Bundesministerium (Hrsg.) 1990, a.a.O., 11-87.

Pfaff M [1998]: Steuerung in einem solidarischen Gesundheitswesen. Bilanz und Ausblick. Soziale Sicherheit 47: 172-178.

Pfitzner W [1902]: Social-anthropologische Studien. Zeitschrift für Morphologie und Anthropologie 4: 31-98.

Pflanz M [1974]: Psychologische und sozialmedizinische Aspekte der Hypertonie. Verhandl. der Deutschen Gesellsch. für Innere Medizin Bd. 80: 42-49.

Pflanz M [1981]: Vorwort. In: Mosse M, Tugendreich G (Hrsg.) [1981]: Krankheit und soziale Lage. Verlag Jürgen Cromm, Göttingen (neue Auflage der Ausgabe aus dem Jahr 1913), S. III.

Phillimore P, Beattie A, Townsend P [1994]: Widening inequality of health in northern England, 1981-91. British Med. J. 308: 1125-1128.

Pientka L [1994]: Gesundheitliche Ungleichheit und das Lebensstilkonzept. In: Mielck (Hrsg.) 1994a, a.a.O., 393-409.

Pierce JP [1989]: International comparison of trends in cigarette smoking prevalence. Am. J. Public Health 79: 152-157.

Piorkowski P, Günther H, Harig H, Handreg W, Braun H [1982]: Risikofaktoren des Herzinfarktes und soziale Parameter - Studie Cobbus. Dt. Gesundh.-Wesen 37: 1680-1682.

Poikolainen K [1995]: Alcohol and mortality: a review. J. Clin. Epidemiol. 48: 455-465.

Pöppel E, Bullinger M, Härtel U (Hrsg.) [1994]: Medizinische Psychologie und Soziologie. Chapman & Hall, London.

Pötschke-Langer M [1998]: Was Hänschen nicht lernt .... Heidelberger Studie plädiert für alters- und schulspezifische Beratung sowie Einbeziehung der Eltern. Deutsches Ärzteblatt 95 (29. Mai): C-991 - C-992.

Poppius E, Tenkanen L, Kalimo R, Heinsalmi P [1999]: The sense of coherence, occupation and the risk of coronary heart disease in the Helsinki Heart Study. Soc. Sci. Med. 49: 109-120.

Prahm H [1999]: Überschuldung und seelische Gesundheit. Gesundheitswesen 61: 27-30.

Projektträgerschaft (Hrsg.) [1991]: Projektträgerschaft 'Forschung im Dienste der Gesundheit' (Hrsg.): Die Nationale Verzehrsstudie. Ergebnisse der Basisauswertung. Schriftenreihe zum Programm der Bundesregierung 'Forschung und Entwicklung im Dienste der Gesundheit', Band 18, Bonn.

Pudel V, Richter M [1980]: Psychosoziale Bewertung der Ernährung. Eine Repräsentativ-Erhebung in der Bundesrepublik Deutschland. Arbeitsgruppe für Ernährungsforschung an den Kliniken der Universität Göttingen, Forschungsbericht, Göttingen.

Rachstein B [1993]: Coping with coronary bypass surgery and social status. In: Abel et al. (eds.) 1993b, a.a.O., 295-325.

Radoschewski M, Kirschner R, Kunert M [1997]: Umwelt-Survey - Ein Vergleich 1985/86 mit 1990/91. Band IIa: Fragebogenerhebung zur Exposition der Bevölkerung im häuslichen Bereich und zu ausgewählten Problemen des Umweltschutzes in den alten Bundesländern. Institut für Wasser, Boden- und Lufthygiene des Bundesgesundheitsamtes (WaBoLu), Heft 3/97, Berlin.

Raleigh VS, Kiri VA [1997]: Life expectancy in England: variations and trends by gender, health authority, and level of deprivation. J. Epidem. Comm. Health 51: 649-658.

Regidor E, Gutiérrez-Fisac JL, Rodriguez C [1995]: Increased socioeconomic differences in mortality in eight Spanish provinces. Soc. Sci. Med. 41: 801-807.

Rehfeld U, Scheitl O [1991]: Sterblichkeit und fernere Lebenserwartung von Rentnern der gesetzlichen Rentenversicherung - aktuelle Ergebnisse für 1986/1988 und Bilanz zum bisherigen Untersuchungsstand. Deutsche Rentenversicherung: 289-320.

Reichel G, Ulmer WT [1970]: Einfluß der Einkommens- und Wohnverhältnisse auf die Häufigkeit unspezifischer Atemwegserkrankungen. Int. Arch. Arbeitsmed. 27: 185-194.

Reilly W [1992]: Environmental equity: EPA's position. EPA Journal 18: 18-22.

Reime B, Born J, Novak P, Wanek V, Hagel E [1998]: Ernährungsgewohnheiten bei Beschäftigten in der Metallindustrie: Determinanten und Muster. Soz.-Präventivmed. 43: 141-148.

Reinert M [1980]: Rauchgewohnheiten von 8-16jährigen Schülern. Prax. Pneumol. 34: 620-627.

Reißig M [1977]: Zur Verbreitung des Rauchens unter der werktätigen Jugend der DDR und zum Rauchverhalten Leipziger Jugendlicher. Z. Erkrank. Atm. Org. 148: 268-277.

Reißig M [1989]: Die Entwicklung des Rauchverhaltens Jugendlicher. Ärztl. Jugendkd. 80: 220-227

Reiter L [1973]: Zur Bedeutung der Sprache und Sozialisation für die Psychotherapie von Patienten aus der sozialen Unterschicht. In: Strotzka H (Hrsg.): Geist und Psyche. Neurose, Charakter, soziale Umwelt. Kindler Taschenbücher, München, 157-178.

Renner A [1998a]: Armut und Gesundheit - auch in Düsseldorf ein Thema. Blickpunkt Öffentliche Gesundheit (Hrsg.): Akademie für öffentliches Gesundheitswesen in Düsseldorf 14: 1-2.

Renner A [1998b]: Armut und Gesundheit in Düsseldorf. Problemwahrnehmung, Lösungsvorschläge und Informationsbedarf von Akteuren des Düsseldorfer Hilfesystems. In: Gesundheitsamt Düsseldorf (Hrsg.) 1998, a.a.O., 95-106.

Ritsatakis A [1994]: Equity in health and the WHO HFA policy. In: Mielck/Giraldes (eds.) 1994, a.a.O., 203-212.

Ritz HG [1992]: Soziale Ungleichheit vor Tod in der Bundesrepublik Deutschland. Wirtschaftsverlag NW, Bremerhaven.

Robotham CE [1980]: Therapie-Erwartungen bei ambulanten Patienten einer psychosomatischen Klinik. Dissertation, Justus-Liebig Universität Giessen.

Rohwer G, Voges W [1996]: Soziale Bedingungen der Mortalität. Methodenbezogene Überlegungen anhand des SOEP. Universität Bremen.

Rosenbrock R [1998]: Wa(h)re Gesundheit. Prävention und Gesundheitsförderung in der Bundesrepublik seit den sechziger Jahren. In: Roeßiger S, Merk H (Hrsg.): Hauptsache gesund! Gesundheitsaufklärung zwischen Disziplinierung und Emanzipation. Jonas Verlag, Marburg, 202-215.

Rotter J [1990]: Internal versus external control of reinforcement. A case history of a variable. American Psychologist 45: 489-493.

Rudolf G [1973]: Entstehungsbedingungen neurotischer Symptomatik: Der Einfluß der sozialen Verhältnisse. Z. für Psychosomatische Medizin und Psychoanalyse 19: 128-144.

Rüther W [1973]: Soziale Determinanten der 'Produktion und Weiterverarbeitung' von LKH-Patienten und ihre sozialen Folgen. Kölner Z. für Soziologie und Sozialpsychologie 25: 286-298.

Rütten A [1989]: Statuskristallisation und psychischer Streß. In: Lüschen et al. (eds.) 1989, a.a.O., 97-104.

Sachverständigenrat [1994]: Sachverständigenrat für die Konzertierte Aktion im Gesundheitswesen, Sachstandsbericht 1994: Gesundheitsversorgung und Krankenversicherung 2000. Nomos Verlagsgesellschaft, Baden-Baden.

Saltman RB [1997]: Equity and distributive justice in European health care reform. Int. J. of Health Services 27: 443-453.

Santen FA van, Schoetzau A, Irl C, Grosche B [1995]: Sozialökologische Analyse der Geburtsprävalenz und Sterblichkeit fehlgebildeter Kinder. Gesundh.-Wes. 57: 153-156.

Schäfer I [1995]: Einfluß sozialschichtspezifischer Determinanten auf das Erkrankungsrisiko für Leukämie, maligne Lymphome und multiple Myelome. Dissertation an der Universität Bremen, Bremen.

Schafstedde F [1989]: Rauchen und soziale Lage. Zur Abhängigkeit des Rauchverhaltens von sozialen Merkmalen auf Basis der Ergebnisse des Mikrozensus. Institut für Dokumentation und Information, Sozialmedizin und öffentliches Gesundheitswesen (IDIS), Bielefeld.

Schagen U [1997]: Sozialmedizin - verdrängter Lehrinhalt im Medizinstudium. Jahrbuch für Kritische Medizin 27, Argument-Verlag, Hamburg: 113-136.

Schardt T [1986]: Arbeiterleben und gesundheitliche Versorgung. Zur Theorie und Praxis sozialer Ungleichheit in der Bundesrepublik. Springer Verlag, Berlin.

Scharf B [1978]: Die Ungleichheit der Gesundheitschancen im Sozialstaat. WSI Mitteilungen 31: 252-261.

Schepank H, Tress W [1987]: Biography, social stress, and the point prevalence of psychogenic disorders. In: Angermeyer (ed.) 1987, a.a.O., 166-175.

Schepers J, Wagner G [1989]: Soziale Differenzen der Lebenserwartung in der Bundesrepublik Deutschland - Neue empirische Analysen. Z. für Sozialreform 35: 670-682.

Scheuch EK [1970]: Sozialprestige und soziale Schichtung. Kölner Zeitschrift für Soziologie und Sozialpsychologie, Sonderheft 5: 65-103.

Schiffner U, Gülzow HJ [1988]: Kariesfrequenz und Kariesbefall Hamburger Kindergarten- und Tagesheimkinder im Jahre 1987. Dtsch. Zahnärztl. Z. 43: 1166-1171.

Schlange H, Stein B, Taneli S, Ulrich I [1975]: Frühkindliche Hirnschädigungen und soziale Klasse. Mschr. Kinderheilk. 23: 72-76.

Schlehofer B, Heuer C, Blettner M, Niehoff D, Wahrendorf J [1995]: Occupation, smoking and demographic factors, and renal cell carcinoma in Germany. Int. J. Epidem. 24: 51-57.

Schmacke N [1996]: Öffentlicher Gesundheitsdienst, Sozialstaat und kommunale Verwaltung. Perspektiven der Gesundheitsämter auf dem Weg ins 21. Jahrhundert. Akademie für Öffentliches Gesundheitswesen in Düsseldorf, Berichte & Materialien Band 11, Düsseldorf.

Schmacke N [1998]: Armut und Gesundheit - Handlungsmöglichkeiten der Akteure des Gesundheitswesens. In: Gesundheitsamt Düsseldorf (Hrsg.) 1998, a.a.O., 49-65.

Schmädel D [1975]: Schichtspezifische Unterschiede im Gesundheits- und Krankheitsverhalten der Bevölkerung der Bundesrepublik Deutschland. In: Ritter-Röhr D (Hrsg.): Der Arzt, sein Patient und die Gesellschaft. Suhrkamp Verlag, Frankfurt/Main, 112-123.

Schmid-Urban P, Romaus R [1994]: Die bekämpfte Einkommensarmut - Sozialhilfe-Empfänger 1980-1991. In: Bayerischer Armutsbericht 1994, a.a.O., 19-37.

Schneider R [1992]: Die Beurteilung der Nährstoffversorgung bundesdeutscher Bevölkerungsgruppen am Beispiel von Vitamin C und β-Carotin. In: Kübler W, Anders HJ, Heeschen W, Kohlmeier M (Hrsg.): VERA-Schriftenreihe, Band VIII. Wissenschaftlicher Fachverlag, Niederkleen.

Schneider R, Eberhardt W, Heseker H, Moch KJ [1992]: Die VERA-Stichprobe im Vergleich mit Volkszählung, Mikrozensus und anderen nationalen Untersuchungen. In: Kübler W, Anders HJ, Heeschen W, Kohlmeier M (Hrsg.): VERA-Schriftenreihe, Band II. Wissenschaftlicher Fachverlag, Niederkleen.

Schneider R [1993]: Wer ist unzureichend versorgt? Auswertungskonzept zur Identifizierung von Risikogruppen. Ernährungs-Umschau 40: 480-485.

Schneitler H, Pöllen, Winkler, Päßler, Vossel, Pasch et al. [1997]: Auswirkungen von Armut auf die Gesundheit der Düsseldorfer Bürger. Ein Beitrag zur kommunalen Gesundheitsberichterstattung der Stadt Düsseldorf. Gesundheitsamt Düsseldorf.

Schneitler H [1998]: Auswirkungen von Armut auf die Gesundheit der Düsseldorfer Bürger - Vorstellung der Ergebnisse der Akteursbefragung. In: Gesundheitsamt Düsseldorf (Hrsg.) 1998, a.a.O., 67-78.

Scholz M, Kaltenbach M [1995]: Zigaretten-, Alkohol- und Drogenkonsum bei 12- bis 13jährigen Jugendlichen - eine anonyme Befragung bei 2979 Schülern. Gesundh.-Wes. 57: 339-344.

Scholz RD, Thoelke H [1997]: Lebenserwartung in Berlin 1986 - 1994. Trends und regionale Unterschiede. Diskussionsbeiträge zur Gesundheits- und Sozialforschung der Senatsverwaltung für Gesundheit und Soziales in Berlin, Berlin.

Schott J [1985]: Zur Bedeutung der Analyse der Geburtenentwicklung für die Medizin. Z. ärztl. Fortbild. 79: 523-525.

Schott T [1987]: Die Rückkehr zur Arbeit. In: Badura et al. 1987, a.a.O., 179-203.

Schräder WF, Thiele W [1985]: Krankheit und Arbeitswelt. Möglichkeiten der Analyse mit Daten der Gesetzlichen Krankenversicherung. Schriftenreihe Strukturforschung im Gesundheitswesen Bd. 5, hrsg. von der Berliner Arbeitsgruppe Strukturforschung im Gesundheitswesen (BASiG), TU Berlin, West-Berlin.

Schroeder E, Mucha P [1991]: Subjektiver Gesundheitszustand und Inanspruchnahme von Gesundheitsleistungen in der BRD und in den USA. Z. Präventivmed. Gesundheitsförd. 3: 111-118.

Schröder H [1995]: Armut und Gesundheit - Veränderungen in den neuen Bundesländern. Z. f. Gesundheitswiss. 2. Beiheft: 87-95.

Schubert R [1996]: Studie zum Gesundheitsverhalten von Kindern während der Einschulungsuntersuchung am Beispiel von Impfungen und Früherkennungsuntersuchungen. In: Murza G, Hurrelmann K (Hrsg.): Regionale Gesundheitsberichterstattung. Juventa Verlag, Weinheim/München, 122-137.

Schüler H, Brachmann R, Grumpelt U [1989]: Studie über Häufigkeit und Struktur ausgewählter psychonerval gestörter Patienten im Leistungsalter am Beispiel einer Poliklinik der Stadt Magdeburg. Z Klin. Med. 44: 1299-1302.

Schüssler G, Linden M, Otten I [1982]: Patienten in der nervenärztlichen Praxis. Nervenarzt 53: 537-543.

Schumacher A [1981]: Zur Bedeutung der Körperhöhe in der menschlichen Gesellschaft: Untersuchungen zur sozialen Körperhöhendifferenzierung. Zeitschrift für Morphologie und Anthropologie 72: 213-228.

Schwalb H, van Eimeren W, Kunzlmann G, Strobl G [1978]: Koronare Risikofaktoren und sozialer Status. Untersuchungen bei Angestellten und Arbeitern eines Großbetriebes. Basic Research in Cardiology 73: 97-125.

Schwartz FW, Badura B, Leidl R, Raspe H, Siegrist J (Hrsg.) [1998a]: Das Public Health Buch. Urban & Schwarzenberg, München-Wien-Baltimore.

Schwartz FW, Bitzer E, Dörning H, Walter U [1998b]: Evaluation und Qualitätssicherung im Gesundheitswesen. In: Schwartz et al. (Hrsg.) 1998a, a.a.O., 823-849.

Schwartz FW [o.J.]: Modellversuch zur Errichtung und Erprobung regionaler Beobachtungspraxen zwecks Erhebung umweltbezogener Gesundheitsstörungen (MORBUS). Zwischenbericht an das GSF-Forschungszentrum für Umwelt und Gesundheit, Hannover.

Schwarz K [1966]: Die Säuglingssterblichkeit. Ergebnisse einer Sonderuntersuchung über die Säuglingssterblichkeit der 1960 geborenen Kinder. Wirtschaft und Statistik: 737-748.

Schwefel D [1986]: Unemployment, health and health services in German-speaking countries. Soc. Sci. Med. 22: 409-430.

Schwefel D, Svensson P, Zöllner H (eds.) [1987]: Unemployment, social vulnerability and health in Europe. Springer Verlag, Berlin.

Seehofer H [1998]: Erstklassig und finanzierbar. Medizinische Versorgung und sozialer Schutz in der GKV. Soziale Sicherheit 47: 167-168.

Seeman M, Seeman TE [1983]: Health behavior and personal autonomy: a longitudinal study on the sense of control in illness. J. Health & Social Behavior 24: 144-160.

Seewald H [1998]: Ergebnisse der Sozialhilfe- und Asylbewerberleistungsstatistik 1996. Wirtschaft und Statistik: 509-519.

Selbmann HK, Brach M, Elser H, Holzmann K, Johannigmann J, Riegel K [1980]: Münchner Perinatal-Studie 1975-1977. Deutscher Ärzteverlag, Köln-Lövenich.

Semmer N, Lippert P, Fuchs R, Rieger-Ndakorerwa G, Dwyer JH, Knoke EA [1991]: Gesundheitsverhalten im Kindes- und Jugendalter. Ausgewählte Ergebnisse der Berlin-Bremen-Studie. Nomos Verlagsgesellschaft, Baden-Baden.

Setter C, Peter R, Siegrist J, Hort W [1998]: Impact of school and vocational education on smoking behaviour: Results from a large-scale study on adolescents and young adults in Germany. Soz.-Präventivmed. 43: 133-140.

Shkolnikov VM, Leon DA, Adamets S, Andreev E, Deev A [1998]: Educational level and adult mortality in Russia: an analysis of routine data 1979 to 1994. Soc. Sci. Med. 47: 357-369.

Siegrist J, Bertram H [1970]: Schichtspezifische Variationen des Krankheitsverhaltens. Soziale Welt 21/22: 206-218.

Siegrist J, Bertram H [1971]: Soziale Determinanten des Krankheitsverhaltens. Med. Klinik 66: 1345-1346.

Siegrist J [1974]: Lehrbuch der Medizinischen Soziologie. Urban & Schwarzenberg, München/Berlin/Wien.

Siegrist J [1989a]: Steps towards explaining social differentials in morbidity: the case of West Germany. In: Fox (ed.) 1989, a.a.O., 353-371.

Siegrist J [1989b]: Soziale Lage und koronares Risiko: Eine Herausforderung für die Prävention. Soz.- Präventivmed., Suppl.1: S15-S16.

Siegrist J, Peter R, Junge A, Cremer P, Seidel D [1990]: Low status control, high effort at work and ischemic heart disease: prospective evidence from blue-collar-men. Soc. Sci. Med. 31: 1127-1134.

Siegrist J [1994]: Berufliche Gratifikationskrisen und Herz-Kreislauf-Risiko - ein medizinsoziologischer Erklärungsansatz sozial differentieller Morbidität. In: Mielck (Hrsg.) 1994a, a.a.O., 411-423.

Siegrist J [1995]: Soziale Ungleichheit und Gesundheit: neue Herausforderungen an die Präventionspolitik in Deutschland. Z. f. Gesundheitswiss. 2. Beiheft: 54-63.

Siegrist J [1996]: Soziale Krisen und Gesundheit. Eine Theorie zur Gesundheitsförderung am Beispiel von Herz-Kreislauf-Risiken im Erwerbsleben. Hofgrefe-Verlag, Göttingen.

Siegrist J [1997]: Empfehlung der deutschen Public Health Studiengänge für die Lehrinhalte 'Sozial- und Verhaltenswissenschaftliche Grundlage' im Kernstudium. Gesundheitswesen 59: 535-537.

Siegrist J, Frühbuß J, Grebe A [1997]: Soziale Chancengleichheit für die Gesundheit von Kindern und Jugendlichen. Expertise im Auftrag des Bundesministeriums für Gesundheit. Düsseldorf.

Siegrist J [1998a]: Soziale Ungleichheit von Gesundheitschancen: Folgerungen für die Praxis aus der Public-Health-Forschung. Gesundheitswesen 60: 614-617.

Siegrist J [1998b]: Machen wir uns selbst krank? In: Schwartz et al. (Hrsg.) 1998a, a.a.O., 110-123.

Siegrist J, Möller-Leimkühler AM [1998]: Gesellschaftliche Einflüsse auf Gesundheit und Krankheit. In: Schwartz et al. (Hrsg.) 1998a, a.a.O., 94-109.

Sloggett A, Joshi H [1998]: Deprivation indicators as predictors of life events 1981 - 1992 based on the UK ONS longitudinal study. J Epidemiol Community Health 52: 228-233.

Solinger H [1996]: Gesundheitsförderung als wesentliches Element moderner Gesundheitspolitik. In: Sozialministerium (Hrsg.) 1996a, a.a.O., 9-13.

Sozialministerium Baden Württemberg (Hrsg.) [1996a]: Soziale Ungleichheit als Herausforderung für Gesundheitsförderung. Dokumentation des Gesundheitspolitischen Symposiums in Baden-Württemberg vom 28. November 1995. Stuttgart.

Sozialministerium Baden Württemberg (Hrsg.) [1996b]: Gesundheitsförderung mit sozial Benachteiligten. Eine Bestandsaufnahme von Initiativen, Projekten und kontinuierlichen Angeboten. Stuttgart.

Spatz J [1987]: Ungleiche Gesundheit in Berlin. Berliner Ärzteblatt 5: 228-238.

Spiegelhalter F, Schnabel F [1962]: Die Struktur des Krankenstandes in der Industrie. Der Arbeitgeber 10: 302-307.

Spree R [1981]: Soziale Ungleichheit vor Krankheit und Tod. Vandenhoeck & Ruprecht, Göttingen.

Stach H [1982]: Einige Aspekte der Arbeitsunfähigkeit bei Leitern. Z. ärztl. Fortbild. 76: 575-579.

Stadt Köln (Hrsg.) [1994]: Gesundheitsförderung auf dem Prüfstand - Was kann sie für gesundheitlich und sozial Benachteiligte leisten? Dokumentation. Gesunde Städte Symposium 1993, 15. und 16.11. in Köln.

Statistisches Bundesamt (Hrsg.) [1963]: Beruf und Todesursachen. Ergebnisse einer Sonderauszählung 1955. Sonderbeitrag in der Fachserie A (Bevölkerung und Kultur), Reihe 7 (Gesundheitswesen). Verlag Kohlhammer, Stuttgart.

Statistisches Bundesamt (Hrsg.) [1986]: Personal des öffentlichen Dienstes 1985. Fachserie 14, Reihe 6. Verlag Kohlhammer, Stuttgart.

Statistisches Bundesamt (Hrsg.) [1989]: Fragen zur Gesundheit 1986. Gesundheitswesen, Fachserie 12 (Reihe S.3). Verlag Metzler-Poeschel, Stuttgart.

Statistisches Bundesamt (Hrsg.) [1992]: Fragen zur Gesundheit. Ergebnisse des Mikrozensus 1992. Wirtschaft und Statistik, Heft 7: 11-41.

Statistisches Bundesamt (Hrsg.) [1995]: Sozialhilfe 1993. Sozialleistungen, Fachserie 13 (Reihe 2). Verlag Metzler-Poeschel, Stuttgart.

Statistisches Bundesamt (Hrsg.) [1996]: Statistisches Jahrbuch 1996 für die Bundesrepublik Deutschland. Verlag Metzler-Poeschel, Stuttgart.

Statistisches Bundesamt (Hrsg.) [1997]: Sozialhilfe 1994. Sozialleistungen, Fachserie 13 (Reihe 2). Verlag Metzler-Poeschel, Stuttgart.

Statistisches Bundesamt (Hrsg.) [1998]: Gesundheitsbericht für Deutschland. Verlag Metzler-Poeschel, Stuttgart.

Steinkamp G [1990]: Sozialepidemiologie als Plädoyer für eine differenzierte Erfassung von Lebenslagen und sozialen Milieus. In: Laaser U, Wolters P, Kaufmann FX (Hrsg.): Gesundheitswissenschaften und öffentliche Gesundheitsförderung. Springer Verlag, Berlin, 197-205.

Steinkamp G [1993a]: Soziale Ungleichheit, Erkrankungsrisiko und Lebenserwartung: Kritik der sozialepidemiologischen Ungleichheitsforschung. Soz.-Präventivmed. 38: 111-122.

Steinkamp G [1993b]: Soziale Lage, Krankheit und Lebenserwartung: Kritik und Perspektiven sozialepidemiologischer Ungleichheitsforschung. Fakultät für Gesundheitswissenschaften der Universität Bielefeld, Forschungsbericht Nr. 6, Bielefeld.

Steinkamp G [1999]: Soziale Ungleichheit in Mortalität und Morbidität. Oder: Warum einige Menschen gesünder sind und länger leben als andere. In: Schlicht W, Dickhuth H (Hrsg.): Gesundheit für alle. Hofmann Verlag, Schorndorf, 101-154.

Stellungnahmen [1998]: Stellungnahmen der im Deutschen Bundestag vertretenen Parteien zum Thema 'Prävention und Gesundheitsförderung'. Prävention 21: 35-40.

Steuber H [1973]: Zur Häufigkeit von Verhaltensstörungen im Grundschulalter. Praxis der Kinderpsychologie 22: 246-250.

Stevens FCJ, Diederiks JPM, Lüschen G, van der Zee J [1995]: Health life-styles, health concern and social position in Germany and The Netherlands. Eur. J. Publ. Health 5: 46-49.

Stock S [1993]: Non-compliance und Bluthochdruck. Eine medizin-soziologische Untersuchung bei Industriearbeitern. Lit Verlag, Münster/Hamburg.

Stolpe S, Munding H, Keil U [1995]: Soziale Ungleichheit und Mortalität an chronischen Erkrankungen. Ergebnisse der kleinräumigen Untersuchung der Mortalität in Bochum/NRW 1988-1990. In: Kunath H, Lochmann U, Straube R, Jöckel KH, Köhler CO (Hrsg.): Medizin und Information. Medizin Verlag München, München, 624-627.

Stolpe S [1997]: Altersabhängigkeit der sozialen Ungleichheit in der Mortalität. Gesundheitswesen 59: 242-247.

Stolzenberg H, Winkler J [1994]: Nationaler Gesundheitssurvey der Deutschen Herz-Kreislauf-Präventionsstudie (DHP). 2. Erhebungsrunde. Public Use File NUST1 (1987-1988). Dokumentation des Datensatzes. Institut für Sozialmedizin und Epidemiologie des Bundesgesundheitsamtes (BGA), Berlin; Wissenschaftliches Institut der Ärzte Deutschlands (WIAD) e.V., Bonn.

Stolzenberg H, Winkler J [1995]: Nationaler Gesundheitssurvey der Deutschen Herz-Kreislauf-Präventionsstudie (DHP). 3. Erhebungsrunde. Public Use File NUST2 (1990-1991). Dokumentation des Datensatzes. Robert Koch - Institut (RKI) des Bundesgesundheitsamtes (BGA), Berlin; Wissenschaftliches Institut der Ärzte Deutschlands (WIAD) e.V., Bonn.

Stolzenberg H [1995]: Gesundheitssurvey Ost-West. Befragungs- und Untersuchungs-survey in den neuen und alten Bundesländern. Public Use File OW91 (1990-1992). Dokumentation des Datensatzes. Robert Koch - Institut (RKI) des Bundes-gesundheitsamtes (BGA), Berlin.

Stößel U, Locher G [1991]: Gesundheit und Krankheit bei alleinstehenden wohnungslosen Männern: Eine Sekundäranalyse von Daten einer diakonischen Einrichtung in der Bundesrepublik Deutschland. Soz.- Präventivmed. 36: 327-332.

Straaß G [1976]: Sozialanthropologie. Prämissen - Fakten - Probleme. VEB Gustav Fischer Verlag, Jena.

Streich W, Mielck A [1995]: Soziale Ungleichheit und Gesundheit. In: MAGS (Hrsg.) 1995, a.a.O., 22-26.

Stronks K, Gunning-Schepers LJ [1993]: Should equity be target number 1? Eur. J. Pub. Health 3: 104-111.

Stronks K, van Trirum H, Mackenbach JP [1996a]: A documentation centre on socioeconomic inequalities in health. J. of Epidemiol. and Comm. Health 50: 5.

Stronks K, van de Mheen HD, Looman CWN, Mackenbach JP [1996b]: Behavioural and structural factors in the explanation of socio-economic inequalities in health: an empirical analysis. Sociology of Health & Illness 18: 653-674.

Stronks K, van de Mheen H, Looman CWN, Mackenbach JP [1998]: The importance of psychological stressors for socio-economic inequalities in perceived health. Soc. Sci. Med. 46: 611-623.

Süßmilch JP [1752]: Der Königlichen Residenz Berlin schneller Wachsthum und Erbauung. Berlin.

Sundquist J, Johansson SE [1997]: Indicators of socio-economic position and their relation to mortality in Sweden. Soc. Sci. Med. 45: 1757-1766.

Syme SL [1998]: Social and economic disparities in health: thoughts about intervention. The Milbank Quarterly 76: 493-505.

Tempel G, Witzko KH [1994]: Soziale Polarisierung und Mortalitätsentwicklung. Erste Ergebnisse der kommunalen Gesundheitsberichterstattung des Landes Bremen. In: Mielck (Hrsg.) 1994a, a.a.O., 331-345.

Thalmann HC [1971]: Verhaltensstörungen bei Kindern im Grundschulalter. Ernst Klett Verlag, Stuttgart.

Thefeld W, Bergmann K, Hermann-Kunz E, Junge B, Knopf H, Melchert HU [1996a]: Wohnortgröße und Gesundheit: Stadt-/Land-Unterschiede. In: Bellach (Hrsg.) 1996, a.a.O., 3-17.

Thefeld W, Dortschy R, Mensink G [1996b]: Kardiovaskuläre Risikofaktoren - Übergewicht, Hypercholesterinämie, Hypertonie und Rauchen in der Bevölkerung. In: Bellach (Hrsg.) 1996, a.a.O., 71-88.

The University of York (ed.) [1995]: Review of the research on the effectiveness of health service interventions to reduce variations in health. York.

Thiede M, Straub S [1997]: Mutual influences of health and poverty. Evidence from the German Panel Data. Soc. Sci. Med. 45: 867-877.

Thiel C, Minh Thai D [1995]: Armut und Ernährung in den neuen Bundesländern. Auswertung von Ernährungsprotokollen. In: Barlösius et al. (Hrsg.) 1995, a.a.O., 141-160.

Thiele W [1981]: Schichtenspezifische Inanspruchnahme medizinischer Leistungen in der Bundesrepublik Deutschland. Ein Literaturüberblick. In: Hauß et al. (Hrsg.) 1981a, a.a.O., 133-175.

Thiele W, Burkhardt N [1991]: Innerstädtische Verteilung der Gesamtkrebssterblichkeit in Hamburg 1986/88 - Ein Vergleich mit 1938/40 und 1976/78. Hamburg in Zahlen 4: 101-105.

Thomas GJ [1986]: Unterschicht, Psychosomatik und Psychotherapie. Junfermann-Verlag, Paderborn.

Tietze KW [1982]: Epidemiologische und sozialmedizinische Aspekte der Schwangerschaft. Eine Untersuchung zu den sozialen und regionalen Bedingungen der Inanspruchnahme von Schwangerenvorsorge. Bundesministerium für Arbeit und Sozialordnung (Hrsg.), Forschungsbericht Gesundheitsforschung Band 70, Bonn.

Tomaszewski K, Adam I, Hinze L [1997]: Gesundheitsrelevante Verhaltensweisen und Problembewältigung von Jugendlichen unter den Bedingungen des sozialen Wandels in den neuen Bundesländern. Soz.-Präventivmed. 42: 268-275.

Townsend P, Davidson N, Whitehead M [1990]: Inequalities in health: The Black Report and The Health Divide. Penguin, London.

Trabert G [1995]: Gesundheitssituation (Gesundheitszustand) und Gesundheitsverhalten von alleinstehenden, wohnungslosen Menschen im sozialen Kontext ihrer Lebenssituation. Verlag Soziale Hilfe, Bielefeld.

Trabert G [1997]: Gesundheitsstatus und medizinische Versorgungssituation von alleinstehenden, wohnungslosen Menschen. Gesundheitswesen 59: 378-386.

Trabert G [1999]: Armut und Gesundheit. Soziale Dimension von Krankheit vernachlässigt. Deutsches Ärzteblatt 96: C530-C533.

Treiman D [1977]: Occupational prestige in comparative perspective. Academic Press, New York.

Trotnow S, Pauli HK [1976]: Gibt es soziale Unterschiede zwischen Frauen mit bösartigen und Frauen mit gutartigen Brusttumoren? In: Abholz (Hrsg.) 1976a, a.a.O., 187-191.

Turner RJ, Marino F [1994]: Social support and social structure: a descriptive epidemiology. J. Health & Social Behavior 35: 193-212.

Tyroler HA, Wing S, Knowles MG [1993]: Increasing inequality in coronary heart disease mortality in relation to educational achievement. Ann Epidemiol 3 (Suppl.): S51-S54.

Uber A, Graf von der Schulenburg JM [1995]: Sozio-ökonomische Aspekte der Veneninsuffizienz. Z. f. Gesundheitswiss. 3: 252-263.

Ulbricht G, Schmidt G, Friebe D [1995]: Veränderte Rangfolge der Bedürfnisse bei geringem Einkommen in den neuen Bundesländern. In: Barlösius et al. (Hrsg.) 1995, a.a.O., 128-140.

Vågerö D [1991]: Inequality in health - some theoretical and empirical problems. Soc. Sci. Med. 32: 367-371.

Vågerö D [1995]: Health inequalities as policy issues - reflections on ethics, policy and public health. Sociology of Health & Illness 17: 1-19.

Vågerö D, Illsley R [1995]: Explaining health inequalities: Beyond Black and Barker. European Sociological Review 11: 219-241.

Vågerö D, Erikson R [1997]: Socioeconomic inequalities in morbidity and mortality in Western Europe. The Lancet 350: 516.

Valkonen T [1992]: Trends in regional and socio-economic mortality differentials in Finland. Int. J. Health Sciences 3: 157-166.

Valkonen T [1993]: Problems in the measurement and international comparison of socio-economic differences in mortality. Soc. Sci. Med. 36: 409-418.

Valkonen T, Sihvonen AP, Lahelma E [1997]: Health expectancy by level of education in Finland. Soc. Sci. Med. 44: 801-808.

Valkonen T [1998]: Die Vergrößerung der sozioökonomischen Unterschiede in der Erwachsenenmortalität durch Status und deren Ursachen. Z. für Bevölkerungswissenschaft 23: 263-292.

Vartiainen E, Pekkanen J, Koskinen S, Jousilahti P, Salomaa V, Puska P [1998]: Do changes in cardiovascular risk factors explain the increasing socioeconomic differences in mortality from ischaemic heart disease in Finland? J. Epidemiol. Community Health 52: 416-419.

Veelken N, Müller-Wickop HJ [1983]: Einzelfallanalyse der Säuglingssterblichkeit in Hamburg 1978 und 1979. Gesundheitsbehörde der Freien und Hansestadt Hamburg (Hrsg.), Norddruck, Hamburg.

Verres R [1977]: Psychosoziale Faktoren der mangelnden Inanspruchnahme von Krebs-Früherkennungsuntersuchungen. Peter Lang, Frankfurt/Main.

Virchow R [1849]: Mitteilungen über die in Oberschlesien herrschende Typhus-Epidemie. Archiv für Pathologische Anatomie und Physiologie und für Klinische Medizin 2: 143-322.

Voges W [1996]: Ungleiche Voraussetzungen für Langlebigkeit - Bestimmungsgründe für Mortalität im zeitlichen Verlauf. Z. Gerontol. Geriat. 29: 18-22

Voges W, Schmidt C [1996]: Lebenslagen, die Lebenszeit kosten - Zum Zusammenhang von sozialer Lage, chronischer Erkrankung und Mortalität im zeitlichen Verlauf. In: Zapf et al. (Hrsg.) 1996, a.a.O., 378-401.

Vogt W [1980]: Die Wirksamkeit der Arbeitswelt bei der Entstehung von Volkskrankheiten - eine unterdrückte Fragestellung. In: Schönbäck W (Hrsg.): Gesundheit im gesellschaftlichen Konflikt. Urban & Schwarzenberg, München, 73-101.

Volkholz V, Schwarz F [1984]: Längsschnittanalyse von Mobilität und Krankenstand. Annäherung an sozialwissenschaftlichen Verlaufsanalysen mit Hilfe von Krankenkassendaten. Bundesanstalt für Arbeitsschutz, Forschungsbericht 389, Dortmund.

Waller H [1972]: Zur sozialen Selektion einer psychiatrischen Klinik. In: Dörner K, Plog U (Hrsg.): Sozialpsychiatrie. Psychisches Leiden zwischen Integration und Emanzipation. Luchterhand, Darmstadt, 70-76.

Waller H [1975]: Zur Bedeutung der Sozialanamnese im diagnostischen und therapeutischen Prozeß. Sozialpsychiatrische Informationen 29/30: 50-58.

Wanek V, Novak P, Reime B [1998]: Bedarfsgerechtigkeit der Inanspruchnahme betrieblicher Gesundheitsförderung zur Reduktion von Rückenschmerzen? Ergebnisse einer Mitarbeiterbefragung in der Metallindustrie. Gesundheitswesen 60: 729-737.

Water van de HPA, Boshuizen HC, Perenboom RJM [1996]: Health expectancy in the Netherlands 1983-1990. European J. of Public Health 6: 21-28.

Weber I [1987]: Soziale Schichtung und Gesundheit. In: Geißler R (Hrsg.): Soziale Schichtung und Lebenschancen in der Bundesrepublik. Ferdinand Enke Verlag, Stuttgart, 162-182.

Weber H [1994]: Veränderung gesundheitsbezogener Kognitionen. In: Schwenkmezger P, Schmidt LR (Hrsg.): Lehrbuch der Gesundheitspsychologie. Ferdinand Enke Verlag, Stuttgart, 188-206.

Weber I (Hrsg.) [1997]: Gesundheit sozialer Randgruppen. Ferdinand Enke Verlag, Stuttgart.

Wegener B [1988]: Kritik des Prestiges. Westdeutscher Verlag, Opladen.

Weiger H, Wirsching M [1977]: Aspekte der Patientenselektion in der psychosomatischen Ambulanz. Z. für Psychosomatische Medizin und Psychoanalyse 23: 170-178.

Weil O, McKee M [1998]: Setting priorities for health in Europe. Eur. J. Public Health 8: 256-258.

Weilandt C, Altenhofen L [1997]: Gesundheit und gesundheitliche Versorgung von Migranten. In: Weber (Hrsg.) 1997, a.a.O., 76-98.

Weitkunat R, Haisch J, Kessler M (Hrsg.) [1997]: Public Health und Gesundheitspsychologie. Verlag Hans Huber, Bern.

Wendt G [1985a]: Disparitäten in der ambulanten Versorgung. Soziale Ungleichheit in Großstädten. In: Deppe HH, Gerhardt U, Novak P (Hrsg.): Medizinische Soziologie Jahrbuch 4. Campus Verlag, Frankfurt, 54-94.

Wendt G [1985b]: Probleme der ärztlichen Über- und Unterversorgung in Verdichtungsräumen. Informationen zur Raumentwicklung: 289-298.

Werner B [1994]: Der Mikrozensus und der Gesundheitszustand der Bevölkerung. In: Werner B, Voltz G (Hrsg.): Unser Gesundheitssystem. Asgard Verlag, Sankt Augustin, 91-114.

West P [1988]: Inequalities? Social class differentials in health in British youth. Soc. Sci. Med. 27: 291-296.

West P, Macinytre S, Annandale E, Hunt K [1990]: Social class and health in youth: findings from the West of Scotland Twenty-07 Study. Soc. Sci. Med. 30: 665-673.

Wetterer A, Troschke J von [1986]: Smoker Motivation. A review of the contemporary literature. Springer Verlag, Berlin.

Wetzel S, Heeschen W, Reichmuth J, Stelte W, Stüber C, Kübler W et al. [1994]: Belastung Erwachsener mit persistenten Organochlorverbindungen, toxischen Schwermetallen und Nitrat in der Bundesrepublik Deutschland. In: Kübler W et al. (Hrsg.): VERA-Schriftenreihe, Band VI. Wissenschaftlicher Fachverlag, Niederkleen.

Weyerer S, Dilling H [1980]: Der Einfluß der sozialen Schicht auf Aufenthaltsdauer und Entlassung. Social Psychiatry 15: 95-101.

Weyerer S, Dilling H, Kohl R, Martens H [1982]: Social class and mental disorders. Social Psychiatry 17: 133-141.

Weyerer S [1983]: Mental disorders among the elderly. True prevalence and use of medical services. Arch. Gerontol. Geriatr. 2: 11-22.

Weyerer S, Dilling H [1984]: Prävalenz und Behandlung psychischer Erkrankungen in der Allgemeinbevölkerung. Nervenarzt 55: 30-42.

Weyerer S, Dilling H [1987]: Employment and mental health. Results from the Upper Bavarian Field Study. In: Angermeyer (ed.) 1987, a.a.O., 247-263.

Weyerer S, Dilling H [1991]: Psychiatric and physical illness, socioeconomic characteristics, and the use of psychotropic drugs in the community: results from the Upper Bavaria Field Study. J. Clin. Epidemiol. 44: 303-311.

Whitehead M [1991]: Die Konzepte und Prinzipien von Chancengleichheit und Gesundheit. WHO Regionalbüro für Europa, Kopenhagen.

Whitehead M, Dahlgren G [1991]: What can be done about inequalities in health? The Lancet 338: 1059-1063.

Whitehead M [1992]: The concepts and principles of equity in health. Int. J. Health Services 22: 429-445.

Whitehead M [1994]: Is it fair? Evaluating the equity implications of the NHS reforms. In: Robinson R, Le Grand J (eds.): Evaluating the NHS reforms. King's Fund Institute. Policy Journals, Berks, 208-242.

Whitehead M, Dahlgren G [1994]: Why not now? Action on inequalities in health. Europ. J. Public Health 4: 1-2.

Whitehead M [1997]: Bridging the gap. Working towards equity in health and health care. Thesis, Karolinska Institutet, Sundbyberg (Sweden).

Whitehead M, Evandrou M, Haglund B, Diderichsen F [1997]: As the health divide widens in Sweden and Britain, what's happening to access to care. Br. Med. J. 315: 1006-1009.

Whitehead M [1998]: Diffusion of ideas on social inequalities in health: a European perspective. The Milbank Quarterly 76: 469-492

WHO MONICA [1988]: WHO MONICA Project Principal Investigators: The World Health Organization MONICA Project (Monitoring Trends and Determinants in Cardiovascular Disease): a major international collaboration. J. Clin. Epidemiol. 41: 105-114.

WHO Regionalbüro für Europa (Hrsg.) [1985]: Einzelziele für 'Gesundheit 2000'. Kopenhagen.

WHO Regional Office for Europe (ed.) [1989]: MONICA Psychosocial Optional Study (MOPSY). Suggested measurement instruments. Copenhagen.

WHO Regionalbüro für Europa (Hrsg.) [1993]: Ziele für 'Gesundheit für alle'. Aktualisierte Fassung, September 1991. Kopenhagen.

WHO Regional Office for Europe (ed.) [1999]: Health 21. The health for all policy framework for the WHO European Region. Copenhagen.

Wichmann HE, Malin E, Hübner HR, Schlipköter HW [1990]: Zusammenfassende Bewertung der 'Pseudokrupp-Studien' in Baden-Württemberg und Nordrhein-Westfalen. Kernforschungszentrum Karlsruhe. Forschungsbericht KfK-PEF 64, Karlsruhe.

Wichmann HE, Rosenlehner R, Bory J, Kaaden R [1991]: Risikogruppenbezogene epidemiologische Untersuchung an Kindern in Duisburg unter besonderer Berücksichtigung verkehrsabhängiger Immissionen. Abschlußbericht erstellt im Auftrag des Ministeriums für Umwelt, Raumordnung und Landwirtschaft des Landes Nordrhein-Westfalen. Bergische Universität - Gesamthochschule Wuppertal.

Wiesner G, Todzy-Wolff I, Grimm J [1998]: Krankheit und soziale Schicht. In: Ahrens et al. (Hrsg.) 1998, a.a.O., 113-140.

Wilde B, Heinrich J, Wichmann HE [1996]: Umweltmedizinische Befragung bei Schulanfängern im Landkreis Wittenberg, in der Stadt Dessau und in einem Vergleichsgebiet im Jahr 1996. Parallelerhebung zur 'Bitterfeld-Studie - 2. Survey' im Schuljahr 1995/95. GSF-Forschungszentrum für Umwelt und Gesundheit, Neuherberg.

Wilken M [1973]: Hospitalisierungsrisiko und Gemeindestruktur. Ergebnisse einer ökologischen Untersuchung der Einweisungen aus dem Gebiet der Stadt Düsseldorf in das Landeskrankenhaus Düsseldorf-Grafenberg. Kölner Z. für Soziologie und Sozialpsychologie 25: 319-335.

Wilkinson RG [1992]: National mortality rates: the impact of inequality? Am J Public Health 82: 1082-1084.

Wilkinson RG [1996]: Unhealthy Societies. The afflictions of inequality. Routledge, London and New York.

Wilkinson RG [1997]: Health inequalities: relative or absolute material standards? Br. Med. J. 314: 591-595.

Winkelhake O, Mielck A, John J [1997]: Einkommen, Gesundheit und Inanspruchnahme des Gesundheitswesens in Deutschland 1992. Soz.- Präventivmed. 42: 3-10.

Winkler J [1998]: Die Messung des sozialen Status mit Hilfe eines Index in den Gesundheitssurveys der DHP. In: Ahrens et al. (Hrsg.) 1998, a.a.O., 69-74.

Winneke G, Altmann L, Krämer U, Turfeld M, Behler R, Gutsmuths FJ et al. [1994]: Neurobehavioral and neurophysiological observations in six year old children with low lead levels in East and West Germany. Neurotoxicology 15: 705-713.

Winter K [1962]: Die Akzeleration als Ausdruck der gesellschaftlich bedingten Wandlung der Biologie des Menschen. Deutsche Zeitschrift für Philosophie 7: 923-935.

Wirsching M, Petermann F [1982]: Psychosoziale Aspekte körperlicher Krankheiten im Jugendalter. Medizinische Psychologie 8: 40-55.

Wolf Ch [1995]: Sozio-ökonomischer Status und berufliches Prestige. ZUMA-Nachrichten 37: 102-136.

Wolf Ch [1998]: Zur Messung des sozialen Status in epidemiologischen Studien: ein Vergleich unterschiedlicher Ansätze. In: Ahrens et al. (Hrsg.) 1998, a.a.O., 75-86.

Wolf-Ostermann K, Luttmann H, Treiber-Klötzer C, Kreienbrock L, Wichmann HE [1995]: Kohortenstudie zu Atemwegserkrankungen und Lungenfunktion bei Schulkindern in Südwestdeutschland. Teil 3: Einfluß von Rauchen und Passivrauchen. Zbl. Hyg. 197: 459-488.

Wolk E, Fritsche U [1985]: Einfluß der Fertilitätsentwicklung auf die Häufigkeit von Untergewichtigen und auf die Säuglingssterblichkeit. In: II. Sozialhygienekongreß mit internationaler Beteiligung. Referate und Thesen, Band 1, Leipzig, 241-245.

Wright MT [1997]: Junge Männer, Homosexualität und HIV - Was sind die Risiken? AIDS-Forum Band XXX. Deutsche AIDS-Hilfe e.V., Berlin.

Wydler H [1997]: Ziel 1: Chancengleichheit im Gesundheitsbereich. In: Schweizer Gesellschaft für Prävention und Gesundheitswesen (Hrsg.): Ziele zur Gesundheitspolitik für die Schweiz. Soz.- Präventivmed. 42 (Suppl. 1): 3-6.

Zapf W, Schupp J, Habich R (Hrsg.) [1996]: Lebenslagen im Wandel. Sozialberichterstattung im Längsschnitt. Campus Verlag, Frankfurt/New York.

Zehnter Kinder- und Jugendbericht [1998]: Bericht über die Lebenssituation von Kindern und die Leistungen der Kinderhilfe in Deutschland. Deutscher Bundestag, Drucksache 13/11368.

Zimmermann GE [1998]: Überschuldung privater Haushalte (altes Bundesgebiet, 1996). Eine Erhebung des Deutschen Caritasverbandes und des Diakonischen Werks der EKD. Abschlußbericht. Institut für Soziologie der Universität Karlsruhe.

Zimmermann W [1976]: Krankenstand, deutsche Verhältnisse. In: Blohmke et al. (Hrsg.) 1976, a.a.O., 120-141.

Zintl-Wiegand A, Cooper B, Krumm B [1980]: Psychisch Kranke in der ärztlichen Allgemeinpraxis. Eine Untersuchung in der Stadt Mannheim. Beltz Verlag. Weinheim/Basel.

Stichwort- und Autorenverzeichnis

Das Verzeichnis umfaßt zum einen eine Auswahl von zentralen Stichwörtern. Die vielfältigen Querverbindungen zwischen den einzelnen Stichwörtern werden nicht extra ausgewiesen; bei Bedarf sollte daher auch nach verwandten Stichwörtern gesucht werden. Das Verzeichnis umfaßt zum anderen alle Autoren, die in der Literaturliste mindestens einmal als Erst-Autor aufgeführt sind. Die auf die Literaturliste bezogenen Seitenangaben geben auch darüber Auskunft, an welchen Publikationen diese Autoren beteiligt waren.

Anschrift des Verfassers:

Andreas Mielck, Dr. phil., M.P.H., Dipl. Soziologe
GSF - Forschungszentrum für Umwelt und Gesundheit
Institut für Medizinische Informatik und Systemforschung (MEDIS)
85758 Neuherberg
Tel.: (089) 3187 - 4460
Fax: - 3375
e-mail: mielck@gsf.de

Kritische Kommentare, Anregungen und Hinweise auf fehlende empirische und/oder theoretische Ergebnisse sind jederzeit herzlich willkommen.

Anzeigen

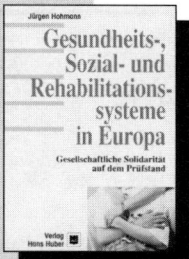